휴먼디자인

창시자 라 우루 후가
독자들에게 드리는 메시지

진정한 자신으로 살고자 하는 사람들에게

휴먼디자인은 존재의 본질에 대한 체계적인 이해를 제공합니다. 이해는 진정한 혁명, 즉 삶의 재편성과 인식의 각성을 가져옵니다. 휴먼디자인은 당신을 '자신이 아닌' 조건화에서 벗어나게 하는, 각자의 디자인에 맞춰진 고유한 방법론을 제공합니다. 바로 '전략'과 '내적 결정권'이며, 변화의 촉매제입니다.

휴먼디자인은 실험해야 할 지식이라는 점을 반드시 기억하세요. '길'이 있지만, 그것은 당신 스스로 걸어가야 하는 길일 뿐입니다. 이 작업이 당신을 드러내고 안내하게 하십시오. 그런 다음, 그것이 당신에게 적합하다면 인생의 가장 특별한 여정으로 들어가십시오.

2011년 3월 1일
스페인 이비사에서
라 우루 후

The Definitive Book of Human Design

휴먼디자인
내 운명은 어떻게 설계되었는가

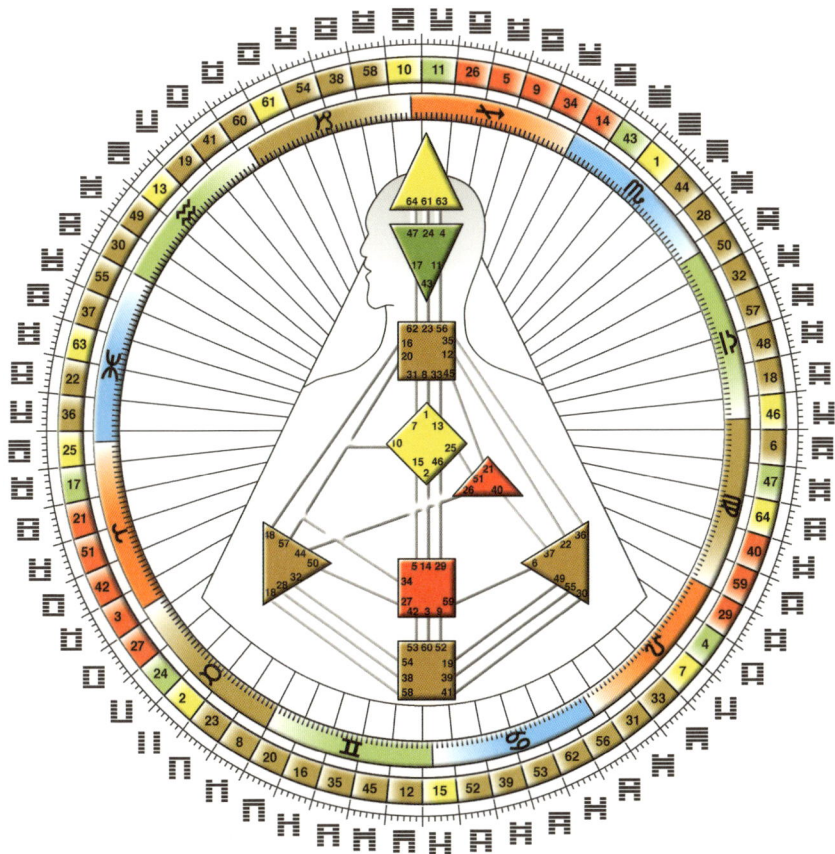

휴먼디자인 시스템 창시자　국제 휴먼디자인 학교 교장
라 우루 후 × 린다 버넬
백승혁·이상호 옮김

The Science of Differentiation

김영사

THE DEFINITIVE BOOK OF HUMAN DESIGN
by Lynda Bunnell
Copyright ⓒ 2011 by Lynda Bunnell
Korean translation copyright ⓒ 2017 by Gimm-Young Publishers, Inc.
All rights reserved.
This Korean translation published by arrangement with HDC PUBLISHING through InterLicense, Ltd.

휴먼디자인:
내 운명은 어떻게 설계되었는가

1판 1쇄 발행 2018. 1. 15.
1판 3쇄 발행 2024. 5. 2.

지은이 라 우루 후, 린다 버넬
옮긴이 백승혁, 이상호

발행인 박강휘
발행처 김영사
등록 1979년 5월 17일(제406-2003-036호)
주소 경기도 파주시 문발로 197(문발동) 우편번호 10881
전화 마케팅부 031)955-3100, 편집부 031)955-3200 | 팩스 031)955-3111

이 책의 한국어판 저작권은 InterLicense, Ltd.를 통한 HDC PUBLISHING과의 독점 계약으로 김영사에 있습니다.
저작권법에 의해 한국 내에서 보호를 받는 저작물이므로 무단전재와 무단복제를 금합니다.

값은 뒤표지에 있습니다. ISBN 978-89-349-80391 03180

홈페이지 www.gimmyoung.com   블로그 blog.naver.com/gybook
인스타그램 instagram.com/gimmyoung   이메일 bestbook@gimmyoung.com

좋은 독자가 좋은 책을 만듭니다.
김영사는 독자 여러분의 의견에 항상 귀 기울이고 있습니다.

휴먼디자인 시스템의
전달자이자 창시자인 라 우루 후,
그리고 우리 자손들과
모든 미래 세대들에게
이 책을 바칩니다.

라 우루 후 Ra Uru Hu
휴먼디자인 창시자, 전달자, 교사

본명이 로버트 앨런 크라코워 Robert Allan Krakower인 라 우루 후는 캐나다 몬트리올에서 예술을 사랑하는 중상류 가정의 네 번째 자녀로 태어났다. 예술적이고 지적인 분위기 속에서 그는 작곡가, 연주자로서 죽을 때까지 음악을 취미로 즐기며 살았다. 그는 조지 윌리엄스 대학교에서 문학사 과정을 마쳤지만 광고 전문가, 잡지 발행인, 미디어 작가 등을 직업으로 삼았다.

1983년 어느 날, 사업가로서의 바쁜 일상과 가족을 뒤로하고 그는 홀연히 사라졌다. 7개월 뒤, 그는 스페인 동부 연안 지중해의 아름답고 온화한 섬 이비사 Ibiza에 있었고, 그가 '에덴'이라 부르던 이 섬에서 라 우루 후로서의 진정한 삶이 시작되었다.

1987년 1월 3일 저녁, 그는 '보이스 Voice'를 만난다. 그것은 놀라운 경험이었다. 그 소리는 말했다. "일할 준비가 되었는가?" 그리고 8일 밤낮을 지금은 '휴먼디자인 시스템'이라고 알려진 내용의 세부사항을 기록하였다. 이 만남은 그를 일깨웠고, 우주와 사물, 존재의 근본에 대해 얼마나 아둔했던가를 깨우쳐주었다. 그는 스스로를 이제 자신의 유산이 된 휴먼디자인 시스템의 전달자로 여기며, 그 만남 이후 '다름의 과학 the Science of Differentiation'을 세상에 알리는 데 헌신했다. 그는 이비사 섬에서 손자와 세 자녀, 부인과 함께 교육, 음악, 정원 일을 하며 살았다. 그는 늘 말했다. "내 말만 믿지 말고 스스로 시도해 보세요." 현재 세계적으로 수많은 사람들이 휴먼디자인 시스템을 활용하고 있으며, 이것이 얼마나 삶과 생명의 메커니즘을 정확히 보여주는지를 발견하고 있다.

라 우루 후는 2011년 3월 12일 오전 5시 40분, 자신의 63번째 생일을 한 달도 남기지 않고 자택에서 세상을 떠났다.

* 본문 또는 인용문 위 아래의 괘상은 해당 인물의 '프로파일'을 나타내며, 이 페이지에서는 저자 라 우루 후가 '5/1 프로파일'임을 암시하고 있다.

린다 버넬 Lynda Bunnell
국제 휴먼디자인 학교 교장

1999년 이래 라 우루 후 곁에서 일해왔으며, 2003년 그가 새롭게 조직한 교육 프로그램의 분석가 교육을 포함하여 세계적으로 휴먼디자인 교사와 분석가를 양성하는 데 앞장서왔다. 2005년 그녀와 '라'는 전 세계 학생들이 함께 모여 공부할 수 있도록 온라인 교육을 시작한 선두 주자들 중 하나였다. 2006년에는 '라'의 요청으로 'Living Your Design(통칭 LYD)'이라는 휴먼디자인 교육 프로그램을 재도입했다. 오늘날 사용되는 휴먼디자인 온라인 교육과 양식을 개척했고, LYD 교사용 책과 학생용 책의 저자이기도 하다.

2006년 '라'는 그녀에게 국제 휴먼디자인 학교International Human Design School, IHDS의 교장직을 제안하였고, 2010년 6월에는 그의 교육 프로그램과 휴먼디자인 시스템의 국제적인 기준 유지를 린다에게 맡기면서 학교를 완전히 그녀에게 넘겼다. 린다는 휴먼디자인을 세상에 널리 펼치고자 하는 열렬한 개척자이고, 여러 나라의 학생과 전문가들의 모임을 성장시키기 위해 모든 시간을 바치며 '라'에게 배운 그대로의 순수성을 지키려고 헌신하고 있다.

"내가 '라'와 함께 일한 지난 12년은 대단한 행운이었다. 그는 마치 개인 교사처럼 자신의 비전과 함께 휴먼디자인의 세세한 지식들을 거의 매일 나누고 교류하였다. 그는 자신이 받은 지식의 순수성을 유지하는 것이 얼마나 중요한지를 늘 강조하였고, 휴먼디자인의 전반적 비전과 아울러 자신의 꿈과 소망을 나에게 털어놓았다. 이 과정을 통해 그는 내 삶과 세상에 대한 나의 관점을 바꾸어놓았다. 휴먼디자인 시스템을 사용할 모든 이들에게 지식을 계속 제공할 수 있도록 나에게 필요한 도구들을 챙겨주었다. 이 모든 것에 대해 나는 무한한 고마움을 느낀다."

린다는 30년 동안 성공적인 사업가였고, 동시에 영적이고 형이상학적인 탐구에 매진해 왔으며, 현재 자신이 태어난 남부 캘리포니아에서 두 자녀, 네 명의 손자들과 함께 살고 있다.

내가 경험한 휴먼디자인

"바로 이 책입니다!" 마침내 이렇게 말할 수 있어서 매우 기쁘다. 휴먼디자인 시스템과 그 공식에 대해 포괄적이고 권위 있는 설명을 찾는 모든 이들을 위한 책이다. 우리가 누구이며 어떻게 참된 자신으로서의 삶을 만날 것인가에 대한 기초지식부터 세세한 뉘앙스까지의 단계적 과정이 잘 설명되어 있다. 내가 알기론, 이 책은 휴먼디자인의 창시자이자 최초의 학생인 라 우루 후가 적극적으로 참여한 유일한 출판물이다. 진심으로 추천한다.

_ JR. 리치몬드, 국제 휴먼디자인 학교(IHDS) 이사회장이자 교무처장(미국)

지난 7년간 나 자신과 학생들을 위해 휴먼디자인을 사용해왔다. 내면의 계발을 지도하는 상담가이자 교사로서, 이 시스템은 가장 정확하고 신뢰하는 도구들 중의 하나이다. 우리 모두가 매일 부닥치는 문제들에 대해 개별적인 통찰력을 우리 각자에게 제공한다. 자기 디자인을 알게 되면, 자신의 경험으로부터 새로운 편안함을 찾을 수 있다. 여전히 뭔가를 하면서도 그냥 '존재'할 수 있는 법을 배우게 될 것이다. 린다는 다양한 차원의 휴먼디자인을 쉽게 따라갈 수 있도록 간단한 길을 찾아놓았다. 이것이 바로 라 우루 후가 개발한 그 시스템이며, 미래에 우리 모두가 한 사람의 참된 개인으로 살도록 이끌고 도울 것이다.

_ 바브라 딜링거, 트랜스퍼스널 계발 분야 박사, 메타노이아 서비스 창립자(미국)

나의 디자인을 만난 이후, 결정을 내리는 나의 '내적 권위'에 대한 믿음과 솔직함의 수준은 내가 나 자신을 사랑하는 것만큼 증가하였다. 솔직함이란 나 자신을 사랑하는 것이다. 이것은 나에게 수많은 불의 세례를 통하여 다가왔다. 가끔 매우 힘들었지만, 자유와 책임, 그리고 진정한 나 자신으로 존재하기 위해 정말 유일한 길임을 알게 되었다. 휴먼디자인은 트루셀프true self를 위한 위키리크스 같다. 모든 진실을 까발린다. 사소한 어떤 것도 숨길 수 없다.

_ 베키 마클리(미국 워싱턴 주 시애틀)

휴먼디자인은 내 삶에 어떤 영향을 끼쳤을까? 설명하려면 매우 간단하면서도 복잡하다. 간단하다는 것은, 나라고 생각했던 지난날의 모든 조건화되고 뒤틀린 모습을 버리고 진실한 나를 바로 찾도록 한 것이다! 한편 휴먼디자인은 꽤 복잡해서, 내가 누구인지 찾아가는 끝없는 이야기처럼 보인다. 내가 몇 번이고 되풀이해서 말했던 나의 진심은 이것이다. 휴먼디자인은 내 생애 최고의 사건이다. _ 이달리나 페르난데스(포르투갈 포르토)

휴먼디자인 리딩(분석)은 내 평생의 경향들에 대한 심오한 통찰을 통해 나를 축복해주었다. 매우 많은 선물을 주었는데, 특히 결정을 내리고 나의 진로를 찾는 데 최적의 접근법을 자각하게 해주었다. 휴먼디자인의 강력한 선물에 자신을 열고, 개인으로서 깨어나고 싶은 사람들을 모두 초대한다. _ 로저 틸 박사, 마일 하이 교회 선임 목사(미국 콜로라도 주 레이크우드)

이 프로젝트를 하면서 다시 한 번 휴먼디자인의 아름다움, 규모, 범위에 놀랐다. 개개인을 위한 매우 정교한 맞춤식 방식이자, 자신의 본모습을 되찾는 간편하면서도 실용적이고 효과적인 방법이다. 이로 인해 나는 찾기를 그만두고 집으로 돌아왔다.
_ 도나 갈링하우스(미국 미네소타 주 알렉산드리아)

휴먼디자인은 지난 10여 년간 매우 가깝고 친밀한 여행 동반자였다. 독특하고 고유한 나 자신을 이해하고 그렇게 살아간다는 것은 내 삶에 받아들임과 은총을 가져다주었다. 나 혼자만 생긴 대로 사는 것이 아니라 내 가족, 친구, 타인들도 그 모습대로 받아들인다. 정말 대단한 선물이다. _ 캐시 킨네어드(미국 워싱턴 주 밴쿠버)

휴먼디자인은 내 인생과 세상에서, 나 자신과 타인에 대한 독특하면서도 체계적인 관점을 제공하였다. 매우 다양한 차원에서 이해와 각성을 마련해주었다. 어떤 일이 왜 일어나는지 알게 되고 '아하!' 하는 순간이 가장 좋다. 이것은 변화를 위한 유용한 도구이다. 몇 가지 기본적 지침만 사용하는 것부터 깊게 파고드는 진지한 학습자가 되는 것까지, 어떻게 활용하든 휴먼디자인은 자신을 탐험하는 유용하고 경이로운 방식이다. _ 마사 모로(미국 캘리포니아 주 비스타)

몇 년 동안 나는 꽤 다양한 양식과 재능 있는 교사들과 함께 작업했고, 그들 모두에게서 배웠다. 휴먼디자인은 나의 개인적 특성에 관하여 도움을 주었다. 예를 들어, 내가 '사회적/은둔자'임을 알았을 때, 나에게 사적인 시간이 얼마나 소중한지 깨달았다. 아침에 일어나면 커피 한 잔을 마시고, 30분 동안은 아무런 방해를 받지 않은 채 조용히 책을 읽는다. 오직 나 자신과 내가 읽는 그 책만을 위한 시간인 것이다. 아내가 여기에 익숙해지기까지는 시간이 좀 걸렸지만, 지금은 이를 존중한다. 또 아내와 나의 커넥션 차트를 보면, 음식점 같은 공공장소에서 대화를 나누는 것이 우리의 의사소통에 도움이 된다는 사실을 알 수 있다. 함께 외식하러 가는 것에도 완전히 새로운 의미가 생긴 것이다. 얼마나 놀라운 시스템인지. _ 마이클 매케이(미국 캘리포니아 주 델 마르)

휴먼디자인의 발견은 내 삶에 엄청난 영향을 끼치고 있다. 이를 통해 내가 자신의 진정한 본성과 싸워왔음을 발견하였다. 나 자신의 독특한 디자인을 받아들이고 이를 실험함으로써, 더 이상 타인들과 나 자신을 비교하지 않으며, 세상에 맞추고자 자신을 '더 낫게' 만들지 않게 되었다. 타인들의 차이점을 수용하고 존중하는 새로운 감각도 일깨워졌다. 이러한 정보를 나눈다는 것은 진정 보람찬 일이다. 얼굴에 빛이 나며 미소가 번질 때, 그들이 진정한 자신을 발견하였음을 알 수 있다. 아마도 태어나서 처음으로. _ 에리카 틸(미국 콜로라도 주 레이크우드)

휴먼디자인은 나의 개인적 구조를 더 잘 알고, 진정한 내 모습과 조건화된 나의 차이를 이해할 수 있도록 도와주었다. 그러한 알아차림만으로도 내가 매일의 경험들을 머리로 하는지 아니면 내면의 참된 나로 하는지, 그 차이를 이해하는 데 도움이 되었다. 내 아이들도 리딩을 받아보게 하였다. 그들이 진정 누구인지를 더욱 많이 아는 것이 중요하다고 생각한다. 이런 리딩이 서로의 소통에 도움이 되기를 바란다. 이 지식을 배우고 연습하는 것이 정말 재미있다.

_ 캐시 킨레이(미국 캘리포니아 주 칼즈배드)

2004년에 휴먼디자인을 발견한 것은 단지 운이 좋아서만은 아니었던 것 같다. 그것은 육체적인 만족, 정신적인 자극, 영적인 충만이라는 삶의 풍요를 제공한다. 개인적으로 그 가치를 확인한 지금은, 전문적인 코칭 의뢰인들과 휴먼디자인 학생들의 삶에 진정한 변화가 일어나도록 나누고 있다. 휴먼디자인은 내가 성장기에 보고 들었던 것들보다 월등히 발전된 시스템이다. 제한된 정신적인 결론과 과거에 지녔던 조건화에도 불구하고, 일상의 삶에 대한 실용적인 적용 속에 휴먼디자인의 가치가 빛난다. 이것은 뒤섞이려 하고 안전하고자 하는 내 욕망을 뛰어넘는다. 나를 우뚝 서게 하고, 빛나게 하며, 나의 빛을 목격하게 한다. 그 빛을 다른 사람들 속에서도 끌어내게 한다. _ 캐럴 치머맨(미국 캘리포니아 주 로스가토스)

라 우루 후와 린다에게 고마움을 표한다. 진정한 나의 삶을 돌려준 휴먼디자인에게도.

_ 베시 블랙(미국 오리건 주 애슐랜드)

추천사

휴먼디자인 시스템의 인기가 높아지면서, 승인되지 않은 책들이 등장하고 있습니다. 내가 이 지식에 관한 책을 쓸 것을 권유하고 권한을 부여한 사람은 매우 드뭅니다. 이 정도로 알차고 깊이를 가진 작품이 휴먼디자인 교육에 앞장선 사람에 의해 만들어져 세상에 나온 것을 매우 기쁘게 생각합니다.

학생, 분석가, 교사, 그리고 궁극적으로 국제 휴먼디자인 학교의 책임자로서 린다가 거친 과정을 여러 해 동안 지켜보았습니다. 그녀는 이 세상에서 휴먼디자인 시스템이 성장하고 온전함이 유지될 수 있도록 중요한 역할을 담당하고 있습니다.

2011년 2월 8일
스페인 이비사에서
라 우루 후

차례

추천사	11
책을 내면서	17
한국의 독자들에게	20

휴먼디자인 개요   24

당신의 휴먼디자인 차트를 만드는 것이 첫 번째 단계다	26
당신의 차트가 보여주는 것	26
나는 누구일까 – 4가지 휴먼디자인 타입	27
전략과 내적 결정권으로 살아보는 실험	28
진정한 자아	30
탈조건화 과정	30
저항의 신호들	31
요점 – 새로운 깨어남	31
이 책의 활용법	32

1장 / 휴먼디자인의 시작

혁명적으로 새로운 관점의 시작   38

Part 1 휴먼디자인 시스템

고대와 현대 과학의 융합	40
뉴트리노 – 첫 번째 예언의 적중	42
의식의 크리스털들	42
마그네틱 모노폴 – 두 번째 예언의 적중	44
7센터에서 9센터 존재로의 변화	45

Part 2 레이브 만달라

4개의 고대 비전들과 현대과학의 통합 … 48
점성학: 만달라의 안쪽 원 … 50
역경: 만달라의 바깥쪽 원 … 51
64괘(게이트)와 각도와의 관계 … 52
9개의 센터들: 차크라 시스템 … 53
카발라: 36개 채널과 64개 게이트 … 54

Part 3 레이브 바디그래프

항해를 위한 지도 … 56
바디그래프 … 57
붉은색과 검은색의 의미 … 59
억지 결혼 또는 신비로운 결합 … 59
바디그래프에서의 정의 … 60
정의와 미정의가 이원성을 형성함 … 62
바디그래프에서의 태양, 달, 노드, 행성들 … 63
뉴트리노 트랜짓(별과 행성들의 위치 변화)의 장 … 68
커넥션 차트 – 두 사람 사이의 상호작용 … 68

2장 / 아홉 개의 센터

에너지의 흐름 … 74
정의와 미정의 센터들 … 76
미정의 센터에 생기는 조건화와 낫셀프 마음 … 76
미정의 센터의 낫셀프 질문들 … 80
바디그래프에 나타난 낫셀프의 모습 … 81
정의, 미정의 그리고 완전한 오픈 센터 … 82

스로트 센터 … 85
헤드 센터 … 91
루트 센터 … 97
아즈나 센터 … 103
스플린 센터 … 110
솔라 플렉서스 센터 … 118
하트 센터 … 130
세이크럴 센터 … 136
G센터 … 144

3장 / 결정권

우리 각자의 고유한 진실 … 156
솔라 플렉서스 결정권 … 157
세이크럴 결정권 … 158
스플린 결정권 … 159
하트 에고 매니페스티드 결정권 … 160
하트 에고 프로젝티드 결정권 … 160
셀프 프로젝티드 결정권 … 161
주변 환경(멘탈 프로젝터) … 162
달의 주기 결정권(리플렉터) … 163
해방된 마음은 외적 권위로 나타난다 … 163

4장 / 타입과 전략

우리의 디자인대로 살기 … 168
매니페스터 … 171
제너레이터 … 180
프로젝터 … 189
리플렉터 … 199

5장 / 다섯 개의 정의 유형

에너지 역학 … 214
단일 정의 … 218
단순 분할 정의 … 219
넓은 분할 정의 … 219

세 분할 정의 220
네 분할 정의 220

6장 / 회로, 채널, 게이트

생명력의 회로도 224
통합 채널과 세 개의 회로 그룹 225
채널과 게이트 찾아보기 227

통합 채널과 그 게이트 228
- 힘의 채널: 34– 57 230
- 카리스마 채널: 34–20 234
- 완벽한 형태의 채널: 57–10 238
- 깨어남의 채널: 10–20 242

인디비주얼 회로 그룹
앎 회로의 채널과 게이트 248
- 변이 채널: 3–60 250
- 울림의 채널: 14–2 254
- 영감의 채널: 1–8 258
- 자각의 채널: 61–24 262
- 구조화의 채널: 43–23 266
- 투쟁의 채널: 38–28 270
- 두뇌 파동의 채널: 57–20 274
- 과장된 표현의 채널: 39–55 278
- 개방성의 채널: 22–12 282

센터링 회로의 채널과 게이트 286
- 탐험의 채널: 34–10 288
- 개시의 채널: 51–25 292

컬렉티브 회로 그룹
이해(논리) 회로의 채널과 게이트 298
- 집중의 채널: 52–9 300
- 리듬의 채널: 5–15 304
- 알파 채널: 7–31 308
- 판단의 채널: 58–18 312
- 파장의 채널: 48–16 316
- 논리 채널: 63–4 320
- 수용의 채널: 17–62 324

감지(추상) 회로의 채널과 게이트 328
- 성숙의 채널: 53–42 330
- 발견의 채널: 29–46 334
- 돌아온 탕자 채널: 13–33 338
- 인식의 채널: 41–30 342
- 일시적임의 채널: 36–35 346
- 추상의 채널: 64–47 350
- 호기심의 채널: 11–56 354

트라이벌 회로 그룹 358
방어 회로의 채널과 게이트 360
- 짝짓기의 채널: 59–6 362
- 보존의 채널: 27–50 366

에고 회로의 채널과 게이트 370
- 변형의 채널: 54–32 372
- 항복의 채널: 44–26 376
- 통합 채널: 19–49 380
- 공동체의 채널: 37–40 384
- 돈 다루기의 채널: 21–45 388

7장 / 12 프로파일

목적을 달성하기 위한 역할들 394
프로파일의 구조 395
6가지 핵심 역할: 게이트 10의 육효 구조 396
64괘의 구성: 집의 비유 397
하괘의 기본 역할: 라인 1~3 397
상괘의 기본 역할: 라인 4~6 400
3개의 기하학(인생의 행로) 403

1/3 프로파일	406
1/4 프로파일	409
2/4 프로파일	412
2/5 프로파일	415
3/5 프로파일	418
3/6 프로파일	421
4/6 프로파일	424
4/1 프로파일	427
5/1 프로파일	430
5/2 프로파일	433
6/2 프로파일	436
6/3 프로파일	439

8장 / 인카네이션 크로스 목록

삶의 진정한 목적	444
네 쿼터	445
당신의 인카네이션 크로스를 찾는 법	446
• 첫 번째 쿼터	447
• 두 번째 쿼터	448
• 세 번째 쿼터	449
• 네 번째 쿼터	450
개시 쿼터	451
문명 쿼터	457
이원성 쿼터	463
변이 쿼터	469

9장 / 차트 읽기

휴먼디자인의 실질적 적용	478
매니페스터 예시	480
제너레이터 예시	488
매니페스팅 제너레이터 예시	494
프로젝터 예시	502
리플렉터 예시	510

10장 / 64 게이트의 라인 해설

더 깊은 탐구	522
행성표시 기호들	524
레이브 역경 게이트와 라인: 게이트 1~64	
GATE 1: 창조적인 자 – 자기 표현	525
GATE 2: 수용적인 자 – 더 높은 앎	526
GATE 3: 시작의 어려움 – 질서 잡기	527
GATE 4: 미숙한 어리석음 – 공식화	528
GATE 5: 기다리기 – 고정된 리듬	529
GATE 6: 갈등 – 마찰	530
GATE 7: 군대 – 자기의 역할	531
GATE 8: 함께 뭉치기 – 공헌	532
GATE 9: 작은 자들의 길들이는 힘 – 초점	533
GATE 10: 발 디디기 – 자아의 행동	534
GATE 11: 평화 – 아이디어	535
GATE 12: 멈춤 – 조심성	536
GATE 13: 유대감 – 듣는 사람	537
GATE 14: 엄청난 소유 – 힘을 다루는 기술	538
GATE 15: 겸손 – 극단	539
GATE 16: 열의 – 숙련된 기술	540
GATE 17: 따름 – 의견	541
GATE 18: 바로잡음 – 교정	542
GATE 19: 다가가기 – 결핍	543
GATE 20: 관조 – 지금 현재	544
GATE 21: 물고 늘어지기 – 사냥꾼	545
GATE 22: 우아함 – 개방성	546
GATE 23: 조각내기 – 동화	547

GATE 24: 돌아옴 – 합리화	548	
GATE 25: 순수 – 자기의 영혼	549	
GATE 26: 위대한 자들의 길이는 힘 – 이기주의자	550	
GATE 27: 양육 – 돌보기	551	
GATE 28: 위대한 자들의 우세함 – 승부사	552	
GATE 29: 심연 바닥 – '예'라고 말하기	553	
GATE 30: 꺼지지 않는 불 – 느낌	554	
GATE 31: 영향력 – 이끌기	555	
GATE 32: 지속 – 연속성	556	
GATE 33: 물러남 – 생활	557	
GATE 34: 위대한 자의 힘 – 힘	558	
GATE 35: 진보 – 변화	559	
GATE 36: 빛의 어두워짐 – 위기	560	
GATE 37: 가족 – 우정	561	
GATE 38: 반대 – 싸움꾼	562	
GATE 39: 방해 – 도발	563	
GATE 40: 해방 – 홀로 있기	564	
GATE 41: 감소 – 수축	565	
GATE 42: 증가 – 성장	566	
GATE 43: 타개 – 통찰력	567	
GATE 44: 마중 나가기 – 경계태세	568	
GATE 45: 함께 모으기 – 모으는 자	569	
GATE 46: 끝까지 가기 – 자기의 결의	570	
GATE 47: 억압 – 깨닫기	571	
GATE 48: 우물 – 깊이	572	
GATE 49: 혁명 – 원칙	573	
GATE 50: 가마솥 – 가치	574	
GATE 51: 자극하기 – 충격	575	
GATE 52: 가만히 있기, 산 – 고요	576	
GATE 53: 발전 – 시작	577	
GATE 54: 결혼하는 처녀 – 야망	578	
GATE 55: 풍부함 – 영	579	
GATE 56: 방랑자 – 자극	580	
GATE 57: 부드러움 – 직관적 통찰	581	
GATE 58: 기쁨 – 생기 있음	582	

GATE 59: 확산 – 성적 능력	583
GATE 60: 제한 – 받아들임	584
GATE 61: 내적 진실 – 신비	585
GATE 62: 작은 자들의 우세함 – 세부사항	586
GATE 63: 완료 후 – 의심	587
GATE 64: 완료 전 – 혼란	588

11장 / 관련 자료, 용어 해설, 키노트: 추가 정보들

부록 1: 공인된 휴먼디자인 단체들	592
부록 2: 다음 단계의 추천	593
부록 3: 공부 과목	595
부록 4: 추천 도서	600
부록 5: 채널, 게이트, 키노트	601
부록 6: 형상들의 디자인	605
부록 7: 휴먼디자인 용어 풀이	607

옮긴이의 글 1	628
옮긴이의 글 2	631

책을 내면서

태어날 때부터 나의 '사용 설명서'가 제공된다면, 인생은 얼마나 달라질까요? 어린 시절, 삶에서 맞닥뜨리는 어떤 일에도 내면 깊숙한 곳으로부터 "예" 또는 "아니오"라고 당당하게 말할 수 있도록 격려를 받았다면 얼마나 좋았을지 상상해봅시다. 당신이 누구와도 비교할 수 없이 고유하고 아주 독특한 존재로 태어났으며, 이러한 사실을 알고 스스로를 사랑하고 축복하는 세상이 있다면 얼마나 좋을까요? 나의 독특함이 축복받고 친구나 가족들로부터 응원을 받는다면 오늘이 얼마나 기쁠까요? 이 모든 것이 바로 이 세대와 미래의 세대에게 휴먼디자인이 줄 수 있는 가능성입니다.

휴먼디자인은 최근에 등장했지만, 세대를 불문하고 삶에 변화를 일으키고 영향을 줄 수 있습니다. 나는 이 놀라운 시스템을 40대 초반에 처음 경험했습니다. 1990년대에 캘리포니아 남부에서 성공적인 여성 사업가였던 당시에는 행복할 수 있는 모든 것을 갖추었다고 생각했습니다. 하지만 나는 행복하지 않았습니다. 마음속에 생각하는 것과 나 자신의 내적인 진리가 연결되지 않았습니다. 자아발견에 관해 많은 것을 공부했지만 그런 연결을 만들지 못했고, 내가 느끼던 공허를 채우지도 못했습니다.

새로운 시작은 1998년 스페인 남부에서 휴가를 즐길 때 일어났습니다. 여행 동반자도 나처럼 영적인 추구를 하는 사람이었는데, 그 친구가 개인의 변화와 성장을 위한 새로운 시스템을 소개하는 카세트테이프를 하나 가져왔습니다. 우리는 차를 타고 언덕길을 오르내리면서 테이프를 들었습니다. 지중해의 섬에서 한 남자에게 일어난 어떤 일이 내 삶을 송두리째 바꾸리라고는 상상하지 못했습니다. 그는 우리들이 놀던 곳에서 몇 마일 떨어지지 않은 곳에 살고 있었습니다.

그 남자의 이름은 '라 우루 후'였고, 그 시스템은 '휴먼디자인'이었습니다. 친구가 설득하여 휴먼디자인 리딩을 받게 되었는데, 곧바로 휴먼디자인에 빨려들었습니다. 휴먼디자인이 그동안 내가 찾아 헤맸던 것이라는 걸 발견하였고, 직업을 팽개치고 휴먼디자인에 관계된 모든 책과 일에 빠져들어갔습니다. 개인 리딩을 받고 유럽에 가서 라 우루 후에게 배웠습니다. 며칠 또는 몇 주씩이나요. 아주 놀랍고 새로운 삶의 방향을 정하게 하는 그런 경험이었습니다. 자신과 삶에 대해 잘못 알고 있었던 것들을 뒤집어엎는 경험이었습니다.

내면의 지혜를 따랐을 때, 삶은 전혀 예측하지 못한 방향으로 나를 이끌고 갔습니다. 물론 때로 심각하게 어려운 내면의 변화도 있었습니다. 휴먼디자인은 내가 일찍 성공했는데도 왜 그렇게 허무하였는지 그 이유를 알려주었습니다. 또한 도전적인 새로운 만족으로 이끌었고, 그것이 바로 이 책을 쓰게 된 이유이기도 합니다.

이 과학은 인류에게 소중합니다. 나는 휴먼디자인이 여러 해를 거치면서 성장하는 것을 보아왔고, 이 놀라운 지식을 처음 만났을 때와 마찬가지로 여전히 열정적입니다. 이 지식에 대한 자료들이 대중적으로 알려지고 세계 곳곳에서 다른 사람들에 의해 출판되기 시작하면서, 라 우루 후가 나에게 제안을 해왔습니다. 휴먼디자인을 대표하면서 정확하게 기록된 책, 모든 수준의 사람을 대상으로 하는 포괄적이면서도 대표적인 책을 함께 만들어보자고 말입니다.

우리 두 사람이 이 책을 출간하기 바로 직전, 라 우루 후는 갑작스럽게 자신의 집에서 세상을 떠났습니다. 1999년 이래 그는 친구였고 조언자였으며 스승이었습니다. 나는 늘 그의 대인적 풍모를 그리워할 것입니다. 그는 가르침대로 살았고, 자기 삶으로 이 지식을 증명한 것입니다. 이 책을 쓰면서도 이것이 그가 세상에 바친 공헌에 대한 추모의 작품이 될 줄은 몰랐습니다.

해를 거듭할수록, 휴먼디자인은 놀라울 정도로 정확하고 깊게 우리를 변화시킬 수 있음을 증명해주었고, 한 번도 실망시킨 적이 없습니다. 휴먼디자인을 통해 각성의 길로 들어서서 자신의 진실을 발견한 수천 명의 사람들이 있습니다. 당신도 당신의 독특함(고유함)을 알아채기 시작한다면, 다른 누구와도 같을 필요가 없다는 사실을 이해하게 될 것이고, 결국 당신이 태어났을 때의 본모습으로 살아가는 아주 놀라운 자유를 맛볼 수 있을 것입니다. 나 자신을 충분히 표현하며 살기에 조금도 늦지 않았습니다.

미지를 향한 새로운 여행을 축하드립니다.

린다 버넬
국제 휴먼디자인 학교 교장
2011년 캘리포니아

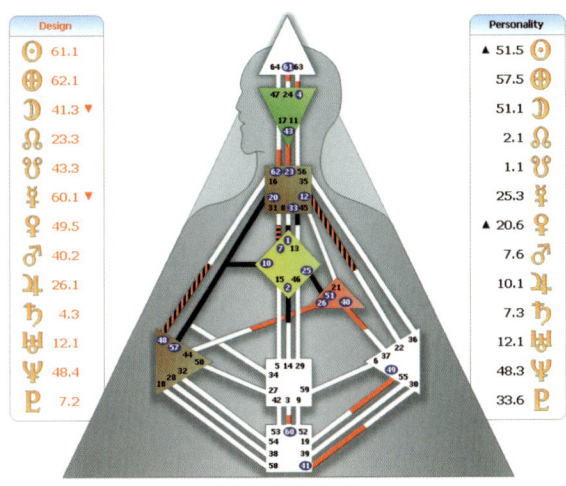

라 우루 후의 5/1 차트

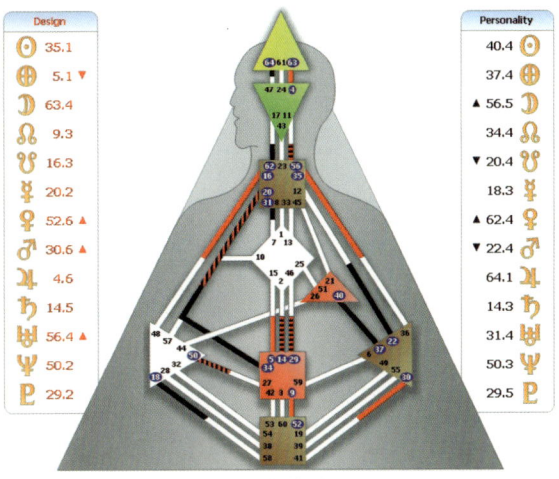

린다의 4/1 차트

한국의 독자들에게

휴먼디자인의 정수를 담은 이 책을 세계에서 일곱 번째로 한국에서 출간하게 되어 무척 기쁘게 생각합니다. 이 책에 담긴 지식은 그 어느 때보다도 급변하고 수많은 도전에 직면하는 시대에 살고 있는 우리에게 꼭 필요할 것입니다.

라 우루 후와 함께 이 책을 쓰게 된 일은 제 인생에서 가장 뜻 깊은 경험이었습니다. 이번 생에서 그와 마주친 것은 제 삶을 송두리째 바꿔놓은 일이었고, 깊이 감사하고 있습니다. 휴먼디자인이 전 세계에서, 그리고 이번에는 한국에서도 성장하고 있는 것을 본다면, 라 우루 후 역시 대단히 기뻐할 것이라 확신합니다.

나의 좋은 친구인 백승혁 선생에게도 감사를 드리고 싶습니다. 한국에 휴먼디자인 시스템을 처음 소개하고, 지금까지 이어지는 발전 과정에 초석을 놓은 분입니다. 이 책을 한국에 출간할 수 있도록 끈기 있게 한결같은 도움을 주신 것에 깊은 감사를 드립니다.

라 우루 후의 말을 하나 빌리고자 합니다.

"휴먼디자인을 통해 여러분의 디자인의 메커니즘을 아는 것만으로도, 인생의 엄청난 변화를 만들어낼 수 있습니다. 휴먼디자인 시스템은 여러분이 타고난 '코드'를 읽어내는 일입니다. 그런 수준에서 우리의 본성의 메커니즘을 세분화할 수 있는 것은, 대단히 심오한 능력입니다. 왜냐하면 우리의 완전한 본성을 그 미묘한 가운데서 드러내는 일이기 때문입니다. 휴먼디자인은 여러분의 삶에 단단한 기반이 되어주고, 삶을 받아들일 수 있게 해줌으로써, 삶의 과정에 곧바로 차별성을 가져다줄 것입니다.

휴먼디자인 시스템은 자기사랑self-love의 잠재성을 열어줍니다. 자신을 사랑하는 것은 더 큰 사랑으로 이어집니다. 삶 자체를 사랑하는 일과, 다른 이들을 이해함으로써 사랑하는 일입니다. 여러분의 디자인대로 사는 것을 즐기기를 바랍니다. 건강하게 살며, 스스로를 사랑하는 사람이 되기를 바랍니다." _라 우루 후

여러분의 디자인과 조화롭게 사는 것은 곧 깨어나는 일이고, 자각을 가지고 사는 일입니다. 자신을 다른 이들과 비교하는 것은 우리가 있는 그대로 사는 것이 옳지 못하다는 인상을 줄 수 있습니다. 스스로의 독특함과 고유함을 이해하기 시작하면, 우리 안의 무언가가 열리면서 긴장이 풀어지고, 우리 내부의 정수가 흘러나오며, 결국에는 우리의 참다운 본질이 드러나기 시작합니다.

"너 자신을 알라Know thyself." 휴먼디자인 시스템이 그 방법을 보여줄 것입니다.

린다 버넬

휴먼디자인 시스템은 신념 체계가 아니다. 당신에게 믿으라고 요구하지 않는다. 이것은 소설도 아니고 철학도 아니다. 존재의 본성을 보여주는 구체적인 지도이며, 당신이 타고난 코드이다. 우리 본성의 메커니즘을 이처럼 깊게 자세히 묘사할 수 있는 능력은 분명 엄청난 것인데, 왜냐하면 우리의 완전한 본성을 중요한 세부 요소들까지 모두 드러내기 때문이다. 휴먼디자인은 '이해'를 통해, 자신을 사랑하고 삶을 사랑하며, 다른 사람을 사랑할 수 있는 가능성의 문을 열어준다. _라 우루 후

휴먼디자인 개요
Introduction

레이브 만달라 THE RAVE MANDALA ™
TRADEMARK OF JOVIAN ARCHIVE CORPORATION AND
THE HUMAN DESIGN SYSTEM

몸에 대한 이 지식을 알게 됨으로써, 당신은 '나 자신으로 있기'가 무엇을 의미하는지를
완전히 체득하게 되는 발견의 여정, 그 모험을 시작하게 되었다.

Introduction
휴먼디자인 개요

자기 자신으로 살고,
각자의 독특함을 펼침으로써
삶을 완전히 바꾸는 실험

휴먼디자인 시스템은 '다름의 과학 the science of differentiation'이다.

우리들 모두가 '독특한 디자인'을 가졌고, 지구에 살면서 이뤄야 할 '특별한 목적'이 있다는 것을 보여준다. 개개인의 독특함과 고유함을 위한 무한한 가능성이 각자가 타고난 매트릭스 matrix 속에 놓여 있다. 굉장히 다양하고 많은 사람들이 있지만, 우리들 각자는 힘들이지 않고 자신만의 독특한 특성에 따라 살 수 있도록 하는 명백한 '전략 strategy'과 함께, 구체적이고 고유한 '휴먼디자인 Human Design'을 가지고 있다.

휴먼디자인은 믿음을 요구하지 않는다.

어쩌면 삶을 완전히 바꿔놓을 생생한 실험으로 당신을 초대하고, 자기 자신으로 살아가는 데 필요한 도구와 정보를 제공한다. 이렇게 '개개인에게 맞춰진 생생한 실험'이 아니었다면, 휴먼디자인은 정신적인 유희나 재미있는 정보로 이루어진 복잡한 시스템에 불과할 것이다.

수천 개의 차트 chart를 보더라도 분명한 한 가지는, 2개의 어떤 차트도 똑같지 않다는 것이다. 어떤 사람의 차트가 당신의 것과 흡사하더라도 그것이 당신일 수는 없다. '바디그래프 BodyGraph'라고도 부르는 휴먼디자인 차트는 우리가 어떻게 세상을 살아가야 하

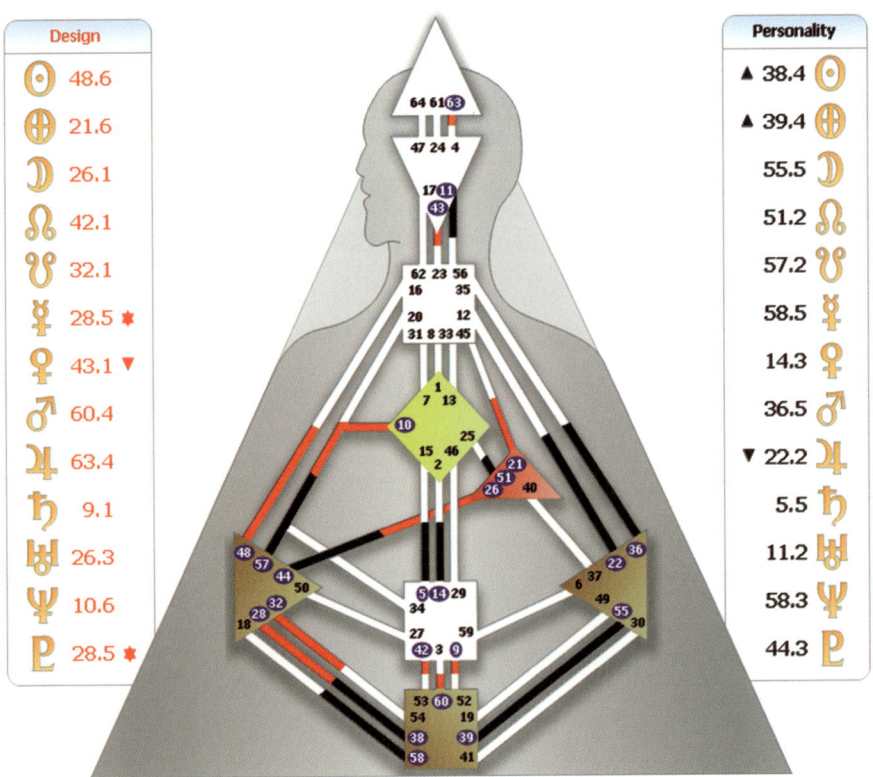

는지, 각자가 타고난 디자인을 알게 하는 정확한 지도와 사용 안내서이며, 우리의 독특한 내적 나침반이 어떻게 작용하는지 보여준다. 휴먼디자인 정보가 오기 전에는 한 번도 분명하게 우리의 모든 부분을 파악할 수 없었다. 누구도 빼앗을 수 없는 우리의 성향, 즉 의식적·무의식적인 우리의 부분들, 그리고 우리의 모습이 아니지만 우리라고 믿도록 교육받고 조건화된 성향들, 그 모두를 보여준다.

라 우루 후는 말한다.
"당신이 의지할 수 있는 뭔가에 당신이 의지해본 적이 없다. 당신이 믿을 수 없는 것을 당신은 평생 믿으려 했다. 당신이 믿어온 것은 당신의 모습이 아니다. 당신이 무시했던 것이 늘 당신이었다. 진정한 당신을 믿도록 노력하고, 어떻게 되어가는지 보라."
우리는 모두 각기 다르다. 이제 우리는 그 각자의 다름을 보고 파악할 수 있다. 우리는 우리의 진실을 각자 독특한 방법으로 표현하며 살도록 이 세상에 온 것이다. 이러한 사실을 아는 것이 삶의 무게를 덜어줄 수 있다. 우리는 얼마나 많이 다른 사람들과 비교되며 살아왔는가? 부모, 선생, 후견인들이 우리를 얼마나 다른 사람들과 비교하는 걸 들으면서 자라왔는가? 우리를 다른 사람들과 비교하는 것은 현재의 우리가 괜찮지 않다는 깊은 인상을 우리에게 남긴다. 이런 비교들과 우리가 어린 시절에 받은 조건화를 합치면, 우리는 다른 사람들에게 맞추고자 스스로를 바꾸려 하고, 이러한 행동들이 우리가 태어난 모습으로부터 더 멀리 우리를 떠나게 한다.

우리가 우리의 독특함을 이해하고 수용한다면 새로움에 대한 내적 열림이 시작되고 긴장을 풀 수 있다. 쌓이고 쌓였던 조건화는 천천히 떨어져 나가고 우리의 내적인 본질과 우리의 본모습이 서서히 나타나기 시작한다.

당신의 휴먼디자인 차트를 만드는 것이 첫 번째 단계다

이 책을 읽는 동안 당신은 친구와 가족의 차트도 보고 싶을 것이다. 아래의 휴먼디자인 관련 인터넷 사이트에서 차트(영어)를 무료로 만들 수 있다.

국제 휴먼디자인 학교(IHDS)	www.ihdschool.com
조비안 아카이브(Jovian Archive)	www.jovianarchive.com
휴먼디자인 미국	www.humandesignamerica.com
휴먼디자인 캐나다	www.hdcanada.org
휴먼디자인 영국	www.humandesign.info

다른 언어권의 휴먼디자인 조직들은 11장에 소개되어 있다. MMI 소프트웨어를 다운로드 해서 당신의 차트를 스스로 만들 수도 있다: www.jovianarchive.com

당신의 차트가 보여주는 것

- **당신이 타고난 구체적인 디자인** | 당신의 진정한 모습을 확인하고, 계속 변화하는 세상에서 어떻게 진정한 자신이 될 수 있는지, 어떻게 성공적으로 살 수 있는지를 보여준다.
- **깨어 있고 자각하는 삶을 사는 데 필요한 도구** | 저마다 독특한 삶의 목적이 자연스럽게 펼쳐질 수 있도록, 매 순간 올바른 결정을 내리는 데 필요한 당신의 '내적 결정권

personal Authority'으로 당신을 인도하는, 신뢰할 수 있는 '전략Strategy'을 제공한다.
- **당신의 전략** | 독특하며 창조적이고, 진화적 삶을 느긋하게 살도록 저항(좌절, 분노, 실망, 비통)과 두려움을 없애는 데 도움을 준다.
- **당신의 인간관계** | 사람들과의 관계 속에서 어떻게 끌림과 공명, 마찰이 발생하는지 이해할 수 있도록 돕는다.
- 당신의 활력을 높이고, 삶의 목적을 지지해주며, 당신의 진정한 여정을 함께 나눌 수 있는 사람들과 잘 지낼 수 있도록 안내한다.
- 다른 사람들의 차트를 이해하면, 가족이나 친구들처럼 가까운 사람들의 진정한 독창성과 개인적인 기질들을 알게 되고, 그들을 존중하고 서로 교류할 수 있는 가장 좋은 방법을 알게 된다.
- 차트는 아이들을 위한 최적의 환경을 만드는 법을 보여준다. 아이들은 각자 고유한 자아로서의 권한을 부여받고, 독자적인 사람으로 배우고 발전하게 된다. 이것이 가장 중요하다.

나는 누구일까 - 4가지 휴먼디자인 타입

당신의 차트는 세상과 교류하며 살아가기 위해 디자인되어 있는 방법인 도구들, 즉 타입Type, 전략Strategy, 내적 결정권Authority을 보여준다. 디자인은 수없이 다양하지만 오직 네 타입의 사람이 있다. 우리 각자는 그 네 타입 중 하나이고 당신의 타입은 평생 변하지 않는다. 다음은 네 타입에 대한 간단한 설명이다. (자세한 설명은 4장을 참고하라.)

- **제너레이터**Generator: **건설하는 사람**the builder | 인류의 70%를 차지한다. 제너레이터의 '전략'은 '일들이 다가오도록 기다려서 거기에 반응하는 것'이다. '반응'을 기다리지 않고 먼저 시작하면 일반적으로 '좌절감'을 느끼게 된다. 제너레이터는 지구의 생명력이며, 자신이 무엇에 반응하는가를 봄으로써 스스로를 깨닫도록 디자인되어 있다. '반응'을 통해 제너레이터는 삶과 일에서 만족을 경험한다. 제너레이터는 일을 함으로써 세상에 기여한다.
- **프로젝터**Projector: **안내하는 사람**the guide | 인류의 약 20%를 차지한다. 프로젝터의 '전략'은 이들의 특별한 자질을 인정받아 '초대가 오기를 기다림'으로써 삶에 참여하

는 것이다.

프로젝터는 초대 받음을 통해 인정과 성공을 경험한다. 기다리지 않고 혼자서 먼저 시작한다면, 저항과 거절을 경험하고 결국은 '비통한 마음'이 들기 쉽다. 프로젝터는 다른 사람을 이해하고 안내함으로써 세상에 기여한다.

- **매니페스터** Manifestor: **시작하는 사람** the initiator | 인류의 9% 정도를 차지한다. 매니페스터의 '전략'은 '행동하기 전에 자신의 결정을 알리는 것'이다. 이는 저항을 없애기 위해서이다. 매니페스터는 방해받기를 싫어하며 그들이 하는 대로 놔두지 않으면 '분노'가 생긴다. 매니페스터는 강한 영향력을 가지고 있으며, 다른 타입들에 앞서 일을 벌이도록 디자인되어 있다. 매니페스터는 일을 시작함으로써 세상에 기여한다.
- **리플렉터** Reflector: **분별하는 사람** the discerner | 인류의 1% 정도를 차지한다. 리플렉터의 '전략'은 '중요한 결정을 내리기 전에 달의 주기(28.6일)를 기다리는 것'이다. 리플렉터의 기쁨은 삶에서 경이로움을 발견하는 것이다. 전략을 따르지 않고 일을 시작하면 '실망'으로 끝나기 쉽다. 리플렉터는 인류의 재판관으로, 인류가 스스로에게 저지르는 부당함을 비춰주도록 디자인되어 있다. 리플렉터는 이것과 저것을 분명하게 구별하는 능력을 통해서 세상에 기여한다.

전략과 내적 결정권으로 살아보는 실험

휴먼디자인 시스템의 핵심은, 당신만의 고유한 디자인을 실질적으로 살 때에 당신에게 가능한, 잠재적인 깨어남 potential awakening*에 있다.

'전략'과 '내적 결정권'은 나중에 자세히 설명하겠지만, 당신이 '자기 자신'으로 살아갈 수 있도록 해주는 길이며, 당신의 진정한 모습을 확인시켜주고, '당신이 아닌 것'을 가려내어 놓아버릴 수 있게 해준다.

우리는 마음 mind**이 궁극적으로 결정을 내린다고 생각하며 살아왔다. 마음은 우리를 위해 이런 결정을 내리는 데 더 이상 적합하지 않다. 마음의 진정한 재능은 정보와 경험을 수집하고, 이것저것을 따지며, 다른 사람들과 나누기 위한 개념과 느낌을 주시하

---

* awakening _ 눈뜸, 깨달음, 깨어남, 자각, 각성.
** mind _ '마음'으로 옮겼지만, 생각, 정신, 지성, 기억, 이해, 의지, 기질, 의식 등 문맥상 복합적인 의미를 지니고 있다는 점을 고려해야 한다. 휴먼디자인 시스템에서는 주로 '몸 body'과 반대 개념으로 사용한다.

는 것이다. 마음이 우리를 위해 결정하지 않을 때에만 이것이 가능하다.

마음은 승객일 때에만이 최선의 능력을 발휘한다. 참여하는 관찰자로서, 삶이라는 영화를 보고 삶의 배경을 구경하면서 말이다.

독특한 우리들의 삶을 실질적으로 이끌어가는 것은, 우리가 들어가 살고 있는 몸body, 이 몸의 월등한 의식 또는 지성이다.

휴먼디자인 시스템은 우리 몸이 어떻게 작용하는지를 보여주고, 어떻게 그것이 내적 결정권의 원천이 되는지 보여준다. 우리들 각자는 몸의 의식을 써서 각기 다르게 결정하도록 디자인되었고, 각각의 디자인은 우리를 모두 각자의 행로로 가게 한다. 한 번의 잘못된 결정은 우리를 엉뚱한 결과로 이끌 수 있다. 생각으로 결정하는 것은 잘해야 반반의 추측이며, 마음은 개인을 안내하는 믿을 만한 도구가 아니다. 이 지구에서 살아남기 위하여, 우리 모두는 각자의 내적 결정권에 어떻게 접근할 것인가를 알아야 한다. 그 결정들은 몸의 깊은 곳으로부터 나와 우리에게 맞는 삶의 길로 되돌아가게 하거나, 그 길을 보여주며 각자의 진실을 순전히 살도록 북돋아준다.

깨어남awakening을 위한 휴먼디자인 시스템의 도구는 다른 어떤 것들과도 다르다. 일단 자신의 디자인을 알고 전략과 내적 결정권을 효과적으로 쓰는 방법을 공부하면, 그것이 얼마나 삶을 변형시키는지 실험을 통해 발견해갈 수 있을 것이다.

디자인된 대로 산다면, 당신의 마음은 객관적 관찰자로서 이전과는 다른 역할을 수행하여, 당신이 자유롭게 깨어 있는 승객으로서의 삶을 경험하게 해준다. 당신의 마음은 자기발견 과정에 참여하지만 당신의 매일매일 결정에 간섭하지 않아야 한다. 휴먼디자인은 그 길을 가르쳐주고 도구를 마련해주지만 그것을 쓰는 것은 당신의 결정에 달려있다.

> 자신의 전략과 내적 결정권으로 산다면 '해야만 하는 일'은 아무것도 없다. 일은 그저 일어나고 '당신'은 간섭하지 않는다. _라우루 후

진정한 자아

이 책에서는 트루셀프true self(진정한 자아)와 낫셀프not-self(자기가 아님)를 비교한다.

'트루셀프'를 이야기할 때에는, 세상의 저항 없이 나타나도록 디자인된 우리의 순수하고 자연적인 행동 패턴을 말한다. 같은 의미로 다르게 쓰는 말은 우리의 목적, 우리가 세상에 온 이유, 자기 자신으로 사는 우리의 모습이다.

'낫셀프'는 트루셀프를 가리는 조건화의 프로그램이다. 우리가 전략과 내적 결정권을 통하여 낫셀프를 깨닫게 되면, 그 뒤에 숨어서 늘 존재하는 진정한 자아를 서서히 알아차리게 된다. 자기혐오도 낫셀프에 근원을 두고 있으며, 그것은 우리가 받는 수많은 기대에 부응하지 못하는 자신을 미워하는 것이다. 편안하고 순수한 모습을 알고 받아들이며 그렇게 산다면, 우리는 자연스럽게 스스로를 사랑하게 될 것이다.

당신을 알고자 개인적인 실험의 여행을 계속하면, 다양한 가능성으로 나타나는 당신의 '낫셀프 조건화'와 그것이 만들어내는 저항을 볼 것이다. 그것을 정확하게 보면 볼수록 당신의 트루셀프를 확실하게 파악할 수 있다. 자신을 아는 것이 스스로를 사랑하게 만든다.

휴먼디자인은 우리의 몸으로 나타나는 삶의 방향, 건강, 안정성에 초점을 맞춘다. 일단 몸이 최상의 상태로 작용하기 시작하면, 마음psyche, 인격personality 또는 영혼soul의 빛이 우리의 모든 생각과 말, 행동에 부드럽고 힘찬 명료함으로 나타난다.

탈脫조건화 과정

'탈조건화deconditioning'란 '내가 아닌 것'을 놓아버리는 과정이다. 이것은 심오한 과정이라서 천천히 진행된다.

우리가 내적 결정권을 되찾아서 결정하는 방법을 바꾸고 살아간다면, 우리 몸의 세포들은 서서히 그 작용을 바꾸어나간다. 몸의 세포가 모두 새롭게 바뀌는 데 대략 7년이 걸리듯이, 우리의 삶도 7년 주기로 변화한다. 우리가 우리의 본성에 정렬하기 시작하는 순간이 우리의 몸이 저항 없이 살도록 허용되는 순간이며, 이때 우리는 탈조건화의 심오한 과정을 시작하는 것이다. 7년이 지나면 타고난 나 자신에 가깝게 변화된다. 쉽지는 않지만, 시작하기에 늦은 때란 없다.

옛날 동양에서는 철학자들이 행위의 방식으로 '무위 not-doing'를 옹호하였다.

내면의 안내에 내맡기는 삶에는 기분 좋은 느긋함이 있다. 깨어 있고 스스로를 자각하며, 진실하게 살고, 자신의 디자인과 조화를 이룬다는 것은, 균질화된 세상의 조건화된 기대 속에서 길을 잃고 정신없이 끌려가는 삶보다 훨씬 흥미롭다. 당신의 깊은 내면으로부터 결정하는 방법을 배워서, 다른 사람들을 따르지 않고 자신의 모습으로 스스로와 다른 사람들에게 도움을 준다는 것은, 그동안 참고 기다린 시간과 노력의 대가로 충분한 것이다. 당신을 아는 것이 당신을 사랑하는 것이다. 탈조건화는 앞으로 계속 이야기할 것이다.

저항의 신호들

타입, 전략과 내적 결정권을 통해서 진정하게 삶을 시작한다면, 그 과정이 순조로운지 저항이 오는지를 주시하기 시작할 것이다. 전략과 내적 결정권이 아니고 생각으로 결정하여 산다면 저항을 경험한다. 계속 생각으로 결정한다는 것은 자기의 삶을 사는 것이 아니다. 그런 행동으로부터 쌓이는 스트레스는 우리의 몸과 마음, 감정의 건강을 해치게 된다. 낫셀프의 테마(주제)인 분노, 좌절, 씁쓸함, 실망은 우리가 전략과 내적 결정권에 따르지 않고 옆길로 새어 저항이 생겼다는 신호이다. 달리 말하면, 우리의 낫셀프가 결정하여 저항을 받는 것이지, 우리의 트루셀프가 당하는 것은 아니다. 개인적으로 당한다고 생각하면, 우리는 저항을 트루셀프에 대한 거절이나 억압으로 생각하기 쉽다. 다른 한편으로 그 저항이 우리에게 무엇을 말하는가 알아챈다면, 그것은 우리의 접근 방법, 행동, 말투를 한 발 떨어져 다시 살펴볼 수 있는 기회를 줄 수도 있다. 우리가 아프거나 곤란에 처하고 사고를 당하게 되면, 계속되는 저항이 우리의 내면으로부터 비롯된 것을 알아차려야 한다. 우리가 진정한 모습으로 살게 되면 우리의 목적이 자유롭게 본래의 임무를 완수하여, 우리에게 완전한 만족, 성공, 자유 또는 경이로움을 가져 온다.

요점 - 새로운 깨어남

휴먼디자인은 새로운 종류의 깨어남 awakening이다. 몸과 마음이 그 자체의 적절한 역할을 따르도록 알아차리게 되는 과정이다. 전략과 내적 결정권에 따라 살아가는 동시에, 자기 디자인의 작동 방식을 이해함으로써 마음(생각)을 협력자로 만들도록 한다.

한번 우리가 트루셀프와 낫셀프를 이해하고 내적 결정권으로 삶의 결정을 시작하면, 우리는 마음의 지배나 그에 대한 집착으로부터 벗어날 수 있고, 다른 사람들을 도울 수 있는 놀라운 능력을 발휘할 수 있다. 그렇게 함으로써 우리는 깨어 있는 여행자가 되고, 우리의 마음은 삶을 바라보는 객관적 관찰자가 된다. 각 개인의 깨달음을 향한 길은 정교한 우리 몸의 놀라운 지성을 서서히 알아차림으로써 시작되며, 그 지성이 우리 삶의 나침판임을 굳게 믿는 것이다. 우리가 자신을 믿을 수 있다는 것을 확실하게 깨달을 때까지, 우리는 우리 마음의 장악력을 벗어나지 못한다. 우리가 가진 삶에 대한 능력을 전적으로 믿음으로써, 우리는 스스로를 더욱 수용할 수 있으며 자신과 다른 사람들 모두를 진정으로 사랑할 수 있다. 이렇듯 환상을 꿰뚫어보며, 깨닫고 자각하는 삶을 살아가는 것이 휴먼디자인에서 이야기하는 개인적 변화의 핵심이다.

이 책의 활용법

휴먼디자인 시스템은 깊고 복잡한 지식 체계이지만, 누구나 접근이 가능하다. 이 책은 당신이 하나씩 단계별로 이해할 수 있도록 만들어졌다. 각 장은 특정한 순서로 배열되었고, 필요한 용어들을 설명하면서 진행된다. 처음에는 한 장씩 순서대로 읽는 것이 도움이 될 것이다. 각 단계들이 어떤 것이고, 서로 어떻게 작용하는지 이해하게 되면, 이 책을 언제든지 펼쳐서 참고할 수 있을 것이다.

1. 휴먼디자인의 시작: 혁명적으로 새로운 관점의 기초
휴먼디자인 시스템의 기원과 기본개념을 소개한다.
당신의 근원을 향한 실험에 발판을 마련해줄 것이다.

2. 9개 센터Center: 에너지의 흐름
센터들을 이해하는 것이 휴먼디자인의 기본이다.
타입, 전략, 내적 결정권 그리고 궁극적으로 당신의 트루셀프(진정한 자기)를 해방시키기 위해서는, 각 센터가 어떻게 작동하는지 반드시 이해해야 한다.

3. 내적 결정권 Authority : 우리의 진정하고 고유한 진실

인생을 항해하고 우리의 참됨과 쓸모를 살려내기 위해서는, 각각의 결정decision들이 열쇠이다. 각자의 내적 결정권으로 결정하면, 스스로 주도권을 가지게 된다. 스스로 어떻게 결정하는지를 이해하면, 올바른 인생 행로를 따라갈 수 있게 된다.

4. 4가지 타입 Type 과 전략 Strategy : 우리의 디자인 살기

네 타입의 미묘한 의미와 각 타입별 '전략'들을 탐구한다. 제대로 인생을 항해하는 방법을 이해하면, 긴장을 풀고 각자 자기 삶의 목적에 내맡길 수 있게 된다.

5. 5가지 정의 Definition* : 에너지 역학

에너지 흐름의 경로를 이해하면, 우리가 정보를 어떻게 처리하며 어떻게 해야 다른 사람들과 최선의 상호작용을 할 수 있을지 알게 된다.

6. 회로 Circuit, 채널 Channel, 64 게이트 Gate : 생명력의 회로판

우리는 트라이벌tribal, 컬렉티브collective, 인디비주얼individual 생명력의 조합이다. 서로 지원하고tribal support, 나누며collective share, 용기를 북돋아주고individual empowerment, 변화시킴으로써mutation 우리가 세상을 만나도록 디자인된 방식이다.

7. 12 프로파일 Profile : 목적을 달성하기 위한 역할들

프로파일은 우리의 역할, 인생에서 우리가 보여주는 고유한 성격의 양상들을 나타낸다. 우리가 각자의 프로파일을 살아낸다면, 결국 삶의 목적을 만나게 된다.

8. 인카네이션 크로스 Incarnation Cross 목록 : 삶의 진정한 목적

진정한 삶의 결과로써 성취되고 표현되는, 우리 삶의 고유한 목적에 대해 소개한다.

---

* definition _ 한정, 명확화, 정의. 의미나 특성이 규정된 것.

9. 차트 읽기: 휴먼디자인의 용례

타입별 샘플 차트를 통해, 휴먼디자인 분석가가 차트를 읽는 복합적인 방식과 키노팅 keynoting*의 간단한 예를 보여준다. 전문적으로 훈련된 분석가에 의한 상세한 리딩은, 당신이 타고난 정보와 실용적인 도구들을 조합해서 이루어지며, 당신의 독특한 삶을 위한 것이다.

10. 64 게이트의 라인 해설: 더 깊은 탐구

더 깊은 휴먼디자인 시스템 탐구를 위한 도구. 괘효Hexagram Line 의 해석을 통해, 당신이 어떤 존재인지를 살펴보고 라인line(효爻) 수준의 특성들을 깊게 들여다볼 수 있게 된다.

11. 관련 자료, 용어 해설, 키노트: 추가 정보들

이 책에는 심오하고 실용적인 정보들이 가득하지만, 스스로 삶의 변화를 경험한 휴먼디자인 전문가들로부터 개별적으로 분석 받는 것을 대신할 수는 없다. 국제 휴먼디자인 학교(IHDS)에서 공인한 분석가 리스트는 www.ihdschool.com에 있고, 휴먼디자인 공인 단체들은 11장에서 확인할 수 있다. 더 깊이 공부하고자 한다면, 다음 사이트를 방문하라. www.jovianarchive.com 또는 www.ihdschool.com

---

* 휴먼디자인은 키노팅의 예술이다. 키노팅(키노트)이란 라 우루 후가 휴먼디자인의 특정 정보를 전달하기 위해 일반 단어들에 부여한 특별한 의미들을 말한다. 예로 '프로파일profile'이라는 말은 일반적으로는 옆얼굴, 옆모습 또는 개요라는 뜻으로 쓰이지만, 휴먼디자인에서는 '삶의 목적을 이루기 위한 역할'이라는 의미를 부여한다. 새롭게 부여한 의미를 가진 단어들을 이용하여 휴먼디자인을 설명하는 것 또한 키노팅이라 부른다.

대부분의 사람들은 문제에 대한 즉효약이나 빠른 해답을 바란다. 휴먼디자인 시스템은 심오한 지식이며 자각과 실험, 내적 성찰과 시간이 필요하다. 휴먼디자인이 당신에게 열쇠를 건네지만, 사용하는 것은 당신에게 달려 있다. 이것은 당신의 인생 사용 설명서이지만, 당신이 직접 뛰어들어가 시동을 켜고는 스스로 발견해야 한다. 체험 속에 그 묘미가 있다. _린다 버넬

이 여행을 시작해보겠는가?
당신이 초대받았다고 여기시길……

깨어남to be awake이란 정말 별것이 아니다. 우리가 그렇게 되기로 예정되어 있는 것이다. 얻기 위해 애써야 하는 어떤 고양된 상태가 아니다. 그건 말도 안 되는 소리다. 지금까지는 단지 그런 교육을 받지 못했을 뿐이다. 깨어남은 쉽다. 당신의 타입, 전략 그리고 내적 권위를 따라 7년간 살아보라. 그러면 당신은 마치 붓다처럼 깨어날 것이다. _라 우루 후

1장 / 휴먼디자인의 시작

Human Design from the Beginning

혁명적으로
새로운 관점의
시작

/

라 우루 후가 지중해의 작은 섬, 스페인령 이비사Ibiza 섬에 살 때인 1987년 1월에 두 사건이 일어났다.

첫 번째는 '보이스Voice(목소리)'와의 만남이다.
그 사건을 기록한 〈만남Encounter〉이라는 비디오에서 그는 1987년 1월 3일 저녁에 겪은 놀라운 경험을 이야기하고 있다. 8일 밤과 낮 동안 보이스가 그에게 들어왔으며, 그것이 이 우주의 시작과 작동에 대한 과학적 정보를 들려주었고 휴먼디자인 시스템을 알려주었다. 그는 이 경험으로부터 새로운 이름, 인생에 대한 다른 견해, 우주의 매커니즘에 대한 심오한 이해를 가지고 다시 깨어난다. 그 경험 이후 몇 년 동안 체계를 세우기 위한 실험이 뒤따랐다. 1987년부터 2011년까지 라 우루 후는 이 실용적인 희망의 지식을 세상 밖으로 전하기 위하여 모든 노력을 기울였다.

두 번째는 초신성supernova의 출현이었다. 엄청난 우주적인 사건으로, 칠레에서는 산 정상의 천문대에서 맨눈으로도 볼 수 있었다. 그것은 별의 일생에서는 죽음에 해당하는 사건으로, 갑자기 엄청난 폭발을 일으켜 대단히 밝아졌다가 어두워지는 별이 나타난 것이다. 그 별은 소멸되면서 우리 지구에 아원자subatomic 정보를 퍼부었고, 14분 동안 지구상의 모든 존재에게 평소의 세 배에 달하는 뉴트리노neutrino를 방출했다. 이 일이 인간의 의식에 끼친 충격과 흔적은 오늘날까지도 우리에게 나타나고 있다.

휴먼디자인 시스템, 즉 '다름(구별)의 과학Science of Differentiation'은 세상에 있는 어떤 것과도 근본적으로 다른 시스템이며, 직접적으로 '9센터 인간'의 변형을 이야기하는 유일한 자기지식self-knowledge 체계이다. 보이스에 의하면, 1781년은 인류의 자기자각self awareness 능력과 방향을 영원히 바꾸어 놓은 커다란 혁명적 변화가 일어난 해이다. 그것은 인류가 마음과 다른 사람들을 따르는 '7센터 인간'으로부터, 좀 더 섬세하고 내면을 따르는 '9센터 인간'으로 변화한 것을 뜻한다. 현재 지구상의 모든 사람은 9개 센터의 몸을 가지고 있다.

휴먼디자인 시스템은 2가지 유형의 과학을 통합했다. 고전적인 관찰 시스템인 점성학Astrology, 중국의 역경易經, 힌두 브라만의 차크라Chakra 시스템, 카발라의 생명의 나무Tree of Life, 그리고 현대의 지식 분야인 양자역학, 천문학, 유전학, 생화학 등의 융합이다.

논리적이고 경험적이며, 실용적 시스템인 휴먼디자인은 당신에게 어떠한 것도 믿으라고 강요하지 않는다. 이것은 당신의 본성을 실험하고 조사하며 성장시킬 수 있도록 당신의 의식에 기회를 주고, 당신에게 무엇이 맞는지를 스스로 찾도록 해준다.

PART 1 | The Human Design System

휴먼디자인 시스템

고대와 현대 과학의 융합

    천체물리학자들은 우리의 우주가 137억 년 전 빅뱅Big Bang이라 불리는 천문학적 사건에 의해서 시작되었다고 말한다. 그 사건에 대해 가장 놀라운 점은, 빅뱅 이전에 질량을 가진 모든 것은 원자보다도 작은 하나의 알갱이로 존재했을 것이라는 점이다. 무언가가 이 작은 '점'을 점화시켰고, 그 결과 일어난 폭발로 우주는 팽창을 시작했다. 팽창하면서 그 속도는 점점 더 빨라졌으며, 존재하는 모든 것들은 두 그룹으로 나뉘어 근본적 이원성을 띠게 되는데, 쿼크quark와 렙톤lepton, 즉 음陽의 그룹과 양陰의 그룹이 그것이다.*

    오른쪽 그림에서 보듯이 음의 그룹은 근본적으로 물질(질량이 있음)이며, 6종류의 쿼크로 이루어져 있다. 쿼크는 물질의 가장 작은 기본 입자이며, 다양한 조합을 이룬다. 과학자들은 쿼크에 'up(위), down(아래), strange(기묘함), charm(매력), beauty(아름다움),

---

* 현대 입자물리학의 '표준모형Standard Model' 이론에 따르면, 모든 물질은 중입자重粒子인 쿼크 6종류와 경입자輕粒子인 렙톤 6종류, 그리고 이들 각각의 반입자反粒子로 구성되어 있다고 한다.

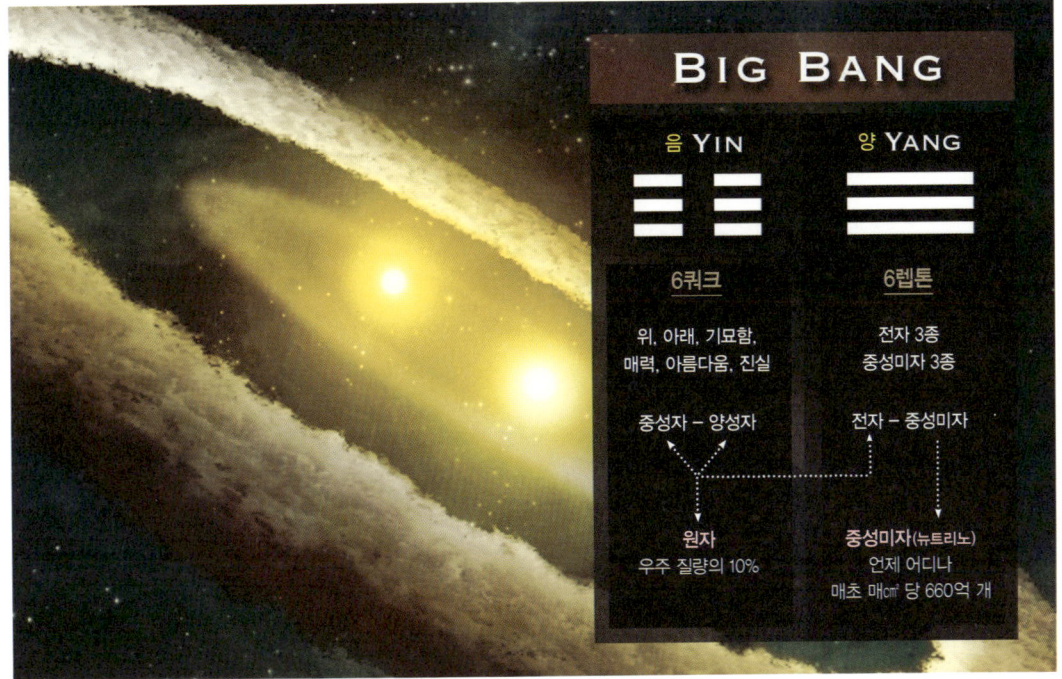

truth(진실)'이라는 이름*을 붙였다. 여섯 종류 중 2가지up, down가 2그룹을 만들며(up, up, down, 그리고 down, down, up), 그 두 그룹이 각각 원자atom의 양성자proton와 중성자neutron를 형성한다. 양성자는 양(+)의 전하를 띠며, 중성자는 전기적으로 중성이다.

이원성의 또 다른 쪽에는 양의 그룹이 있으며, 그것은 순수 에너지 또는 빛으로 간주된다. 이 그룹이 렙톤이라 불린다. '작거나 얇다'는 뜻의 그리스어 'leptos'에서 유래한다. 마찬가지로 6가지의 렙톤이 있으며, 3종류의 전자electron와 3종류의 뉴트리노neutrino로 나뉜다.** 전자는 음(-)의 전하를 띤 입자이며, 뉴트리노는 전기적으로 중성이므로 중성미자中性微子라고도 부른다. 전자와 양성자, 중성자가 모이면 원자를 만든다. 과학자들은 이 세상의 질량을 가진 원자 물질들, 즉 별들, 은하계들, 성단들 그리고 우리 사람들까지 모두 합쳐도 전 우주의 10% 이하에 불과하다고 말한다. 나머지 또는 모든 것들 사이의 공간은 암흑 물질과 암흑 에너지로 이루어져 있다고 한다. 이제 신비로운 뉴트리노에 대해 이야기해보자.

---

* 이 책에서는 맨 끝의 2가지를 beauty, truth라고 했지만, 일반적으로 위up/아래down, 기묘함strange/매력charm, 바닥bottom/꼭대기top 의 3가지 조합, 총 6가지 종류로 쿼크를 구분하여 부르고 있다.
** 렙톤(경입자)은 전자, 뮤온muon, 타우tau, 전자중성미자, 뮤온중성미자, 타우중성미자의 6가지로 구성되어 있다.

뉴트리노 – 첫 번째 예언의 적중

라 우루 후는 그의 특이한 경험을 통해, 뉴트리노(중성미자)가 어떤 흔적을 남길 수 있으며, 이는 뉴트리노가 질량을 가지고 있기 때문이라고 예언했다. 이것은 그 당시 과학적으로 증명되지 않은 내용이었다. 처음에 과학자들은 뉴트리노가 광자photon처럼 순수 에너지라고 믿었으나, 빛보다 1~2% 늦은 속도를 볼 때에 순수 에너지라고 볼 수는 없는 것이었다. 이 첫 번째 예언은 11년 뒤 과학적으로 증명되었다. 1998년 과학자들은, 이 발견하기 힘든 미립자들의 가장 큰 것들이, 양성자의 100만분의 1정도로 아주 작은 무게를 가진 미립자라는 사실을 발견한다. 뉴트리노는 질량이 있으므로 정보를 담을 수 있지만, 너무 작기 때문에 원자로 된 물질을 아무런 저항 없이 통과한다.

이 자그마한 우주의 배달부들은 별들의 호흡, 항성 핵융합이 내뱉은 에너지라 불리고, 우주의 그 어느 것보다 양이 많다. 매 초마다 지구상의 모든 평방 인치당 3조 개의 뉴트리노가 그 물질적 정보와 함께 우리를 통과한다. 지구와 가장 가까운 별인 태양은 태양계를 가로지르는 뉴트리노의 약 70%를 만들어낸다. 나머지 30%는 은하계의 다른 별들로부터 오고, 아주 적은 양만이 목성으로부터 온다.

뉴트리노는 옛날 사람들이 말하던 기氣나 프라나prana의 현대적 해석이라고 할 수 있다. 이 불가사의한 입자들이 정보와 함께 쉼 없이 우리를 통과하고 있으며, 이것은 우리들이 광대하고 지속적이며 피할 수 없는 정보의 장場 속에 살고 있음을 의미한다.

의식의 크리스털들

과학자들이 우주 팽창의 시작이라고 말하는 빅뱅을, 보이스는 좀 더 커다란 관점에서 해석한다. 보이스는 빅뱅을 우주의 시작이 아니라, 단지 우주의 잉태라고 말한다. 그 말은 우리의 우주가 살아 있는 하나의 생명체이며, 아직도 팽창하며 출생을 향해 나아가는 태아라는 것이다.

보이스에 따르면, 태초에 우주의 모든 정보(원자적)를 담고 있는 우주적인 알egg, 즉 음陰의 알이 있었다고 한다. 그 알의 구조는 크리스털(수정) 같다고 한다. 사실 크리스털은 아니지만, 이 단어가 우리에게 대략의 모습을 떠올릴 수 있게 해준다. 한편 또 다른 수정水晶의 구조를 가진 양陽의 씨seed가 있었다. '음의 알'과 '양의 씨'가 빅뱅에서 만났을 때, 팽창하는 우주를 따라 끝없는 크리스털의 양상aspect들이 흩어져 나갔으며, 각 양상

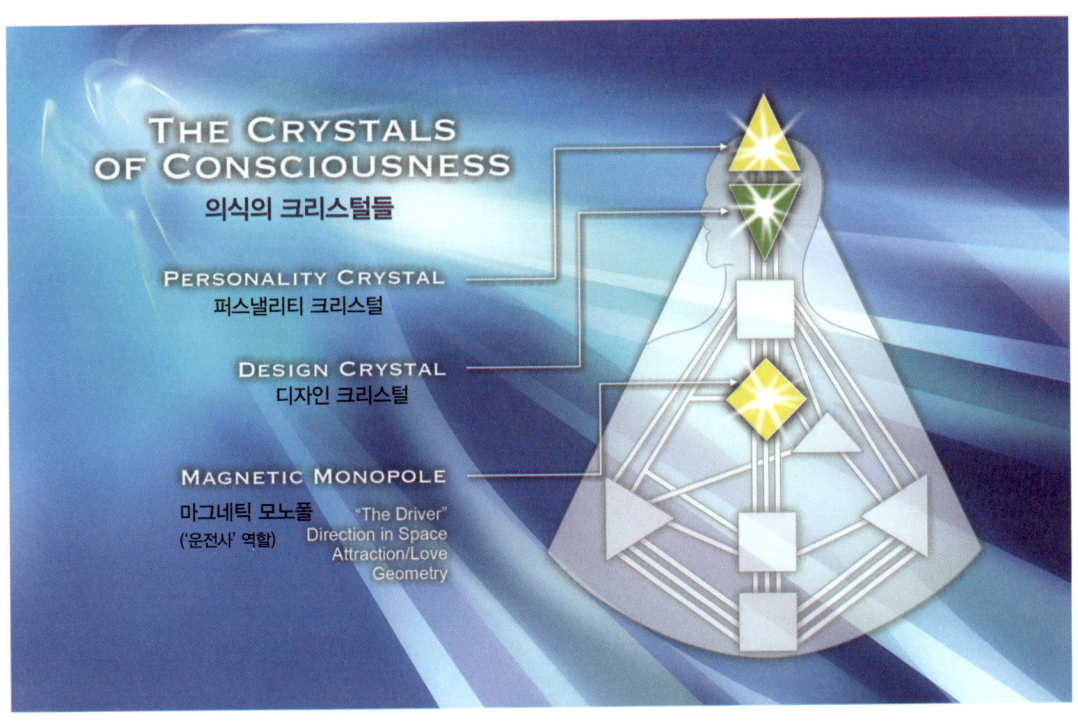

들은 원래 가진 음/양의 성향을 띤 '의식consciousness'을 포함하게 되었다. 우리가 상상할 수 있는 모든 것들과 지구의 모든 생명체들은, 심지어 무생물체까지도 이러한 '의식의 크리스털'을 가지고 있다. 1장의 2부에서 우리는 이 크리스털들이 어떻게 우리 몸에 들어 있는가를 설명할 것이다.

인간에게 의식의 '퍼스낼리티 크리스털Personality Crystal'은, '양의 씨'의 양상으로, 바디그래프BodyGraph의 맨 위 헤드 센터 상부(두개골 바로 위)에 있다. 이 퍼스낼리티 크리스털은 당신이 자신이라고 믿는 모습을 드러내고, 승객 또는 승객 의식passenger consciousness이라고 불린다.

의식의 '디자인 크리스털Design Crystal'은 '음의 알'의 양상을 띠고 아즈나 센터에 들어 있으며(두 눈썹 사이), 몸의 유전적 형질을 나타내거나 육체로 나타난다. 이것은 운반체vehicle 또는 형체 의식form consciousness이라고 불린다.

이 두 크리스털 사이의 관계는 '디자인 크리스털'이라는 운반체(몸)에 올라탄 '퍼스낼리티 크리스털'이라는 뒷자리 승객(마음)과 같으며, 여기에 차를 운전하는 운전수(마그네틱 모노폴)가 따로 존재한다.

마그네틱 모노폴 – 두 번째 예언의 적중

운반체의 운전수, '마그네틱 모노폴Magnetic Monopole(자기 단극)'은 보이스가 설명한 세 번째 주요 요소이다.

2009년 9월 4일, 과학자 커뮤니티에서 마그네틱 모노폴의 존재를 확인했노라고 발표했을 때 두 번째 예언이 적중했다. 간단히 말해 마그네틱 모노폴은 N극이든 S극이든 하나의 자기적 힘만을 가지고 있는 미립자이다. 탐색이 시작된 1920년대 초부터 아직까지 지구에서는 발견되지 않았다.

보이스에 의하면 사람의 마그네틱 모노폴은 G센터인 흉골에 위치하고 있으며, 2가지 작용이 있다. 첫 번째, 그것은 우리가(그리고 모든 것이) 나뉘어져 있다는 '착각' 속에 우리를 묶어놓는다. 오직 끌어당기기만 하는 자석 또는 단극으로서, 그것은 퍼스낼리티 크리스털과 디자인 크리스털을 결혼시켜 두 사람을 함께하듯 묶어놓는다. 마그네틱 모노폴의 두 번째 작용은 우주공간 속에서 시간의 흐름에 우리를 연결시킴으로써 우리가 말하는 운명(인생의 기하학이나 행로를 따름)으로 이끌어간다. 이 연결은 전차가 차 위의 전선망에 연결되어 움직이는 것과 비슷한 모습이다. 모든 생명체는 마그네틱 모노폴을 포함하고 있다.

내비게이션 시스템의 세 요소

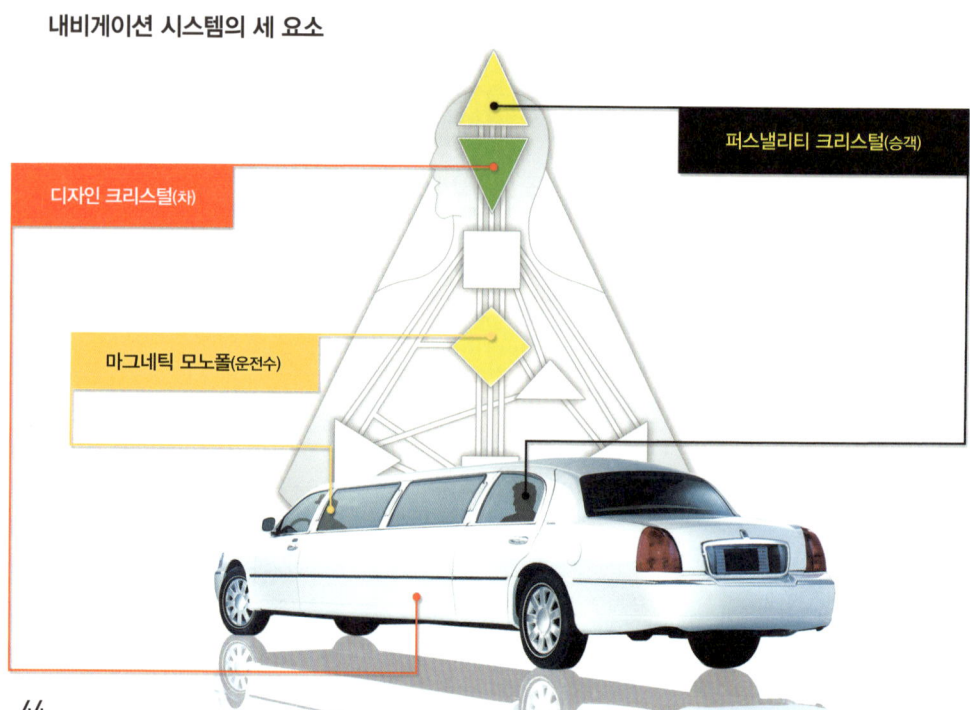

탈것, 승객, 운전수의 예로 돌아가서, 리무진을 어떻게 몰고 어디로 가야 하는지 정확히 알고 운전석에 앉아 있는 운전수를 상상하자. 차는 디자인 크리스털이고 운전수는 마그네틱 모노폴이다. '스스로 생각하는 자신의 모습'인 퍼스낼리티 크리스털은 운반체도 아니고 운전수도 아니다. 퍼스낼리티 크리스털은 어디를 어떻게 갈지 모르며, 단순히 승객일 뿐이다. 승객은 조용히 쉬며 경치나 구경하면 되지, 운전수와 말다툼을 해서는 안 된다. 삶을 위한 휴먼디자인 정보는 승객이 뒷자리에 편히 앉아 드라이브를 즐기도록 만들어준다.

7센터에서 9센터 존재로의 변화

1781년 허셜Frederick W. Herschel이 천왕성을 발견한 것과 함께, 매우 진화된 9센터 몸을 가진 인간들이 마음 중심의 7센터 호모사피엔스를 대체하는 '천왕성 시대Uranian Era'로 진입하였다.

1800년대 후반에 그 과정이 완성되고, 현재 우리들은 모두 9센터 인간 또는 "변화 중인 호모사피엔스(라 우루 후가 7센터 인류인 호모사피엔스와 구별하기 위해 만들어낸 말)"이며, 이 말은 또한 2027년에 나타날 더 진화된 새로운 인간형과도 구별하기 위한 명칭이다.

이 역사적으로 중요한 진화의 순간은, 전략적 사고에 의한 지성을 통해서, 생존에 매달려야 하는 우리의 모습으로부터 졸업하게 되는 순간이기도 하다. 생존에 대한 걱정을 해결하는 것으로부터 자유로워진 9센터 몸은 다시 한 번 자연의 흐름과 조화를 이루게 된다. 우리의 몸에서는 솔라 플렉서스Solar Plexus* 센터에서 일어나는, 복잡한 신경학적 진화를 돕는 섬세하지만 분명한 유전학적 변화가 생기고 있으며, 그 변화는 2027년에 그것이 영적 깨달음의 센터로 완성되는 준비 과정이기도 하다. (솔라 플렉서스 센터, 아래의 스플린 센터 등은 2장에서 자세히 설명한다.)

'변화 중인 호모사피엔스(호모사피엔스 과도기형)'가 지구상에 존재해온 최근 230여 년과 비교하면, 호모 사피엔스의 오랜 진화 과정에 대한 이해는 이러한 변화의 시기에 임시적인 존재로서 살아가는 우리가 얼마나 광범위한 영향을 받고 있을지를 시사해준다. 이것은 우리가 결정을 내리고, 다른 사람들과 교류하며, 과거의 통제 방식을 벗어나는 방법과 함께 의식적이고 깨어있는 존재로서 우리의 모든 잠재력을 달성하는 데 영향을 끼친다. 간단히 말해, 본능적인 스플린Spleen 센터의 지성과 날카로운 생존 감각에 의존해온 5센터의 네안데르탈인들은, 자연 속에 들어 있는 영들의 힘에 깊이 의존하여 살았을 것이라고 인류학자들은 추측한다. 그들은 자연법인 태양과 달의 주기와 조화를 이루며 작은 가족 단위로 살았던 평화롭고 비공격적인 사람들이었다.

크로마뇽인들의 진화가 수천 년간 계속된 후 우리의 조상들인 7센터의 호모사피엔스, 즉 현대인으로의 진화의 토대가 마련된다. 그들의 진화는 우리의 후두부가 변환되는 8만 5000년 전에 크게 이루어졌고, 대뇌 피질의 공간이 커지면서 신피질과 시각 피질의 신경학적인 발전이 일어났는데, 솟아오른 앞이마와 두 눈으로 보는 시야가 우리 종에 공통적으로 나타난다. 실존적이고 본능적이며 즉각적인 스플린의 인식은 얼마 되지 않아 음성으로 의사표현을 하기 시작한 정신적인 인식에 의해 가려졌다.

이러한 변화는 인간을 다른 동물들과 지속적으로 구별하게 만들었다. 다양한 소리를 반복적으로 만들고 체계화할 수 있는 능력은 '언어'로 발전되었다. 소통하고 정보를 공유하는 독특한 능력은 협력과 전문화의 길을 열었고, 결국 공동체가 만들어졌다. 이 모든 진화의 특징들은 호모사피엔스 번영의 일부로, 개인과 집단을 지배하는 새로운 차

---

* 태양太陽신경총神經叢, 복강腹腔신경총이라고도 하며, 명치 또는 명치에서 배꼽 사이의 내장 부위에 형성되어 있는 신경섬유의 집합.

원을 열었다.

  크로마뇽인의 특성인 형태의 생존과 자연 흐름에 순응하던 생활에서, 자연의 흐름을 지배하는 '전략적인 마음strategic mind'의 힘에 초점을 맞추고 이를 숭배하는 것으로 강조점이 바뀌었다. 이것이 호모사피엔스가 먹이사슬의 정상을 차지하도록 하였다. 영리하고 창의적인 전략적인 마음은 생존의 두려움을 환경과 사람들을 통제하기 위한 전략으로 바꾸어놓았다. 호모사피엔스는 그들의 난폭한 정복을 정당화하기 위해, 그리고 자신들을 안내하고 구원하고 후원해줄 외부적 권위, 즉 신들과 성직자들, 왕 등의 힘에게 의존하도록 조건화되었다.

  1781년에 전략적인 마음은 7센터 인간의 가능성을 최고조에 다다르게 한다. 9센터의 '변화 중인 호모사피엔스'로 넘어가게 된 것이다. 7센터 호모사피엔스는 토성 주기로 대표되는 짧은 기대수명을 가지고 있었다. 우리의 새로운 9센터 몸은 천왕성 주기로 대표되는 84세의 기대수명을 가진다. 늘어나는 정보를 종합하고 관리하며, 미래에 필요한 기술들을 개발하기 위하여 오래 사는 것이 필요해진 것이다. 7센터 인간들은 번식을 위한 유전적 압박에 떠밀려 '섹스'를 통해 교감을 찾았다. 9센터 인간들은 '의식/자각awareness'을 통해 교감하기 위하여 존재한다. 미래에 나타날 우리의 소통 방법과 상호교류의 양상들은, 9센터 인간으로서의 완전한 삶을 향한 변화의 본질적인 부분이다.

  1987년에 이르러 전 지구에 높은 자각의 가능성이 넘쳐나게 되면서, 마음의 지배와 몸의 의식 사이에는 긴장이 고조되었다. 이러한 문제를 효과적이고 실질적으로 해결할 휴먼디자인 시스템이 나타날 때가 된 것이다. 근본적으로 얘기하면 우리의 운반체, 즉 매우 진화한 우리 몸은 하나하나의 결정을 통하여 우리를 이끌도록 디자인되었다. 우리는 더 이상 외부의 권위에 기대어 생각을 통해 결정하는 것이 필요하지 않다. 이는 결정 과정을 통제하는 일에 익숙한 예전의 전략적 마음에 엄청난 충격이다. 타입, 전략과 내적 결정권을 통해, 휴먼디자인은 7센터의 심리적 외부 권위로부터 오라aura와 관련된 9센터 몸의 혁명적인 개인적 권위로 옮겨 가는 진화 과정을 연결시켜준다.

PART 2 | The Rave Mandala

레이브 만달라

4개의 고대 비전들과 현대 과학의 통합

오른쪽의 아름다운 만달라Mandala*는 놀라운 구조체이다. 그 중심에는 64개의 게이트로 이루어진 인간의 기본 밑그림, 다시 말해 휴먼디자인 시스템에서 가장 중요한 특징인 '레이브 바디그래프Rave BodyGraph'가 있다. 이 만달라는 4가지의 고대 비전 내지는 과학, 즉 생명의 리듬과 흐름, 우주, 그리고 그 안에서 인간의 본질적인 위치를 이해하기 위한, 뚜렷이 다른 4가지 체계로 구성된다.

서양의 점성학Astrology과 동양의 역경易經은 만달라의 바깥 고리를 이루고, 힌두 브라만의 차크라Chakra 시스템과 카발라 생명의 나무Tree of Life는 만달라 안쪽 바디그래프BodyGraph 구성의 기초가 된다. 이것들은 모두 새롭고 다면적이며 아주 복잡한 시스템의 기초를 형성하여, 삶의 신비와 우주의 메커니즘을 이해하는 포괄적인 수단, 즉 휴먼디자인 시스템을 우리에게 제공한다.

---

* 원형, 단壇을 의미하는 산스크리트어로, 주로 우주의 진리를 나타내는 둥근 그림의 형태로 표현. 흔히 만다라曼茶羅/曼陀羅라고 음역 하여 쓰이며, 이 책에서는 '만달라'로 표기했다.

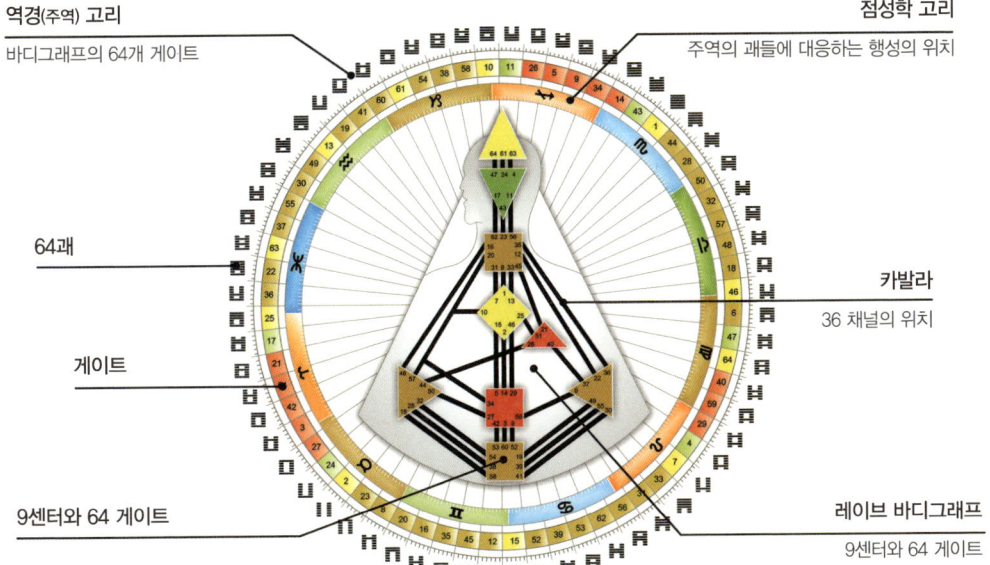

뉴트리노와 마그네틱 모노폴은 만달라에 생명을 불어넣는 역할을 하며, 4개의 고대 시스템 각각은 이 만달라 구조체에서 서로의 관계와 기능을 보여주기 위해 개별적으로 논의될 것이다. 이 전체의 시너지 효과는 각 부분을 단순히 합친 것보다 훨씬 뛰어나다.

> 휴먼디자인은 세계화와 통합의 시대인 현대의 거울이다. 여기에는 상대적인 절대성에 집착하여 인류가 하나임을 간과하도록 조건화를 지속할 위험성도 도사리고 있다. 그러나 휴먼디자인은 어떤 하나의 길만이 있음을 보거나 수용하라는 것이 아니다. 모든 것이 모여 하나가 된다. 통합은 여러 문화와 집중되고 축적된 지혜의 전부를 수용하며, 예전부터 전해오는 지식들의 가치를 무시하거나 버리지 아니한다. 통합은 그 모두를 모아 지구적 체계를 세우고 그 안에서 각각의 문화가 존중되고 인정되도록 한다. 진화의 과정에서 각각의 문화는 진리의 여러 면모를 탐험하고 발견해왔다. 이러한 다양한 면모의 통합은 결국 하나의 완벽한 지식 체계를 창조하였으며, 수학의 법칙이 보여주듯 전체는 각 부분의 산술적 합보다 위대한 것이다. _라 우루 후

점성학: 만달라의 안쪽 원

360도를 이루는 만달라의 안쪽 원은 서양 점성학에서 12개 별자리를 나타내며, 밤하늘에 나타난 별들의 운행을 관찰하여 만든 것이다. 휴먼디자인 시스템에서는 만달라를 통해 시공간에서 일어나는 두 번의 순간을 기록하고 계산한다. 첫 번째는 당신의 출생시간에 따른 '퍼스낼리티 데이터Personality data'이고, 두 번째는 출생 전 3개월 또는 만달라에서 88도를 출생 전으로 되돌려 계산하는 '디자인 데이터Design data'이다. 이 2가지 계산이 휴먼디자인 시스템을 전통적인 이전의 점성학과 구별시킨다. (데이터 계산은 3부에서 자세히 다룬다.)

우리는 거대한 별들의 집단들로 둘러싸여 있으며, 별에서는 관통하는 물체와 정보를 주고받는 뉴트리노가 생겨 나온다. 관통하는 과정에서 뉴트리노의 초미세질량과 관통 당하는 물체 사이에 일정한 소통이 생겨나는 것이다. 예를 들어 화성을 통과하면 화성과의 소통이 생겨난다. 화성을 통과한 뒤 인간을 통과하면 또 다른 교환이 생겨난다. 검은 차와 흰 차가 부딪치면 양쪽 차에 상대쪽 페인트가 조금씩 묻어 있는 것처럼 말이다. 차들이 서로의 영향을 주고받는 것처럼 우리도 뉴트리노와의 만남으로 바뀐다. 각 행성들은 이렇게 뉴트리노의 흐름을 통해 우리에게 그 성질을 전해주는 것이다. 우리 모두가 똑같은 뉴트리노의 프로그램 아래 놓여 있지만, 그것이 나타나는 양상은 앞에서 말한 2가지 시점 계산에 의해 정해진다.

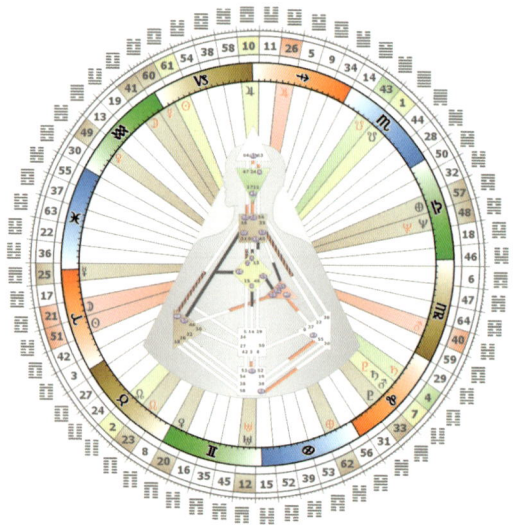

역경易經: 만달라의 바깥쪽 원

> 휴먼디자인 만달라에 결합된 정보는 특별한 것이며, 그 균형의 아름다움도 놀랍다. 원을 둘러싼 괘卦, hexagram들은 코돈codon, 즉 우리의 유전자 코드와 직접적으로 연결되어 있다. 인체의 아미노산 코돈이 작동하는 방식은 특정 각인imprint을 통해 이루어진다. 세포의 구조에서 세포핵과 더 깊이 DNA로 들어가보면, 인간의 모든 기본적 구성들이 그 안에 들어 있음을 발견할 것이다. 혈액세포든 근육세포든 다 마찬가지다. _ 라 우루 후

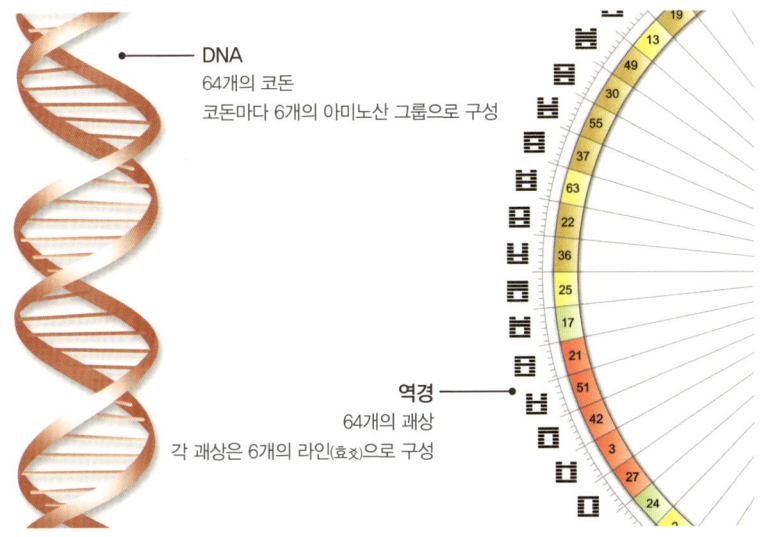

DNA
64개의 코돈
코돈마다 6개의 아미노산 그룹으로 구성

역경
64개의 괘상
각 괘상은 6개의 라인(효爻)으로 구성

중국의 고전인 주역(역경)은 삶의 여러 양상을 나타내는 전형적인 '지혜의 사전'과 같다. 주역이 여기서 특별한 것은, 철학적인 면이나 윤리적인 면보다 64괘의 놀라운 수학적 구조이다. 특히 만달라 바깥쪽 원을 형성하는 64개의 숫자는 주역의 64괘卦를 나타낸다. 64괘 각각은 음 라인Line와 양 라인의 조합으로 이루어진다. 하나의 괘마다 각각 6개의 라인(효)이 있으므로 라인의 총합은 384개이다. 1라인부터 6라인까지 차지하는 위치에 따라 나름의 독특한 정보를 지니고 있다.

1950년에 유전자 구조를 처음으로 알아낸 생물학자 왓슨James Watson과 크릭Francis H. C. Crick은, DNA 코돈과 역경의 64괘 사이에 똑같은 이원적 구조가 있음을 발견하였다. 우리의 유전자 코드는 4개의 화학물질로 구성된 세 그룹으로 되어 있으며, 역경의 64

괘가 상하 각각 3개의 라인(효爻)으로 이루어진 것과 같다. 각각의 화학 그룹은 하나의 아미노산에 연관되어 코돈을 구성한다. 우리의 유전자 코드는 64개의 코돈으로 되어 있고, 주역에도 또한 64개의 괘가 있는 것이다. 만달라 바깥쪽 원에 있는 64개의 괘상은 바디그래프에 게이트gate로 표시되고, 우리 유전자에 각인된 정보와 개개인의 특성에 대한 독특한 세세함을 나타내 보여준다.

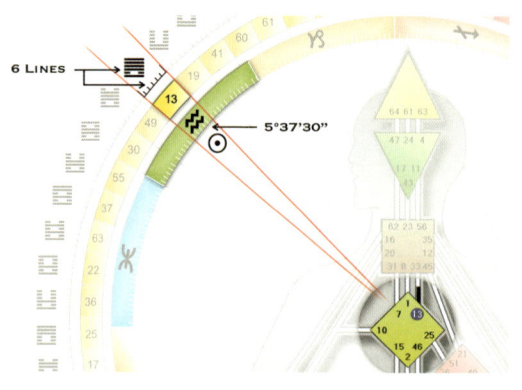

64괘(게이트)와 각도와의 관계

일반적으로 만달라 안쪽 원은 계산을 위해, 바깥쪽 원은 해석을 위해 쓰인다. 그림은 64괘와 그에 해당하는 게이트의 위치, 그리고 바깥쪽 원에서 이루는 호arc의 범위를 보여준다. 각 괘의 위치를 정하기 위해서는, 64개 괘가 모두 384개의 효line로 구성되는 한편, 점성학의 12개 하우스house는 각각 30도씩 총 360도를 이루고 있다는 사실을 다시 떠올려봐야 한다.

바깥의 384개 라인과 안쪽의 360도를 맞추어보면, 우리는 64괘 하나가 5도 37분 30초의 각도를 차지하고 있음을 볼 수 있다. 이 각도가 우주공간에서 우리가 각인되는 위치이고, 행성이 그곳을 지날 때마다 뉴트리노의 흐름에 의한 정보의 교환이 나타나는 곳이다.

우리가 태어날 때 우리는 차트의 특정한 행성(또는 달의 노드node)과 게이트의 특성에 의해 각인된다. 그 순간에 뉴트리노의 흐름에 따른 정보는 우리에게 각인되어 평생 동안 남아 있다. 그 순간은 포착되어 곧바로 우리의 '정의definition'이자 청사진으로, 바디그래프에 기록된다.

위 그림에서 계산의 예를 볼 수 있다. 우리가 안쪽 점성학의 원으로 행성의 위치를 찾아내면, 바깥쪽 원에서 그와 연관된 64괘(게이트)를 알 수 있다. 위의 예에서는 태양이 물병자리에 있으며, 주역의 열세 번째 괘에 들어 있음을 볼 수 있다. 이 정보는 바디그래프에서 자세히 다루며, 나중에 다른 장에서 설명하기로 한다.

9개의 센터들: 차크라 시스템

융합의 세 번째인 인도의 차크라 시스템은 9개의 센터로 나타난다. 전통적 차크라 시스템과 바디그래프 9센터의 다른 점은, 쉽게 말해 2개의 센터가 늘어난 것이다. 이 차이는 1781년에 생긴 우주적 변화를 나타내고, 인류가 7센터에서 9센터로 진화하는 과정의 시작을 알린다.

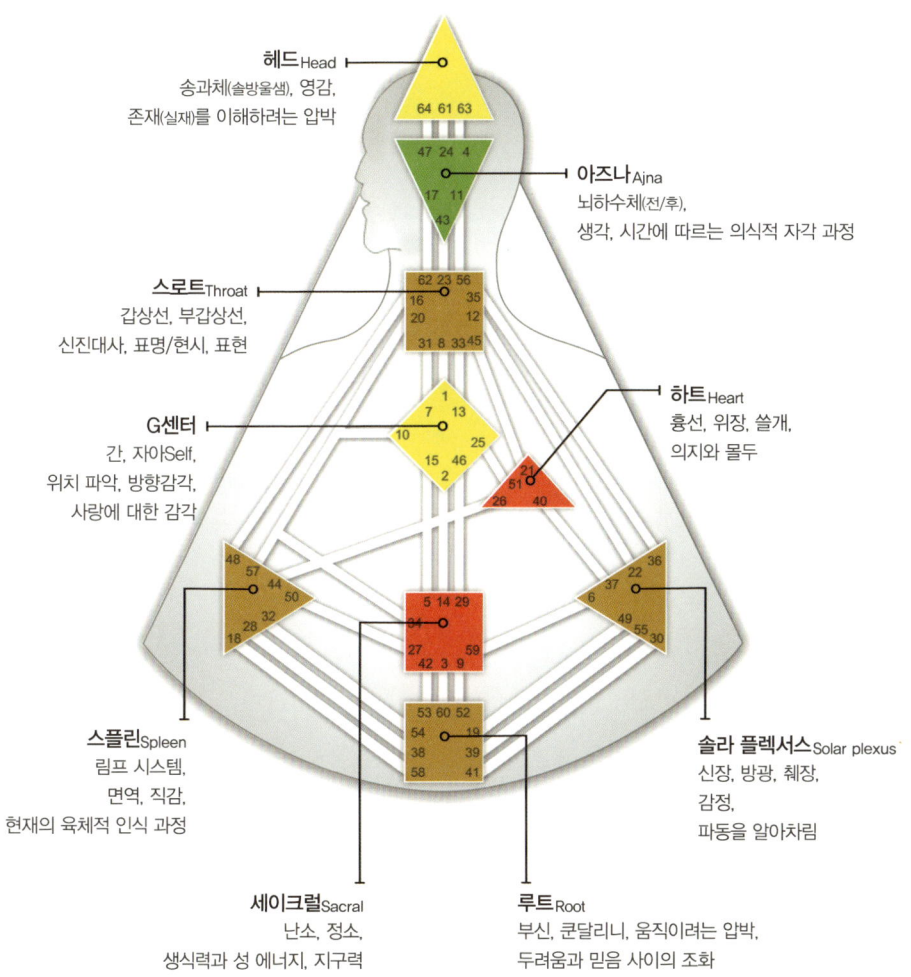

이 과정은 단순히 두 개의 센터가 늘어난 것만이 아니고 육체의 복잡한 내적 재구성을 포함한다. 각각의 센터는 독특한 생물학적 연관성을 가지고 있는 에너지 중추이다.

카발라 – 생명의 나무: 36개 채널과 64개 게이트

카발라 전통인 조하르Zohar로부터 온 '생명의 나무The Tree of Life'는 네 번째 구성 요소이다. 이것은 게이트를 통하여 각 센터를 연결하는 에너지 통로로 나타난다. 채널channel로 불리는 이 통로들은 살아 있는 회로를 만들어 바디그래프를 통일시키며, 그 안에서의 에너지 흐름을 가리킨다(아래 왼쪽 그림). 채널의 양쪽 끝에 특정한 게이트의 숫자를 볼 수 있다(오른쪽 그림 참고). 64개의 게이트들은 만달라 바깥쪽 원의 64괘와 상응하고, 64괘의 정보를 곧장 바디그래프로 보낼 수 있게 해준다.

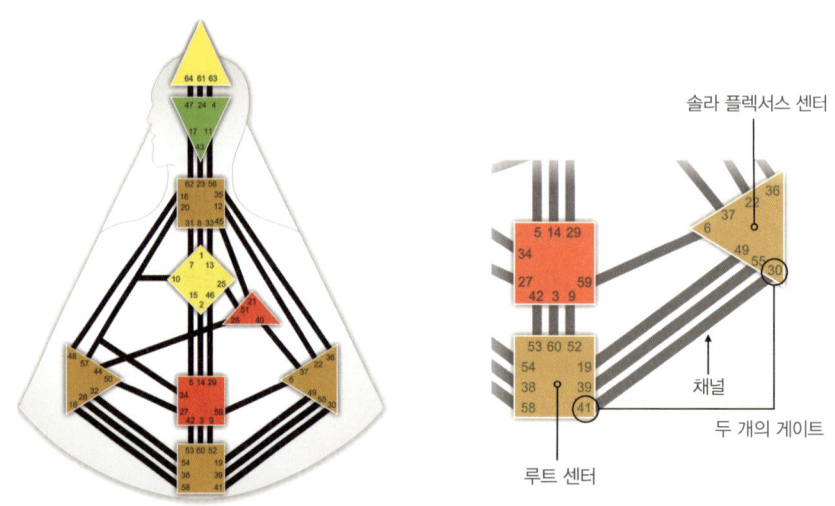

하나의 게이트는 센터에서 에너지가 오가며 흐르는 길이다. 그곳은 반대편에 있는 에너지를 만나기 위해 열려 있다. 통로의 양쪽 게이트가 정의되어야만 하나의 채널이 정의되거나 완성된다. 개인으로서 우리는 양쪽의 게이트에 의해 정의되기도 하고, 하나의 정의된 게이트가 다른 사람을 만나 그 채널이 완성되기도 한다.

예를 들어 누군가 채널 끝에 있는 하나의 게이트를 가지고 있을 경우, 그는 반대편의 게이트를 가진 사람에게 매력을 느낀다. 그들이 함께하면 새롭게 완성되는 채널을 통하여 힘차거나 완성된 느낌을 가지게 된다. 이 제3의 역동성은 그들에게 전자기적 연결로 경험된다. 그것은 매력의 불꽃처럼 느껴진다. 이것이 우리의 삶에서 많은 사람을 만나고 교류하는 여러 방법 중의 하나이다. 기본적으로 채널은 2개의 다른 센터를 연결하여 '퀀텀quantum*'이라 표현되는 뭔가 새로운 것을 발생시킨다. 채널들은 그들만의 키노트keynote**와 특성을 가지지만, 각각 2개의 게이트, 2개의 센터, 12개의 효line라는 다양하고 역동적인 에너지의 퀀텀을 보여준다. 색깔이 칠해지거나 정의된 채널들은 그 사람의 인생에서 뚜렷이 모습을 드러내고, 우리는 그러한 정의를 '생명력'이라고 부른다. 이에 관해서는 다음 장에서 좀 더 상세히 설명하고 있으며, 6장에서도 다룬다.

---

* 휴먼디자인에서 '부분의 합보다 더 큰 전체, 새로운 의미, 비약'을 가리키는 용어. 흔히 '양자物子'로 번역되는 물리학의 'quantum(에너지의 최소 단위)'과는 별개의 의미.
** 휴먼디자인에서 '압축된 의미를 내포하는 단어나 문장'. 1장 Part 3에서 설명하고 있다.

PART 3 | The Human Design BodyGraph

레이브 바디그래프

항해를 위한 지도

> 휴먼디자인을 독특하게 만든 것은 바디그래프BodyGraph이다. 이전에는 이런 것이 없었다. 물론 이전에도 몸이나 인체의 구성에 대한 그림들이 있었지만 만달라의 중심에 그려진 바디그래프는 존재하지 않았다. 바디그래프는 정말로 독특한 것이다. 이것은 완전히 새로운 수적 배열에 근거하고 있다. 7센터 차크라 시스템이 아니며 9센터의 인간을 나타낸다. 정보가 통합되는 방법은 다른 시스템에서도 간혹 찾아볼 수 있지만, 바디그래프는 진정으로 그 모든 것의 통합이다. _ 라 우루 후

임신이란, 디자인 크리스털이 그 속에 내장된 마그네틱 모노폴과 함께 수정受精 과정을 통해 난자에 들어간 순간을 의미한다. 디자인 크리스털이 뉴트리노neutrino의 흐름에 의한 정보를 받아들이면, 마그네틱 모노폴과 결별하여 태아를 만들기 시작한다. 태아는 인간에게 특별한 뇌의 부위인 신피질이 완성될 때까지, 즉 세 기간으로 나눠진 임신기의 두 번째 기간이 끝날 때까지 성장을 계속한다. 그때 마그네틱 모노폴은 신호를 보내

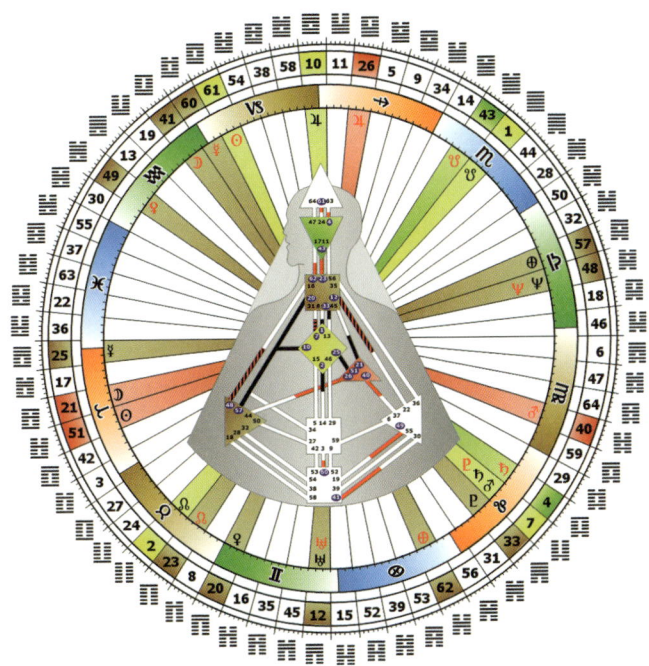

몸 안으로 퍼스낼리티 크리스털, 즉 혼soul 또는 정신psyche을 들어오게 한다. 그로부터 대략 3개월 후에 나타나는 출생의 순간은 퍼스낼리티 크리스털이 뉴트리노의 흐름으로부터 지울 수 없는 각인imprint을 받는 때이기도 하다. 출생 시간은 어머니의 자궁을 떠난 아이가 모체와 분리되는 순간을 말하며, 탯줄을 끊는 순간을 말하는 것이 아니다. 휴먼디자인은 우리가 가진 독특한 세세함을 나타내며, 그렇기 때문에 정확한 출생 시간을 사용하는 것은 차트 분석에 매우 중요하다. 정확한 출생 시간을 알아내지 못한다면 차트 교정chart rectification을 전문으로 하는 점성가나 휴먼디자인 전문가에게 문의해볼 것을 권한다.

바디그래프

바디그래프를 만들기 위해서는 2개의 계산이 필요하다. 우선 그 사람이 태어난 날짜, 장소, 정확한 시간을 바탕으로 '퍼스낼리티(마음)'가 형성된 시점, 즉 태어난 그 시점을 계산한다. 이 출생 데이터를 일련의 컴퓨터 프로그램에 입력하면, 자동으로 출생 전, 즉 '디자인(몸)' 계산이 이루어진다.

출생 당시 또는 '퍼스낼리티' 계산(아래 그림에서 검은색의 숫자)은 출생의 시간을 바탕으로 한 것이고, 출생 전 또는 '디자인' 계산(아래 그림에서 붉은색의 숫자)은 출생 시 이전 대략 88일(태양의 88도)의 순간을 바탕으로 한다. 당신의 차트를 보면 퍼스낼리티(마음) 출생 시간과 디자인(몸) 출생 시간 2개를 다 볼 수 있다. 그 2개가 모두 당신의 출생 시간에 바탕을 둔 것이므로, 당신이 미숙아로 태어나거나 제왕절개 수술로 태어났다 하더라도 상관이 없다.

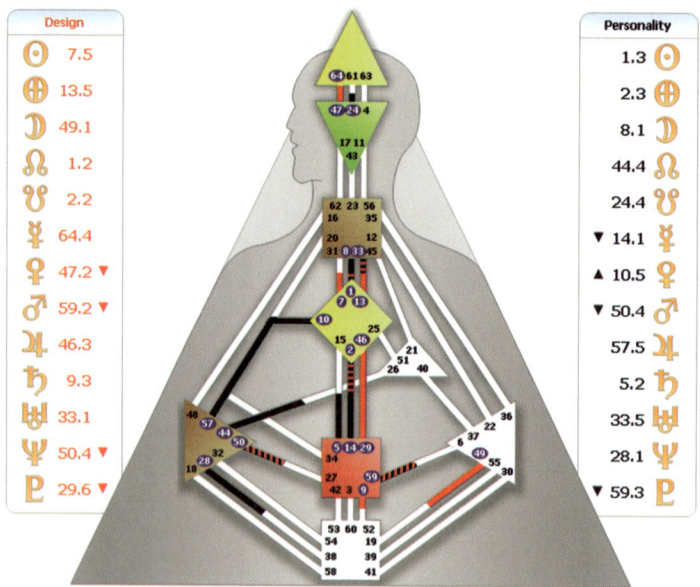

휴먼디자인 차트는 바디그래프와 행성 데이터를 포함한다

그 2개의 계산은 당신의 차트에 붉은색의 몸과 검은색의 마음 숫자 일람표로 나타난다. 게이트의 숫자들은 활성화된 64괘의 숫자이며, 점성학 심볼들은 그 64괘에 영향을 끼친 뉴트리노가 통과한 행성들을 나타낸다. 그 게이트 숫자들은 바디그래프의 센터들에도 나타나 있다. 퍼스낼리티와 디자인이 분리된 맞은편 차트를 보면 당신은 그 2개의 데이터가 어디에 있는지 확인할 수 있을 것이다. 그 2개가 합쳐져 나타난 바디그래프가 가운데 있는 세 번째 차트이다. 바디그래프에 나타난 게이트들의 위치는 변하지 않으며 모든 사람들에게 동일하게 나타난다. 변하는 것은 계산할 때의 행성들에 의해 어떤 게이트가 활성화되는가에 달려 있다.

붉은색과 검은색의 의미

퍼스낼리티와 디자인은 나뉘어진 2개의 차트로 보아도 좋다. 붉은색과 검은색의 정보들은 둘 다 당신의 디자인이지만, 2가지 다른 방법으로 그 정보에 접근이 가능하다.

검은색 퍼스낼리티는 당신이 의식적으로 접근할 수 있으며, 스스로 알고 있으므로 일상적으로 사용할 수 있다. 당신이 일체감을 가지고 스스로 나라고 생각하고 있는 바로 그것이다. 의식적인 접근이 가능하다는 것은 마치 언덕 위에서 고속도로를 내려다보는 것과 같다. 길이 보이고 그 위에 차들과 방향도 보이며, 차에 탄 사람들에게 손도 흔들 수 있다. 달리 말하면 당신은 현장에서 참여하고 있는 관찰자와 같다.

붉은색의 디자인 정보는 휴먼디자인 시스템에 의해 소개된 가장 중요하고 진보적인 내용이다. 그것은 당신의 의식 아래에 흐르고 있는 무의식의 자질을 보여준다. 그것은 또한 부모와 조부모로부터의 유전적 유산을 나타낸다. 붉은색의 정보는 의식적 접근이 가능하지 않다. 마치 터널을 바라보는 것처럼. 그 안에 무엇이 들어 있는지 어느 방향으로 가는지 알 수 없으니 내용을 알 길이 없다. 오직 기다렸다가 보는 수밖에 없다. 달리 말하면 당신의 입에서 튀어나오는 말은 상대편만이 아니고 당신에게도 놀라운 것일 수 있다. 나이와 경험 그리고 무의식에 대한 적절한 분석으로 많이 배울 수는 있겠지만, 그것을 통제할 수는 없다는 것을 이해하는 것이 중요하다. 게이트나 채널에 붉은색과 검은색이 합쳐져 나타나는 경우는 당신의 퍼스낼리티와 디자인을 통과하는 행성들이 중첩되어 있음을 나타낸다. 그러한 곳은 의식과 무의식 모두가 나타난다.

억지 결혼 또는 신비로운 결합

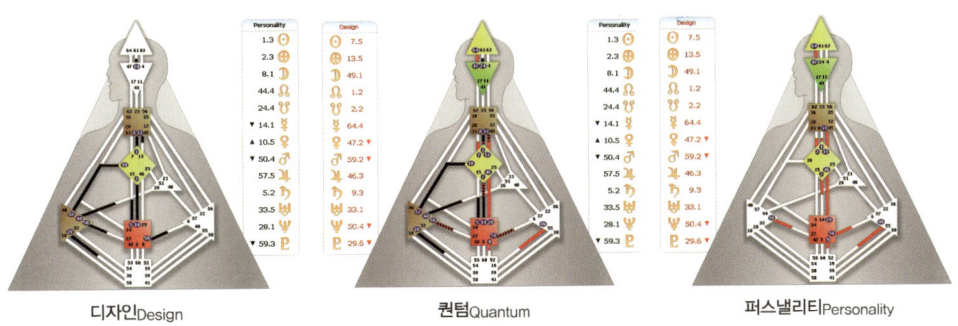

디자인 Design　　　퀀텀 Quantum　　　퍼스낼리티 Personality

위 그림에서 보듯, 바디그래프 좌우에 퍼스낼리티와 디자인을 나란히 배치하면 많은 것을 알 수 있다. 퍼스낼리티는 당신 자신이 생각하는 자신의 모습이고, 디자인은 시공간 속에서 유전적으로 프로그램되어 당신의 움직이는 방식을 보여준다. 그 완전히 다른 2개의 면모가 마그네틱 모노폴에 의해 신비롭게 결합되어 통합의 장으로서 바디그래프에 그려지는 것이다. 둘은 자연적으로 함께하기 어려운 것이기 때문에 그것은 마치 억지로 한 결혼처럼 보이기도 한다. 퍼스낼리티는 자기가 삶을 이끌어 간다고 생각하지만, 사실은 디자인과 마그네틱 모노폴이 그렇게 하는 것이다. 삶에서 나타나는 저항이나 충돌의 대부분은, 퍼스낼리티가 뒷좌석에 앉아 구경하고 있는 자기의 처지를 망각하고, 자기 삶을 좌지우지하려고 함으로써 발생하는 것이다.

퍼스낼리티는 디자인의 존재를 알아차리지 못하므로, 당신의 전략과 결정권으로 디자인의 지성을 알아가는 것이 매우 중요하며, 또한 이 책의 요점이기도 하다. 퍼스낼리티라고 불리는 승객이 전략과 결정권에 따른다면, 퍼스낼리티와 디자인은 조화롭게 합쳐져 각자 맡은 역할을 하게 될 것이다. 그때가 당신이 자신의 길을 발견하여 스스로 사랑하게 됨으로써, 세상을 향한 사랑의 바탕이 이루어지는 때이다. 내면으로 스스로를 사랑하지 않으면 다른 사람들을 사랑할 수 없다. 자기 스스로를 사랑함으로써 바깥의 누가 당신에게 맞는지 알아낼 수 있는 것이다.

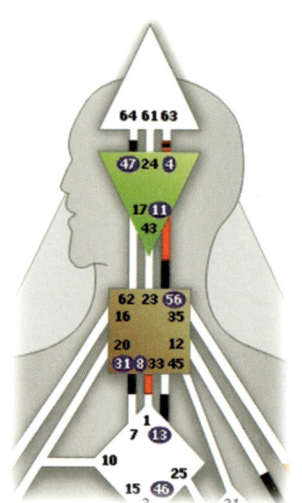

바디그래프에서의 정의

바디그래프의 퍼스낼리티와 디자인 정보에 의해 게이트가 활성화되면서 채널이 형성되고 센터들도 정의 definition된다. 특히 채널의 양쪽 끝에 있는 게이트가 행성에 의해 활성화되면 그것은 채널을 정의시켜 바디그래프에 색깔로 나타난다. 채널이 정의되면 그 양쪽 끝에 있는 센터들도 정의되며 색이 칠해진다. 그것을 차트에서 '정의되었다'고 한다. 정의는 우리가 생명력이라고 부르는 것을 창조한다.

예를 들어, 이 차트에서는 게이트 11과 56이 호기심 채널(11-56)을 만듦으로써 정의가 형성되고, 그것이 또한 아즈나 센터와 스로트 센터를 정의하게 된다. 정의의 합(색이 칠해진 채널과 센터들)이 당신의 삶에서 늘 일정한 것이 무엇인지 보여주며, 믿고 의지할 수 있는 성질을 나타낸다. 정의는 당신의 일생을 통하여 매 순간 늘 작동하며 죽을 때까지 변하지 않는다. 그것은 당신만의 독특한 힘을 아주 세세한 부분까지 나타내 보여준다. 또한 정의는 당신의 타입, 전략과 결정권의 바탕을 이루며, 그것을 통하여 부분을 이용하여 결정을 할 수 있는지 보여준다.

정의는 인간 존재의 핵심이며, 우리의 진면목을 가지고 9센터 몸에 올바르게 적응함으로써 성취할 수 있는 잠재력이기도 하다. 그것이 깊숙한 우리 내면의 모습이며, 태어나면서부터 오라Aura를 통해 외부세계에 투사하는 우리의 독특한 주파수(생명력)이기도 하다. 바디그래프가 그것을 확실하게 보여준다. 휴먼디자인 시스템은 우리가 그 정의대로 살도록 권한다.

정의는 우리들의 삶을 설명해준다. 휴먼디자인이 보여주는 복잡함과 혁신적인 관점은 그 이야기를 표현하기 위한 새로운 언어의 창조를 요구한다. 라Ra는 그것을 "키노트Keynote"이라고 불렀다. 키노트는 휴먼디자인의 언어로서 생명력의 상징으로 나타난다. 이것은 한 단어나 문장을 통해 많은 압축된 정보를 전달하는 방식이다. 휴먼디자인 시스템의 거의 모든 분야에 각각 들어맞는 키노트들이 있다. 주문mantra처럼 키노트는 우리 몸의 화학물질 그리고 독특한 진동수와 우리를 연결시키거나, 깨우고 혹은 불러일으키는 역할을 한다. 키노트의 언어를 배우고 사용하는 것은 마치 우리 몸의 호르몬 전달 시스템처럼 기능하는 것과 같다. 우리로 하여금 다른 사람들과 활발히 연결되도록 해준다.

정의의 키노트들과 오픈 센터들을 배열, 조합하여 전문 분석가들은 사람의 성격과 목적 등을 풀어서 보여준다. 키노트로 표현하면 그 이야기는 마음의 수준을 넘어 깊숙하게 뿌리내린다. 예를 들어 위 그림에서 11-56 채널로 아즈나 센터와 스로트 센터가 연결되어 있음을 볼 수 있다. 그 정의는 이 사람이 자기의 생각을 표현하고자 하면 생각한대로 말한다는 것을 보여준다. 11-56 채널은 호기심 채널이라고 하며, 구도자 또는 연구자의 디자인이라고 불린다. 게이트 11은 아이디어 게이트이며, 게이트 56은 자극 게이트이다. 그는 아이디어를 공유하고자 한다. 이 정의를 통해 그는 듣고자 하는 모든 사람들에게 자기의 이야기를 해줌으로써, 그가 참가하는 모든 파티가 성공하도록 돕는 역할을 할 수 있다. 그는 모든 사람들이 자기 이야기에 열중하는 것을 즐거워한다. 그에게는 많은 아이디어들이 있고 그것을 실행하려 한다고 가끔 말하기도 하지만, 정말 그렇게 하는 경우는 드물다. 그의 아이디어들은 그저 생각이나 말에 그칠 뿐 현실에서 좀처럼 실행되지 않는다. 그러한 자기 자신의 모습을 알기는 하지만 이해할 수 없는 것은 그에게 커다란 좌절의 근원이다. 하지만 그러한 딜레마에는 그럴 만한 이유가 있다. 그의 정의는 소통의 센터인 스로트에서 정지되어 있다. 만일 그 스로트 센터가 몸에 있는 다른 4개의 모터, 즉 에너지의 근원(하트/에고 센터, 솔라 플렉서스 센터, 세이크럴 센터, 루트 센터)에 연결되었다면 아이디어는 행동으로 나타날 수 있었을 것이다. 사실 그 사람은 아이디어를 가지고 스스로 무언가를 하도록 된 디자인이 아니다. 대신 그 아이디어를 나누어 누군가를 자극함으로써 언젠가는 아이디어가 실행에 옮겨지게 한다. 자신의 전략을 따라 아이디어가 표현될 때를 기다림으로써 성공의 기회를 늘릴수 있는 것이다.

정의와 미정의가 이원성을 형성함: 본성Nature과 양육Nurture - 영향 주고받기

> 휴먼디자인 차트에서 다양하게 활성화된 모습을 볼 때, 당신은 한 사람의 독특한 각인Imprint을 보는 것이다. 우리는 모든 것에 대한 수용체receptor, 즉 영향을 받는 곳을 가지고 있다. 차트 속 비어 있는 흰색 부분이 모두 수용체이다. 각인(정의된 부분)은 당신을 남들과 다르게 만든다. 차트의 모든 것이 합쳐진 전체 지도에서 우리는 동일하다. 우리를 다르게 만드는 것은 각자의 개별적 각인이다. 이것이 다름(구별)의 과학이다. 휴먼디자인은 우리의 독자성, 즉 전체성 속에서 독특하게 산다는 것이 무엇인지를 가르쳐준다. _라우루 후

정의는 우리 안에서 고정되고 의지할 수 있는 부분이며, 우리가 받아들이고 살면서 표현해야 하는 곳이기도 하다. 살아 있는 동안 변함이 없으므로 믿으며 신뢰할 수 있다. 정의는 우리가 자라 성취할 수 있는 범위를 보여주고, 전 생애를 통해서 성장해갈 수 있는 가능성이기도 하다. 차트에서 정의되지 않은 부분은 흰색으로 남아 있다. 그 부분이 텅 비거나 문제가 있는 곳이라는 의미는 아니다. 그것은 가치 있고 작동하고 있는 우리들의 일부이지만, 늘 일정하게 작동되지 않으므로 결정 과정에 사용할 수 없을 뿐이다. 우리들의 오픈된 부분은 살아가면서 배우는 교실이고, 궁극적으로 다른 사람들과 공유할 수 있는 지혜의 원천이다. 또한 우리에게 닥쳐오는 도전 또는 두려움을 보여주

어, 이 세상과 우리의 모습을 배우게 하는 곳이기도 하다.

정의와 미정의 부분은 둘이 함께, 우리의 차트에서 고정된 것과 유연한 것, 그 이원성의 상호 작용을 보여준다. 그곳이 정의로 표현된 우리의 본성이 양육된 부분과 만나는 지점이다. 사람들은 정의가 미정의보다 우월한 것으로 생각하는 경향이 있다. 그것은 사실이 아니며 밤과 낮처럼 쌍을 이룰 뿐이다.

정의란 우리의 오라Aura를 통하여 우리가 바깥세상으로 끊임없이 내보내고 있는 전달자, 메시지 또는 정의하는 주파수 같은 것이다. 우리가 내보내는 것이 다른 사람들을 조건화시킨다. 반대로 우리의 미정의 센터나 게이트, 채널들은 수용체(조건화를 받는 곳)이다. 오픈된 부분을 통하여 우리는 다른 사람들의 에너지를 받아들여 증폭, 반사, 경험한다. 좋든 나쁘든, 우리들은 수용체를 통해 주변 환경으로부터의 에너지에 의해 양육된다. 우리들의 오픈된 부분은 또한 조건화에 가장 취약한 곳이기도 하다. 대부분의 사람들은 정의와 미정의가 함께 섞여 나타난다. 아주 드물게 가끔 센터가 모두 정의되었거나 모두 정의되지 않은 사람을 볼 수 있다. 다음 장에서 센터들에 대한 자세한 설명이 있을 것이다.

바디그래프에서의 태양, 달, 노드, 행성들

태양, 달, 노드node, 행성들은 우리의 태양계 안에서 각 지방에 흩어진 프로그래밍 일꾼으로 볼 수 있을 것이다. 우리가 태어날 때 이것들이 있었던 장소가, 우리에게 어떻게 영향을 미치며 우리가 어떻게 정의를 경험하는가를 정해준다. 오랜 시간을 통하여 각각의 별들은 독특하게 신화적·개성적 주제를 가지게 되었다.

바디그래프가 없이는 분석이 불가능하다. 바디그래프의 데이터는 퍼스낼리티와 디자인 양쪽에 13개씩 나뉘어져 모두 26개의 활성화된 게이트로 이루어져 있다. 보이스Voice에 의하면 위에 적힌 13개를 제외한 어떠한 천체도 게이트를 활성화시키지 않는다. 이 말은 수성보다도 덩치가 큰, 토성의 커다란 위성인 타이탄 같은 물체가 우리에게 아무런 영향을 미치지 않는다는 것은 아니다. 그것은 뉴트리노의 흐름을 통하여 그 성질을 우리에게 전해주지만, 게이트를 활성화시키지는 않는다.

카이론Chiron(또는 Kiron)은 1970년대 후반에 발견된 혜성의 잔해이며, 이것도 게이트를 활성화시키거나 만들지 않는다. 카이론은 치유/상처받음에 연관이 있다고 알려져 있다. 예상하는 주제가 맞다면, 그것의 바디그래프에서의 위치는 나름의 견해를 마련해준다. 점성학에서 이야기되는 어센던트ascendant, 미드헤븐midheaven, 아라비안 포인트Aribian point 등도 이와 같으며 역시 게이트를 활성화시키지는 않는다.

아래에 휴먼디자인에서 사용하는 천체의 일람표가 있다. 우리의 삶에 양념을 쳐주기도 하고 또한 가르침을 주기도 한다.

선생들	가르침과 표현
☉ 태양	개성 표현/생명력
⊕ 지구	실제화, 땅에 뿌리내리기/균형
☾ 달	원동력/추진력
☊ 북쪽 노드	미래의 방향/환경
☋ 남쪽 노드	과거의 방향/환경
☿ 수성	소통/생각
♀ 금성	가치/사회학
♂ 화성	미성숙/에너지 역학
♃ 목성	규칙/보호
♄ 토성	훈련/심판/억제
♅ 천왕성	비범함/혼돈과 질서/과학
♆ 해왕성	환상/예술/영성
♇ 명왕성	진리/승화/심리학

각 천체의 주제 및 키노트와 함께, 이들이 휴먼디자인 시스템에서 어떻게 쓰이는지 함께 들여다보자.

☉ **태양 - 생명력** | 차트에서 태양은 우리의 원천적 양의 힘인 핵심적 에너지를 나타낸다. 태양은 곧 우리의 '자아self'이며, 우리가 무엇을 하고 어떠한 주제로 육화Incarnation 하였는가를 보여준다. 또한 아버지의 원형(우리를 조건화시키는 뉴트리노의 70%가 태양으로부터 나온다)이기도 하다. 우리의 퍼스낼리티 태양은 우리의 '빛'이 세상에서 어떻게 표현되는

가를 나타낸다. 우리의 디자인 태양은 아버지로부터 유전되어 내려온 유전적 주제를 나타낸다.

⊕ 지구 – 그라운딩Grounding과 균형 | 지구는 우리가 무엇이든 실제화시키는 곳으로, 우리 몸 안에서 태양의 에너지를 받아들여 어떻게 균형을 맞추는가를 나타낸다. 태양과 지구는 늘 함께 작동하며 만달라에서는 서로 반대편에 위치해 있다. 지구는 어머니의 원형이며, 원천적 음의 균형을 마련해준다. 삶에서 퍼스낼리티를 올바르게 통합시키면 의식적 균형을 찾게 되고, 또한 물질세계를 올바르게 장악하게 되면 안정성(무의식적 균형)을 확보하게 된다. 지구는 안정성의 중추이다.

☽ 달 – 원동력 혹은 추진력 | 달은 우리를 움직이며, 디자인에서 밀고 당기는 힘을 나타낸다. 달의 인력은 늘 존재하는 커다란 힘이고, 언제나 태양의 에너지가 전달하는 메시지를 담아내고자 한다. 입력되는 힘은 태양으로부터 나오지만, 방향과 움직이는 힘은 달에 의해 나타난다. 달은 장녀의 원형이며, 지구(어머니)가 생명체를 움직여 나아가는 것을 가능케 하여 진화토록 한다. 또한 달은 우리 내면의 성질이 밖으로 나와 표현되는 것을 다른 사람들이 볼 수 있게 비추어주기도 한다.

☊ 달의 북쪽 노드North Node – 미래의 방향과 환경 | 행성은 아니지만 달의 노드들은 똑같이 강력하다. 퍼스낼리티 쪽에서 노드들은 당신이 누구인가를 보여주고 있지는 않으나, 퍼스낼리티가 세상과 스스로를 어떻게 생각하는지의 윤곽을 나타낸다. 디자인 쪽에서 노드들은, 당신이 처한 환경과 그 안에서 사람들과의 인간관계를 보여준다. 북쪽 노드는 삶의 경험이 성숙되어가는 무대를 보여주고, 남쪽 노드가 천왕성 반환점(38~43세)을 통과하면서 나타나기 시작한다. 북쪽 노드로의 전환은, 더 이상 도움이 안 되는 것은 버리고 좋은 것은 유지하는 과정의 시작이다.

☋ 달의 남쪽 노드South Node – 과거의 방향과 환경 | 남쪽 노드는 삶의 경험에서 개발되는 무대, 즉 우리가 천왕성 반환점에 이르기까지의 미숙한 무대를 보여준다. 9센터로 이루어진 천왕성 체제의 몸을 가진 우리에게, 남쪽 노드로부터 북쪽 노드로의 전이는 중년

기와 함께 오는 성인으로의 시작을 상징한다. 두 노드들은 주변 세상을 우리가 어떻게 파악하며, 우리의 삶이 어떻게 펼쳐지는가 하는 무대를 나타내고, 우리의 운명을 실현하는 것을 돕게 되는 환경을 상징한다.

☿ **수성 – 소통과 생각** | 장남長男의 원형인 수성은 소통의 내적 요구와 함께 인류의식의 확장을 나타낸다. 수성은 태양에 가장 가깝고, 그리하여 상징적으로 태양의 귀라고도 불린다. 수성은 우리 몸에 들어와 태어날 때까지 퍼스낼리티 크리스털을 프로그램한다. 퍼스낼리티 수성이 정의된 위치는 삶에서 무엇을 소통하고자 하는지를 알게 한다. 디자인 수성도 무언가를 소통하고자 하지만, 무의식이라서 누군가에게 무언가를 이야기하지만 그 이유를 알지 못하는 경우가 대부분이다.

♀ **금성 – 가치** | 금성은 우리의 가치를 확립시키고, 우리가 세상과 다른 사람들을 대하는 도덕과 자연적인 규율을 나타낸다. 금성은 막내딸의 원형이며 사랑과 아름다움을 나타내기도 한다. 개인적으로는 금성은 옳고 그름과, 도덕적인 질문과 이슈를 말한다. 당신과 주변 사람들이 도덕적인 명료함으로 행동하지 않는다면 금성은 맹렬하게 꾸짖을 수 있다. 금성에서 확립된 가치는 목성에서 규칙이 되고, 그를 어겨 나타나는 벌칙은 토성을 통해 나타난다.

♂ **화성 – 미성숙한 에너지** | 화성은 막내아들의 원형이며, 미성숙의 에너지는 책임으로부터도 자유롭다. 작동될 때까지는 수동적이며, 그 후에는 심각한 힘으로 받아들여져야 한다. 한 번 발동이 걸리면 화성의 동력은 아무 생각 없이 폭발하듯 나타날 수 있어서, 가장 기본적인 억제도 쉽게 무시될 수 있다. 화성은 잘 정화되면, 적절한 힘의 사용에 의해 성숙된 지혜로 바뀔 수 있는 비범한 에너지를 나타낸다. 화성은 우리의 개인적 변형에 중대한 역할을 한다.

♃ **목성 – 규칙과 보호** | 태양을 제외하면 목성이 가장 커다란 영향을 우리에게 미친다. 목성은 우주의 법이며, 세상과 다른 사람들에 대한 우리의 관계와 함께, 11여 년 동안 (목성의 주기는 약 11.87년이다) 우리의 외적 계발을 정의한다. 우리들은 목성에 의해 정해진

규칙, 즉 우리에게 매우 정확하게 정의된 도덕적 주제가 각인되어 있다. 목성은 가끔 매우 관대하여 당신은 그 규칙을 지킴으로써 행운을 얻기도 하지만, 그 관대함으로부터 유익함을 얻는 당신의 능력은 당신 자신의 규칙에 굳게 따름으로써 가능한 것이다.

♄ **토성 – 훈련(심판)** | 당신의 차트에서 토성은 당신의 행동으로 인한 결과의 업보를 마주해야 하는 장소이다. 아주 오래된 음의 힘이며, 심판으로서 당신이 자신의 규칙을 따르지 않아서 나타나는 잘못에 대해 대가를 지불해야 하는 곳이다. 토성은 시간이 지남에 따라 당신의 성장 과정을 볼 수 있게 하는 중요한 이정표이기도 하다. 또한 토성은 칭찬은 없이 잘하기만을 기대하는 훈련 교관과 같다. 만일 토성이 당신을 내버려두면, 그것은 당신이 잘하고 있다는 뜻이다. 하지만 당신이 자신의 규칙과 가치를 어기면 반드시 토성의 벌을 받을 것이다.

♅ **천왕성 – 비범함, 혼돈과 질서** | 디자인에 나타난 천왕성은 당신의 비범함이 나타나는 곳이다. 천왕성의 저변을 흐르는 진화의 돌연변이는 마야Maia(세상)에 대한 우리의 이해를 변형시켰고, 또한 우리의 수명을 84년으로 늘려놓았다. 또한 천왕성은 주관적 청소년기, 객관적 중년기, 초월적 노년기의 3단계로 우리의 삶을 바꾸어놓기도 하였다.

♆ **해왕성 – 환상과 영성** | 학생이 완전히 내맡길 것을 요구하는 큰 스승. 해왕성이 나타난 게이트는 그 가능성이 감추어져 있다. 그 차단막은 그것을 통하여 볼 수 없으므로 우리의 낫셀프를 심하게 혼란시키며, 한계 또한 가늠할 수 없게 해 지나치게 혹사시킬 수도 있다. 해왕성에게 자신을 내맡긴 채로 내버려둠으로써, 차단막을 넘어 숨겨진 마법이 나타나게 할 수 있다. 그럼으로써 당신은 내맡김의 본질에 대한 많은 공부를 할 수 있다.

♇ **명왕성 – 진리와 승화** | 명왕성은 무의식의 힘을 표면으로 끌어내며, 다시 태어남을 의미한다. 명왕성은 '진리를 말하는 자'이며, 그것을 표면으로 끌어내어 당신이 똑바로 직시하도록 한다. 진리가 변형을 이끌어낸다. 명왕성이 있는 곳이 당신의 진리이다. 명왕성의 가장 깊은 교훈은 어두움에서 빛을 찾는 것이다. 명왕성의 신비, 당신의 신비는 일생을 통해 찾아야만 한다.

뉴트리노 트랜짓(별과 행성들의 위치 변화)의 장

우리들은 주변 사람들에 의해서나, 또는 천체들의 힘에 의해 늘 조건화되고 있다. 휴먼디자인 시스템에서 정의는 '학생', 미정의는 '학교', 통과하는 행성들은 '선생'이라고 한다. 통과하는 행성들은 그들을 뚫고 지나가는 뉴트리노의 흐름을 통하여 우리에게 영향을 미치고 정보를 제공한다.

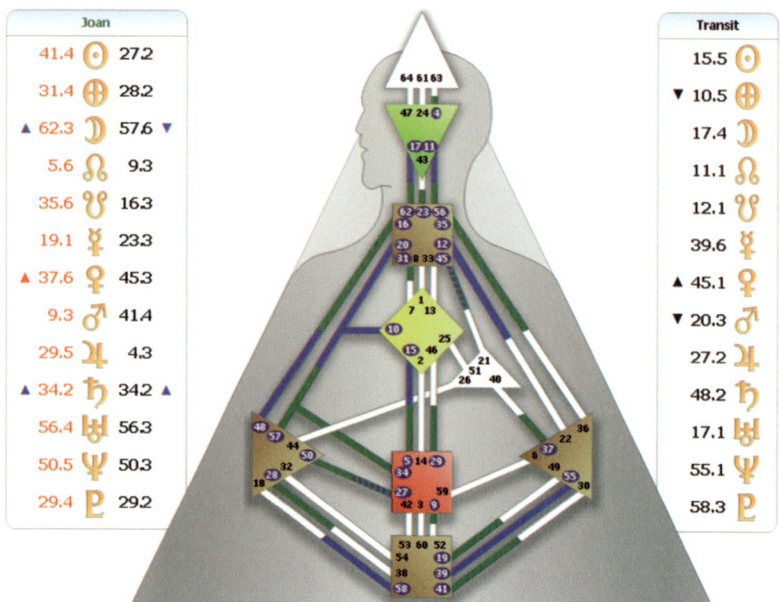

트랜짓을 통해 조안이 받는 영향

오직 퍼스낼리티(검은색) 부분만이 트랜짓 커넥션 차트를 만드는 데 쓰인다. 위 바디그래프에서는 붉은색과 검은색이 합쳐져 녹색으로 표시되어 있다. 그림에서 우리는 이 순간에 트랜짓이 '조안(차트 주인 이름)'에게 미치는 영향을 볼 수 있으며, 행성들이 지나가면서 어떻게 새로운 정보를 주는지 알 수 있다. 전략과 결정권에 충실하게 의지함으로써 그녀는 자신의 디자인에 맞게 자기의 길을 가고, 통과 행성들로부터 영향을 받고 있는 다른 사람들에 의해 자신과 맞지 않는 길로 이끌리지 않을 것이다.

커넥션 차트 – 두 사람 사이의 상호 작용

우리들은 가까이 있는 사람들로부터 영향을 받고 조건화된다. 다음 페이지의 차트 3

개는 커넥션 차트가 어떻게 만들어지는지를 보여준다. 존의 정의는 파란색으로, 메리는 초록색으로 하였다. 둘의 통합은 각자 나누어진 것보다 훨씬 커다란 '퀀텀'의 장을 만들어낸다. 새로운 채널들이 정의되고 미정의 센터들이 색깔로 채워지게 된다. 커넥션 차트로부터 대단히 많은 정보를 얻을 수 있다. 그들이 어떻게 서로 상호 작용하고, 모르는 사이에 서로의 행동과 결정에 영향을 주고받는지, 커플로서 어떻게 세상에 보일지 등이다.

커넥션 차트의 주제는 광범위하여, 이 책에서 소개하기에는 부족하며 좀 더 많은 연구가 필요하다. 연관 차트를 이해하기 위해서는 많은 것들을 고려해야 한다. 타입, 전략, 내적 결정권, 프로파일, 정의, 게이트, 라인, 센터 등이며 전문적인 휴먼디자인 분석가들이 도와줄 수 있을 것이다. 다음은 인간관계에 대한 휴먼디자인의 일반적인 정보이다.

- **끌림** | 두 사람이 채널의 양쪽 끝에 있는 게이트를 각각 가지고 있을 경우, 그들은 함께 하나의 정의된 채널을 만들어 생명력을 창조한다. 끌림과 거부감의 기본적 역동성을 나타낸다.
- **우세** | 한 사람이 정의된 채널을 가지고 있고 다른 한 사람은 그 채널의 어떠한 게이트도 가지고 있지 않은 경우, 정의된 채널의 사람을 이해하기 위하여 그 채널의 힘은 전적으로 수용되고 인정되어야 한다.
- **양보** | 한 사람이 정의된 채널을 가지고 있으며, 다른 한 사람은 그 채널의 한쪽 끝 게이트만을 가질 경우, 게이트 하나만을 가진 사람은 늘 상대에게 양보하게 된다.
- **우호** | 두 사람이 정의된 같은 채널이나 게이트를 가질 경우, 그 공통점으로 인해 우정과 경험의 공유 가능성이 크다.

휴먼디자인에 나타나는 많은 시스템의 융합은 당신에게 인생의 새롭고 비범한 관점을 마련해주며, 당신의 디자인에 나타나는 많은 상이한 면모 사이에 흐르는 유전적 연속성을 이해할 수 있게 한다. 정의(트루셀프)와 미정의(낫셀프)의 뒤섞임은 당신의 디자인을 어떻게 세상에 표현하고 살 것인가를 이해하는 기초를 마련해준다. 당신이 어떻게 디자인되었는지, 그리고 어느 부분이 열려 있어서 외부로부터 영향을 받는지 잘 아는 것은, 완전한 인생의 경험과 함께 전체의 일부로서 당신의 고유한 목적을 성취하도록 돕는다.

커넥션 차트의 생성

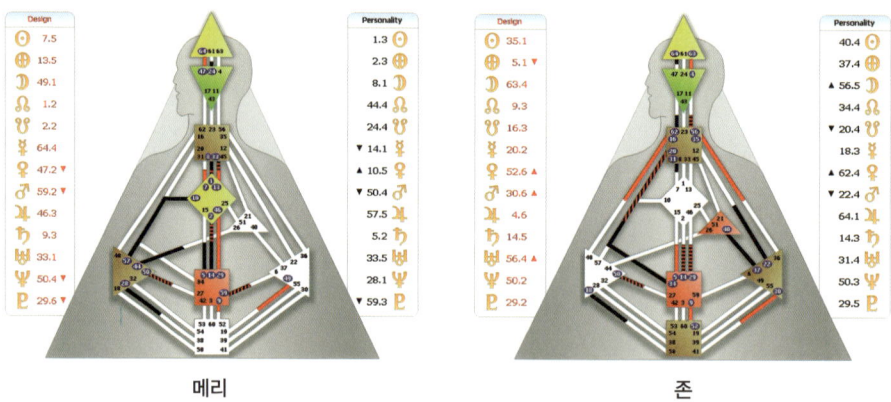

메리   존

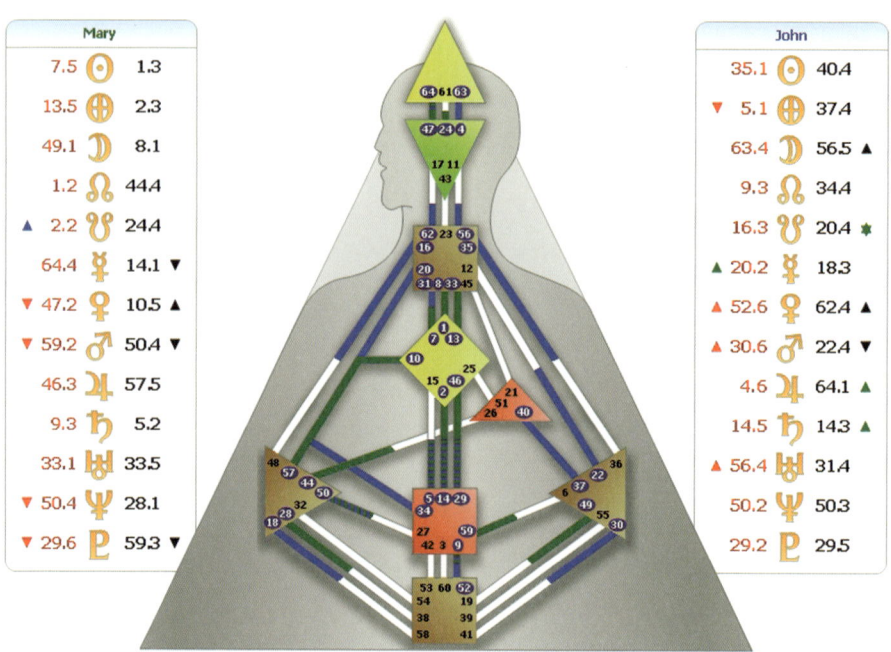

커넥션 차트

미정의된 부분* 을 집착없이 경험할 때
지혜가 생겨난다.

_ 라 우루 후

* 바디그래프에서 정의되지 않고 흰 색으로 표시된 부분.

2장 / 아홉 개의 센터
The Nine Centers

The Flow of Energy
에너지의 흐름

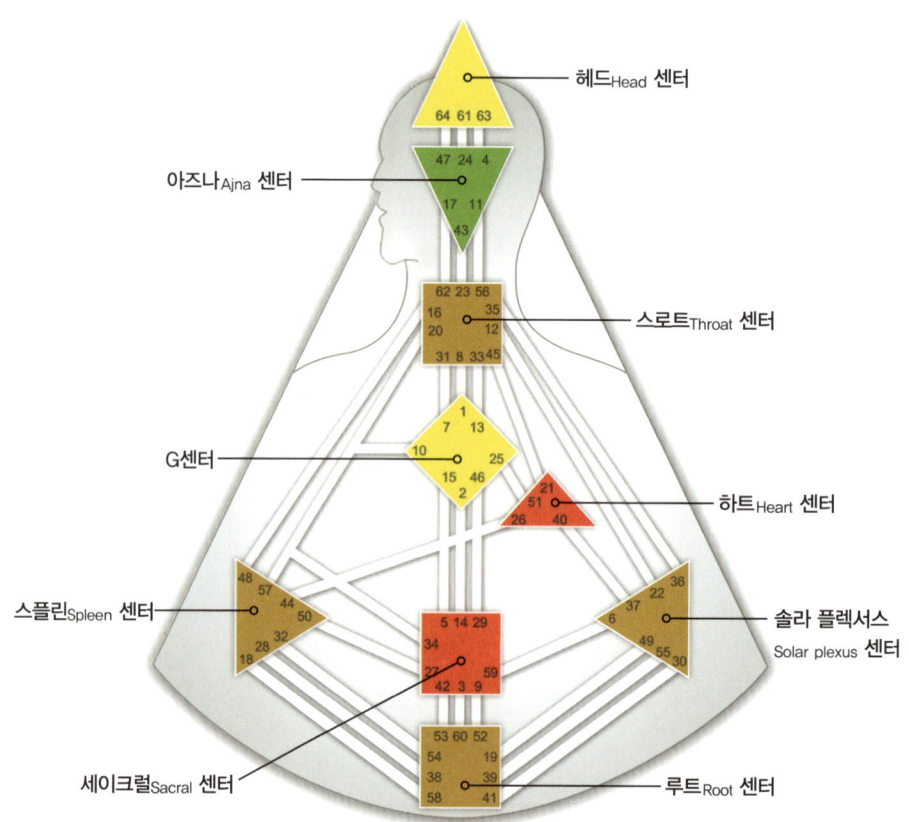

9센터는 바디그래프에 흐르는 에너지의 변화를 보여주는 중심이 된다. 이제 9센터들의 위치와 독특한 작용들을 소개한다.

루트 센터와 솔라 플렉서스 센터는 2개의 범주에 중복하여 속하는 점을 유의하기 바란다. 각각의 센터는 이 장의 후반에서 자세히 설명한다.

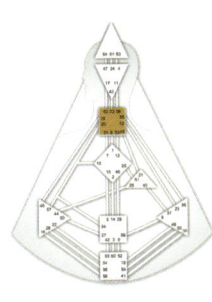

하나의 현시manifestation **센터 |** "모든 길은 로마로 통한다." 스로트 센터는 우리가 9센터를 설명하는 맥락의 바탕이 된다. 이 유난히 독특한 작용은 동네 광장과 비슷하다. 다른 8센터의 에너지가 스로트 센터로 모이게 되고, 거기서 인간 지성의 교환이 목소리로 또는 행동으로 표현된다. 스로트 센터는 먹이사슬의 정점을 이루는 인간 각 개인의 고유함이 어떻게 표현되는지 볼 수 있는 곳이다.

2개의 압박pressure **센터 |** 헤드 센터와 루트 센터는 3개의 자각 센터에 에너지가 가도록 압박을 보내는 곳이다. 그것은 알고 행동하며, 생각하고 살아남으라는 압박이다. 헤드 센터는 질문함으로써 아즈나 센터가 답을 만들어내도록 에너지를 보낸다. 루트 센터는 삶을 이어가기 위한 아드레날린의 동력을 내보낸다. 이 강력한 에너지는 스플린 센터, 솔라 플렉서스 센터, 세이크럴 센터에 보내지고, 그곳에서 스로트 센터로 가는 길에 정제되어 말이나 행동으로 표현된다.

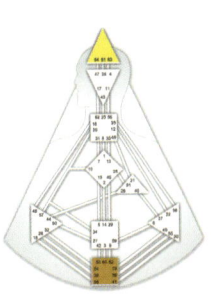

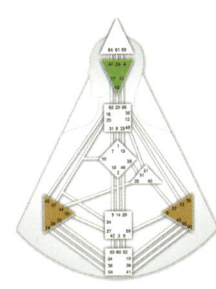

3개의 자각awareness **센터 |** 스플린 센터, 아즈나 센터, 솔라 플렉서스 센터는 자기자각과 자기의식의 가능성의 장소이다. 각각의 센터는 삶의 흐름을 몸, 생각, 영적 자각으로 소화시켜 알아차린다(다른 6개의 센터는 기계적 작동에 머문다). 목에 도달하면서 그 에너지는 우리에게 스플린적 지성(생존적 인식), 아즈나적 지성(지식적 인식), 솔라 플렉서스적 지성(감정적·영적 인식과 관계적·사회적 인식)등의 지성의 알아차림으로 나타난다.

4개의 모터(에너지) 센터 | 루트 센터, 솔라 플렉서스 센터, 세이크럴 센터, 하트/에고 센터는 모터motor이다. 삶에서 필요한 에너지의 자원을 마련하는 특정적 주파수를 가지고 있다. 루트 센터는 계속할 수 있는 힘 momentum을 우리에게 제공한다. 솔라 플렉서스 센터의 감정 파동emotional wave은 더 많은 경험, 관계에서의 친밀감, 영적인 자각을 위한 욕망의 추진력을 마련해준다. 세이크럴 센터는 종種을 이어나가는 생식 에너

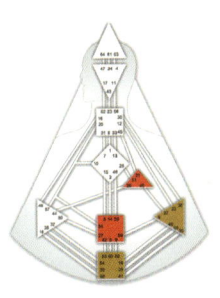

지, 창조적인 생명력을 지닌다. 하트/에고 센터는 "나, 나를, 내것" 뒤에 있는 모터 에너지로, 의지력의 원천이다. 공동체의 위계 제도를 통해 물질적인 차원에서 생존을 보장한다.

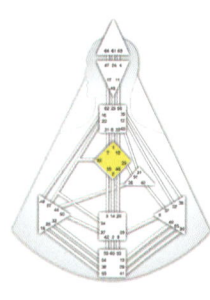

한 개의 정체성 센터 | G센터는 마그네틱 모노폴이 머무는 곳이다. 만달라의 중심으로 바디그래프의 전략적 위치에 자리 잡고 있으며, 이것이 인생 행로geometry라 불리는, 시공간 속에서의 방향에 따른 인간의 정체성을 만들어낸다. 여기가 우리의 독특한 에너지가 흐르는 곳이고, 우리의 모습이 모든 생명체의 흐름과 연결되는 곳이며, 우리가 우주와 연결되는 곳이기도 하다. 마그네틱 모노폴은 우리에게 삶을 가져다준다. 우주가 우리를 통해 살고 있다고 말할 수도 있겠다.

정의와 미정의 센터들

바디그래프를 보면 어느 센터는 색이 칠해져 있거나 정의되어 있고, 어느 것은 색이 칠해져 있지 않고 미정의인 것을 보게 된다. 정의된defined 센터는 작동과 그 운용이 고정되어 있고 신뢰할 수 있다. 흰색의 미정의undefined 센터는 외부의 영향이나 조건화가 일어나는 곳이다. 미정의 센터는 고장 난 곳이 아니고 텅 비거나 수리해야 할 곳이 아니다. 그곳들은 외부의 영향에 연약한 부분이지만, 또한 배우고 지혜를 쌓는 곳이기도 하다. 우리들 각자는 정의된 곳과 정의되지 않은 곳을 함께 가지고 있으며, 이것은 좋고 나쁨의 문제가 아니다. 정의된 곳은 학생으로 사는 분야를 보여주고, 미정의인 곳은 삶이란 학교에서 우리가 배워야 할 부분을 대변한다. 당신 모습대로의 삶이라는 우리의 조건화를 알아차리고 그 영향을 바라보며, 어떻게 그것을 옳게 사용하는가 하는 과정이다. 지혜를 얻는 것은 이러한 인식에 기초한다.

미정의 센터에 생기는 조건화와 낫셀프 마음

1781년, 우리가 7센터에서 9센터로 바뀌던 때, 전략적(결정을 하는) 마음mind의 역할은 우리 삶을 이끌어 가는 것으로부터 지혜의 원천과 다른 사람들을 위한 외적 결정권으로 바뀌었다. 마음(생각)은 아직도 수천여 년간 해온 일을 그대로 계속하고자 하며, 자기

가 할 일이 바뀐 것을 아직도 알아차리지 못하여 몸form과 마음mind 사이의 긴장감이 트루셀프와 낫셀프 사이의 마찰처럼 존재한다. 우리의 마음은 경이롭지만 새로운 9센터인 우리 삶을 결정해나갈 역량을 갖고 있는 것은 아니다.

퍼스낼리티 크리스털(승객 의식)은 태아의 몸이 완성된 임신의 마지막 3개월 기간 중에 태아의 몸에 불려 들어온다. 그 승객은 자기가 탄 새 운반체Vehicle(몸)의 두뇌(신피질)에 익숙해지지만, 운반체 즉 몸을 만드는 데에는 조금도 직접 관여하지 않는다. 별로 할 일이 없으므로 승객은 운전면허 없이 뒷자리에 앉기로 한다. 헤드 센터 높은 곳에 앉아, 그는 인생이라는 연극을 연출하는 것이 자기 역할이라고 생각하는 것이다.

그러나 그 승객 의식이 알아채지 못하는 2가지 중요한 점이 있다. 첫 번째는 당신에게 이미 운전사가 있다는 사실이다. 마그네틱 모노폴이다. 두 번째는 당신의 운반체(몸)는 마음을 훨씬 뛰어넘는 의식과 세련됨으로 최근에 진화했다는 것이다. 7센터 인간의 마음이 정점에 이르러 인류는 전례 없는 의식 수준과 과학적 성취를 이루어냈다. 그러나 몸은 1781년 이후 더욱 커다란 진화적 도약을 거쳤고, 이제 우리는 믿을 수 있고 각자에게 최적화된 나침반이 장착된, 기능적인 9센터의 몸을 가지게 되었다.

우리 개개인은 우주에 직접 연결된 자신만의 GPS를 가지고 있다. 우리의 마음, 의식은 그것이 연결된 새로운 9센터 몸 의식의 결정 방식과 경쟁이 되지 않지만, 그것을 이해하지 못하고 있다. 이러한 사실을 무시하고 마음은 전에 하던 대로 당신의 삶을 좌지우지하려 한다. 그러나 마음을 무시하고 억누르기보다는 수용하여 친숙하게 창조적인 힘으로 사용해야 한다. 우리의 의식에 매우 알맞은 역할은 생각하고 꿈꾸며 영감을 주고, 무언가를 꾸미며 삶의 의미를 찾는 일이다. 결정하는 일로부터 자유로워진 의식은 우리에게 대단한 선물로서 인류에게 도움을 주게 된다. 의식은 우리에게 하나의 도구이며, 다른 사람들에게는 좋은 선생 노릇을 할 수 있다. 그것을 막는 것은 우리 자신의 작동 방식에 대한 무지함이다. 의식을 우리의 도우미로 만들어 결정하는 임무로부터 해방시킴으로써, 스스로를 바라보는 의식적 관찰자로서의 본연의 역할을 편하게 하도록 하여, 적절한 기여와 보배로움을 누리게 할 수 있을 것이다.

태어나면서부터 우리는 부모 형제나 다른 사람들의 오라에 끊임없이 노출되어 있다. 우리의 오픈 채널, 오픈 게이트, 오픈 센터들은 계속적으로 다른 사람들의 에너지에 의해 정의되곤 한다. 시간이 지나면서 우리는 서서히 그러나 깊게, 그들의 에너지장의 영향을 받고 그에 따라 그들의 기대감도 커진다. 이러한 현상을 휴먼디자인 시스템에서는 조건화라고 부른다. 우리의 진정한 실체를 잠시도 잃는 것은 아니지만, 우리가 7세가 되면 몇 겹으로 된 가족이나 사회의 조건화가 우리의 실본모습에 덮이게 되는 것이다.

조건화를 피하거나 멀리 돌아서 갈 수 있는 것이 아니며, 본래 나쁜 것도 아니다. 그저 피할 수 없는 것이다. 이동하는 천체들, 사람들, 벌레, 새, 동식물 등 모든 생명체가 우리의 생각 방식, 행동, 결정에 연결되어 영향을 주며, 특히 우리가 전략과 내적 결정권에 따르지 않는다면 더욱 그러하다. 살아가는 동안 우리의 오픈 센터들은 그 센터들이 정의된 사람에게 매력을 느껴 만나게 한다. 그러나 그들의 주파수에 우리의 오픈 센터는 압박을 받게 되고 우리의 마음은 자신에게 부족하다고 느끼는 그 무언가에 끌리게 된다.

차트에서 비어 있는 부분(흰색)은 지속적이지 않기 때문에 늘 신뢰할 수는 없는 곳이므로 낫셀프인 것의 원천이라 불리는 것뿐이다. 우리가 비어 있는 부분을 통해 경험하는 것(우리가 아닌 것)과 정의된 자기 또는 트루셀프(우리 안의 지속되는 부분)를 혼동할 때 문제에 봉착하게 된다. 휴먼디자인 시스템에서는 우리의 조건화된 부분을 주의 깊게 분석하여 그것을 정의된 트루셀프와 구별하게 해준다. 그것은 우리가 전략과 내적 결정권을 따름으로써 우리의 낫셀프 모습에서 생기는 문제들을 완전하고 개성 있게 맞닥뜨리고 해결할 수 있음을 보여준다.

우리의 미정의 센터들은 자극에 개방되어 있고, 말 그대로 우리를 삶으로 이끌어 간다. 우리가 마음(생각)으로 결정하게 되면, 우리의 오픈 센터들은 소위 '낫셀프 마음'의 일부가 되고 만다. 우리의 바쁜 마음은 지속적이고 믿을 수 있는 것에는 큰 관심이 없고, 오픈된 미정의 부분을 좀 더 매력적인 것으로 본다. 마음은 오픈된 곳들을 그리워하고 경험해보고자 하며, 그렇게 되고 싶고 가지고자 한다. 불행하게도 이러한 유혹은 실체로부터 우리를 멀어지게 하고, 그것이 우리가 독특한 가능성을 발현시키지 못하는 이유이다. 우리가 되도록 디자인되지 않은 다른 사람이 되고자 할 때 모든 것은 뒤죽박죽이 되고 우리는 삶에서 신기루를 쫓는 신세가 되고 만다. 우리의 지속적인 모습이 아닌 뜬구름 같은 욕망에 기초하여 결정한다는 것은 모래성을 쌓는 것과 같다. 결국에는 '삶이란 그런 거야' 하는 소리가 나온다. 결과는 피로와 실패의 느낌으로 좌절과 비통함, 분노와 실망의 삶이기 쉽다.

어린 시절에 승객으로서 당신의 의식은, 열리고 개방된 부분으로부터의 경험을 가지고 그것이 내리는 결정이 당신의 몸(운반체)을 보호하고 있다고 여긴다. 당신의 의식은 몸에 내재된 육체적·정신적·감정적 안정의 욕구와, 안전과 사랑, 협조의 필요에 몰두하고 있다. 그러한 걱정거리들은 당신의 오픈 센터에서 더욱 증폭되고, 그리하여 의식은 자연 환경에 더욱 예민하게 주의를 기울인다. 그것은 다른 사람들이 어떻게 당신을 대하는가를 살피며, 다른 사람들의 기대에 당신이 얼마나 부응하는가를 견주어가며 당신을 자기 자신으로 살지 못하게 한다. 소외되지 않기 위해 환경에 자신을 끼워 맞추고, 그럼으로써 자신과 주변 사람들을 안심시키려고 한다. 그런 경우 잠시나마 상황이 잘 굴러가는 것처럼 보일 수 있지만, 결국에는 낭패를 보게 된다.

삶에서 다가오는 각각의 결정은, 우리를 맞는 길에 서게 하거나 고통과 혼란의 샛길로 이끈다. 우리의 진정한 모습과 목적으로 이끌거나 멀어지거나 하면서. 우리가 믿을 수 있고 맞는 운명으로 이끌며, 상호 교류와 사는 장소, 직업에 있어서 내릴 수 있는 올바른 결정은 개인적인 내적 결정권으로부터 나온다. 미정의 센터의 조건화에 기초한 생각으로 하는 결정은 우리를 옆길로 새게 한다. 그리되면 우리가 감당하지 못할 상황에 내몰리거나, 계속되는 에너지의 소모로 인해 우리의 진정한 가능성을 발현시키지 못하게 된다.

세상은 우리의 생각이나 정신적 자각과 그 작용들을 지나치게 강조한다. 우리에게 가해지는 조건화의 압박은 쉽게 금방 사라지지 않는다. 일반적으로 우리의 차트에는 정의된 것보다 정의되지 않은 부분이 더 많으므로, 그로 인해 복잡해지고 증폭되는 수많은 낫셀프 마음의 결정들은 아주 쉽게 우리의 삶에 지나친 영향력을 행사한다. 특히, 정의된 부분의 반이 무의식(디자인, 붉은색)이라서 위와 같은 압박을 견디고 우리의 정의된 부분이 발현되기는 참으로 쉽지 않다. 다행히도 우리의 전략과 내적 결정권은, 간단하게 그러한 마음의 환상을 통한 설득을 피하고 운전자가 차를 몰 수 있도록 한다. 그것을 우리가 찾는 자각의 상태, 즉 완전한 내맡김이라고 부른다.

미정의 센터의 낫셀프 질문들

바디그래프에서 미정의 센터는 우리의 취약한 부분을 나타내며, 어떻게 고통으로부터 스스로를 보호하고자, 결정을 내리는 전략으로써 마음을 사용해왔는지를 보여준다.

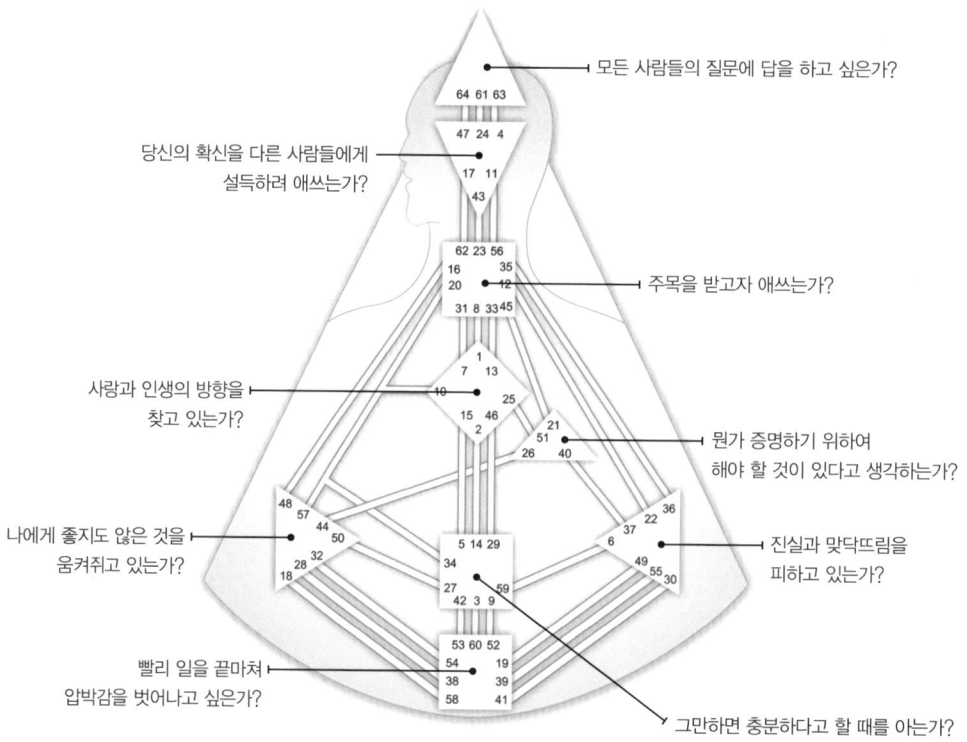

시간이 지남에 따라 우리 마음의 전략은 건강하지 못한 버릇이 되고 어른이 되어가면서 무의식적 습관이 된다. 처음부터 그러한 잘못된 습관이, 당신이 아닌 부분에서 시작되었다는 것을 알게 되면 그것을 버리기가 훨씬 쉬워진다. 우리가 열린 부분 때문에 곧잘 길을 잃는 것을 앎과 동시에, 또한 그 덕분에 다양한 탐험의 기회를 얻는다는 것을 알게 된다. 그것들을 통해 예기치 않은 만남, 최고의 발견과 심오한 견해가 생겨나고, 시간이 지나면서 그 모두가 지혜가 될 수 있다. 휴먼디자인 시스템을 통해 우리는 자신의 열린(정의되지 않은) 부분을 새로운 방식으로 기꺼이 수용하고 즐길 수 있을 것이다. 지혜는 우리의 열린 부분을 집착 없이 경험함으로써 찾아진다. 미정의 센터, 미정의 채널, 미정의 게이트 모두가 그러한 지혜의 가능성을 내포한다.

왼쪽의 그림은 오픈 센터 각각의 낫셀프 체크 질문을 보여준다. 이 질문들은 우리가 스스로 트루셀프 또는 낫셀프에서 작동하는지 알아차리도록 도와준다. 앞으로 각 센터와 그것의 낫셀프 구조를 더 깊이 살필 것이다. 오픈 센터에 관한 이러한 연습은 대단한 해방의 의미를 가지며, 낫셀프의 조건화가 알지 못하는 사이에 얼마나 깊숙이 퍼져 있는지 알아차리는 효과적인 방법이기도 하다.

바디그래프에 나타난 낫셀프의 모습

바디그래프의 자세한 분석은 삶에서 우리가 어떻게 생각하도록 조건화되었는지 지도처럼 나타내고, 마음의 작용을 놀라운 상세함과 새로운 관점으로 보게 해준다. 또한 미정의 센터들과 우리의 생각, 고통의 경험들이 매우 강력한 관련이 있다는 것을 발견하게 된다.

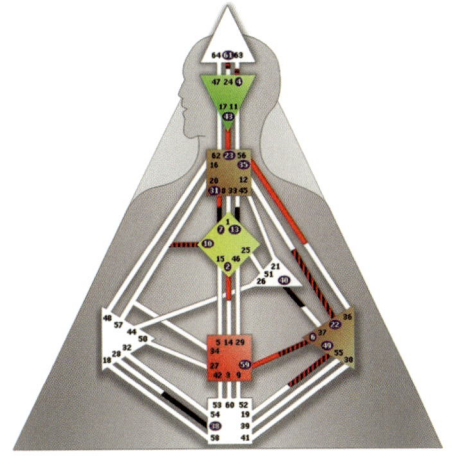

오른쪽 차트의 사람은 어떤 부분이 조건화되었는지 간단하게 키노트를 사용하여 설명해보겠다. 안전에 관련된 스플린 센터부터 시작하자면, 그는 안전한 느낌을 유지하고자 직업, 교류, 장소, 태도 등을 바꾸지 못해왔다. 미정의 스플린 센터는 생존에 신경을 쓰므로, 그로 인한 직업이나 인간관계가 건강하지 못한 상태가 되어도 거기서 떠나면 안 될 것 같은 두려움을 가지게 한다. 미정의 하트/에고 센터에서는 자신의 가치를 증명하려는 조건화가 되어 있어 행동, 성, 신뢰감, 아름다움, 똑똑함 등으로 애를 써서 자신의 가치를 보이려 한다. 의지력이 약해 지키지도 못할 약속을 하기 쉽고, 자신의 가치를 증명하려고 약속을 지키고자 하지만, 오히려 가치가 떨어지는 결과를 낳기 쉽다. 미정의 헤드 센터는 자기와 별 관계가 없는 생각에 몰두한다. 그 마음은 다른 사람들의 미해결 문제를 풀어주려고 바쁘게 움직인다. 미정의 루트 센터는 빨리 일을 끝내도록 압박을 느껴, 그것에서 벗어나고자 서둘러 일을 끝내고 다른 일로 옮겨 가고자 한다.

미정의 센터의 키노트들은 그가 삶의 대부분을 어떠한 생각에 기초하여 결정해왔는가 하는 그림을 보게 해준다. 이 정보들을 모아 한 문장으로 만들면, 이 사람은 직업이나 친구를 잃지 않으려고 일을 급하게, 부지런히 하며, 자신의 가치를 증명하려고 모든 사람의 문제를 해결해주고자 한다.

당신의 길이 깨달음과 변화를 추구하는 것이라면, 당신은 천천히 그러나 분명하게 마음이 아니라 몸의 내적 결정권을 따르고 그에 내맡길 것이다. 생각으로 무엇을 꼭 하느니 마느니 하거나, 당신의 일생이 어떠해야 하리라 하는 생각도 모두 털어버릴 것이다. 완전히 내맡기는 것은 마음의 자연스러운 상태가 아니지만, 이렇게 하는 것은 당신의 전략과 내적 결정권에 따르는 것을 배우게 한다. 제 갈 길을 잘 아는 몸(운반체)에 올라탄 승객 또는 관찰자의 입장을 받아들여서, 그 역할을 즐기게 되는 것이다.

> 라 우루 후는 진정한 내 모습이 아니다. '라'는 내가 지켜보는 사람이다. 나는 원자로 이루어지지 않았다. 나는 암흑 물질로 이루어져 있다. 그것이 지켜보는 것이다. 그것은 원자로 만들어진 매개체(몸)의 프리즘을 통해 지켜보며, 그 매개체가 없으면 나는 영원히 침묵 속에 있을 것이다. 원자적이지 않은 승객인 나는, 죽음 대신 삶으로부터 자유를 얻을 수 있다. 그것이 가장 중요한 것이다. _ 라 우루 후

정의, 미정의 그리고 완전한 오픈 센터

활성화된 게이트가 센터 안에서 어떻게 작용하는가가, 그 센터가 어떻게 우리에게 느껴지며 주변 환경이나 사람들과 상호 교류하고 운용되는지 결정한다.

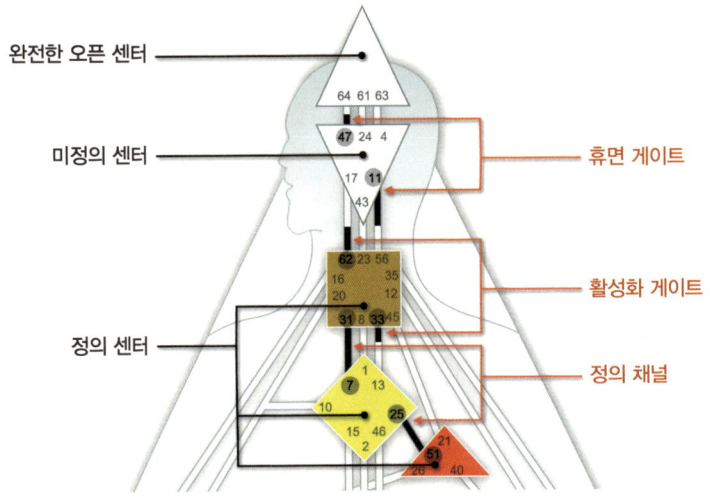

- **정의 센터** | 위 그림에서 한 채널의 양쪽 게이트가 만나면, 채널이 정의되었다고 말한다. 7과 31이 '알파의 채널'을 만들어 G센터와 스로트 센터를 정의하고, 51과 25는 '개시의 채널'을 만들고 심장과 G센터를 정의한다. 정의된 센터는 우리 안에서 늘 작동하여 신뢰할 수 있는 중심을 만든다. 정의된 센터에 있는 게이트(33과 62)는 '매달린hanging 게이트'라 하고 전반적으로 정의된 자질에 그 성질을 보탠다. 종합해 보면 정의라 함은 사람들과 상호 교류할 때 우리의 존재가 나타내는 각자의 고유한 에너지 주파수라 하겠다.

- **미정의 센터** | 미정의 또는 비어 있는 센터를 통해서는 우리에게 배움의 기회가 주어지며 주변으로부터 조건화되는 취약한 부분이다. 미정의 센터는 한 개나 그 이상의 휴면 게이트를 가지고 있다. 그것은 우리의 디자인에서 무의식적(붉은색)이거나 의식적(검은색) 부분일 수 있다. 휴면 게이트는 채널에서 한쪽만 정의되어 있어 반대쪽의 상응 게이트로부터 전자기적 끌림(불꽃)을 기다리며 매달려 있다. 휴면 게이트는 미정의 센터로 들어오는 에너지를 거르거나 방향을 정해주고, 우리가 그러한 특성을 가지고 있다는 것을 더 많이 알아채게 하는 역할을 한다.

- **완전한 오픈 센터** | 미정의 센터와 많이 비슷하지만, 완전한 오픈 센터의 현상은 꽤나 독특하다. 휴먼 게이트가 없다는 것은 우리에게 반응하고 연결되는 친숙한 느낌이나 주제가 없어 붙잡을 것이 없음을 뜻한다. 붙잡을 주제가 없이 그냥 노출된 센터로 쏟아져 오는 정보들을 과장되게 경험하므로 혼란스럽기 쉽다. 따라서 완전한 오픈 센터는 우리에게 가장 취약한 부분일 수 있다. 그러나 다행히 그 반대도 사실이다. 들어오는 정보를 거르거나 선입견이 없으므로 모든 학습 경험의 가능성에 열려 있게 되어, 우리가 성장하면서 그것은 지혜로움의 원천이 되기도 하는 것이다.

다음 페이지부터는 각 센터의 특성과 작동, 트루셀프와 낫셀프 테마들을 살필 것이다. 당신의 차트를 참고하여 당신 자신을 발견하길 바란다.

Throat Center

스로트 센터

소통과 표명

세상과의 교류를 통한
변형과 전환

생물학적 연관성

생물학적으로 스로트 센터는 갑상선과 부갑상선에 관련된다. 이 내분비선들은 변형과 전환을 임무로 한다. 갑상선은 신진대사 과정을 총괄한다. 음식의 소화 흡수와 흡수 속도, 에너지 소비, 행동의 빠르고 느림, 몸의 크고 작음 또는 살이 찌거나 마르거나 등이다. 때가 맞지 않아 수용되지 않는 말이나 행동, 또는 침묵해야 할 때 말함으로써 오는 저항 등은 우리의 성대와 갑상선에 해로워서 건강과 체형의 이상 증상으로 나타난다.

소통과 행동의 표명

신피질의 발달과 동시에 나타난 획기적인 신체 변화는 후두의 구조와 위치의 변화로서, 그것은 지난 8만 5000여 년간의 인류 진화를 이끌어 우리에게 스스로를 관찰/표현하는 자기반향적 의식의 능력을 가져다주었다. 이 변화들이 우리로 하여금 말로 소통하고 의도적 행동이 가능한 완전한 인간으로의 표현을 가능케 하였다. 바디그래프에서 정의되어 있든 아니든 스로트 센터는 스스로를 표현하고, 또한 삶에서 직업적인 발현에도 중심적 역할을 한다. 그 작용은 순전히 기계적이며 의식적으로 알아차리지 못하나, 스로트 센터는 바디그래프의 주요한 초점이다. 바디그래프가 도시의 지도라면, 스로트 센터는 그 도시의 중심 광장이다. 9센터 중에서 가장 복잡하고 중심적인 이 센터에는 바디그래프에 흐르는 모든 에너지가 말이나 행동으로 표현되도록 매우 커다란 압박이 가해진다. "모든 길은 로마로 통한다"라는 말처럼, 바디그래프에 흐르는 에너지는 스로트 센터의 생물학적 과정을 통해 전환되고 신진대사가 이루어진다.

스로트 센터의 첫 번째 작용은 말을 통해 표명하는 것이며, 우리가 누구이고 무엇을 생각하고 느끼며, 배우고 창조하며, 무엇을 알고 기여하고 싶은지, 무엇을 보고 싶어 하고, 무엇으로 다른 사람들을 북돋울 수 있을지 등이다. 스로트 센터에는 11가지 표현의 가능성을 가진 게이트가 연결되어 있기 때문에 주목을 끌 수 있는 능력을 자연스럽게 가짐으로써, 매니페스팅의 기반을 마련한다. 우리는 각자 떨어져 홀로 있도록 디자인되지 않았다. 효과적으로 소통하는 능력은 상호 교류의 질을 높여 생존을 가능하도록 한다. 언어와 소통은 다른 사람들에게 명령하고자 있는 것이 아니다. 그것은 어떻게 고유한 표현으로 우리를 다른 사람들에게 알리고, 그리하여 우리가 말하고 행하는 것에 그들이 반응하고 소통하게 하려는 것이다. 행동 전에 소통함으로써 우리는 그 행동의 옳고 그름을 미리 알 수 있다.

우리의 목소리는 바디그래프의 정의된 채널이나 게이트의 독특한 작동으로부터 나온다. 스로트 센터에 연결된 어느 센터든 연결된 채널을 통해 밖으로의 통로를 확보하여, 지속적이고 신뢰 가능한 목소리나 행동이 나타나게 된다. 이때 발생하는 우리의 말과 행동에는 진실이 담겨 있으므로 정확하고 가치 있다. 내적 권위의 이끎에 따라 적절한 상황과 시점에 목소리를 낼 수 있는 것은 얼마나 고귀한 재능인가?

스로트 센터에 주어지는 큰 압력 때문에 많은 사람들이 말과 행동을 쉽게 때맞춰 표현하지 못한다. 우리의 목소리와 표현/행동하고자 하는 바를 알고 증폭 가능한 오픈 게이트를 앎으로써, 우리는 여유 있게 만족스러운 방법으로 다른 사람들과의 교류를 때맞춰 할 수 있을 것이다. 스로트 센터의 황금률은 '전략과 내적 결정권을 따른다면 타이밍은 늘 정확할 것이다'이다. 그리하면 우리의 말과 행동은 저항과 혼란, 왜곡됨이 없이 전해질 것이다.

스로트 센터의 두 번째 작용은 행동의 표현이다. 행동의 표현은 모터가 스로트 센터에 연결되어야 가능하다. 이렇게 정의된 사람은 일이 벌어지게 하는 진정한 행동가라 할 수 있고, 그들이 시작한 일을 완결시킬 수 있다. 참고로, 매니페스팅 제너레이터(세이크럴 센터가 정의되어 있고, 4개의 모터 센터 중 하나 이상이 스로트 센터에 연결된 경우)는 먼저 시작하지 않고 제너레이터의 전략대로 기다려야 하므로 예외이다. 이러한 차이는 4장에서 자세히 설명한다. 낫셀프뿐만 아니라 사회 역시 우리에게 무언가가 되라고 많은 압박을 가한다. 직업을 잘 골라서 의미 있는 삶을 살아야 한다는 따위의 것들이다. 우리가 디자인된 대로 맞추어 살 수 있는 가능성은 트루셀프의 발견과 그것을 살아내는 데에 달려 있다.

바디그래프에서 스로트 센터의 전략적 위치와 몸 안에서 스로트 센터의 변형 작용은 자연스럽게 삶의 모든 수준에서 변형적·변이적 변화를 효과적으로 감독하는 장소가 되게 한다. 스로트 센터에서 작동하는 게이트의 독특한 주파수가, 인류의 변형과 진화가 더 나아가기 위해 어떠한 변화를 요구하는지 우리의 몸을 통해 보여주고 있다. 스로트 센터의 게이트들은 다음 표를 참고하라.

스로트 센터의 게이트들

게이트 62 – 작은 자들의 우세함 세부사항의 게이트	생각하거나 생각하지 않거나 구체적 사실들을 소통하기
게이트 23 – 조각내기 동화의 게이트	알거나 모르거나 개인의 통찰을 소통하기
게이트 56 – 방랑자 자극의 게이트	믿거나 믿지 않거나 재미있는 이야기꾼
게이트 16 – 열의 숙련된 기술의 게이트	실험/확인하거나 실험/확인하지 않거나 무언가에 통달
게이트 20 – 응시 지금/현재의 게이트	지금 하거나 지금 하지 않거나 순간적 명료함/행동
게이트 31 – 영향력 이끌기의 게이트	이끌거나 이끌지 않거나 선출된 지도자
게이트 8 – 함께 뭉치기 공헌의 게이트	기여하거나 기여하지 않거나 독특한 개성 표현
게이트 33 – 물러남 사생활의 게이트	기억하거나 기억하지 못하거나 과거 교훈 공유
게이트 35 – 진보 변화의 게이트	경험/느끼거나 경험/느끼지 못하거나 경험을 통한 진보
게이트 12 – 멈춤 조심성의 게이트	시도하거나 시도하지 않거나 사회적 조심성
게이트 45 – 함께 모으기 모으는 자의 게이트	소유하거나 소유하지 못하거나 교육을 통해 이끄는 왕/여왕

정의된 스로트 센터 – 인류의 72%

말을 할 때 우리는 생각을 표현한다고 믿지만, 우리의 소통은 스로트 센터의 11개 게이트 주제에 의해 결정된다. 스로트 센터는 바디그래프의 모든 부분으로부터 오는 메시지의 에너지 중심이고, 그 정보를 어떻게 소통과 행동으로 변형시키고 나타낼 것인지 정한다.

스로트 센터는 6개 다른 센터의 영향으로 말이나 행동할 가능성을 가진다(아즈나, 솔라 플렉서스, 하트/에고, G, 세이크럴, 스플린). 건강한 스로트 센터는 그가 가진 믿을 수 있는 정의된 원천으로부터 말한다. 예를 들어, 하트 센터에 연결되면 '나는 하고 싶다, 나는 가지고 있다, 나는 할 것이다'를 주장하고, 아즈나 센터에 연결되면 자기 생각과 견해를 말한다. 솔라 플렉서스 센터에 연결되면 감정, 느낌에 따라 말과 행동이 이루어진다. 스플린이라면, 그 순간의 육감을 바로 표현한다. 세이크럴에 직접 연결되었다면, 말과 행동을 세이크럴이 반응하는 소리에 따라 나타낸다. G센터에 연결되면 그는 정체성과 지향하는 바에 따라 말한다. 그러므로 정의된 스로트 센터의 특성은, 일정하지만 제한된 방법으로 변함없이 표현한다는 데 있다. 모터가 목에 연결된 사람들은 늘 행동할 수 있으나 언제나 그래야 한다는 것은 아니다. 스로트 센터가 모터에 연결되면 즉흥적 충동의 연료가 주어지기 쉽고, 말이나 행동이 매우 많은 경향이 있으며, 모든 자극에 힘을 쏟기 쉽다. 그들이 편안하고 자신 있게 자신의 전략과 결정권에 따르고 목소리의 근원과 말할 때를 안다면, 스로트 센터가 정의된 사람들은 쉽고 정직하게, 또한 명료하게 그들의 진실을 표명할 수 있다.

미정의된 스로트 센터 – 인류의 28%

미정의 스로트 센터의 낫셀프 테마는 '관심을 끌려고 노력하기'이다. 스로트 센터가 미정의인 사람들은 다른 사람들의 눈에 띄지 않으면 어떻게 하나 걱정하여, 그의 낫셀프 마음은 어떻게 주목을 받을까 기회를 노린다. 그들은 증폭된 압박에 굴복하기 쉬워 말, 행동, 호감을 남기려 하고, 아무 때나 끼어들거나 모임의 중심이 되고자 급히 서두른다. 그들은 미정의 스로트 센터가 때가 되면 자연스럽게 주목을 받으며, 기다리면 말할 기회가 온다는 것을 알지 못한다. 기다리면 적절한 주목을 받으며, 결정권을 통해 원하는 말을 하기로 결정한다면, 그저 주목받기 위해 하는 말이나 행동의 에너지 낭비를 막을 수 있을 것이다. 급히 말하고자 하는 압박을 줄임으로써 그들은 성대에 가해지는 스트레스를 줄일 수 있다.

 미정의 스로트 센터에 나타나는 증폭된 압박에 의한 말이 다른 사람들의 정의된 스로트 센터에 의해 조건화된 것이라면, 그 말은 예상하기 어렵고 다른 사람들에게 제대로 받아들여지지 않는다. 시간이 가면 입을 열기가 두려워질 수도 있다. 의사표현을 효과적으로 할 수 없거나 통제할 수가 없다고 느끼게 되면, 의사표현이 중요하게 여겨지는 우리 사회에서 심각한 문제로 받아들여질 수 있다. 이것은 스로트 센터가 열린 사람이 스스로의 전략과 결정권에 자신을 가지고 대화에 임하고, 스로트 센터가 기계적으로 작동됨을 이해하고 배움으로써 고쳐질 수 있다.

 스로트 센터가 정의된 사람들 주변에서 그들은 불편해지기 쉬우므로, 압박을 덜기 위해 대부분의 대화를 주도하려 하기 쉽다. 또한 그들은 다음에 무슨 말을 할까 궁리하느라고 많은 정신적 에너지를 쓰지만, 막상 말할 때는 엉뚱한 소리가 나와 당황할 수도 있다. 문제는 그들이 말할 것을 일률적으로 미리 계획할 수 없다는 데 있다. 미정의 스로트 센터의 건강함은 언어 표현을 통제하려는 노력을 접는 것으로부터 온다. 건강할 때 그들은 상황에 따라 말하고 그들을 통해 나타나는 다양한 표현을 즐기도록 디자인되었다. 건강한 미정의 스로트 센터를 가졌다면, 그들은 주목을 받기 위해 아무것도 할 필요가 없다는 것을 이해한다. 다른 사람들과 있으면 말해야 한다는 압박이 느껴지지만 자신의 자연스러운 상태인 침묵에 쉽고 편안함을 느낀다. 기다리면 참여하기에 알맞은 때에 초대가 스스로 찾아오리라는 것을 안다. 그들의 지혜는 누구의 말과 행동이 더 진실된 것인지 알아차리는 것이다.

 편안하게 전략과 결정권에 따르지 않는다면 다음의 질문들로 시간을 빼앗긴다. '어떻게 하면 주목을 받을까?', '커서 무엇이 될까?'. 이런 생각에 골몰하다 보면, 때가 잘 맞지 않는 결정과 행동을 하게 되어 그들의 갑상선에 압박을 가하게 된다.

완전히 열린 스로트 센터

 11개의 게이트가 있는 스로트 센터가 완전히 열려 있기(게이트가 하나도 정의되어 있지 않음)는 매우 드물다. 그러한 사람은 무슨 말을 해야 할지 어떤 행동을 해야 할지를 전혀 모르는 백지 상태와 같다. 예를 들어 스로트 센터가 미정의인 어린이는 말을 배우는 것이

늦기 쉽기 때문에, 자기의 속도에 맞추어 말하도록 허락되어야 한다. 어린이나 어른의 낫셀프가 말이나 행동 또는 언제 어떻게 주목받을지를 강제한다면, 그들은 조건화된 말 혹은 다른 사람들의 목소리를 빌려 말을 하게 된다. 그 결과는 맞지 않는 말을 맞지 않는 때에 하여 아예 무시당하게 된다. 저항은 시간이 지나면서 늘어나고, 그들의 자신감이나 갑상선에 악영향을 끼친다.

일단 그들이 자신의 예측할 수 없고 유연한 어법에 익숙해지면, 그리고 자기 결정권의 안내에 자신이 생기면 이 센터가 가진 지혜의 가능성이 드러나기 시작한다. 많은 것 가운데, 그들은 스스로의 경험으로 누가 설명을 잘하고 있고 누가 진짜 실력을 가지고 말하는지 알 수 있을 것이다.

스로트 센터가 정의되지 않은 사람의 낫셀프 언어 유형

낫셀프 마음은 미정의 센터의 대변인이며, 우리에게 무엇을 말하고 해야 할지 지시한다. 이런 것을 알아차리는 것이 탈조건화에 중요하다. 미정의 스로트 센터의 낫셀프 마음은 주로 다음과 같이 말한다.

어디에 가면 원하는 주목을 받을 수 있을까? 내가 남에 눈에 띄고 있나? 이 말을 하면 주목을 받을까? 이렇게 대화를 시작하면 당연히 주목을 받겠지. 이 침묵이 불편해서 무언가 말을 해야겠다. 삶에서 무엇을 이루어야 하나? 나는 무엇이 될까?

Head Center

헤드 센터

정신적 압박
영감

의문, 의심, 혼란

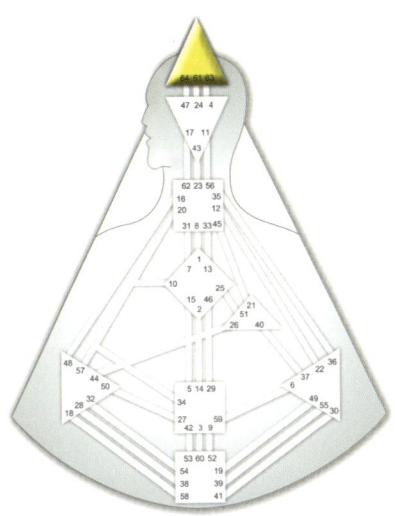

생물학적 연관성

생물학적으로 헤드 센터는 뇌의 회색 부분과 신피질 사이 또는 헤드 센터와 아즈나 센터 사이의 정보 흐름을 관장하는 송과체(솔방울샘)와 연결되어 있다. 정신 작용의 90% 이상이 뇌의 회색 부분 내부 깊숙한 곳에서 우리의 의식적 알아차림 이전에 생겨나며, 우리 뇌에서 일어나는 모든 과정은 과거의 축적된 경험을 통하여 나타나게 된다. 헤드 센터가 답을 찾으려는 의심이나 인생의 의문점들을 알고자 하는 압박을 만들어내는 것이다. 헤드 센터는 생각하고 개념을 만들며 모든 의식 작용을 행하도록 압박한다.

정신적 압박과 영감

위가 그러하면 아래도 그러하다. 바디그래프의 맨 꼭대기에 영감inspiration이라 불리는 정신적 압박의 헤드 센터가 있다. 아래에는 스트레스라 불리는 아드레날린 압박의 루트 센터가 있다. 헤드 센터는 알아차리고 생각하며, 세상의 의미를 알도록 압박하는 작용을 한다. 그 압박은 우리로 하여금 생각하여 의견을 만들게 하고, 명확한 견해와 아이디어, 깨달음으로 이끌어 아즈나 센터에서 개념화되고 스로트 센터로 내려가 언어로 변환시키기 위한 것이다. 휴먼디자인에서는 우주적 의식의 장에서 정보를 가져오는 이 압박을 '영감'이라 부른다.

헤드 센터의 영감은 행동으로 이끄는 동력의 에너지는 아니며, 정신 작용을 위한 압박이다. 이것이 우리의 상상과 독특한 생각(머리), 개념화(아즈나)를 자극하고, 매일매일의 일상적 생각들을 만들어내고 존재의 의미까지도 찾게 한다. 쉽게 말해서 이것이 일상적인 의문과 그에 대한 답을 찾게 하는 압박이다.

헤드 센터는 3개의 시간대를 나타내는 세 채널을 통해 정신 작용의 압박을 아즈나 센터로 보낸다. 그것은 미래의 안전을 추구하는 질문(게이트 63)과 현재의 새로운 가치를 찾아내는 일(게이트 61), 과거의 많은 경험으로부터 의미를 찾아내는 일(게이트 64)로 시작한다. 이 경로는 3가지 영감의 원천이 생성되는 데 필수적이고, 그것들이 해독되어 스로트 센터로 생생하게 전달되고 자극적 효과가 극대화되도록 해준다. 이러한 지능의 호기심과, 삶의 의미를 찾고 다른 사람들에게 영감을 주고자 하는 미지를 향한 마음의 놀라운 능력은, 우리의 삶에서 끝없는 경이로움의 원천으로서 향유되어야 한다. 삶을 이끌어 가야 한다는 부담으로부터 우리의 마음을 해방시켜주는 각각의 결정은 의식이 가진 놀라운 창조력을 재생시켜주고, 지구 위의 생명을 이해하고 삶의 질적 향상과 진화에 필수적인 기여를 할 수 있도록 한다. 하지만 불행하게도 낫셀프가 개인의 결정권을 장악하게 되면 헤드 센터는 무의미한 질문과 쓸데없는 생각으로 가득 차게 된다. 이러한 쉴 새 없는 압박은 우리를 의문과 혼란으로 채워 진정한 자기 자신으로부터 점점 멀어지게 만들기 쉽다. 그 압박이 쉬지 않고 계속된다면 편두통 같은 심한 통증을 유발할 수도 있다. 또 다른 결과는 그것이 의식의 본래 역할인 지혜의 원천으로서의 가능성을 박탈한다는 것이다. 헤드 센터로부터 우리는 영감의 본질을 배운다. 헤드센터를 통해 경이로워하는 마음을 잃지 않으며, 압박을 경험하는 방법과, 누가, 무엇이 진정 영감을 주는지 배워나간다.

헤드 센터의 게이트

헤드 센터에는 3개의 게이트가 있다. 각 게이트의 주제와 압박의 본질이 각 영감의 유형과 범위를 설정한다. 헤드 센터의 압박은 영감을 아즈나 센터로 보내 개념화되게 하고 스로트 센터로 내려가 소통되게 한다. 아래 도표의 압박들은 우리가 그것을 해결하거나 버릴 때까지 머리를 성가시게 한다.

게이트 64 – 완료 전 혼란의 게이트	과거의 의미 추구와 혼란을 극복하고자 하는 추상적 압박
게이트 61 – 내적 진실 신비의 게이트	새로운 것, 신비한 것 그리고 알 수 없는 것을 알리는 변이적 압박
게이트 63 – 완료 후 의심의 게이트	의심으로 생명 현상의 의미를 찾고, 논리와 새로운 양상 추구를 위한 합리적 압박

정의된 헤드 센터 – 인류의 30%

헤드 센터와 아즈나 센터 사이의 정의는 의문과 해답, 의식 자체를 포함한 모든 것을 이해하고 파악하려는 한결같은 압박을 만들어낸다. 한결같은 그 영감의 압박은 가끔 근심거리가 되기도 하는데, 영감은 아직 파악이 안 된 것에 대한 의문의 틀을 만들 뿐이기 때문이다. 헤드 센터가 정의된 사람들은 생각하는 방법이 정해져 있다. 특정한 게이트와 채널의 주제가 다른 사람들에게 주는 영감의 원천이 된다. 그들이 그룹의 일부일 경우 그들의 오라는 헤드 센터가 미정의인 사람들에게 생각하도록 압박을 가한다. 인류의 30%만이 정의된 헤드 센터를 가지고 있지만, 그들은 나머지 70%의 인류에게 영향을 준다.

헤드 센터와 아즈나 센터는 모터에 연결되어 있지 않으므로 생각이나 아이디어는 곧바로 실행에 옮겨져 표명되지는 않는다. 그러려고 노력하면 좌절과 분노, 씁쓸함과 실망을 부를 뿐이다. 헤드 센터와 아즈나 센터가 정의된 사람들은 아이디어를 실행할 사람들에게 자극적 질문과 가능성을 제시하는 동기를 부여할 알맞은 때를 기다림으로써, 그들의 아이디어에 대해 미처 준비되지 않은 세상으로부터 오는 저항을 없앨 수 있다. 달리 말해, 전략에 따라 상대의 타이밍과 수용 가능성에 맞추어 에너지를 절약하고 걱정을 덜며, 자신감을 확장시킬 수 있다. 생각을 정리하고 스스로의 영감을 이해하며, 자신의 질문에 대한 해답을 찾는 정신적 압박은 헤드 센터와 아즈나 센터가 정의된 사람들에게는 자연적인 현상이다. 그러나 그들이 끊임없는 그러한 미해결의 상태에 성급하게 굴복하여 자신의 내면으로 그 압박을 돌리면, 결과는 깊은 근심과 자기불신, 절망을 경험할 수도 있다. 또 그들이 그 압박을 외부 행동으로 해소하려 한다면, 결국 성급한 결정으로 진정한 영감의 기회를 상실하는 것이 대부분이다. 문제는 그러한 정신적 압박을 받아들이고, 그것을 피하려 하거나 곧장 실행하고자하지 않는 것이다. 혼란과 의문, 명료함은 그 자체의 내적 타이밍과 해결책을 가지고 있는 자연적 과정이다. 자기 결정권의 안내를 따른다면, 그것은 다른 사람들을 고무하고 영감을 일으키게 하는 자극적 질문과 폭넓은 해답들로 바뀔 것이다.

미정의 헤드 센터 – 인류의 70%

헤드 센터가 미정의인 사람들은 정신적 정보를 제공하는 방법이 일정하지 않다. 일상적인 영감이 별로 중요하지 않은 일에 대한 증폭된 압박으로 확장되면, 그들은 끝없는 혼자만의 생각에 빠지기 쉽다. 낫셀프 상태에서 나오게 되는 무의미한 생각과 의문이 결국에는 그들로 하여금 적절한 결정을 내리지 못하게 한다. 걱정이 확장되면 누군가를 찾거나 영감을 줄 만한 것을 찾는다. 미정의 헤드 센터는 지적인 추구를 피하거나, 반대로 끝없는 영적 신비를 추구하는 경향이 있다. 그들은 쉽게 그들의 문제도 아닌 것에 결정을 내리거나 해결책을 구하려 하므로, 사실상 다른 사람들의 것인 혼란과 의문으로 지치거나 자신의 갈 길을 잃게 된다. 가능한 한 빨리 다른 사람들의 문제를 해결하려는 압박은 그들을 억눌러 정신적 잡동사니를 털어내기 힘들게 하고, 그리하여 끝없는 질문들에 답하기 위한 세상사 파악의 압박은 늘어만 간다. 애초에 문제를 만들어낸 낫셀프 마음(생각)으로는 그들의 문제를 풀지 못하므로, 그 혼란과 의문의 소용돌이에서 벗어나는 열쇠는 자기 결정권의 안내에 의지하여 바쁜 머리를 비켜가는 것이다. 정신적 건강을 유지하는 비결은, 그들의 생각을 한발 떨어진 관찰자가 되어 바라보고 그것을 실행에 옮기지 않는 것이며, 그들의 결정권이 마음의 옳은 사용법으로 이끌도록 하는 것이다.

미정의 헤드 센터의 진정한 가능성은 삶의 신비와 인간의식, 지적 가능성을 끝없이 다양한 분야에서 조사하는 것이다. 이들은 어떤 영감이 취할 가치가 있는지, 정신 분야의 어느 정도가 엉뚱한 것인지 알아차려서, 누가 영감을 주고 누가 혼란스럽게 하는지 분별할 수 있다. 헤드 센터가 미정의된 사람들은 다른 사람들로부터 오는 정보를 가지고 다른 사람들의 훌륭한 대변자가 될 수 있으며, 또 그 생각들이 인류에게 도움이 되는지 잘 식별할 수 있다. 이들은 새로운 견해를 잘 수용하고 다방면에서 오는 영감과 아이디어들을 좋아한다. 이들은 그러한 것들에 의해 자기 정체성을 세우거나 압도되지 않고 더 많이 알기 위해 그 압박을 즐길 수 있다. 혼란이나 의문이 생기면 그것이 곧 지나가버릴 것을 알기 때문에 즉시 해결하려는 필요를 그냥 내버려둔다. 결국에는 미지의 깊이와 아름다움에 마음을 열고, 언젠가는 명료해지거나 말거나 때를 기다리며 혼란과 의문 모두를 즐긴다.

완전히 열린 헤드 센터

헤드 센터에 정의된 게이트가 전혀 없는 사람은 어떤 것이 더 영감을 일으키고 흥미로운지 알아차릴 내재된 방법을 가지고 있지 않다. 그들은 자기 디자인의 다른 부분과 정신적 압박을 연결하는 일정한 방식이 없거나, 다른 사람과의 대화나 사물에 대한 생각이 자연스럽고 쉽게 찾아지지 않는다. 그들은 어떤 것에 집중해야 할지 모르는데 요즘 같은 정보 시대에는 더욱 그러하다. 간단히 말해, 그들은 어떤 것에 대해 생각해야 하는지 모르거나 무엇이 왜 중요한지 모르고, 가끔 아예 생각하는 것 자체를 겁낸다. 그러한 불안은 그들을 지적인 사유로부터 단절시키거나 지적인 대화를 피하게 하기 쉽다. 아니면 쉽게 정신적 압박에 밀려 해답을 만들어내거나, 자신의 결정권을 버리고 다른 사람에게 의지하여 무엇이 영감과 흥미, 중요한지를 말해주기 바란다. 지혜를 위한 건강하고 무한한 능력과, 영감을 구별하고 의문을 가지게 하는 정신적 압박을 이해하기 위하여, 헤드 센터가 완전히 열린 사람들은 가끔 증폭되어 나타나는 정신적 압박을 자신의 것으로 받지 말고 그냥 흘려보내야 한다. 시간이 흘러 자기 자신에 익숙해지면 이들은 헤드 센터가 가진 독특함과 그 진정한 능력에 민감해지고, 누가 생각을 효과적으로 하는지 가늠할 수 있게 된다. 그들은 다른 사람들이 어떠한 생각을 하는지 확신할 정도로 민감해질지도 모른다. 그렇게 그들은 마음이 탐색할 수 있는 모든 영감의 경이로움으로 꽉 차게 된다.

헤드 센터가 정의되지 않은 사람의 낫셀프 언어 유형

낫셀프 마음은 미정의 센터의 대변인으로서 우리가 무엇을 하고 어떻게 말해야 할지 지시한다. 그러한 낫셀프의 이야기를 알아차리는 것이 탈조건화의 핵심이다. 다음과 같은 것이 미정의 헤드 센터에 나타날 수 있는 낫셀프 독백의 예이다.

영감을 줄 수 있는 무언가를 찾아야겠다. 거기 가면 무언가 영감을 줄 것을 찾을지 모르겠다. 내 의문에 답을 찾는 것이 필요하다. 어디에 가면 답을 찾을 수 있을까? 누가 답을 알고 있을까? 이것을 이해하거나 의미를 알아야겠다. 답을 알기 위해 어디 가서 누구를 만나야 하나? 이것에 사람들이 흥미를 느낄까? 무엇에 대해 생각해야 하나?

Root Center
루트 센터

육체적으로 자극된 압박

삶과 스트레스를 위한
동력 유지

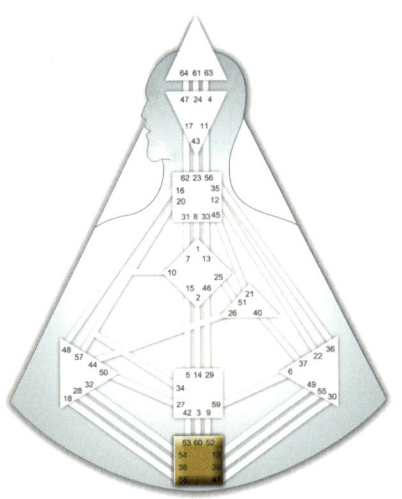

생물학적 연관성

루트root 센터는 생물학적으로 아드레날린 분비 체계 및 스트레스 호르몬 분비와 관계가 있다. 여기서 스트레스는 단순히 연료의 역할을 한다. 이는 삶의 여러 상황들을 이겨내고 진보, 진화의 동력 유지에 도움이 되도록 디자인된 우리 내부의 생물학적 과정에 추진력을 제공한다. 스트레스는 제거할 수 없는 삶의 연료 같은 것이어서 맞서 싸운다면 대가를 치르게 된다. 우리 몸의 이러한 압박의 메커니즘을 이해하지 못하면 너무 쉽게 스스로를 혹사할 수 있다. 이 압박을 내부로 돌리면 기력을 잃고 심하게 고통스러워질 수 있다. 스트레스가 너무 심하거나 약하지 않도록 건강한 균형을 유지하게 되면, 기쁨으로 넘치는 활력 있는 삶을 얻을 수 있다.

아드레날린 압박(연료)과 모터 에너지

헤드 센터와 루트 센터는 둘 다 연료 또는 압박의 원천이며, 에너지를 스로트(목) 센터로 보내 소통하거나 표명되도록 한다. 이러한 유사점은 두 센터의 깊고 밀접한 상호 관계를 말해준다. 헤드 센터는 의문, 혼란, 영감으로 정신적 압박을 만들어내고, 루트 센터는 진화, 적응을 통해서 가장 힘든 도전들을 이겨내기 위한 압박 연료를 만든다. 이것은 가장 순수하고 힘찬 에너지와 동력으로 삶이 앞으로 나아가도록 하기 위한 연료다.

그렇지만 헤드 센터와는 달리 루트 센터는 압박 센터이면서 또한 모터 센터이기도 하다. 9개의 각각 다른 삶의 과정이 루트 센터에서 나오는 에너지로 연료 보급을 받는다. 그 과정은 결국 스로트 센터로 나아가지만, 그것들은 주변의 센터들(세이크럴, 스플린, 솔라 플렉서스)을 거치는 순환 과정을 거친 후에야 나타나게 된다. 루트의 아드레날린 또는 압박의 에너지는 스로트 센터에 직접 연결되어 표명되기에는 너무나 강력한 것이다.

루트 센터의 게이트

게이트 58 – 기쁨 생기 있음 vitality의 게이트	고치고 완벽하려는 압박, 개선의 노력
게이트 38 – 반대 싸움꾼의 게이트	삶의 목적을 찾으려는 압박
게이트 54 – 결혼하는 처녀 야망의 게이트	성취, 지위 향상, 변형을 위한 압력
게이트 53 – 개발 시작의 게이트	새롭게 시작하려는 압력
게이트 60 – 제한 받아들임의 게이트	한계를 초월하고 변화하려는 압력
게이트 52 – 가만히 있기(산 mountain) 무위 inaction의 게이트	에너지의 초점을 맞추고 집중하려는 압력
게이트 19 – 다가가기 결핍의 게이트	삶의 기본적 필요에 민감해지려는 압력
게이트 39 – 방해 도발의 게이트	영혼과 열정 추구하려는 압력, 감정을 쏟아내려는 압력
게이트 41 – 감소 수축 contraction의 게이트	느끼고 새로운 경험을 열망하는 압력

루트 센터의 압박은 문자 그대로 우리의 몸을 움직이며 삶의 표명에 꼭 필요한 재료이다. 좋지도 나쁘지도 않은 스트레스의 사용은 루트 센터의 배열에 따라 결정된다(정의되거나 정의되지 않은 특정 게이트에 따라).

정의된 루트 센터 – 인류의 60%

정의된 루트 센터는 스트레스를 대하는 방법이 독특하고 정해져 있으며 삶의 길에 대한 압박도 일정하다. 루트 센터는 세이크럴 센터, 스플린 센터, 솔라 플렉서스 센터에 의해 정의될 수 있다.

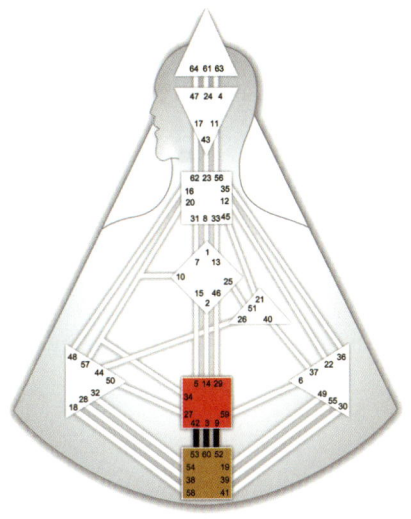

루트 센터와 세이크럴 센터 사이의 세 채널은 '포맷 에너지Format Energy'라 부른다. 포맷 에너지 채널은 우리가 세상에서 작동하는 양상이 집중적이고 논리적인지, 순환적으로 발전되는지 또는 예기치 않게 변이적인지를 결정한다. 논리적 포맷 에너지(52-9)의 사람은 논리적으로 순서를 밟아 세세하게 이성적으로 살며, 추상적 포맷 에너지의 사람(53-42)은 시작-중간-마무리가 분명히 나뉘는 많은 경험들을 하며 살고, 개성적 에너지의 사람(60-3)은 변이적 에너지의 폭발적 분출이 불규칙적으로 나타나는 삶을 살아간다. 포맷 에너지는 몸의 모든 작용에 커다란 영향력을 행사하며, 그들을 만나는 모든 사람들에게 중차대한 영향을 끼친다.

루트 센터가 스플린 센터로 연결된 사람들은 물질세계에서 건강하고 풍요롭기 위하여 생존, 지위 향상, 문제 해결 등을 일정한 방식으로 유지하는 능력을 가지고 있다. 이렇게 루트 센터는 살아 있는 기쁨을 포함하여 실존의 자각과 생존 의식을 위한 연료이다.

루트 센터가 솔라 플렉서스 센터로 연결된 사람들은 새롭고 열망을 갖게 하는 것을 다루는 방식, 그리고 개인적·사회적 교류에서 생기는 정신적 스트레스를 처리하는 방식이 일정할 것이다. 이것이 정서적 자각 또는 정서적/관계적 지성을 촉발시키는 압박이다.

정의된 루트 센터의 사람들도 낫셀프의 스트레스에 빠질 수 있다. 계속되는 거대한 압박이 전략과 결정권에 의해 제대로 유도되지 않는다면 그들은 강박적 집착에 빠질 수 있다. 이들은 늘 무언가를 새롭게 시작하기 쉽기 때문에 건강에 해로운 스트레스가 연속으로 다가온다. 이들은 터무니없는 기대로 다른 사람들에게 자신의 압박을 투사하는 경향을 보인다.

일단 이들이 자신의 일정한 내적 압박에 익숙해지면, 루트 센터가 미정의인 사람들에 의해 생길 수 있는 건강하지 못한 확장된 루트 센터의 압박이 자신을 몰아가는 상황에 조심할 수 있을 것이다. 그들이 내적인 고요함과 기쁜 마음으로 전략과 결정권으로 일을 시작한다면, 그 과정이 어떠한 도전이나 스트레스를 부른다 해도 루트 센터의 에너지 유지로 굳건하게 견딜 수 있을 것이다.

미정의 루트 센터 – 인류의 40%

루트 센터가 미정의인 사람들은 주변으로부터 스트레스를 흡수한다. 그들은 루트 센터가 정의된 사람들로부터 압박을 받는 대상이 된다. 그 확장된 압박이 불편하므로 그들은 항상 그것을 없애고자 하지만, 하나를 없애고 나면 곧바로 다른 압박이 또 생겨난다. 그들은 피할 수 없는 압박을 해결하고자 세 사람 몫을 하려고 마구 서둔다. 그 유지하기 불가능한 끝없는 반복은 결국 기력의 소진을 초래한다.

미정의 루트 센터는 세상에서 루트 센터의 아드레날린 에너지를 받아들여 증폭시키게 되지만, 그 압박을 오래 견딜 수는 없다. 시간이 지나면서 그러한 조건화는 과잉 행동과 안절부절못하고 집중하지 못하는 결과를 낳을 수 있다. 주로 어린이들이 큰 어려움을 겪는다. 그 아이들의 열린 루트 센터에 나타나는 증폭된 에너지는 비협조적이거나 잘못된 행동 또는 정신적 박약으로 오해되어, 그런 아이들은 대개 벌을 받고 창피를 당하거나 정신 상담을 받기도 한다. 진정시키려고 약을 먹이는 열린 루트 센터의 아이들을 생각해보라. 어린이들 디자인의 전반적인 이해를 통해 그들에게 해를 가하지 않고, 위에서 말한 에너지 역학에 올바르게 대처하는 방법을 탐색할 수 있을 것이다.

대부분의 사람들은 눈치를 채지 못하여 밖으로부터의 압박이 그들의 삶을 이끌도록 한다. 어른과 아이 모두가 열린 루트 센터의 압박이 그들 자신의 것이 아님을 이해한다면, 그것에 압도되는 상황을 피할 방법을 찾을 수 있을 것이다. 그들이 스트레스를 받을 때 기본적인 2가지 대처 방법이 있다. 하나는 깊게 숨을 들이쉬며 쌓인 압박을 털어내어 한 발 옆으로 피하거나, 다른 하나는 그 아드레날린 에너지를 역으로 이용하는 방법이다. 예를 들면, 열린 루트 센터를 가진 무대 위의 연예인은 열광하는 청중들로부터 오는 아드레날린 열기를 상승적으로 즐길 수 있을 것이다. 외부로부터 엄청난 양의 아드레날린을 받으면 거꾸로 겁에 질려 꼼짝 못하거나 무대에서 얼어붙는 결과로 나타나기도 한다. 아드레날린의 압박에 의지하여 사는 것은 버릇 또는 중독이 되어 많은 건강상의 문제나 사고 유발의 가능성을 높인다.

옳게 쓰인 경우 미정의 루트 센터는 자기의 결정권으로 결정이 되도록 기다린다. 그들은 신속하게 일하지 못하거나 그러기를 거절하더라도, 게으르다거나 실력이 없다고 스스로 진단하지 않는다. 그들은 건강하거나 그렇지 않은 주변의 압박을 분별할 수 있으며, 둘 다에 중독되지 않고 그것들을 그냥 그대로 인식한다. 그들은 그 압박을 이용하여 어떤 때는 생산성 향상에 쓸 수도 있고, 어떤 때는 안 할 수도 있다. 그들은 일단 끝내기로 작정하면 시간 배분을 원활히 하며 일을 마무리 짓는 것을 즐긴다.

열린 루트 센터로부터 생기는 지혜는 조건화에 의한 버릇에 빠지거나 동일화하지 않는 데에서부터 나온다. 그때가 되면 그들은 스트레스의 작용을 지켜보고 그것을 제대로 분별하여 쓸 수 있다. 그들은 아드레날린 압박을 이용하는 유용한 방법도 알고, 압박을 피할 줄도 알게 된다. 해결책은 어떤 압박이 자기 것이고 어떤 압박은 자기 것이 아닌지 알아차리는 것이다.

완전히 열린 루트 센터

루트 센터가 완전히 열려 있는 사람은, 정확한 집중의 내밀한 고요함으로부터 심한 행동 과잉까지 폭넓은 압박을 경험할 수 있으나, 그것들에 대한 이해를 하지 못한다.

그들이 결정권에 관심을 두지 않으면 무의식적으로 행동하기 쉬워, 증폭된 아드레날린 압박을 곧장 표출하거나 생각으로 내린 잘못된 결정을 밀어붙이려 한다. 자동적으로 전화를 받고, 무조건 승낙하며, 속도를 내고 쉽게 사고를 치며 일을 바쁘게 진행시켜 압박으로부터 벗어나려 하는데, 그렇게 하는 것이 맞게 살아가는 방법이라고 믿으면서 한다. 그들은 압박을 이해하거나 알아차리지 못하고, 외부의 압박이 증폭된 것임에도 자기의 것이 아님을 모르므로 그것을 생산적으로 이용하지도 못한다. 이들의 구조는 그러한 증폭된 압박과 힘을 오래 견디지 못하게 되어 있으므로 결국에는 스스로 무너진다. 예를 든다면, 극심한 무대 두려움증이나 순간적으로 꼼짝 못하는 공황 상태에 빠지거나 삶을 영위하지 못하는 경우이다. 그들은 살아 있음의 기쁨을 잃을 수도 있다. 자연 경관은 그들에게 평화의 장소이고 요즘처럼 바쁜 세상의 스트레스로부터 떠나 쉴 수 있는 완충 지대이다. 그들의 것이 아닌 압박이 지나가게 내버려두고 자신의 시스템이 조용해지면, 다시 편안하고 견딜 만한 압박 수준으로 되돌아갈 수 있을 것이다. 전략과 결정권을 이용함으로써, 그들은 삶을 전진시키는 압박과 고요하게 있으라는 압박 사이의 건강하고 생산적인 균형을 유지할 수 있다. 그래야만 평화, 인내, 균형이 삶에서 가능하며, 또한 압박 연료의 본질과 효과를 제대로 이해, 판단하는 지혜를 가지게 될 것이다.

루트 센터가 정의되지 않은 사람의 낫셀프 언어 유형

낫셀프 마음은 미정의 센터의 대변인으로서 우리에게 무엇을 말하고 행동할지 지시한다. 그것을 직시하는 것이 탈조건화의 필수 요건이다. 미정의 루트 센터가 하는 낫셀프 언어 유형이 어떤지 예를 들겠다. 내 삶을 향상시키려면 무엇을 해야 하나? 내 목적을 어디에서 찾지? 삶에서 무언가를 성취해야 한다. 빨리 움직여 이 일을 끝내야겠다. 지금 곧 무언가 새로운 걸 시작해야지. 어떻게 이 한계를 극복할까? 어디에 초점을 맞추지? 집중할 무언가가 필요하다. 사회에 필요한 인간이 돼야지. 누가 날 필요로 하나? 어디 가면 나를 필요로 할까? 어디에 정열을 쏟아야 하나? 새로운 경험을 하고 싶다. 부지런히 움직여 새로운 경험을 만들어야지. 잠시도 허비하고 싶지 않다. 이걸 끝내야만 해.

Ajna Center

아즈나 센터

정신적인 의식

개념화, 견해 · 개념 · 이론으로
해석하기

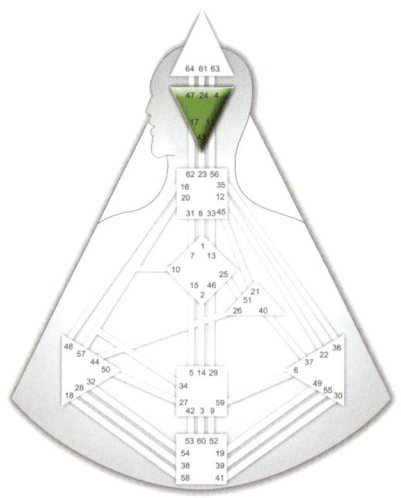

생물학적 연관성

아즈나 센터의 작용과 연관된 신체의 부분은 신피질, 시각피질 그리고 뇌하수체이다. 뇌의 바탕에 자리 잡고 있는 뇌하수체의 자그마한 전엽, 후엽은 우리 몸을 유지하는 사령탑 구실을 한다. 그것들은 갑상선에 호르몬을 통한 메시지를 보내 몸이 최대한 왕성하게 살아 있고 제 길을 유지하도록 한다. 이 내분비 체계의 우두머리는 우리 몸의 모든 부분에 밀접한 연결을 가지고 있으니, 그동안 인류가 마음(생각)이 지배하는 삶을 살아온 것도 무리는 아니다. 아직도 뇌하수체는 우리 몸의 전체를 관할하고 있지만 몸의 전반적 자각 수준이 진화하였으므로 마음의 역할은 변하였다.

정신적 자각, 마음, 의사 결정

바디그래프의 9개 센터 중, 다음의 3개가 자각awareness 센터이다.

- **스플린 센터(몸 의식)** | 몸과 생존의 지성
- **아즈나 센터(마음 의식)** | 정신적 지성
- **솔라 플렉서스 센터(영적 의식)** | 정서 지능, 영적 자각

이러한 자각 센터를 통하여 우리는 살아 있는 경험과 다른 사람들과의 관계에 대해 의식하게 된다. 다른 6개의 센터들은 우리의 의식적 자각 아래에서 순수하게 기계적으로 움직인다.

헤드 센터와 아즈나 센터는 함께 작동하여 마음mind을 이룬다. 아즈나 센터는 헤드 센터에서 오는 영감의 압박을 받아들여, 되새기고 탐색하여 소통할 유용한 정보로 탈바꿈시키는 센터다. 아즈나 센터는 헤드 센터처럼 순전히 해석만 할 뿐 행동을 만들어 내지는 않는다. 위, 아래 모터가 아닌 헤드 센터와 스로트 센터 사이에 낀 아즈나 센터는 바디그래프에서 에너지로부터 격리된 유일한 자각 센터이다. 다른 두 자각 센터는 모터에 연결이 가능하다. 즉 그것들은 인식을 행동으로 표현할 수 있다. 스플린 센터는 세이크럴 센터와 루트 센터를 이웃으로 하고, 그 자체가 모터인 솔라 플렉서스 센터는 루트 센터, 세이크럴 센터, 하트 센터가 이웃들이다. 두 번째로 진화한 정신적 자각(첫 번째는 스플린의 자각)은 현대 인류가 세상을 파악하는 데 압도적 역할을 하고 있다. 우리의 자각은 대부분 2개의 과정으로부터 생긴다. 하나는 보는 것이요, 다른 하나는 듣는 것이다. 시각적 자각의 발전에 연관된 시각은 지금까지 과정의 결과와 미래를 추정하는 일에 연관되어 있다. 청각은 순수한 영감과 현재를 알고자 하는 압박에 연관되어 있다.

아즈나 센터의 자각 주파수는 스플린 센터와 다르다. 스플린 센터의 자각은 실존적이고 즉각적이며 그 순간에 바로 나타난다. 우리의 정신적 작용의 주파수는 살아 있는 한 늘 작동한다. 생각으로 내린 결정은 유통기한이 길어서, 죽을 때까지 요리조리 궁리할 수 있다!

이 이야기는, 바디그래프의 미정의 부분에서 만들어낸 우리의 결정은 남은 생애 동안 끊임없이 자신에게 되돌아오곤 한다는 것이다. 우리는 그 허상의 그물에 걸려 있게 될

것이다. 예를 들어 당신이 낫셀프 마음(생각)으로 결정한 다음 그것이 잘못되었을 때, 당신의 마음은 곧바로 다른 대안을 제시한다. 그것도 틀릴 경우 마음은 '제 3의 의견을 선택할걸 그랬구나'라고 한다. 어떠한 대안도 당신에게 맞지 않으며 그 사실은 늘 변하지 않는다. 쉽게 말해 당신은 비효과적인 제안의 덫에 걸린 것이고 막다른 길에 다다른 것이다. 마음은 당신의 삶에 결정권이 없다는 것을 알아차리는 것만이, 당신이 혼란과 실망, 잘못된 정신적 결정으로부터 빠져나오는 길이다.

마음은 이거 아니면 저거라는 이중적 잣대로 정보를 가늠하고 걸러내는데, 그것은 어떤 견해의 이모저모를 저울질할 수 있는 가치 있는 자산이다. 아즈나 센터는 하나의 결정을 부정과 긍정의 양쪽에서 보고 상충점을 만들어낼 수 있다. 한쪽의 논점에서는 이래서 안 되고 다른 논점에서는 저래서 좋다는 둥, 그것이 생각으로 가능한 전부이며 이리저리 다투는 것이다. 그렇게 하면 어느 것이 최선인지 종잡을 수 없다. 그것은 한 가지 일에 얼마나 많은 의견이 가능한지를 알아볼 뿐이다.

당신이 누군가와 오해가 생겨 그것을 풀고자 한다고 가정하자. 당신은 상대를 만나 이야기하고 그것을 털어내고자 한다. 당신은 마음의 분석적 재능을 써서 논쟁의 양쪽 면을 정리할 수 있겠으나 무작정 전화부터 걸지는 않는 게 좋다. 먼저 당신의 전략과 결정권의 안내로 언제 무엇을 말할지 정하라. 아니면 당신은 그 이야기를 계속 반복하기만 할 것이다. "내가 제대로 했나? 이렇게 하거나 저렇게 이야기했으면 어땠을까?" 해결 대신 고민과 후회가 그때를 잃은 반작용의 결과물이다. 간단히 말해 이중적인 생각은 사건의 또 다른 면을 결코 버릴 수 없으므로, 우리는 정신적인 논리와 비교로써는 자신의 진리를 찾아낼 수 없다. 우리의 진리는 각 개인의 결정권으로부터 찾아져야 한다.

자각은 두려움에 대한 성공적인 대처의 결과로 얻어지며, 각각의 자각 센터는 대처해야 할 나름대로의 두려움의 형태를 가지고 있다. 아즈나 센터에서 경험되는 두려움은 무언가를 알지 못하거나 오해를 당하는 데 대한 염려로 경험된다. 그 걱정들이 우리에게 제대로 아이디어를 이해하고 똑바로 소통하도록 밀어줄 때는 건강하게 작용하는 것이다. 그러나 상호 소통이 실패하면 걱정은 표면으로 나타난다. 그 걱정을 어떻게 처리하느냐에 따라 그것을 극복하여 깨닫거나 오히려 걱정이 깊어진다. 우리의 아즈나 센터가 정의되어 있건 아니건 우리 모두는 그런 걱정들을 안고 살아간다. 다만 그것은 미정의 아즈나 센터에서 증폭되는 것이다.

자각의 가치 또는 정신적 지성은 통제하는 자리에 있다고 생기는 것이 아니고, 제때 알맞은 자리에서 우리들의 고유한 견해를 다른 사람들과 나누고 도움을 주는 능력으로부터 나온다. 우리는 서로 만나 인간으로서의 경험을 분명히 표현하여 미래 세대를 가르치고 풍요롭게 하는 역사를 저장하고, 삶의 가능성을 추구, 탐험하기 위해 이 세상에 태어났다.

아즈나 센터의 각 게이트는 우리가 외부의 기대에 굴복하여, 자신의 자각을 저해하고 정신적 건강을 해칠 가능성을 경고하는 정신적 염려를 가지고 있다.

아즈나 센터의 게이트들

게이트 47 – 억압 깨닫기의 게이트 허망함에 대한 두려움	혼란의 의미 찾기 삶이 무겁고 허망함에도 그 혼란의 의미를 이해할 수 없을 것이라는 정신적 염려
게이트 24 – 되돌리기 합리화 게이트 무지에 대한 두려움	간헐적으로 알게 되는 해답 영감은 오지 않을 것이고, 답을 알지 못할 것이라는 혹은 알더라도 잘 설명할 수 없을 것이라는 정신적 염려
게이트 4 – 어리석고 미숙함 공식화의 게이트 혼돈에 대한 두려움	논리적인 답을 공식화하기 삶이 늘 무질서하여 혼란이 정리되지 않을 것이라는 정신적 염려, 답을 찾을 필요
게이트 11 – 평화 아이디어의 게이트 어둠에 대한 두려움	공유할 새로운 아이디어 갖기 생각하거나 배울 새로운 자극을 주는 아이디어의 부재에 대한 두려움, 자신의 아이디어를 나누고 표명하는 것에 대한 정신적 염려
게이트 43 – 타개 통찰력의 게이트 거부당함에 대한 두려움	고유한 관점 가지기 당신의 생각이 너무 이상하여 거부당할 것이라는 정신적 염려, 다른 사람들을 이해시킬 필요
게이트 17 – 따르기 의견의 게이트 도전에 대한 두려움	사실에 입각한 의견 가지기 당신의 의견이 도전을 받아 나눌 수 없을 것이라는 두려움, 의견을 뒷받침할 증거에 대한 필요

정의된 아즈나 센터 – 인류의 47%

아즈나 센터가 정의된 사람들은 대부분의 경우, 일정한 방식으로 견해를 조성하여 정신 작용이 일관적이기 때문에 신뢰감을 준다. 이들의 정신적 선호와 경향은 게이트나 채널에 의해 정해지고, 다른 사람들의 생각에 쉽게 영향 받지 않는다. 이들은 다른 사람들에게 생각하고 영감과 견해를 갖도록 압박할 수 있다. 이들의 마음은 다른 사람들을 위한 외적 결정권으로서 데이터 처리와 창조성에 사용된다. 그러한 방식으로 정신 분야와 오라장 내의 사람들을 조건화시킨다.

정의된 센터는 항상 작동한다. 정의된 아즈나 센터는 늘 생각하고 무언가에 골몰한다. 이들은 생각을 멈추거나 통제할 수 없으므로 명상하기 힘들 수 있다. 다른 한편으로 이들은 자신의 정신적 자극을 즐기기도 한다. 아즈나 센터는 헤드 센터나 스로트 센터로부터 정의될 수 있다. 정의가 스로트 센터를 통해 되었다면 이들은 자신의 전략과 결정권을 통해 늘 자신의 생각을 말할 수 있다. 어디로부터 정의되든지 이들은 마음(생각)으로 결정하는 경향이 강하여, 말한 대로 실행하지 못할 경우 자주 위선적이고 못났다는 느낌을 가지기 쉽다. 정의된 아즈나 센터가 지나치게 생각에 의존하게 되면, 이미 지나버려 어찌할 수 없는 미완의 행동이나 결정에 얽매여 많은 에너지를 낭비하기 쉽다.

미정의 아즈나 센터 - 인류의 53%

차트에서 아즈나 센터가 미정의이면 헤드 센터도 미정의이다. 미정의된 양쪽 센터에 작용하는 게이트는 우리가 만나는 사람들과 나누는 정신적 주제를 마련한다.

열린 머리와 아즈나 센터는 유연하고 개방된 생각을 갖도록 해준다. 그것은 프로이드, 융, 아인슈타인, 퀴리 부인 같은 지성적이고 철학적인 정신 지성의 가능성을 보여준다. 일단 사람의 생각이 조건화로부터 벗어나게 되면 그것은 다양한 지적 자극과 창조성에 열려 있게 된다. 타고나거나 후천적으로 얻은 의식 작용의 지혜는 서서히 겉으로 들어날 수 있다. 그들이 견해, 아이디어, 의견들에 집착하지 않고 자신만의 것인 양 주장하지 않는다면, 그들의 열린 마음은 지적 재능을 통하여 세상에 대해 심오하게 탐구할 수 있게 될 것이다.

미정의 아즈나 센터의 사람들은 어떤 견해가 가치 있는지 분별할 수 있고, 고려 중인 질문에 누가 답을 줄 수 있을지도 알 수 있다. 그들은 수많은 가능성들을 걸러내어 필요한 것을 찾아내는 능력이 있다. 그들은 모임에서 누군가가 말하기도 전에 미리 발표자의 생각과 아이디어들을 집어내기도 한다.

어린 시절의 그들은 어디서 오는지 알 수 없는 자신의 아이디어가 별 의미가 없거나 잘못된 것이라고 느끼며 자라왔을지도 모른다. 우려와 조건화 때문에 그들은 똑똑하게 보이려면 아이디어가 확실해야 된다고 믿는다. 그리하여 미련하게 보일까 봐 별 관련도 없는 것들을 확실한 듯이 가장하곤 한다. 시간이 지나 그것이 버릇이 되면 자기도 모르는 사이에 그것을 되풀이하는 것이다.

미정의 아즈나 센터 어린이가 정의된 아즈나 센터의 사람으로부터 배운다고 가정해 보자. 예를 들어 어린이가 추상적 마음의 디자인인데 부모로부터 논리적으로 생각하도록 압박을 받을 수 있다. 어린이는 한쪽 면으로 생각하도록 압박을 느낄 것이고, 그것이 제대로 되지 않을 경우 자신이 못났다고 느끼기 시작한다. 그러한 어린이들이 스스로 무언가 잘못되었다고 느끼며 자랄 것이고, 인정받기 위하여 모든 것에 확실한 듯이 가장하는 것으로 그러한 조건화를 극복하려 할 것이다.

그러나 한번 그들이, 자신의 생각들이 정해진 방법으로 작용하지 않음을 수용하게 되고, 어떤 것에도 진정 확실할 수 없음을 알게 되면 그들의 마음은 사유의 놀이터가 된다. 그것은 본래의 역할인 교실이 되어 재미있는 유희의 근원이 되고 다른 사람들에 대한 지혜의 보물창고가 된다.

완전히 열린 아즈나 센터

완전히 열린 아즈나 센터와 헤드 센터의 사람들은, 생각 중심의 우리 문명에서 중요하게 여겨지는, 무엇을 어떻게 생각하고 개념화할 것인가를 힘들어할 수 있다. 작용하는 게이트가 없고 생각을 종합할 채널의 안내가 없으므로, 정해지고 의지할 방법이 마련되어 있지 않다. 이것은 그들에게 무능력과 우려에 더해 아예 마음의 유용성에 대한 의문으로까지 나아갈 수 있다. 이러한 상황을 낫셀프 마음이 삶의 길인 양 잘못 수용할 경우, 자신의 결정권을 포기하는 결과로 이어질 수 있다.

완전히 열린 아즈나 센터의 사람들은 집착하거나 독특한 사유 방법에 고집하지 않으면서, 폭넓은 이론과 견해, 관점을 탐색하는 커다란 즐거움을 얻을 수 있을 것이다. 그들은 쓸 만한 견해와 생각을 알아차리게 되고, 제대로 초대받아 자극된다면 더 높은 차원으로 나아갈 수도 있을 것이다. 그들이 줄 수 있는 유용한 도움 중 하나는 우리의 진정한 길과 목적을 잃도록 유혹하는 낫셀프와 낫셀프 마음을 알아차리게 도와주는 것이다.

아즈나 센터가 정의되지 않은 사람의 낫셀프 언어 유형

낫셀프 마음은 미정의 센터의 대변인이며, 우리에게 말과 행동을 어떻게 할지 지시한다. 그것을 알아차리는 것이 탈조건화에 필수적이다. 미정의 아즈나 센터가 할 수 있는 독백의 예를 보자.

나 또는 우리는 이 문제를 파악해야 한다. 내 삶으로 무엇을 해야 하나? 내 인생에서 무엇을 할지 파악해야지. 다음 방향이 어디야? 나에겐 ○○○○○이 확실해. 인생이 허무하게 보이니 이것을 파악해야지. 대답을 찾아야만 해. 혼란을 없애기 위해 질서를 만들어내야지. 이 새 아이디어를 내 삶에서 실현해야지. 사람들에게 이상하게 보일지 모르니 이걸 숨겨야겠다. 도전받기 싫으니 내 의견을 나누지 않는 게 좋겠다. 도전에 준비해야지. 뭘 말해야 하지?

Splenic Center
스플린 센터

완전히 실존적인 삶, 즉흥성
건강과 웰빙, 가치관,
면역 체계

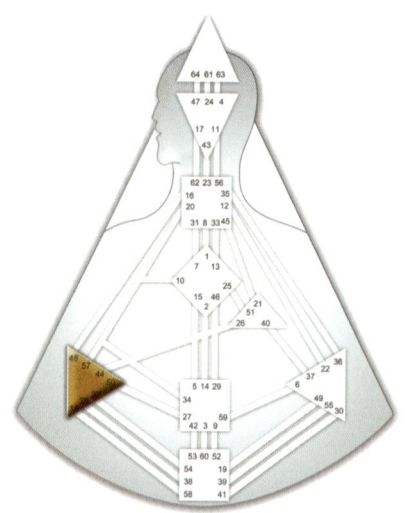

생물학적 연관

스플린* 센터는 우리의 림프 체계, 비장(지라), T세포에 연관되어 있다. 림프 체계의 세포들은 몸 전체에서 작은 귀, 코, 혀처럼 행동한다. 늘 깨어 있어 우리의 주변 환경이 건강하고 균형 잡혀 있는지 듣고 맛보고 냄새로 확인하려 한다. 무언가가 이상하면 경고를 보낸다. 이것이 우리 면역 체계의 중심을 이룬다. T세포(몸 세포 중에 5분의 1을 차지하는 스플린의 전사들)가 부름을 받으면 몸 안에 침투한 어떤 것이든 공격하고 파괴한다. T세포의 일은 우리를 병으로부터 보호하는 것이다.

---

* 스플린spleen_ 인체의 장기 중 지라 또는 비장脾臟. 신체에서 가장 큰 림프 기관으로, 림프구 · 적혈구를 만들고 저장하며 노화된 적혈구 · 혈소판 · 세균을 제거하는 등 주로 면역 기능을 담당. 복강 왼쪽 뒷부분의 횡격막 바로 밑, 왼쪽 신장 바로 위에 위치.

스플린 센터가 정의되지 않은 어린이는 대체로 가족 중에 제일 먼저 감기나 독감, 이하선염, 홍역 등에 걸리는 편이다. 그러면서 자연스럽게 여러 가지 병에 면역력을 가지게 된다.

이런 어린이에게 건강 유지의 관건은 아픈 뒤에 완전하게 회복되도록 놔두는 데 있다. 충분히 기력을 회복하도록 며칠 더 학교를 쉬게 하라. 유쾌함의 가능성을 증진시키기 위해 스스로를 돌볼 수 있도록 가르쳐라. 어른이 되면 몸의 느낌과 건강에 예민하고 어떤 음식과 치유법이 좋고 나쁜지 알게 된다. 일반적으로 그들은 정의된 스플린 센터의 사람들보다 조심스러운 건강 유지법이 필요하다.

정의된 스플린 센터의 사람들은 그들의 건강을 당연한 것으로 여긴다. 그러나 규칙적인 진단을 통하여, 혹사당하는 스플린 센터가 혹시 어떤 문제를 숨기고 있지 않은지 미리 알아내는 것이 좋다. 이들이 아프게 되면 회복하는 데 좀 더 오랜 시간이 걸린다. 이들이 전과 같은 바쁜 스케줄로 복귀하기 위해서는 완전한 회복이 필수적이다.

생존을 위한 두려움으로서의 자각

우리의 생존과 안전을 위한 기초적 두려움을 내포하고 있는 이 놀라운 센터는 또한 우리의 발랄함과 웃음, 순발력과 당돌함 근원이기도 하다. 그것의 실존적 인식, 현재 이 순간의 자각은 우리를 안전하게 나아가도록 하는 한편, 몸 깊숙한 곳에서는 쌓인 독과 부정적 주파수, 기억의 해로움을 계속 제거하고 있다(9개의 센터들 중 3개만 자각 센터이다. 스플린 센터, 아즈나 센터, 솔라 플렉서스 센터의 자각은 삶에서 오는 경험을 알아차리도록 한다. 다른 6개의 센터는 모두 기계적으로 작동된다).

인간의 자각 능력은 수백만 년에 걸쳐 진화해왔으며, 3개의 자각 센터는 그 진화 과정의 각각 다른 양태를 보여준다. 그중에 스플린 센터는 가장 오래된 것이다. 생존을 떠받치는 스플린의 주요한 자각은 인류를 식물, 파충류, 조류, 곤충들과 우리의 가까운 친척인 포유류 등의 모든 생명체와 연결시켜준다. 가장 오래된 자각 센터이며, 또한 모든 생명체에게 공통적인 것으로서, 그것의 기본적 작용은 생존을 유지하는 것이다. 문자 그대로 자신의 몸이 다른 생명체에게 잡아먹히는 것을 피하고자 하는 것이다.

이 센터의 일은 즉각적이고 본능적인 경고로, 부정적 감정의 진동을 포함한 모든 안전에 대한 위협을 알리는 일이다. 생존을 위한 두려움은 경각심을 일으킨다. 이 센터의 작동 양상은 두려움으로 나타난다. 시간이 지나고 이러한 기본적인 두려움들은 지성의 모습을 한 육체의 자각으로 나타나거나, 살아남고 적응하며 물질세계에서 번성하기 위한 몸의 의식으로 진화하였다. 이 지성은 오늘도 우리를 지켜주고 보호하고 있는 것이다.

3개의 자각 센터 중에서 아즈나 센터(인류에게 독특한)는 스플린보다 두 배 강력하며, 솔라 플렉서스(아직 충분히 자각 센터로 진화되지 않음)은 아즈나 센터보다 두 배나 강하다. 삶과 죽음의 책임을 지고 있는 스플린 센터가 가장 약하다는 사실은 우리의 목숨이 얼마나 깨어지기 쉬운지 말해준다. 아즈나 센터와 솔라 플렉서스 센터의 낫셀프의 목소리는 스플린 센터의 자각에서 오는 작고 조용한 경고를 쉽게 묵살할 수 있는 것이다.

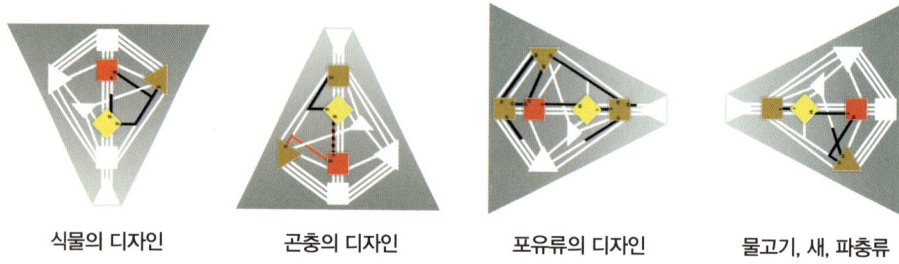

| 식물의 디자인 | 곤충의 디자인 | 포유류의 디자인 | 물고기, 새, 파충류 |

11장에서 더 다양한 형태의 디자인을 확인할 수 있다.

모든 자각은 두려움에서 비롯되며 3개의 자각 센터는 각각 자기만의 두려움 주파수를 가진다. 스플린 센터의 각 게이트는 생존의 주요한 두려움을 대표한다. 스플린 센터의 자각은 우리가 매 순간의 생존과 자신감, 안전에 닥쳐오는 겁나는 도전에 직면하면서 만들어진 지성의 한 단면이다.

스플린 센터의 게이트들

게이트 48 – 우물 깊이의 게이트 부적절함에 대한 두려움	해결 가능성에 대한 자각이 있거나 없거나 문제를 해결할 충분한 깊이가 없다는 두려움 혹은 깊이를 추구해야 한다는 두려움
게이트 57 – 부드러움 직관적 통찰의 게이트 미래에 대한 두려움	진실을 들을 자각이 지금 있거나 없음 알 수 없는 미래가 두려워 보류함
게이트 44 – 마중 나가기 경계 태세의 게이트 과거에 대한 두려움	다른 사람들의 능력과 가능성을 알아차리거나, 그렇지 못함 과거 일의 결과가 찾아올 거라는 두려움

게이트 50 – 가마솥 가치의 게이트 책임에 대한 두려움	다른 사람들을 보호하는 책임에 대한 두려움이 있거나 없음 책임을 지기가 두렵거나, 그 두려움 때문에 과도하게 책임을 지려고 함
게이트 32–지속 연속성의 게이트 실패에 대한 두려움	바꿀 수 있는 것을 알아차리거나 알아차리지 못함 실패가 겁나 원하는 것을 포기함
게이트 28 – 위대한 자들의 우세함 승부사의 게이트 죽음/목적에 대한 두려움	목적을 위한 투쟁을 하거나 안 함, 또는 두려움 때문에 도전하지 않음 위험 감수 없이는 삶의 목적이 없으리라는 두려움
게이트 18 – 바로잡음 교정의 게이트 권위에 대한 두려움	교정이 필요한 패턴에 대한 자각이 있거나 없음 다른 사람들의 비판을 겁내거나 지나친 자기비판을 함

정의된 스플린 센터 – 인류의 55%

스플린 센터는 우리의 생존과 세상에서 안락한 느낌으로 번성하도록 하는 의무를 가진다. 그것은 생존을 위해 무엇이 건강한지 아닌지 분별하는 과정인 본능, 직감, 취향 Taste(선호를 통한 판단)을 관리한다. 그것의 비언어적 자각은 현재, 지금 이 순간에 작동한다. 이 필수 불가결한 즉각적 정보는 우리가 직관, 장 본능gut instinct, 육감hunch 등으로 부르는 것들이고, 그것이 우리에게 믿을 만한 즉각적 결정, 판단을 내리게 한다. 그러나 순간적이라는 이야기는 스플린이 첫 번째 보낸 경고를 다시는 되풀이하지 않는다는 것이기도 하다. 우리가 즉각적으로 그 자그마한 경보음에 각별한 주의를 기울이지 않으면, 그 순간 생존에 필수적인 경고를 놓치고 만다.

정의된 스플린 센터가 결정권인 사람은 자신의 육감을 주의해서 듣고 따라야 한다. 낫셀프와 다른 사람들의 생각이 자신의 본능이 내리는 믿음직한 판단들을 방해해서는 안 된다. 그럼으로써 이들은 늘 깨어 있게 되고, 안전하게 보호받는 상태를 즐길 수 있다. 이들은 유쾌한 상태를 보여줌으로써, 늘 그렇지는 못한 미정의 스플린 센터의 사람들로부터 부러움을 살 수도 있다. 건전하게 방만한 자유로운 모습으로 현재를 만끽하는 삶은, 존재와의 깊은 조화 속에 나타나는 현상이다. 그것은 그들을 담고 있는 육체의 인식, 몸의 지성에 의지함이 성숙되어야 하고, 삶을 관통하는 매 순간이 그것으로 안내되고 보호되도록 해야만 한다.

요란한 생각과 이성적인 의식은 쉽게 스플린의 은근한 메시지 체계를 압도할 수 있지만 내적 결정권이 없다. 어떤 사람이 갑자기 경고를 받았을 때 왜 스플린 센터가 그 메시지를 보내고 있는지 알아낼 시간이나 방법이 없다. 실존적 자각은 이성적 해석이 불가능하며 그냥 믿을 수밖에 없다. 한 경험의 전반적 관점을 이해하려면 사후에 뒤돌아보아야만 한다. 누군가에게 한순간 옳지 않은 것도 30분 뒤나 하루 뒤에는 옳을 수도 있다. 스플린에게는 실재하는 그 순간만이 중요하고 알아차림은 그때에 한정된다.

여러 해 동안 생각이 스플린의 육감적 알아차림과 자각을 덮어 누르도록 놔두게 되면, 사람들은 자신들의 본능적 감각으로부터 완전히 멀어지게 되고 삶을 위험에 빠뜨리며, 불행과 좋지 않은 건강으로 쓸데없이 고통 받는다. 그들은 자신의 본능적 지성을 따르지 않는 것이 대담한 것이라 '생각'할지 모르지만, 그것이 재앙이 될 수 있다.

미정의 스플린 센터 – 인류의 45%

스플린 센터에는 7가지 기본적인 두려움들이 있는데, 그 센터가 미정의일 경우 그것들은 쉽게 증폭된다. 스플린 센터가 미정의인 사람들은 건강한 모습의 대담함으로 변모될 수 있도록 그 두려움들을 하나하나 맞닥뜨리는 것이 필요하다. 그것이 자각을 개발하는 방법이며, 두려움을 억누르거나 두려움이 없는 듯 가장하기보다는 두려움을 배우고 존중하는 것이 좋다. 두려움을 대면하여 관리하게 되면 다음번에는 덜 겁나고 서서히 강해지게 된다. 결국에는 편안해진다. 그러지 못할 경우 조건화된 낫셀프는 두려움에 압도될 수 있다.

스플린 센터가 미정의로 태어난 사람들은 세상에서 살아남기가 힘들겠다는 기본적 두려움을 가지고 태어난다. 이들은 또한 불안정한 세상에 노출되고 예민하며, 그러한 느낌을 개인적인 것으로 받아들인다. 주변의 정의된 스플린 센터 사람들로부터 조건화되면 그들은 안전하고 좋은 느낌을 받는다. 이들은 무의식적으로, 그러한 정의된 스플린 센터의 사람들이 가져온다고 느끼는 유쾌함과 안정감에 매달리고 추구하게 된다. 무슨 대가가 따를지는 신경쓰지 못하면서 말이다. 이들은 대개 스스로에게 도움이 안 되는 것들을 붙잡고 있기 마련이다. 마치 스플린 센터가 정의되지 않은 어린이가 정의된 스플린 센터의 부모에게 건강하지 않은 의존성을 보이는 것처럼 말이다.

부모가 홀대하더라도 그러한 어린이들은 부모에게 붙어있으려고 하는데, 그것은 단지 스플린 센터가 규정하는 '기분 좋은' 느낌의 빈도를 늘리기 위해서이다. 방에 혼자 있게 되면 무서워하며 거절되고 방치된 느낌으로 생존의 위기감까지 느낄 수 있다. 그렇게 되어 그들은 더욱 부모의 보호에 매달리고 결국 건강하지 못한 의존성을 만들어 낸다. 어린 시절의 이러한 조건화 때문에, 그 어린이의 낫셀프 마음은 자라서도 스스로에게 좋지 않은 것들에 의존하도록 설득하려 할 것이다.

어른들의 경우, 정의된 스플린 센터의 사람과 건강에 해로운 교류를 하는 미정의 스플린 센터의 사람들은 다음처럼 말할 것이다. '내일은 나아지겠지' 또는 '정신요법이 도움 될까?' 또는 '애들은 어떡하나'. 이것이 얻어맞으며 사는 많은 여인들이 가진 난제이다. 생존의 두려움, 정의된 스플린 센터와 함께하는 즐거움은 누가 좋고 나쁜지의 판단과, 관계를 맺고 끊는 타이밍을 가로막기 쉽다.

미정의 스플린 센터가 정의된 스플린 센터 또는 통과하는 행성들에 의해 일시적으로 정의되는 경우, 그것은 속기 쉬운 안정감을 경험하게 해준다. 미정의 스플린 센터의 사람에게 늘 필요한 조언은 '절대 순간적 결정을 하지 말 것!'이다. 해를 끼치거나 위험한 상태를 제외하고 순간적 행동은 미정의 스플린 센터의 사람에게 도박일 수 있는데, 그 이유는 끊임없이 변하는 순간적 충동을 믿을 수 없기 때문이다. 미정의 스플린 센터의 낫셀프는 두려움을 제거하고 기분이 좋아지기 위해 순간적으로 행동하기 쉽지만, 그것은 대개 비싼 대가를 지불하게 한다.

미정의 스플린 센터가 정의된 스플린 센터의 오라 안에 있을 경우 자연히 그들은 즉흥적 결정을 하도록 압박을 받게 된다. 대부분의 경우 그들은 그러한 일이 생기는 것을 알아채지 못하지만, 결국에는 압박을 가하는 사람의 삶을 살게 되는 것이다. 그러나 그것은 그들의 삶이 아니며 안전하지 못할 수 있다. 그들이 자신의 전략과 결정권을 따른다면 돌발적인 유혹으로부터 피할 수 있을 것이다. 스플린 센터가 미정의인 사람의 순간적 결정은 또한 좋은 것을 포기하게 하는 원인이 될 수도 있다. '더 이상 그것이 필요치 않아."라고 말한 뒤에 조건화가 끝나면 자기의 실수를 깨닫게 되고 정말 아까운 것을 놓쳤다고 할 것이다. 자신의 신뢰할 수 있는 결정권을 무시한 갑작스러운 결정은 그 후유증이 오래 계속될 수 있다.

미정의 스플린 센터의 건강한 관리법을 아는 사람들은, 주변에서 건강을 위해 무엇이 필요하고 무엇이 유쾌함을 저해하는지 제대로 분별할 수 있다. 그들이 건강하지 않거나 매우 불행한 이들과 함께 있어 고통스러울 때, 그들은 아마도 다른 사람들에게 아픔이나 좋지 않은 진동을 받고 있는 것 같다고 이해할 것이다. 그들은 누가 무엇이 그들에게 맞지 않는지 알아차릴 수 있다. 그들은 자신의 본능적이고 육감적 자각에 동조할 수는 있겠지만, 그것이 자신의 결정을 좌우할 힘이 없음도 알고 있다. 그들은 건강에 각별한 신경을 쓰고 몸의 유연함을 키워간다. 그들은 두려움을 직면하는 것이 중요하다고 이해하며 생존의 두려움도 어떻게 다뤄야할지 안다. 그들은 육감이 어떻게 작용하고 누가 그걸 가지고 있는지 아닌지 알아내는 지혜를 발달시킨다. 궁극적으로 그들은 스스로 매우 육감적인 인간이 되어갈 수 있다. 하지만 그들의 미정의 스플린은 환경으로부터의 영향에 취약하므로, 믿을 만한 결정의 원천이 되지는 못한다. 그들은 자신의 전략과 결정권에 친근해짐으로써, 사는 동안 건강한 스플린의 조건화를 만들어갈 수 있을 것이다.

시간이 지나 미정의 스플린 센터에 나타나는 지혜는 많은 직업적 치유사들로 하여금 커다란 혜택을 환자들에게 주게 할 것이다. 그들이 환자의 오라에 다가서면 아픈지 아닌지, 어디가 균형을 잃었는지 금방 알 수 있다. 그러한 직관적 공감은 미정의 스플린이 자신의 에너지와 다른 사람들로부터 오는 것의 분명한 차이를 배움으로써 가능한 것이다. 미정의 스플린의 육감적 자각이나 지혜는 그것이 다른 사람들로부터의 느낌을 자기의 것으로 착각하지 않을 때 가능하다.

완전히 열린 스플린 센터
우리 모두에게는 자연적이고 건강한 어느 정도의 두려움이 있다. 완전히 열린 스플린 센터를 가진 어린이나 어른이, 자신의 생명을 유지하고 건강한 기본적 두려움과의 연결을 잃게 되면, 그들은 모든 것이 겁나고 불안해질 수 있다. 그들은 무엇을 두려워해야 하는지 모르거나, 어리석고 무모한 짓들을 거리낌 없이 행하게 될 수도 있다.

위에서 얘기한 미정의 스플린의 지혜는, 이 센터를 통한 모든 수준에서의 본능적이고 직관적인 지성의 진동에 완전하게 열려 있는 것으로도 향상된다. 이러한 자각은 법, 자유 그리고 우리의 물질적 노력이 키우고 보호하며, 후손들의 생존을 담보하려는 노력까지도 포함함으로써 건강한 사회 발전을 도모하는 것이다.

스플린 센터가 정의되지 않은 사람의 낫셀프 언어 유형

낫셀프 마음은 미정의 센터의 대변자이며, 우리가 해야 할 말과 행동을 지시한다. 그것을 알아차림이 탈조건화에 유용하다. 미정의 스플린의 가능한 낫셀프 독백의 예를 보자.

그것은 불안하게 만들거나 그것을 할 생각을 할 때마다 두려우니 하지 말자. 그 사람을 화나게 할 것 같으니 말하지 말자. 그 일에는 미숙할 것 같아 두려워 실패할까 겁나 그만두겠다. 일의 결과 또는 미래가 두려우니 하지 않겠다. 책임지게 될까 봐 또는 비판이 두려워 그만두겠다. 그와의 관계가 끊길까 봐 두렵기 때문에 하지 않겠다. 그들이 떠날지도 모르겠네.

Solar Plexus Center

솔라 플렉서스 센터

영Spirit의 의식

정서적이고 사회적인 자각,
열정과 열망, 영의 풍요로움,
느낌, 분위기, 민감성

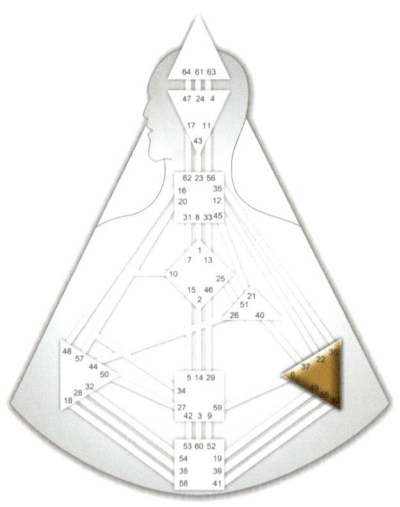

생물학적 연관

솔라 플렉서스 센터는 폐, 신장, 췌장, 전립선, 신경 체계와 연관되어 있다. 그것의 주제는 느낌, 감정, 민감성이며, 그 작용은 우리에게 정서적 명료함과 안락함을 가지도록 하는 것이다. 감정이 아무런 통제 없이 오랫동안 제멋대로 표현되면 몇 개의 중요한 신체 기관에 직접적 영향을 미친다. 과체중과 과다한 물 보유 현상(몸속)이 감정적 미해결 스트레스의 공통적이고 일반적인 후유증이다.

솔라 플렉서스는 인간 경험의 순환적 성향을 추진하는 강력한 에너지를 마련해주는데, 그것의 욕망 주파수는 끊임없이 즐거움과 그 반대인 고통을 맞닥뜨리도록 우리를 움직인다. 그것은 혁명, 시, 사랑, 자비, 영성과 종교의 센터이다. 우리는 고조된 감정이 계속되어 영혼과 통하기를 구하고, 온 힘을 다해 그 추락과 못 이룬 기대, 격리된 느낌을 피하려 한다. 인류의 절반이 감정적 파도에 따라 충동적 결정을 하고, 나머지 절반은 아예 감정 문제를 건드리기도 싫어하고 있으니 우리는 정서적으로 엉망인 세상에 살고 있는 셈이다.

이러한 뒤틀림은 지구상의 모든 면에 스며들어 있다. 지구적으로나 개인적으로나 그 어떤 센터도 솔라 플렉서스처럼 현대 인류에게 커다란 영향을 끼치고 있지 못하다. 이 센터의 기제Mechenics와 화학 작용을 이해함으로써 여러 해 묵은 정서적 아픔을 털어낼 수 있고, 몸의 건강을 되돌리며, 삶에서 새로운 기쁨의 길을 열게 하고, 자신과 다른 사람들 모두에게 건강한 연민의 정을 불러일으킬 수 있다.

정서적 인식과 미래의 영 의식

3개의 자각 센터는 각각 다른 주파수를 가지고 있다. 스플린 센터는 면역 체계를 관장하며, 매 순간 즉각적이고 실존적으로 현재에 작동한다. 아즈나 센터는 정신적 인식을 관장하고 쉼 없이 작동한다. 모터이면서 자각 센터인 솔라 플렉서스는 감정을 관장하며 생화학적으로 시간을 따라 오르락내리락 파도처럼 작동한다. 석가모니와 예수의 탄생 사이 어디쯤에선가 시작된 솔라 플렉서스의 변이 과정은, 여기에서 '영의 자각spirit awareness'이라고 칭하는 새로운 종류의 자각으로 우리를 몰아가고 있다. 이 과정은 우주적 협조를 받아 2027년부터 절정에 달하게 될 것이다. '영의 의식spirit consciousness'은 분화/구별의 정반대로 합일oneness에 관한 것이며, 단일한 존재로 스스로를 경험하는 것이다. 그러한 의식은 두 사람 또는 그 이상의 존재들의 '감정 파동emotional wave'이 공명할 때 나타난다. 높은 수준으로 분화되어 있고 변이의 중간 단계에 있는 현대 인류인 우리에게는, 그러한 의식을 다른 사람들과 그 정도 깊이로 나눈다는 것이 어떤 것인지 상상도 할 수 없다. 이 개발 과정 중인 자각은 현재의 감정 체계의 밑바탕에 잠재되어 있다.

9센터의 존재로서 우리는, 우리 모두가 참여하고 있는 이러한 심대한 솔라 플렉서스 변이의 종합적 영향을 조사하고 발견하는 경험을 막 시작하고 있는 중이다. 우리가 아는 것은, 우리의 개별적으로 분화된 삶과 자신을 이해, 수용, 사랑하고 진리대로 살며 마음의 조건화를 벗어날 때, 우리가 영의 의식을 해방시키고 지구상에 성숙토록 하여, 미래의 완성을 향해 가는 그러한 변이를 이끌어 간다는 것이다.

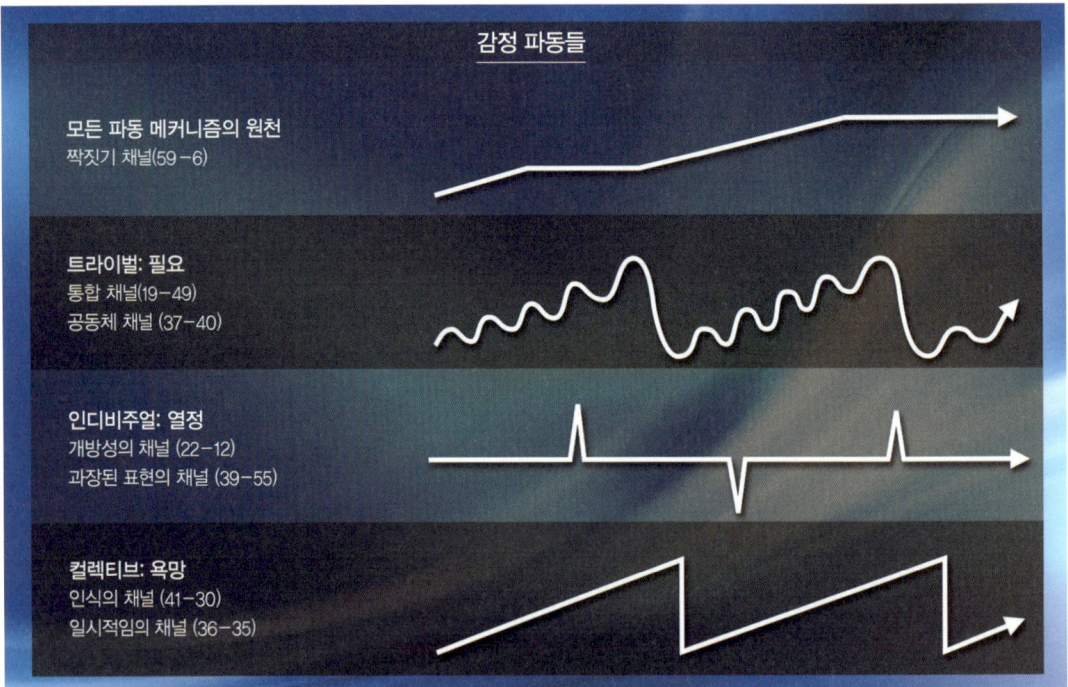

감정 파동의 주파수

정의된 솔라 플렉서스는 감정의 양쪽 극단을 오가는 패턴을 보인다. 그것은 우리가 느낌, 결핍감, 욕망으로 경험하는 화학 작용이다. 반복되는 각각의 파동은 희망에서 아픔, 기대에서 실망, 기쁨에서 허망함으로 오르내린다. 우리 자신과 세상에 감정의 안정을 이루기 위해서, 우리는 생각으로 통제할 수 없는 이러한 파동 패턴을 이해, 수용하고 궁극에는 초월하여야 한다. 감정 체계와 주변으로 퍼지는 이 파동의 가능성을 초월하기 위한 관건은 기다림이다. 우리가 감정의 고조와 저하를 지켜보고 기다리면, 우리의 이해는 깊어지고 파도는 잠잠해지며 서서히 명료함이 드러난다. 이 끊임없는 파동을 이해하고 명료함을 기다리게 되면, 감정이 정의된 사람이 내보내는 미숙하고 혼란스러우며 해로운 감정을 막을 수 있을 것이다.

- **모든 감정 파동 메커니즘의 원천 |** (채널 59-6)은 감정 파동이 만들어지는 6번 게이트에서 작동을 시작하여 건너편의 풍요로운 세이크럴 센터의 힘, 59번 게이트와 만난다. 여기가 결핍감과 열정, 욕망이 생겨나 상호 간의 벽을 허물고 우리를 결합하게 하는 친밀함의 어우러짐이 생겨나는 곳이다. 이 감정 파동은 매우 안정적으로 느껴지며 밖으로 나

타나기 위해서는 또 다른 상대편이 있어야 한다.

3가지 감정 파동은 주파수에 의해 분류된다. 어떤 사람은 디자인에 정의된 부분에 따라 그것들이 합쳐져 하나의 주파수로 경험되기도 한다.

- **트라이벌 파동** | (채널 19-49와 37-40)은 신체적 접촉과 결핍에 대한 민감함으로 작동된다. 이 파동은 폭발할 때까지 서서히 올라가고, 또다시 그 과정을 되풀이하듯이 나타난다. 예를 들어 한 아내가 남편의 신경을 긁는 일을 계속한다고 가정하자. 남편은 아내에게 별다른 말을 하지 않아 그 일은 오랫동안 계속된다. 아내가 그 일을 할 때마다 남편의 감정 파동은 한 계단씩 올라가고 어느 날은 결국 폭발한다. 부인은 경고가 없었으므로 일의 진도를 알아채지 못했기 때문에 놀라게 된다. 그러한 감정 폭발은 그녀를 힘들게 할 수 있으나 그러한 감정 발산 이후 그는 다시 평상으로 돌아가고 모든 것이 정상이 된다. 두 사람이 이러한 트라이벌적 감정 파동, 즉 폭발에 대비하는 법, 문제의 진실을 가려내는 법, 그러한 발산이 상호 간에 미치는 영향 등을 이해하게 되면, 그들은 새로운 수준의 이해와 편안함에 도달할 수 있을 것이다. 예를 들어 친밀하고자 하는 욕망과 함께 서서히 증가하는 정서적 초조함은, 지루한 하루가 끝나갈 무렵에 어깨 위에 부드럽게 얹히는 손길로 간단히 표현될 수 있을 것이다. 트라이브에게는 말보다는 신체적 접촉이 전적으로 효과적이다.

- **인디비주얼 파동** | (채널 39-55와 22-12)은 울적함, 감정, 서글픔, 열정의 표현을 통해 작동한다. 이것은 작은 규모의 높고 낮은 돌출을 포함하나 대부분 담담한 평행선으로 나타난다. 홀로 있을 때와 사교적일 때를 아는 것이 중요하고, 이 파동을 가진 사람들은 새로운 파동과 무드의 변화에 따라 잠시 동안의 슬픔에 잠길 수도 있다. 감정이 저하되었을 때 나타날 수 있는 인간관계의 알력은, 그들이 홀로 자신의 창조적 영감의 시간을 가져야 할 때를 알아챔으로써 쉽게 누그러뜨릴 수 있을 것이다.

- **추상적 파동** | (채널 36-35와 41-30)은 욕망과 느낌을 통해 작동되며 산꼭대기와 골짜기를 오르내린다. 기대감에 바탕을 두고 있어 욕망과 기대가 깨어질 때 바닥을 때린다. 이러한 파동을 초월하는 방법은 결과에 대한 기대를 가지지 않고 경험 그 자체를 즐기고자 하는 데 있다. 예로 한 여인이 몇 번의 데이트 후에 사랑에 빠졌다고 상상하자. 그녀는 남자에 대한 환상을 가지고 미래의 꿈을 즐길 테지만, 나중에 남자가 자신의 느낌과 기대에 부응치 않음을 알게 된다. 반복되는 이러한 상승과 하강은 견디기 어렵고, 그녀

가 감정 파동의 기제를 모른다면 시간이 지나면서 개인의 불안정을 초래할 수 있다.

감정 파동의 이해에 대해 가장 중요한 것은 그것이 피할 수 없는, 끊임없이 움직이는 단순한 화학적 과정임을 아는 것이다. 그것이 바뀌고 변하는 것에 대한 설명은 있지 않다. 불행하게도 이러한 인식 없이 정서적으로 정의된 사람들은 그들의 오르내리는 감정의 원인을 찾거나 설명하고 규명하려 한다. 그들이 슬픔에 잠겨 있을 때 친구들은 원인을 알려 하고 그를 즐겁게 해주려 한다. 자칫하면 그 깊이와 아름다움을 수용하고 감싸 안기보다 엉뚱한 것을 탓하는 것이 더욱 중요하게 돼버릴 수도 있다. 파동이 바뀌면 괜찮다는 걸 알면 되는데, 대신 남이나 다른 일에 그 감정의 화학 작용을 덮어씌우는 것은 커다란 혼란의 원인이 될 수 있다. 지금은 감정 파동의 어디쯤에 있고 내일은 또 어디에 가 있을지 그 이유를 알 필요가 없다. 감정은 늘 파도처럼 움직이니까.

일반적으로 말해 우리가 정서적으로 정의되어 있거나, 미정의로 다른 사람들의 조건화를 받게 되거나, 우리는 그 파동과 움직임에서 자신의 정체성을 찾지 않도록 조심해야 한다. 객관적 관찰자로 남아 있으라. 우리는 그 파동이 아니지만 그로 인해 깊숙한 내면으로 들어갈 수 있다. 우리는 일반적인 보통의 상태를 알면 평정을 찾게 되고, 평정심을 감정의 부침이 혼란케 하지 못한다면 그러한 양극의 파동조차도 아름다울 수 있다. 사회는 우리에게 늘 행복해야 한다는 헛소리를 해댄다. 그러므로 솔라 플렉서스가 정의된 사람들은 대부분 스스로 무언가 잘못되었다고 설득되어, 자기 감정의 저하에 맞서 그것을 극복하려 한다. 진정한 해방은 그들이 감정 파동의 모든 면과 기능을 수용, 관찰하여 감싸 안는 것을 배움으로써 찾아온다.

자각과 불안감

자각하기 시작하는 솔라 플렉서스가 자각을 진행하면서 느끼는 두려움은 감정적 불확실함에 기인하는 불안으로 경험된다. 사람은 어떤 사물이나 다른 사람들에게 어떤 느낌을 가져야 하는지, 결정은 어떤 느낌을 바탕으로 해야 하는지 확실하게 알 수 없다. 사회적이고 관계지향적인 솔라 플렉서스의 성격상 희망과 아픔의 감정을 폭 넓게 느끼기 때문에, 그러한 불안감은 강력하고 지속적인 것일 수 있다. 사람들이 감정 파동을 따라 나아가면 불안감은 증폭되거나 사라질 수 있다. 감정적 불확실성은 개미탑이 산처럼 느껴지듯 우리의 관점을 일그러지게 한다.

불확실성으로부터 나오는 애매하고 괴로운 불안은, 극복을 위해 맞닥뜨려야만 하는 두려움의 한 모습이다. 솔라 플렉서스가 정의된 사람이 감정 파동을 따라 자신의 깊숙한 진리에 접근하고 명료함을 기다리면, 그들의 불안에 바탕이 되는 의문과 불확실성을 확인하거나 털어버릴 수 있다. 그들의 불확실성을 올바르게 확인하고 효과적으로 대면함으로써, 그들은 자신의 감정적 두려움(불안)을 넘어서고 시간이 지남에 따라 극복이 가능하다. 이렇게 하여 불안감은 감정적 지성으로 승화된다.

모든 자각 센터는 각각 독특한 양상의 두려움을 발생시킨다. 솔라 플렉서스 센터가 느끼는 두려움은 다른 사람들과 어울림에 대한 불안감이며, 그 계속 움직이는 생화학적 파동은 그것을 감정적으로 불확실하게 만든다. 다음 설명은 어떻게 두려움이 불안의 불확실성으로 나타나는지 보여준다.

솔라 플렉서스 센터의 게이트들

트라이벌 파동 – 결핍, 필요	
게이트 37 – 가족 우정의 게이트 전통에 대한 두려움	트라이브의 원칙에 입각한 거래를 형성함 삶에서 전통적 역할에 얽매이지 않을까 하는 불안감
게이트 6 – 갈등 마찰의 게이트 친밀함에 대한 두려움	친밀함을 수용하거나 거부함으로써 파동을 만들어내는 일종의 횡격막 자신의 진면목을 노출함에 대한 불안감
게이트 49 – 혁명 원칙의 게이트 자연에 대한 두려움	부족의 필요에 근거하여 원칙을 수용하거나 거부하는 파동 거부, 예측 불가능과 결과에 대한 불안감
인디비주얼 파동 – 정열	
게이트 22 – 우아함 개방성의 게이트 침묵에 대한 두려움	기분에 맞으면 들어줌 누가 당신의 말을 들어줄지, 들을 가치가 있는 것이 있을까 하는 불확실함
게이트 55 – 풍부함 영의 게이트 공허함에 대한 두려움	개인적인 슬픔 어떤 것에 정열을 쏟을지 모름에 대한 불안감
컬렉티브 파동 – 욕망	
게이트 36 – 빛이 어두워짐 위기의 게이트 부적절함에 대한 두려움	새로운 경험에 도전하고픈 욕구에 의해 이끌림 자신의 성적/감정적 부적절함에 대한 불안감
게이트 30 – 꺼지지 않는 불 느낌의 인식의 게이트 운명에 대한 두려움	철저하게 느껴보려는 욕망에 의해 생겨나는 강력한 파동 무슨 일이 생길지 말지에 대한 불안감

정의된 솔라 플렉서스 센터 - 인류의 53%
'이 순간'에는 진실을 알 수 없다. 진실은 시간이 지나야 나타난다.

정의된 솔라 플렉서스 센터를 가진 사람들에게 이 센터는 권위가 자리하는 곳이며, 그것은 시간이 지나면서 제대로 인식되어 작동된다. 그들은 감정의 오르내림을 겪고 나서 결정을 하도록 디자인되었다. 그들에게 인내하기란 쉬운 일은 아니다. 솔라 플렉서스 센터는 모터에 의해 힘을 받는 미성숙의 센터이며 위대한 자의 힘을 안에 품고 있다. 그들의 임무는 그 힘과 함께 흐르면서, 어떻게 그 혜택의 가능성을 차분하게 길들이는가를 배우는 데 있다. 그들은 감정 파동의 정점에서 일을 저지르고 감정 파동의 바닥에서 포기하는 경향이 있다. 두 경우 모두 감정적으로 명료하기보다 충동적이다. 명료함은 오직 감정 파동을 모두 기다린 뒤에야 가능하다. 솔라 플렉서스 센터가 정의된 사람들은 중요한 결정을 하기 전 최소한 하룻밤은 기다려봐야 한다.

솔라 플렉서스 센터가 정의되었을 때 이런저런 일에 대한 그들의 느낌은 권위 있는 안내자가 되고, 그 느낌은 옳고 그름의 척도가 된다. 그 일을 하는 데 '느낌이 좋은가? 그것에 대한 느낌이 어때?' 같은 것들이 그들이 받아야 하는 질문들이다. 일에 뛰어들기 전, 느낌의 모든 영역을 전부 경험해보도록 시간을 가지는 것이 필수적이다. 감정적 명료함은 결정에 감정의 찌꺼기가 붙어 있지 않을 때 얻을 수 있다. 평온할 때 결정하라는 이야기는 말처럼 쉽지는 않다. 흥분되었을 때 뛰어들면 명료함이 드러난 뒤 후회하기 십상이다. 인내를 가지고 명료함을 기다린다면 정의된 솔라 플렉서스 센터의 잘 못될지 모르는 즉흥적 결정을 막을 수 있을 것이다.

사람들이 감정 파동을 따라 움직일 때 그 감정적 오르내림은 화학적 과정이며, 희망과 절망은 인식의 종착점이 아님을 아는 것이 좋다. 자각은 감정 파동의 흐름 끝에 온다. 옳고 그름을 아는 데는 시간이 걸리고 지름길은 있지 않다. 덧붙여서 감정적 명료함에 확실한 보장이 있는 것은 아니다. 스플린 센터는 그 순간에 결정적 답을 주지만, 끊임없이 움직이는 솔라 플렉서스 센터의 파도는 그 순간에 굽이치는 파동의 한 점으로밖에 보이지 않는다. 파도가 계속 움직이니 100% 확실한 감정적 명료함은 가능하지가 않은 것이다. 그렇다 하더라도 감정적 평온함이 찾아오고 결정에 대한 내면의 진실이 확인될 때가 나타날 것이다.

솔라 플렉서스 센터의 에너지는 달콤하고 유혹적이며 강력한 것이어서, 그 파동을 기다리기만 한다면 감정적 결정권의 사람들에게 매우 쓸모가 있게 된다. 다만 얻기 힘든 것이라고나 할까. 다른 사람들이 오래 기다릴수록 그들은 더욱 솔라 플렉서스 센터의 따스함과 힘을 바라는 것이다. 사업상의 기대로 인해 급한 결정을 하지 말고 명료해지기를 기다린다면 그 기다림은 그들을 우월한 자리에 올려놓을 것이다. 솔라 플렉서스가 확실하기 전에 상대편이 포기한다면 애초부터 그 거래는 그들에게 맞지 않는 것이리라.

정의된 감정의 사람들과 미정의된 사람들 사이에는 매우 다양한 교류가 생겨난다. 정의되어 있는 사람은 주변에 전반적인 영향을 끼치므로 감정적 환경은 이들에게 책임이 있다. 이들은 단지 자신 내부의 느낌만으로, 화학적 기제에 의해서 그리고 오라를 통한 전달 방식에 의해서 다른 사람들에게 영향을 미친다. 정의된 사람의 느낌이 좋거나 나쁘면, 미정의 솔라 플렉서스 센터는 그들의 주파수를 증폭시키므로 매우 좋거나 매우 나쁘게 느끼는 것이다. 다시 말해, 미정의 센터는 그들이 어떻게 느끼고 감정 파동 중 어디에 있는가를 정의 센터의 사람들에게 반사하고 있는 것이다.

재밌는 것은 정의된 감정의 사람들은 그들의 상태에 익숙해져 자신의 감정 양상을 늘 의식하고 있지는 못하는데, 오히려 미정의인 사람들이 조건화 탓으로 스스로 감정적이고 예민하다고 생각한다는 것이다.

커플들 사이에서 정의된 솔라 플렉서스 센터와 미정의 센터 사이의 매력은 강력하고 일반적인 것이다. 이 센터의 따스하고 강력한 매력에도 불구하고, 정의된 솔라 플렉서스 센터의 사람은 새로운 교류를 시작할 때 충분한 시간을 가지는 것이 필요하다. 시간이 지나봐야 상대가 자신과 맞는지 아닌지 알 수 있다. 상대편을 자신의 파동을 통해 알아가도록 배움으로써 상대를 깊이 알 수 있는 것이다. 상대에 끼치는 자신의 감정적 영향을 알 수 있고, 상대가 어떻게 자신의 감정적 오르내림을 대하는지 확인이 가능하다. 정의와 미정의 솔라 플렉서스 센터 사이에는 조정하려 하거나 억압을 주고받는 관계가 나타날 수 있는데, 그것이 나타나는 데는 시간이 필요하다. 장시간의 연애 기간은 성공적인 교류의 권장 사항이 아닌 필수 요건이다.

정의된 솔라 플렉서스 센터를 가지고 있으면 어떠한 방향이든 깊게 알 수 있는 이점을 가지고 있다. 파동의 흐름을 따름으로써 여러 견해를 모아 훌륭한 관점을 가질 수 있다. 예를 들어 사진 작가가 꽃의 특성을 이해하고자 한다면, 스플린 성향을 따르는 작가는 독특한 한 순간의 꽃 모양을 찍을지 모르지만, 솔라 플렉서스 센터가 정의된 사람은 사진 한 장으로 만족하지 않을 것이다. 그들은 빛의 변화, 관점과 카메라의 변화에 따라 종일토록 여러 장을 찍을 것이다. 그들은 아침의 꽃 모양과 석양의 꽃 모양을 다 알 수 있을 것이다. 그들은 그 향기, 촉감, 바람에 나부끼는 모습까지 알 것이다. 감정 체계가 꽃 필 충분한 시간이 주어지면, 끊임없이 변하는 감정 수준-영혼의 수준에서의 사물을 파악하는 극히 예민한 지성으로 자라난다.

정의된 솔라 플렉서스 센터의 사람이 감정 파동을 기다리지 않으면 충동적이기 쉬워, 감정 파동의 오르내림에 따라 감정과 결정이 왔다 갔다 하므로 혼돈과 혼란을 만들기 쉽다. 그들은 주변 사람들까지도 함께 즉각적으로 감정적 결정을 하도록 압박한다. 그들이 뒤틀리면 조용해지기를 기다렸다가 말하거나 행동하지 않고 곧바로 내질러서 나중에 후회하기 십상이다. 그들은 파도의 바닥에 있을 때 홀로 있는 게 좋다는 것을 인식하지 못한다.

감정적으로 건강한 사람은 파동의 오르내림을 기다리고 따라가면서 어떠한 느낌을 가지는지 파악할 수 있다. 충동적이거나 즉흥적이지 않고, 시간을 가지고 결정하기 전 명료한 느낌이 들 때까지 이들의 감정을 유용하게 사용한다. 이들은 자기의 감정이 어떻게 다른 사람들에게 영향을 끼치는지 이해하고, 성급하게 다른 사람들에게 압박을 가하지 않는다. 이들은 자기가 가진 감정의 매력적인 면을 활용할 줄 안다. 그리하여 기다리면서 관여된 모든 이들이 만족하는 합일을 이뤄낼 수 있다.

미정의 솔라 플렉서스 센터 – 인류의 47%

미정의 솔라 플렉서스 센터는 주변에 있는 감정을 받아들이고 증폭시킨다. 이 센터는 특히 심각한 조건화의 가능성을 가지고 있어서 다른 사람들의 느낌, 기분, 필요에 특정적으로 취약할 수 있다. 솔라 플렉서스 센터가 미정의인 사람은 자신의 건강과 안전을 위하여, 자기가 느끼고 표현하는 감정이 모두 자기 것은 아니며, 그것에 동일화하지 않음으로써 그것을 털어버리고 스스로를 보호할 수 있다는 것을 아는 것이 대단히 중요하다. 그렇지 않으면 이들은 다른 사람들의 감정 파동에 따라 춤추게 되어, 감정적으로 통제가 안 되는 것은 자신에게 무언가 문제가 있기 때문이라고 해석한다. 그들은 계속 후회하고 수치심과 원망을 유발할 감정적 결정을 함으로써, 미정의 솔라 플렉서스 센터에 유전적으로 감당하지 못할 짐을 쌓게 되는 것이다.

오픈 센터는 열려 있는 창문과 같다. 솔라 플렉서스 센터는 오직 정보 수집을 위하여 주변의 감정 영역을 흡수하고 맛을 본다. 그 영역을 자기와 동일시하거나 개인적인 것으로 받아들이면, 그것은 자기 것인 양 되어 건강에 유해하며 그들의 몸은 그것을 소화하지 못한다. 그들은 감정을 되돌려 본래 주인에게 주어버리는 능력, 투명함을 상실하게 된다.

솔라 플렉서스가 정의되지 않은 사람들은 평생을 자기의 감정이 통제 불가능하다고 느끼고 있을지도 모른다. 감정적으로 부닥치게 되면 그들은 두려움, 충격과 분노 등의 느낌을 받을 것이다. 그들은 행복에서 절망으로 오르내리며 주변의 감정들을 흡수, 증폭, 왜곡시키면서 그것을 자기 것인 양 착각하여왔을 것이다. 그들은 감정적으로 불완전하다고 오해받아 꾸중과 거절로 고통 받았을지 모른다. 그들은 자주 스스로 무언가 잘못되었다고 느낀다. 그들은 일반적으로 감정적 상황에 매우 예민하여, 여러 해 동안 무거운 감정적 상황들을 자신의 탓으로 받아들이며 제 것도 아닌 비난을 감수하며 지내왔을 것이다.

열린 솔라 플렉서스 센터의 어린이들은 가족의 감정적 오르내림을 받아들이고 가시화하여 그 혼란을 증폭시켜 외부로 나타내는 수가 있다. 그들은 스스로 그 파동에 개인적인 책임이 있다고 느껴, 부모의 감정 폭발로 고통을 당하느니 차라리 자신을 숨기고 거짓말을 하는 것이 낫다고 생각하기 쉽다. 반대로 부모가 감정적으로 열려 있고 어린이가 정의되어 있을 경우, 부모는 어린이의 감정에 증폭되어 통제를 잃고 지나치게 반응하기 쉽다. 이러한 기제를 이해함은 우리에게 건강, 인정, 독립적 어린이를 키우도록 도움을 주어 부모 노릇을 즐기도록 할 수 있을 것이다.

충돌은 감정적으로 미정의인 사람들을 불안하게 만든다. 자라면서 그들은 다른 사람을 건드리거나 상황 악화가 두려워서, 다른 사람들과의 충돌이 없는 방법을 찾아내어 감정적 충격을 피할 수 있는 낫셀프의 전략을 개발한다. 그들은 페르소나를 개발하여 '날 건드리지 않으면 나도 널 건드리지 않겠어'라고 하며, 자신의 진실이나 요구를 발설하면 생길지 모르는 충돌을 피하려고 옆길로 새려 한다. 솔라 플렉서스 센터가 열린 사람들은 감정적 충돌을 즐기도록 되어 있지는 않지만, 그들의 전략과 결정권은 정당하게 맞서야 할 상황으로 이끌 때도 있을 것이다.

충돌의 상상만으로도 열린 솔라 플렉서스 센터의 사람들은 가끔 겁에 질려 얼어붙는다. 정작 그들이 자신의 결정권에 따라 대적한다면 그 충돌은 생각보다 훨씬 쉬울지도 모르고, 그것이 정당한 것이기 때문에 결말은 최선의 상황으로 끝날 수 있다. 충돌을 늘 피하기만 한다면 삶은 피상적 수준에 머물고 말 것이다. 고통의 반대는 쾌락이고, 두려움의 반대는 자기 자신으로 사는 자유로움이다. 다른 사람들을 비난하기보다 스스로의 진실을 말하여 충돌을 올바르게 처리할 때, 그것은 건강한 변이의 촉매제가 된다.

이 센터가 가지고 있는 모든 종류의 쾌락들, 즉 성 에너지, 음식, 열정, 로맨스와 음악 등에 대한 접근은 솔라 플렉서스 센터가 정의되었거나 미정의이거나 모두 가능하다. 하지만 감정이 아름다운 경험이기 위해서 미정의 센터는 그것을 자기 것인 양 동일화시켜서는 안 된다. 감정 파동에 대한 자각은 그들을 애초부터 자기 것이 아닌 그 감정과 패턴들을 그냥 지나가게 할 것이고, 그것 자체가 커다란 안정을 가져올 것이다. 왜 그렇게 감정이 힘들게 했는가를 이해하고 나면, 스스로 자신의 결정권에 맞춰 새로운 삶을 시작할 수 있을 것이다. 그들은 누구의 감정이 자신에게 해로운지 아닌지 구별할 수 있고, 자신의 진실과 필요에 의해 다른 사람들과 충동할지 말지 판단할 수 있다. 그들은 어떤 불안을 대면해야 하고 어떤 것은 아닌지 분별하며 감정적으로 결정을 내리지 않는다. 이들은 자신이 받아 증폭시키는 감정이 다른 사람들로부터 오는 것이라는 사실을 알고 그것에 집착하지 않는다.

건강한 미정의 솔라 플렉서스는 다른 사람들의 감정적 건강을 잴 수 있는 척도이며, 주변의 감정 환경을 객관적으로 볼 수 있는 사람이다. 그것의 지혜는 누가 감정적 건강, 안정과 영적인 자각으로 나아가고 있는지 알아채는 형태로 나타난다. 그것 자체는 감정적으로 고요하며, 미정의 솔라 플렉서스 사람들을 스스로의 전략에 따르도록 허용한다. 갑자기 감정적으로 불편하면, 그들은 조건화시키는 오라를 피해 고요함이 돌아올 때까지 잠시 자리를 비울 줄 안다. 그들은 자신이 받아들인 감정의 조건화를 털어내기 위해 매일 어느 정도의 시간을 홀로 보내는 것도 좋을 것이다.

완전히 열린 솔라 플렉서스 센터

미정의 솔라 플렉서스 센터의 많은 특성들을 나타내면서도, 완전히 열린 솔라 플렉서스 센터는 받아들이는 강력한 감정 에너지를 거르거나 연결시키는 방법을 가지고 있지 못하다. 완전한 오픈 센터는 자신의 느낌으로부터 혼란스러워지고 그것을 어떻게 해석해야 할지 모른다. 그들은 무엇을 갈구하고 언제 예민하고 열정적이어야 하는지, 또는 다른 사람들의 필요와 기분에 어떻게 대응해야 하는지 모른다. 그들은 가끔 자신이 감정적으로 문제가 있다고 느낀다. 이들에게 가능한 지혜는 선입견이나 오염 없이 자신의 순수한 상태에서 감정적 파동을 이해하고 알아채는 것이다.

솔라 플렉서스가 정의되지 않은 사람의 낫셀프 언어 유형

낫셀프의 생각이란 미정의 센터의 대변자이며, 우리가 무엇을 하고 말해야 할지를 지시한다. 그것을 알아차리는 것이 탈조건화에 필수적이다. 미정의 솔라 플렉서스 센터가 홀로 하는 생각들의 예를 보자.

충돌하기 싫어 거기에 안 갈래. 충돌을 마주하기 싫어. 부딪칠 일이 없을 테니 이쪽으로 가자. 그 사람을 화나게 할지 모르니 조용히 있자. 충돌의 완화를 위해 이렇게 말하자. 다른 사람들이 좋아하도록 늘 웃고 좋게 대하자. 실망하거나 퇴짜 맞을지 모르니 거기에 갈 이유가 없어. 그럴 가치가 없어. 제대로 되지도 않을 것 같은데 신경 쓰지 말자. 그녀의 마음을 상하게 할까 봐 진실을 말하기가 겁나네.

Heart Center

하트 센터

의지력

에고 ego
물질 세상

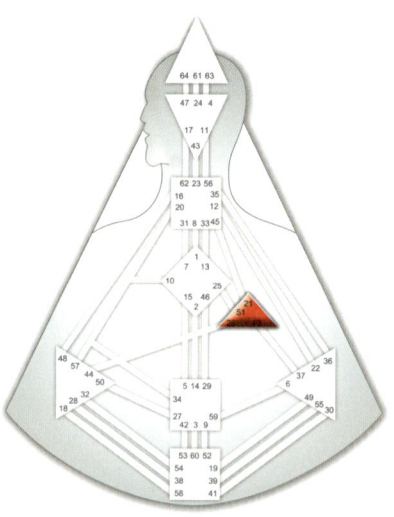

생물학적 연관성

바디그래프에서 잘 드러나지 않고 자그마한 하트 센터는 보기와는 딴판으로 삶에 커다란 물리적 영향을 끼친다. 하트 센터의 네 게이트는 각각 위장(게이트 40), 흉선(게이트 26), 심장(게이트 21), 그리고 담낭(게이트 51)에 연관되어 있다. 이 센터가 작동하는 방법을 모르는 사람은 위장이나 심장에 문제를 초래할 수 있다. 심장이 멈추면 모든 것이 멈춘다!

의지력과 자존감

하트 센터는 강력한 모터로서 세상에 엄청난 영향력을 행사하는 의지력과 에고를 끌고 간다. 사회의 토대는 공동체에서 살아남고 물질 세상에서 풍요롭고자 하는 의지력에 기초하여 세워졌다. 하트 센터는 스로트 센터에 곧바로 연결되어 있기 때문에 부족

tribe을 위하여 행동하고 말한다. 처음부터 가족, 공동체, 국가의 생존을 가능케 한 것은 부족이 마련한 지원 체계에 의해서였고, 그것은 우리의 공적 사업에 기반이 되었다. 공동체의 조직은 안전하고 서로 보조적 환경을 조성하여, 사람들이 자기의 독특한 개성을 키우고 전문성을 갖추어 개인이나 그룹의 진보를 가능케 하였다. 우리의 거대한 문명은 하트 센터의 4개의 게이트에 내재된, 지원/원조하면서도 위계적인 구조 없이는 성립이 불가능하였을 것이다.

이 게이트들은 물질 세상을 제대로 살아가기 위해, 부족의 각 성원들이 서로 연결되기 위한 다양한 방식을 결정한다. 이 게이트들은 매일매일의 양식을 마련하고 서로 짝지어 조화롭게 살아가며, 어린이들을 키우고 사회, 문화, 종교와 같은 기반 구조를 만들어 우리가 창조한 것을 키우고 돕고자 하는 것이다. 요즘 부족(인류)은 그 공동체와 사업적 기반에 대한 어려운 구조적 변화의 도전에 직면하고 있는데, 그 변화란 우리의 가장 기초적인 전통과 기관들의 권위와 안전성에 대한 의문이다. 이러한 변화로 인한 두려움은 미정의 하트 센터를 가진 사람들에게 더욱 확대되어, 불확실성을 극복하기 위해 자기의 가치를 증명하려고 애쓰게 만든다. 자존감과 자기 가치의 문제는, 우리의 교육, 직업, 믿음 그리고 경이롭게 주어진 우리의 삶을 즐기고 노닐도록 스스로를 허용하는 데까지 모든 수준에서 드러나며 영향을 끼친다.

핵심은, 자존감이 우리를 사회의 가치 있고 도움 되는 구성원인가에 대해 자신을 가지고 세상에 뛰어들게 하고, 그 대가로 떳떳하게 물질적/개인적 도움을 받는다는 것이다. 우리에게 이러한 스스로의 굳은 믿음과 신념이 없이는, 세상의 도전에 맞설 의지를 상실하게 되는 것이다. 에고가 건강하게 유지되고 그 가치를 다른 사람들이나 스스로가 확신하지 못하면, 그것은 사라지고 자존감은 자기증오로 바뀐다. 자기혐오는 인류에게 엄청난 대가를 치르게 하였다.

이러한 사실에 근거하여 본다면, 왜 수많은 심장, 위장계 질환들이 미약한 자존감을 보상하고자 하는 낫셀프의 노력에 연관되어 있는지 분명해진다. 과잉 성취의 경향, 지킬 힘도 없으면서 남발하는 약속이나 거래들, 존재 가치를 높이려고 심장 근육의 무리를 초래하는 노동 등이 모두가 자신의 가치를 증명하려는 양상들이다. 궁극적으로 우리가 가치 있고 없고의 결정에 대한 마음의 역할을 이해한다면, 우리의 삶에서 불필요한 많은 고통과 괴로움을 없앨 수 있을 것이다.

하트 센터의 게이트들

게이트 21 – 물고 늘어지기 사냥꾼의 게이트	통제하기 상황 통제
게이트 40 – 해방 홀로 있음의 게이트	해방하기 제공할 의지
게이트 26 – 위대한 자들의 길들이는 힘 이기주의자의 게이트	최고가 되기 세일즈맨/상인
게이트 51 – 자극하기 충격의 게이트	경쟁력 갖기 최초가 되기

정의된 하트 센터 – 인류의 37%

　당신이 정의된 하트 센터를 가졌다면 자신의 삶과 자원을 스스로 통제하고자 한다. 그것은 당신이 무엇을 입고, 언제 어디에서 일하고, 어떤 시간에 다른 사람들의 요구에 응할까 등을 포함한다. 당신은 가끔 자신을 과장하기도 하지만 스스로의 가치를 인식하고 있다. 하트 센터가 정의된 사람들은 그들의 의지력을 사용하는 것이 건강하며 약속을 하면 일정하게 지키는 것이 좋다. 의지의 힘을 계속 쓸 수 있으니 약속과 다짐을 지키고 만드는 데 문제가 없다. 하겠다고 했으면 하는 것이 중요하다. 다른 사람들의 신뢰를 쌓는 길은 지킬 수 있는 약속만을 하는 것이다. 그렇게 이들은 자존감을 키울 수 있다.

　이들은 일하기를 즐기지만, 스스로 지도자의 위치에 있기를 선호한다. 그래야만 자신의 자연스러운 내적 기제를 따라 언제 일하고 언제 쉴지를 마음대로 할 수 있기 때문이다. 이들은 사람들의 기대에 성공적으로 부응하기를 즐기고, 경쟁적이고 강한 의지를 나타냄은 이들에게 자연스러운 일이다. 그들이 내부의 안내에 귀 기울이면 그 상황에서 그들의 강력한 에고가 가장 효과적인 때를 알 것이며, 그러면서도 일과 휴식의 균형도 유지할 것이다.

　하트 센터가 정의된 사람들은 누구에게도 그들의 정직하고 선명한 에고와 의지력을 무시하도록 허용해서는 안 된다. 그들의 '내가, 나를, 내 것'이라는 적극적인 표현은 그들의 심장을 튼튼하게 하며, 그들의 자연적인 에고 에너지를 억누르는 것은 건강에 해롭다. 이들이 자신의 전략과 결정권을 따르는 한, 본색을 스스로 항상 드러내는 것은 자연스럽게 일어나는 것이며 또한 중요하고 정당한 것이기도 하다. 그래야 할 때라면 기꺼이 그들은 가족과 공동체를 위해 의지력을 써서 생존을 담보할 것이다. 그들은 일을 즐기기는 하지만, 또한 자기의 기여를 고마워하고 보상이 있기를 바라기도 한다.

정의된 하트 센터는 쉽사리 일에 빨려 들어가고 지나치게 강압적으로 보일 수 있다. 자신의 전략과 결정권으로 하지 않는다면 그들은 미정의 하트 센터 사람들에게 지나친 기대를 하며, 강한 의지와 경쟁력이 있기를 바랄 수 있다. 그들은 다른 사람들을 부추기고 밀어붙여 능력 이상의 성과를 내도록 독촉할 수 있으며, 결국에는 불필요한 고통과 오해를 부를 수 있다. 그러한 태도는 저항을 부를 것이고, 그것은 한 발 물러나서 내적 힘의 균형을 다시 찾아야 할 때임을 보여주는 것이다.

미정의 하트 센터 – 인류의 63%

하트 센터가 미정의인 사람들은 강한 의지력과 경쟁력이 있도록 디자인되어 있지 않으나 그들은 자주 의지력을 갖춘 용기를 찾아내야 할 필요를 느끼게 된다. '그들이 가진 것을 왜 나라고 못 가지나?'라고 물으며 '왜 나는 그들처럼 빠르거나 좋지 않을까?' '저 사람들과 경쟁할 수 있어야 하는데' 등등. 그들은 의지력을 시험하며 약속을 하고 지키기를 바라지만, 둘 중 아무것도 계속적으로 도와줄 에너지가 없음을 이해하지 못한다.

요즘 세상은 우리가 이런저런 일을 하기만 하면 더욱 나아지고 아름다워지며, 돈도 벌고 빠르게 더 성공할 수 있다는 메시지를 쏟아낸다. 그러한 선전propaganda은 우리에게 더 만들고, 더 일하고, 더 나아지라고 엄청난 압박을 가한다. 미정의 하트 센터의 사람들은 악순환에 빠지기 쉽다. 그들이 기대에 못 미치거나 약속과 다짐을 어길 경우, 그들은 스스로의 부족한 느낌을 메우기 위해 더 큰 약속을 하게 되고 그것조차도 실패하게 된다. 그럴 때마다 느낌은 악화되고 자존감은 바닥으로 떨어지게 된다.

과잉 성취는 미정의 하트 센터가 의지의 부족, 있어야 할 것이 없다는 느낌을 보상하고자 하는 하나의 방편이다. 애초부터 자신을 저평가하는 사람들은 스스로의 가치를 증명하고자 누구보다도 더 많은 것을 성취하려고 시도하기 마련이다. 그들은 불가능한 상황에 '의지력'을 써서 들어가고, 끝낼 가능성이 희박한 일을 시도한다.

미정의 하트 센터는 정의된 하트 센터로부터 의지력을 받아 증폭시킬 수 있으므로,

갑자기 다짐을 하고 지킬 수 있으리라 생각하는 잘못된 판단을 하기 쉽다. 그러나 그 빌려온 의지력은 정의된 하트 센터를 가진 사람이 떠나는 순간 사라져버린다. 그것은 동기 부여 워크숍에서 보이는 흔한 일로서, 그때는 신이 나서 여러 가지 일을 달성할 수 있을 것처럼 느끼다가도 혼자 남으면 그 좋은 의도와 의지력은 사라진다.

미정의 하트 센터의 문제는 일반적으로 그들 스스로 자기 자신이 별로 가치가 없다고 간주하여 사랑, 급여, 행복 등 모든 것을 부족함에도 그대로 받아들이는 것이다. 그들이 전략과 결정권 대신 마음에 의존한다면 그들은 평생 자기 가치를 증명하려 할 것이다. 마음(생각)으로 자기의 쓸모와 가치를 증명하려 애쓸수록 실패의 가능성은 더욱 커지고 그러한 가치 저하가 반복될 것이다. 해결책은 마음의 가짜 결정권을 가져다 진정한 결정권에 맡기는 것뿐이다.

미정의 하트 센터의 교훈은 '스스로에게 또는 다른 사람들에게 절대 약속을 하지 말 것'이다. 열린 하트 센터의 사람은 어떠한 상황에서든 누구에게든 자신을 증명할 필요가 없다. 스스로의 가치를 보여줄 필요가 없다는 것은 대단한 능력이다. 인류의 63%가 자기 가치 증명의 필요가 없이 자기의 결정권으로써 적절한 결정을 할 수 있음을 알아차려 스스로 여유를 가지는 것을 상상해보라.

이러한 깨달음으로부터 지혜와 자각이 찾아온다. 하트 센터가 정의되지 않은 사람들은 다른 사람들 에고의 진동을 흡수하여, 누가 건강한 자존감을 가지고 있고 누가 가지고 있지 않은지 아는 지혜가 생긴다. 이들은 누가 다짐을 실천할 수 있는지 알아차린다. 이들은 누구와도 경쟁할 필요가 없음을 알며, 다른 사람들의 설득으로 자기의 존재 가치를 보여주려 하지도 않는다.

완전히 열린 하트 센터

완전히 열린 하트 센터 사람들은 가치 파악이 잘되지 않고, 가치를 이루기 위해 무엇을 해야 하는지도 잘 모른다. 자신의 결정권을 벗어나면 그들은 엉뚱하게 거만하거나 무가치한 느낌 사이를 왔다 갔다 하기 쉽다. 유약하고 희미한 자존감과 일을 제대로 못한다는 느낌 때문에, 그들은 이런저런 연결이나 믿음으로 자존감 회복을 약속하는 사람들에 의해 조정, 통제되기가 쉽다.

또 한편, 말의 신용도나 물질 세상에서 벌어지는 돈과 힘의 사용에 대한 지혜를 구하고자 할 때는 이 사람들을 찾아보라. 그들의 지혜는 자기들은 증명해야 할 것이 아무것도 없다는 것을 아는 것과 그들의 필요는 자신의 전략과 결정권에 의지하면 된다는 깨달음으로부터 충족된다.

하트 센터가 정의되지 않은 사람의 낫셀프 언어 유형

낫셀프의 생각이란 미정의 센터의 대변자이며 우리가 무얼 하고 말해야 할지를 지시한다. 그것을 알아차리는 것이 탈조건화에 필수적이다. 미정의 하트 센터가 홀로 하는 생각들의 예를 보자.

스스로의 가치 확인을 위해서라도 이 일을 하는 것이 좋겠다. 통제하는 자리에 있어야겠다. 용감해야겠다. 스스로를 부추겨 기분 좋게 만들면 다른 사람들도 내 가치를 보게 되겠지. 충성을 다해야 다른 사람들도 내 가치를 인정할 것이고, 내 자신도 스스로를 증명하게 되겠지. 어떻게 말하고 다짐을 하면 다른 사람들도 나를 멋지게 생각할까? 내가 신용이 있다는 것을 보여주면, 그들도 나를 좋아할 거야. 사람들이 내가 이 일을 할 수 있다고 믿고 있으니 성공해서 보여줘야지. 내가 통제하는 자리에 있다면 내 가치를 보여줄 수 있으련만. 내가 드러내 보여주기 전에는 나는 별로 좋은 아내, 연인, 친구가 아니야.

세이크럴 센터
Sacral Center

번식력

생명력, 반응력
가용성, 성적 능력

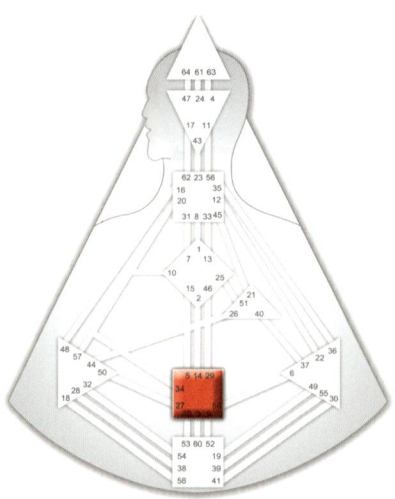

생물학적 연관성

세이크럴sacral* 센터는 여자의 난소와 남자의 고환에 연관된다. 지구 위 모든 생명체는 이 센터에서 생성되는 생명력에 의해 도움을 받는다. 세이크럴 센터는 번식을 통해 우리의 생존을 담보하고 아이들을 돌보고 키우려는 충동을 제공한다. 세이크럴 센터의 주제는 성, 노동, 번식, 생동감, 운동과 지속성이다.

세이크럴 센터는 몸의 주요한 모터로서, 생성적이거나 거꾸로 퇴행적인 양방향의 커다란 힘을 가지고 있다. 우리가 어떻게 세이크럴 센터의 기제를 올바르게 쓰고 도울 수

---

* 천골薦骨 부위를 의미하며, 엉치뼈 또는 선골仙骨이라고도 부른다. 척추의 맨 끝 꼬리뼈와 허리 사이에 있는, 아래쪽이 뾰족한 이등변 삼각형 모양의 뼈. 전통적인 차크라 시스템에서는 이 뼈뿐만이 아니라 배꼽 아래에서 꼬리뼈 사이에 위치하는 생식기와 아랫배를 포함하는 부분, 그리고 이에 연관된 에너지 센터를 일컫는다.

있는가를 모르면, 때 이르게 퇴행되어 쇠약해지며 좌절과 나약함을 부른다. 이 모터에 내장된 일과 쉼의 순환은 잠을 푹 자기 위하여, 매일 제공되는 에너지를 그날그날 소진하도록 요구한다. 쉬는 동안 배터리가 재충전된다. '제대로 반응하지 않은 일'을 억지로 하게 되면, 세이크럴 센터의 생성 능력은 쉽게 퇴행되어 탈진 상태가 찾아온다. 세이크럴 센터의 생성 능력은 남자는 18세, 여자는 33~34세 때 최고조에 달한다.

일, 번식, 섹스, 지구력

세이크럴 센터가 정의되어 있으면 누구나 제너레이터이다. 세이크럴 센터는 창조적인 생명력을 만들어내고 삶을 유지하며 이끄는 힘을 가지고 있다. 이것의 수용적 주파수는 보호적이고 정직, 건강하며 창조적·지속적 상태에서 맞닥뜨리는 것들에 반응하도록 디자인되었다. 이 센터는 3가지 면에서 다른 센터들과 구별된다. 그것의 복잡함(스로트 센터 다음으로), 생명력의 생성 능력, 그리고 반응하는 목 뒷부분에서 나는 듯한 소리를 통하여 순간적 가용성(에너지가 있고 없음)을 소통하는 능력이다. 그러한 세이크럴 센터의 소리는 언어 능력이 진화되기 훨씬 이전부터 있어온, 믿을 수 있는 내적 안내 시스템으로부터 나온다. 인류의 70% 가량이 정의된 세이크럴 센터의 안내를 받을 능력이 있다는 것은, 아직도 인류에게 깨어나지 않은 엄청난 깨달음과 자각의 가능성이 있음을 의미한다. 수용적인 세이크럴 센터는 소음과 소리를 내어 삶과 질문에 반응하도록 디자인되었다. 이 원초적인 소리는 목에서 시작되는 것이 아니고 배의 중간 부분에서 울려 나오며(횡격막이 열리고 닫히듯이) 어떤 것에 대한 에너지가 있는지 없는지를 알려준다. 세이크럴 센터의 성질과 그 소리의 안내를 존중하는 사람은 모두 자신의 힘과 연결되어 있는 것이다.

그 소리는 사람들마다, 여러 문화에 따라 다르지만 대부분 간단하고 쉽게 알아들을 수 있다. '예'는 소리 끝이 열린 듯 아하!(끝 글자에 강한 악센트) 할 것이고, 끝이 닫힌 음음(악센트가 첫 글자에 있음)은 '아니오'일 것이다. 대답이 '음…'(또는 모르겠는데) 하고 나오면 때가 아니거나 다른 형태로 질문해야 할 것이다. 정의된 세이크럴 센터의 사람들은 자신의 세이크럴 반응 소리를 듣기 전에는 진정 자기에게 맞는 것을 알아채지 못한다. 그 소리에 다시 연결되고 믿기 시작하는 것은 진실한 삶을 사는 첫 단계이고 개인적 변형의 가능성을 확립하는 것이다. 제너레이터 어린이들은 말로 대답하도록 조건화될 때까지 자연스럽게 이런 소리를 내며, 질문을 받으면 미약하나마 아하! 또는 음음↓ 하는 소리를 낼 것이다. 질문에 대해 이렇게 반응하도록 북돋아주며 아이들의 내적 안내를 존중하는 부모는 자식들의 자신감을 키워주는 것이다.

스로트 센터와 연결된 세이크럴 센터

스로트 센터에서 하트 센터, 솔라 플렉서스 센터, 루트 센터의 모터로 연결된 현시 manifesting 에너지는 바깥으로 밀고 나오거나 사람 또는 사물을 향해 나아가며, 시작하는 initiating 에너지로 불린다. 세이크럴 모터가 내보내는, 분명하게 감싸는 에너지는 삶과 사람들을 자연스럽게 끌어당겨 포용하므로 그들에게 반응할 수 있는데, 그래서 반응하는 responsive 에너지라 불린다. 이것이 제너레이터들이 기다리지 않고 먼저 시작하려고 할 때 저항을 받는 이유이다. 자연스러운 세이크럴 센터의 에너지 흐름에 역행하는 행동인 것이다. 그러나 예를 들어 채널 34-20으로 세이크럴 센터와 스로트 센터가 연결되는 경우, 우리는 세이크럴 센터의 생성적 힘이 현시의 가능성으로 전환되는 비정상적인 경우를 보게 된다. 이럴 경우 정의된 세이크럴 센터는 곧장 반응해서 행동으로 나아갈 가능성을 가진다. '매니페스팅 제너레이터'라 불리는 사람들은 세이크럴 센터와 스로트 센터가 연결되어 있으며, 세이크럴 센터의 소리보다 몸의 움직임을 통해 직접 상대를 향해 나아가는 모습으로 그들의 반응을 경험한다. 매니페스팅 제너레이터는 3장에 자세히 소개한다.

세이크럴 센터의 9개의 게이트들은 생명력의 발산 양상을 나타내며 세이크럴 에너지가 지원하거나 하지 않는 여러 과정을 보여준다.

세이크럴의 게이트들

게이트 34 – 위대한 자들의 힘 힘의 게이트	추진하기 위한 순수한 힘
게이트 5 – 기다리기 고정된 리듬의 게이트	지속적 흐름을 위해 제식과 패턴을 정하고 반복하는 에너지
게이트 14 – 엄청난 소유 힘을 다루는 기술의 게이트	삶의 방향을 추진하기 위한 에너지(돈, 자원)의 사용

게이트 29 – 심연 바닥 '예'라고 말하기의 게이트	오직 발견 가능성을 위해 매진함
게이트 59 – 확산 성적 능력의 게이트	짝짓기를 위한 성 에너지
게이트 9 – 작은 자들의 길들이는 힘 초점의 게이트	패턴 확립에 초점을 맞추는 에너지
게이트 3 – 시작의 어려움 질서 잡기의 게이트	변이적인 박동 주파수에 질서를 부여함
게이트 42 – 증가 성장의 게이트	한 주기를 끝내고 완료하기
게이트 27 – 양육 돌봄의 게이트	생존을 위해 먹이고 보호함

정의된 세이크럴 센터 – 인류의 66%

   정의된 세이크럴 센터를 가지고 태어난 사람은 거대한 힘의 원천을 관리하는 사람으로 태어난 것이다. 그들의 세이크럴 모터는 매일같이 내부에서 웅웅거리는 일정한 양의 에너지를 끊임없이 발생시킨다. 이 진정한 활력은 안절부절못하거나 가만히 있기 힘들고, 움직여서 에너지를 써야 편한 느낌으로 경험된다. 무엇보다 중요한 것은 매일매일 주어지는 에너지를 좋아하는 일이나 활동에 사용함으로써 개인적 표현과 깊은 만족을 찾는 것이다.

   세이크럴은 반응할 때 강력하다. '예/아니오'의 질문을 받으면, 그 주제와 관련해서 필요한 에너지가 지금 사용 가능한지 아닌지를 나타낸다. 반응이 긍정적이거나 몸이 상대를 향해 나아가면, 세이크럴 센터의 모든 힘이 그 결정을 지지한다는 뜻이다. 반응이 신통치 않거나 몸을 뒤로 빼는 느낌이 들면, 그 행위는 세이크럴 센터가 만들어내는 에너지를 초과해서 쓰지 않는 한 유지하지 못할 것이다.

   예를 들어 누가 "테니스를 배울래?" 하고 묻는데 세이크럴이 "글쎄… 으음…↓" 하고 반응하면 그게 진실이다. 정의된 세이크럴은 질문 받은 일을 위한 에너지가 있는지 없는지를 그렇게밖에는 표현할 수 없으므로 그 진실을 존중해야만 한다. 사실 그들이 들은 것은 세이크럴의 소리가 '지금은 거기에 줄 에너지가 없소'라고 한 것이다. 각각의 부정적 세이크럴 반응은, 해롭거나 난처하든지 또는 에너지의 지나친 소모로부터 그들을 보호하는 분명하고 건강한 울타리를 치는 것이다. 반응을 통해 올바르게 시작된 다짐이 아니면 그들은 끝까지 지키기 힘들다. 세이크럴 에너지는 쉽게 말해, 마음(생각)으로 내린 결정을 밀어주지 않는다. 그러므로 제대로 반응할 줄 아는 것이 필수적이고, 그 에너지를 생산적이고 만족스럽게 사용하는 것도 중요하다. 제너레이터가 생각으로 결정하여 세이크럴의 순간적 반응을 무시하게 된다면, 그들은 대부분 저항을 받거나 탈진, 좌절하고, 불행해지거나 아니면 포기하기 쉽다.

시작한 것을 끝내지 않는 성향 때문에 제너레이터들에게는 '쉽게 포기하는 사람'이라는 명성이 붙었다. 이런 소문을 잠재우기 위해서는, 기능을 마스터하고 경쟁력을 획득하기 위해 끈질기게 버티는 것이 세이크럴 주파수의 타고난 특성이라는 것을 이해하면서 시작할 수 있다. 그 에너지가 움직이기 시작하고 제대로 다짐한 에너지가 세이크럴의 반응으로 계속 유지된다. 스로트 센터를 통해 현시되는 것과는 달리, 세이크럴의 에너지는 정체기를 만나게 된다. 그 고비를 넘기고(또 다른 개시) 다음 수준으로 올라가기 위해서는 꾸준히 밀어주는 힘이 필요하다. 세이크럴 에너지가 없이는 그렇게 재발하는 고비는 넘기 힘든 장애물이 되고, 좌절과 피로, 포기하고픈 유혹의 근원이 된다. 정의된 세이크럴에게, 시작부터 꾸준한 에너지가 자기 뒤에서 밀어주고 있다는 확신은 긍정적인 반응으로부터 생긴다.

그러므로 정의된 세이크럴 센터의 전략과 만트라 Mantra(항시 외는 주문)는 '개시하지 말라.'이다. 질문을 받아 반응할 수 있기 전에는 한발 먼저 내딛거나 무언가를 향해 나아가지 말라. 먼저 개시하는 순간 꾸준하기 위한 세이크럴 에너지 원천과의 연결은 끊어진다. 기다리면서 여유를 가지고, 자신에게 정확히 무엇이 필요한지 세이크럴이 반응할 수 있도록 하는 것이 비결이다. 세이크럴 반응의 원초적 소리를 들으면 사용 가능한 에너지의 유무를 알 수 있다. 다짐을 완수할 믿을 만한 에너지가 있음을 알고 그 일을 하는 데 만족을 느끼는 것은, 제너레이터의 맞는 결정에 대한 자신감과 세이크럴의 소리에 대한 믿음을 튼튼하게 해준다.

다른 사람들은 정의된 세이크럴 센터의 강력하고 이용 가능한 에너지를 느낄 수 있다. 그래서 그 에너지를 이용하려 한다. 생각으로 결정하여 세이크럴에게 원하지 않는 일을 하게 하는 것은 오로지 좌절로 이어지며, 마지못해 억지로 일하는 노예들의 사회를 만드는 것이다. 우리는 세이크럴의 소리에 귀 기울여 그 한계를 존중해야만 한다.

정의된 세이크럴 센터의 사람에게 가장 받아들이기 힘든 것은, 그들의 반응이 이성적이거나 인식에 의해서라기보다는 기계적이라는 사실이다. 반응은 가부간의 저울질이 아니고 이성적이거나 정교한 언어를 사용하여 설명할 수 없다. 반응은 매우 순수하여 모든 의식을 우회한다. 제너레이터들은 가끔 그것을, 삶이 자기들을 통해 결정한다고 표현하는데 사실 그렇다. 생명력이 그들에게 무엇이 맞고 어디에 에너지를 써야 하는지 잘 알고 있기 때문에, 자신들의 삶이 어찌어찌해야 한다고 '생각해'봤자 별 소용이 없다. 그것이 그들의 진실이다. 그들이 기대와 인내를 가지고 기다린다는 것은 우주가 삶을 가져다주도록 허용하는 것이고, 그들의 반응은 살아가야 할 독특한 길과 목적의 밀물 썰물에 그들을 맞추어준다.

미정의 세이크럴 센터 – 인류의 34%

미정의 세이크럴 센터는 인류 대다수를 차지하는 정의된 세이크럴 센터에서 나오는 강력한 조건화로부터 늘 무방비 상태에 놓여 있다. 그래서 사람들과 장소에 따른 에너지수준에 매우 민감하며 그러한 에너지를 증폭시킬 수 있다. 미정의 세이크럴 센터을 가진 사람들은 몸에 주체하기 힘든 양의 에너지가 주입되는 상황에 처할 수 있다. 그들은 자주 그렇게 빌려온 에너지에 편승하여 무리하기 쉬워 지치거나 탈진하기 쉽다. 반응에 따라 살도록 디자인되지 않았기에 자기 결정에 자신이 내는 소리를 써먹을 수 없고, 언제 충분한지 알기 힘들다.

매니페스터, 프로젝터, 리플렉터처럼 세이크럴 센터가 정의되지 않은 사람들은 에너지의 과잉에 특히 취약하다. 태어나서부터 이들은 어느 정도 힘을 써야 맞는지 잘 모르고, 어떻게 건강한 보호막을 마련할지도 모른다. 다른 사람들의 밀려드는 에너지에 휩쓸리는 미정의 세이크럴 센터를 가지고 이들은 늘 끝도 없이 일이나 가족들 때문에 바쁘다. 그들은 일에 밀린 노예 같은 느낌이 들겠지만 사실 그런 상황을 어떻게 해야 할지 모른다. 피곤하게 느끼면 그것을 넘어 더 밀어붙이고 결국 건강에 무리가 온다. 그들은 언제 어떻게 주변의 세이크럴 에너지를 떠나 자신의 결정권으로 되돌아가야 할지 모른다.

이들은 언제 일이나 교류를 시작하는 게 옳은지, 언제 얼마나 기다리고 또 빠져나와야 하는지 알기 어렵다. 이들은 끊임없이 다른 사람들의 세이크럴 센터로부터 연료를 주입받고 있으니, 그 연료가 자기 몸에 맞는지 분명히 아는 것이 중요하다. 어떻게 다른 사람들과 연결되고 있는지 이해하는 것이 열린 세이크럴 센터의 사람들이 건강과 활력을 유지하는 데에 있어서 관건이고, 이는 자신의 전략과 결정권 실험을 통해서만이 성취될 수 있다.

세이크럴 센터는 순수하게 생성하는 생명 에너지, 특히 성적인 힘을 이용 가능한가 아닌가에 관여한다. 미정의 세이크럴 센터는 일정한 경계선이 없고 심하게 조건화될 가능성이 있으므로, 성에 대한 관심이 약한 것부터 강한 집착까지 다양하게 나타날 수 있다. 각각의 성적인 경험은 상대에 따라 긍정적이거나 부정적이므로 서로 다를 수 있다. 이러한 정보는 성숙하기 시작하는 10대 청소년들에게 특히 중요하다. 미정의 세이크럴 센터의 지혜는 건강한 성과 안전한 경계선, 그리고 도를 넘지 않는 분별력이다. 그것은 교류의 시작부터 그들의 전략과 결정권에 의지함을 배우는 것을 포함한다.

미정의 세이크럴 센터를 가진 사람들에게는 활력적이고 견디는 에너지가 늘 생성되지는 않으며, 있다 없다 한다. 이를 이해하고 존중한다면 그들은 쉬어야 할 때 쉴 것이다. 자신의 에너지 수준을 무시하지 말아야 한다. 제대로 에너지를 관리하지 못하면 수면장애를 겪을 수 있고, 휴식을 취한다 해도 재충전이 잘 되지 않을 것이다. 정의된 세이크럴 에너지를 증폭시키듯이 그들은 피로함까지 그들의 것인 양 받아들여 증폭시킨다. 미정의 세이크럴의 알맞은 취침 시간은, 피곤하기 전 잠자리로 들어가 쉬면서 서서히 잠을 청하는 것이다. 그들은 낮에 받아들인 세이크럴 에너지의 진동을 털어내기 위해 그렇게 혼자 조용히 있는 시간이 필요하다.

미정의 세이크럴 센터를 가진 대부분의 사람들이 정말로 솔직할 때, 별로 일하고 싶지 않다고 이야기한다. 그들은 그냥 편하게 쉬면서 다른 사람들이 힘든 일을 했으면 한다. 그러나 우리가 보는 대부분의 미정의 세이크럴 센터의 사람들은 그렇지 않은데, 그 이유는 그것이 가장 쉽게 깊이 조건화될 수 있는 센터 중의 하나이기 때문이다. 그 많은 지구를 덮고 있는 제너레이터들의 에너지 장은 쉽게 미정의 세이크럴 센터의 사람들을 압도한다.

그러나 미정의 세이크럴 센터의 조건화를 잘 다룰 수 있게 되면, 세이크럴 센터가 열려 있는 3가지 타입의 사람들은 유유히 건강한 경계선을 긋고, 자신의 결정권을 통해 도를 지나치지 않는다. 그들은 짧은 시간에 일을 끝내고 오래 쉰다. 그들은 자신들의 일정하지 않은 에너지 흐름을 존중한다. 그들은 반응하거나 동일화하지 않으면서 다른 사람들의 생명력을 기꺼이 받아들인다. 그들은 일과 휴식의 균형을 찾아내고, 힘차고 창조적이며 반응적인 세이크럴 에너지의 작용에 지혜로워지며, 그 에너지를 가장 유용하게 쓸 수 있을 것이다.

완전히 열린 세이크럴 센터

완전히 열린 세이크럴 센터는 무엇을 위해 그 에너지를 써야 할지 모른다. 그 힘은 모든 곳으로 분산되어 여기저기로 쏠린다. 언제 충분한지를 모르는 것의 문제가 아니라, 부적합하고 지나친 행동들로 탈진되어 세이크럴 스스로 멈추기를 기다릴 뿐이다.

많은 사람들이 이 센터의 열려 있음을 통하여 우리가 누구이며 왜 존재하는가에 강한 매력을 갖게 되었다. 크리슈나무르티, 오쇼 그리고 라 우루 후같이 세이크럴 센터가 완전히 열린 사람들은 존재에 대한 심오한 통찰력을 우리에게 주어왔다. 그것을 통해, 진정으로 생명력을 헤아려 그 에너지가 무엇을 위한 것인지 알고, 그 독특한 에너지가 인류에게 줄 수 있는 다양한 자질들을 설명하거나 묘사할 수 있는 지혜를 얻는 수 있다.

세이크럴이 정의되지 않은 사람의 낫셀프 언어 유형

낫셀프 마음은 미정의 센터의 대변자이며 우리가 무엇을 하고 말해야 할지 지시한다. 그것을 알아채는 것이 탈조건화에 필수적이다. 미정의 세이크럴 센터의 낫셀프 언어 유형이 어떻게 나타나는지 보자.

계속 일하세. 우리는 이 일을 끝내야 해. 우리가 한다고 하지 않으면 무언가를 놓칠지 몰라. 난 계속 할 수 있어. 커피 한잔하고 계속할게. 우리는 그것도 할 수 있어. 문제없어. 우리는 아직 지치지 않았어. 할 일이 너무 많아서 낮잠이나 휴식할 시간이 없어. 그들을 위해 이 일도 하자. 나 혼자 해야 돼. 나가서 짝을 찾자. 누구를 보살필까. 인생은 달콤해, 누구도 부정할 수 없어. 그래, 우리가 다 하고 있지만 누군가는 해야 하니깐. 아직 충분하지 않은 것 같은데. 도를 넘지 말라고? 그게 무슨 소리야?

G Center

G센터

사랑, 정체성, 방향성

마그네틱 모노폴의 자리
상위 자아

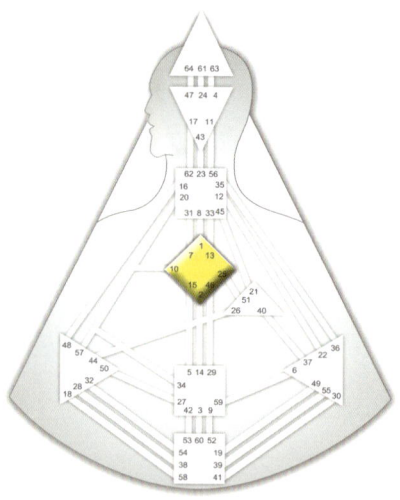

생물학적 연관성

생물학적으로 G센터는 간肝과 혈액에 연관되어 있다. 간의 작용이 혈액의 건강을 결정하고, 혈액은 몸의 모든 세포와 각 기관에 영양분과 산소를 공급한다. 한번 간장의 세포가 상하게 되면 재생이 불가능하다. 알코올이 간을 파괴하고 그 사람의 정체성을 앗아가는 것을 떠올려보라. 이 센터의 영적인 특성은, 간을 통해 환생이 일어난다는 인도-유럽의 전통에 바탕을 두고 있다. 이는 휴먼디자인 시스템이 다루는 육화incarnation 과정에서의 '마그네틱 모노폴'의 역할과 일치한다. 마그네틱 모노폴은 몸으로 우리를 끌어들이고, 몸이 죽을 때 그 몸을 떠난다.

사랑, 정체성과 방향성

● **사랑** | G센터는 바디그래프에서 가장 특이한 센터다. 이 센터의 기반을 이루는 신비한 구성분인 '마그네틱 모노폴'은 극이 하나뿐인 자석이다(휴먼디자인의 다른 모든 것은 이원성을 가지고 있다). 이 단극 자석은 당기기만 하는데, 사랑과 아름다움을 끌어당긴다. 잠시 당신의 만달라를 보라. 정의된 부분의 바퀴살이, 바깥의 원에서 바디그래프 안쪽의 노란 다이아몬드로 쏟아져 오는 것을 볼 수 있을 것이다. G센터의 전략적 위치는 만달라와 당신의 삶에서 그 중요성을 발하는데, 어떻게 우주적/행성적 영향이 이 센터의 주변을 돌고 있는지 보여준다. 그 안에 있는 마그네틱 모노폴은 일생에 걸쳐, 특히 자신의 것이라고 정의된 것을 경험할 수 있도록 우리들에게 끌어당긴다. 우리는 우리에게 끌어당기는 그 사랑으로 살도록 디자인되었으며, 우리 스스로를 사랑하는 것으로부터 시작한다.

우리가 환생하기 전 마그네틱 모노폴과 디자인 크리스털은 완전하게 일체를 이루고 있었다. 잉태 중 태아의 몸이 자라면서 디자인 크리스털은 아즈나 센터로 가고, 마그네틱 모노폴은 G센터에 거처를 정함으로써 우리가 '분리의 환상'이라고 하는 현상을 만들어낸다. 그것들이 나뉘면서, 우리가 평생을 찾는 사랑이라고 느끼는 일종의 그리움을 만들어낸다. 여러 형태로 나타나는 사랑이야말로 삶의 모든 것이다. 이 나눠진 느낌이 우리에게 사랑을 찾고 밖으로 향하도록 하여, 우리가 어디로 가고 있고 다른 사람들과의 관계성에서 우리가 누구인지 알아차리게 한다. 우리는 우리가 찾는 환상의 사랑에서 가치 있고자 노력하는 중이다. 마음은 이러한 추구를 이용하여 오픈 센터를 통해, 우리의 바람과 스스로 깨닫고자 하는 욕망을 과장하고 있다. 우스운 것은 처음부터 모든 것이 우리 안에 고스란히 있어왔으며, 자신을 깨닫거나 사랑을 찾기 위해 밖을 내다볼 필요가 없다는 사실이다. G센터에 사랑이 담겨 있다. 사랑은 우주에 스며들어 하나로 묶는 힘이며, 모든 것을 다시 하나의 상태로 모으고 있다. '나'라고 하는 개체의 방향에 내맡김으로써 우리는 그러한 사랑을 만끽하도록 디자인되었다.

> 우리는 사랑받기 위해서가 아니라, 사랑 그 자체가 되기 위해 여기에 있다. _라우루 후

● 정체성 | 마그네틱 모노폴은 태어나기 전부터 죽음 이후에 이르기까지 삶의 경험 가운데 여러 가지 측면에 관여한다. 그중 한 가지는 바디그래프에서 퍼스낼리티 크리스털과 디자인 크리스털을 퀀텀을 통해 함께 묶어줌으로써 우리의 정체성을 만들어내는 것이다. 그 독특하고 개인적인 청사진이 우리를 모든 사람들과 나누고 다르게 보이게 한다. 우리가 늘 자신을 의식하고 있지는 않으나, 바디그래프를 통해 사실상 그것을 확인하고 알 수 있는 것이다.

● 방향성 | 또 다른 분야는 우리가 전체 안에 자신의 위치를 확보하고, 갈 길을 유지할 수 있게 하는 내적인 끌어당김이다. 그것은 우리가 자신만의 GPS(위치 확인 시스템)를 가진 것 같고, 그 당김이 삶에서 우리의 역할이 자연스럽게 발현되도록 한다. 그것이 없다면 우리는 각자 다름을 느낄 수 없을 것이고, 개인이라기보다는 그냥 전체와 하나라고 느낄 것이다. 또한 각자 떨어져 있다는 느낌 속에서, 우주의 모든 것을 포함해서 우리를 함께 붙드는 것이 없을 것이다. 우리들을 나누고 다르게 느끼도록 하는 것은 마그네틱 모노폴이며, 그것의 신비로운 끌어당김을 우리는 사랑이라고 부른다. 우리의 퍼스낼리티 크리스털과 디자인 크리스털은 마치 억지로 결혼한 커플같이 결합되어 있다. 일단 우리가 그들의 독특한 역할들을 수용하고 양쪽 사이의 내적 마찰을 해소하게 되면, 우리는 스스로를 수용하고 사랑하는 상태에 이를 수 있을 것이다. 그 후에야 우리는 우리가 찾으려고 세상에 온, 그 사랑을 주고받는 능력을 획득할 것이다.

마그네틱 모노폴은 우리가 어디에 있고, 어디로 가고 있으며 어떻게 갈 수 있는지 안다. 그것은 우리가 만나야 할 모든 사건과 장소, 인물들을 끌어오고, 우리를 통해 진실되게 살고자 하는 인생이라는 삶을 우리에게 불러온다. 공간 속에서 시간을 따라 일어나는 이 움직임을 우리는 인생 행로 또는 궤적이라고 부른다. 우리는 한 번에 하나의 올바른 결정으로 이 궤적을 따라 움직인다. 옳게 사는 삶이 우리에게 완벽한 사랑과 삶을 가져다주기 때문에 아무것도 찾아 나설 필요가 없다. 우리를 그곳으로 데려다줄 운전수가 있으니, 우리는 그냥 뒷자리에 앉아 마그네틱 모노폴이 우리의 전략과 결정권을 통해 운전하는 것을 그저 보기만 하면 된다.

> 태초부터 모든 것은 공간 속에서 한 방향으로 움직여왔다. 어떤 형태, 상황, 모습이든 모든 것이 그 운동의 일부이다. '두 물체는 동시에 한곳에 함께 존재할 수 없다'라는 과학 법칙에 의하면, 모든 것이 움직이며 그것들은 자신만의 독특한 궤적을 갖는다. 우리의 삶은 궤적에 관한 것이다. 고대인들은 그것을 운명이라 하였다. 그러나 자주 그 단어는 이미 정해졌음을 의미한다. 궤적과 운명의 다른 점은 죽음에 대한 견해에서 가장 쉽게 확인될 수 있을 것이다. 미리 정해진 운명은 죽는 '시간'이 이미 정해져 있다 하고, 궤적은 죽음을 향해 가는 '방향'이 정해져 있다고 말한다. _라 우루 후

'사랑의 그릇'과 '스핑크스'의 인카네이션 크로스

다이아몬드 모양의 G센터에 있는 8개의 게이트가 만달라 안에 놓이게 되면, 대칭의 구조를 가지게 되면서 안쪽 원의 12개 별자리와 바깥 원의 8개 게이트 사이에 대화를 하는 듯한 형태가 된다. 만달라는 우리들 내면의 사랑을 통해, 우리를 둘러싸고 정보를 주고 있는 대우주의 밖으로부터 어떻게 마그네틱 모노폴이 우리에게 삶을 가지고 오는지 보여주고 있다.

2개의 중추적 인카네이션 크로스Incarnation Cross가 이 도표 안에 들어 있다. 첫째는 '사랑의 그릇' 크로스다. 여기의 네 게이트는 인류에 대한 사랑(15), 자기에 대한 사랑(10),

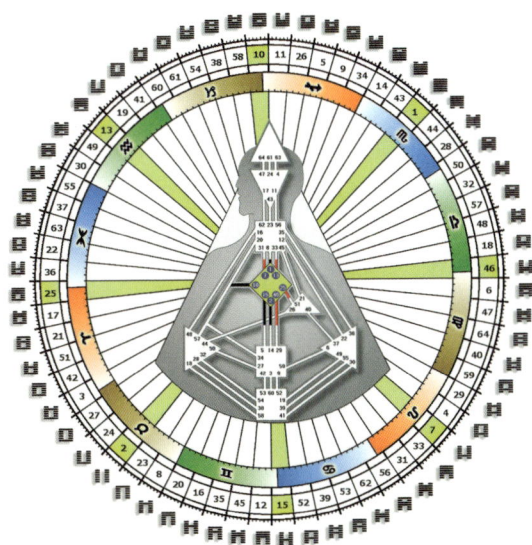

우주에 대한 사랑(25), 몸에 대한 사랑(46)이다. 마그네틱 모노폴은 이러한 초개인적 transpersonal 형태의 사랑만이 아니라 그 반대인 미움의 형태까지, 그 기제를 조절한다. 마그네틱 모노폴이 디자인 크리스털과 분리됨으로써 생겨 나온 그리움이나, 정체성이라 불리는 디자인과 퍼스낼리티(붉은색과 검은색) 사이의 퀀텀 안에 긴장이 없다면, 우리는 사랑과 미움이라는 이원적 마찰의 경험을 할 곳이 없을 것이다. 우리는 이원성의 세계에 살고 있으며 상대가 없으면 존재하지 못한다. 우리가 구하는 것은 그 둘 사이의 균형과 조화이다. 방향을 나타내는 스핑크스 교차가 두 번째이다. 나뉘고 달라지면서 거기엔 생긴 모습을 비교할 기준이 필요하다. 개체가 서로 다르지 않다면 방향이 있을 수 없고 그 필요도 없다. 모두가 하나라면 아무 데도 갈 데가 없다. 스핑크스 교차의 4개중 3개의 게이트가 과거, 현재, 미래로 향하는 관점으로 작용하고 있다. 네 번째 게이트는 운전수(2)이다. 운전수는 현재의 장소를 보고 있거나(1), 뒤를 보거나(13), 앞을 내다볼 수 있다(7). 위의 네 게이트는 또한 역할의 게이트로도 불리는데, 우리에게 주어지는 삶의 역할은 우리가 궤적, 운명(방향)을 따라 사는 것이다.

두 크로스의 이 환상적이고 복잡한 수학, 아름다움과 대칭성은 또 심화 연구에서 깊게 조사될 것이지만, 여기서 주목할 것은 '사랑의 그릇' 크로스가 어떻게 삶의 순환을 완전하게 포함하느냐이다. 여기의 네 게이트는 사계절의 시작을 표시해준다. 춘분은 태양이 게이트 25에 들어갈 때이다. 하지의 축제는 태양이 게이트 15에 들어갈 때 벌어진다. 추분은 태양이 게이트 46에 들어갈 때이고, 1년 중 낮이 가장 짧은 동지는 태양이 게이트 10에 들어갈 때 시작된다.

G센터의 게이트들

방향 게이트들	
게이트 1 – 창조하는 자 자기 표현의 게이트	우리의 현재 위치 창조력
게이트 13 – 유대감 듣는 사람의 게이트	방향, 과거를 보고 가리킴 다른 사람들의 비밀 청취
게이트 7 – 군대 자기의 역할	방향, 미래를 보고 가리킴 영향력으로 리드함
게이트 2 – 수용적인 자 더 높은 앎의 게이트	방향, 전망 지휘자, 운전사

사랑 게이트들	
게이트 15 – 겸손 극단의 게이트	인류애, 다른 리듬과 극단적 행동을 수용하기
게이트 10 – 발 디디기 자아 행동의 게이트	자기사랑 자기 자신으로 존재함을 사랑함
게이트 25 – 순수 자아의 정신 게이트	우주적 사랑, 어떤 상황에서도 순수함 유지
게이트 46 – 끝까지 가기 자기 결의의 게이트	몸 사랑 끝까지 지속할 결심

정의된 G센터 – 인류의 57%

G센터가 정의된 사람들은 고정되고 기댈 수 있는 자기 정체성과, 사랑받고 있으며 사랑할 수 있다는 느낌을 가지고 있다. 자기사랑에 의한 안정감으로 그들은 다른 사람들에게 의존하지 않고 사랑을 할 수 있다. 그들은 자기 나름대로 삶에서 맞는 방향과 임무가 있다고 느끼며, 다른 사람들에게 새로운 방향, 새로운 사랑까지도 자연스럽게 가리킬 수 있다. 자기 중심에 연결되어 있다는 강한 느낌을 가지고, 인류의 진로를 걱정하는 사람들에게 인류 진화의 본질을 이해하도록 도움으로써 그들을 편안하게 만드는 능력이 있다.

특히 그들의 결정권에 의지하지 않았을 때 나타나는 일반적인 딜레마는, 그들 자신도 삶이 어디로 어떻게 가고 있는지 늘 아는 게 아닌데도 불구하고, 다른 사람들이 자신의 길을 따르기 원한다. 그것은 그들이 초대나 요청 없이 다른 사람들을 이끌려고 할 때, 또는 모든 사람들이 자신이 말하는 길을 따르게 디자인되지는 않았다는 것을 잊었을 때 헷갈리는 현상이다. 그들이 이해하지 못하는 것은 그들 자신들도 자기의 길을 바꾸거나 통제하지 못한다는 사실이며, 다른 사람들이 불편해하거나 따르지 못할 경우 서로 다른 길을 가는 것이 옳다. 그들은 G센터가 정의되어 있지만, 다른 사람들로부터 조건화되었거나 자기의 길을 거부하여 사랑도 부정하고 다른 사람들의 기대에 따라 움직일 경우, 삶을 막바지로 내몰게 되어 모든 것을 포기하는 경우도 있다.

미정의 G센터 - 인류의 43%

미정의 G센터를 가진 이들은 고정된 자기 정체성을 가지고 있지 않다. 그것은 결점이 아니며 결코 문제가 있는 것도 아니다. 이들이 이해하기 어려운 일은 의지할 일정한 정체성 없이 자기가 누구인지 모르는 채 살아가야 한다는 것이다. 누구도 그들의 열려 있는 개체성의 전모를 알 수 없으며, 이들 자신도 마찬가지다. 이들은 만나는 사람들에게 적응하고 뒤섞이며, 어디에나 들어맞을 수도 있고, 아무데도 맞지 않을 수가 있다. 어쨌거나 그들은 주변 사람들로부터 늘 영향(정의됨)을 받게 되는 입장이다. 이들은 세상의 수많은 존재 방식을 경험하도록 태어났다. 시간이 흐르면서 그들이 올바르고 도움이 되는 안정된 관계를 가지고 있을 때, 자기 나름의 편한 정체성이 나타나게 된다.

아직도 반대편에 끌림으로 이들은 교류의 시작부터 매우 취약한 입장이다. 정의된 사람들은 자연적으로 오픈 센터의 사람들에게 끌리며 그 반대도 사실이다. G센터가 열린 사람들은 빌려온 정체성과 방향으로 안정감을 얻고, 정의된 이들은 반사된 자기 자신의 모습을 보면서 '나랑 똑같네'라고 생각하기 쉽다. 열린 G센터의 사람들이 자신의 디자인에 익숙해지면 다른 사람들이 보는 것은 그냥 반사된 모습일 뿐이라는 걸 알게 되고, 정의된 G센터의 사람은 자신의 파트너가 자기랑 똑같지 않음을 알아채게 된다. 그러한 차이를 모르는 채 교류가 계속되면, 정의된 파트너는 자신도 모르게 자기의 방향과 정체성을 상대에게 강요하는 것이 된다.

미정의 G센터의 사람들이 방향이 없는 것은 아니다. 그들은 내부적으로 길 찾는 방법이 늘 작동하고 있으나 그것이 정의된 G센터의 사람들과 다를 뿐이다. 미정의 G센터의 사람들은 다른 사람들에 의해 여기저기로 이끌려 다닐 것이다. 그것이 그들 행로의 한 부분이 된다. 그렇게 여러 곳을 둘러보는 것이 어디가 맞는지 찾아내는 그들의 방법이다. 또한 이들은 자기들이 선호하여 자주 들르는 식당, 상점, 일터, 놀이터들을 가지고 있다.

미정의 G센터의 만트라는 '맞지 않는 장소에 있다면, 맞지 않는 사람과 있는 것이다'이다. 미정의 G센터는 주변 환경이 자신과 맞지 않을 때 알아채는 특별한 재능이 있다. 누군가 이들을 식당, 집, 가게, 사무실에 데려갔는데 그곳이 마음에 들지 않을 경우, 이들은 자동적으로 그 불편함을, 안내한 사람이나 거기서 만난 사람들, 또는 거기서 받는 제안이나 약속에까지 전이시킬 것이다.

예를 들어 당신이 열린 G센터의 여인에게 사업 파트너를 소개시키려고 어느 식당에 데려가는 경우, 그 식당이 그녀의 마음에 안 들면 그 주선은 실패할 가능성이 높다. 식당을 바꿔보라. 그녀에게 맞는 곳을 찾아내면 그 연결의 실행 가능성을 정확하게 알 수 있을 것이다. 이것이 미정의 G센터 사람들이 자신이 만나야 할 사람을 발견해내는 방식이다. 장소가 가장 중요하다. 장소가 올바르면, 삶의 방향은 물론 거기서 만난 사람들도 그러하게 된다. 장소에 따라 사람이 바뀌듯, 그들의 미정의 센터는 주변의 알맞은 에너지를 증폭시키고 반영하면서 거기에서 성장할 것이다. 다르게 말하면 마음에 안 드는 집, 직업, 교류는 커다란 불행의 씨앗이 되는 것이다.

G센터가 열려있게 되면, 주변의 사람들이 기꺼이 친구가 되어 도와주려하며, 많은 제안을 해준다는 점에서 기쁨을 얻을 수 있다. 늘 새로운 길과 새로운 사랑의 대상이 그들에게 나타난다. 친구들이 모든 것을 보여주고 알맞은 사람들, 장소, 직업들을 소개해준다. 미정의 G센터의 낫셀프 질문은 '아직도 사랑과 방향을 찾고 있는가?'이다. 자기의 모습에 익숙하다면 그들은 아무것도 홀로 찾고자 하지 않는다. 사실 혼자는 찾을 수도 없다. 그렇게는 일이 되지 않는다.

당신이 새로 살 곳을 찾고자 할 때, 당신의 친구들이나 복덕방에 정확하게 원하는 것을 설명함으로써 시작할 것이다. 당신은 그들이 무엇을 보여줄지 기다리다가, 그리고 그들이 찾은 곳을 여기저기 보면서 당신에게 맞는 곳을 느낌으로 알 것이다. 일단 찾고 나면 소개료나 감사의 말 이상으로 빚진 것은 없다. 그들은 도움을 주었고, 그것이 당신의 삶에 대한 그들의 바른 역할이다. 사랑도 비슷하다. 사랑을 쫓아가지 않는 순간 그것이 당신에게 다가온다. 당신에게 맞는 장소나 방향이 다른 사람들로부터 소개되도록 디자인되었음을 이해/수용하는 것은 아주 커다란 해방감을 가져올 수 있다. G센터가 미정의인 사람들은 독립적이어야 하며, 주변에서 도움을 주고 본인의 삶이 가진 폭넓은 가능성을 탐색할 자유를 허용하는 사람들이 필요하다. 그들이 바르지 않은 교류에 봉착하면 덫에 걸린 듯 느껴져 탈출구를 찾으려 할 것이다.

G센터가 정의되지 않은 어린이의 경우 침실이나 놀이터에서 편안함을 느끼는지 확인함으로써, 아이의 성장과정이 훌륭할지 아닐지 하는 차이를 만들 수 있다. 장소가 조금이라도 불편하거나 불쾌하다면 가능한 한 바꾸어줘라. 학교도 마찬가지다. 학교가 마음에 안 들면 공부도 하기 힘들다. 그 학생의 자리만 바꾸어주어도 도움이 될 수 있다.

미정의 G센터의 저변에 깔린 동기는 '어느 길로 가야 사랑을 만날까?'이다. 낫셀프의 대화로 마음이 만드는 결정은 대부분 다음과 같은 질문으로부터 나온다. '여기가 사랑을 만날 장소일까?' 낫셀프 마음은 어디로 가고 언제 사랑을 만날지에 빠져 있다. 그것은 자기이해를 추구하여 정체성을 찾아내도록 이들을 부추긴다. 그들은 자기 명함에 써 넣을 타이틀과 스펙을 늘리는 데 여념이 없기 때문에 '내가 의사, 교수, 법률가다'라고 하고 싶을 것이다. 이들은 먼저 개시하게 되고 뒤따르는 것은 저항뿐이다. 스스로를 모르니 자신이 무언가 잘못되었다고 느끼고, 그것이 이들을 그림자 같은 자신을 찾도록 떠민다. 정해진 방향이 없는 느낌의 삶은 헷갈릴 수 있다. 그리고 장소는 우리의 마음이 생각하는 것과 같지 않으므로 신비롭게 느껴진다. 미정의 G센터를 가진 사람들이 생각만으로 자신을 이해하고자 하면 그들은 맞는 사랑과 방향을 찾을 수 없다. 언제나 전략과 결정권이 그 해답이다.

자신의 모습에 편해지면, 미정의 G센터는 다음에 할 행동이나 사랑에 대해 염려할 필요가 없다. 그들은 주변의 누군가 또는 무엇이 그들을 이끌도록 기다리는 데 익숙해진다. 이들은 그것이 자신에게 달린 문제가 아님을 깨닫고 다른 사람들이 보여줄 것을 믿어 의심하지 않는다. 이들은 맞는 사람과 장소로 이끌어준 사람들에게 집착하지 않고 감사를 표하며 제 갈 길을 간다. 그것이 이들을 모든 타입의 사람들에게 편안함을 느끼게 해주며 누가 진실되게 살고 있는지 분별할 수 있게 해준다.

미정의 G센터의 사람들은 갈팡질팡하지 않고 그들에게 보이는 것을 즐길 수 있다. 만나게 되는 사람들과 장소를 즐기고 다른 사람들의 안내를 이용할 자유를 가진다. 그들은 모든 사랑의 가능성과 모든 장소의 독특함을 경험하므로, 우리에게 사랑과 장소가 무엇인지 말해줄 수 있다. 그들 자신의 목적지를 알 수는 없지만 자기 자신으로 살기만 하면 다음 단계가 매번 나타나리라는 것을 안다. 궁극적으로 미정의 G센터의 사람들보다 훌륭한 안내자는 없다. 자신의 정체성과 사랑에 대한 필요성을 통달함으로써, 그들은 누구의 처지든지 이해하게 되고 맞는 사랑과 방향을 제시할 수 있다. 그들은 개인의 태도를 통한 정체성의 표현에 지혜롭고자 세상에 왔다. 훌륭한 많은 배우들이 강한 자기 정체성이 없는 미정의 G센터의 사람들이다. 표현해야 할 자기의 역할(정체성)을 내면으로 깊이 받아들임으로써, 그들은 설득력 있고 흥미진진한 주인공의 모습을 연기할 수 있는 것이다.

완전히 열린 G센터

완전히 열린 G센터는 한 사람이 분명하게 구별되는 개성의 장이나 내적으로 정해진 방향 감각이 없다. 자신의 내적 결정권에 의지하여 중심을 잡지 않으면 이들은 허공에 떠 있다고 생각하거나 불확실성을 느끼기 때문에, 다른 사람들에게 자신의 정체성과 방향을 기대하고 사랑의 가능성을 확인받고자 한다. 그것은 이들을 다른 사람들의 조종과 강압적 조건화에 취약하게 만든다. 한번 이들이 자신의 결정권을 다른 사람들이나 조직, 윗사람에게 양도하게 되면 다시는 자신의 진정한 가능성을 발현시키기 어렵다.

시간이 지나면서 자기의 개방된 디자인이 익숙해지면, 이들은 자신만의 독특한 존재의 느낌을 발견하고 자신의 길이나 방법도 찾아내게 된다. 미정의 G센터의 사람들이 알게 되는 존재의 진면목, 자기사랑, 삶을 영위하는 우리의 길에 대한 폭넓은 이해와 경험은 우리 모두가 혜택을 받을 수 있는 이들의 지혜이다.

G센터가 정의되지 않은 사람의 낫셀프 언어 유형

낫셀프 마음은 미정의 센터의 대변자이며, 우리가 무엇을 말하고 행동할지 지시한다. 그것을 알아채는 것이 탈조건화에 유용하다. G센터가 정의되지 않은 사람의 낫셀프 언어 유형을 살펴보자.

내가 누구지? 나를 알려면 어디로 가야 하나? 누가 보여줄 수 있을까? 누구를 사랑하게 될까? 누가 날 사랑하려나? 그들을 어떻게 찾지? 어디가면 찾지? 내 인생으로 뭘 해야 하나? 그것을 파악하러 어디로 갈까? 여긴가 거긴가? 내가 헷갈리고 있나? 내가 누구고 뭘 해야 할지 모르니 저기로 가자. 내가 누군지 느낄 수 있을 것 같으니 이 사람과 사귀어보자.

당신이 스스로의 전략과 결정권에 맞춰 사는 순간, 당신은 생애 최초로 삶을 진정한 움직임과 방향에 가지런하게 맞추게 된다. 그것이 새로운 시작이다. 나아가면서 그 맞춤은 여러 가지 새로운 지평선을 열기 시작한다. 제일 먼저 저항이 없어진다. 진정한 자신의 모습으로 결정하는 것만으로도 당장 삶의 기본적인 부담이 덜어지기 시작한다.

당신은 스스로 결정하는 과정을 신뢰할 수 있다는 것을 알아가기 시작한다. 태어나자마자 빼앗겼던 스스로의 결정권이 편하다는 걸 알아차리게 된다. 우리들은 다른 사람들의 권위에 눌려 살고 있다. 그러한 어려움 속에서 생각에 의존하려 한다면, 당신의 열린 부분에 대한 주변의 조건화에 압도당하고 말 것이다. _라우루 후

3장 / 결정권
Authority

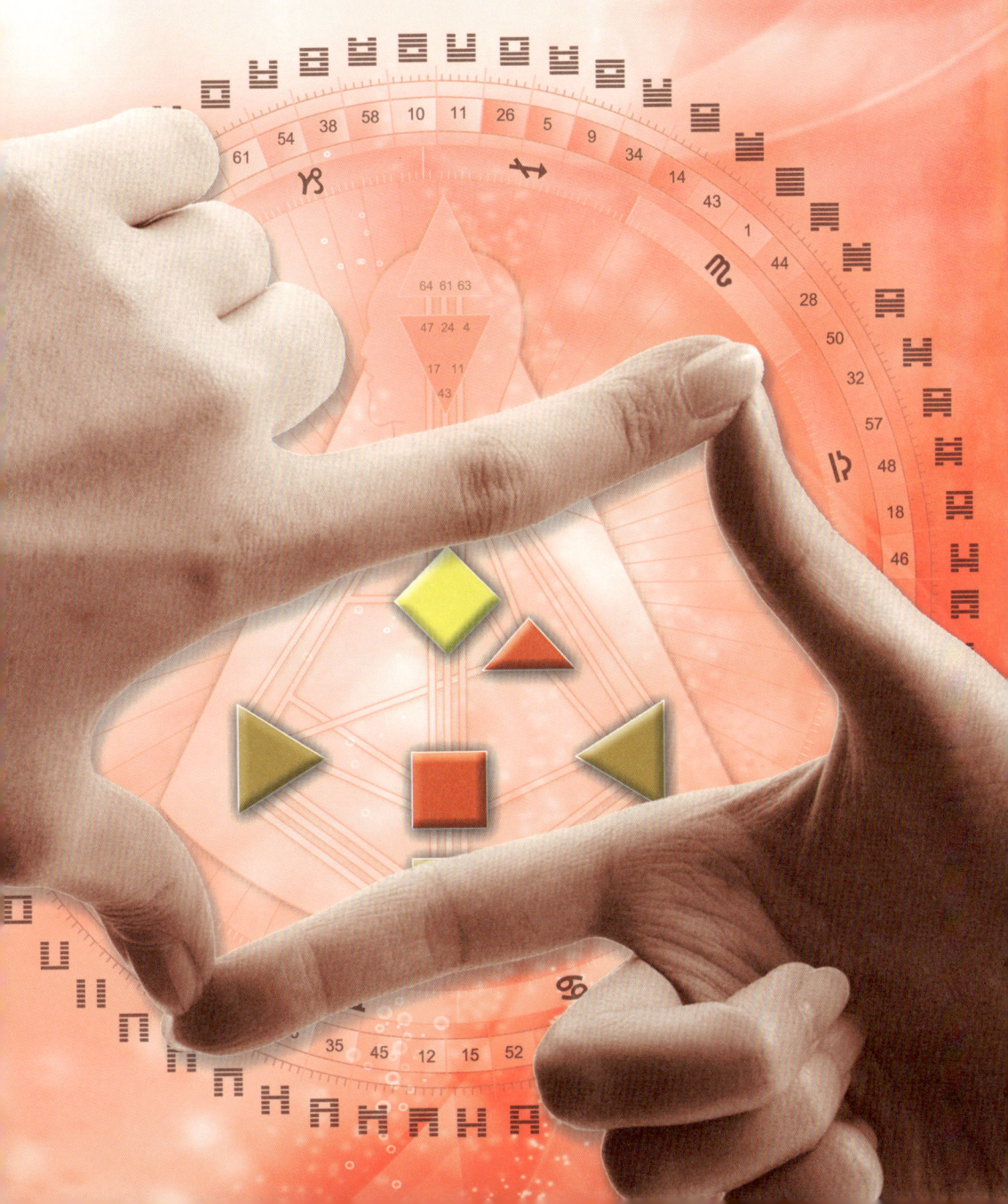

Our Unique Authentic Truth
우리 각자의 고유한 진실

    2장에서는 당신의 완고하고 선천적인 마음이 당신 삶의 권위, 즉 결정권을 차지하려고 하는 다양한 방식들을 소개했다. 마음(생각)은 삶의 통제권을 유지하기 위해 여러 가지 것들을 동원하는데, 각각의 사람들이 가진 고유함과 부딪혀 갖가지 딜레마가 발생하게 된다. 그러나 당신이 결정권을 존중하고 전략에 대한 이해를 깊게 함으로써, 당신의 마음을 협력자로 만들 수 있다. 마음과 함께 도구(전략과 내적 결정권)들을 사용하면 당신의 생각을 자유롭게 만들어, 여유 있는 승객으로서의 삶을 바라보고 다른 사람들에 대한 외적 결정권으로서의 역할을 해낼 수 있다.

    휴먼디자인 시스템은 모든 사람들에게 어떻게 자신만의 결정권을 가지고, 각자 자신에게 맞는 결정을 하며 살 수 있는지 가르친다. 우리 모두는 남에게 인정받고 싶어하고, 외적인 권위에 주목하도록 조건화되어 있어 생각으로 결정을 하지만, 우리에게는 내적 권위에 따라 참다운 결정을 내릴 수 있는 권리가 있다. 의도적으로 전략과 결정권을 실험하면, 각자 독특한 인생 행로와 유전적 디자인, 인카네이션의 이유가 우리의 트루셀프를 통해 나타난다. 어디에 살고 무엇을 하며, 누구랑 살 것인지 등 모든 것이 자연적으로 제자리를 찾아간다.

바디그래프에는 개인적 결정권이라고 정의될 수 있는 몇 개의 센터들이 있으며, 그것들은 결정의 과정이 조금씩 다르다는 것을 보여준다. 아래에 결정권의 순서를 표시하였으며, 다음 페이지에 자세히 설명된다. 마음이 결정을 하는 작업으로부터 자유로워지면, 그것은 삶의 가치 있는 증인으로서, 다른 사람들에 대한 외적 결정권으로서 제자리를 찾아갈 수 있다.

결정권의 순서

- 솔라 플렉서스(감정형 결정권)
- 세이크럴(세이크럴형 결정권)
- 스플린(스플린형 결정권)
- 하트(에고형 결정권)
- G(자기결정권)
- 주변 환경(내적 결정권 없음)
- 달(달 주기)

당신의 개인적 결정권은 당신의 차트에 나와 있다.

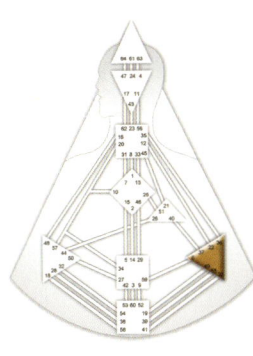

솔라 플렉서스 결정권

정의된 솔라 플렉서스 센터는 차트상의 어떠한 결정권 센터들보다 우선한다. 2장에서 우리는 솔라 플렉서스가 감정 파동에 따라 작동되며, 조화로운 삶을 위해서는 감정의 명료함을 기다리는 것이 필수임을 배웠다. 인류의 50%가 정의된 솔라 플렉서스 센터를 가지고 있으며, 그들은 결정하기 전 감정의 파도를 지켜보도록 디자인되어 있다. 그들의 신조는 '지금 이 순간에는 진실을 알 수 없다'이다. 시간이 지나면 진실은 드러나고, 명료한 느낌으로 서서히 나타난다. 결정하기 전 감정 파동이 고요해지기를 기다리는 인내가 요구된다. 일이 벌어지는 순간에는 진실을 알 수 없으므로 즉흥적 결정은 믿기 어렵고, 낫셀프에 근거한 결정이다. 이 결정권은 오래 기다릴수록 명료함도 증가한다. 결정이 필요할 때와 막상 결정을 내릴 때 사이에는 시간상의 거리가 있다. 기다리면서 명료함이 증가하지만, 완전한 명료함은 쉽게 나타나지 않는다. 목표는 가능한 한 확실하고자 하는 것이다.

　감정이 고조되었거나 침체된 상태에서 결정을 하는 것은, 세상에 혼란과 개인적 후회를 부르기 쉬우므로 피하는 것이 상책이다. 맞닥뜨린 그 순간에는 상황의 깊이를 알기 어렵다. 당장 반응하려는 충동을 참기 어렵지만, 결정하기 전에 평정의 상태를 기다림이 중요하다. 당신의 진실(명료함)은 시간이 지나야 나타난다는 것을 기억하라. 불확실성 때문에 순간적으로 갈팡질팡하는 상태를, 기다림으로써 넘어설 수 있는 것이다. 당신은 이러한 인내의 기간을 통찰력을 키우는 데 씀으로써 즉흥적 결정을 피할 수 있다. 솔라 플렉서스 센터는 매우 힘찬 모터이며, 다른 사람들이 갈망하는 따스하고 매력적 에너지의 근원이다. 명료함을 기다리는 것은 자주 당신에게 유용하게 쓰일 수 있다. 당신이 다른 사람들의 제안을 시간을 두고 고려하는 사이, 그들은 당신의 능력이 더욱 매력적·필수적이라고 느끼고, 그들의 제안이 서로에게 이로운 것이라고 추측하게 만든다. 실험을 통하여 이러한 모습의 결정하기를 배우고 이해하게 되면, 기다린다는 것이 얼마나 강력한 것인지 스스로 발견할 수 있을 것이다.

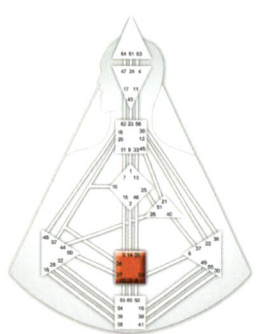

세이크럴 결정권

솔라 플렉서스 센터가 미정의이고 세이크럴 센터가 정의되었다면 제너레이터의 영역인 세이크럴 결정권을 가진다. 보통 세이크럴의 소리 아하↑(yes) 또는 음음↓(no) 소리가, 제너레이터들이 행동이나 교류의 제안을 받을 때 즉각적으로 내는 소리다. 으…음 하는 주저의 소리가 나오면, "지금은 모르겠고, 나중에 다시 묻거나 다른 식으로 질문하세요"이다. 세이크럴 결정권은 제너레이터에게 반응을 통하여 무엇이 옳은지, 자기의 영역이 어디까지인지, 지금 현재 어떠한 일에 힘을 쏟을 수 있는지 보여준다. 솔라 플렉서스 센터가 시간이 지나서 진실을 보여주는 데 비하여, 세이크럴 센터는 바로 그 순간에 진실을 나타낸다. 세이크럴 센터는 바로 그 순간에 작용하며, 미래를 예측하지 못한다. 그것의 반응은 누구의 에너지나 요청이 당신에게 맞는지 알려주고, 당신의 에너지가 다른 사람들 또는 일에 준비되어 있는지 말해준다. 세이크럴이 전진하라는 소리를 내면, 당신은 일이나 인간관계가 완결될 때까지, 또는 더 이상 힘이 나오지 않을 때까지 꾸준히 에너지를 낼 수 있다. 세이크럴의 반응은 저항을 줄이고 만족감을 극대화시키는, 믿을 수 있고 정직한 가이드이다.

그러나 여러 해에 걸친 조건화 때문에, 당신은 세이크럴의 반응을 다시 시작하는 것이 필요하다고 느낄지 모르겠다. 좋은 방법의 하나는 당신의 세이크럴이 소리를 내도록 질문을 해줄 수 있는 사람을 찾는 것이다. 질문을 받으면 세이크럴의 즉각적인 반응이 흘러나오도록 해야 한다. 세이크럴의 대답이 익숙해지려면 약간의 시간이 필요한데, 시간이 지날수록 당신의 반응이 명료해져갈 것이다. 이러한 연습이 당신의 반응을 일깨우고 보강시켜주는 획기적인 방법이며, 항상 반응 준비 상태인 내적 안내 시스템을 성공적으로 재활시키는 길이다.

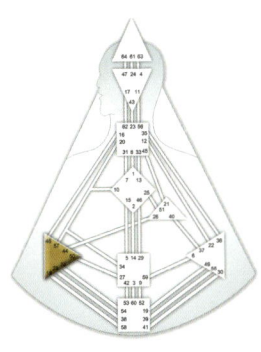

스플린 결정권

세이크럴 센터와 솔라 플렉서스 센터가 모두 미정의이고 스플린이 정의되어 있으면 그 사람은 스플린 결정권을 가진다. 그것은 어떤 사람이나 무언가에 즉각적 공명이나 혹은 인식으로 느껴지고, 당신의 건강에 유익한지 아닌지 알아내는 내적 앎으로 나타난다. 우리의 고도로 진화한 생존 지성은 어떤 환경, 방향, 기회와 사람들이 우리에게 안전한지 아닌지, 유익한지 아닌지 즉각 알려준다. 이러한 타입의 결정권은 미묘한 생리적 감각에 대한 깊은 주의력과, 만일 필요하고 맞다면, 결과가 어떻게 되든 즉각 행동할 수 있는 능력을 요구한다. 스플린의 목소리는 매우 여리게 들리며 다시는 되풀이하지 않는다. 그 순간에 머물러 몸이 말하고자 하는 바에 귀 기울일 수 있는가가 당신의 생존에 필수적인 요소이다. 그것은 당신을 안전하게 지키고자 디자인된, 순수하게 실존적인 결정권이다. 당신의 생각, 감정적인 요구, 필요, 그리고 다른 사람들의 압박이 당신의 스플린 센터가 전하려는 메시지를 의심하게 허락하지 말라.

스플린 센터는 당신의 안전과 끊임없이 매순간 소통하고 있으므로, 그 경고에 주의를 기울임으로써 많은 지혜를 얻을 수 있다. 스플린 결정권의 사람들은 깊이 들어갈 시간이 없으며, 시간에 따라 나타나는 결정의 여러 결과들을 고려할 여유가 없다. 결정은 그 순간에 내려져야 하며, 기다리면 적절한 때와 정보는 떠나버린다.

스플린 센터는 미래를 알지 못하며, 10분 또는 1시간 또는 하루 후에는 당신에게 맞았던 것이 변할 수 있고, 그에 맞춘 당신의 행동도 바뀔 수 있다. 당신에게 무엇이 옳고 안전한지는 바로 그 순간에 파악할 수 있다. 당신 자신을 스플린의 안내에 친숙하게 하는 것은 실험을 요구하며, 몸의 지혜가 당신을 안전하게, 어디로 누구랑 어떻게 갈 것인지 알려준다는 깊은 믿음이 필요하다.

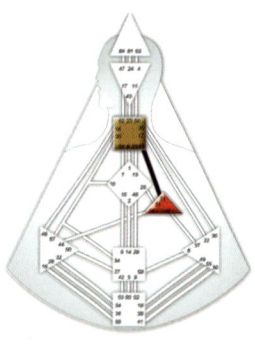

하트 센터 에고 매니페스티드 결정권

에고 매니페스티드 결정권은 하트 센터의 현시 능력에 의해 나타난다. 매니페스티드 결정권은 분명한 표현에 관한 것이다. 당신의 결정권은 스로트 센터를 통해 말로 표현되며, 당신의 진실을 알기 위하여 당신이 무엇을 '말'하는지 듣는 것이 중요하다. 생각을 살피라는 이야기가 아니다. 매니페스터로서 당신의 알림은 그 순간 말해져야 하고, 생각을 통하기보다는 통제하려하지 않을 때 나오는 말을 들으라는 이야기이다. 낫셀프는 늘 당신의 말을 통제하려 하므로, 당신이 그 순간에 툭 내뱉는 말(생각을 피하여)에 당신의 진실이 들어 있다. 당신이 하고자 하는 말을 미리 적어놓는다면 자신의 결정권에 대한 연결을 잃는 것이다. 당신은 충격을 주도록 디자인되어 있으니 마음의 간섭 없이 말하는 것의 중요함을 알아야 한다. 당신 목소리의 진실에 내맡김이 당신의 열쇠이고 그로부터 당신의 충격이 세상에 전해진다. 당신의 많은 미정의 센터들이 당신의 관심을 경쟁적으로 요구하기 때문에 낫셀프 마음의 말이 당신을 대신하게 해서는 안 된다. 당신의 목소리가 당신의 삶을 이끌며 새로운 시작을 만들어간다. 당신의 말이 앞에서 이끄니 믿고 따르라.

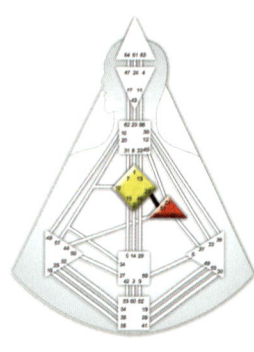

하트 센터 에고 프로젝티드 결정권

에고 프로젝티드 결정권은 심장이 개시 채널(25-51)을 통하여 G센터에 연결되어 있다. 이것은 아주 드문 프로젝터 형태이며, 이들에게는 초대를 기다리는 것이 믿을 수 있는 유일한 것이기 때문에 전략과 결정권을 필히 따라야 한다. 정체성의 G센터가 많은 미정의 센터들에게 둘러싸여 있으므로 미정의 센터들의 여러 조건화 속에서 길을 잃을 가능성이 매우 높다. 모터가 스로트 센터에 연결되어 있지 않기 때문에, 프로젝터의 전략인 인식되고 초대되기를 기다림이 핵심적 열쇠이다. 이들의 삶에는 다가와 초대해주는 사람들이 필요하다. 프로젝터의 리더십은 다른 사람들의 삶에 강력하게 작용하며, 이들은 우리들을 안내하기 위해 태어났다. 초대받으면 당신은 매우 커다란 변형의 힘을 다른 사람들에게 행사한다. 하지만 낫셀프 열림에 의해 길을 잃는다면 프로젝터에게 가능할 수 있는 성공을 할 수 없다. 결정을 해야 할 때는 온전히 스스로에게 물어라. '내가 원하는 것이 뭐지?', '거기에 내가 원하는 것이 들어 있나?'. 하트 센터는 모터이므로 어떠한 일을 할 의지(에너지)가 있거나 없거나 한다. 인식되기를 기다리는 동안 다른 사람들을 안내해줄 어떠한 시스템을 배우며 준비하는 것도 또한 중요하다.

어떠한 형태의 에고 결정권이든, 또는 결정권이 아니라 할지라도 정의된 하트 센터는, 약속을 하고 그것을 제대로 완수할 수 있는 능력이 있음을 보여주는 것이 건강에 좋다. 심장에 가해지는 혹사를 피하기 위해 오랫동안 힘을 써야 할 상황들은 시작할 때 신중하게 접근해야 한다.

하트 센터가 정의된 경우, 일과 휴식 사이에 균형을 유지하는 것이 중요하다. 하트 센터가 일을 하기에 놀 시간도 가질 수 있는 것이다. 힘으로나 육체적으로나 그 균형 유지는 필수적이다.

셀프 프로젝티드 결정권

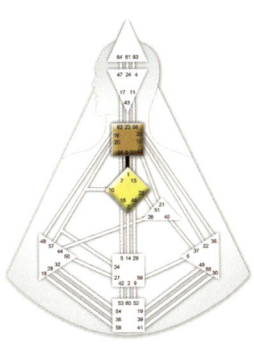

셀프 프로젝티드 결정권은 G센터에서 출발하여, 4개의 채널 중 어느 하나를 통해 스로트 센터로 연결된다. 이 결정권의 열쇠는 당신의 말을 스스로 잘 들어야 하는 것이다. 당신이 알고자 하는 것은 모두 당신의 말 속에 들어 있는데, 초대에 대해 반응하는 강력한 자기정체성의 소리를 가진 G센터가 정의되어 있기 때문이다. 당신의 진실은 언제나 정체성의 핵심을 통하여 표현된다. 당신을 위한 진실이 없다면 거기에는 성공도 없다. 초대되거든 무슨 말이 나오는지 살펴보라. 무슨 말을 할지 생각으로 정하지 말고, 그 순간에 튀어나오는 자신의 목소리를 그냥 믿어라.

이 결정권에는 모터가 보이지 않으므로, 당신은 미정의 센터들에 의한 조건화로 너무 쉽게 길을 잃을 수 있다. 매 순간 자신의 목소리를 무시하기 쉽기 때문에 독특한 자신의 모습을 유지하기 어렵다. 결정을 통하여 자신의 트루셀프를 느낄 수 있도록 디자인되어 있고, 스스로에게 기쁨과 즐거움을 가져오도록 되어 있다. 스스로에게 물어보라. '이것이 날 행복하게 만들려나?', '이것을 통하여 내 자신을 표현할 수 있을까?', '내가 제대로 가고 있는 거야?'. 해야 할 결정을 다른 사람들과 의논하여 내 입에서 무슨 말이 나오는지를 살펴보고, 그 결정이 어떤 만족감을 내게 줄 것인지 감을 잡는 것도 도움이 된다. 생각으로 결정하는 것을 피하기 위하여, 내용을 생각하지 말고 표현되는 당신의 목소리를 잘 들어라. 정의된 G센터 사람들은 자주 다른 사람들에게 방향을 가르쳐주곤 하는데, 자신의 방향은 그 순간에 스스로 말하는 것을 들어야만 알 수 있다.

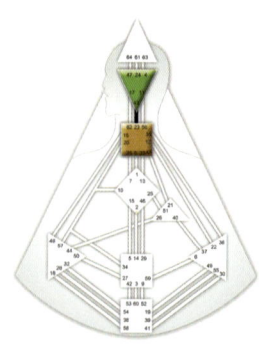

주변 환경(멘탈 프로젝터)

멘탈 프로젝터는 아즈나 센터가 헤드 센터 또는 아즈나 센터가 스로트 센터에 연결되었거나, 헤드 센터, 아즈나 센터, 스로트 센터가 모두 연결되어 있는 경우다. 결정권을 위한 개인의 내적 센터가 없다는 것은 독특하며 흔하지 않다. 스로트 센터 아래에 어떠한 센터도 정의되어 있지 않다는 것은, 오픈 센터들을 통하여 주변 환경의 정보를 몸의 느낌으로 알 수 있도록 디자인되어 있음을 뜻한다. 주변 환경의 느낌이 좋지 않다면 거기에 있는 사람들이나 그곳에서 행해지는 교류들도 올바르지 않을 것이다. 먼저 물어야 할 것은, '지금 이 환경이 나에게 맞나?'이다. 여기에서 조심해야 할 것은 결정 과정에 관여하려는 강력한 마음의 힘을 잘 알아차려야 한다는 것이다. 어떠한 환경이 맞는가를 알기 위해서는 그 장소를 미리 가보고 몸의 느낌이 어떤지 살펴보는 것이 건강에 좋을 것이다.

함께할 수 있는 믿을 만한 조언가들을 가지고 있는 것은 좋은 일이지만, 그들에게 결정에 대한 의견이나 충고를 묻지 않는 것이 최선이다. 당신의 조언가들은 당신의 결정을 숙고하는 데 공명판sounding board으로 사용하는 것이 최선이다.

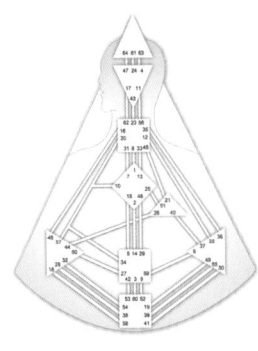

달의 주기 결정권(리플렉터)

모든 센터가 미정의일 경우 우리는 달에 의한 리플렉터의 결정권을 가진다. 그것은 만달라의 64게이트들을 28일 주기로 통과하는 달에 의하여 결정된다. 중요한 결정을 하기 전에 리플렉터들은 매달 똑같이 반복되는 달의 이동 주기를 기다리도록 디자인되어 있는데, 그것은 일생 동안 변함이 없다. 그 패턴을 이해하고 따른다면 결정을 하는 과정에서 명료함을 획득하고, 리플렉터의 삶이 가져다주는 끊임없는 경이와 기쁨을 누릴 수 있다. 달의 주기를 존중하지 않는다면 실망과 괴로움이 따를 수 있다. 리플렉터의 열쇠는 세상의 흐름에 떠밀려 가지 않고 느긋할 수 있어야 한다는 것이다.

리플렉터들은 주변 환경을 거울처럼 비쳐주는 역할을 하기 때문에 그 환경에 대해 주의를 기울이는 것이 중요하다. 리플렉터의 핵심은 미정의 G센터이며, 그들의 안전과 행복을 위해서는 맞는 사람들과 맞는 장소에 있는 것이 필수적이다. 주변 환경의 느낌이 좋지 않거나 건강에 해로우면 그들은 쉽게 언짢아지고 기분이 나빠진다. 반대로 환경의 느낌이 좋으면 몸도 즐거워진다. 리플렉터들은 또한 달의 주기 동안 해야 할 결정이나 상황을 서로 의논할 믿을 만한 조언가나 좋은 친구들이 있어야 한다. 스스로 하는 말을 오랫동안 듣는 것을 통하여, 어느 날 리플렉터들은 어떤 결정이 자기들에게 맞는지 알아내는 깊은 내적 앎에 도달하게 된다. 4장에 리플렉터에 대한 자세한 설명이 있다.

해방된 마음은 외적 권위로 나타난다

전략을 따르면 자신의 결정권으로 연결된다. 우리가 트루셀프로 살아간다면 미정의 센터들이 커다란 지혜의 장소가 된다. 비틀린 방향으로 우리를 조건화시키기보다는 그 미정의 센터들은 주변 세상에서 어떠한 일이 일어나는지 정확하고 분명하게 우리에게 알려준다. 제 길을 찾아 우리의 인생 행로를 바르게 따라가면 마음은 다른 사람들을 향한 비범한 외적 결정권의 가능성을 나타내기 시작한다. 그것은 우리의 지성을 표현하고 독특한 경험과 관점을 나누며, 우리의 배움을 가지고 다른 사람들에게 영감을 불어넣는다. 의식 작용은 생각, 의문, 해석, 교육, 영감, 기억, 조직, 명명, 데이터의 처리 등을 위한 도구이다. 그것들은 자신의 결정권을 통하여 수용하고 반응할 준비가 된 사람들에게 우리 마음의 재능을 나누는 방법이다.

    우리가 전략과 결정권을 연습함으로써 우리의 마음을 결정하는 임무로부터 해방시키면, 다른 사람들을 향한 우리의 외적 결정권은 점점 더 가치를 발휘한다. 일단 우리의 진정한 모습과 일치되기 시작하면 우리들은 자신의 생명력과 진정한 삶의 목적을 향한 조화를 이루어간다. 그렇게 하여 다른 사람들이 듣고자 기다려왔던 독특한 가치의 그 무엇이 생각으로부터 자연히 우러나온다. 우리의 해방된 마음은 궁극적으로 우리가 왜 세상에 왔는지 그 특별한 까닭을 세상에 표현할 가능성을 찾아내게 된다.

몸을
문제가 아니라
답으로 보라.
_라 우루 후

4장 / 타입과 전략
The Four Type And Strategy

Living Our Design
우리의 디자인대로 살기

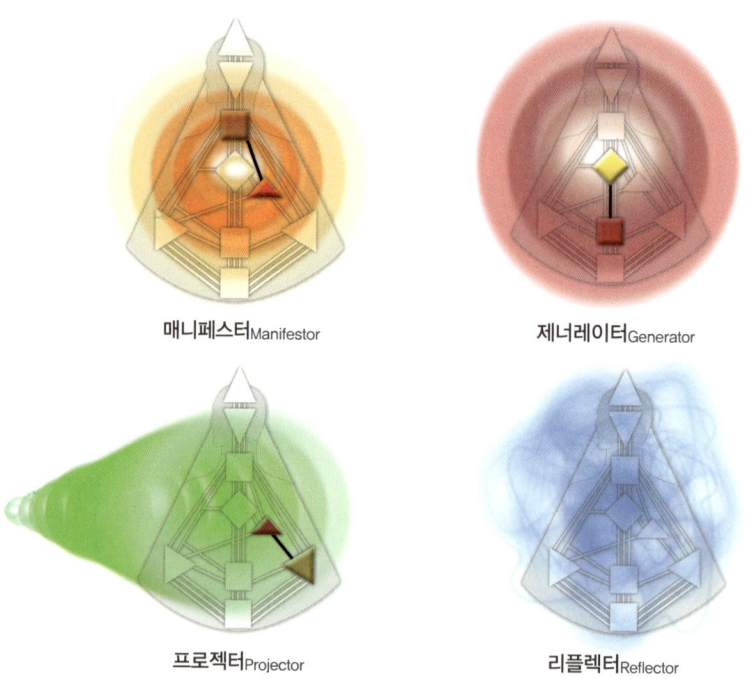

매니페스터 Manifestor 제너레이터 Generator
프로젝터 Projector 리플렉터 Reflector

변화 중인 호모사피엔스Homo Sapiens in Transitus의 출현이 시작된 1781년의 변화는 인류가 4가지의 독특한 타입으로 분화하는 것을 촉진하였다. 타입은 휴먼디자인의 진수를 담고 있으며, 실용적이고, 내적 변형의 정보인 전략과 결정권의 기반이 된다. 타입은 몸, 유전 형질, 그리고 오라aura에 대한 것이고, 심리적·개인적 분류법에서의 타입과는 아무런 관련이 없다. 주요한 오라의 주파수가 혈액형처럼 분명하게 구분되듯이, 각 타입은 에너지적으로 각각 특유의 작동 양상이 정의된다. 우리에게 타입의 실질적 용도는 오라를 통한 섬세하고 무의식적인 인간 교류의 역할을 이해함에 그 바탕을 둔다. 우리가 오라를 통해 주고받는 것은 우리 몸의 유전적 짜임새에 달려 있으며, 그것은 바디그래프에 나타나 있다. 정의definition가 타입을 정하고, 타입은 오라를 통해 나타난다.

4가지 타입은 지속적인 에너지의 생성이나 개시의 능력에 따라 나눠진다. '에너지' 타입Manifestor and Generator과 '비에너지' 타입Projector and Reflector이 각각 두 가지씩 있다. 비에너지 타입은 늘 힘을 발휘하거나 나타내는 것이 아니고, 일을 하는 데 드는 힘이 늘 준비되어 있지도 않다. 따라서 '전략'을 따르는 것이 그들의 가용 에너지를 극대화시키는 방법이다.

세상에서의 오라 표현

> 오라는 존재의 모든 것을 나타내며 몸의 작동 양상을 정해주는 통제자이다. 오라를 통해 우리는 다른 사람들과 만나고 오라를 통해 다른 사람들은 우리를 경험한다. _ 라 우루 후

모든 생물체에게는 외부로 연장되어 나와 스스로를 에워싸고 있는 전자기적 에너지장이 있다. 인간의 경우 그것은 두 팔 길이로, 사방에 퍼져 있다. 오라 연결은 무언의 강력한 소통 방법이며, 무시할 수 없는 것이다. 우리가 오라 수준에서 각 타입이 가지고 있는 차이를 이해하고 존중한다면, 우리는 모든 수준에서 성공적이고 평화적인 관계를 맺을 가능성을 창조하는 것이다. 우리 오라의 도발적 성향이 우리를 대변한다. 제너레이터Generator의 오라는 다른 사람들의 요청을 유도함으로써 자신이 응답하게끔 만들고, 프로젝터Projector의 오라는 남들이 자신을 인정하고 초대하게끔 만들며, 매니페스터Manifestor는 도전하거나 먼저 시작하고, 리플렉터Reflector의 오라는 그들을 거울처럼 바라보며 스스로를 알도록 다른 사람들을 자극한다. 각 타입이 오라를 이해하고 알아서 일하도록 놔두면 자기의 전략에 대한 믿음을 가지고 여유로울 수 있을 것이다.

진화하고 삶의 목적을 달성하기 위해 매우 사교적 동물인 인간들은 다른 사람들과 교류하고 소통할 수 있어야 한다. 다른 사람들의 독특한 가치를 알고 존중하는 것은 자신을 깊이 알고 사랑하는 것으로부터 오는 결과다. 각 타입 간의 오라 소통은 전략Strategy으로부터 시작된다.

전략은 각 타입의 독특한 오라 형태를 나타낸다

여기서 타입에 따른 전략이란, 저항을 받지 않고 세상에서 사는 방법을 말한다. 즉 세상의 전체적 흐름에서 우리의 독특한 행로에 정렬하는 방법과, 진정한 자기 모습을 찾는 과정에 도움이 되는 방법이다. 전략은 철학이 아니다. 그것은 우리의 몸이 모든 면에서 제대로 작동되도록 유전적으로 디자인된 것에 바탕을 둔다. 전략은 각자의 바디그래프에 맞게 흐르는 독특한 에너지의 디자인을 이해하고, 궁극적으로 우리의 건강, 교류, 성, 삶의 목표를 달성하는 데 결정적 역할을 한다.

모든 차트 분석은 타입 수준에서 시작된다. 모든 타입은 다른 타입과의 성공적인 오라 교류를 위하여 쉽고 이해 가능한 전략을 가지고 있다. 휴먼디자인 만달라와 바디그래프는 각각 이 전략을 정하기 위한 우주적 배경과 청사진을 제공해준다. 당신의 타입에 따른 전략으로 살기 시작하면, 당신 타입이 지향하는 바를 (평화-매니페스터, 만족-제너레이터, 성공-프로젝터, 놀라움-리플렉터) 얻을 수 있을 것이다. 당신은 조건화로 가려진 그 무엇을 찾아낼 것이다. 당신은 자신에게 맞는지 아닌지를 늘 알고 있던 자신의 숨겨진 부분을 만나게 되고, 숨겨진 부분이란 모든 경우에 당신이 가부를 결정하는 데 자신을 가질 수 있는 내적 장소를 말한다. 전략은 다른 사람들과 비교하는 버릇을 깨고 스스로의 독특함을 발견하여, 자기 자신의 모습 그대로를 그냥 즐길 수 있게 한다. 전략은 당신의 내적 진수를 표현하게 하여 삶의 목표가 자연스럽게 달성되도록 한다. 전략에 맞추어 사는 것이 개인적 실험의 시작이다. 스스로 전략을 실험하여 그것이 옳은지 알아보라. 자신의 전략과 결정권을 사용하여, 자기 자신이 아닌 세상 밖의 권위에 맹목적으로 의존하는 버릇을 바꾸기 시작하자.

매니페스터
The Manifestor

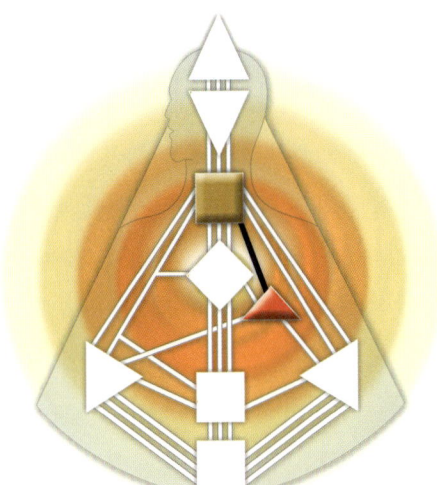

닫혀 있고 밀쳐내는 오라

낫셀프 테마: **분노**
전략: **알리기**
지향: **평화**

매니페스터 타입

매니페스터는 2가지가 다른 타입과 다르다. 첫째, 대다수의 사람들과는 달리 세이크럴 센터가 정의되어 있지 않은 것이 특징이며, 세계적으로 소수를 차지한다. 둘째, 스로트 센터와 나머지 세 모터(하트 센터, 솔라 플렉서스 센터, 루트 센터) 중 하나 이상이 직간접으로 연결되어 있다.

매니페스터는 인구의 10% 미만으로 드문 편이다.

개요

인류의 영웅 전설은 매니페스터들이 신이나 그 어떤 외부 힘을 기다리지 않고 행동할 수 있었기 때문에 가능했다. 마음속에 그린 것을 현실화하고 표현하는 것은 매니페스터의 독보적인 능력이다. 이러한 능력과 더불어 그들이 가진 닫혀 있고 밀어내는 오라의 가호 아래 매니페스터들은 종종 강력한 지도자나 고위성직자의 역할을 맡아 왔다. 네 타입 중 유일하게 순수한 행동가인 그들은 왕국을 정복하거나 지키고, 법을 만들어 자신들의 힘과 권위를 유지하였다. 우리에게 남아 있는 종교적·세속적 위계 질서는 매니페스터가 통제를 유지하고 도전을 피하기 위해 만든 체제의 잔유물이다.

그러나 전통적으로 지배자였던 매니페스터의 역할은 1781년 인간들이 7센터에서 9센터의 몸으로 변형되면서 끝이 났다. 아직 양/양(최초의 힘) 원리의 도구로서, 현대의 매니페스터들은 음/음(수용적)의 제너레이터가 지배하는 세상에서 살아간다. 제국을 꿈꾸거나 문명의 길을 결정하는 대신, 그들은 내적 독립성과 충격을 주는 독특한 힘을, 그들의 자유를 앗아간 사회에 조화시키기 위해 길을 찾고 있다.

현대 사회에서 매니페스터의 놀라운 능력은 독립적으로 행동을 개시하여 다른 사람들을 자극하는 데 있다. 그러나 그 능력이 위협적이거나 종잡을 수 없다고 여겨지면 다른 세 타입은 불편해하거나 가끔 매니페스터를 공공연하게 통제하려 한다. 매니페스터는 혼자 있는 데 익숙하여 자기가 원하는 걸 홀로 만들어내는 데에서 기분 좋은 평화를 얻는다. 이들에겐 그것이 자연스럽고 다른 사람들의 도움은 필요하지 않다. 매니페스터는 왜 부모님부터 다른 사람들이 자신의 일에 신경을 쓰는지, 왜 자기 일을 방해하고 통제하려 하는지 이해하지 못한다. 어린 시절의 불쾌한 경험의 역사와 저항의 추억들은 이들을 낫셀프의 주제인 분노로 이끌어 간다. 그 분노는 성냄과 반항으로 나타나거나 순종과 수용의 2가지로 표현될 것이다. 2가지 모두 매니페스터의 힘을 억누르고 자신의 가치를 모르게 만들므로 전략은 더욱 중요한 것이다. 미리 알림으로써 다른 사람들의 저항을 완화하여, 매니페스터는 자신이 늘 바라던 것, 즉 아무 때나 원하는 것을 하는 자유와 평화를 얻게 된다.

매니페스터들은 스스로에게 큰 관심이 없으며, 자기의 권위를 행사하는 데 다른 사람들의 도움도 필요 없다. 이들은 자족적이며 독립적인 일꾼들이다. 그들은 다른 사람들을 이상한 사람들, 구닥다리 인간들, 또는 스스로 곤경을 빠져나오지 못하는 사람들로 보는 경향이 있다. 미래에 대해 감을 잡는 능력이 있기 때문에 매니페스터들은 마치 자기가 앞서 있어서 남들이 따라오기를 기다린다는 느낌을 받곤 한다.

매니페스터가 자주 하는 질문은 '누가 호응하는가? 누가 나의 자극으로부터 힘을 받거나 나의 질문에 반응하는가?'이다. 다른 사람들을 자극하려는 근본적 압박과 무언가를 일으키려는 압박은 그들의 목적 달성에 필수적이다. 매니페스터는 자기가 하고픈 일을 혼자 하는 것이 가장 편하지만, 다른 세 타입들은 매니페스터가 그들을 끌어내고 무언가 시작하여 자신들도 자기 역할을 하기 바란다. 매니페스터는 가끔 자기가 바라는 일이 완성되도록 다른 타입의 독특한 에너지를 구하기도 한다.

완벽한 세상에서는 매니페스터는 시작하고, 프로젝터는 과정을 안내하고, 제너레이터는 일의 완성에 필요한 에너지를 제공하며, 리플렉터는 일이 얼마나 잘되어가는지 말해준다.

매니페스터의 전략: 알리기

매니페스터는 질서와 안정에 위협이라는 오래가는 평판이 있다. 그들의 독립성 때문에, 혹은 닫혀 있고 밀쳐내는 오라가 실제로 이들의 에너지를 밖으로 내보내고 있기 때문에, 다른 사람들은 이들이 상황을 통제하려 한다고 오해한다. 또한 사람들은 제멋대로인 매니페스터로부터 무시당하거나 혹은 억눌린다고 여겨 두려움을 느낀다. 반대로 매니페스터가 통제받기를 무서워하는 조건화를 받으며 자라서, 스스로에게 해로운 방법으로 저항하는 경우도 있다. 매니페스터의 밀쳐내는 오라는 다른 사람들의 오라를 움츠리게 하여, 방어적이거나 보호적 상태로 만든다. 타입들 사이에 생기는 대부분의 초개인적 혼란이나 오해는, 의식의 표면 아래 훨씬 깊은 곳에서 미처 대화가 시작되기도 전에 에너지적으로 이미 정해지는 것이다.

매니페스터의 간단한 전략인 알리기는 이러한 팽팽한 긴장감이 도는 오라의 교류를 극복하고, 효과적으로 생산적이고 깨끗하며 평화로운 소통의 길을 연다. 매니페스터에게는 현시를 위하여 저항 없는 자유가 필요한데, 알리기는 그것을 얻는 유일한 길이다. 실생활에서 그들은 결정 후 행동으로 옮기기 전에 알리거나, 최소한 작업 중에라도 그리하여야 한다. 덧붙여서 매니페스터들은 일을 그만두고자 할 때에도 알려주어야 한다.

매니페스터에게는 알리기가 자연스럽거나 즐거운 일이 아니지만 그렇게 하면 삶이 무척이나 쉬워진다. 오직 알림으로써 그들은 자신의 행보에 저항을 줄여 수동적이거나 공격적으로 대응할 필요가 없어지게 되어 다른 사람들을 안심시킨다. 어릴 때에는 알림이 예의 바르고 허락을 청하는 모습으로 나타난다. 그러나 그들은 어릴 때부터 허락을 구하거나 알리지 않기 쉬운데, 그것은 성가시기 때문이거나, 비밀리에 행동함으로써 거부 또는 통제를 피할 수 있으리라 믿기 때문이다.

자신이 다른 사람들에게 주는 충격에 대해 매니페스터가 이해한다면, 알리기는 그들의 결정 과정에서 실용적이고 원만한 전략이 된다. 매니페스터는 다른 타입들처럼 다른 사람들이 필요하지 않으며 다른 사람들의 눈치도 보지 않는다. 일반적으로 이들은 다른 사람들에게 영향을 끼친다는 것이 정말 놀랍게 느껴진다. 자기의 결정이 다른 사람들에게 여러모로 영향을 끼치는 것을 깨닫는 것이, 교류하며 현시하는 것에 큰 힘을 발휘하는 첫 번째 관문이다. 그들이 행동 전에 알리는 것을 배움으로써 다른 사람들로 하여금 준비할 수 있도록 하면, 그들은 다른 사람들로부터 새로운 도움이나 수용의 느낌을 받을 것이다. 저항이 없어지면 분노는 잦아들고 평화가 온다. 그리고 다른 사람들이 포용하고 알려주면 매니페스터는 존중받고 있고 명예롭다고 느낄 것이다.

알리기와 충격의 상황을 가정해보자. 매니페스터가 직장에서 일을 하다가 막막해진 직장에서 떠날 방법이 갑자기 보이기 시작한다. 앞일에 대한 비전으로 흥분에 휩싸여 사무실을 대충 정리하고 사장의 우편함에 간단하게 쓴 사직서를 넣은 뒤 "모두들 안녕"이라고 말한 뒤 훌쩍 떠나버린다. 매니페스터의 행동에 대해 준비되지도, 충분히 알지도 못했던 사람들은 경악하게 된다. 사장에게는 갑작스러운 직원 공백이란 문제가 생겼고, 매니페스터의 직장 동료들은 자기들이 무언가 잘못했나 궁금해하고, 매니페스터의 가족들은 미래가 불안하다. 매니페스터의 갑작스러운 행동의 충격은 그로부터 영향을 받은 사람들로부터 어떠한 형태로든 저항을 받게 될 것이다.

매니페스터는 행동 계획이 준비되어 있었고, 그것을 실행하는 데 누구의 조언이나 협력이 필요하지 않다. 그러나 영향을 받을 모든 이들에게 알린다는 것은 저항을 줄일 뿐 아니라, 새로운 전망을 평화롭게 달성하는 데 필요한 협조를 얻게 될 수도 있다. 알리기는 표현으로의 길을 닦아주며 그것이 매니페스터에게 유일한 해결책이다.

이 전략은 논리적이고 쉽게 보이지만, 매니페스터는 세상에서 홀로 있는 듯 느끼며 알리기란 그들에게 자연스러운 생각이 아니다. 미래의 행동으로 영향 받을 사람들의 명단을 만들게 되면, 사람들은 소외된 것이 아니고 결정의 영향력을 미리 감지하게 된다. 그들이 영향력을 느끼게 되면 알리기의 논리는 분명해지고 그것만으로도 그들을 바꿀 수 있다. 결과적으로 알림은 다른 사람들에 대한 존중을 나타내는 것이다. 매니페스터가 알리지 않으면 다른 사람들은 무시되었다고 느끼고, 알려주면 불안이 가시고 신뢰감이 쌓여 서로 간에 통제하고자 하는 마음이 사라진다.

결정권의 중요성

사실 다른 타입의 전략이 디자인의 기계적인 기제에 따르는 것과는 달리, 매니페스터의 전략은 저항을 없애거나 완화하기 위해 인위적으로 강요되는 것이다. 그러므로 결정권을 지키는 것이 이들의 삶에 더욱 중요한 것이다. 매니페스터가 자신의 인식 능력이 최대한 발휘되고, 다른 사람들에게 맞는 영향을 주기 위해서는, 생각으로부터가 아니고 내적 진실로서 행동해야 한다. 압박을 벗어나고자 생각으로 일을 시작하게 되면 저항에 직면하게 될 것이다.

감정적 결정권의 매니페스터

진정한 개시자로서 매니페스터의 타이밍은 매우 중요하며, 솔라 플렉서스 센터가 정의되었으면 더욱 그러하다. 그들의 진실이나 명료함은 즉석에서 구해지지 않는다. 정의된 감정의 매니페스터로서 자신의 감정 파동을 기다리지 않는 사람은 더욱 충동적이어서, 그 결과 더 많은 저항과 난관에 빠지는 경향이 있다. 그들이 감정 파동의 화학 작용을 수용함으로써, 기다리는 동안을 누가 영향을 받을지 알아보는 기회로 유용하게 이용할 수 있다. 시간이 명료함을 가져온다. 감정 파동이 끝날 때쯤에는 영향을 받을 사람들을 이미 알고 난 뒤이니, 아예 행동을 하지 않는 쪽으로 결정이 날 수도 있다. 감정적 결정권은 매니페스터에게 인내를 요구하며 그 결과는 모든 사람에게 이로울 수 있다.

생각(마음)으로 시작한 행동과 내적 명료함으로부터 행한 것은 커다란 차이가 있다. 매니페스터가 증폭된 조급함으로 행동하려 하거나 아이디어를 적용하려 한다면, 그 충동은 일반적으로 내적 결정권에 관한 것이 아니고, 생각을 통해 나타나는 미정의 센터의 확대된 조건화일 경우가 많다. 때때로 기다림은 감정이 정의된 매니페스터에게 벌 받는 느낌을 줄 수 있으나, 사실은 성급하게 행동하여 바라지 않는 결과로 생기는 고통으로부터 그들을 지켜주는 것이다.

매니페스터가 그들의 감정 파동을 기다린다면 그들은 둘 중에 하나를 알게 될 것이다. 행동하려던 느낌이 가라앉으면 아닌 것이고, 아직도 결정이나 행동을 하고자 한다면 시간이 맞을 때 행동에 옮길 것이다. 더 이상 결정에 따르는 조급함이나 압박이 없다. 감정 파동을 주시하고 행동을 준비할 때 주변에 알려주면 모든 것이 자연스럽게 일어날 수 있다. 이것이 감정적 매니페스터가 평화롭게 살고자 하는 그들의 목적에 도달할 수 있는 유일한 방법이다.

스플린 결정권의 매니페스터

솔라 플렉서스 센터가 정의된 매니페스터의 인내와 기다림의 필요와는 다르게, 스플린 결정권의 매니페스터는 그 순간에 본능적/자연적으로 행동이 시작된다. 그와 같은 즉흥성은 자유롭기는 하나, 그러한 즉각적 결정, 행동이 가져올지 모르는 충격을 잘 알지 못할 경우 '꼭 알려야만 하는가' 하는 문제가 제기된다. 그것은 매니페스터에게 스플린의 결정권에 충실히 맞추어 살겠다는 강한 의지와 함께, 효과적으로 알려야 하는 것도 기억해야 함을 뜻한다. 예를 들어 매니페스터가 친구들과 식당에 들어가는 순간 몸이 멈춰 선다면, 그는 그것에 주의를 할 수밖에 없다. 분명히 들어가는 것이 좋지 않겠지만 스플린 센터는 경고만 할 뿐 설명하지 않는다. 그가 할 수 있는 것은 친구들에게 솔직하게 자기의 상황을 이야기하고, 그 갑작스러운 결정이 모두의 계획에 어떠한 충격이 올지를 지켜보는 수밖에 없을 것이다.

매니페스터의 대인관계

가족들을 사랑하고 헌신하는 능력이 온전하게 있음에도 불구하고 매니페스터처럼 독립적인 외톨이에게는 인간관계가 쉽지 않다. 이들의 닫힌 오라는 자연히 다른 사람들을 쉽게 받아들이지 못한다. 이들을 파고들기도 어려우니 누구도 매니페스터를 잘 알기가 어렵다. 그것이 친밀함에 혼란스러운 벽을 만들므로 특히 어머니나 연인일 경우 더욱 어렵게 한다. 타입들 간의 명확한 오라 소통에 대한 전략의 역할을 이해하는 것이, 진정한 온정을 갖게 하고 오해로 인한 아픔을 치유하는 데 도움을 준다.

덧붙여서, 남녀를 불문하고 매니페스터는 먼저 시작하는 것이 맞다. 매니페스터가 누구를 좋아하면, 기다리며 상대의 접근을 바라지 말고 먼저 움직여 가야 한다. 먼저 나서서 상대에게 다가가 느낌과 희망, 꿈을 알리는 것이 필요하다. 쉽지 않은 일이고 거절당하기 십상이다. 그렇지만 매니페스터라는 존재는 전통적인 안전법을 박차고 자유를 쟁취하는 것이다. 자유를 위해 매니페스터에게 생겨나는 이러한 불안은 마땅히 전진을 위해 극복해야 한다. 외톨이라고 해서 매니페스터가 진정한 따스함, 우정, 오랜 교류를 바라지 않고 누릴 수 없다는 것을 뜻하진 않는다.

매니페스터의 평화로운 대인관계는 알리기와 예절 바름에 성패가 달려 있다. 파트너에게 말 없이 집을 나섰다가는 돌아온 뒤 잔소리가 기다릴 뿐이다. 어딜 갔었냐, 뭘 했냐, 왜 말도 안 하고 나갔냐, 그러한 취조를 피하려면 미리 알려주기만 해도 된다. '가게 갔다가 금방 올게.' 매니페스터의 파트너는 가끔 매니페스터의 독립성을 '귀찮게 하지 말 것'이라고 받아들이기 쉬우나 사실은 그게 아니다. 매니페스터는 다른 사람들이 미리 알려주어도 존중받았다고 느낀다. 서로 미리 알려주기만 해도 파트너 간의 많은 저항과 분노를 없애고 상호 간에 존경심을 높여준다. 당신은 제너레이터에게 하듯 매니페스터에게 이래라저래라 하거나, 프로젝터처럼 초대하지는 못한다. 그러나 그들에게, '우리 커피가 떨어졌는데'라고 알려주면, 그것이 옳다고 여겨질 경우 그들의 결정권은 매니페스터를 행동으로 이끈다.

매니페스터 어린이

요즈음 매니페스터 어린이들이 매우 드물어 그들은 오해를 받는 것 같다. 태어날 때부터 그들의 강하고 밀쳐내는 오라는 부모를 곧바로 놀라게 만든다. 하지만 어릴 때부터 그들은 매니페스터로서 대우받아야 하며 행동의 자유가 충분히 주어져야 한다. 일찍부터 전략을 가르쳐야 하며, 그들이 공손하게 허락을 구하게 되면, 안전하고 주변에 해가 없을 경우 대부분이 허락될 것이다. 지나친 통제를 어린 매니페스터에게 가하면 저항을 하거나 혹은 소극적으로 만들게 된다.

매니페스터와 낫셀프 삶의 영향

매니페스터가 마음(생각)으로 한 결정이나 낫셀프로 한 결정은 많은 저항을 불러오고, 그들은 자신을 통제와 처벌의 희생자로 여기기 쉽다. 그들은 본래 가진 힘을 경험하지 못하고 대신 제지되고 허약하게 느껴진다. 그것이 매니페스터가 가진 대부분의 분노의 근원이고, 그것이 내부로 향하면 우울과 절망에 빠지기 쉽다. '삶은 너무 불공평하다.' 통제와 거절을 피하기 위해, 낫셀프 매니페스터는 그들의 힘을 포기하고 힘이 없는 듯

행세한다. 그들은 개시하지 않고 제너레이터처럼 기다리며 다른 사람들이 요구하는 대로 반응한다. 그들은 충동적인 일 중독자가 되어가지만 그 성과는 별로 없다. 알리지 않고 하는 공격적인 개시 방법은 그들의 타이밍을 엉망으로 만들고, 대충 좌충우돌하면서 온갖 저항을 부르게 된다. 그럼으로써 그들은 진정한 힘을 잃고, 결과적으로 피로와 비능률을 낳게 된다.

그들은 자신이 매니페스터라는 것을 잊었다. 매니페스터의 삶이 가치가 있기 위해서는 자신의 결정권에 의해 스스로 시작해야 한다. 그래야만 삶에 다시 연결될 것이다. 매니페스터들은 세상에 충격을 주기 위해 태어났다.

매니페스터가 전략을 따르는 실험을 시작하고, 결정하는 데 자기에게 맞는 결정권을 쓰기 시작하면 성공을 위한 길에서 아래와 같은 두려움을 느끼게 될 것이다.

- 다른 사람을 화나게 할까 겁난다.
- 충돌이 우려되어 알리기 겁난다.
- 통제가 우려되어 알리기 겁난다.
- 저항과 거절이 우려되어 알리기 겁난다.
- 스스로의 분노가 두렵다.

매니페스터의 건강한 수면 습관

매니페스터는 세이크럴 센터가 정의되지 않았으므로 완전히 지치기 전에 잠자리에 드는 것이 좋다. 잠들기 한 시간 전쯤 미리 눕거나 쉬면서 몸이 태엽을 풀 기회를 준다. 거기에 더해, 오라도 다른 사람들로부터 온 에너지를 털어내고 평화롭고 개운한 잠을 준비해야 한다.

지향하는 목표 Signature Goal: 평화

그들이 무엇보다 바라는 것은 평화이며, 저항이 없는 상태이다. 낫셀프의 삶을 떠나는 것이 그곳으로 가는 길을 열어준다. 꿈을 가지고 비전을 추구하며, 안정 속에 내적인 고요함으로 원하는 바를 자기 자신으로 살며 행하는 것이다. 이와 같이 살게 되면 그들은 자신이 알리기 전략에 따른 결정권에 맞추어 개시할 힘을 가지고 유익하고 고유한 자극을 세상에 주고 있음을 알게 된다.

유명한 매니페스터들

아돌프 히틀러(독일 정치인), 요하네스 케플러(독일 천문학자), 헬무트 콜(독일 정치인), 지두 크리슈나무르티(인도 사상가), 헤르만 헤세(독일 문학가), 브루스 스프링스틴(미국 가수), 마오쩌둥(모택동: 중국 정치인), 제시 잭슨(미국 목사, 시민운동가), 마야 안젤루(미국 시인, 배우), 아트 가펑클(미국 가수), 트레이시 울만(영국 배우), 마사 스튜어트(미국 라이프 스타일리스트), 토미 스머더스(미국 코미디언), 조지 칼린(미국 코미디언), 로버트 드 니로(미국 배우), 밥 뉴하트(미국 코미디언), 제니퍼 애니스톤(미국 배우), 수잔 서랜든(미국 배우), 팀 로빈스(미국 배우, 감독), 조지 W. 부시(미국 정치인), 라 우루 후(휴먼디자인 전달자).

The Generator
제너레이터

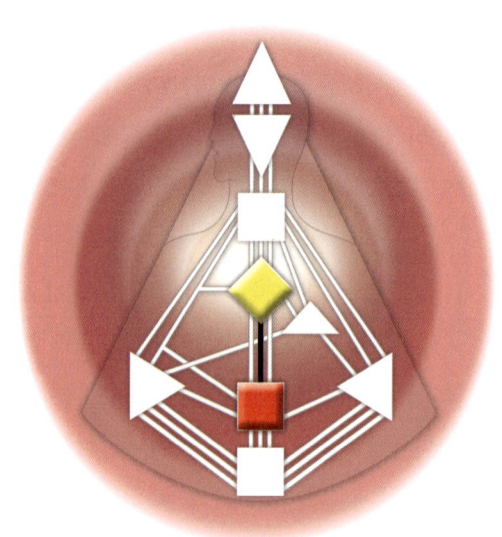

열려 있고 감싸는 오라

낫셀프 테마: **좌절**
전략: **반응하기**
지향: **만족**

제너레이터 타입

정의된 세이크럴 센터는 곧 제너레이터 유형을 의미하고 안락함wellbeing의 중심이 된다. 이들은 세상 삶의 패턴을 만들고 양육한다. 차트에서 세이크럴 센터가 정의되어 있다면, 그 사람은 제너레이터거나 매니페스팅 제너레이터이다. 그 둘의 차이는, 순수 제너레이터는 세이크럴 센터가 정의되어 있으나 스로트 센터로 연결된 모터가 없으며, 매니페스팅 제너레이터는 정의된 세이크럴 센터와 스로트 센터에 연결된 모터가 있다. 매니페스팅 제너레이터는 별개의 타입은 아니고 제너레이터 타입의 변종으로, 오라의 진동수에 미세한 차이를 보인다. 매니페스팅 제너레이터는 타입으로서는 제너레이터에 속하고 제너레이터의 전략에 따르도록 디자인되었다.

인류의 70%가 세이크럴 센터가 정의되어 있으며, 제너레이터의 창조적 생명력은 지구의 전체적 진동수를 압도하고 있다. 순수 제너레이터는 대략 인류의 37%이며, 매니페스팅 제너레이터는 33% 정도이다.

개요

인류의 역사를 통하여 제너레이터의 활력과 창조적 에너지는 그들을 가치 있고 인기 있게 만들었다. 동시에 자기 스스로의 가능성에 무지하였으므로 그 재능을 이용하려는 사람들에게 쉬운 먹잇감이 되곤 하였다. 제너레이터는 비전을 바로 표현해 보여주는 매니페스터의 능력을 언제나 부러워했다. 매니페스터를 흉내내는 것이 늘 저항과 실패를 불러왔으므로 그들은 마지못해 매니페스터에게 굴복하였고, 결과적으로 대제국을 건설하는 데 쓰이도록 통제되고 노예화되었다. 제너레이터는 강요된 노동자로서 우리 문명의 위대한 건설자가 되었다.

그들은 아직도 건설자의 역할을 유지하고 있다. 이제는 압박을 벗어나 스스로의 잠재성을 알아채어 마음대로 이용할 수 있게 되었고, 깨어서 자각된 상태로 그 일을 하고 있다. 그들은 자기역할을 분명히 깨달아 다른 세 타입들과 서로에게 도움이 되도록 일을 즐기면서 행할 수 있다. 전체에서 자기가 차지한 역할에 대해 이해하고, 가치를 파악하는 일은 서서히 진화하는 중이다. 제너레이터는 유유히 반응하고, 매니페스터는 개시하며, 프로젝터는 가이드하고 리플렉터가 만족과 진위의 수준을 세상에 보여줄 때 그것은 현실이 될 것이다.

모든 제너레이터는 일하도록 또 그들의 일을 사랑하도록 태어났고, 매일 그들의 창조적 세이크럴 에너지를 완전히 소진한다. 그들의 세이크럴 모터는 하고자 하는 일이 끝날 때까지 포기하지 않는다. 그것이 만족하는 삶과 푹 쉬고 재충전하는 잠도 가져온다. 다른 세 타입은 모두 밖을 향한다. 매니페스터는 충격을 주고자 하고, 프로젝터는 다른 타입이 어떻게 에너지를 쓰고자 하는지 알려 하고, 리플렉터는 주변을 이해하고자 한다. 그러나 제너레이터는 스스로를 알고자 하며, 자기성숙의 과정을 이해하고자 한다. 제너레이터는 일을 통해 그들의 삶을 보고, 매일매일 에너지의 이용에 어떻게 반응하는가를 통해서 세상을 발견한다. 적합한 일은 정말로 그들의 삶을 변형시키고, 몸의 노화 과정을 느리게 한다.

제너레이터는 세이크럴 센터에서 목으로 올라가는 진동, 즉 소리를 통해 응답하거나

(순수 제너레이터의 경우), 행동(앞으로 혹은 뒤로)으로 나타나는 실질적인 몸의 움직임(일반적으로 매니페스팅 제너레이터의 경우)의 2가지 경우로 반응한다. 반응은 그들에게 요구되어진 일을 하고자 하는 세이크럴 에너지의 준비된 상태에 바탕을 둔다. 일단 순수한 제너레이터가 반응하여 행동에 들어가면, 그들은 발전의 각 단계를 충분히 관찰하는 순차적인 진행 방법을 따른다. 그들은 스로트 센터로 연결된 모터가 없으므로 일의 과정에서 에너지의 정체 현상에 봉착할 수 있다. 이러한 때에는 새로운 관점, 지원, 또 다른 지시가 있어 새롭게 반응하는 것이 필요하다. 이렇게 전환의 순간에 포기하고픈 유혹을 피하기 위해, 시작부터 그들의 세이크럴은 전 과정을 끝내려는 다짐이 있어야 한다. 순수 제너레이터의 능력은 어떠한 임무, 프로젝트, 숙련을 완벽하게 해낼 수 있음을 보여주는 것이다.

그것과 비교해서 매니페스팅 제너레이터들은 모터가 스로트 센터에 연결되어 있으므로 반응에서 표현까지 빠르게 진행된다. 만일 어떤 단계가 필수적이고 어떤 단계가 건너뛸 수 있는지를 안다면 굉장히 능률적일 수 있다. 그러나 그러한 빠름으로 인해 성급해지거나 어떠한 단계를 놓치는 경향이 있다. 이들은 자주 놓친 부분을 다시 돌아가 고쳐야 한다. 이런 문제는 과정이 진행됨에 따라 좀 더 속도를 늦추고 반응에 주의를 기울임으로써 피할 수 있고, 능률도 더 올릴 수 있다. 매니페스팅 제너레이터는 순수 제너레이터보다 좀 더 성급하고 공격적일 수 있다. 모터가 스로트 센터에 연결되어 있으므로 세이크럴의 소리를 우회하기 쉽다. 이것이 매니페스팅 제너레이터가 세이크럴의 반응을 믿고 다시 연결되는 데 인내와 연습이 필요한 부분이다.

제너레이터의 전략: 반응(응답)

> 델피 신전의 여사제처럼 제너레이터에게는 질문을 해야 한다. 그렇지 않으면 아무것도 얻지 못한다. _ 라 우루 후

모든 제너레이터들은 세이크럴 센터의 창조적 생명력을 전달하는 감싸는 오라를 가지고 있으며, 그 주변에 가용성의 에너지 장을 만들고 있다. 그 커다란 에너지와 힘에 접근하기 위해서 당신은 질문을 통해 그의 세이크럴 센터가 반응하도록 해야 한다. 제

너레이터들은 무언가 자신들에게 오도록 기다려서, 세이크럴 센터가 그것을 완전히 수용하거나 닫거나 하도록 해야 한다. 세이크럴의 '아하!'(긍정) 소리는 임무를 완수하거나 질문의 긍정적인 답변이고, '음음'(부정)은 싫다는 경고음이다.

이러한 종류의 간결하고, 객관적이며, 정직하고, 순간적인 기계적 반응은 제너레이터를 그들의 진실에 곧바로 연결시켜 그들이 누구인가를 내보이며, 그들이 사랑하고 아끼는 것을 표현한다. 오라를 통해 나오는 그들의 꾸준한 창조력은 자석처럼 다른 사람들을 끌어들이고, 세이크럴의 반응은 분명한 개인적 영역을 표시해준다. 제너레이터들은 매 결정이 그들의 독특한 가능성의 완성으로 이끌어 가므로, 그들의 삶은 각 반응에 따라 새롭게 전개된다.

제너레이터들은 가끔 '반응을 위한 기다림'을 아무것도 하지 않는 것으로 동일시하거나 착각한다. 그들은 끊임없이 에너지를 만들어내므로 아무것도 하지 않는 것은 불가능하다. 그들이 좋아하는 일을 하거나, 개들의 으르렁거림으로부터 피하거나, 새들의 노랫소리에 미소를 짓거나, 노랫가락에 맞춰 흥얼거리거나, 누구와 대화를 시작하거나, 그 모든 것이 반응하며 사는 것이다. 제너레이터들은 삶이 그들에게 다가오는 것을 믿고 기다리도록 디자인되었다. 그들은 침대에서 일어나서 밤에 다시 침대로 돌아갈 때까지 모든 것에 그냥 반응한다. 그들이 반응을 통해 삶의 혁명을 이루면 지구의 진동수를 좌절에서 만족으로 바꿀 수 있다. 그러므로 세이크럴의 깨어남이 제너레이터의 신비로운 행로이고 인류에 대한 기여이며, 그것이 개인적 진실에 내맡김을 해야 하는 이유이다.

제너레이터가 어떤 일을 일단 시작하면 쉽게 방향을 바꿀 수 없다는 것을 다른 세 타입들이 이해하는 것이 좋다. 매니페스터에게 제너레이터는 느리고, 궁리가 너무 많다고 느껴지며, 안내하는 프로젝터는 제너레이터가 말을 잘 안 듣는다고 느낀다. 오직 다시 반응함으로써 제너레이터들은 그 순간의 일에서 떨어져 나와 다른 것에 다시 연결될 수 있다. 질문을 받아 다시 반응할 때 거기에는 좀 더 분명하고 곧바로 생산적인 관계가 타입들 간에 생겨난다. 제너레이터들에게 '예 또는 아니오' 질문을 잘할 수 있다면 모든 것이 바뀔 수 있다.

제너레이터가 겪어야 하는 어려움 중에 절반은, 스스로의 아이디어를 자신이 삶을 위해 현시할 수 없다는 사실을 받아들이는 것이다. 그들은 마음이 꿈꾸는 자기 삶의 모습을 포기하는 것이 필요하다. 보통 그들의 미정의 센터에서 나오는, 다른 사람들과의 비교에 바탕을 둔 욕망과 환상들이 그들을 그러한 꿈으로 몰아간다. 그러한 개시는 만족이 아니고 저항만을 불러온다. 좌절은 제너레이터들에게 다시 그들만의 반응하는 삶으로 돌아가라는 신호이다.

다음 이야기는 제너레이터와 매니페스터의 반응과 개시가 어떻게 다른지 보여준다. 그들이 하는 역할을 보고 그들의 전략을 알 수 있을 것이다. 배경은 미 서부의 개척자 마을이며, 보안관이 그의 사무실에 앉아 있다. 마을 주민들은 총잡이가 마을로 오고 있다는 소리에 소동이 일어난다. 모든 사람들이 보안관에게 자신들의 보호를 위하여, 무언가 하기를 바라고 있다. 보안관은 그냥 앉아서 기다리기만 있다. 총잡이가 마을에 들어오고, 말에서 내려 거리 한복판으로 들어와 보안관에게 그의 요구 사항을 알린다. 보안관은 반응하여 사무실을 떠나 총잡이를 대면하기 위하여 길바닥으로 나간다. 총잡이는 총을 빼고, 기다리며 힘을 받은 보안관은 그를 쏘아 넘어뜨린다. 이 이야기의 교훈은 제너레이터가 충분히 힘을 받을 때까지 기다려서 반응을 분명하게 하면, 그들의 행동은 정확하게 맞는 때에 맞는 목표물에 적중함을 보여준다는 것이다.

감정적 결정권의 제너레이터

감정적 결정권은 제너레이터의 기다리기 게임에 또 다른 차원을 더해준다. 이들의 따뜻하고 정열적인 에너지는 다른 사람들에게 대단한 가치가 있으므로, 이들의 기다림은 부드럽게 유혹하는 힘이 되고, 제너레이터에게 어떤 제안에 대한 결과를 유리하게 만드는 역할을 한다. 누구도 이들의 에너지에 즉각적인 접촉을 할 수 없다. 이들이 마땅하지 않은 제안을 받아들이거나, 먼저 개시하고 과정을 인내하지 않으며 준비 없이 약속을 한다면, 누구보다도 자신이 가장 커다란 장애를 만드는 것이다. 그들이 열린 가능성을 보여주면서도 기다리는 시간을 가질 수 있는 몇 마디는, '좋은 제안인 듯하나 좀 더 기다려봐야겠습니다. 고려할 것이 많으니 생각할 시간을 주시겠습니까?' 같은 말이다. 감정적으로 정의되지 않은 사람들에게는 거절로 들리게 될지 모르나, 서로에게 옳다면 이들의 오라는 충분한 과정을 거친 뒤에 다시 더 강한 만남으로 이어질 것이다.

감정적으로 정의되어 있다는 것이 빙 둘러 가는 것이라 생각해 실망할 필요는 없다. 감정 제너레이터에게는 그들의 감정 파동을 따르는 것이 인생 행로의 각 상황이나 매 결정에 새로운 관점을 느끼게 되는 것이다. 많은 경우 첫 번째 반응이 옳지만, 좀 더 명료함을 기다린다는 것은 혹시나 빠트릴 수도 있는 다른 중요한 점들을 발견하게 하는 확실한 기회를 그들에게 제공한다. 가끔 기다림으로 인해서, 발견한 모든 정보를 통해 긍정의 답이 부정으로 바뀔 수 있다. 급히 결정하지 않고 감정 파동의 모든 오르고 내림을 기다리는 것은 삶의 깊이를 더해준다. 천천히 나타나는 이 과정을 받아들이기 위해서는 관계된 모든 이들이 인내를 가져야만 한다.

제너레이터의 대인관계

서로 사귀고 있는 두 제너레이터가 뭔가를 결정하는 모습은 꽤나 우습고 엉성하게 보일 수 있다. 그녀는 가능성이나 어떤 아이디어를 표현하고 남자의 답을 요구한다. 그렇지만 그 아이디어는 그녀의 세이크럴이 아닌 머리에서 나왔으므로, 그는 정말 그녀가 그렇게 하고 싶은지 다시 물어봐야 한다. 그녀의 세이크럴이 '음음'(부정) 하면, 원래의 아이디어를 재검토하거나 새것을 찾아 다시 시작해야 한다. 이것이 제너레이터들의 사업 또는 여러 사람과의 관계에서, 궁극적으로 기쁨과 만족을 서로에게 가져올지를 결정하는 방법이다. 제너레이터들이 올바르게 관계를 시작했다면, 끝이 날 때에도 죄책감이나 비난 없이 해결될 것이다. 잘못 시작했으면 제대로 끝날 수 없고, 남겨진 상처는 7년이 되어야 치유된다. 그 상처는 미래의 모든 인간관계를 부정적으로 조건화시킬 수 있다. 제너레이터에게 성공의 비밀은 반응을 통해 자신에게 맞는 관계를 시작하고 발전시키는 것이다.

제너레이터 어린이들

제너레이터 어린이들이 그들의 세이크럴에서 나오는 소리로 '아하!'(긍정) 또는 '음음'(부정)이라고 하면 버릇없다는 소리를 듣는다. 그들은 소리를 내지 못하게 억압당하고 대신 말로 표현하도록 배운다. 그러한 일은 세이크럴의 진리를 향한 문이 닫히고 자기 사랑과 자기존경의 발전을 파괴하는 것이다. 부모들은 어린이들의 세이크럴 반응소리를 존경하고 북돋아주어야 한다. 제너레이터 어린이들은 그들의 세이크럴 에너지가 다 떨어져 침대에 쓰러질 때까지 바쁘게 활동하도록 디자인되었다. 피곤하지도 않은데 낮잠을 자도록 하는 것은 저항을 부르고 모두에게 곤란함을 가져온다. 깨닫고 이해하는 부모들은 제너레이터 어린이들의 내적 리듬과 에너지를 알아차리는 섬세함을 기를 수 있을 것이다.

제너레이터의 낫셀프 행동 유형

매니페스터처럼 사는 제너레이터의 모습은 이들이 좌절하고 만족스러워하지 않는 상태를 통해 쉽게 알아볼 수 있다. 어릴 때부터 제너레이터들은 '나가서 무언가 해봐라'라는 소리를 들으며 자란다. 그러나 제너레이터가 먼저 개시하면 에너지는 정체되고 앞으로 나아가지 않는다. 그것을 만회하기 위하여 마음은 계속 밀고 나가거나 자신들이 바라는 바를 놓지 않으려 하므로, 만족을 찾기는커녕 시작한 것을 끝내지도 못하게 된다. 이들은 만족 없이 지치기만 하고 일에서 의미를 찾지 못하며, 이들의 교류는 성취나 만족감을 주지 못하고 인생이 제대로 펼쳐지지 못한다. 이 시나리오는 왜 이들이 쉽게 단념하는가를 보여주지만, 반응하기 위해 기다려야 한다는 것을 이들은 까맣게 잊고 있다.

많은 제너레이터들은 태어나서부터 자신의 원초적 소리를 억누르고, 생각에 불과한 오픈 센터의 낫셀프 논리에 의존하도록 조건화되었다. 제너레이터들은 만족스럽지 못한 낫셀프로서의 삶에 젖어 살아왔으므로, 이제 와서는 그것이 세이크럴의 반응을 되살리기 어렵게 한다. 이들은 자신의 반응을 알아차리지 못할 가능성을 두려워하고, 또한 반응이 불러올 변화를 두려워하기도 한다. 이들은 자기의 트루셀프로 사는 삶이 어떠한 모습일지 알아차리지 못한다. 예를 들어 여러 해 동안 채식주의자로 살아왔더라도, 이들의 세이크럴은 고기 먹자는 소리에 '아하!' 하는 반응을 할지도 모른다.

제너레이터는 기다리면서 모든 것이 그에 맞는 시간이 있음을 알아야 하고, 다가오는 어떠한 것에게도 반응할 수 있음을 알아야 한다. 예를 들어 생각으로는 무엇을 먹어야 할지 결정할 수 없다. 이들은 질문을 받거나, 메뉴에 무엇이 있는지를 알아 반응해야만 알 수 있다. 그것은 시작하는 사람들에게 특히나 중요하다. 스스로 묻거나, 거울 앞에서 스스로에게 말하거나, 스스로 써놓은 질문에 응답하는 것은 밖으로부터 다가오는 것에 반응하는 것과 같을 수 없다. 그러한 지름길의 방법은 제너레이터를 내적 진실로 이끌지 못한다. 효과를 얻기 위해서는 명료함을 위한 다른 사람들의 질문이 필수적이다.

제너레이터의 근본적 질문은 '질문을 받게 될까?' 또는 '내가 질문 받을 때까지 기다린다면, 무슨 일이 일어나긴 하겠는가?' 2가지이다. 다른 사람들의 질문을 유도하도록 디자인된 그들의 열려 있고 감싸는 오라를 이해하는 것은, 이들을 기다리고 지켜보게 만들며 긴장을 풀고 삶에 임하게 만든다.

제너레이터가 자신의 전략을 존중하기 시작하면 다음과 같은 걱정이 생길 수 있다.

- 아무도 묻지 않거나, 반응할 것이 아무것도 없을 것 같다는 걱정
- 미지에 대한 걱정
- 삶에서 아무 일도 생기지 않거나, 또는 생존이 위협받을 것 같다는 걱정
- 자기 삶을 통제할 수 없으리라는 걱정
- 실패에 대한 우려

제너레이터의 건강한 수면 습관

그날의 에너지를 다 쓰고 에너지 발생을 마칠 때까지 제너레이터에게 진정한 휴식은 없다. 지쳐서 잠자리에 든다면 그들은 더 깊은 잠을 자고, 아침에는 상쾌하게 일어난다. 그러나 매니페스팅 제너레이터는 지치기 전에 잠자리에 들어가는 것이 좋다. 침대에서 일, 독서, TV 시청 등을 하면서 에너지 발생이 끝나기를 기다리는 것이 좋다. 이들은 자신의 에너지가 진정될 수 있도록 해야 하지만, 여전히 계속해서 피로해질 때까지 움직인다.

지향하는 목표: 만족

제너레이터가 가장 원하는 것은 만족이다. 그들의 '마음'은 무엇이 깊은 만족을 가져올지를 알 수 없으나, '반응'은 쉽게 그것을 가져온다. 제너레이터에게 그들의 일과 인간관계에서 만족을 느끼는 것보다 보람 있는 것은 세상에 없다.

유명한 제너레이터들

제너레이터 | 달라이 라마(티베트 종교 지도자), 알버트 아인슈타인(독일 물리학자), 칼 구스타브 융(스위스 정신과의사), 모차르트(오스트리아 작곡가), 마리 퀴리(프랑스 물리화학자), 루치아노 파바로티(이탈리아 테너 가수), 더스틴 호프만(미국 배우·감독), 그레타 가르보(스웨덴 출신 미국 배우), 마

돈나(미국 가수), 엘비스 프레슬리(미국 가수·배우), 월트 디즈니(미국 만화영화 제작자), 앤서니 퍼킨스(미국 배우), 돌리 파튼(미국 가수·배우), 멜 깁슨(미국 배우), 메릴 스트립(미국 배우), 에디 머피(미국 배우), 로빈 윌리엄스(미국 배우), 셀린 디온(캐나다 가수), 개리슨 케일러(미국 작가), 람 다스(미국 명상가), 크레스킨(멘탈리스트), 자니 카슨(미국 방송인), 오프라 윈프리(미국 방송인), 엘런 디제너러스(미국 방송인), 폴 시몬드(국제에너지협회 사무총장), 트루먼 커포티(미국 소설가).

메니페스팅 제너레이터 | 마더 테레사(수녀), 빈센트 반 고흐(네덜란드 화가), 프리드리히 니체(독일 철학자), 알로이스 알츠하이머(독일 의사), 마리 앙투아네트(프랑스 왕비), 마타 하리(독일 스파이), 케이트 윈즐릿(영국 배우), 브루스 리(미국 태생 홍콩 배우), 찰리 채플린(영국 태생 미국 배우), 빌 코즈비(미국 코미디언), 베리 매닐로우(미국 가수·배우), 도널드 트럼프(미국 기업가·정치인), 톰 행크스(미국 배우), 엘튼 존(영국 가수), 빌리 조엘(미국 가수), 리자 미넬리(미국 가수·배우), 앤젤리나 졸리(미국 배우), 니콜 키드먼(미국 배우), 알로 거스리(미국 가수), 시드니 포이티어(미국 배우), 귀네스 팰트로(미국 배우), 릴리 톰린(미국 배우), 존 덴버(미국 가수).

The Projector
프로젝터

집중하고 흡수하는 오라

낫셀프 테마: **씁쓸함/비통함**
전략: **초대 기다리기**
지향: **성공**

프로젝터 타입

프로젝터의 바디그래프에서는 2가지가 눈에 띈다. 첫째는 미정의 세이크럴 센터이고, 둘째는 스로트 센터에 모터가 연결되지 않았으므로 그들에게는 내재된 현시나 반응의 잠재성이 없다는 것이다. 계속되는 현시나 생성의 에너지가 없으므로 그들은 리플렉터와 함께 비에너지 타입으로 분류된다. 이 두 타입은 에너지에 대한 경험을 이용하여 에너지 타입(매니페스터, 제너레이터)들의 생산성을 잘 이해한다. 프로젝터의 차트는 작게는 2개, 많게는 8개의 센터가 정의된다. 그들은 인구의 21% 정도를 차지한다.

개요

프로젝터는 1781년 이후 지구에 나타난 새로운 에너지 타입의 원형을 보여준다. 휴먼디자인의 소개 이전에는 프로젝터가 그들의 독특한 역할이나 오라의 장을 이해할 방법이 없었다. 지난 세기의 후반부까지도 매니페스터와 제너레이터들이 세상의 주도적인 역할을 담당하였다. 하지만 미래에는 프로젝터들이 지도자의 새로운 길을 보여주는 중요한 위치에 있게 될 것이다. 그것은 에너지 타입들이 프로젝터의 가능성을 인정하고 도와주어, 프로젝터들이 그들을 안내하도록 초대할 때에 일어난다. 매니페스터는 과정을 자유롭게 개시하고, 제너레이터는 창조적 건설자로서의 본성에 자신을 다시 맞춤으로써 시작하듯이, 프로젝터는 새로운 질서의 관리자로 등장할 것이다.

프로젝터의 집중하고 조사하는 오라는, 사람들의 에너지 수준과 더 깊고 다양하게 교류하는 것이 다른 세 타입의 오라들과 구별된다. 그러나 이들의 영민함과 다른 사람들의 에너지와 기대를 받아들이는 열림을 가지고 있기 때문에 이들은 매니페스터와 제너레이터를 효과적으로 흉내 내는 과정에서 스스로의 정체성을 잃어왔다. 프로젝터가 본래의 중요하고 정당한 자기위치를 회복하기 위해서는, 자신들의 독특한 모습의 복잡함을 이해하는 것에서부터 시작해야 한다.

프로젝터는 다른 사람들의 에너지를 파악하여 흡수하고, 역동적으로 맛보는 오라와 함께 일반적으로 삶을 수용하는 태도를 가진다. 이들은 큰 그림을 보는 능력과 함께 다른 사람들의 능력과 재주를 알아차리며 사람들을 모으는 역량이 있기 때문에, 훌륭한 조언가, 관리자, 사회자와 조정자 역할에 탁월하다. 그들은 뛰어난 조직가일 수 있으며, 다른 사람들이 놓치는 것을 찾아내어 다른 사람들의 에너지를 극대화시키는 방법을 찾는 일에 능통할 수 있다. 그러나 그들이 다른 사람들의 에너지를 잘 이해한다고 해서 다른 사람들에게 이래라저래라 할 수 있다는 것은 아니다. 지구에서 그들 역할의 독특한 부분은 적절한 질문을 하는 방법을 앎으로써 다른 사람들을 안내하는 것이다. 프로젝터는 외교에 타고난 재주가 있으며, 그것은 잘 교육받아야 가능하다.

프로젝터는 자연적으로, 타입들의 위계에서 높은 자리로 오르는 중이지만 아직도 갈 길이 멀고, 함께 일해야 할 매니페스터와 제너레이터들이 깨어 있고 자각이 있는가에 많은 부분을 의존한다. 프로젝터는 일반적으로 자기 자신보다 다른 사람들의 디자인에 좀 더 많은 관심이 있으며, 개인과 그룹을 좀 더 잘 이해할 수 있고 사람들이 함께 좀 더 능률적으로 일할 수 있는 방법을 알려주는 어떠한 시스템을 찾고 있다.

인정받음은 프로젝터의 전략이 세상과 결정권에 연결되는 것을 이해하는 열쇠가 된다. 제너레이터의 반응이 프로젝터에게는 인정받음이라고 할 수 있을 것이다. 전략적인 인정받음의 힘이 이들의 영역을 결정하고, 적절한 초대를 선택함으로써 그 영역을 유지한다. 다른 사람들로부터 자신에게 가용한 것이 무엇인지를 인식하는 능력, 그리고 다른 사람들로부터 그들의 독특한 재능을 인정받아야 하는 필요, 둘 다 이들의 오라가 연결하기 위해 디자인된 특정적 방식의 부분이다. 프로젝터의 오라는 '나는 초대받을 준비가 되어 있다'라고 다른 사람들의 초대를 유발하므로 사람들의 왕래를 빈번하게 한다. 공식적인 초대로 하는 인정은 다른 타입들이 프로젝터를 존중하고 북돋아주는 방법이다.

제너레이터처럼 기다림은 프로젝터 전략의 특질이지만, 분명한 대답은 세이크럴의 반응처럼 바로 알아낼 수 있는 것은 아니다. 이 미묘한 차이를 좀 더 분석하기 위하여 다음의 세 부류로 프로젝터를 분류한다.

프로젝터의 세 부류

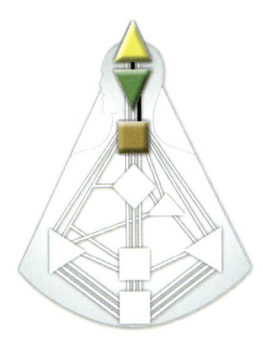

멘탈 프로젝터 | 멘탈 프로젝터는 정의된 헤드 센터, 아즈나 센터, 스로트 센터의 조합으로 나타나지만, 스로트 센터 아래는 정의된 센터가 없다. 이들은 열린 디자인을 가지고 있고, 마음에 많이 의지한다. 이들은 모든 미정의 센터를 통하여 주변과 변화하는 에너지를 잘 감지한다. 멘탈 프로젝터는 외적 결정권의 원형으로, 그것은 다른 사람들을 안내하고 가치 있는 정보를 제공함을 말하며, 이들은 강하고 민첩한 자신의 마음이 삶의 결정권이 될 수 없음을 이해하기 힘들다. 멘탈 프로젝터가 결정의 명료함을 얻기 위해서는 다른 사람들의 반응을 살펴 듣는 것이 도움이 된다. 이들의 환경은 결정에 매우 큰 영향을 미칠 수 있으므로, 환경이 어떻게 영향을 주는지 알아차리는 것도 중요하다. 매우 열려 있고 조건화에 예민한 이들의 디자인으로서는, 다른 사람들의 자극을 이해하는 것 또한 중요한 도구가 된다. 다른 사람들의 디자인을 공부함으로써 이들은 자신의 과정과 어떠한 차이가 있는지 이해하기 시작한다. 이들이 깨어나고 자각함으로써 이들의 전략이 유용해지는 것이다.

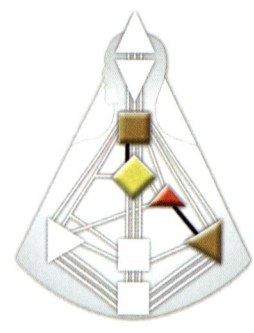

에너지 프로젝터 | 에너지 프로젝터는 세이크럴 센터를 제외하고 1~2개의 모터가 정의되어 있다. 그들은 자신의 결정권에 깊은 주의를 기울이는 것이 필요한데, 그것은 다른 사람들이 빈자리나 일의 완료를 위하여 그들의 에너지에 접근하려 하므로 사람들의 초대에 특별히 신경을 써야 하기 때문이다. 이들은 정의된 모터에 쌓인 에너지를 발산해야 하지만, 그것은 자신들이 즐기는 일을 하거나, 적절하게 요청되고 인정받는 일을 위해 쓰여야 한다. 이 여벌의 에너지가 프로젝터에게 2가지 유혹을 만들어낸다. 첫번째, 단순히 그 압박을 벗어나려고 어떤 일을 개시하려 하며, 둘째는 좀 더 나은 효과와 성공을 위해 과정을 이끌어 가기보다, 단순한 노동자로서 행동해야 하는 약속을 무심결에 한다는 것이다.

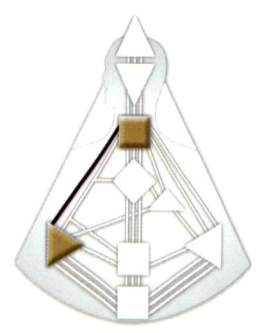

전형적 프로젝터 | 이들은 스로트 센터 아래에 모터는 아니지만 정의된 센터를 가지고 있다. 디자인에 정의된 모터가 없으므로 다른 사람들의 모터로부터 나오는 에너지를 알아차릴 수 있고, 누가 그들에게 맞는지 쉽게 구별할 수 있다. 그것이 이들에게 어떠한 초대를 수용할 것인지 객관적이고 까다롭게 구별할 수 있는 가능성을 부여한다. 예를 들어 이들은 정의된 세이크럴 센터의 창조적인 생명력을 증폭시키고 받아들여 경험할 수 있다. 그것은 신나는 일일 수는 있겠으나, 자칫하면 그 영향의 해로운 주파수에 집착할 수 있다. 마치 독을 마신 듯 이들의 힘을 빼버리고 육체적·정신적 건강에 해를 줄 수 있는 것이다. 모든 프로젝터의 결정은 그들에게 힘을 주거나 아니면 노예화하는 에너지에 연결해주는 것이므로, 그들에게 다가오는 모든 힘의 순수성을 알아차리는 것은 그들의 전반적 건강에 매우 중요한 것이다.

모든 프로젝터

모든 프로젝터들이 겪는 난관은 초대를 기다려야 하는 것이다. 관리자와 안내자로서의 목적 달성을 위하여 그들은 초대받고 인정받기를 바라고, 그리되어야만 한다. 프로젝터들의 개인적 성공은, 프로젝터의 능력을 인정해주고 자신들의 넘쳐나는 에너지를 나눠주면서 함께 일하고자 하는 사람들을 주변에 두어야 가능하다.

자신들의 진정한 모습이 아니고, 오직 다른 사람들의 기대를 충족시키고자 어떠한 인정이라도 받으려는 낫셀프 프로젝터의 노력은, 자신을 혼란스럽게 하거나 해로울지도 모르는 사람에게 집착하게 만들 수 있다. 건강한 프로젝터는 자신의 모습과 스스로의 약점까지도 알아차려, 위와 같은 함정을 피하는 사람들이다. 이들이 외부의 무분별한 인정에 더 이상 의존하지 않는다면, 진정한 프로젝터의 인식력은 이들 본래 전략 안의 올바른 자리로 되돌아갈 것이다.

프로젝터에게 가장 기본적이지만 필수적인 인식력은, 자신의 길과 목적에 맞게 정렬하도록 유지시켜주는 사람들을 선택하여 친밀한 범위 안에 들이는 것과 연관된다. 프로젝터는 다른 사람들의 센터를 깊게 침투하도록 디자인되어 있고, 다른 사람들의 에너지와의 연결 없이는 목적을 달성할 수 없으므로, 자신을 진정으로 인정하는 사람들을 고르는 것이 필수적이다.

좀 더 넓은 범위의 공동체와 관계를 맺을 때에도 마찬가지이다. 예를 들어 당신이 클래식기타 연주자라면, 로큰롤 팬들을 위해 클래식 콘서트를 열지는 않을 것이다. 초대가 없이는 프로젝터의 귀한 능력은 허비되고 인정받지 못하며, 그들은 쓰라린 경험만을 가지고 돌아갈 것이다. 아무리 많은 돈도 당신이 잃은 것을 보상하지 못할 것이다.

프로젝터가 인정받을 때 얻는 기쁨과 인정받지 못할 때 느끼는 괴로움은, 다른 어떤 것으로 대신할 수 없다. 프로젝터가 먼저 나서서 다른 사람들이 자신을 알아주기를 바라게 되면, 요구가 많고 쉽게 만족하지 않는 사람으로 보이게 된다. 다른 타입의 사람들은 이것을 알아차리게 되면 거부반응을 보인다. 먼저 나서서 시작함으로써 프로젝터는 자신의 힘을 다른 사람들에게 줘버리는 것이 되고, 그것이 자신을 불리하게 만든다. 처음부터 이들을 인정하지 않는 가족 관계에서 이러한 일은 자주 일어난다. 힘을 다시 되찾기가 처음에는 어렵다. 그것을 위해서는 초점을 바꾸고 스스로의 능력에 바탕을 둔 그들의 오라 메시지가 충분히 받아들여질 때까지 기다려야 한다. 그것이 주변 사람들에게 그들의 능력을 인정하고 그들을 초대하게 하여, 전반적인 교류의 바탕을 바꾸는 길이다.

프로젝터의 전략: 초대를 기다림, 인정받기

프로젝터는 잘 드러나도록 디자인되었다. 그들은 늘 눈에 띄지만, 정말 어떠한 점이 관심을 받는지 스스로 물어보아야 한다. 진정한 능력이 인정을 받는지 아닌지를 말이다. 진정한 모습을 인정받으면, 그들은 의심의 여지없이 스스로 알 수 있다. 프로젝터의 전략과 결정의 과정은 인정을 기다리고 초대받는 것이다. 인정과 초대는 침묵으로부터 나온다. 프로젝터들이 조용한 기다림을 준비의 완료로 알아차릴 때, 자신의 오라가 다른 사람들을 끌어들여 인정하게 하는 것을 지켜볼 수 있을 것이다. 프로젝터가 맞게 인정되어 초대받는다는 것은, 마치 이들이 안무를 짜야 할 트랜짓 에너지로 가득해진 것과 같이 이들의 재능과 숙련에 권한이 부여된 것이다. 그들이 연결되고 관리할 에너지가 그들을 통하여 흐르는 것이다. 그것은 그들의 에너지는 아니지만, 초대가 계속되는 한 그 잠재성을 활용하여 다른 사람들에게 도움을 줄 수 있다.

초대를 기다리는 것은, 반응을 통해 매 순간 삶의 방향을 바꿀 수 있는 제너레이터의 전략과는 조금 다른 특질을 가지고 있다. 프로젝터의 기다림은 정확히 말해 좀 더 공식적이고 장기적인 초대를 말한다. 그들은 '투자자'가 그들의 특별한 능력을 인정하여 초대하는 것을 기다린다 — 많은 보상을 기대하며! 그 초대는 프로젝터가 투자자로부터 시작되는 생성력과 재원에 접근하게 한다. 그것이 그들의 천재성이 힘을 받고, 그들이 인생에서 성취하고자 하는 목적인 성공을 경험하는 길이다. 제너레이터와 프로젝터 사이의 교류는 피차 상대방이 없으면 목적을 달성할 힘이 없으므로, 서로 필요하고 상호의존적인 관계다.

일반적으로 투자자의 초대는 사랑, 직업, 교류, 사는 장소라는 4가지에 해당된다. 일단 초대를 받아들이면, 프로젝터는 초대된 범위 내에서 그들이 쓸 수 있는 재능을, 투자자가 그 역할을 유지하는 한 마음대로 사용할 수 있다. 이것은 몇 주, 몇 달, 몇 년, 또는 그 사람 평생 동안일 수 있다. 그중에 어떠한 장기적 계약/약속을 위해서도, 프로젝터는 의도적이고 고의적으로 그들의 전략과 결정권을 따르는 것이 필요하다.

그 다음 중요한 단계는 선택에 신중해지는 것이다. 초대를 받아들인다고 해서 항상 옳은 선택인 것은 아니다. 그들의 결정권이 정당한 에너지 교환으로 그들을 이끌 것이다. 각 프로젝터의 결정 과정은 서로 다르며, 맞는 초대를 알아내는 가장 좋은 방법은 결정할 때에 맞닥뜨리는 저항의 수준을 아는 것에 달렸다. 시간이 지나면서 자신을 더 잘 파악하게 되고, 적절한 초대를 알아차리는 능력도 향상되며 그 과정도 섬세해진다. 프로젝터가 인정되고 초대받으면 갑자기 다른 사람들의 믿을 만한 에너지에 접근 가능하고, 그것은 프로젝터의 능력과 외적 결정권을 향상시킨다. 인내심을 가지고 조심스럽게 살펴보는 것이 다시 키포인트가 된다.

모든 초대에는 유효기간이 있다. 초대가 그 힘이나 열정을 잃을 경우란, 그 초대가 취소되었거나, 일이 끝났지만 미처 알아채지 못하는 경우일 것이다. 프로젝터는 돈, 흥미, 후원, 적절한 시간의 느낌이 전과 같지 않음을 느낄 것이다. 그 순간에는 초대의 상황을 투자자와 분명하게 논의하는 것이 도움이 될 것이다. 일단 프로젝터가 자신의 힘에 정렬한다면, 프로젝터는 자기의 오라로 말을 대신할 수 있다. 조용히 기다리는 것은 다른 사람들로부터 합당한 초대를 받아내는 가장 효과적인 방법이다. 인정받음에 바탕을 두지 않은 사람이나 초대는 서서히 떨어져 나간다. 프로젝터가 자신의 내밀한 마술적 작용을 믿는다면 자기 스스로를 초대할 필요는 없으며 기회는 스스로 찾아온다.

프로젝터가 그들 오라의 신성함을 이해한다면 이들은 그것을 가꾸고 보호할 수 있다. 그것은 자기 집에 다른 오라로부터 자유로운 공간을 만들어, 그날 받은 다른 사람들의 오라 에너지를 털어내고 쉴 수 있는 공간을 만드는 것으로부터 시작한다. 홀로 잠을 자는 것은 인류의 70%가 세이크럴 센터의 모터 에너지를 가지고 있으므로 역시 중요하다. 깊고 편히 잠들기 위하여 프로젝터는 먼저 자기들이 받아들인 여분의 에너지를 털어내는 시간이 필요하다. 삶에서 행동과 휴식의 균형을 유지하는 것은, 언제가 충분한 때인지를 알고, 다른 사람들로부터 받아들인 에너지의 잔재를 내보내기 위해 홀로 있어야 할 시간을 아는 것에 달려 있다.

감정적 결정권의 프로젝터

프로젝터들은 오랫동안 초대를 기다려왔으므로, 감정적 프로젝터라 할지라도 다가오는 첫 번째 기회를 바로 받아들이는 경향이 있다. 불행하게도 기분이 좋을 때는 대단한 초대 같은데, 감정이 가라앉으면 한심한 약속이 되기 쉽다. 우리는 누가 직업이나 모임에 초대하면 곧 친절하게 답하도록 조건화되어 있다. 또한 감정적 프로젝터에게 더욱 혼란스러운 것은, 그들이 다른 사람들의 에너지 장에 엉키기 쉽다는 것이다. 이들은 기다려서 의논하고, 또 기다려 의논하는 반복이 필요하다. 사실 기다리면 더 좋은 초대가 올 수도 있다. 감정적 프로젝터의 전략은 그저 하루나 이틀 기다려보자고 하는 것이다. 그래도 분명해지지 않으면 미안해하지 말고, 시간을 더 달라고 하거나 상세한 설명을 요구함이 좋다. 일이 명확해질 때까지 기다리면서, 프로젝터들의 오라가 다른 사람들로 하여금 어떻게 새로운 요청을 하게 만드는지를 지켜보는 것도 좋다.

프로젝터의 대인관계

성공적 교류를 위해 프로젝터는 인정받고 정식으로 초대되어, 그 일에서 중요한 역할이 주어져야 한다. 인정받지 못하거나 환영받지 못하면, 의존적이고 약한 위치에 서게 되어 쓸쓸하게 되고 삶과 교류가 즐겁지 않게 된다. 모든 타입이 그렇듯 처음 시작을 잘해야 한다.

프로젝터 어린이

매우 예민한 프로젝터 어린이에게는 부모가 그들의 에너지 작동방식을 의도적으로 가르치는 것이 매우 중요하다. 어릴 때부터 어린이에게 건강한 사람들의 에너지를 다룰 줄 알도록 가르치는 것이 그 일부이다. 프로젝터 어린이에게 스스로를 알고, 다른 사람에게 인정받는 것과 올바른 초대를 받는 것이 어떤 느낌인지 가르치는 것이 프로젝터 어린이를 성공의 길로 이끈다. 그것이 그들이 전략과 결정권을 연습하고, 프로젝터의 독특함을 수용하는 용기에 필요한 모든 것이다.

프로젝터 어린이를 알아주고 초대하는 부모는, 이들의 진정한 모습이 가진 힘을 느끼고 표현하며 개발하는 기회를 주는 것이다. 수용하는 청중을 기다리고 알아차리도록 배우는 어린이는 자라서 잘 적응하는 어른이 되고, 이들이 초대될 때 세상에 명료함과 진정함의 능력을 표현할 것이다.

감정 프로젝터 아이들도 물론 초대받아야 하나 순간적 결정의 압박을 조금도 받아서는 안 된다. 그래야 그들에게 감정 파동을 겪을 기회를 주게 된다. 프로젝터 아이들은 인정받는 공동체 안에 있을 때 성숙하고 번성할 것이다. 만약 그들이 미처 준비도 되기 전에 초대를 수락하거나 결정을 내리도록 압박을 받는다면, 그들은 쉽게 혼란스럽고 소침해지며, 성공은 멀어지게 된다.

프로젝터의 인정과 낫셀프

프로젝터는 자신의 타입을 듣는 순간 '초대'라는 키노트에 공감하게 된다. 그 순간 그동안 자신이 초대하는 사람이었음을 알아차린다. 불안과 초조로 인해 그들은 자기가 받기 원하는 것을 다른 사람들에게 해왔으며, 자연히 저항이 생겼던 것이다. 평생 인정과 초대를 받지 못했다고 느끼면, 프로젝터는 그들에게 진지한 관심을 표명하는 사람들에게까지도 비판적이게 된다.

프로젝터가 다른 사람들의 에너지를 갈구하게 되면, 그들은 불리한 조건을 쉽게 받아들이기 쉽다. 적절한 인정과 요청을 받으면, 프로젝터는 능력을 발휘해 스스로의 가치를 높이게 된다. 예를 들어 누군가 감정 프로젝터에게 '느낌을 통한 당신의 결정 과정이 마음에 든다'라고 하면 그들은 제대로 받아들여진다고 느낀다. 이것이 프로젝터에게 순수한 에너지에 접하게 하고, 그들의 현명한 조언과 안내를 받아들일 사람을 만나게 하는 것이다.

적합하게 초대된 일이 끝나거나 취소되면, 프로젝터의 역할은 끝나게 된다. 다른 사람들에게서 더 이상 에너지를 공급받지 못하는데도, 이들의 낫셀프는 당황하여 일을 놓아버리지 못할 수 있다. 이들의 낫셀프는 전략을 세우거나 오라 장을 만드는 데에 능숙하지 않아서, 요청이 끝난 것을 모르고 다른 사람들에게 매달리며 자신을 증명하려 하거나, 적절하지 않은 요청에 응하게 되기도 하고, 다시는 초대받지 못할까 전전긍긍하게 된다.

프로젝터는 다른 사람들을 이해함으로써 스스로를 알게 된다. 인정과 관심을 받기 위해 먼저 다른 사람들에게 접근한다면 저항에 부딪힐 수 있다. 모든 타입이 그렇듯이 프로젝터도 자신의 근본적 어젠다와 숨겨진 기대를 알고 있어야 한다.

프로젝터는 매우 강력한 지적 능력을 가지고 있어서 정보 수집과 공부하기를 즐긴다. 그렇기 때문에 그들은 미정의 센터의 낫셀프 전략을 통해, 스스로의 삶과 주변 환경을 통제하려는 생각에 깊게 조건화되기 쉽다. 그들은 원하는 삶을 가지지 못하리라는 느낌 때문에, 자신이 생각하기에 가능한 정도의 직업이나 인간관계에 대충 머무르는 데에 그치기 쉽다. 머무르려는 것은 프로젝터에게 심각한 문제이며, 신경 써야 할 것이 많을수록 더욱 그러하다.

프로젝터의 건강한 수면 습관

미정의 세이크럴 센터를 가진 프로젝터는 완전히 지치기 전에 잠자리에 드는 것이 최선이다. 잠들기 전, 1시간 정도를 눕거나 쉬어 몸이 풀어지고, 다른 사람들의 에너지를 오라에서 털어내어 평화롭고 신선한 휴식을 준비함이 좋다.

지향하는 목표: 성공

성공은 프로젝터의 씁쓸함/비통함을 털어내고 만족감을 극대화시킨다. 다른 사람들의 독특함과 가능성을 알아내고, 맞는 질문으로 그들을 안내하는 것이 프로젝터의 재능이다. 적절한 질문이 개인의 독특한 진리를 깨우치게 하며 궁극적인 자각의 길을 열어준다. 성공은 또한 비에너지 타입으로도 아무런 문제가 없는 자리에 도달하는 것을 뜻하기도 한다. 적당한 보상과 에너지가 수반되는 정중한 초대를 기다리는 것이, 프로젝터 인생의 중요한 결정에 대한 맞는 전략이 되며, 그리하여 무리하거나 정신적·육체적 파탄이 생기지 않도록 할 수 있다. 성공에서 성공으로 나아감으로써, 프로젝터는 그들의 한정된 에너지를 효과적으로 쓰는 방법을 터득한다.

유명한 프로젝터

넬슨 만델라(남아프리카공화국 정치인), 존 F. 케네디(미국 정치인), 엘리자베스 2세(영국 여왕), 피델 카스트로(쿠바 정치인), 이오시프 스탈린(러시아 정치인), 카를 마르크스(독일 경제학자·철학자), 오쇼 라즈니쉬(인도 사상가), 믹 재거(영국 가수), 바브라 스트라이샌드(미국 가수·배우), 마릴린 먼로(미국 배우), 우디 앨런(미국 영화감독), 스티븐 스필버그(미국 영화감독), 다이애나(영국 왕세자비), 토마스 고트샬크(독일 방송인), 베르톨트 브레히트(독일 작가), 랠프 네이더(미국 사회운동가), K. D. 랭(캐나다 가수), 커스티 앨리(미국 배우), 우피 골드버그(미국 배우), 조지 클루니(미국 배우), 존 본 조비(미국 가수), 데미 무어(미국 배우), 덴젤 워싱턴(미국 배우), 골디 혼(미국 배우), 론 하워드(미국 영화감독·배우), 멜리사 에서리지(미국 가수), 캐서린 헵번(미국 배우), 조쉬 그로반(미국 가수), 다이앤 키튼(미국 배우), 링고 스타(영국 가수), 캔디스 버겐(미국 배우), 셜리 맥클레인(미국 배우), 버락 오바마(미국 정치인).

The Reflector
리플렉터

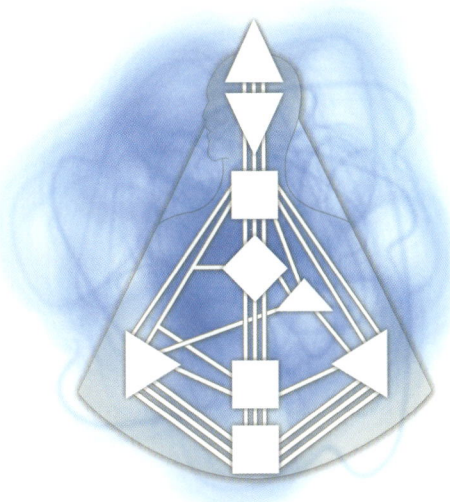

샘플링 오라

낫셀프 테마: **실망**
전략: **달 주기를 기다림**
지향: **경이로움**

리플렉터 타입

9개 센터가 모두 열려 있으므로 리플렉터의 바디그래프는 쉽게 구별된다. 그들은 고정된 정의는 없고 정의된 게이트가 있다. 그 게이트들은 상응 게이트의 다른 사람들 오라나, 통과하는 천체(행성이나 별의 트랜짓)에 연결되었을 때 채널을 일시적으로 만든다. 다른 타입들과는 매우 다른 리플렉터의 에너지 경험 과정은, 그들이 다른 법에 의해 살고 있음을 보여준다. 그들은 여러 가지로 매우 독특하며 인류의 1% 정도를 차지한다.

개요

그들은 유일무이하다. 독특한 관점을 가지고 있고, 비교적 눈에 띄지 않는 오라를 가지고 있지만 동시에 역할 면에서는 비범하다. 그들은 우주적 환경과, 인간에게 미치는 뉴트리노(중성미자)의 영향에 특별하게 조율되도록 태어났다. 마치 석탄 광산의 카나리아 새처럼 그들은 어느 때나 상관없이 환경의 질을 맛보고 반영하고 판단한다. 리플렉터는 별들의 운행에 매우 잘 조율되어 다른 사람들의 조율까지도 측정할 수 있다. 그들은 누가 진정한 모습으로 살고, 누가 천체의 통과에 의해 조건화되고 그 희생자가 되는지를 느낀다. 행성들의 통과에 의한 조건화가 많아질수록, 사람들은 그들의 독특한 가능성을 살리기 어렵게 된다. 리플렉터는 누가 주체적인 삶에 준비되어 있는가 알 수 있다. 그들은 환경, 공동체, 그룹의 육체적·영적·감정적 건강을 느낄 수 있고, 무슨 일이 제대로 되는지 아닌지 판단하려고 세상에 태어났다. 사람들이 깨어나 자각하게 되면, 리플렉터는 그들의 표본 찾기 결과를 반영하고 나눌 준비가 되어 있다. 이것이 리플렉터가 사회의 중심으로 드러나기 시작하는 과정이다.

리플렉터는 다른 사람들의 에너지를 높여주고 살리려고 태어났다. 독특한 방법으로 리플렉터들은 다른 사람들의 에너지를 확대, 반사시켜 되돌려 줄 수 있다. 그 독특한 소질이 그들을 비판적이지 않으면서도, 다른 사람들을 날카로운 안목으로 자각할 수 있도록 해준다. 그들의 부드럽고 튀지 않는 오라는 또한 그룹을 만드는 과정에 탁월한 조정자로 되게 한다. 이 모든 것은 그들이 주변의 획일화된 세상에 의해 부풀려지지 않고, 제대로 살 수 있을 때에 가능한 얘기다.

요즘에 보이는 리플렉터의 많은 기질들이, 우주와의 조화 속에서 자연의 흐름에 따라 공동체를 이루고 살았던 인류 태초의 모습을 보여준다. 세월이 흘러 그들의 자연적 생존 방식은, 강압적이고 전략적인 정신적 진보에 의해 조직적으로 대체되어왔다. 일단 정신적 작용이 우세해지자, 지배에 따른 위계질서가 만들어지고, 드러나지 않는 리플렉터는 거기에서 빠지게 되었다.

그러나 궁극적 정의를 원하는 리플렉터는 자연스럽게 새로이 나타나는 위계질서에서 절묘한 역할을 담당하게 될 것이다. 조용한 오라로 그들은 인류가 스스로에게 가하는 불의를 드러내 보여주며, 여러 타입 가운데에서 중심의 위치에 서게 될 것이다. 그들은 2027년 이후에 태어날 영적 자각의 존재들을 위해 인류가 평화롭고 평등하게 협동하는 공동체를 이룩하도록 돕기 위해 태어났다. 리플렉터가 그들의 위치에서 그 역할을 다하기 위해, 다른 3가지 타입은 자각된 진지함으로 리플렉터의 판단과 접근을 허용해야 한다.

매니페스터, 제너레이터, 프로젝터는 태양 타입이고, 그들의 목적은 그들을 통하여 '빛'난다. 유일한 달 타입으로서, 리플렉터는 태양의 프로그램을 반영하여 그 뉴트리노의 디자인 과정을 따라 작동하도록 만들어졌다. 달과 같이 리플렉터의 빛은 은은하지만 대단한 영향력을 행사하며, 특히 다른 사람들이 알아볼 때 더욱 그러하다.

　리플렉터의 열려 있는 9센터는 주변의 주파수들을 증폭시켜 맛을 보거나 또는 감지할 뿐만 아니라 표본을 추출한다. 이렇게 하므로 리플렉터들은 주변의 사람들과 모든 것에 정말로 무슨 일이 벌어지고 있는가를 알 수 있는 잠재성을 가지고 있다. 이는 다른 타입은 할 수 없는 독특한 이들만의 역량이다. 완벽한 평정심으로 모든 것을 거울처럼 비추는 이들의 잠재성은 열려있음을 지혜를 향한 또 하나의 창으로 만들 수 있게 한다. 하지만 그 모든 열려 있는 센터들이 이들을 다른 타입들보다 더 무방비로 만들지는 않는다. 사실 그들은 저항하고 맛보는 오라로 보호되어, 네 타입 중 오히려 가장 유연한 모습을 보인다. 이 독특한 오라는 그들을 주변의 주파수에 깊숙이 빠져들지 않고 변화하는 상황을 비추어준다. 이 특별한 재능은 낫셀프 세상의 획일화된 조건화를 벗어나, 자기 자신의 독특함으로 살고자 하는 사람을 만났을 때 그것을 알아차릴 수 있게 한다.

　리플렉터가 그들 자신의 디자인을 정확히 알고 사회의 조건화에 굴복하지 않는다면, 그들의 오라는 어떠한 동일화의 요구로부터도 자신을 보호할 것이다. 그들은 그 과정을 잘 알아차리고 지혜롭게 열린 마음으로 조용히 있을 것이다. 주변에서 무언가 이상하고 부조화의 상태를 발견하는 것이 그들이 가진 재능이다. 천체의 움직임, 특히 달의 움직임과 끊임없이 연결되는 그들의 심오한 능력은, 우리들 대부분이 알 수 없는 신비로운 삶을 그들에게 제공할 수 있다. 다시 말해, 이들은 비범한 열려 있음으로 끊임없이 의식의 장을 여과하여 우리 모두가 지구적 의식을 이해하고 참여하도록 하는 열쇠 역할을 한다. 그들은 사실 전체를 맛보고 그와 하나가 되기 위해 여기에 있다.

　리플렉터는 스스로를 아는 것이 필수적이지는 않다. 또한 그들의 영향력에 대해 큰 관심도 없다. 그들에겐 매일매일이 다르기 때문에 가장 중요한 물음은 '오늘은 어떨까', '좋은 일이 있을까?, 아니면 별 볼 일 없을까?'이다. 자기 자신으로 산다면, 그 삶은 자유롭고 매 순간 경이로움이 넘치는 것이 된다. 리플렉터의 진정한 마술은 매일 새로운 경이로움으로 표현되고, 늘 새로운 것이 더 있다는 느낌으로 나타난다. 불행하게도 대부분의 리플렉터들은 스스로를 모르고, 다른 사람들의 이해도 부족하여 자기 자신으로 살아가지 못한다. 자주 세상의 냉대와 오해로 실망하게 되어 그냥 사회에 맞추어 살아간다. 이들이 스스로의 독특함을 받아들이고, 외부의 영향(또는 자신이 반사하는 것)으로부터 자신을 지켜가기 시작하면, 서서히 주변의 혼란으로부터 벗어날 수 있을 것이다. 그들은 소외되어 투명인간인 양 느껴지지 않고 사회에서의 중심 위치를 받아들이게 될 것이다.

리플렉터에게는 장소가 행복의 열쇠이다

리플렉터에게 유난히 필요한 것은 공동체나 그룹의 중심에서 자유롭게 주변 사람들을 샘플링sampling하고 오라적 정보를 반영하는 것이다. 그곳이 그들의 목적 달성에 적절한 장소이다. 그들은 다른 사람들을 수용하여 진실을 반영하고, 선악에 대한 대부분의 구별이 그냥 다양함의 표현이라는 것을 우리에게 가르쳐준다. 그러기 위하여 이들의 행동은 주변으로부터 자유로워야 하며, 또한 그들의 반향이 효과가 없다고 느끼면 자유로이 떠나야 한다. 이들은 다른 타입들과는 다른 틀 아래 산다. 리플렉터는 다른 북소리에 맞추어 행진하며, 그것을 알기 위해서는 위치와 목적을 존중해야 한다. 가족처럼 느껴지는 맞는 공동체를 찾아 무엇을 할지 아는 것은, 리플렉터가 맞닥뜨려야 할 가장 중요한 결정 중 하나이다. G센터가 미정의이니 정의된 G센터의 사람들이 새로운 사람들과 장소를 안내해주길 기대할 수 있을 것이다. 그러나 일단 소개를 받으면 분별은 그들의 몫이다. 소개받은 장소나 사람이 마음에 든다 해도, 리플렉터는 소개한 사람에게 의존하는 낫셀프의 경향을 조심해야 한다.

만약 리플렉터가 적절하지 않은 환경에 일정 기간 머물게 되면, 그 환경의 에너지 때문에 아프거나 약해질 수 있다. 그들에게는 창조적인 그들만의 공간이 중요하고, 그곳에서 노출된 사회의 조건화를 매일 털어낼 수 있어야 한다. 그렇지 않으면 쉽게 주변의 에너지에 의존하게 된다. 이것이 친구와 가족 등 가까운 사람들로 구성된 내부 서클에 새로운 사람을 들일 때 신중해야 하는 이유이다.

리플렉터의 전략: 28일의 달 주기 기다리기

리플렉터의 차트에는 정의되어 있는 부분이 없으므로, 믿고 의지할 개인적 결정권의 원천이 없다. 중요한 결정을 내릴 수 있도록 안내해줄 내면의 원천이 없는 것이다. 그들의 전략은 휴먼디자인 만달라의 모든 64게이트를 지나가는 약 28일간의 달 주기를 기다리는 것이다. 이 믿을 수 있고 반복되는 패턴이, 그들에게 정의된 패턴과 비슷한 일정함을 느끼게 해준다.

리플렉터가 삶의 커다란 결정을 할 때는 다른 사람들이 먼저 개시해줄 필요가 있다. 그들의 달 주기(결정 과정)는 다른 사람들의 중요한 제안이나 초대가 주어졌을 때 시작된다. 리플렉터는 스스로 개시할 수 없다. 달 주기를 따라 명료함을 추구하다 보면 그들의 생각도 바뀌게 된다. 그 시간에 이들은 다른 사람들과 대화를 원할 수 있는데, 그것은 조언을 듣기보다 스스로의 생각을 정리해, 맞는 자신의 진실을 알아내고자 하는 것이다. 주변 사람들의 자질과, 세상을 여과하는 자신의 오라에 의한 경험 축적들이 그들의 결정을 바르게 만들어간다. 그들은 충분한 시간을 가지도록 격려되어야 하며, 시간에 쫓기거나 재촉당하지 않아야 한다. 깊은 내면으로부터, 문득 제안의 옳고 그름을 알게 될 것이다. 그러나 달 주기를 기다려도 여전히 불확실하다면, 분명함을 위해 더 기다려보아야 한다. 어쩌면 또 한 번 달 주기의 기다림이 필요할 수도 있다는 것을 명심하면서.

달 주기를 따르는 결정 방법이 리플렉터의 특이한 점이기는 하나, 모든 다른 타입도 달의 반복되는 주기가 가져오는 변화를 이해하는 것이 좋다. 달 주기가 당신의 차트에 주는 영향을 찾아가는 것은 흥미로운 과정이다. (달 주기 이용과 통과하는 행성의 이용 차트가 이 장의 끝에 있다.)

리플렉터의 대인관계

리플렉터는 극도로 열려있기 때문에 상대방의 정의definition에 휘둘리기 쉬워, 관계를 시작할 때 자기도취narcissism적 경향이 끼어들기 쉽다. 리플렉터는 상대방의 정의를 받아들이고 증폭하여 거울처럼 상대방에게 비춰주기 때문에, 상대방이 보고 자기도 모르는 사이에 사랑에 빠지게 된 부분이 리플렉터의 모습이 아니라, 바로 자신의 모습이 리플렉터에게 비추는 것일 수 있다는 말이다. 자신을 좋아하지 않는 사람이, 다른 사람들의 모습 속에서 자신을 발견하고 좋아하는 수도 있는데, 그 과정이 리플렉터의 열려 있음에 의해 나타나게 된다. 이해와 진정성, 그리고 서로 간의 분명한 경계선이 없다면, 리플렉터의 존재감 없음에 대한 두려움과 자기 자신으로 보이지 못하리라는 우려가 현실로 나타날 수도 있다.

리플렉터가 계속 급하게 결정하거나 결정 과정이 불안정하면, 이들은 믿음이 가는 개인적 결정권을 가진 사람에게 의존하기 쉽다. 그렇게 되어 상대방이 성 생활, 직업, 음식과 수면, 가족에서의 위치까지도 결정해주게 되고, 나아가 주변 사람들에 의해 좌지우지될 수 있다. 이들이 낫셀프인 사람들에게 결정권을 맡긴다면, 그 사람들의 왜곡된 모습을 확대하여 반영하므로 삶이 매우 실망스러운 경험이 된다. 리플렉터에게는 순간적으로 하는 법이 없고, 달 주기를 기다려야 올바른 결정을 할 수 있다. 이는 다른 타입에게는 낯선 것이다. 바르게 이해하지 않으면 리플렉터는 조화로운 교류가 어려워서 고통을 받을 수 있다. 압박을 받거나 급히 행동하게 되면 나중에 건강 문제가 생기기도 한다.

리플렉터에게 풍요롭고 생산적인 교류는 매우 커다란 가치를 지닌다. 대부분의 리플렉터들은 어린이들이 주변에 있으면 좋아하는데, 그것은 그들이 순수하고 지속적인 연결감을 리플렉터의 디자인에 가져오기 때문이다. 리플렉터는 자신이 가진 인생에 대한 경외와 경이로움을 나누는 사람들을 반향하고 함께하는 것을 즐긴다. 리플렉터들은 자식들을 떠나보낼 때 가슴 아파하는 사람들이 많다.

리플렉터 어린이

부모가 리플렉터 어린이의 달 주기 패턴을 알게 되면, 아이를 그 리듬에 맞춰 자라게 도울 수 있다. 그들을 닦달하지 말고 자기의 속도에 따르도록 하는 게 중요하다. 시간이 지나면서 어린이는 중요한 결정을 하기 전, 달 주기를 기다리는 지혜를 배워가는 것이다. 부모는 아이들을 자연스럽게 계발해줄 수 있는 선생을 만날 수 있게 적절한 환경을 찾아주는 것이 중요하다. 리플렉터 어린이는 배움의 공동체에 열심히 참여하는 것이 필요하지만, 그것이 무거운 기대감으로 부담스럽지 않아야 한다. 독특한 방식으로 작동하는 자유로운 영혼으로서 리플렉터는 정보를 다르게 받아들일 것이다. 리플렉터 어린이는 교실이나 가족의 상황을 그대로 반향한다는 것을 기억하라. 건강하고 활기찬 리플렉터 어린이와 슬프고 아픈 리플렉터 어린이는 바로 그 환경의 상태를 보여주는 것이다. 리플렉터 어린이는 리플렉터 어른과 마찬가지로, 다른 사람들을 떠나 홀로 있을 수 있는 공간이 필요하다. 인내를 가지고 부모는, 리플렉터 아이가 다른 사람들의 고통을 느낄지라도 그것을 흡수하거나 그로 인한 행동을 자제하도록 가르칠 수 있을 것이다.

리플렉터의 질문과 낫셀프 행동의 결과

리플렉터가 가장 두려워하는 것은 외면당하거나 참여가 거부당하는 느낌을 받는 것이다. 조건화가 그들의 오라에 고착되지는 않지만, 그들은 그 두려움을 경감시키기 위하여 일반적인 낫셀프 행동으로 주목을 받고 싶어 하기 쉽다. 리플렉터가 우주의 리듬과 자신의 오라를 이해하지 못하면, 그들은 태양 타입의 기대와 에너지에 압도되어 혼란스러울 수 있다. 이들은 다른 사람들에게 실망한다. 그리고 개시하거나 현시하려다가 저항으로 낙담하게 되어, 공동체의 중추이기보다 뒤처지는 느낌을 가지게 된다. 또한 계속 다른 사람들의 걱정, 스트레스, 감정, 두려움을 받아들여 압도되거나 참고 견디게 된다. 리플렉터의 열쇠는 중립 상태를 유지하여 다른 사람들의 고통에 동일화되지 말고 실상을 파악하는 관찰자로 있어야 한다는 것이다. 리플렉터가 자기 디자인의 미정의 상태를 편하게 받아들이고 달 주기에 맞추어 주변의 오라를 테스트하게 되면, 다른 사람들의 고통이 아닌 그들의 진실을 반향하게 될 것이다. 열린 상태로 인한 혼란 대신 '지금 나는 누구인가' 또는 '나는 오늘 누구인가'에 집중하고 커다란 지혜의 잠재성을 계발할 수 있을 것이다.

자기 자신으로 살 때 리플렉터가 해결해야 될 염려들

- 지금의 나는 누구인가? 내가 내 자신일 수 있을까?
- 다른 사람들의 눈에 띄지 않거나, 나의 다름과 반향을 누군가 알게 될까?
- 나의 환경에서 자유롭게 돌아다니며, 내 자리를 찾을 수 있을까?
- 고정된 정체성 없이, 나를 둘러싼 낫셀프 세상의 아픔과 걱정, 두려움으로부터 나를 지킬 수 있을까?

리플렉터의 건강한 수면 습관

세이크럴 센터가 정의되지 않은 리플렉터는 지치기 전에 잠자리에 드는 것이 가장 좋다. 잠들기 전, 1시간 정도 누워 쉬면서 밖에서 온 에너지를 풀어내고 쉬면서 평화롭고 깊은 휴식을 준비함이 좋다.

지향하는 목표: 경이로움

리플렉터의 낫셀프는 균질화된 세상에서 왜곡된 상호작용과 인간관계를 겪을 때, 실망감을 얻게 된다. 리플렉터는 무언가 색다른 것을 맛보고, 거기서 경외와 경이로움을 발견하는 순간을 위해 산다. 주변 에너지로부터 지혜롭게 한발 떨어져 동화되지 않음으로써, 그들의 샘플링 오라는 경이로움을 선사받는다. 리플렉터의 경이로움은 단순한 관찰자를 벗어나서 참여자로 포함되는 것일 수 있다. 리플렉터는 자신들이 본 남다른 반향과 나눔이 필요하다고 여기는 것을 말하도록 개시되거나, 초대되거나, 요청될 때 힘을 받고 활기를 띠게 된다.

누가 자기 타입대로 사는지 쉽게 알아차리므로, 허상을 깨고 나와 독특하고 진짜 자기 모습으로 살고자 준비된 사람들의 이정표로 그들이 존재한다. 그것이 리플렉터의 특별한 기여이다. 누군가를 일깨워 진면목대로 사는 경험의 가능성을 제공하는 것이 그들에게 커다란 기쁨과 경이로움의 원천이 된다.

유명한 리플렉터들

로절린 카터(미국 대통령 지미 카터의 부인), 에두아르트 뫼리케(독일 시인), 토르발트 데트레프센(독일 심리학자), 암마Ammachi(인도 성자), 스콧 해밀턴(미국 올림픽 금메달 스케이터), 딕 스마더스(미국 코미디언), 표도르 도스토옙스키(러시아 소설가), 산드라 블록(미국 배우), 리처드 버튼(영국 배우), H.G 웰스(영국 소설가), 율 브리너(미국 배우), 제임스 프레이(미국 작가).

달 주기 지도

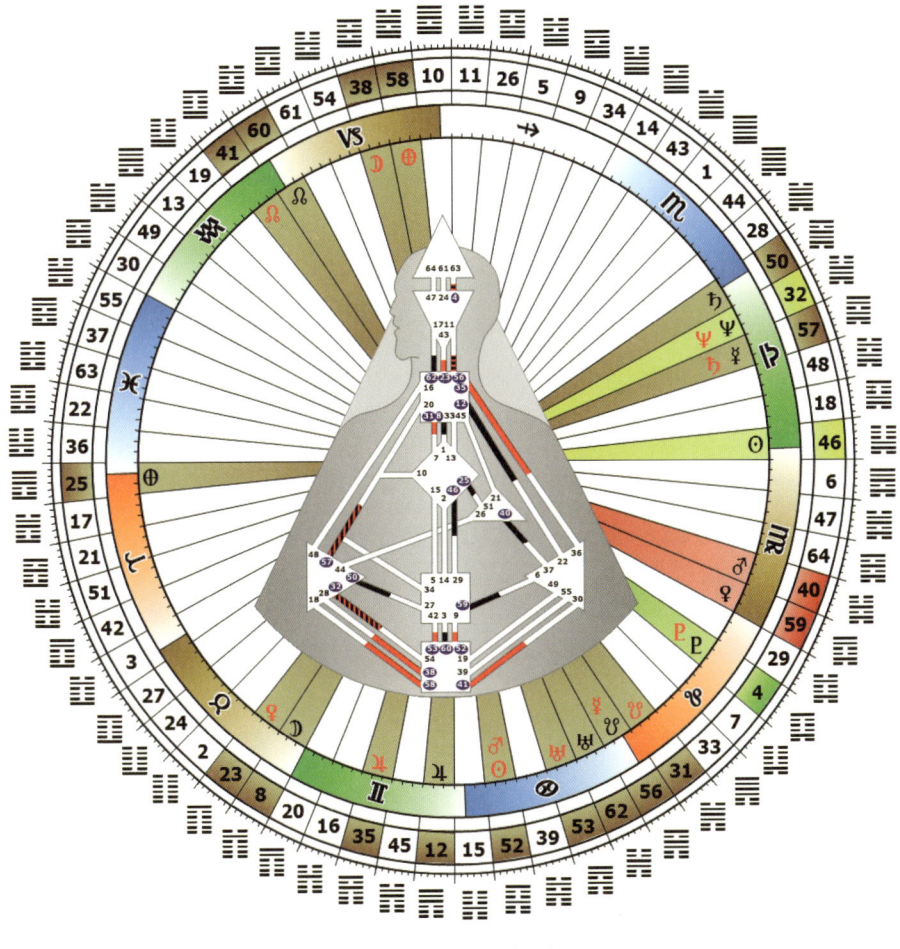

리플렉터 만달라와 바디그래프

리플렉터의 바디그래프에는 많은 게이트의 활성화, 또는 휴면 중이거나 매달린 게이트들이 있다. 그 각각의 게이트는 채널의 끝인 상응 게이트를 추구하는 수용체이다(약 28일 간격으로). 달이 시계 반대 방향으로 움직이며 모든 게이트들을 지나게 되고, 통과하는 행성들은 리플렉터의 매달린 게이트들을 연결시켜 일시적으로 정의된 상태를 만든다. 각 정의의 상태는 약 하루의 반나절 정도이지만, 시간이 지나면서 그것은 하나의 일정한 달 주기 패턴을 만들어 리플렉터의 결정 과정에 믿을 만한 틀을 마련해준다. (다음 페이지 도표 참조.)

그런 달 주기 패턴이 달의 주파수를 지구에 반영하는 리플렉터의 개인적 방법이고, 내재된 자기감각을 지원하고 정의한다. 리플렉터의 정체성은 매 순간에 바탕을 두어 드러나지 않고, 달 주기 전반의 흐름과 리듬에 기반을 둔다.

게이트를 통해 달 주기 따라가기

달 주기가 앞 장의 리플렉터 차트에서 여러 정의된 상태를 만듦으로써, 리플렉터는 자신의 타입에 더해 프로젝터, 매니페스터, 제너레이터의 에너지 주파수와 정의 상태의 예시를 만들 수 있다. 달이 새로운 게이트에 들어갈 때마다 거기에는 정의의 가능성이 나타난다. 달이 지구를 한 바퀴 도는 데는 약 28일 정도가 걸리지만, 보름달에서 다음 보름달 까지는 약 30일 정도가 걸린다.

잠깐 동안의 정의 상태는 리플렉터를 다른 타입이 되게 하지는 않지만, 그들은 각 타입의 맛을 잠시나마 볼 수 있다. 리플렉터의 달 주기는 개인별로 다르며, 약 28일마다 동일하게 반복된다.

날짜	시간	행성	게이트	정의	타입
2011-06-19	00:27	Moon	41	none	리플렉터
2011-06-19	07:27	Moon	19	none	리플렉터
2011-06-19	18:03	Moon	13	none	리플렉터
2011-06-20	11:57	Moon	49	none	리플렉터
2011-06-21	00:40	Moon	30	솔라 플렉서스-루트	프로젝터
2011-06-21	11:40	Moon	55	none	리플렉터
2011-06-21	19:03	Moon	37	하트-솔라 플렉서스	프로젝터
2011-06-22	11:48	Moon	22	스로트-솔라 플렉서스	매니페스터
2011-06-23	00:56	Moon	36	스로트-솔라 플렉서스	매니페스터
2011-06-23	04:42	Moon	36	스로트-솔라 플렉서스	매니페스터
2011-06-23	23:36	Moon	17	아즈나-스로트	프로젝터
2011-06-24	09:04	Moon	21	none	리플렉터
2011-06-25	11:33	Moon	42	세이크럴-루트	제너레이터
2011-06-26	08:15	Moon	27	세이크럴-스플린	제너레이터
2011-06-26	19:27	Moon	24	none	리플렉터
2011-06-27	01:02	Moon	24	none	리플렉터
2011-06-27	17:39	Moon	23	none	리플렉터
2011-06-28	06:25	Moon	8	none	리플렉터
2011-06-28	13:40	Moon	20	스로트 - 스플린	프로젝터

2011-06-29	04:01	Moon	16	none	리플렉터
2011-06-29	12:53	Moon	35	none	리플렉터
2011-07-01	16:36	Moon	39	none	리플렉터
2011-07-02	02:39	Moon	53	none	리플렉터
2011-07-02	17:34	Moon	62	none	리플렉터
2011-07-02	20:52	Moon	56	none	리플렉터
2011-07-03	01:47	Moon	56	none	리플렉터
2011-07-03	11:34	Moon	31	none	리플렉터
2011-07-04	05:22	Moon	7	스로트-G	프로젝터
2011-07-04	11:47	Moon	4	none	리플렉터
2011-07-05	16:29	Moon	40	none	리플렉터
2011-07-06	03:35	Moon	64	none	리플렉터
2011-07-06	16:14	Moon	47	none	리플렉터
2011-07-07	03:17	Moon	6	세이크럴-솔라 플렉서스	제너레이터
2011-07-07	09:36	Moon	46	none	리플렉터
2011-07-07	17:29	Moon	18	스플린-루트	프로젝터
2011-07-08	01:23	Moon	48	none	리플렉터
2011-07-08	10:52	Moon	57	none	리플렉터
2011-07-09	02:42	Moon	32	none	리플렉터
2011-07-09	09:03	Moon	50	none	리플렉터
2011-07-10	10:32	Moon	1	스로트-G	프로젝터
2011-07-10	21:45	Moon	43	아즈나-스로트	프로젝터
2011-07-11	02:35	Moon	43	아즈나-스로트	프로젝터
2011-07-11	10:38	Moon	14	none	리플렉터
2011-07-11	21:58	Moon	34	세이크럴-스플린	제너레이터
2011-07-12	06:05	Moon	9	세이크럴-루트	제너레이터
2011-07-12	14:15	Moon	5	none	리플렉터
2011-07-13	05:02	Moon	26	none	리플렉터
2011-07-13	06:41	Moon	11	아즈나-스로트	프로젝터
2011-07-13	16:37	Moon	10	G-스플린	프로젝터
2011-07-14	02:37	Moon	58	none	리플렉터
2011-07-14	14:21	Moon	38	none	리플렉터
2011-07-15	10:44	Moon	61	none	리플렉터
2011-07-16	09:10	Moon	41	none	리플렉터
2011-07-16	16:09	Moon	19	none	리플렉터
2011-07-17	02:43	Moon	13	none	리플렉터
2011-07-17	20:31	Moon	49	none	리플렉터
2011-07-18	09:08	Moon	30	솔라 플렉서스-루트	프로젝터
2011-07-18	20:03	Moon	55	none	리플렉터

통과하는 천체들의 영향 맛보기

달 주기에 더하여 리플렉터는 통과하는 천체들의 영향을 맛보며, 매일 다른 행성들의 느낌을 경험한다. 그들 차트에 나타나는 통과 천체들이, 영원히 변하는 개인적 발견의 원천과 잠재된 경이로움을 제공한다.

통과하는 천체들의 영향 예

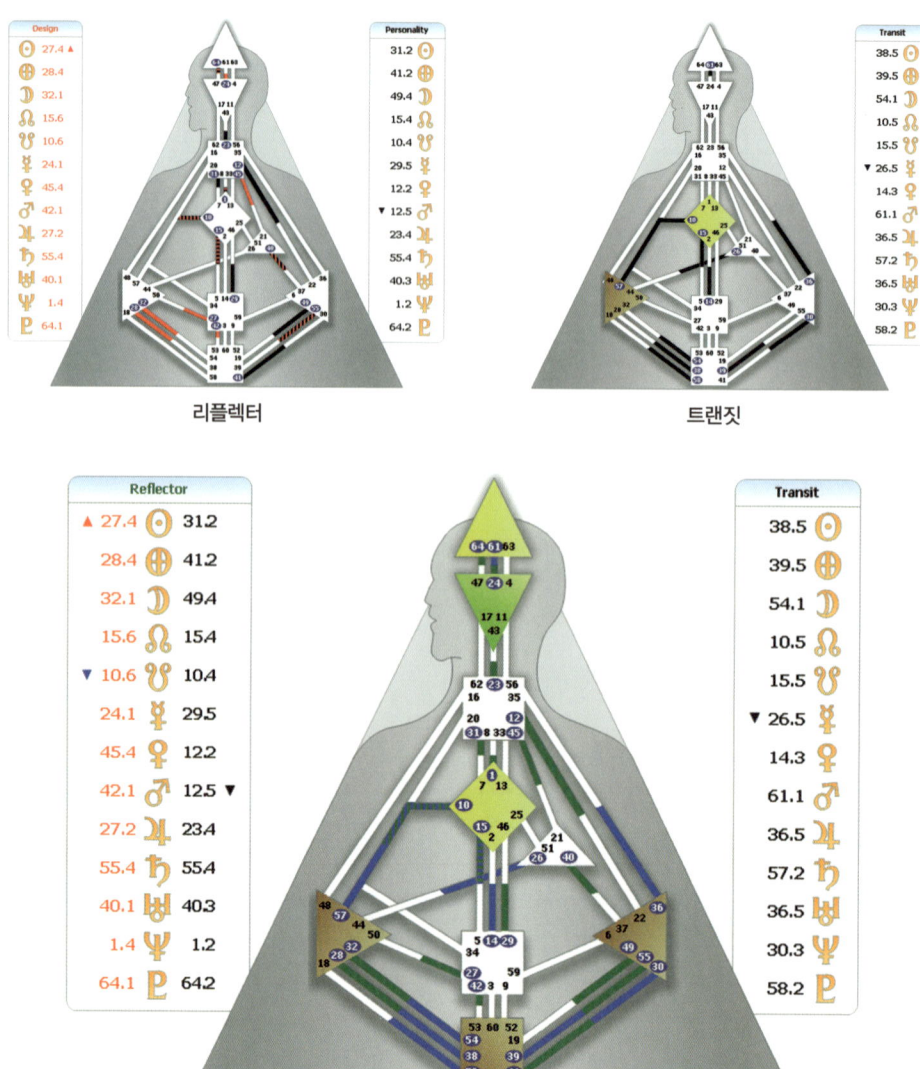

뉴트리노의 비개인적 조건화 보기 - 인류에 대한 영향

왼쪽에 리플렉터 차트, 오른쪽에 통과하는 천체 즉 트랜짓 차트(프로그램에서 비개인적 뉴트리노 조건화 필드), 그리고 그 둘을 합성한 커넥팅 차트가 있다. 해석되는 예를 보자.

기다리는 아름다움 | 특별히 오늘은 리플렉터가 행동(루트 센터)을 감정의 욕구(채널 41-30)에 따라 예기치 않게(인카네이션 크로스: 예상치 못한 일/사람의 크로스) 즉흥적(스플린 센터)으로 하려는 강한 압박을 받는다. 새로운 경험(게이트 36)을 향한 이 욕구(솔라 플렉서스 센터)는 위기(게이트 36)가 즉흥적 표현(스플린 센터)이 될 가능성이 있으며, 그것이 리플렉터에게 자신을 완벽하게 만들고자 하는(채널 57-10) 낫셀프 방향으로 이끌 수 있다.

게다가 삶의 신비(채널 61-24)에 관심이 증폭되어 정신적 압박(헤드 센터와 아즈나 센터)으로 나타나며, 리플렉터가 이러한 정신적·육체적·압박(헤드 센터와 루트 센터)에 따라 그 순간(스플린 센터)에 행동하면 서글프고 우울한 상태(채널 39-55)에 들기 쉽다. 또한 잘못된 목적(채널 28-38)을 위해 투쟁하다가 잘못된 변형(채널 32-54)이나 잘못된 경험(채널 30-41)으로 빠질 수 있다.

리플렉터는 인내를 가지고 더 넓은 선택적 환경에서 어떤 일이 생기는지 알기 위해 경험하는 그 모든 감흥들을 관찰하고 기다리는 것이 중요하다. 이것이 리플렉터가 트랜짓(통과 천체들)의 조건화를 맞게 이용하는 길이다. 이로써 관찰을 통해, 그 에너지에 따라 행동하는 것이 적절하다는 것을 발견하거나, 그 압박이 달 주기를 따라 그냥 사라지는 걸 알게 될 것이다. 지속적으로 자신의 경험들을 관찰함으로써 의해 하나의 패턴이 생겨나고, 그것은 외적 결정권을 가진 지혜로 표현될 것이다.

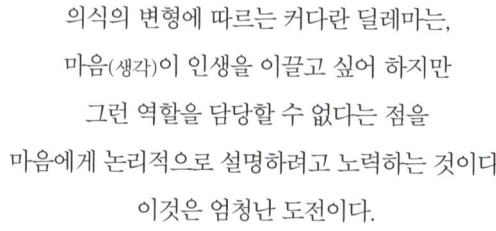

의식의 변형에 따르는 커다란 딜레마는,
마음(생각)이 인생을 이끌고 싶어 하지만
그런 역할을 담당할 수 없다는 점을
마음에게 논리적으로 설명하려고 노력하는 것이다.
이것은 엄청난 도전이다.

_ 라 우루 후

5장 / 5개의 정의 유형

The Five Definitions

에너지 역학

조건화되는 여러 가지 경로의 조사를 계속하면서, 이제는 트루셀프와 다투는 또 하나의 조건화 구성 요소인 5개 정의 유형을 볼 차례다. 우리의 전략과 결정권을 따르며 몸의 지성에 내맡기면, 정보의 원천, 지혜의 가능성으로 조건화의 요소를 우회하여 오히려 이용할 수 있음을 기억하라. 바디그래프를 통해 다섯 가지로 표현되고 경험되는 정의 유형은 아래와 같다.

- **정의 없음** | 정의된 센터가 없는 리플렉터(인구의 약 1%)
- **단일 정의** | 모든 정의된 채널과 센터들이 하나로 연결됨(인구의 약 41%)
- **분할 정의** | 정의된 센터들이 두 그룹으로 나누어짐(인구의 약 46%)
- **세 분할 정의** | 정의된 센터들이 세 그룹으로 나누어짐(인구의 약 11%)
- **네 분할 정의** | 정의된 센터들이 네 그룹으로 나누어짐(인구의 약 0.5%)

분리와 우리가 겪는 분리의 경험

분리split는 모든 정의된 채널과 센터들이 바디그래프에서 하나로 연결되어 있지 않음을 뜻한다. 정의된 구역들 사이에 게이트나 채널이 열려 있다. 당신 디자인에 분리가 있다면, 다리 역할을 하는 미정의 게이트나 채널의 자질/성격은 당신의 삶에 동기 부여의 원인으로 작용한다. 당신은 그 미정의 게이트나 채널을 문제가 있거나 불안전한 것으로 느끼며, 수리/보강이 필요한 부분으로 받아들이게 된다.

이러한 열린 게이트나 채널은 동기가 되어 낫셀프의 행동들을 유발하고, 부족하다고 느끼는 부분을 수정, 보완하려고 한다. 그 미정의 게이트/채널은 당신의 진정한 모습이 아니라는 것을 기억하라. 그러나 당신은 그 미정의 게이트나 채널을 가지고 있는 사람들에게 끌리게 되어, 계속 만나게 될 것이다. 문자 그대로 그 미정의 공간에 대한 매력은 자석의 끌림과 같다. 당신은 전략과 결정권을 따름으로써 자연스럽게 분리 부분을 연결시켜주는 사람들을 만나게 될 것이다. 당신이 그 미정의 공간에 대해 무언가를 꼭 해야만 하는 것은 아니다. 하나의 게이트로 연결되는 곳이 여러 군데 있다면 그 하나하나가 그렇게 작용한다. 불행하게도 대부분의 사람들은 그 미정의 게이트나 채널이 불안전한 부분으로 느껴지므로 그것을 수정, 보완하려고 애쓰게 된다. 당신이 6장에서 미정의 공간의 게이트나 채널의 내용을 보게 되면, 그동안 당신의 삶에서 온전해지기 위해 당신이 그토록 추구해왔던 중요한 주제가 무엇이었는지를 아마도 알 수 있게 될 것이다.

정의 유형의 예(분할 정의)

분할 정의에서는 그것을 연결하는 게이트(들)가 가장 우선적인 조건화의 힘이 된다. 아래의 차트를 보면 정의된 아즈나 센터, 스로트 센터와, 정의된 스플린 센터, G 센터, 세이크럴 센터, 루트 센터와 솔라 플렉서스 센터를 게이트 8, 16, 20이 연결시켜주고 있다.

게이트 16을 보자. 이 사람은 게

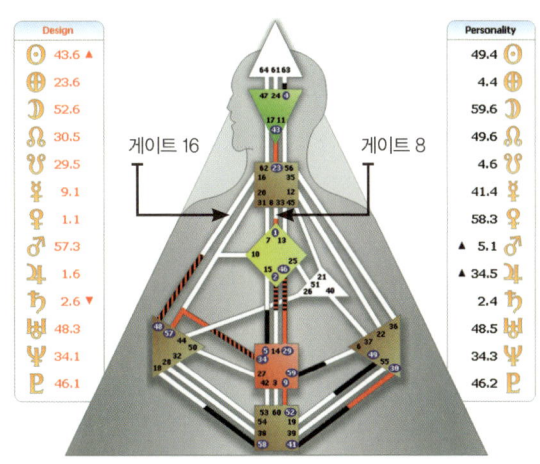

이트 48을 가지고 있으나 다른 쪽 게이트 16번이 미정의이다. 스로트 센터의 게이트 16이 이 사람의 주제/다리가 된다. 게이트 48이 '상응 게이트'인 게이트 16을 늘 그리워하므로, 자연스럽게 그 게이트를 가진 사람들을 많이 만나게 된다. 모든 게이트가 반대쪽에 '상응 게이트'가 있고, 그 두 게이트들이 만나면 불꽃을 일으키며 퀀텀으로서의 결합을 이뤄 생명력을 만들어낸다.

　게이트 48은 깊이를, 게이트 16은 기술을 나타낸다. 이 사람의 깊이가 스로트 센터로 표현되려면 게이트 16이 필요하다. 그는 늘 기술이 부족함을 느껴 그것을 개발하고자 한다. 사실 그는 함께 일하며 가지고 있는 깊이를 능숙하게 표현해줄 게이트 16의 사람들을 만나도록 디자인되어 있는 것이다.

　기여/공헌의 게이트인 게이트 8도 다리(빈 공간) 역할을 하는데, 그로 인해 그는 사회에 기여/공헌을 해야겠다고 느낀다. 사실은 그의 낫셀프가 잘못 파악하여 삶에서 빠진 부분을 채우고자 하는 것이다. 그는 늘 그 빠진 부분이 되고자 하며 그것을 위해 마음(생각)으로 결정을 하게 된다. 분리된 형태에서는, 다른 사람들을 만나 그 빠진 부분이 연결될 때까지 사람들은 완전하지 못하다고 느낀다. 좋든 나쁘든 이러한 흐름이 많은 교류의 역동성이다.

　넓은 분할 정의, 즉 연결 부분이 하나의 채널이나 다수의 게이트가 필요한 경우, 사람들은 그것을 다른 사람들이 문제로 여기거나, 낫셀프의 입장에서 다른 사람들이 문제의 원인이라고 느낀다. 그것이 비난이나 희생을 당했다는 기분이 들게 할 수 있다. 다른 한편으로는, 비난의 버릇을 벗어나 넓은 분할 정의를 객관적 관찰자의 기회로 삼으면 지혜로움의 잠재성도 또한 열려 있다. 일단 당신의 분리를 추구하기와 동일화하기를 멈춘다면, 그것을 연결시켜주는 사람들의 중요성을 인식하기 시작하게 된다. 두 사람 사이에 서로의 주요 부분을 연결시켜줌으로써, 성공적 교류의 모습을 보여주는 수많은 사례들이 있다.* 분할 정의가 어떻게 건강하게 작동되는지를 아는 것은, 우리가 다른 사람들과 교류하도록 디자인된 방법들 중 하나를 이해하도록 돕는다. 이렇게 본다면 '네가 나를 완전하게 해'라는 말은 맞는 얘기다. 그러나 전략과 결정권을 통해 올바르게 시작해야 건강하고 효과적인 교류가 이루어질 수 있을 것이다.

---

* 존 레넌(게이트 48)과 폴 매카트니(게이트 16).

분할 정의의 유형에 따라 조건화의 정도가 다르게 나타난다. 낫셀프의 마음은 특정적 정의 유형에 따라 미정의 게이트들, 미정의 채널들, 미정의 센터들에 따라 결정 전략을 짜게 된다. 분할 정의에서는 센터보다 연결하는 게이트들이 가장 강한 조건화의 힘을 가진다. 세 분할 정의에서는 미정의 센터가 가장 강한 조건화의 힘을 가지며, 그다음이 다리 역할을 하는 게이트/채널이다. 네 분할 정의에서는 또다시 다리 역할을 하는 게이트가 가장 강한 조건화의 힘을 보이며, 미정의 센터가 그다음이다.

잘못된 시작, 인내의 부족, 돌발적 행동, 또는 때 이른 말들이 분할 정의들에게 나타나는 가장 커다란 문제들이며, 이것은 전략과 결정권을 따르지 않을 때 나타난다. 정의된 부분들이 연결되어 있지 않으므로, 분리를 가진 사람들은 좀 더 오랫동안 정보를 다듬고 소화시키는 것이 필요하다. 분리의 부분이 연결될 때까지는 불안전과 불편을 느끼며 명료한 결정을 하기 힘들기 때문에, 인내를 가지고 완전한 느낌이 올 때까지 기다리는 것이 좋다. 특정한 상대방을 먼저 끌어들여 완전한 느낌을 가지고자 함은 낫셀프의 행동이다. 당신이 분할 정의를 가지고 있다면, 일상을 살면서 다른 사람들이 그 분리를 연결하도록 디자인된 것이다. 전략과 결정권이 그 일을 하도록 하면 된다.

이러한 동화와 소화의 과정은 다른 사람들이 중립적으로 다리를 만들어주는 공공장소에 가면 도움을 받을 수 있다. 중요한 결정을 할 때 분리를 연결하는 가장 좋은 방법은 서점, 카페, 백화점 등 사람들이 모여 있지만 당신을 홀로 내버려두는 곳을 찾는 것이다. 그렇게 많은 디자인이 모인 곳에서는 많은 중립적 오라가 당신의 동화 과정을 돕게 된다. 그러한 공공장소에서의 연결은 새로운 관점을 불러일으킬 수 있지만, 친구들이나 연인과의 연결에서는 그렇지 않다. 그들의 디자인은 늘 겪어왔던 방식으로 작동하거나 당신을 조건화하려고 하기 때문에, 결정을 내려야 할 경우에 제한이 될 수밖에 없다.

전략과 권위(결정권)는 분할된 정의에서 오는 어려움으로부터 당신을 지켜줄 것이다. 분할 정의의 문제를 해결하려는 조건화로부터 점점 편안하고 자유로울 수 있을 것이다. 산책을 하며 고요히 내맡김으로써, 전략과 결정권을 따라 스스로의 진실 속에 산다면 연결은 스스로 해결될 것이다. 어떠한 분할 정의 유형을 가지고 있든 가장 중요한 것은 충분한 시간을 가지고 정보를 다듬다 보면 당신의 디자인이 필요로 하는 것이 찾아오리라고 신뢰하는 것이다. 몇 가지 예를 보자.

단일 정의의 예 1

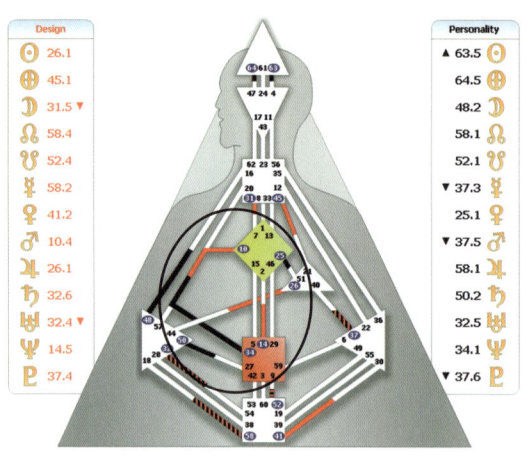

엘리자베스 브라우닝은 단일 정의의 첫 번째 예이다. 아래에 있는 코지마 바그너의 차트와 비교해보자.

단일 정의는 정의된 채널과 센터의 에너지가 끊어짐 없이 흘러, 모든 정의된 센터들이 하나로 연결된 형태를 말한다. 엘리자베스처럼 하나의 채널이거나 아래처럼 채널이 하나 이상인 경우도 있다. 단일 정의인 사람들은 어느 정도 독립적인데, 그 이유는 항상 하나의 계속되며 일관성 있는 에너지로 차트 유형이 정의되어 있기 때문이다. 이 디자인은 매우 단순한 초점을 가질 수 있으며, 다른 분리 유형들처럼 자신의 모든 면모에 신경 쓸 필요가 없기 때문이다. 이러한 형태의 디자인들은 정보를 동화시키거나 완전한 느낌을 위해 외부의 도움이 필요치 않다. 또한 그들이 감정적으로 정의되어 있지 않다면 정보도 매우 빠르게 소화시킨다.

단일 정의의 예 2

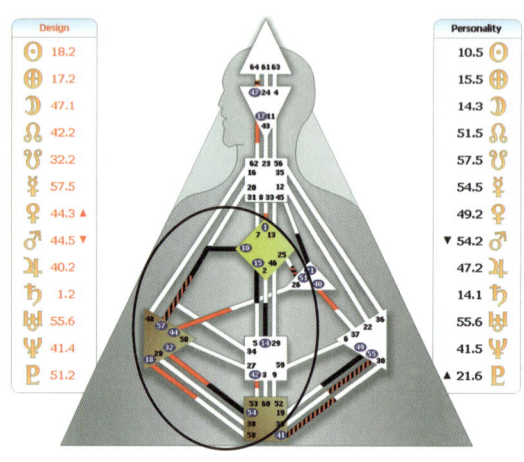

코지마 바그너의 차트는 3개의 정의된 센터가 두 채널로 연결되어 있는 형태이다. 이 두 채널이 루트 센터, 스플린 센터, G센터를 연결하여, 하나의 연속적 에너지를 만든다. 그녀의 정보 흡수 능력은 매우 빠르다.

단순 분할 정의의 예

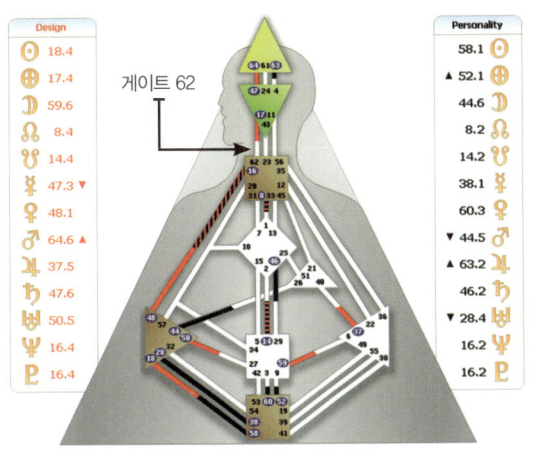

헨리 밀러의 차트는 하나의 게이트로 연결되는 유형을 보여준다.

분할 정의는 정의된 구역이 두 부분으로 분리되어 에너지의 흐름이 끊어져 있다. 이러한 에너지 흐름의 분리 때문에 그는 완성감을 느끼기 위하여, 늘 다리(연결 게이트)를 찾아 아즈나 센터와 스로트 센터 사이의 분리된 에너지를 합류시키고자 한다. '작은 것의 우세함' 게이트, 즉 세부 사항을 추구하는 게이트 62가 다리 역할을 한다. 그것이 의식 작용과 육감적 알아차림을 연결시켜주며, 그의 인생에 매우 중요한 게이트로 작용한다. 그의 삶의 초점은 세부 사항에 열중하고, 세부적인 정보를 제공하는 사람들을 만나는 것에 맞추어져 있다. 사실 헨리 밀러는 그의 책에서 세부 사항을 표현하는 데 많은 노력을 기울였다.

넓은 분할 정의

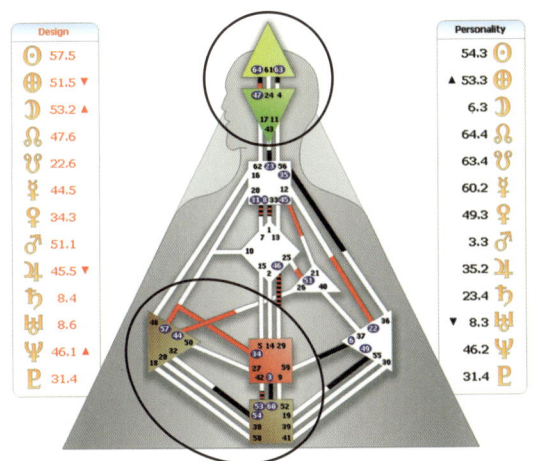

스티븐 호킹의 넓은 분할 정의와 헨리 밀러의 분할 정의를 비교하면, 우리는 스로트 센터를 통과하는 채널이 여러 개의 게이트를 통하여 연결됨을 볼 수 있다. 연결하는 게이트는 게이트 20과 게이트 43이다. 스티븐은 그의 불완전함이나 무언가가 빠져 있다는 느낌이 '다른 사람들의 문제'로 보인다. 그는 이 넓은 분할을 지혜의 원천, 또는 세상(우주)을 객관적으로 공부하고 관찰하는 데 유용하게 쓸 수 있다.

세 분할 정의

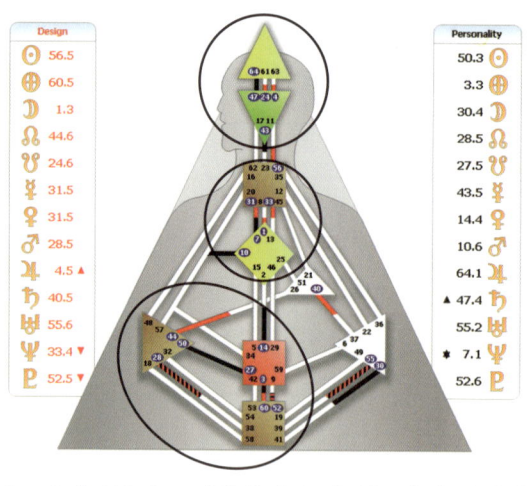

티모시 리어리처럼 세 분할 정의는 분리된 3개의 구역이 있다. 정의된 채널의 연결을 위해 여기에는 여러 개의 다리(연결 게이트)가 필요하다. 조건화의 주된 요인은 미정의 센터들이다. 여기서는 미정의 하트 센터와 솔라 플렉서스 센터가 조건화의 주된 원천이다. 분리를 연결하는 게이트들도 조건화의 요소이기는 하나 미정의 센터처럼 강력하지는 않다.

세 분할 정의의 사람들은 참을성이 없기 쉬우며, 미성숙 단계에서 일을 벌이곤 한다. 그들은 야망이 있고, 애를 쓰며, 독단적으로 보일 수 있다. 3개와 4개의 분리가 있는 사람들은 매일 다른 오라(다른 사람들)와 상호 작용하는 것이 건강에 좋다. 그들이 한 사람으로부터 계속 조건화된다면 마치 덫에 걸린 것 같은 느낌을 받을 수 있다.

네 분할 정의

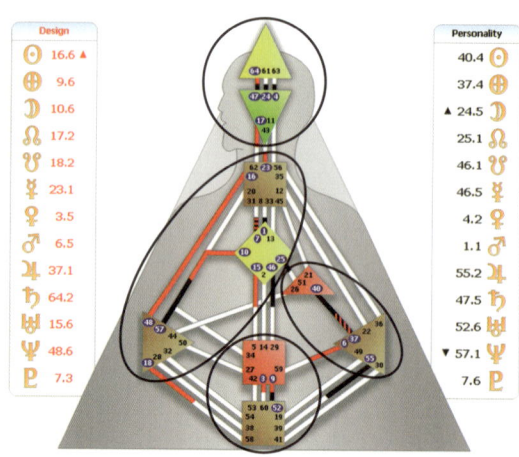

필 맥그로 박사는 네 부분이 떨어져 있는 네 분할 정의이다. 이런 디자인에서는 8~9개의 센터가 정의되어 있다. 조건화의 주된 원천은 다시 연결하는 게이트나 채널들이다.

네 분할 정의는 계발되는 속도가 느린 것으로 보일 수 있는데, 그것은 그들이 유연하기가 어렵고 빠른 결정도 어렵기 때문이다. 다른 사람들의 기대에 부응하도록 압박을 받는다면 모든 면에서 그들에게 해로울 것이다. 그들은 정보를 동화시키는 데 필요한 충분한 시간을 가져야 한다.

각 부분의 산술적 합으로부터 위대한 전체로의 도약이 가능한 순간,
전체는 그 부분들을 초월하며 생명력이라 불리는 현상이 된다. _라우후

6장 / 회로, 채널, 게이트

Circuit, Channel & Gate

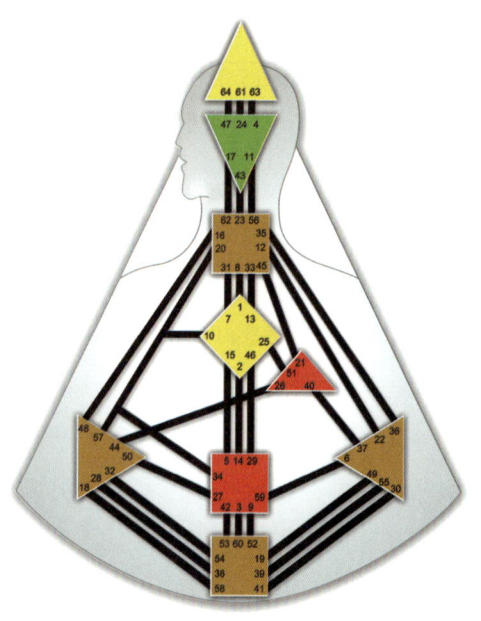

생명력의 회로도

  회로circuit는 바디그래프에서 에너지가 채널들을 어떻게 순환하는지 보여준다. 모든 회로를 그림으로 나타내면 바디그래프는 회로와 비슷하다. 회로의 흐름을 이해함으로써 생명력이 어떻게 흐르는지 이해하게 되며, 모든 생명체가 서로 다르면서도 연결되어 있다는 것을 알게 된다.

  회로는 채널channel들로 구성된다.

  하나의 채널은 2개의 게이트gate로 구성되며, 2개의 센터center를 연결한다.

  바디그래프에서 게이트는 각각의 센터로 에너지가 드나드는 문이다. 센터는 주파수를 변형, 변화시키는 중심지이다. 어떤 채널을 통해 일어나는 에너지의 흐름은, 두 센터 간에 의사소통을 하게 해주는 생명의 불꽃과 같다. 이러한 소통의 기본적인 형태를 '생명력life force'이라 부른다. 그것을 통해 성장과 진화의 잠재성이 전달되기 때문이다.

  그런 결과, 생명력이 정의되면 오라를 통해서 투사되고 소통이 일어난다. 또한 가까이 있는 사람들에게 영향력을 미치며 그들을 조건화시키기도 한다. 차트에 정의되어 있다는 것은, 사는 동안 우리의 재능과 한계가 무엇인지 말해주는 것이다. 각 개인, 혹은 각 생명체의 생명력은 독특하며 구별 가능하다. 차트에서의 정의는 우리 육화incarnation의 이유를 보여준다. 그러므로 그것은 낫셀프의 왜곡이나 조건화의 영향 없이 진실되게 표현되어야 한다. 바디그래프에는 36개의 채널과 64개의 게이트가 있다. 회로의 흐름에 따라서 이들은 연결되고, 이를 통해 바디그래프에는 확고한 기본 구조가 형성된다. 그 기본 구조는 통합 채널과 3개의 주 회로 그룹으로 이루어진다. 그리고 3개의 주 회로 그룹은 센터 간의 에너지 흐름의 통로가 어떻게 다르며, 어떻게 연결되어 있는지를 보여준다. 회로의 흐름은 복잡한 인간의 차트를 해석하는 일반적인 틀을 제공한다. 2개의 게이트를 연결하는 각 채널은 그 틀에 각각의 주제를 덧붙인다.

통합 채널과 3개의 회로 그룹

2장에서 우리는 헤드 센터와 루트 센터에서 오는 압박으로 인해, 바디그래프상의 에너지가 표현을 지향하는 스로트 센터로 움직인다는 것을 배웠다. 바디그래프 상의 통로 즉, 채널과 게이트를 통하는 에너지의 흐름은 함께 묶이면서, 6개의 기본 회로와 함께 통합 채널이라 불리는 4개의 채널로 형성된다. 6개의 기본 회로는 인디비주얼 회로 그룹, 컬렉티브 회로 그룹, 트라이벌 회로 그룹으로 이루어진다. 통합 채널은 독특하고 통일된 에너지 장이다. 회로의 맥락에서 볼 때, 차트상에 정의되었다는 것은 우리의 기본적인 타고난 특성, 가치와 원리가 다른 이들과 어떻게 연결되고 상호 작용하며, 영향을 미치는가를 보여준다. 사람들 사이에 각자의 조건화에 따라서 저항과 갈등의 근원이 드러나는 것이 바로 회로와 채널의 영역이다. 그러므로 키노트들은 매우 중요한 지표가 되는데, 각 오라가 투사하는 고유한 주파수와 그 주파수 사이의 결합을 이해하게 해주는 중요한 통찰력을 마련해주기 때문이다.

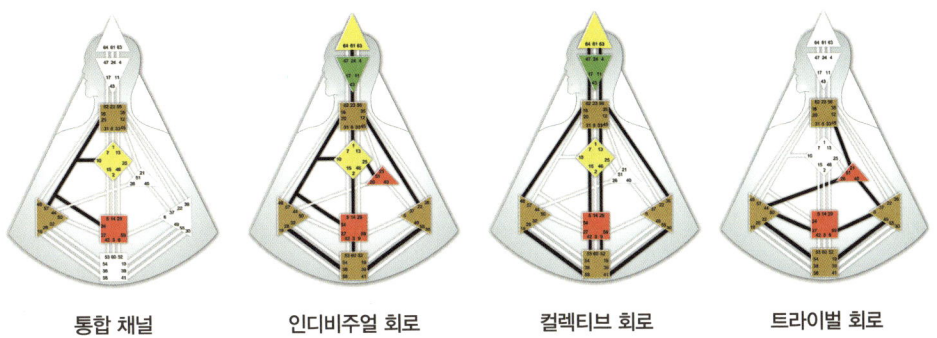

통합 채널   인디비주얼 회로   컬렉티브 회로   트라이벌 회로

이제부터 여러분은 36개의 채널과 64개의 게이트에 관한 설명을 보게 될 것이다. 채널과 게이트에 관한 페이지는 다음의 표를 참조하기 바란다.

게이트의 설명에서 정교$_{RAC}$란 정각교차$_{Right\ Angle\ Cross}$, 병교$_{JC}$는 병치교차$_{Juxtaposition\ Cross}$, 빗교$_{LAC}$는 빗각교차$_{Left\ Angle\ Cross}$이다.

교차$_{Incarnation\ Cross}$에 관한 자세한 정보는 8장을 참조하기 바란다. 6개의 라인의 이름은 각 게이트와 함께 나온다. 6개의 라인에 관한 보다 자세한 정보는 10장을 참조하기 바란다.

채널과 게이트 찾아보기

하나의 채널은 두 개의 게이트로 구성되며, 표기상 A-B 와 B-A는 동일한 채널이다.
(예: 채널 37-40 과 40-37은 같으므로 동일한 페이지에 설명)

채널&게이트	페이지	채널&게이트	페이지	채널&게이트	페이지	채널&게이트	페이지
1-8	258	17-62	324	33-13	338	49-19	380
2-14	254	18-58	312	34-57	230	50-27	366
3-60	250	19-49	380	34-10	288	51-25	292
4-63	320	20-10	242	34-20	234	52-9	300
5-15	304	20-57	274	35-36	346	53-42	330
6-59	362	20-34	234	36-35	346	54-32	372
7-31	308	21-45	388	37-40	384	55-39	278
8-1	258	22-12	282	38-28	270	56-11	354
9-52	300	23-43	266	39-55	278	57-34	230
10-34	288	24-61	262	40-37	384	57-10	238
10-57	238	25-51	292	41-30	342	57-20	274
10-20	242	26-44	376	42-53	330	58-18	312
11-56	354	27-50	366	43-23	266	59-6	362
12-22	282	28-38	270	44-26	376	60-3	250
13-33	338	29-46	334	45-21	388	61-24	262
14-2	254	30-41	342	46-29	334	62-17	324
15-5	304	31-7	308	47-64	350	63-4	320
16-48	316	32-54	372	48-16	316	64-47	350

THE INTEGRATION CHANNEL

통합 채널

슈퍼 키노트: 자기역량 강화

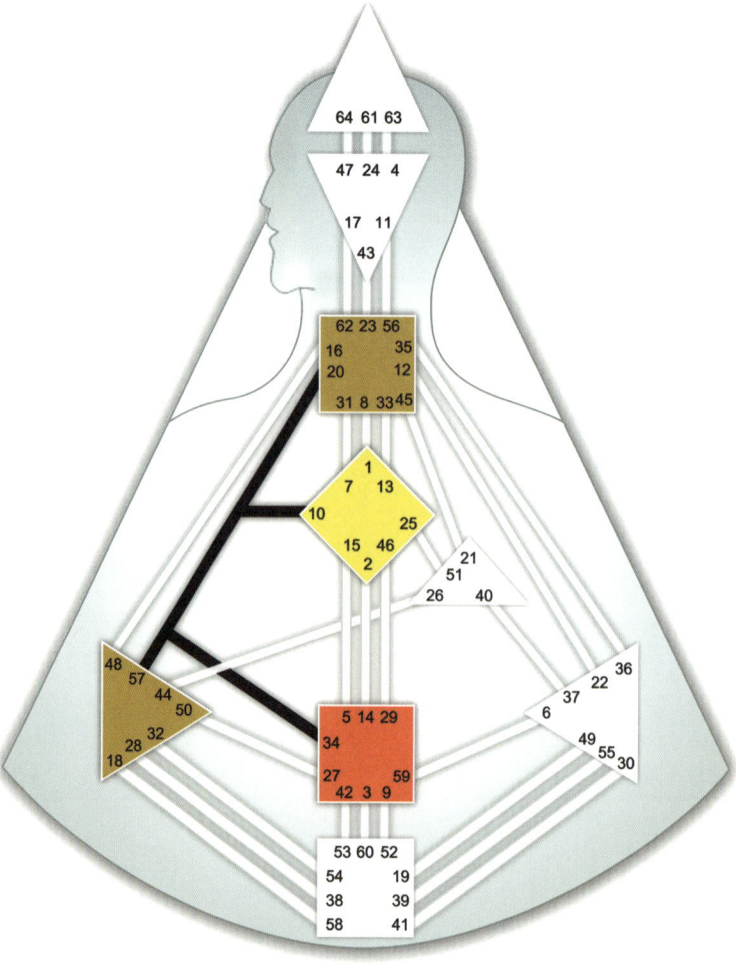

34-57 힘
원형

34-20 카리스마
의식한 것이 행동으로 실현되는

57-10 완벽한 형태
생존

10-20 깨어남
더 높은 원칙에 헌신

통합 채널은 바디그래프의 기본 구조에서 3개의 주요 회로 그룹 옆에 독립적으로 존재한다. 그것은 회로에서 가장 복잡한 조직 체계를 보여주고 있다. 바디그래프에서 척추와 같은 역할을 하고 있는 이 4개의 채널 그룹은 생명체의 중요한 방어기제로 작용한다. 통합 채널은 개성적 과정과 우리 자신을 다른 사람들과 분리하는 과정에서 핵심적인 요소이다. 그것이 없었다면 우리는 영장류와 별반 다르지 않았을 것이다. 통합 채널은 모든 인류 개개인의 진화 과정의 에너지원이며, 생명력의 완전한 표현을 간직하고 있다.

통합 채널의 슈퍼 키노트는 '자기역량 강화'이다. 그것은 자기보존에 온전히 집중한다. 개인적인 타고난 특성, 표현, 앎, 방향과 정체성, 태도를 강화한다. 독특하고자 노력하는 개인의 생존은, 변이를 통하여 컬렉티브와 트라이벌의 생존을 보장하는 데 필수적이다.

통합 채널에는 천부적이며 원초적인 반사 작용이 있으며, 게이트 34의 '반응으로 역량 강화', 게이트 57의 '직관', 게이트 10의 '맞는 행동', 게이트 20의 '지금 현재 발현'들에 의해 그것이 강화될 때 우리 안에 있는 생명을 신뢰할 수 있다. 통합 채널의 키노트를 사용하여 이 그룹을 표현하자면, '나는 나 자신을 사랑하고, 지금 나 자신의 직관에 귀 기울임으로써 나의 역량을 강화한다', 혹은 '나는 직관적 반응을 통하여 맞는 행동을 취하므로 어떤 환경에서도 살아남을 수 있다'이다. 통합 채널이 정의된 사람들은 스스로의 능력을 강화시키며 자족적이고 스스로에 대해 확신하며 명백하게 표현한다. 다른 사람들에게 의지하지 않고 다른 사람들이 제시하는 방향을 쉽게 수용하지 않는다. 우리는 그들이 독립적으로 살 수 있도록 허용하고 격려해야 한다.

이제 통합 채널에 있는 채널과 게이트들을 보자.

THE CHANNEL OF POWER: 34 - 57

힘의 채널: 34-57

'원형'의 디자인

- 통합 채널
  채널 타입: 제너레이터

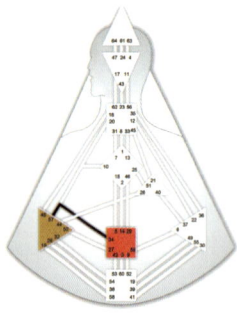

힘의 채널은 직관적 통찰의 게이트 57과 힘의 게이트 34를 통해 스플린 센터와 세이크럴 센터를 연결한다. 채널 34-57은 개성 있는 인간의 전형을 보여주는 채널이다. 이 에너지는 위험에 대해 날카롭게 깨어 있게 함으로써, 예민함을 이용해 살아남는 직관적인 능력을 강화시켜준다.

● **배경** | 세이크럴 센터에서는 생명력이 생성된다. 이것은 스플린 센터의 실존적인 인식 능력(생존에 필요한 지성)을 강화시켜준다. 그리하여 늘 명민하게 신체에 조율됨으로써, 주변 환경에서 일어나는 어떤 위험이든 즉각적으로 대비할 수 있다. 게이트 34는 어떤 활동을 시작하고 그것을 유지할 수 있는 커다란 힘을 가지고 있다. 게이트 57은 내면의 소리나 진동을 가동시켜 주변 환경을 꿰뚫어 보고 확인할 수 있다. 2개의 게이트가 이 채널에서 연결될 때, 고대 포유동물의 기억 속에 있는, 살기 위해 싸울 것인가 아니면 피할 것인가의 기로에 선 인간의 원형이 나타난다. 즉각적으로 반응할 수 있게 강화된 직관적인 방어 지성이 없었다면, 우리는 하나의 개별적 종으로 살아남거나 진화할

수 없었을 것이다. 게이트 57을 통해 인류의 인식하는 과정이 꽃피기 시작했다. 직관은 스플린 센터의 인식력에서 나온다. 시간에 상관없고 정신과 감정의 제약 없이 즉시 발생한다. 달리 말하면, 단순히 우리에게 유익해 보이는 것이 우리를 지켜주지는 않는다는 것이다. 그보다는 그 순간에 주변에 있는 사람이나 장소에서 비롯하는 상황에 어떻게 직관적으로 반응하느냐가 더 중요하다.

- **개인적** | 정확하고도 재빠르게 반응해야 할 순간이 있다. 달리는 차에서 뛰어내려 목숨을 구해야 하는 것과 같은 위기의 순간에 당신은 몸의 의식, 즉 무의식에 뿌리를 내리고 있어야 한다. 그것은 다른 사람이 하는 말을 가려서 들어야 한다는 것을 의미하며, 그들이 정말로 말하고자 하는 것이 무엇인지 알기 위해서 오른쪽 귀를 열고 들어야 한다. 제너레이터의 전략에 따르게 되면 자연스럽게 스플린의 직관과 세이크럴의 힘을 결합할 수 있게 되고, 그리하여 삶의 매 순간 안전을 보장받을 수 있다. 늘 독립적이며 살아 있고 청각적으로 예민하며 육체적으로 건강하려고 준비된 이 능력은, 당신이 온전히 신뢰할 수 있는 놀라운 것이다. 당신 개인의 생존을 위해 잘 준비된 이 능력은, 당신 이외에 다른 어떤 이의 필요와 요구에도 무관심하다. '원형'의 채널을 뒷받침하는 위대하고 지속적인 힘은 깨어 있는 독특한 존재인 당신 자신의 경험이다. 한번 능력이 강화되면 당신은 생생하게 매 순간 반응하며, 다른 이와 온전히 다르고 순수하며, 조건화되어 있지 않은 존재감을 즐기는 본보기가 될 것이다. 당신이 우울해하는 경향이 있다면 그것을 고치거나 이해하려 하기보다는 그대로 받아들여라.

- **대인관계** | 힘의 채널을 가진 사람들은 직관적으로 반응하여 생존에 필요한 힘을 완벽하게 구사할 수 있는 잠재성을 가지고 있다. 그들은 누군가가 자신의 안전을 방해하는 것을 곱게 받아들이지 않으며, 자신의 영역을 지키기 위해서는 방어적이 될 수 있다. 그들은 먹고 먹히는 생존의 수준을 뛰어넘어 진화해왔으며, 이제는 건강한 생명력을 유지할 수 있는 경각심에 의지하여, 인간에게 성장하고 있는 자각의 힘이라는 선물을 충분히 경험하고 음미할 수 있다.

게이트 34
위대한 자의 힘 – 힘의 게이트

힘은 오직 공공의 이익을 위해서 표현되거나 사용될 때에만 위대하다

- 센터: 루트
- 쿼터: 변이
- 주제: 변형을 통한 목적 달성
- 정교: 잠자는 불사조
- 병교: 힘
- 빗교: 이원성

게이트 34는 세상에 자신의 고유함을 뽐내고 축하하며, 개성 형성을 강화하는 매력적인 에너지원이다. 세이크럴 센터에 있는 나머지 8개의 게이트와 구별되는 2개의 자질이 있다. 하나는 성과 관련이 없다는 것이고, 다른 하나는 그들의 힘이 다른 사람들을 위한 것이 아니라는 것이다. 그것이 G센터에 있는 게이트 10에 연결된다면, 사회적인 태도나 자신의 강한 신념을 지지해줄 역할에 초점을 맞출 것이다. 스로트 센터에 있는 게이트 20과 연결되면, 당신은 자신의 힘을 스스로의 이익에 따라 쓰고, 생각은 즉시 행동으로 바뀌어 자신의 능력을 드러내고 발전시킬 것이다. 스플린 센터에 있는 게이트 57에 연결되면, 직관 덕분에 매 순간 온전히 생존하기 위해 필요한 것을 알아차릴 수 있는 능력이 강화된다. 스플린 센터는 직접적이며 직관적으로 안내하는데, 이것이 없으면 끊임없이 행동하려는 힘 때문에 건강을 해치기 쉽고, 다른 사람의 일에 간섭하거나 잘못된 길로 빠져 에너지를 낭비하고 아무런 도움이 안 될 수 있다. 당신은 존경받거나 인기 있을 수도 있으나, 당신의 힘은 남을 위한 것이 아니다. 34의 힘은 힘 자체로 순수하게 남아 있어서, 당신이 필요할 때 쓸 수 있어야 한다. 그 힘을 이용하여 독립적이고 고유하며, 신념에 따라 움직이면서 승리를 추구해야만 진정한 자기 자신으로 살아남을 수 있을 것이다.

- 라인 6 – 일반 상식
- 라인 5 – 박멸
- 라인 4 – 승리
- 라인 3 – 남성다움
- 라인 2 – 추진력
- 라인 1 – 약자를 괴롭히는 사람

게이트 57

부드러움 – 직관적 통찰의 게이트

명료함의 탁월한 힘

- 센터: 세이크럴
- 쿼터: 이원성
- 주제: 결합을 통한 목적 달성
- 정교: 관통
- 병교: 직관
- 빗교: 나팔수

게이트 57에는 직관적인 통찰력의 명료함으로 지금 이 순간의 핵심을 간파하는 능력이 있다. 주변의 환경에서 나오는 진동에 지속적으로 예민하게 깨어 있어서 육체적·정신적·감정적으로 깊게 조율할 수 있다. 이 직관적인 능력은 무엇이 안전하고 건강한 것이며 유익한 것인지를 기록한다. 게이트 57은 오른쪽 귀의 게이트이다. 누군가가 진정으로 하고자 하는 말이 무엇인지 듣길 원한다면, 직관으로 조율된 오른쪽 귀로 들어라. 스플린 센터에서 보내는 메시지를 듣기 위해서는 지금 이 순간 깨어 집중해야 한다. 그렇지 않으면 생존을 위해 필요한 정보를 지나칠 수 있다. 때때로 당신은 다른 사람의 말에 귀 기울이지 않는 것같이 보일 수도 있으며, 그들이 하는 말을 선택적으로 듣는다고 비난받을 수도 있다. 그러나 당신의 직관이 당신의 안전을 보장하는 유일한 가이드이며 완벽한 행동이 무엇인지를 결정한다. 미래에 대한 두려움을 경감시킬 수 있는 방법은, 본능적인 예감과 부드럽게 말하는 한 번의 작은 소리에 면밀하게 주의를 기울이고, 그 예감에 따라서 즉각적으로 행동하는 것이다. 순간의 직관에 귀 기울이고 주의를 집중한다면 다가올 일들이 두렵지 않을 것이다.

- 라인 6 – 활용
- 라인 5 – 진보
- 라인 4 – 감독
- 라인 3 – 예리함
- 라인 2 – 정화
- 라인 1 – 혼란

THE CHANNEL OF CHARISMA: 34 - 20

카리스마 채널: 34-20

의식한 것이 행동으로 실현되는 디자인

•

통합 채널
채널 타입: 매니페스팅 제너레이터

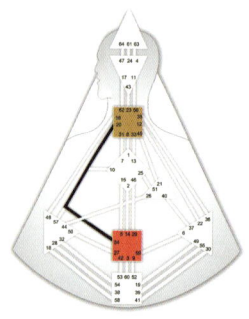

카리스마 채널은 힘의 게이트 34와 현재성The Now의 게이트 20을 통해서 세이크럴 센터와 스로트 센터를 연결한다. 이곳은 발현하려는 충동이 세이크럴 반응의 안내를 받는 전형적인 매니페스팅 제너레이터 채널이다. 달리 말하면, 전사(매니페스터)가 붓다(제너레이터)에게 항복하고, 외부적인 자극에 반응하여 카리스마적인 힘을 세상에 맞게 발휘한다.

● **배경** | 카리스마 채널은 만달라에서 3개의 마주 보는 상응 게이트로 이루어진 채널(43-23과 37-40이 나머지 2개) 중 하나이므로 일반적이고 지속적인 힘을 세상에서 발휘한다. 게이트 34는 순수한 생리학적인 에너지이다. 이 원초적인 힘이 갑상선 체계를 통해서 작동될 때, 그것은 인간의 생존 능력을 강화시키는 중요한 에너지원이 된다. 세이크럴 센터는 게이트 20에 계속 바쁘게 움직이라는 압박을 가하여 '지금 이 순간'을 표현하게 한다. 생성적 힘이 발현하는 힘을 만날 때, 속도가 매우 빠르므로 제대로 반응하기가 힘들다. 그것이 이 채널을 가진 사람이 조용하거나 가만히 있기 힘든 이유이다. 그들의 영

향력이나 성과는 대단할 수 있으나 세이크럴 센터 내면의 인식과 연결되어 있지 않을 때, 그 놀라운 에너지는 집착으로 보일 수 있다. 아니면, 잘못 발사된 미사일이 자신의 가속도에 이끌려 날아가다가 폭발하는 것과 같을 수도 있다.

- **개인적** | 채널 34-20은 자기역량 강화를 목표로 하는 통합 채널의 일부를 담당하며, 오랜 기간 활동을 지속시켜주는 에너지를 준다. 그러므로 자기가 아주 좋아하는 어떤 일에 에너지를 쓰는 것이 필수적이다. 다른 사람들은 당신의 능력을 부러워할 수도 있지만, 다른 이들은 이 에너지를 나눠 가질 수 없다. 이 에너지는 밖으로 드러내야 할 그 순간에 준비되어 있어야 하고, 무언가를 해야 한다는 인식은 게이트 34의 즉각적 반응 에너지로 나타난다. 당신이 좋아하는 일에 몰두하는 것이 당신을 건강하게 하지만 다른 사람들에게 내줄 시간은 별로 없다. 그렇게, 순수한 생동감의 자기역량 강화 에너지는 자연스럽게 다른 이들에게 영감을 불러일으킬 수 있다. 그것이 카리스마의 진정한 본질이다. 그러나 머리의 복잡한 생각에 휘둘려 '할 수 있을까?, 혹은 '해야만 할까?' 하면서 세이크럴 센터의 반응을 놓치면, 이 위대한 힘은 혼란에 빠져 건강을 해치고 예시가 될 능력이 저하된다.

- **대인관계** | 일반적으로 카리스마 채널을 가진 사람들은 다른 사람들에게 내어줄 시간이 별로 없다. 순간적으로 행동하거나 드러나는 개성을 가진 이들은, 자주 그렇게 사는 자신을 발견하게 된다. 그들의 딜레마는 바쁜 것에 너무 몰두한 나머지, 다른 사람들의 안내가 필요한 지점을 인식하지 못한다는 것이다. 적절하게 밖으로 드러내면 사회에 지대한 이익을 주지만, 그렇지 못하면 대단히 파괴적이다. 34-20 채널을 가진 사람이 자신의 디자인에 직관 게이트 57이나 자기 게이트 10을 가지고 있지 않다면, 바쁜 속도를 완화하고 조종하기 위해, 개인적 앎과 통찰력 채널인 43-23의 충고나 안내에 귀 기울이는 것이 건강하고 자연스럽다.

게이트 34
위대한 자의 힘 – 힘의 게이트
힘은 오직 공공의 이익을 위해서 표현되거나 사용될 때에만 위대하다

- 센터: 세이크럴
- 쿼터: 변이
- 주제: 변형을 통한 목적 달성
- 정교: 잠자는 불사조
- 병교: 힘
- 빗교: 이원성

　게이트 34는 세상에 자신의 고유함을 뽐내고 축하하며, 개성 형성을 강화하는 매력적인 에너지원이다. 세이크럴 센터에 있는 나머지 8개의 게이트와 구별되는 2개의 자질이 있다. 하나는 성과 관련이 없다는 것이고, 다른 하나는 그들의 힘이 다른 사람들을 위한 것이 아니라는 것이다. 그것이 G센터에 있는 게이트 10에 연결된다면, 사회적인 태도나 자신의 강한 신념을 지지해줄 역할에 초점을 맞출 것이다. 스로트 센터에 있는 게이트 20과 연결되면, 당신은 자신의 힘을 스스로의 이익에 따라 쓰고, 생각은 즉시 행동으로 바뀌어 자신의 능력을 드러내고 발전시킬 것이다. 스플린 센터에 있는 게이트 57에 연결되면, 직관 덕분에 매 순간 온전히 생존하기 위해 필요한 것을 알아차릴 수 있는 능력이 강화된다. 스플린 센터는 직접적이며 직관적으로 안내하는데, 이것이 없으면 끊임없이 행동하려는 힘 때문에 건강을 해치기 쉽고, 다른 사람의 일에 간섭하거나 잘못된 길로 빠져 에너지를 낭비하고 아무런 도움이 안 될 수 있다. 당신은 존경받거나 인기 있을 수도 있으나, 당신의 힘은 남을 위한 것이 아니다. 34의 힘은 힘 자체로 순수하게 남아 있어서, 당신이 필요할 때 쓸 수 있어야 한다. 그 힘을 이용하여 독립적이고 고유하며, 신념에 따라 움직이면서 승리를 추구해야만 진정한 자기 자신으로 살아남을 수 있을 것이다.

- 라인 6 – 일반 상식
- 라인 5 – 박멸
- 라인 4 – 승리
- 라인 3 – 남성다움
- 라인 2 – 추진력
- 라인 1 – 약자를 괴롭히는 사람

게이트 20
관조 – 지금/현재의 게이트
이해한 바를 행동으로 적절하게 바꾸는 바로 지금의 인식과 자각

- 센터: 스로트
- 쿼터: 문명
- 주제: 몸을 통한 목적 달성
- 정교: 잠자는 불사조
- 병교: 지금 현재
- 빗교: 이원성

    게이트 20은 지속적으로 현재에 집중함으로써 자기 자신으로 살아남는 능력을 지원해주는 실존적인 게이트이다. 표현하는 시점이 적절하다면, 자신의 인식이 주변 사람들에게 영향을 미치는 말이나 행동으로 변형될 것이다. 이 에너지 주파수는 전적으로 현재에 있으며, 그래야만 한다. 그것은 게이트 57의 직관적인 생존을 위한 자각이나 게이트 10의 '더 높은 원리에의 행동과 헌신'을 말로 표현할 수 있다. 혹은 개성화를 위한 행동을 통해서 게이트 34의 세이크럴의 힘을 보여줄 수 있다. 게이트 20은 '나는 지금 현재에 있어. 나는 나 스스로가 무언가를 하고 있다는 것을 알아'라고 말하며 그 순간에 자기 존재의 전부를 표현하지만, 과거나 미래를 고려하지는 않는다. 깨어 있고 인식하며 생존하기 위해서, 당신은 지금 이 순간에 있어야 하며, 진실하게 당신 자신이어야 한다. 당신 내부에서 갑자기 튀어나오는 것을 정신적으로 고려하거나 조절할 시간이 거의 없으므로, 당신을 포함한 모든 사람들이 당신의 말과 행동을 갑자기 목격하게 된다. 사실, 당신은 종종 자신이 무언가를 주시하거나 경청하지도 않는데 무언가를 발견하거나 듣게 되는 것을 알고 있다. 그런 식으로 존재의 매 순간 숨겨진 혁명적 변화의 잠재성이 당신 안에서 강화되고 있다. 당신의 전략과 결정권에 따라서 산다면 당신은 살아있는 표본이 될 것이다. 직관적으로 알아가는 능력, 개인적인 생존 능력, 변형과 자기사랑의 모습이 다른 사람들을 바꿀 것이다.

- 라인 6 – 지혜
- 라인 5 – 사실주의
- 라인 4 – 적용
- 라인 3 – 자기성찰
- 라인 2 – 교조주의자
- 라인 1 – 피상성

THE CHANNEL OF PERFECTED FORM: 57 - 10

완벽한 형태의 채널: 57-10

생존의 디자인
●

통합 채널(창의적인 채널)
채널 타입: 프로젝터

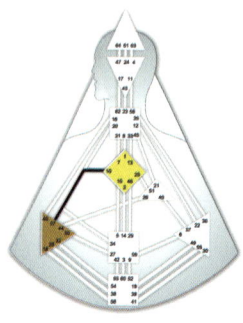

'완벽한 형태' 채널은 '직관적 통찰' 게이트 57과 '자아의 행동' 게이트 10을 통해서 스플린 센터를 G센터와 연결한다. 그것은 통합 채널의 창조(생존의 기술)채널이다. 직관적인 인식, 자신에 대한 사랑과 감사하는 태도를 가지고 있다. 이러한 태도야말로 한 사람에서부터 나아가 우리 인류가 살아남을 수 있게 하는 핵심적인 능력이다.

● **배경** | 스플린 센터의 인식은 주로 육체적 안락well-being에 초점을 맞추고 있다. 채널 57-10은 각 개인의 생존을 완벽하게 보장하기 위해서, 다른 사람들과 어떻게 상호 교류할 것인가를 담당하는 게이트 10을 돕는다. 자기지향적이며 잠정적으로 변이적인 행위는 인류 전체의 진화적 변화에 영향을 끼치기 위해 반드시 살아남아야 한다. 각 개인이 살아가면서 각자의 몸에 딱 맞춰 가지게 되는 고유한 행동 방식이야말로, 주어진 순간에 집중해 온전히 살아가는 모습의 예시가 된다. 게이트 57은 예민한 청각적 감수성이 있어서 주변 환경에 즉각적으로 대응할 수 있다. 채널 57-10에서는 다른 사람들이

말하는 내용보다, 목소리 톤에 주의를 더 기울여 인류의 가장 오래된 자각 능력에 연결시킴으로써, 생각과 감정 너머에 있는 직관적인 지혜를 곧바로 발휘할 수 있다. 그들은 주변에 이상이 감지되면 그에 대해 즉각적으로 적절한 대처를 할 수 있다.

● **개인적** | 내면 깊숙한 곳에서 안내하는 당신의 직관을 따르면, 당신이 가지고 있는 미래에 대한 근거 없는 두려움을 내려놓을 수 있을 것이다. 그 두려움 때문에 스스로 최대한 사랑하고 수용할 수 없는 것이다. 당신의 직관을 따르면 세상을 실존적으로 유유히 살아가는 잠재성을 가지게 된다. '재빨리 대응하는' 능력으로 인해, 당신은 자연스럽게 완전해지고 순간을 사는 생존 능력을 보장받게 된다. 그런 과정에 내재해 있는 타고난 아름다움이 스스로를 행복하게 하며, 기쁨으로 충만하게 할 수 있다. 당신의 즉흥성과 창조의 양상은 마음이 즐기는 회상의 창조적인 과정과는 사뭇 다르고, 시간이 지나야 나타나는 솔라 플렉서스의 감정적인 깊이와 감수성의 다양함과도 다르다. 단지 자기 자신으로 충실하게 살아감으로써 당신의 삶이 건강하고 아름답게 창조된다. 그러한 독특함으로 인해 주변의 시선을 끌게 되고, 당신의 본보기로 인해 사람들은 자기 자신으로의 삶을 살아가는 가치를 알게 된다.

● **대인관계** | '완벽한 형태' 채널을 가진 이들은 자기가 사랑하는 것을 창조하고, 창조한 것을 사랑하기 위해 여기 있다. 인정을 받는 것에는 관심이 없다. 자기 자신을 충분히 사랑하므로 자기 자신으로 살며, 직관에 따른 행동은 생존을 보장해준다. 그것은 미안해할 필요 없이 스스로에게 몰두하는 이기적 과정이며, 자신만의 독특함을 완벽하게 표현하는 여정이기도 하다. 공공연하면서도 알게 모르게 주변 환경에 영향을 미치고, 그를 통해 주변은 전보다 더 건강하며 아름답게 된다. 이 채널을 가지고 있는 많은 예술가, 건축가, 디자이너나 의사들이 의도 없이 본보기가 되어 주변 세상을 아름답게 한다. 온전한 삶의 자연스러운 부산물이다.

게이트 57

부드러움 – '직관적 통찰'의 게이트

명료함의 탁월한 힘

- 센터: 세이크럴
- 쿼터: 이원성
- 주제: 결합을 통한 목적 달성
- 정교: 관통
- 병교: 직관
- 빗교: 나팔수

　게이트 57에는 직관적 통찰의 명료함으로 지금 이 순간의 핵심을 간파하는 능력이 있다. 주변의 환경에서 나오는 진동에 민감하게 깨어 있어서 육체적·정신적·감정적으로 깊게 조율할 수 있다. 이 직관적인 능력은 무엇이 안전하고 건강한 것이며 유익한 것인지를 기억할 수 있다. 게이트 57은 오른쪽 귀의 게이트이다. 누군가가 진정으로 하고자 하는 말이 무엇인지 듣길 원한다면, 직관으로 조율된 오른쪽 귀로 들어라. 스플린 센터에서 보내는 메시지를 듣기 위해서는 지금 이 순간 깨어서 집중해야 한다. 그렇지 않으면 생존을 위한 정보가 무시당할 수 있다. 때때로 당신은 다른 사람의 말에 귀 기울이지 않는 것같이 보일 수도 있다. 그들이 하는 말을 선택적으로 듣는다고 비난받을 수도 있다. 그러나 당신의 직관은 당신의 안전을 보장하는 유일한 안내자이며, 완벽한 행동이 무엇인지를 결정한다. 미래에 대한 두려움을 경감시킬 수 있는 방법은 본능적인 예감과 부드럽게 말하는 한 번의 작은 소리에 면밀하게 주의를 기울이고, 그 예감에 따라서 즉각적으로 행동하는 것이다. 순간의 직관에 귀 기울이고 주의를 집중한다면 내일의 두려움은 없다.

- 라인 6 – 활용
- 라인 5 – 진보
- 라인 4 – 감독
- 라인 3 – 예리함
- 라인 2 – 정화
- 라인 1 – 혼란

게이트 10
발 디디기 – '자아의 행동'의 게이트

어떠한 상황에서도 상호 교류에 있어서 확실한 성공을 보장하는 근본적 처신 코드

- 센터: G
- 정교: 사랑의 그릇
- 쿼터: 변이
- 병교: 처신
- 주제: 변형을 통한 목적 달성
- 빗교: 예방, 방지

게이트 10은 G센터에서 가장 복잡한 게이트이며 인카네이션 크로스, '사랑의 그릇'에 관한 4개의 게이트 중 하나이다. 이것은 자기사랑에 관한 게이트이다. 아래 목록에 있는 6개의 역할을 직관 게이트 57이 안내하고, 게이트 34는 세이크럴의 반응을 통해 강화시키며, 게이트 20은 표현하고 행동한다. 이런 역할의 틀 안에서, 인류는 이제 진정한 자기사랑을 경험하고 깨어남의 잠재력을 지닌, 9센터의 자기 인식의 형태로 사는 것이 무엇을 의미하는지 탐색하고 있다. 당신의 전략과 결정권을 따르면 게이트 10은 자기만의 진정한 삶으로 이끄는 잠재성을 강화시킬 수 있다. 자신을 독특하게 만드는 요인을 인식하고 사랑함으로써, 당신은 다른 사람들도 그렇게 하도록 고무시킨다. 내맡김을 통한 진정한 깨달음은 무언가가 되기 위해 노력하는 것이 아니라, 당신 자신의 모습에 헌신하는 것이다. 게이트 10에서 강조하고 있는 자기수용은 21세기를 살아가는 인류에게 깊은 영향을 미칠 것이다. 당신은 자기 자신을 수용해야만 깨어날 수 있다는 것을 아는 사람이다. 당신이 자기 인식self-aware의 형태로 삶을 조사하는 기쁨과 명예를 만끽함으로써, 우리에게 매 순간 깨어 있으며 진정한 자기 자신으로 살아가도록 잠재성을 강화시켜주는 것이다.

- 라인 6 – 역할 모델
- 라인 5 – 이단자
- 라인 4 – 기회주의자
- 라인 3 – 순교자
- 라인 2 – 은둔자
- 라인 1 – 겸손

THE CHANNEL OF AWAKENING: 10 - 20

깨어남의 채널: 10-20

'더 높은 원칙에 헌신'의 디자인

●

통합 채널
채널 타입: 프로젝터

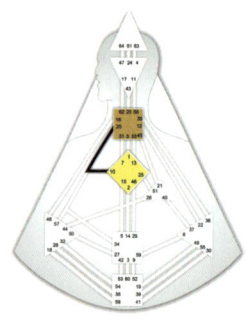

깨어남의 채널은 '자아의 행동'의 게이트 10과 '현재'의 게이트 20을 통해서 G센터와 스로트 센터를 연결한다. 인식하며 깨어 있는 사람에게, 매 순간은 개인적 앎을 즉각 행동(게이트 20)으로 변형시키는 원칙을 향한 기회를 제공한다. 그 행동은 다른 이와 성공적인 교류를 보장하는 코드(게이트 10)를 통해 단련된다.

● **배경 |** "나는 존재한다. 나는 지금 살아 있다!" 이것이 깨어남의 채널이다. 충만하면서도 가슴에 사무치며, 이기적이고 원초적인 존재의 본질이다. '나는 살아남았다, 나는 생존자다'라는 말은 인간 의식의 경이로움이다. 붓다란 '깨달은 자'를 의미한다. 깨달은 삶의 두 축은 자기사랑과 자기신뢰이다. "나는 존재한다. 나는 나를 사랑하기 때문에 할 수 있다." 가장 간단한 휴먼디자인 용어로, '깨어 있다'라는 것은 스스로 결정을 내리고 그것에 따라 산다는 것이다. 어떤 대가를 치르든지, 경험이 아무리 사소할지라도 상관없으며, 당신의 디자인에 따라 산다면(살 수 있다면) 당신도 붓다처럼 깨달은 것이다.

● **개인적** | G센터는 자각 센터가 아니므로 채널 10-20은 단지 스스로를 대변하기만 한다. 그것은 생존, 번영, 삶에 대한 사랑을 경험하기 위해서는, 깨달은 자로서의 자기 사랑, 수용, 신뢰에 대한 생생한 표현의 가능성을 충족시켜야 한다는 것을 완전하게 표현한다. 보통 당신은 삶에서 늘 깨어 있으며, 스스로 인식해가는 것을 다른 사람들이 알아본다. 매 순간 자신을 껴안으며 사랑하고 수용하면, 자연스럽게 생존이 보장되며 스스로에게 권한 부여를 한다. 그것은 당신의 결정, 말, 교류 능력, 태도를 본 세상 사람들에 의해 증명될 것이다. 주변에 자극을 주고 개성 있는 리더의 가능성을 충족시키려면, 당신 스스로는 알아채기 어려우므로 다른 사람들이 먼저 당신에게 무언가 분명한 깨달음이 있다고 느껴야만 한다. 단지 자기 자신의 삶을 사는 것만으로 은연중에 주변 사람들에게도 스스로의 삶을 살도록 영향을 미칠 수 있을 것이다. 다른 사람들로부터 그런 인정을 받을 때 적절한 초대가 일어날 것이다. 주변의 저항이 일어나지 않고 비난을 개인적인 것으로 받아들이지 않으며, 당신의 독특함이나 타고난 자기몰입의 성향이 짐이 되지도 않을 것이다.

● **대인관계** | 게이트 10의 6개 라인들은 채널 10-20을 가진 사람들이 어떤 행동 양식을 보여주는지 나타낸다. 1라인은 어떤 환경에서도 어떻게 행동해야 하는지를 아는 능력으로 깨어날 가능성이 있다. 2라인은 독립적이며 자기몰입적이다. 다른 사람들이 조종하려 하면 타고난 특성을 보호하고자 뒤로 물러나 홀로 있기를 선택한다. 3라인은 과정에 대한 시행착오를 통해 인류에게 가치 있는 것이 무엇인지, 무엇이 효과가 있고 없는지를 발견한다. 4라인의 사람들은 주변 사람들에게 영향을 주어 깨어나게 하려고 자기가 아는 것을 표명할 순간과 기회를 기다린다. 5라인의 사람들은 사회가 수용하고 있는 전통에 직간접적으로 도전함으로써, 사람들을 깨어 있게 하며 변화를 불러일으킨다. 6라인의 사람들은 일상적인 삶에서 행동을 통해 진실을 표현하며, 말보다는 처신을 통해서 다른 이들을 일깨운다.

게이트 10

발 디디기- '자아의 행동'의 게이트

어떠한 상황에서도 상호교류에 있어서 확실한 성공을 보장하는 근본적 처신 코드

- 센터: G
- 쿼터: 변이
- 주제: 변형을 통한 목적 달성
- 정교: 사랑의 그릇
- 병교: 처신
- 빗교: 예방, 방지

게이트 10은 G센터에서 가장 복잡한 게이트이며 인카네이션 크로스, '사랑의 그릇'에 관한 4개의 게이트 중 하나이다. 이것은 자기사랑에 관한 게이트이다. 아래 목록에 있는 6개의 역할을 직관 게이트 57이 안내하고, 게이트 34는 세크럴의 반응을 통해 강화시키며, 게이트 20은 표현하고 행동한다. 이런 역할의 틀 안에서, 인류는 이제 진정한 자기사랑을 경험하고 깨어남의 잠재력을 지닌, 9센터의 자기 인식의 형태로 사는 것이 무엇을 의미하는지 탐색하고 있다. 당신의 전략과 결정권을 따르면 게이트 10은 자기만의 진정한 삶으로 이끄는 잠재성을 강화시킬 수 있다. 자신을 독특하게 만드는 요인을 인식하고 사랑함으로써, 당신은 다른 사람들도 그렇게 하도록 고무시킨다. 내맡김을 통한 진정한 깨달음은 무언가가 되기 위해 노력하는 것이 아니라, 당신 자신의 모습에 헌신하는 것이다. 게이트 10에서 강조하고 있는 자기수용은 21세기를 살아가는 인류에게 깊은 영향을 미칠 것이다. 당신은 자기 자신을 수용해야만 깨어날 수 있다는 것을 아는 사람이다. 당신이 자기 인식self-aware의 형태로 삶을 조사하는 기쁨과 명예를 만끽함으로써, 우리에게 매 순간 깨어 있으며 진정한 자기 자신으로 살아가도록 잠재성을 강화시켜주는 것이다.

- 라인 6- 역할 모델
- 라인 5- 이단자
- 라인 4- 기회주의자
- 라인 3- 순교자
- 라인 2- 은둔자
- 라인 1- 겸손

게이트 20

관조 – 지금/현재의 게이트

이해한 바를 행동으로 적절하게 바꾸는 바로 지금의 인식과 자각

- 센터: 스로트
- 쿼터: 문명
- 주제: 몸을 통한 목적 달성
- 정교: 잠자는 불사조
- 병교: 지금 현재
- 빗교: 이원성

    게이트 20은 지속적으로 현재에 집중함으로써 자기 자신으로 살아남는 능력을 지원해주는 실존적인 게이트이다. 표현하는 시점이 적절하다면, 자신의 인식이 주변 사람들에게 영향을 미치는 말이나 행동으로 변형될 것이다. 이 에너지 주파수는 전적으로 현재에 있으며, 그래야만 한다. 그것은 게이트 57의 직관적인 생존을 위한 자각이나 게이트 10의 '더 높은 원리에의 행동과 헌신'을 말로 표현할 수 있다. 혹은 개성화를 위한 행동을 통해서 게이트 34의 세이크럴의 힘을 보여줄 수 있다. 게이트 20은 '나는 지금 현재에 있어. 나는 나 스스로가 무언가를 하고 있다는 것을 알아'라고 말하며 그 순간에 자기 존재의 전부를 표현하지만, 과거나 미래를 고려하지는 않는다. 깨어 있고 인식하며 생존하기 위해서, 당신은 지금 이 순간에 있어야 하며, 진실하게 당신 자신이어야 한다. 당신 내부에서 갑자기 튀어나오는 것을 정신적으로 고려하거나 조절할 시간이 거의 없으므로, 당신을 포함한 모든 사람들이 당신의 말과 행동을 갑자기 목격하게 된다. 사실, 당신은 종종 자신이 무언가를 주시하거나 경청하지도 않는데 무언가를 발견하거나 듣게 되는 것을 알고 있다. 그런 식으로 존재의 매 순간 숨겨진 혁명적 변화의 잠재성이 당신 안에서 강화되고 있다. 당신의 전략과 결정권에 따라서 산다면 당신은 살아있는 표본이 될 것이다. 직관적으로 알아가는 능력, 개인적인 생존 능력, 변형과 자기사랑의 모습이 다른 사람들을 바꿀 것이다.

- 라인 6 – 지혜
- 라인 5 – 사실주의
- 라인 4 – 적용
- 라인 3 – 자기성찰
- 라인 2 – 교조주의자
- 라인 1 – 피상성

THE INDIVIDUAL CIRCUIT GROUP

인디비주얼 회로 그룹

앎 회로와 센터링 회로
슈퍼 키노트: 역량 강화

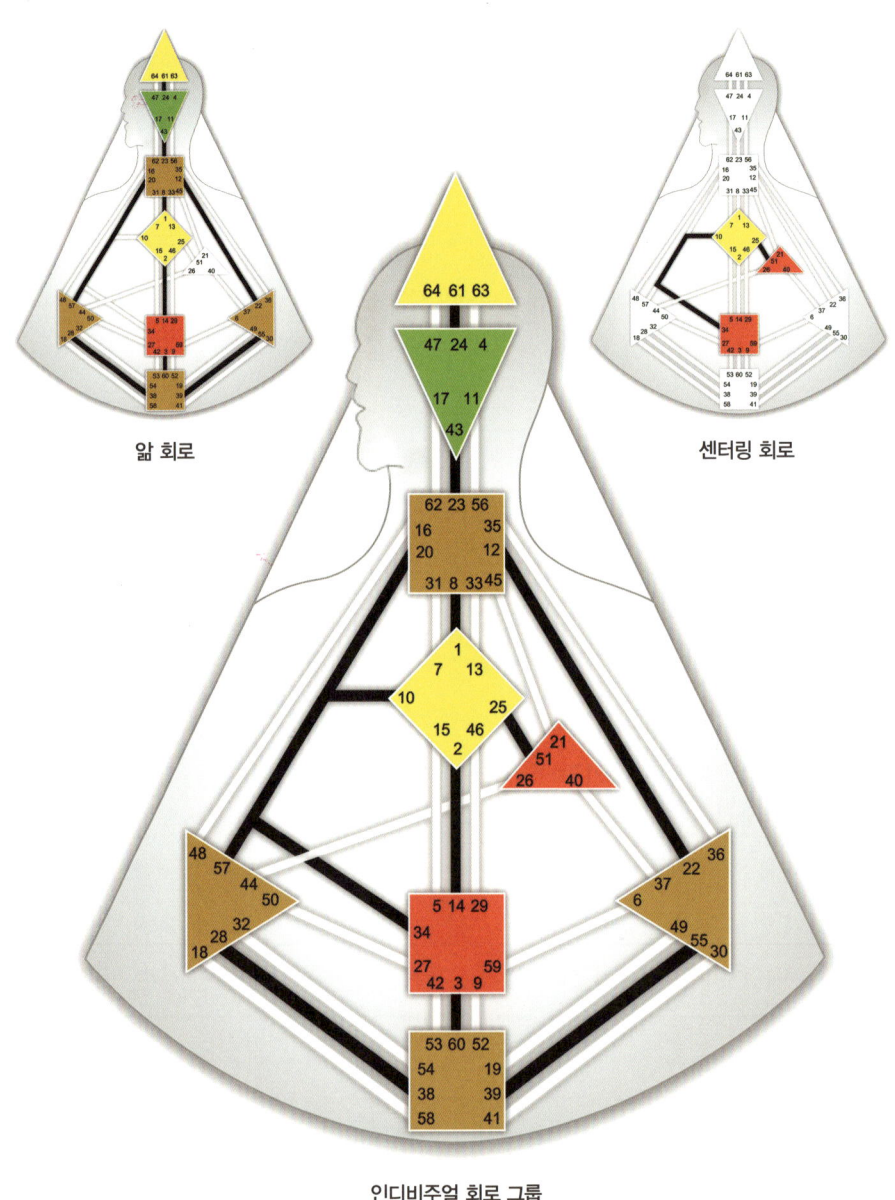

앎 회로

센터링 회로

인디비주얼 회로 그룹

인디비주얼 회로 그룹으로부터 시작해보자. 핵심적인 통합 채널과 긴밀한 연관성이 있으면서도 뚜렷한 차별성을 가지기 때문이다. 개인성은 트라이벌 회로 그룹과 컬렉티브 회로 그룹에게 변화와 변이를 불러일으킬 수 있는 능력과 책임감을 가지고 있다. 그들이 직면하는 도전은 다른 두 그룹으로부터 거부당하지 않는 것이다.

인디비주얼 회로 그룹은 3개의 그룹 중에서 가장 복잡하며 9개 센터의 모든 주파수를 아우른다. 현재 이 순간에 초점을 맞추어 내면의 소리를 듣고, 그에 따라 자신의 길을 가고자 한다. 그들은 고유함을 향한 충동이 있으며, 그것이 살아 있는 본보기가 되어 다른 사람들의 잠재성을 고무시키고 역량을 강화하며 일깨운다. 인디비주얼 회로 그룹의 키노트는 변이와 역량 강화이며, 그것은 휴먼디자인과 진화 그 자체의 핵심이다. 키노트는 자신에게 열정적으로 충실하라는 것을 암시하며, 현재 이 순간을 의식하고 거기에 초점을 맞추지만 사회적인 규범과는 거리가 멀다. 그들은 앎이 명확해지면 영감이나 차별성을 드러낼 준비를 하며, 그런 식으로 본보기가 된다. 이들은 자기와 같이 변이의 가능성을 가진 모든 사물이나 사람의 잠재성을 알아보는 재능을 가지고 있으며, 그것을 어떻게 강화시킬 수 있을지 직감적으로 안다. 이것이 자기역량 강화의 특정적 키노트를 가지고 있는 통합 채널과 다른 점이다.

이들의 알아차림은 증명된 사실이나 경험에 기초하지 않고, 순간의 직관이나 영감을 따른다. 그렇기에 이들은 사회에 적응하기 쉽지 않고, 어린 시절부터 자기 자신을 설명하는 방법을 배우는 것이 필수적이다. 순간적 영감으로 알아차린 것이나 자기가 진실이라고 알고 있는 것을 전달할 능력이 필요하다. 설명을 잘할 수 있을 때, 이들은 변화를 효과적으로 전할 수 있으며, 자신이 다른 사람과 다르다는 것에도 편안해질 수 있다.

개성적인 것은 주의를 끌기 마련이지만, 개성적인 사람들은 창의적이고 우울한 내면 세계를 조사하며 홀로 있을 필요가 있고 그것을 좋아한다. 그들은 어떤 순간에 사로잡혀서 경험이나 이성의 목소리가 들리지 않을 수도 있다. 순간의 새로움에 충실하여 그것을 디자인하고, 그에 따라 행동하며 소통하기 위해 여기 있기 때문이다. 어떤 상황에서 자신의 위치에 대해 편안해지고, 능력이 강화되는 중요한 순간에 다른 사람들과 소통할 준비가 되어 있기 위해서는 자기결정권에 충실하며 자신의 전략을 따를 필요가 있다.

인디비주얼 회로 그룹은 주회로인 앎knowing 회로와 부회로인 센터링centering 회로로 구성되어 있다.

THE INDIVIDUAL CIRCUIT GROUP

앎 회로

키노트: 역량 강화

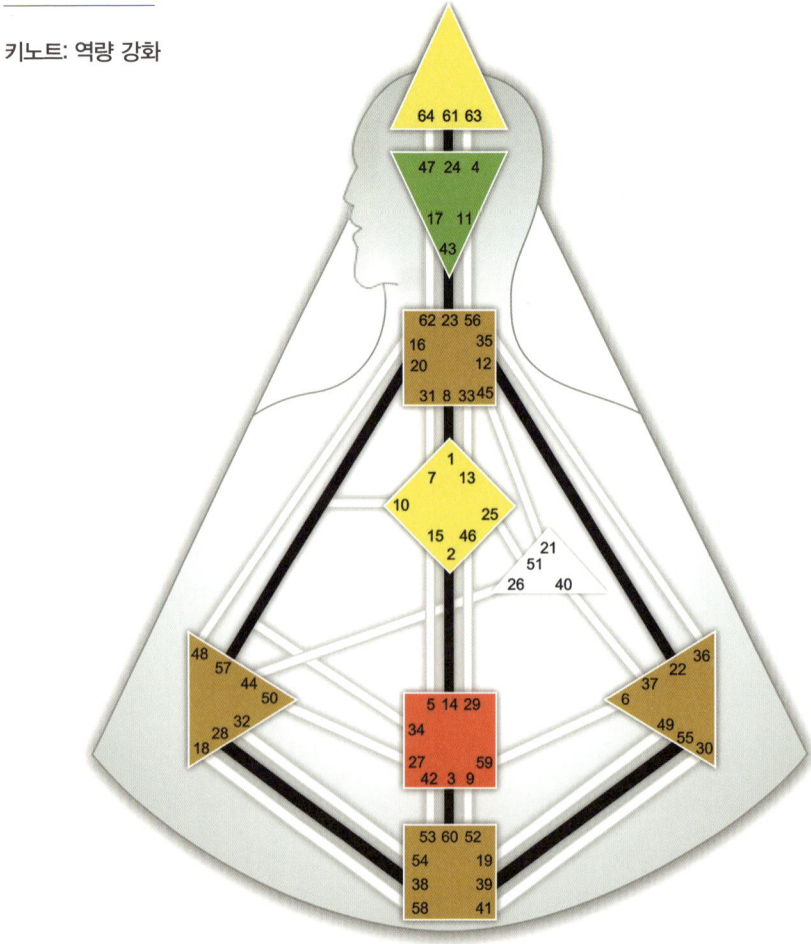

앎 회로 채널들

3-60	변이		43-23	구조화
	시작과 변동의 에너지, 충동			개성
14-2	울림		38-28	투쟁
	열쇠 보관자			완고함
1-8	영감		57-20	뇌파
	창조적인 역할 모델			꿰뚫는 자각
61-24	자각		39-55	과장된 표현
	사색가			변덕스러운 기분
			22-12	개방성
				사회적 존재

앎 회로의 채널을 가진 사람들은 자기 자신의 모습으로 사는 역량을 부여받은 것이다. 그들은 독특한 개인으로서 다른 이들에게 본보기가 되고 있다. 자기 삶의 스타일을 반영하여 삶을 재구성할 때 그를 지켜봐줄 관중이 필요하며, 그들은 그런 식으로 세상에 변화를 불러일으킨다. 그들의 독특함은 다른 사람들의 인지와 주목을 필요로 한다.

회로의 이름이 암시하듯이, 여기서의 앎은 우울함과 열정의 감정 파동이 더해져, 매 순간 영감과 직관에 의해서 일어나며, 그러한 개성 있는 자들의 생각이나 태도는 나머지 사람들을 변화시키는 영향을 미친다. 감정과 직관의 예측불허적이고 창조적이며 독특한 그런 결합이 역량을 강화시키는 것이다. 여기서의 개성이란 무언가를 완벽하게 하거나 통달하고 조직하는 것이 아니다. 그것은 컬렉티브 회로의 역할이다. 여기서의 개성이란, 주변 세상과 개인을 변형시키는 잠재성을 이용하여 전적으로 새로운 무언가를 내놓는 것이다.

여기서 앎의 특징은 있다 없다 한다는 것이며, 일어났는지 잘 모를 수도 있다. 정확히 알고 나서야 비로소 안다고 말할 수 있다. 그것은 어떤 것에 대한 답일 수도 있고, 옳은 방향이거나 아닐 수도 있다. 변이적인 변화가 보편화되려면 시간을 두고 검증하는 과정이 있어야만 한다. 변이적인 변화를 일으키는 힘은 인디비주얼 회로 그룹에 있는 모든 채널과 게이트에 공통적이며, 그것은 불규칙하면서도 갑작스러운 알아차림에 의해서 일어난다. 그 변화는 조절할 수도 예측할 수도 없는 맥박처럼 작용한다. 반면에 보수적인 컬렉티브 회로의 고정된 시간대나 권위적인 트라이벌 회로는, 순간적으로 일어나는 영감이나 변화에 독자적으로 참여하기 힘들다. 이 두 그룹은 인디비주얼 회로 그룹에 의존하여 변화나 변형을 추구해야 하며, 그들의 도움으로 정체된 것의 돌파구를 마련하고 혁명적인 진보를 이루어내야 한다. 그러나 앎으로 일어난 새로운 에너지는, 두 그룹의 면밀한 조사 과정과 공개적인 비판의 과정을 거치게 된다. 그러니까 개성적인 사람들이 스스로를 설명할 수 있어야 하는 것이다.

이 개성 있는 자들은 그들의 독특함으로 존경을 받으며, 사람들은 그들이 세상으로부터 받는 관심을 부러워하기도 한다. 그러나 그들이 걸어가는 길은 상처받기 쉽고, 진정 자기만의 외로운 길이기도 하며, 자기들이 다른 사람들의 역량을 강화시켰다는 것을 영원히 모를 수도 있다.

변이 채널: 3-60

변동과 개시 에너지의 디자인

-

회로: 앎
채널 타입: 제너레이터

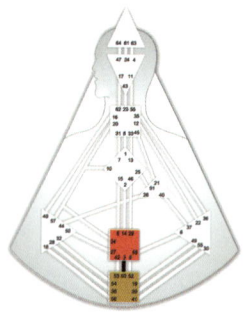

변이의 채널은 받아들임의 게이트 60과 질서 잡기의 게이트 3을 통해서 루트 센터를 세이크럴 센터와 연결한다. 혁명적 변화에 대한 잠재성이 예측불허의 우울한 채널에서 나온다. 변이는 자신의 한계를 받아들이는 역량(게이트 60)과 새로운 시작의 혼란을 초월하는 역량(게이트 3)에 달려 있다.

● **배경** | 게이트 60은 진화적 가능성의 중심이며, 게이트 3은 항상 새로운 것을 추구하며, 한 번에 생존 가능한 하나에 중점을 둔다. 아드레날린의 역동적 에너지를 가지고 있는 변이 채널의 흐름 혹은 주파수는, 인디비주얼 회로의 포맷 에너지가 지배한다. 우울함과 연관된 강력하지만 불규칙한 변동의 이 에너지가, 이 채널을 가진 이들의 독특한 디자인을 표현하는 방식에 골고루 스며든다. 또한 그들 주변 사람들에게도 깊게 영향을 미치는 에너지이다.

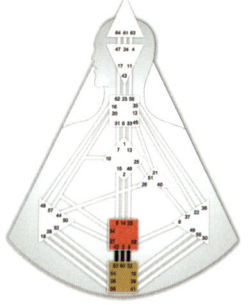

포맷 에너지

- **개인적** | 그들은 우울함을 지니고 산다. 그 우울함은 기계적이므로 해결책은 우울함의 이유를 따지지 않는 것이다. 차라리 참을성 있게 지켜보며 변이적인 변화가 눈에 선하게 나타날 때까지 기다려라. 결국엔 변이의 맥박이 가라앉고, 사색하며 홀로 시간을 보내다 보면 내면으로의 여정은 깊어지고 풍요로워진다. 항상 보이지는 않겠지만 깊은 내면에서는 무언가가 요동치고 있으며, 아직 모습을 드러낼 준비가 되지 않은 것들이 잉태되어 성장하고 있는 것이다. 혼란에서 질서로, 그리고 다시 혼란으로 반복되는 이 운동은 끝이 없고, 그것이 포맷 에너지format energy*의 성격이며, 새로운 것이 세상에 나올 가능성을 만든다. 그런 맥박(변화)이 언제 일어날지는 모르겠지만, 타고난 한계를 받아들이고 우리 모두에게 변화의 바람을 가지고 올 세이크럴 센터의 반응에 맡겨라.

- **대인관계** | 변이적인 변화는 음악처럼 맥박 사이에서, 음표와 음표 사이에서 일어난다. 그것은 사람들을 어쩔 수 없이 적응하거나 변하게 하고, 뒤처지게 하기도 한다. 변이 채널을 가진 이들은 삶, 직업, 가족, 주변 사람들에게 가져다줄 혁신과 갱신의 맥박을 느낀다. 간헐적으로 일어나는 변동이 가라앉으면 겉보기에는 아무것도 일어나지 않는 때가 있으며, 그때 루트 센터에서 지속적으로 형성되는 압박 때문에 내부의 긴장이 만들어진다. 그때 형성되는 육체의 화학 반응이 우울함으로 경험된다. 그것은 변이를 가져오는 사람으로서 겪는 일이며, 그들은 피하고 싶은 내면의 불안하고 어두운 곳에 사로잡혀 있는 이유를 알아내려고 한다. 그들이 이 어두움에 굴복하거나 맞는 반응을 기다리지 못한다면, 그 압박 때문에 깊은 좌절감이나 우울함에 빠질 수도 있으며 주변에 혼란과 불안정을 일으키기도 한다.

---

* 포맷 에너지는 그것이 속한 회로에 있는 모든 채널뿐만 아니라 전반적인 디자인에 강력한 영향을 미친다. 포맷 에너지는 루트 센터와 세이크럴 센터 사이에 흐르고 있다. 53-42(컬렉티브 회로, 추상적), 60-3(인디비주얼 회로), 52-9(컬렉티브 회로, 논리적). 트라이벌 회로에는 포맷 채널이 없다.

게이트 3
시작의 어려움 – 질서 잡기의 게이트
개시의 근본적 어려움은 혼란을 초월하여 질서를 세우는 것이다

- 센터: 세크럴
- 쿼터: 개시
- 주제: 마음을 통한 목석 날성
- 정교: 법
- 병교: 변이
- 빗교: 바람

    게이트 3의 기능은 혼란을 뛰어넘어 질서를 확립함으로써, 세상에 새롭고 잠재적으로 실행 가능한 것들을 가져오는 것이다. 당신은 독특한 앎을 통해 혁신에 중요한 기여를 할 수 있다. 돌연한 변화가 일어날 어떤 순간에 대한 기다림은 끝이 없을 것 같다. 그러나 당신은 게이트 60에서 가끔씩 일어나는 에너지의 폭발과, 가능성의 제한된 분출에 대한 인내가 필요하다. 거기에 간헐적으로 일어나는 창조적인 맥동이 있으며, 새로운 것에 대한 가능성은 논리적이거나 경험적이지 않다. 변이적 전환에는 새로운 구조가 정착하는 시간이 필요한데, 그것을 기다리지 못하면 변화에 대한 열정은 단지 주변을 불안정하게 하며, 그들에게 영향을 미친다거나 강화시키는 것을 기대할 수 없다. 변화가능성의 에너지원이 없다고 느끼면 우울하거나 처질 수도 있다. 그러나 그때가 바로 당신이 내면으로 깊숙이 들어가, 창조적 명상에 침잠할 때이다. 변이의 순간은 예견할 수도, 조절할 수도 없으며, 서두를 수도 없다. 그것은 자신만의 시간을 가지고 있다. 그리고 적절한 때에 당신의 오라에 누군가 들어온다면 손가락 하나 까딱 하지 않고도 그를 변화시킬 수 있다.

- 라인 6 – 내맡김
- 라인 5 – 희생시킴
- 라인 4 – 카리스마
- 라인 3 – 생존
- 라인 2 – 미성숙
- 라인 1 – 통합

게이트 60

제한 - 받아들임의 게이트

한계를 받아들이는 것이 초월의 첫걸음이다

- 센터: 루트
- 쿼터: 변이
- 주제: 변형을 통한 목적 달성
- 정교: 법
- 병교: 제한
- 빗교: 집중 방해

게이트 60은 순수한 에너지를 어떤 형태로 변이시키는 데 필요한 압박을 만들어낸다. 루트 센터는 억압적으로 밀어붙여 가능성 하나하나에 대한 압박을 만든다. 창조적인 변이의 과정은 파동처럼 작동하며, 변이의 가능성이 언제 튀어나올지 모른다. 게이트 3에 의해 역량이 강화되거나 명령을 받으면, 변이의 가능성은 그 한계를 뛰어넘는다. 변이는 게이트 60이 창조하는 맥박의 '음표와 음표 사이의 공간'에서 일어난다. 루트 센터가 압박을 가하면 당신은 앞으로 나아가고자 초조해지며, 어떤 한계든지 장애물로 느껴진다. 그러나 당신이 이 예측불허의 변이 과정에 인내심이 없다면, 게이트 60에 내재된 우울함이 깊어지고 만성적인 침체가 올 수 있다. 주변에 변화를 일으킬 수 없다고 느끼면, 눈을 내부로 돌려라. 변이 과정의 신비를 받아들이고 당신 내부에서, 그리고 당신으로 인해 세상에서 변형이 일어나고 있음을 신뢰하라. 게이트 3은 변이 과정에서 있을 수 있는 혼란을 바로잡는 데 중요한 역할을 한다. 게이트 3이 없다면 앞으로 나아갈 수 없다고 느낄 수 있다.

- 라인 6 - 엄격함
- 라인 5 - 리더십
- 라인 4 - 풍부한 책략
- 라인 3 - 보수주의
- 라인 2 - 결단력
- 라인 1 - 수용

THE CHANNEL OF THE BEAT: 14 - 2

울림의 채널: 14-2

열쇠를 지키는 자의 디자인

●

회로: 앎
채널 타입: 제너레이터

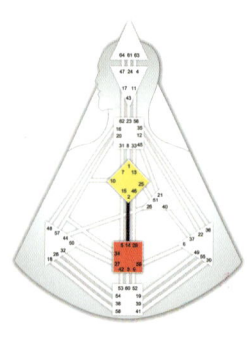

이 채널은 힘의 사용 능력에 관한 게이트 14와 좀 더 높은 앎에 관한 게이트 2를 통해 세이크럴 센터와 G센터를 연결한다. 게이트 14는 특별히 변이를 위한 물적 자원의 이용 가능성에 중점을 둔다. 게이트 2는 운전사(마그네틱 모노폴)의 자리이다. 운전사는 우리를 한데 묶어 공간을 통한 시간 여행을 안내한다. 이 채널을 통해 2개의 게이트는 새로운 방향으로 우리를 안내할 준비를 단단히 하고 있다.

● **배경 |** 채널 14-2는 3개의 '탄트라 채널'* 중 하나로 인디비주얼 회로의 모든 특징을 가지고 있다. 변이, 혁신, 비범함, 새로움, 독특함, 우울함이 그것이다. 세이크럴 센터는 순수한 생성적 에너지원이며, 그 에너지를 통해 지구에서 생명체를 낳고 지탱한다.

---

* 세이크럴 센터와 G센터 사이에 있는 3개의 탄트라 채널은 5-15, 14-2, 29-46이다. 이것들은 세이크럴 센터의 풍부한 생명력을 G센터와 연결한다. 이를 통해, G센터에 있는 더 높은 자기 정체성, 방향, 사랑이 강화된다.

G센터는 정체성, 방향, 사랑을 나타낸다. 게이트 2와 14를 결합하여 생성되는 에너지는 창조를 위한 강력한 자원이며, 방향에 변화를 만들어내는 생명력이다.

- **개인적** | 당신은 열쇠를 지키는 자로서, 변이적 충동을 물질로 전환시키는 데 필수적인 자원에 접근이 가능하다. 사람과 지구 모두에 혁신적인 새바람을 일으킬 수 있는데, 세이크럴의 반응에 귀 기울이고 신뢰하면 가능한 일이지만, 당신은 어디로 가고 있는지, 주변에 어떤 영향을 일으키는지 모를 수 있다. 창조적인 노력을 계속할 수 있고, 다른 사람들에게 그렇게 하도록 격려하며 물적 지원을 할 수도 있다. 개성 있는 이들은 예시를 통해서 사람들에게 영향을 미치고, 그들의 첫 번째 임무는 스스로에게 충실한 것이며, 자신의 운명과 방향, 목적에 맞게 사는 것이다. 운명을 뒤에서 따라가다가는 길을 잃고 좌절할 수도 있다. 삶이 당신을 통해서 결정할 것이라는 것을 신뢰한다면 그 자체로 다른 사람들의 예시가 될 것이다. 사람들이 그 건강한 에너지 장을 지나가기만 해도 새로운 출발에 대한 감이 생길 수도 있으며, 때론 이미 새로운 길을 알아채기도 한다. 당신은 가슴을 활짝 열어 삶에 충실히 반응하기만 하면 된다.

- **대인관계** | 컬렉티브 회로는 현상 유지에 집중하고 트라이벌 회로는 안전에 집중한다. 채널 14-2는 새로운 방향으로 나아가는 데 필요한 자원과 열쇠를 제공한다. 그들은 위 두 회로 그룹에게 중요하고도 새로운 관점을 제공하며, 계속 진화하고 변화하고 있는 실존적 난관에 대응할 수 있게 한다. 컬렉티브와 트라이벌은 결국 이들의 제안을 검증하여 최선책에 적응할 것이다. 채널 14-2에서 변이는 더 높은 자기가 제시하는 방향성과, 삶에 깊게 반응하는 맥박 속에서 일어난다. 어떤 순간에는 있는데, 다음 순간에는 없다. 새로운 방향이 언제 생겨날지 모르며, 그 끝에 무엇이 있을지도 모른다. 컬렉티브 회로 그룹과 트라이벌 회로 그룹이 어떤 식으로 변이를 겪게 될지도 물론 알 수 없다.

게이트 14

엄청난 소유 – '힘을 다루는 기술'의 게이트

우아하게 통제하며, 능숙한 사교를 통해 힘을 얻고 유지하다

- 센터: 세이크럴
- 쿼터: 변이
- 주제: 변형을 통한 목적 달성
- 정교: 전염
- 병교: 역량 강화
- 빗교: 불확실성

게이트 14는 이용 가능한 자원의 분배를 통해서 개인과 인류에게 방향을 위한 역량을 강화해준다. 변이를 확실하게 돕고 지평을 넓히기 위해서 어떻게 자원을 투자해야 할 지를 보여준다. 세이크럴 센터가 정의되어 있으면 장시간 창조적인 일에 에너지를 쓸 수 있으며, 이 게이트는 최고의 생산성을 가지고 있다. 언제, 어떻게 자원을 방출할 것인지를 조절하는 자동차의 페달과 같다. 당신이 당신의 디자인에 맞게 정렬한다면 좋아하는 일을 하여 부와 힘을 만들어낼 수 있다. 그러나 그 자원은 당신만을 위해 쓰라는 것이 아니다. 다른 사람들을 북돋아주고 개개인의 창조성, 자선 활동, 인류의 미래를 위해 전망 있는 지도자를 돕는 것이어야 한다. 돈을 아무에게나 아무 것에나 투자해서는 안 된다. 당신의 결정권을 따르고 디자인에 순응하면 귀한 생명에너지의 오용이나 남용을 막을 수 있다. 게이트 2가 적당한 방향을 설정하면, 당신이 가진 자원은 세상의 변화를 일으키는 중요한 촉매가 될 수 있다.

라인 6 – 겸손함 라인 3 – 서비스
라인 5 – 오만함 라인 2 – 관리
라인 4 – 안전   라인 1 – 돈이 전부는 아니다

게이트 2
수용적인 자 – 더 높은 앎의 게이트
반응이 정해져 있는 근원적 바탕으로서의 수용성, 행동의 뿌리

- 센터: G
- 쿼터: 문명
- 주제: 형태를 통한 목적 달성
- 정교: 스핑크스
- 병교: 운전수
- 빗교: 저항

게이트 2에서 '더 높은' 앎이란, 마그네틱 모노폴인 운전수에게서 나오는 사랑과 아름다움을 향한 자기의 행로에 뿌리를 두고 있다. 운전수는 공간을 통과하는 우리의 시간에 따른 움직임에 초점을 맞추며, 디자인에 있는 것은 타고난 내면의 방향감각을 의미하고 지도상의 위치에 관한 것이 아니다. 마음이나 의지로 이 방향을 바꿀 수는 없으며, 그 길을 가지 않는 다른 사람들에게는 이별을 고해야 할지도 모른다. 게이트 2는 차량의 열쇠와 같이 운전사를 위해 엔진에 시동을 건다. 방향성을 가지고 계속 움직이게 하는 모터와 연료는 세이크럴 센터에 있는 게이트 14를 통해서 나온다. 심지어는 다른 사람들이 창조성을 발휘하기 위해서는 어떤 자원이 필요한지를 가르쳐주기도 하며, 당신 자신의 방향에 순응하는 것만으로도 다른 사람들의 방향에 영향을 주거나 확신시키기도 한다. 당신은 새로운 길에 대한 계획이나 개요에 대한 전망을 제시하는 사람이지만, 그 일을 하기 위해 사는 것은 아니다. 당신의 비전이 결실을 맺으려면 게이트 14의 힘과 자원이 필요하다.

- 라인 6 – 고정
- 라인 5 – 지혜로운 응용
- 라인 4 – 비밀스러움
- 라인 3 – 인내
- 라인 2 – 천재
- 라인 1 – 직관

THE CHANNEL OF INSPIRATION: 1 - 8

영감의 채널: 1-8

창조적 역할 모델의 디자인

●

회로: 앎(창조 채널)
채널 타입: 프로젝터

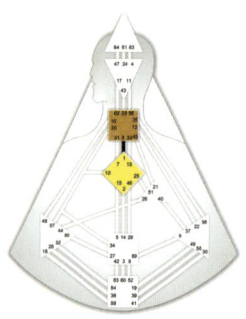

영감 채널은 자기표현의 게이트 1과 공헌의 게이트 8을 통해 G센터와 스로트 센터를 연결한다. 게이트 1은 변이적인 관점을 창조적으로 표현하는 곳이며, 이는 그들의 오라를 통해서, 또는 모두가 보고 촉진됨을 경험할 수 있도록 구체적인 형태로 표현되기도 한다. 많은 사람들 앞에서 자신을 드러내는 데는 용기가 필요하다. 이들은 다른 사람들도 같은 용기를 갖도록 고무시킨다. 이 채널을 가진 이들에게는, 개성 있는 개인으로 사는 것 자체가 예술이며, 대중의 관심을 끌도록 된 디자인이다.

● **배경** | 채널 1-8은 창조성(게이트 1)과 리더십(게이트 8)의 대중적인 출구이다. 이들은 역할 모델이 되어 말한다. "나는 집단의 진화에 창조적으로 공헌할 수 있는지(없는지) 알아." 이 채널을 가진 이들은 자신의 정체성이 가지고 있는 독특함을 온전히 표현하고 살아냄으로써 주변에 영향을 미친다. 이는 말이나 설명으로 하는 것이 아니며, 개성 있는 길을 가는 모델로 하는 것이다. 채널 1-8이 채널 2-14를 통해서 모터로 연결될 때

사회에 대한 공헌은 더욱 훌륭할 것이다.

● **개인적** | 개성적 방향은 타고난 특성적으로 순간에 뿌리내리고 자신만의 진실에 의거하여. 아름다움을 향해 움직인다. 진정한 자기표현과 창의성 있는 개인으로서의 역할모델로서 당연히 다른 이들의 주목을 받게 된다. 그런 행위는 은근히 다른 이들의 관점을 변화시키며 새로운 방향을 제시한다. 사람들 자신이 가진 독특함을 창의적으로 표현할 수 있도록 돕는 것이다. 뛰어난 피아니스트의 연주를 듣고, '아! 피아노 레슨을 받아야지'라고 생각이 들게 되는 것과 같다. 그런 리더십의 권위는 진정성에서 우러나와야 하며, 건성이거나 조건화되어 있지 않아야 한다. 그리고 당신의 다른 사람들의 용기를 북돋는 능력은 스스로 개성 있게 살려는 노력과, 다른 사람들의 주목과 인정의 결합으로부터 생긴다. 그러나 그들은 사회성이 부족하므로 의사소통 기술을 발전시킬 필요가 있다. 그래야 사회에 무엇을 기여하고자 하는지를 효과적으로 표현할 수 있으며, 적절한 때를 기다리는 인내심도 역시 필요하다. 창의성에 대한 영향력과 개성 있는 삶은 외부로부터 인정받고 박수갈채를 받을 때 비로소 꽃이 핀다.

● **대인관계** | 그들은 삶, 진실, 아름다움에 대한 사람들의 시각에 변화를 주도함으로써 다른 사람들을 이끄는 개성 있는 리더(예컨대 고무하거나 변이를 부르는)들이다. 어떤 것도 전체totality를 벗어나서 사회 전반에 영향력을 미칠 수 있는 것은 없다는 근본적 인식을 가져야 한다. 영감의 채널을 가진 이들은 고유함을 멋지게 표현하며 사는 법을 알고, 그런 삶의 과정 자체가 다른 사람들을 고무시킨다. 자신들처럼 독특하고 영감 있는 각자의 삶을 살라고 자극하는 것이다.

게이트 1
창조적인 자 – 자기표현의 게이트

원초적인 힘으로서의 창조성, 무한한 영감의 잠재적 에너지

- 센터: G
- 쿼터: 변이
- 주제: 변형을 통한 목적 달성
- 정교: 스핑크스
- 병교: 자기표현
- 빗교: 저항

　당신은 독특하고 창의적인 방식으로 자기표현을 하는 것에 집중하며, 이는 내면의 열망이자 요구이다. 당신은 최고가 되는 것에는 관심이 없으며, 최고가 되고자 하는 것은 컬렉티브 회로의 특징이다. 오로지 창조성, 진정한 개성을 진실로 드러내며 살고 싶은 것이다. 자신만의 일에 행복하게 몰입할 때는 다른 사람들의 주의를 끌고 있다는 것을 인식하지 못한다. 당신의 창조 과정에 충실하여 무엇을 어떻게 하느냐 자체가 다른 사람들에게 큰 영향을 미친다. 순수한 자신을 새롭게 표현하는 방식을 통해서, 다른 사람들에게 새로운 방식의 존재함을 보여주고 영감을 불러일으키는 것이다. 당신의 창조성이 제대로 수용되려면, 세상이 당신의 삶을 보고 고맙게 느껴야 한다. 그렇게 세상과 소통하고 초대를 기다려야 한다. 게이트 8이 없이는 세상에 자신의 일을 드러내기가 꽤나 거북할 것이다. 보통은 게이트 8을 가진 사람에게 자연스럽게 이끌리게 되는데, 그들은 당신을 세상에 알려줄 수 있는 좋은 수단을 가지고 있기 때문이다.

- 라인 6 – 객관성
- 라인 5 – 사회의 관심을 끄는 에너지
- 라인 4 – 창조의 길이 되는 홀로 있기
- 라인 3 – 창조적인 일을 지탱하는 에너지
- 라인 2 – 사랑은 빛이다
- 라인 1 – 창조는 의지와는 상관없다

게이트 8

함께 뭉치기 – 공헌의 게이트

집단의 목적을 위해 개인적 노력으로 공헌할 때 알게 되는 기본 가치

- 센터: 스로트
- 쿼터: 문명
- 주제: 형태를 통한 목적 달성
- 정교: 전염
- 병교: 기여
- 빗교: 불확실성

게이트 8은 말한다. "나는 기여할 수 있는지 없는지를 안다." 당신은 개인적인 삶의 스타일이나 창조물을 대중에게 드러냄으로써 사회에 공헌하거나, 다른 사람들의 역량 강화와 성장을 돕는 방식으로 기여한다. 기발하고 혁신적인 것에 이끌리며, 갤러리 주인이나 예술품 중개인처럼 사람들의 주의를 끌어모은다. 일단 주의를 모으고 나면 예시를 보여줌으로써 그들을 이끈다. 본인들이 원하면 따라 할 것이며, 그런 식으로 컬렉티브에 영향을 미치고, 시간이 지남에 따라서 트라이브(부족)의 방향이 바뀌기도 한다. 컬렉티브나 트라이브가 이런 개인들의 혁신적인 공헌을 수용하지 않는다면 그것은 뿌리내릴 수 없다. 변화를 알아채고 전달해주는 지도자의 길은, 먼저 인정받고 집단으로부터 수용되어 초대받아야만 하는 외로운 길이기 쉽다. 초대가 없다면 사회의 관심은 부정적이라는 얘기다. 자기표현의 창조적 수단인 게이트 1이 바디그래프에 정의되어 있지 않다면, 당신은 영감을 주는 특질(게이트 1)을 찾으려 할 것이다. 그러나 당신은 예술가가 아니라 예술가의 새로운 전망을 촉진하는 중개인이다.

- 라인 6 – 친교
- 라인 5 – 진리
- 라인 4 – 존경
- 라인 3 – 가짜
- 라인 2 – 서비스
- 라인 1 – 정직

자각의 채널: 61-24

'사색가'의 디자인

-

회로: 앎
채널 타입: 프로젝터

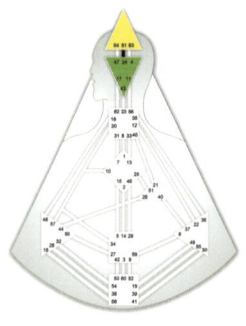

자각의 채널은 신비의 게이트 61과 합리화의 게이트 24를 통해 헤드 센터와 아즈나 센터를 연결한다. 개인의 정신적인 능력은 게이트 61의 영감과 내면의 진실, 게이트 24의 합리화와 되돌리기로 이루어진다. 이것은 갑작스럽게 알게 되는 경험, 사토리satori(견성)가 일어나는 정신적 채널이다.

● **배경** | 자각의 채널을 통해 개성 있는 사색가가 창조된다. 헤드 센터에서 미지의 것을 알아내려는 압박이 생기면 아즈나 센터를 통해서 합리적인 답이 개념화된다. 이 채널에서 생각이란 발견에 관한 것이 아니라, 시끄럽게 재잘거리는 마음을 처리하는 과정에 관한 것이다. 생각하는 과정과 영감이 일어나는 잠깐 사이에 생기는 갑작스러운 변이에 관한 것이다. 그때 새로운 생각이 들어올 수 있다. 마음은 돌연한 변이의 순간, 즉 사토리satori가 일어날 때까지 상황을 반복적으로 되짚어 보다가 문득 알게 된다. 인디비주얼 회로에서의 사고란 추상적인 사고(채널 64-47)에서 하는 것처럼 과거에 대해 반추하는 것이 아니다. 논리적 사고(채널 63-4)에서처럼 패턴을 인식하고 통계에 기초하

여 미래를 예측하는 것도 아니다. 자각의 채널에서는 지금 여기서 알 만한 가치가 있는 것이 무엇인지, 또는 가치 없는 것은 무엇인지 알게 되는 것이다. 우리가 미지의 모든 것을 알도록 디자인되지 않았다는 것도 안다.

- **개인적** | 당신은 당신의 독특한 앎을 가지고 다른 사람들에게 영감을 불어넣으며, 완전히 새로운 방식으로 삶을 볼 수 있는 잠재성을 제공한다. 즉흥적으로 듣고 알게 하는 저 너머의 무언가와 접속한다. 그리하여 낡은 추상적인 틀을 부수고 논리적인 패턴을 박살내며, 새로운 깨달음으로 다른 사람들을 자극한다. 당신이 생각을 조종하는 것이 아니며, 무언가를 얻기 위해, 어딘가에 도달하기 위해 생각을 사용하지도 못한다. 때가 되면 앎이 그냥 일어난다는 것을 인정하면 된다. 변이가 일어나기도 하고 그렇지 않을 수도 있다. 당신은 게이트 24에서, 때가 되면 저절로 일어나는 내면의 진실이 주는 뜻밖의 행운을 만끽하면 되고, 그것은 게이트 61에서, 영감이라는 내면의 재잘거림에 잠겨 있을 때 갑작스럽게 다가온다. 당신의 마음은 정말로 신비와 연결되어 있다. 당신은 침묵을 추구하고 사랑한다. 생각을 하느라 늘 머리가 돌아가기 때문이다. 음악을 듣거나 연주하면 마음의 압박을 벗어나 위안을 얻게 될 것이다.

- **대인관계** | 진정 신비한 일은 시작부터 영감이 있었다는 것이며, 삶에 의해 초대 되거나 활성화되기를 기다려왔다는 것이다. 채널 61-24를 가진 이들은 어떤 것을 '할' 필요가 없다. 어떤 순간에 부딪히면 정신적인 자각이 일어나며, 그 순간에 몰입하면 숨겨져 있던 생각이 나타나고 저절로 알게 된다. 앎은 때가 되면 일어난다. 놓치기 쉽지만 강렬한 진실, 통찰을 포착하는 능력과 함께, 영감을 주고 생각할 만한 가치 있는 것을 다른 사람들에게 전달하려는 것이 이 채널을 가진 이들이 만나게 되는 쉽지 않은 도전이다. 성공의 열쇠는 알 수 있는 것과 아닌 것, 알 필요가 있는 것과 아닌 것을 구별하는 능력에 달려 있다.

게이트 61
내적 진실 – 신비의 게이트
보편적 근본 원리에 대한 자각

- 센터: 헤드
- 쿼터: 변이
- 주제: 변형을 통한 목적 달성
- 정교: 마야(그리스 신화)
- 병교: 사유
- 빗교: 모호함

게이트 61은 신비를 파헤치고 알아내라는, 절대적인 인식의 특별한 순간이 영감으로 나타나도록 하는 압박이다. 이 앎 덕분에 자기를 좀 더 깊게 수용할 수 있으며, 자기가 다른 사람들과 다르다는 것을 깊게 수긍하게 된다. 당신은 사색하며 미지의 것을 깊게 조사하는 데 시간을 보내는 것을 좋아한다. 당신이 특별한 통찰력을 가지고 있다는 것을 '알아차리고', 이를 표현할 수 있는 적절한 때를 기다린다면 자유로워진 것을 느낄 것이다. 그로 인해 다른 사람들을 고무시키고 역량 강화와 변화를 유발할 수 있다면, 당신 또한 역량이 강화됨을 느낄 것이다. 과거나 미래에 초점을 맞추는 컬렉티브 회로에 비교하면, 당신은 현재의 침묵을 사랑하여 내면의 소음이 멈추기를 갈망한다. 당신은 미지의 것을 알려는 압박감에 시달려 끌려다닐 수 있는데, 그러면 영감이 아니라 망상에 사로잡혀 혼란에 빠질 수 있으며 불안해질 수도 있다. 사색을 그냥 즐기고 내면적 앎, 내면의 진실이 적절한 때에 드러나도록 내버려두라. 게이트 24가 없다면 신비함을 풀어내기보다는 단지 즐기도록 디자인되어 있는 것이다.

- 라인 6 – 매력
- 라인 5 – 영향
- 라인 4 – 조사
- 라인 3 – 상호 의존
- 라인 2 – 타고난 탁월함
- 라인 1 – 초자연적 지식

게이트 24

되돌리기 – 합리화의 게이트

자연적이고 즉각적인 깨달음과 갱신의 과정

- 센터: 아즈나
- 쿼터: 개시
- 주제: 생각을 통한 목적 달성
- 정교: 4가지 길
- 병교: 합리화
- 빗교: 육화

게이트 24의 기능은 게이트 61에서 독특한 영감이 일어나면 그것을 다른 사람들과 소통할 수 있는 합리적인 개념으로 바꾸는 것이다. 영감을 주는 것이라고 인지하면 반복하여 생각해봄으로써 그것을 어떤 형태로 구체화시키는 것이다. 그러나 당신의 마음은 영감을 행동으로 옮길 수 없으며, 그것을 논리적으로 혹은 과거의 경험에 비추어 증명할 수도 없다. 그것은 독특한 앎이며, 자연스럽고 즉흥적인 변형의 과정이다. 앎이란 어떤 순간에 없다가 다음 순간에 있게 되는 것이다. 이 개성적인 마음을 충분히 활용하고 싶다면, 반추하고 재고할 수 있는 시간을 허락하라. 무언가를 지켜보고 듣는 것을 반복해야 한다. 마음을 조정하려 하기보다는, 자연스럽게 변형이 일어나도록 허락하면 저절로 해결책이 나타날 것이다. 어떤 침묵의 시간에 그것을 듣게 될 것이며, 한밤중에 '아, 그렇구나' 하면서 탄성이 일어날 수도 있다. 게이트 24는 무지에 대한 두려움이다. 무언가를 확실히 모를 때에는 정신적인 불안감이 생기며, 당신이 알고 있는 것을 설명할 수 없을까 봐 그렇기도 하다. 무언가 결정을 내리려 하면 이 불안감이 튀쳐나온다. 게이트 24는 있는데 게이트 61이 없다면 해결해야 할 신비한 일을 찾아내려고 두리번거린다.

- 라인 6 – 선물 받은 말
- 라인 5 – 자백
- 라인 4 – 은둔자
- 라인 3 – 중독자
- 라인 2 – 인식
- 라인 1 – 빠트린 죄

THE CHANNEL OF STRUCTURING: 43 - 23

구조화의 채널: 43-23

'개성'의 디자인(천재에서 괴짜까지)

●

회로: 앎
채널 타입: 제너레이터

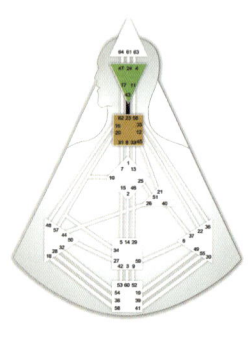

구조화의 채널은 통찰력의 게이트 43과 동화의 게이트 23을 통해서 아즈나 센터와 스로트 센터를 연결한다. 채널 61-24 에서 일어나는 영감에 의한 앎과 합리화 과정은, 게이트 43에서 받아들여 통찰력에 의해 즉각적으로 파악되며, 그 통찰력을 게이트 23이 완벽하게 동화하여 표현한다. 새로운 관점과 혁신적인 생각이 명확하게 설명되고 수용될 때, 역량 강화와 진화를 위한 변화가 가능하다.

● **배경 |** 생각이 인디비주얼 채널을 통해서 스로트 센터로 연결될 때, 효율적으로 역량이 강화될 수 있는 변이적 과정이 일어난다. 구조화 채널에서는 사람들의 시각과 사고방식을 변화시킬 수 있도록 독특한 관점을 개념화하고 표현한다. 예를 들어, 키노트를 활용하는 것은 무언가를 매우 효율적으로 설명하는 방법이다. 역량 강화와 효과적인 변화를 위해서는 전략과 결정권에 따라야 한다. 그들이 적당한 때를 기다리지 못한다면, 아무리 표현을 잘한다 할지라도 다른 사람들이 별로 가치를 못 느끼거나 이해하

지 못할 것이다. 모든 정신적 외부 권위는, 자신의 전략과 결정권을 따라 표현했을 때 자연적 흐름으로 길을 찾는다.

- **개인적** | 당신의 마음을 통제하지 말고, 앎이 일어날 수 있는 방식과 시간을 허락하라. 당신이 명확하게 아는 것을 효율적으로 설명할 수 있도록 하라. 그렇게 하면 다른 사람들이 당신의 재능을 인정할 것이고, 당신에게는 자연스럽게 독특한 통찰력과 천재성을 표현할 수 있는 기회가 올 것이다. 미리 무엇을 말할까 계획할 필요가 없으며, 그 말을 해야 하는 이유나 시기에 대해서도 고민할 필요가 없다. 아는 것은 수용하고 모르는 것은 찾아보면 된다. 당신의 생각은 몇 광년은 앞서간다. 천재성이 수용되려면 당신의 독특한 디자인의 흐름을 따라야 한다. 통찰력이 적절한 인정을 받고 타이밍이 적절하면 당신을 괴짜로 여기지 않을 것이며, 당신이 인정받게 되면 컬렉티브나 트라이브를 파고들어가 혁명적인 변화가 일어날 수 있다. 그러나 때가 부적절하면 묵살당하거나 따돌림 당하고, 심지어는 당신의 독특한 앎을 스스로 무시할 수도 있다. 당신의 외적 결정권을 표현하는 것은 하나의 과정이다. 혁신적인 생각을 어떻게 전달할 것인가를 배우는 데는 시간이 걸리며, 사람들은 쉽게 변하지 않는다. 새로운 개념이 정착되고 천재성이 인정될 때까지는 수없이 설명을 되풀이해야 할지도 모른다.

- **대인관계** | 구조화의 채널은 효율성을 강화시키는 테크닉과 개념을 개발하는 재능이 있다. 그들은 어떤 일을 처리하는 지난날의 방식과 현재의 방식을 살펴보다가 갑자기 그것을 할 수 있는 좀 더 낫고 빠른 방식을 알아낸다. 마침내 비약이 일어나 조직은 좀 더 높은 차원의 효율성으로 나아가고, 새로운 차원의 개선과 지혜가 세상에 퍼지게 된다. 그들은 내면의 앎에 충실하기 위해 다른 사람들의 말에 귀 기울이지 않을 수도 있다. (게이트 43을 보라.)

> 인디비주얼 마음의 소유자들은 독특한 알아차림을 제공할 수 있는 기회를 기다리며, 늘 문밖에서 초대를 기다리는 아웃사이더처럼 느낄 것이다. _라우루 후

게이트 43

타개 - 통찰력의 게이트

성과가 유지되려면 새로운 질서가 공정하게 확립되어 있어야한다

- 센터: 아즈나
- 쿼터: 변이
- 주제: 변형을 통한 목적 달성
- 정교: 설명
- 병교: 통찰력
- 빗교: 모호함

   게이트 43은 '내면의 귀' 게이트이며, 오직 자신의 독특한 내면의 소리만 듣는다. 그것은 합리적인 내면의 알아차림을 즉시 개인적인 통찰과 새로운 시각으로 변형시킬 수 있다. 그러나 어떤 사실에 입각한 것이 아니므로, 이를 설명하고 간직하려면 불굴의 용기가 필요하다. 컬렉티브나 트라이브의 관점에서는 표준을 벗어나는 것이며 괴짜처럼 보일 수 있기 때문이다. 타이밍이 맞으면, 독특하고 변이가 있는 의식을 최종 형태로서 정신적으로 형성할 능력이 있다. 그것이 충분히 개념화되면 당신의 통찰은 초대받을 필요가 있으며, 스로트 센터에 있는 게이트 23이 새로운 관점을 세상에 알릴 것이다. 당신에게는 다른 사람들의 말을 경청하는 것이 정말로 어려운 일이다. 그것이 당신의 잘못은 아니며 해결해야 할 문제도 아니다. 쓸데없는 외부의 영향으로부터 보호하려는 유전자가 있는 것이다. 게이트 43은 거절에 대한 두려움을 가지고 있다. 게이트 23이 없다면 혁신적인 통찰을 어떻게 소통할 것인지에 대해 의문을 갖게 되고, 자신의 생각이 이상한 것은 아닐까라는 두려움을 갖게 되며, 정신적인 불안감이 일어날 수 있다.

라인 6 – 타개	라인 3 – 편의
라인 5 – 진보	라인 2 – 전념
라인 4 – 외골수	라인 1 – 인내

게이트 23

조각내기 – 동화의 게이트

도덕의 초월, 즉 자각과 이해를 통해 다양성을 수용하다

- 센터: 스로트
- 쿼터: 문명
- 주제: 형태를 통한 목적 달성
- 정교: 설명
- 병교: 동화
- 빗교: 전념

게이트 23은 내면의 영감이 마침내 언어로 바뀌는 곳이다. 다양성을 수용하는 초도덕성으로 정신적인 편협함을 떨쳐낼 수 있는 능력이 있으므로, 덕분에 갑작스럽게 변화가 세상에 뿌리를 내릴 수 있는 길이 열린다. 이 게이트를 통해 어떤 표현이 태어나면 우리는 처음으로 새로운 사고방식에 접하게 된다. 당신은 특이한 목소리로 마침내 말한다, "난 알아." 당신이 알고 있는지 아닌지 다른 사람들의 주목을 받거나, 아니면 아웃사이더로서 안쪽을 기웃거리게 만들 수도 있다. 혁명적인 통찰 자체가 세상과 소통할 것을 요구한다. 그 독특한 관점이 다른 사람들에게 정말로 가치가 있으려면, 적절한 시기를 기다려 아주 간단하면서도 접근 가능한 방식으로 설명해야 한다. 그렇지 않으면 당신은 괴짜 취급을 당할 것이다. 당신이 정확하게 알고 있는 것만을 말하는 것이 중요하다. 시간이 흐름에 따라 천재성이 인정될 것이며 존경도 받을 것이다. 게이트 43의 개념화 과정이 없다면, 정확하게 무엇을 알고 있는지를 모르는 경우에 따르는, 다른 사람들의 오해와 묵살을 불안해할 수도 있다.

라인 6 – 융합
라인 5 – 동화
라인 4 – 분열
라인 3 – 개성
라인 2 – 자기방어
라인 1 – 개종

THE CHANNEL OF STRUGGLE: 38 - 28

투쟁의 채널: 38-28

완고함의 디자인

●

회로: 앎
채널 타입: 프로젝터

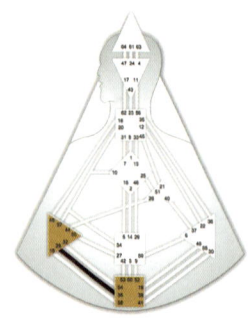

투쟁의 채널은 싸움꾼의 게이트 38과 승부사의 게이트 28을 통해 루트 센터를 스플린 센터에 연결한다. 이 채널은 삶의 의미와 목적을 찾느라 투쟁하며, 투쟁 자체의 의미와 목적을 찾기도 한다. 게이트 28에서는 투쟁이 적합한지 아닌지에 대한 자각이 생겨나, 투쟁할 만한 가치가 있는 것인지를 판단한다. 게이트 38은 트루셀프에 위배되는 것에 대항하기 위한 순결함을 보존하는 곳이다.

● **배경 |** 채널 38-28의, 생명이란 단지 살아 있는 것 이상의 의미가 있다는 깨달음을 통해서 인류는 원시 조상에서 호모사피엔스로 진화했다. 루트 센터에서 아드레날린이 방출되어 에너지가 생기면 그 힘을 통해 삶의 의미를 찾고 구하며, 우리 존재에 의미가 있다면 그 투쟁이 아무리 어려워도 모험을 선택한다. 그것은 개성화 과정에 필수적인 일이다.

● **개인적** | 당신은 어떤 역경이라도 그것에 대항해서 자신만의 길을 갈 수 있는 고집스러운 결단력이 있으며, 자신만의 길을 가는 과정에서 겪는 투쟁으로부터 의미와 목표를 발견하는 능력이 있다. 완강하게 역경에 대항하여 우뚝 설 때 당신은 가장 만족스럽고 건강하며, 안전을 희생하고라도 당신이 가치 있다고 느끼는 것을 위해 싸울 때 삶의 의미를 발견한다. 그것 자체가 예시가 되어 다른 사람들을 자극하고 역량을 강화시키며, 다른 이들도 자신만의 개성화 과정을 추구하고 좀 더 깊은 삶의 의미를 찾느라 싸울 수 있게 된다. 그것이 당신에게 늘 편안한 것은 아니며, 늘 좋은 대접을 받는 것도 아니다. 그러므로 생각으로 싸울 거리를 찾지 말고 전략과 결정권을 따라 가치 있는 것에 도전하는 것이 좋다. 당신이 왜 그런 투쟁을 하면서 살아가고 있는지 충분하고도 정확하게 설명할 수 없다면, 몸 안에서 스트레스가 생겨 육체적으로는 에너지가 과다하게 쌓인다. 규칙적인 운동을 통해서 내부의 압박을 배출하고 에너지를 흐르게 하라. 육체적으로 건강해질 뿐만 아니라 명료한 직관력을 제때 발휘할 수 있다.

● **대인관계** | 채널 38-28은 자기만의 독특함을 추구하도록 몰아가는 변이적인 힘을 가지고 있다. 그들은 지금 현재의 자각을 완강하게 고집함으로써, 그 자각을 통해 세상의 방향에 변이적 전환을 가져온다. 그리하여 사람들에게, 진화란 늘 진행되고 있는 과정이며 투쟁할 만하다는 확신을 심어준다. 투쟁의 채널은 아드레날린을 통한 완고함의 채널이기도 하며, 인생을 마음껏 개성적으로 살고자 하는 고집을 보인다.

게이트 38

반대 – 싸움꾼의 게이트

해로운 세력에의 저항을 통해 개인의 존엄을 유지하는 능력

- 센터: 루트
- 쿼터: 변이
- 주제: 변형을 통한 목적 달성
- 정교: 긴장
- 병교: 대립
- 빗교: 개인주의

게이트 38은 당신과 당신 주변 사람들에게 삶의 가치를 찾으라는 압박감을 준다. 그들에게는 존재의 이유, 즉 단지 생존을 뛰어넘어 투쟁할 의미가 있는 것, 사랑하는 것이 있어야 한다. 투쟁의 에너지를 가지고 있기 때문에 역경에 강력 대응할 수 있으며 훌륭한 싸움 자체를 즐긴다. 그것이 옳은 일이라고 느끼면, 자기 자신을 옹호할 수 없는 약자를 옹호할 때 목적의식이 고양된다. 다른 사람들은 당신을 독립성이 강하고 죽음조차 두려워하지 않는, 저돌적으로 도전하는 인간으로 볼 수도 있다. 사실 당신은 살기 위한 이유를 찾고 있을 뿐이다. 당신의 결단력 덕분에 다른 이들도 자기의 개성 강화를 위해서 어떤 투쟁이 가치 있는지에 대해 식별할 수 있게 된다. 헛된 일에 에너지를 소모하지 않고 싸울 만한 가치가 있는 것을 선택하려면 게이트 28의 자각 능력이 필요하다. 게이트 38은 3개의 귀머거리 게이트 중 하나이며, 당신을 외부의 영향으로부터 보호한다. 그 덕분에 당신에게 도움이 되지 않는 외부의 힘에 대항하여 개인의 특성을 보존할 수 있는 것이다.

- 라인 6 – 오해
- 라인 5 – 소외
- 라인 4 – 조사
- 라인 3 – 제휴
- 라인 2 – 친절
- 라인 1 – 자질, 자격

게이트 28

위대한 자들의 우세함 - 승부사의 게이트

권력과 영향력의 덧없음

- 센터: 스플린
- 쿼터: 이원성
- 주제: 결합을 통한 목적 달성
- 정교: 예상치 못한 일/사람
- 병교: 위험
- 빗교: 정렬

게이트 28은 살 만한 가치가 있는 것이 무엇인지, 무엇이 삶에 가치를 주는지 알기도 전에 삶을 마감하게 될까 봐 두려워한다. 그래서 그들은 어떤 모험을 하면 보다 살아 있는 느낌을 가질 수 있을까 알기 위해, 항상 귀를 기울여 존재의 목적을 강화시켜주는 투쟁을 찾고 있는 것이다. 스플린의 자각 능력 덕분에 당신은 늘 깨어 있을 수 있으며, 다른 이들이 감히 할 수 없는 생사를 건 모험도 기꺼이 감행할 수 있다. 그렇게 자연스럽게 죽음에 대한 두려움에 하나씩 차례차례 대면할 것이다. 당신은 채널 57-20, 자기 몰입적인 사람들의 직관적 앎을 세상과 공유하게 하여, 그들의 길을 재조정하게 할 수 있다. 게이트 28의 자각 능력은 게이트 38을 가진 사람이 자기 에너지를 누구 혹은 무엇에 투자하면 투쟁할 가치가 있을지를 알도록 돕고 건강과 안전의 요소들을 더 잘 검토할 수 있게 한다. 게이트 38이 없다면 싸움과 투쟁에 대한 불필요한 압박의 피해자가 되어, 쓸데없이 저항하다가 지치게 될 수 있다. 어떤 것이 투쟁할 가치가 있었나 하는 실마리를 찾기 위해서는 게이트 38을 가진 사람이 필요할 것이다.

- 라인 6 - 영광의 불꽃, 산화
- 라인 5 - 배신
- 라인 4 - 계속함
- 라인 3 - 모험주의
- 라인 2 - 악마와 악수하기
- 라인 1 - 준비

THE CHANNEL OF THE BRAINWAVE: 57 - 20

두뇌 파동의 채널: 57-20

'자각'의 디자인

-

회로: 앎
채널 타입: 프로젝터

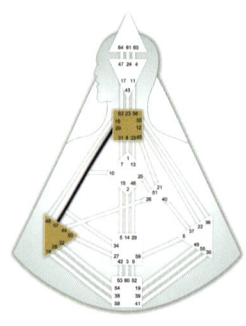

두뇌 파동의 채널은 '직관적 통찰'의 게이트 57과 현재 게이트 20을 통해서 스플린 센터와 스로트 센터를 연결한다. 이 채널은 가장 명료한 목소리로 지금 이 순간에 직관적인 통찰로 말한다. 이 채널을 통한 인간의 가장 비범한 능력 중 하나는 존재에 대한 명료한 자기인식 능력이며, 그것은 '내가 지금 살아 있음을 안다'로 표현된다.

- **배경 |** 채널 57-20에서는 스플린 센터의 직관이 즉각 스로트 센터로 움직인다. 순간적 소통이 필요한 알아차림의 파장이 달려가는 것이다. 원시적인 본능에 기초한 이것은 깊은 지성이나 감각에서 나오는 개인적인 통찰력이며, 즉각적인 직관의 알아차림과 연결되어 있다. 두뇌 파동의 채널의 가장 중요한 기능은 선천적인 생존을 위한 지성이 모두에게 있다는 것을 일깨우는 것이다. 스플린 센터는 건강과 안락well-being의 핵심이지만 에너지원은 아니다. 직관은 안락을 위한 전략을 인식하고 표현할 수는 있지만 반드시 행동이 뒤따르는 것은 아니다.

● **개인적** | 삶은 당신의 직관적인 인식 능력을 사용하여 지금 이 순간 안락을 도모하라고 부추기며, 매 순간 올라오는 당신만의 진실을 말하라고 한다. "나는 이런 사람이며 어떻게 존재하는지 알고 있다." 당신은 인식을 통해 파장이나 청각으로 예민하게 알아차리며, 주변 사람들보다 훨씬 빠르게 상황에 딱 들어맞는 진실이 말로 터져 나온다. 그것이 즉석 결정의 능력이며, 때가 적절하다면 주변 사람들에게 큰 영향을 미칠 수 있는 잠재성을 가지고 있는 것이다. 당신의 전략과 결정권을 따른다면, 당신의 참된 지혜를 다른 사람들과 기쁘게 공유할 수 있으며, 다른 사람들의 오해와 저항도 줄일 수 있을 것이다.

당신이 현재 이 순간에 닻을 내리고 깊게 조율할 수 있다면, 당신의 생존 능력과 연결되어 있는 것이다. 그러한 관점에서는 내일에 대한 두려움이 없다. 당신은 어찌해야 하는지 생각하지 않고도 일을 처리할 수 있는 사람이다. 당신의 직관적인 알아차림을 통해 육체가 자연스러운 에너지 파동 속으로 움직인다. 두뇌 파동 채널의 적응 능력에 연결되려면 미지의 것에 대한 두려움을 극복해야 하며, 그것은 순간순간 온전히 당신의 직관에 귀 기울이고 신뢰하는 법을 배움으로써 가능해진다. 그러한 본능적인 충동을 무시하면, 순간적인 자각을 놓치고 그로 인해 고통을 당할 수 있다. 순간에 알아차리고 현재를 꿰뚫어 보는 능력을 극대화하려면 현재에 집중해야 한다. 그런 집중력 때문에 다른 사람들의 '앎'을 듣는 데는 어려움이 있으며, 이는 다른 사람들의 간섭을 좋아하지 않는다는 또 다른 표현이기도 하다.

● **대인관계** | 게이트 57과, 삶의 가치에 대한 투쟁에 의문을 가진 게이트 28은 서로 도움이 되는 관계이다. 게이트 57의 주목을 받은 게이트 28은, 57을 자기몰입 상태에서 끄집어낸다. 즉각적으로 올라오는 말이나 행동의 불확실성 때문에 고민하는 게이트 57은, 게이트 28에게 답을 주기 위해 자신의 육감적 지식과 진실을 털어놓는 것이다. 제때가 되면 채널 57-20은 변이와 변화의 개시를 강화시킨다.

게이트 57

부드러움 – '직관적 통찰'의 게이트

명료함의 탁월한 힘

- 센터: 스플린
- 쿼터: 이원성
- 주제: 결합을 통한 목적 달성
- 정교: 관통
- 병교: 직관
- 빗교: 나팔수

　게이트 57에는 직관적 통찰의 명료함으로 지금 이 순간의 핵심을 간파하는 능력이 있다. 주변의 환경에서 나오는 진동에 예민하게 깨어 있어서 육체적·정신적·감정적으로 깊게 조율할 수 있다. 이 직관적인 능력은 무엇이 안전하고 건강한 것이며 유익한 것인지를 기억할 수 있다. 게이트 57은 오른쪽 귀의 게이트이다. 누군가가 진정으로 하고자 하는 말이 무엇인지 듣길 원한다면, 직관으로 조율된 오른쪽 귀로 들어라. 스플린 센터에서 보내는 메시지를 듣기 위해서는 지금 이 순간 깨어 집중해야 한다. 그렇지 않으면 생존을 위한 정보가 무시당할 수도 있다. 때때로 당신은 다른 사람의 말에 귀 기울이지 않는 것같이 보일 수도 있다. 그들이 하는 말을 선택적으로 듣는다고 비난받을 수도 있다. 그러나 당신의 직관은 당신의 안전을 보장하는 유일한 안내자이자 완벽한 행동이 무엇인지를 결정한다. 미래에 대한 두려움을 경감시킬 수 있는 방법은 본능적인 예감과 부드럽게 말하는 한 번의 작은 목소리에 면밀하게 주의를 기울이고, 그 예감에 따라서 즉각적으로 행동하는 것이다. 순간의 직관에 귀 기울이고 주의를 집중한다면 다가올 일을 두려워하지 않아도 된다.

라인 6 – 활용	라인 3 – 예리함
라인 5 – 진보	라인 2 – 정화
라인 4 – 감독	라인 1 – 혼란

게이트 20
관조 – 지금/현재의 게이트
이해를 적절한 행동으로 변형시키는 바로 지금의 인식과 자각

- 센터: 스로트
- 쿼터: 문명
- 주제: 몸을 통한 목적 달성
- 정교: 잠자는 불사조
- 병교: 지금 현재
- 빗교: 이원성

게이트 20은 지속적으로 현재에 집중함으로써 자기 자신으로 살아남는 능력을 지원해주는 실존적인 게이트이다. 표현하는 시점이 적절하다면, 자신의 인식이 주변 사람들에게 영향을 미치는 말이나 행동으로 변형될 것이다. 이 에너지 주파수는 전적으로 현재에 있으며, 그래야만 한다. 그것은 게이트 57의 직관적인 생존을 위한 자각이나 게이트 10의 '더 높은 원리에의 행동과 헌신'을 말로 표현할 수 있다. 혹은 개성화를 위한 행동을 통해서 게이트 34의 세이크럴의 힘을 보여줄 수 있다. 게이트 20은 '나는 지금 현재에 있어. 나는 나 스스로가 무언가를 하고 있다는 것을 알아'라고 말하며 그 순간에 자기 존재의 전부를 표현하지만, 과거나 미래를 고려하지는 않는다. 깨어 있고 인식하며 생존하기 위해서, 당신은 지금 이 순간에 있어야 하며, 진실하게 당신 자신이어야 한다. 당신 내부에서 갑자기 튀어나오는 것을 정신적으로 고려하거나 조절할 시간이 거의 없으므로, 당신을 포함한 모든 사람들이 당신의 말과 행동을 갑자기 목격하게 된다. 사실, 당신은 종종 자신이 무언가를 주시하거나 경청하지도 않는데 무언가를 발견하거나 듣게 되는 걸 알고 있다. 그런 식으로 존재의 매 순간 숨겨진 혁명적 변화의 잠재성이 당신 안에서 강화되고 있다. 당신의 전략과 결정권에 따라서 산다면 살아 있는 예시가 될 것이다. 직관적으로 알아가는 능력, 개인적인 생존 능력, 변형과 자기사랑의 모습이 다른 사람들을 바꿀 것이다.

- 라인 6 – 지혜
- 라인 5 – 사실주의
- 라인 4 – 적용
- 라인 3 – 자기성찰
- 라인 2 – 교조주의자
- 라인 1 – 피상성

THE CHANNEL OF EMOTING: 39 - 55

과장된 표현의 채널: 39-55

변덕스러운 기분의 디자인

-

회로: 앎
채널 타입: 프로젝터

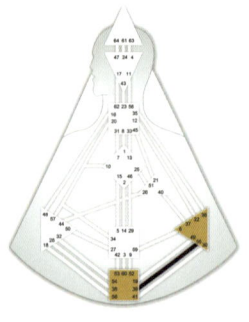

과장된 표현의 채널은 다른 사람들을 도발하는 게이트 39와 영spirit의 게이트 55를 통해서 루트 센터와 솔라 플렉서스 센터를 연결한다. 우울하기 쉽고 불확실성에 흔들리며, 다른 사람들을 자극하거나 감정적이 되는 경향의 불규칙적인 파동을 가지고 있다. 개성의 밑자락에 깔려 있는 열정과 우울함의 파동은 기계적이라서, 늘 행복과 슬픔 사이를 계속적으로 오르내리고 있다.

● **배경 |** 과장된 표현의 채널은 영spirit의 인식 능력을 강화하기 위한 자극제이다. 55는 지구에서 변이를 뒷받침하고 있는 심오하고 창조적인 힘이다. 우리 모두는 2027년까지 이 채널의 변덕스러운 감정의 지배를 받게 돼 있다. 변덕스러운 감정은 다소 밋밋한 개인의 감정 파동을 변화무쌍하게 만들어, 황홀한 기쁨의 순간에서 불안한 불확실성과 슬픔의 우울한 순간에 이르기까지, 높고 낮은 감정의 파도가 일어나게 한다. 우리는 우리의 감정을 이성적으로 이해하도록 디자인되어 있지 않으며, 그 변이적 파동의 마력 안에 살게 되어 있다. 진실하고 온전하게 이 감정의 파도를 껴안음으로써, 자신의 영성과 진실의 깊이를 헤아릴 수 있다. "진정한 영성은 정확성correctness에서 나온다"라고 라우루 후는 말했다. 컵이 절반은 비어 있을 뿐만 아니라 절반은 차 있고, 완전히 비워질

뿐만 아니라 가득 차 있음도 인식할 때 영spirit은 균형을 찾는다.

- **개인적** | 당신은 개인이나 그룹의 성격을 알아내고 식별하는 방법을 안다. 사람들과의 상호 작용에 의해, 정신이나 기분이 당신과 어울리고 당신에게 적합한 사람을 알아낼 수 있다. 이것은 또한 당신이 원하는 것을 다른 사람들로부터 얻어 내는 방법이기도 하다. 상대방은 고통 대신에 즐거움, 슬픔 대신 기쁨을 경험하도록 자극받을 수 있다. 시간이 지남에 따라, 당신은 타인에게서 바람직한 기질을 끌어내기 위해 그들을 어떻게 자극해야 하는지를 배우게 되며, 당신에게 맞는 사람을 찾아낸다. 동시에, 당신의 자극은 서로 변화가 일어나기 쉽도록 사람들을 열어주고, 그들로부터 새로운 것을 끌어낼 수 있다. 당신이 가진 영향과 당신이 자극하는 분위기는 당신의 기분 또는 당신 감정의 파동에 달려 있다. 올바른 상태를 발휘하려면, 올바른 분위기에 있어야한다. 당신은 당신 기분의 희생자가 아니며, 다른 이들도 희생자가 되어서는 안된다. 인생의 모든 것에는 적절한 분위기나 때가 있다는 것을 인식하면 된다. 사교적인 기분이 아닐 때에는 조용히 혼자 사색하는 시간을 즐기면 된다. 그런 시간을 통해서 성숙한 감정에 도달하게 되며, 당신만의 창조성과 진실을 발견하고, 그것이 세상에 드러나는 것이다.

- **대인관계** | 다채로운 감정 채널을 가진 사람이, 인식과 진정성을 통해서 성숙하게 되어 감정으로부터 자유로워지면, 모든 종류의 감정과 그 감정으로 인한 결과까지도 포용할 수 있으며, 인간관계에서 오는 감정적인 긴장을 줄일 수 있다. 그들은 기분이 허용하지 않을 때 섹스나 음식, 일, 오락을 삼가야 한다. 억지로 몰아붙이면 기쁨을 경험하기 힘들며, 삶에 대한 열정으로 다른 이들에게 미치던 영향력도 줄어든다. 느낌이 진실로 깊어지면 매혹적인 따뜻함, 열정적인 슬픔이 흘러넘쳐 노래나 예술, 연기로 표현될 수 있다. 물론 삶이라는 무대에서도 마찬가지이다. 그러나 건강한 방식으로 다룰 수 없으면, 변덕스러운 기분을 이용하여 다른 사람을 조종하려 하거나 쾌락의 늪으로 빠질 수도 있다. 39-55 채널을 가진 사람들은 우울함을 달래기 위해서 섹스나 음식, 약물 중독에 빠질 수가 있다.

게이트 39

방해 - 도발의 게이트

분석, 측정, 재평가를 유발하는 방해의 가치

- 센터: 루트
- 쿼터: 문명
- 주제: 형태를 통한 목적 달성
- 정교: 긴장
- 병교: 도발
- 빗교: 개인주의

　루트 센터로부터 힘을 받는 게이트 39는, 진화하고 있는 감정적인 자각을 자극하여 그 자각을 드러내라는 압박을 가한다. 감정적인 자각은 인류의 운명이지만, 인디비주얼 게이트 39가 솔라 플렉서스 센터의 영spirit의 의식을 내보내기 위한 변이적 잠재성을 가지고 있는 게이트 55를 도발한다. 당신은 당신의 무드를 참아냄을 통해 영적 자각에 접속할 수 있는 에너지를 가지고 있다. 도발하는 능력을 통해서 어떤 영이 당신에게 적합한지 알게 된다. 당신이 누군가에게 짜증의 원천이 된다면, 그는 당신과 맞지 않는 사람이다. 이는 당신이 가진 독특한 능력이다. 그러나 사람들은 그런 능력에 부정적으로 반응할 수도 있으니, 아마도 당신은 얼굴이 두꺼워야 할 수도 있다. 도발은 당신 자신의 느낌과 접촉하고 다루는 방법이기도 하며, 만일 당신의 기분이 나쁘면 다른 사람을 고통스럽게 만들 수도 있다. 다른 사람들의 감정을 성공적으로 자극하는 방법을 배우는 데는 시간이 걸리며, 적당한 때가 되어 당신의 기분이 적절해야만 컬렉티브나 트라이브에게 영향을 끼쳐 돌연한 변이를 유발할 수 있다. 그렇게 변이가 퍼져나가게 되고, 전체에 자각의 잠재성이 형성된다. 게이트 39는 3개의 귀머거리 게이트 중 하나이며, 따라서 쉽게 외부의 영향을 받지 않는다. 감정을 드러내는 게이트 55의 능력이 없다면, 루트 센터의 압박감이 지나쳐서 약물 중독이나 음식 섭취에 문제가 있을 수 있다. 영의 여정을 헤쳐 나가려면, 스스로의 감정에 대한 인내심이 필요하다.

- 라인 6 - 해결사
- 라인 5 - 외골수
- 라인 4 - 절제
- 라인 3 - 책임
- 라인 2 - 대립
- 라인 1 - 이탈

게이트 55

풍부함 – 영의 게이트

풍요로움이란 순전히 영적인 문제다

- 센터: 솔라 플렉서스
- 정교: 잠자는 불사조
- 쿼터: 개시, 입문
- 병교: 우울함
- 주제: 마음을 통한 목적 달성
- 빗교: 영혼

영Spirit의 인식은 아즈나의 개념에 의한 것도 아니고, 스플린의 본능에 의한 것도 아니다. 그것은 솔라 플렉서스의 감정에 의한 것이다. 풍요로움은 영의 작용이다. 풍요로움이란 당신이 느낀 것을 어떻게 인지하는가, 지금 이 순간 당신의 기분을 어떻게 받아들이는가에 달렸다. 게이트 55는 감정 파동의 우울한 어우러짐에 민감하며, 그것은 계속 희망과 고통 사이에서 춤추고 있다. 당신의 컵이 어느 순간에는 반쯤 비어 있고, 다음에는 반쯤 차 있다. 당신의 기분은 언제 무엇이 적당한지를 결정한다. 만일 당신이 먹고 일하고, 사랑이나 교류, 창조성을 발휘할 기분이 아닌데 그렇게 하면 당신의 건강에 좋지 않다. 당신이 혼자 있고 싶을 때, 그것에 대해 설명하려 하거나 변명하지 말고 그냥 그 기분을 존중하라. 내면의 창조적인 당신과 함께하고 있음을 즐겨라. 당신이 가장 창조적일 때는 아주 우울할 때이다. 당신이 주변 사람들과 사교적이고 싶지 않을 때 당신의 의사를 솔직히 표시하면, 주변이 당신을 이해하는 데 도움이 될 것이다. 당신은 자신의 감정을 자극하는 게이트 39의 사람들에게 열려 있는데, 그들을 통해서 당신 스스로의 영과 기분을 감지할 수 있기 때문이다. 당신의 느낌이나 감정은 어느 순간에도 다른 사람들 것과 비교, 토론할 수 있는 것이 아니다. 영의 인식은 컵이 존재한다는 그 자체의 경이로움으로부터 생겨난다. 당신이 가장 두려워하는 것은 감정이 메말라서 삶의 열정이 없을 때이다.

- 라인 6 – 이기적임
- 라인 5 – 성장
- 라인 4 – 동화
- 라인 3 – 순수
- 라인 2 – 불신
- 라인 1 – 협동

THE CHANNEL OF OPENNESS: 22 - 12

개방성의 채널: 22-12

'사회적 존재'의 디자인

●

회로: 앎
채널 타입: 매니페스터

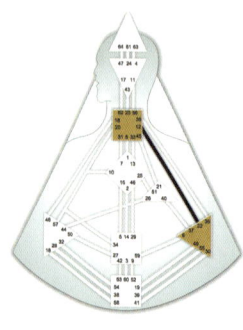

개방성의 채널은 개방성의 게이트 22와 조심성의 게이트 12를 통해서 솔라 플렉서스 센터와 스로트 센터를 연결하고 있다. 채널 22-12의 개방성은 감정과 기분의 고저에 달려 있다. 그것은 우울함, 열정, 로맨스, 그리고 감정의 드라마를 창의적으로 표현하고 행동한다. 게이트 22에서 개방성의 표현은, 게이트 12의 통제 때문에 가장 변이적인 잠재성을 가진 사람과의 교제에 한정된다.

● **배경** | 대략 8만 5000여 년 전, 후두의 변이를 통해서 소리내는 능력이 기적같이 생겨난 이후, 인류는 소리를 통해서 지성을 나누는 것뿐만 아니라, 감정으로도 서로에게 영향을 미치게 되었다. 개방성 채널은 인디비주얼 회로에서 사교 채널이지만, 사교적이거나 우정을 나누는 것에 초점을 맞추는 것이 아니라 '내 기분이 나면'의 방향성을 따라가는 것이다. 인디비주얼 회로에 있는 이들은 트라이벌 회로의 '짝짓기'나 컬렉티브 회로의 자질인 '공유하기'에는 관심이 없으며, 자기의 잠재성을 수용해줄 수 있는 환경

을 조성하는 데 더 관심이 있다. 그들을 통해 집단이나 부족에게 변형을 유발하는 새로운 자각이 생겨날 수 있다. 이 매니페스터 채널을 가진 사람들에게 중요한 것은 사교적 느낌이 들 때까지 기다리는 것이다. 그들의 감정이 저조할 때 억지로 관계 속으로 끼어들려 하면, 오해를 받거나 화가 나서 퉁명스러워지므로 다른 사람들에게 영향을 줄 수 없다. 그런 실패가 반복되면 반사회적이 되거나 사회적으로 고립될 수 있다.

● **개인적** | 당신은 말을 들어줄 청중이 준비가 됐는지에 대한 자각이 있고, 또한 말할 때를 감지할 수 있기 때문에, 당신의 따뜻함을 나눌 수 있고 사람들의 주의를 끌 수 있다. 그러면 당신의 말은 그들에게 더 가까이 다가가서 그들의 삶을 변화시키는 촉매제가 될 것이다. 당신 특유의 목소리로 감동시킬 수 있으므로, 그들이 배우게 되고 변화되며 서로 소통하게 된다. 당신의 기분과 시기가 딱 들어맞으면, 당신은 연설이나 연기, 시, 음악을 통해서 사랑에 관련된 모든 감정들을 멋지게 표현할 수 있다. 이 채널에서는 솔라 플렉서스 센터가 결정권을 가지고 있기 때문에, 당신은 절대로 충동적이어서는 안 된다. 인내심을 기르고 감정 파동의 흐름을 주시하여 느낌에 창조적 깊이를 더하라. 그에 따라 당신의 변이적인 잠재성이 얼마나 커다란 영향력을 세상에 미칠 것인지 나타날 것이다.

● **대인관계** | 인디비주얼 회로가 있는 사람들은 선천적으로 다른 이들과 다르므로 다른 사람들의 주목을 받는 경향이 있다. 그 결과, 관찰되는 것에 대해 담담해하거나, 자신의 독특함을 다른 사람들이 이상하게 여겨 거절당할까 하는 두려움이 생길 수 있다. 게이트 22는 왼쪽 귀로 들으며 자기가 듣고 싶은 것을 듣는다. 그들이 어떤 것을 온전히 알려면 반복적으로 들어야만 한다. 그들은 다른 사람들의 말을 잘 경청할 수 있는 능력을 가진, 진정으로 듣는 사람들이다. 기분이 괜찮을 때 사회적 교류가 있으면 장벽도 두려움도 사라진다. 그때가 바로 사회적으로 개방적이 되는 시간이며, 각 개인마다의 변이적인 특질이 마법의 힘을 발휘하는 때이다.

게이트 22
우아함 - 개방성의 게이트
일상적이고 사소한 상황을 다루는 데 가장 적합한 자질

- 센터: 솔라 플렉서스
- 쿼터: 개시, 입문
- 주제: 마음을 통한 목적 달성
- 정교: 통치력
- 병교: 우아함
- 빗교: 알림

　게이트 22는 자신의 기분이 괜찮으면, 경청을 통해서 감정적인 개방성에 사교적인 우아함과 매력이 합쳐지므로 다른 사람들의 주목을 끌기에 충분하다. 그러나 기분이 바뀌면 급작스럽게 달라지며 가끔은 반사회적이기도 하다. 감정 파동을 타고 내면으로 깊이 들어갈 때 감정적인 자각이 성숙된다. 나이가 들면서 그 깊이와 창조적인 사색의 시간을 즐기면, 당신의 진실을 정확하게 드러낼 수 있도록 사회가 충분히 준비된 때를 알 수 있다. 그 시기를 인식하고 그에 따라 행동하려면 당신의 기분을 존중해야 한다. 다른 사람들에게 새롭고 필수적인 것에 대한 당신의 개방과 배려는 당신이 선천적으로 가지고 있는 우아한 면이며, 이는 낯선 이에게까지도 영향을 미칠 수 있다. 당신은 다른 이의 말을 잘 듣는다. 당신이 할 말은 자연스럽게 나중에 하고 상대의 말을 먼저 완전히 듣는다. 그것이 당신의 행동에서 나타나는 우아함이며, 자기강화의 중요한 요소이기도 하다. 당신이 가지고 있는 사교적인 경청 기술을 사용하는 것은 책임이기도 하고 특권이기도 한데, 다른 이의 변화를 가능하게 한다는 점에서 그러하다. 게이트 12가 없다면, 당신은 자신이 느낀 것을 알기는 하지만 말로 표현하는 방법을 모른다. 침묵이 당신을 불안하게 만들기 때문에, 들을 만한 게 없는 것을 가장 두려워한다.

- 라인 6 - 성숙
- 라인 5 - 직접적임
- 라인 4 - 감수성
- 라인 3 - 마법사
- 라인 2 - 신부 학교
- 라인 1 - 이등차표

게이트 12
멈춤 – 조심성의 게이트
유혹에 직면할 때, 명상과 평정의 중요성과 자기통제의 자질

- 센터: 목
- 정교: 에덴
- 쿼터: 문명
- 병교: 미적 표현
- 주제: 형태를 통한 목적 달성
- 빗교: 교육

게이트 12에서는 개성의 분명한 목소리, 변이적이면서 변덕스러운 목소리가 타고난 조심성에 의해 통제된다. 정말로 이제는 무언가를 당신만의 방법으로 말해야 한다고 느끼기 전까지, 당신은 계속 침묵을 지키고자 한다. 당신이 선택한 말보다, 말하는 톤이나 진동이 더 의미가 있다. 그래서 조용히 감지한 것에 대해 사색하고 느끼며, 드디어 시나 음악처럼 창의적으로 그것을 표현한다. 그런 과정을 통해서 전달하고자 하는 메시지는 숙성될 시간을 갖게 된다. 마치 유명한 떠돌이 배우처럼 삶과 사랑의 기쁨과 슬픔을 창의적으로 표현하고 떠나버린다. 당신이 기분이 좋지 않으면 당신이 원하는 대로 들리지 않을 것이며, 변형이나 교감을 통한 영감도 전달되지 않을 것이다. 사회적·문화적 양상에 미치는 영향력을 극대화하고 싶다면, 정확한 시기를 선택하는 것이 중요하다. 당신은 자신을 표현하는 방법을 알지만, 게이트 22가 없다면 당신이 느낀 것을 분명히 알기가 어렵다.

- 라인 6 – 탈바꿈
- 라인 5 – 실용주의자
- 라인 4 – 선지자
- 라인 3 – 고백
- 라인 2 – 정화
- 라인 1 – 수도승

THE CENTERING CIRCUIT

센터링 회로

키노트: 역량 강화

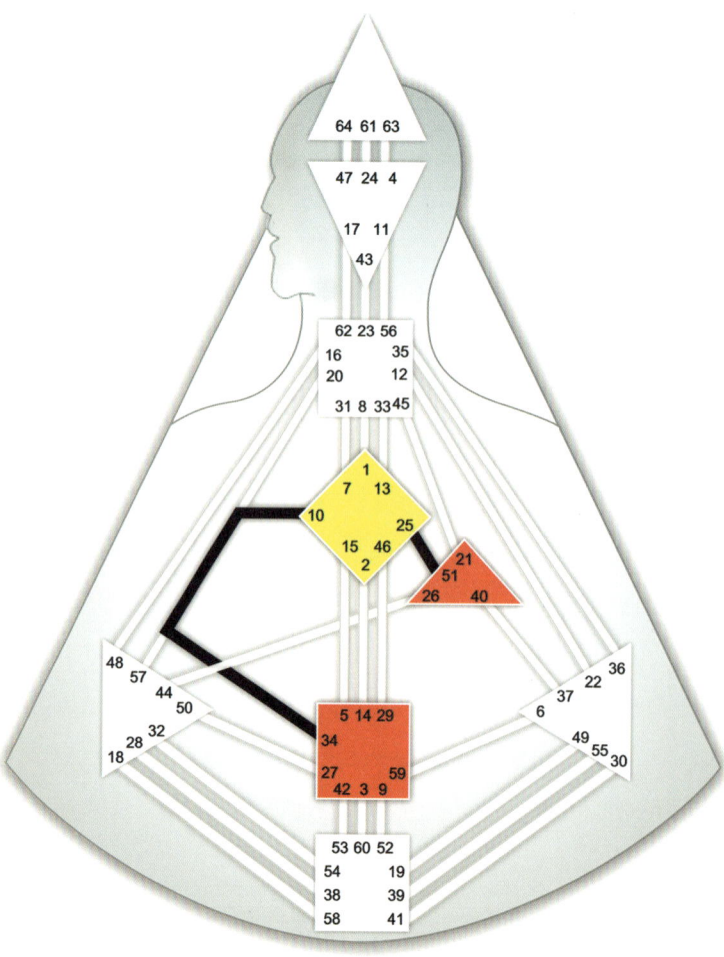

센터링 회로 채널들

34-10 탐험
신념 따르기
51-25 개시 Initiation
최초가 되려는 욕구

센터링 회로는 바디그래프에서 작지만 중요한 두 회로 중 하나이다. 채널 34-10은 세상에서 살아가는 방식을 변형시키고, 51-25는 우리가 살고 있는 세상을 이용하는 방식을 변형시킨다. 이 회로는 자기의 정체성과 방향성을 주관하는 G센터에 중심을 두고 있다. 사람들의 자기사랑 강화에 초점을 맞추어, 세이크럴 센터의 반응에 따라 각자 자기만의 독특한 길을 가도록 한다. 그들은 그냥 자기 자신에게 적합한 일을 함으로써, 그 자체가 사람들 스스로 자기 모습을 찾도록 영감을 불러일으키며 역량을 강화시켜준다.

건강하며 내면이 진실한 사람들은 그 주변도 그렇게 만들 수 있다. 중심이 분명하고 통합된 사람은 그 자체가 본보기가 되어, 집단과 부족의 변이를 가져올 수 있는 힘이 있다. 변이가 없다면 진화란 있을 수 없다. 이 회로가 정의된 사람들이 다른 사람들의 행동에 건강한 변화를 가져오는 힘을 발휘할 수 없다면, 가끔 우울하고 외로울 것이다. 그러나 그들의 전략을 온전히 그 독특한 디자인에 뿌리내릴 수 있다면, 자기사랑과 개성, 그리고 진정을 겸비한 삶의 본보기가 될 것이다.

이 회로에는 자각 센터가 없다. 또한 머리, 목, 루트 센터도 없다. 이 회로는 오로지 삶에 반응하여 중심을 잡는 것에 관한 것이다.

센터링 회로에 있는 채널과 게이트는 다음 장에 있다.

탐험의 채널: 34-10

신념을 따르는 디자인

-

회로: 센터링(창조 채널)
채널 타입: 프로젝터

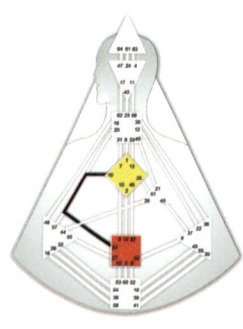

탐험 채널은 힘의 게이트 34와 '자아의 행동'의 게이트 10을 통해서 세이크럴 센터를 G센터에 연결한다. 게이트 10은 깊은 내면에서 우리 자신을 사랑하고 수용하며 존중하는 행위(역할로서)의 출발점이다. 게이트 34는 우리 자신의 수용과 믿음을 형성하는 신념을 유지하도록 힘 혹은 내면의 강함을 지속적으로 제공한다. 자기강화와 개성을 위한 순수한 에너지원인 게이트 34는, 세이크럴의 반응을 통해서만 다른 사람들과 올바르게 교류할 수 있다.

● **배경** | 채널 34-10은 사회에서 생존하기 위해 필요한 개인적인 행동을 완성하고 탐험하는 힘을 준다. 이 채널을 가진 사람들은 자기 자신을 사랑하고, 세이크럴 센터의 반응과 개인적인 결정권에 따른다면 내면의 자기 신념을 분명하게 믿도록 되어 있다. 이것은 회로의 '창조 채널'로서, 바디그래프에 있는 다른 모든 회로에 영향력을 행사한다. 다른 사람들에게 힘으로 밀어붙이는 에너지는 아니며, 개개인의 신념에 따라서 창

조적으로 중심을 잡는 것에 초점이 있다. 그로 인해 자기 통달의 수준까지 가능해지며, 그런 강렬한 힘 덕분에, 트라이벌 회로와 강력하게 연결된 사람들조차도 스스로를 사랑하고 존중할 수 있게 해준다. 원래 트라이벌 회로에 연결된 사람들은 공동체를 사랑하고 봉사하는 것이 우선순위이다.

● **개인적** | 당신은 자신의 신념을 따르기 위해서 존재하며, 그 신념은 다른 사람들이 보기에 이상하거나 외부의 방해가 있을지라도 변함없이 행동한다. 세이크럴 센터의 반응에 따라서 적당한 시기를 선택한다면, 죄의식 없이 만족스러운 방식으로 실천할 수 있다. 자신의 삶을 진실하게 산다면 그 자체가 완벽한 자기사랑의 본보기가 될 것이다. 세이크럴 센터의 반응하는 힘과 탐험의 채널의 조합은 많은 주목을 받을 수 있다. 오직 개인들만이 세상에 줄 수 있는 변형과 역량 강화의 가능성과 함께, 위에서 말한 주목이 긍정적인지 아닌지는 당신이 얼마나 조화롭게 인내하며 반응할 것인가에 달렸다. 그 반대의 모습, 즉 완고하고 불만족스런 낫셀프인 표현은 쉽게 알아차릴 수 있다. 이기적이며 자기중심적이어서, "네가 좋아하든 말든, 나는 내 식으로 할 거야. 너는 너 좋아하는 식으로 해! 제발 내 길을 막지만 말고!"

● **대인관계** | 센터링 회로는 그들과 교류하는 사람에게 자기사랑에 바탕을 둔 독립성과 자기믿음을 강화하도록 디자인되어 있다. 그들에게 바람직한 세상이란, 어떤 저항이나 방해 없이 자신의 독특한 삶을 살아가는 곳이며, 탐험의 채널은 그것을 잘 보여준다. 두 사람이 전자기적으로 결합되면, 그들은 탐험을 떠나 낡은 틀이나 전통을 타파하고 그들만의 새로운 취향을 적용하려 한다. 컬렉티브 회로나 트라이벌 회로의 성향이 강한 사람들이 이 채널로 연결됐으나 반응의 힘을 이해하지 못할 경우, 예기치 못한 도전을 받을 수도 있다.

게이트 34
위대한 자의 힘 – 힘의 게이트

힘은 오직 공공의 이익을 위해서 표현되거나 사용될 때에만 위대하다

- 센터: 세이크럴
- 쿼터: 변이
- 주제: 변형을 통한 목적 달성
- 정교: 잠자는 불사조
- 병교: 힘
- 빗교: 이원성

게이트 34는 세상에 자신의 독특함을 뽐내고 축하하며, 개성 형성을 강화하는 매력적인 에너지원이다. 세이크럴 센터에 있는 나머지 8개의 게이트와 구별되는 2개의 자질이 있다. 하나는 성에 무관심한 것이고, 다른 하나는 그들의 힘이 다른 사람들을 위한 것이 아니라는 것이다. 그것이 G센터에 있는 게이트 10에 연결된다면, 사회적인 태도나 자신의 강한 신념을 지지해줄 역할에 초점을 맞출 것이다. 스로트 센터에 있는 게이트 20과 연결되면, 당신은 자신의 힘을 스스로의 이익에 따라 쓰고, 생각은 즉시 행동으로 바뀌어 자신의 능력을 드러내고 발전시킬 것이다. 스플린 센터에 있는 게이트 57에 연결되면, 직관 덕분에 매 순간 온전히 생존하기 위해 필요한 것을 알아차릴 수 있는 능력이 강화된다. 스플린 센터는 직접적이며 직관적으로 안내하는데, 이것이 없으면 끊임없이 행동하려는 힘 때문에 건강을 해치기 쉽고, 다른 사람의 일에 간섭하거나 잘못된 길로 빠져 에너지를 낭비하고 아무런 도움이 안 될 수 있다. 당신은 존경받거나 인기 있을 수도 있으나, 당신의 힘은 남을 위한 것이 아니다. 34의 힘은 힘 자체로 순수하게 남아 있어서, 당신이 필요할 때 쓸 수 있어야 한다. 그 힘을 이용하여 독립적이고 독특하며, 신념에 따라 움직이며 승리를 추구해야만 진정으로 당신 자신으로 생존하는 것이다.

- 라인 6 – 일반 상식
- 라인 5 – 박멸
- 라인 4 – 승리
- 라인 3 – 남성다움
- 라인 2 – 추진력
- 라인 1 – (약자를) 괴롭히는 사람

게이트 10
발 디디기 – '자아의 행동'의 게이트

어떠한 상황에서도 상호 교류에 있어서 확실한 성공을 보장하는 근본적 처신 코드

- 센터: G
- 쿼터: 변이
- 주제: 변형을 통한 목적 달성
- 정교: 사랑의 그릇
- 병교: 처신
- 빗교: 예방, 방지

게이트 10은 G센터에서 가장 복잡한 게이트이며 인카네이션 크로스, '사랑의 그릇'에 관한 4개의 게이트 중 하나이다. 이것은 자기사랑에 관한 게이트이다. 아래 목록에 있는 6개의 역할을 직관 게이트 57이 안내하고, 게이트 34는 세이크럴의 반응을 통해 강화시키며, 게이트 20은 표현하고 행동한다. 이런 역할의 틀 안에서, 인류는 이제 진정한 자기사랑을 경험하고 깨어남의 잠재력을 지닌, 9센터의 자기 인식의 형태로 사는 것이 무엇을 의미하는지 탐색하고 있다. 당신의 전략과 결정권을 따르면 게이트 10은 자기만의 진정한 삶으로 이끄는 잠재성을 강화시킬 수 있다. 자신을 독특하게 만드는 요인을 인식하고 사랑함으로써, 당신은 다른 사람들도 그렇게 하도록 고무시킨다. 내맡김을 통한 진정한 깨달음은 무언가가 되기 위해 노력하는 것이 아니라, 당신 자신의 모습에 헌신하는 것이다. 게이트 10에서 강조하고 있는 자기수용은 21세기를 살아가는 인류에게 깊은 영향을 미칠 것이다. 당신은 자기 자신을 수용해야만 깨어날 수 있다는 것을 아는 사람이다. 당신이 자기 인식 self-aware 의 형태로 삶을 조사하는 기쁨과 명예를 만끽함으로써, 우리에게 매 순간 깨어 있으며 진정한 자기 자신으로 살아가도록 잠재성을 강화시켜주는 것이다.

- 라인 6 – 역할 모델
- 라인 5 – 이단자
- 라인 4 – 기회주의자
- 라인 3 – 순교자
- 라인 2 – 은둔자
- 라인 1 – 겸손

THE CHANNEL OF INITIATION: 51 - 25

개시의 채널: 51-25

최초가 되려는 욕구의 디자인

-

회로: 센터링
채널 타입: 프로젝터

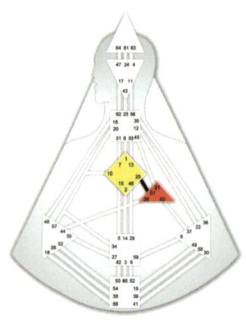

개시 채널은 충격의 게이트 51과 '자아의 정신the Spirit of the Self'의 게이트 25를 통해서 하트 센터를 G센터에 연결하고 있다. 게이트 51은 경쟁적이고 선두주자가 되고자 하는 에고의 에너지를 가지고 있고, 게이트 25는 보편적인 사랑에 관한 것이다. 생물이든 무생물이든 아름다움을 찾아내고 사랑하는 더 높은 자기를 추구한다.

● **배경 |** 채널 51-25에서 개시는 예술이 된다. 개성적인 사람의 잠재성을 인식하는 능력이 있어, 다른 사람들의 초대를 받으면 그들에게 '충격'을 주어서 개시할 수 있는 역량을 강화시켜준다. 여기에는 타고난 경쟁력이 있어 그것이 인류를 전진하게 하며, 승자가 되게 밀어주어 우리가 살고 있는 물질적 세상에 변형이 일어난다. 이곳은 에고 회로 가운데 트라이벌 회로에 속하지 않는 유일한 채널이지만, 트라이브와 인디비주얼 간의 깊은 연관성을 보여준다. 센터링 회로의 두 채널은 강력하고 변이적인 힘을 가지고 있으며, 그 힘이 인류의 몸에 보다 진화된 의식이 함양되도록 압박을 가한다. 자기에 대한 통달이나 세상에 대한 통달은 함께 간다.

● **개인적** | 경쟁하는 것이 당신의 타고난 특성이며, 다른 사람의 경쟁력을 강화하거나 자극하기도 한다. 경쟁력이 제대로 발휘되면 창의력의 한계, 육체적 한계라는 장벽을 초월할 수도 있다. 어떤 것을 돌파할 때마다 당신의 영혼은 몹시 기뻐하며 새로운 자각을 가져온다. 승리할 때마다 개인성이 가진 개인적이고 신비롭기까지 한 느낌을 가지게 되고, 다른 사람들에게도 용기 있는 사람의 본보기가 되며, 자기 목적을 성취하는 대담한 방식은 조직에 힘을 실어주기도 한다. 그러나 개성화 과정의 시작은, 그 핵심이 신비의 과정이라는 것을 기억해야 하며 그것은 통제할 수 없다. 그것이 당신의 운명이라면 자신에게 진실하게 살면 저절로 따라 올 것이다. 스스로 개시하려 하지 말고, 그러한 상황이 왔을 때 그것에 내맡기면 된다. 당신이 다른 사람들의 초대 없이 그들에게 무언가를 시작하게 한다면 제대로 되지 않을 것이며, 결국 당신은 화가 나고 실망감만 느낄 것이다. 삶을 살아가면서 개시의 충격을 견디기 위해서는, 육체적으로나 정신적으로 하트/에고의 필요를 돌봐야 한다는 이해와 함께, 결정권과 전략이 가장 강력하며 신비한 도구임을 잊지 말아야 한다.

● **대인관계** | 인간의 개성화를 지향하는 개시의 과정에서 '우리는'은 '나는'으로 바뀌어야 한다. 진정한 주술사는 선천적으로 순수한 능력자이며, 그래서 개성화와 초월의 과정에서 요구되는 엄청난 도약의 충격을 견디어낸다. 그 후 그는 사람들을 깊은 수준의 자각으로 시작시킬 수 있다. 용기 있는 전사로서 도약하는가 바보로서 하는가는 중요하지 않으며, 어떤 경우에든 착지할 때에는 충격이 있다. 개시든 충격이든 초대를 통해서 이루어져야 하며, 자동차 사고처럼 그것은 우리의 선택이 아니다. 삶이란 초대되어 신비하고 심오한 만남이 이루어지는 곳이며, 우리는 그 힘을 통해서 우연히 행동의 변화, 방향을 선회할 기회를 갖게 된다. 이 채널을 가진 사람들은 독특한 영혼(더 높은 자기)의 경이로움을 느끼기 위해 태어났으며, 사는 과정에서 집단이나 부족도 그 기능이 강화되며 변형되게 한다. 자신의 고유한 길에 완전히 일치되고, 전략과 결정권으로 중심 잡힌 51-25 채널의 삶은, 그들에게 우주의식의 초월적 힘을 만나게 하고 또한 극복할 수 있게 하는 것이다.

게이트 51

자극하기 – 충격의 게이트

인식과 적응을 통해 무질서와 충격에 대응하는 능력

- 센터: 하트
- 쿼터: 개시/입문
- 주제: 마음을 통한 목적 달성
- 정교: 관통
- 병교: 충격
- 빗교: 나팔수

충격의 게이트 51은 개인적 시작을 위한 에너지원이다. 에고의 의지와 용기에 힘입어 경쟁하는 에너지를 구체화시키고, 모든 사람보다 한발 앞서 당신만을 위한 공간을 발견하고 창조하기 위해서 당신은 어디든 간다. 당신은 충격에 견디며 다른 이들에게 충격을 가하여, 그들을 안전한 보호막에서 벗어나 개인적 초월과 자기사랑을 위해 나아가게 한다. 삶에 대한 사랑이 당신을 자극하고, 물질세상을 통달할 때 따라오는 지속적인 경쟁이 당신을 자극하고 강화시킨다. 그러나 당신에게 힘을 주는 용기와 의지의 이면에는 무모함이 있을 수 있으며, 당신의 하트 센터가 육체적으로나 정신적으로 상처를 입을 위험성이 있다. 하트 센터의 건강을 유지하는 비결은 전략과 결정권에 따름으로써 중심을 지키고, 싸움에 개입해야 할 때와 아닐 때를 구분하는 것이다. 그리하여 당신이 겪을 충격과 혼란에 적응할 수 있으며, 당신의 심장이 세상사의 피곤함을 회복하는 데 필요한 휴식을 취할 수 있다. 게이트 25가 없으면 방향을 찾기 위해 영적 영역으로부터 안내를 받고자 할 것이다.

- 라인 6 – 분리
- 라인 5 – 대칭
- 라인 4 – 한계
- 라인 3 – 적응
- 라인 2 – 물러남
- 라인 1 – 참조

게이트 25
순수 – '자아의 정신'의 게이트
꾸밈없고 자발적인 행동의 완벽함

- 센터: G
- 쿼터: 개시
- 주제: 마음을 통한 목적 달성
- 정교: 사랑의 그릇
- 병교: 순진무구
- 빗교: 치유

자신의 모습을 빠짐없이 수용하고 그에 내맡기며 살아갈 때, 게이트 25에서 사랑이 흘러나온다. 더 높은 자기의 게이트인 25의 중심 역할은 사람들을 개성화시키는 것이다. 당신의 순수함은, 어떤 특정한 방식의 사랑을 보여주는 것이 아니라 차별 없이 사랑하는 것이다. 당신은 삶과 그 안에 있는 모든 것을 동등하게 사랑할 수 있는 잠재성을 가지고 있으며, 다른 사람들도 그렇게 만들 수 있다. 한 송이의 꽃이 사람만큼 깊은 사랑을 받을 수 있다. 그런 사랑이 가끔은 냉정하게 비쳐질 수도 있지만 결코 그렇지 않다. 그 사랑의 신비한 잠재성은 초월적이며 보편적이지만, 당신의 순수함은 항상 시험 당한다. 당신은 어떤 환경에서도 영혼의 전사처럼 새로운 시작을 만나고, 경쟁하기 위해 불을 지피고 준비한다. 그리고 게이트 51의 전사 또는 '바보'가, 당신을 무모한 공간으로 밀어 넣거나 새로운 시작에 도전하게 만들 때, 당신은 땅에 안착할 수 있으며 그 순수함의 지혜로 다른 사람들을 고무하여 그들만의 여정을 살아가게 한다. 그 과정에서 가벼운 상처를 입을 수도 있으나 궁극적으로 승리할 것이며, 당신의 영혼과 함께 주변도 풍요로워진다. 그 결과 당신은 존재의 경이로움, 사랑의 삶으로 세상에 우뚝 선다.

- 라인 6 – 무지
- 라인 5 – 회복
- 라인 4 – 생존
- 라인 3 – 감수성
- 라인 2 – 실존주의자
- 라인 1 – 무욕

컬렉티브 회로 그룹

이해 회로와 감지 회로
슈퍼 키노트: 나눔, 공유

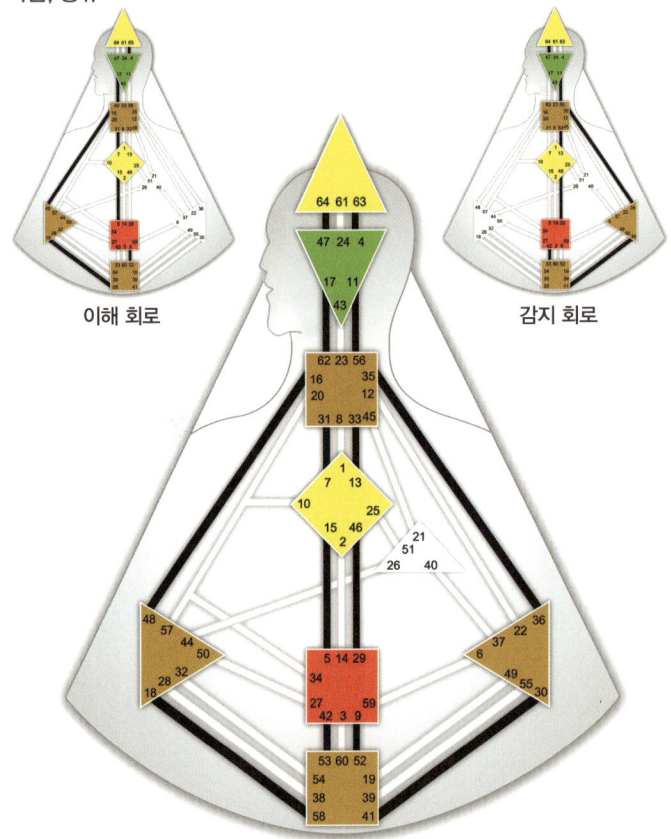

컬렉티브 회로 그룹

　　컬렉티브 회로 그룹은 2개의 주 회로로 구성된다. 이해understanding/논리 회로와 감지sensing/추상 회로이다. 나눔은 이 회로에 있는 모든 채널과 게이트의 공통된 성질이다. 여기서 나눔이란 본능적인 충동이자 사회적 의무와 같다. 생각하고 경험한 것을 말하고, 가치 있다고 판단되는 것을 표현한다. 여기서는 의견, 딜레마, 해결책, 비판, 예상, 발명, 획기적인 치료책 등을 빠르게 공유하지만 그것이 개인적인 것은 아니다. 컬렉티브 회로의 본질적인 사회 지향성은 객관적이며, 개인과 무관한 것이고, 반드시 호혜적인 것도 아니다. 아무리 개인적인 느낌이 들더라도,

개인적으로 받아들이지 않는 것이 상책이다. 나눌 때는 깨어 있고, 자각하고 있어야 하며, 무분별한 나눔은 지양해야 한다. 그렇지 않으면 나눔은 성가신(불쾌한) 일이 될 수 있다. 위기에 처한 사람이 자신도 모르게 자신의 상황을 점원, 우체부, 정거장의 옆 사람 등 아무에게나 떠들어댈 수 있다. 이때 자신의 이야기나 의견 표현 요청이 있을 때까지 기다리기를 연습하고, 다른 사람들의 수용성에 민감해야만 나눔에 있어서 만족스럽고 효과적이며 변형의 가능성을 가진다. 컬렉티브 회로에는 조화와 통일성과 더불어 상호 연관성과 사회성이 내재되어 있다. 여기에는 실험과 경험을 통해 배운 것을 공유함으로써 의식을 진보시킨다. 사회에 초점을 맞추고 있기 때문에 특정 개인에게 이익이 되기보다는 대다수에게 이익이 되는 것을 확립하려 한다. '한 사람에게 좋은 것이 모두에게도 좋으니 잘되고 있는 패턴에 머물러라'는 생각이 바로 여기에서의 생각이다. 개인적으로는 끔찍할 수도 있지만, 다수의 이익을 위해서 개인은 그것을 견뎌야 한다. 한 나라의 시민들은 똑같은 규칙, 똑같은 통화 제도, 똑같은 공공기관을 공유하는 것이다.

컬렉티브 회로에서의 협력관계, 공유의 규칙과 의무가 없다면 오늘날의 대규모 사회를 유지할 수 없고, 세상은 똑같은 자원을 놓고 경쟁하는 부족국가의 무리에 불과할 것이다. 최근의 역사에서 방향키가 되고 있는 컬렉티브 회로와 더불어 식자층과 특권층은 지구촌 시대에 돌입하였으며, 컬렉티브 회로의 궁극적인 잠재성과 목적이 거의 실현되었다. 컬렉티브 회로는 순응하지 않거나 충동적인 개인을 의심의 눈으로 바라보며, 트라이벌 회로 특유의 충성이나 거래에 대한 원시적 욕구를 신뢰하지 않는다.

바디그래프에 표시된 컬렉티브 회로의 선을 보면, 외곽을 두르고 내부의 핵을 단단히 지지하고 있으며, 대칭과 균형의 미가 유난히 돋보인다. 과거·미래를 느끼기(추상)와 이해하기(논리), 순환과 패턴, 경험과 이성 사이를 오가는 춤과 같다. 삶은 논리를 기반으로 서 있지만 추상적인 순환을 타고 펼쳐진다. 감지(추상) 회로는 경험을 재구성하고 과거를 이해하려 하며, 이해(논리) 회로는 미래를 예견하려 한다. 컬렉티브 회로는 인디비주얼 회로의 공헌인 '지금 이 순간'에 초점을 맞추고 있지 않다. 바디그래프에서 볼 수 있듯이, 내부의 대칭이 존재하듯 과거와 미래 사이를 오가며 현재의 상황을 유지, 보존하려 한다. "깨지지 않았다면 고치거나 바꾸지 말라." 이 그룹의 사람들은 자긍심을 가지고 말한다. "나는 이해해. 증명해줄 수 있어. 바로 이거야." 혹은 "나는 경험했어." "나는 가 본 적이 있고, 해봤어. 너는 내 말만 들으면 돼." 논리는 실험적이며, 상황을 해결하는 방식에 관한 것이다. 추상적인 감지 회로는 경험적이며, 열망과 예상치 못한 일을 다룬다.

THE UNDERSTANDING (LOGIC) CIRCUIT

이해(논리) 회로

키노트: 나눔, 공유

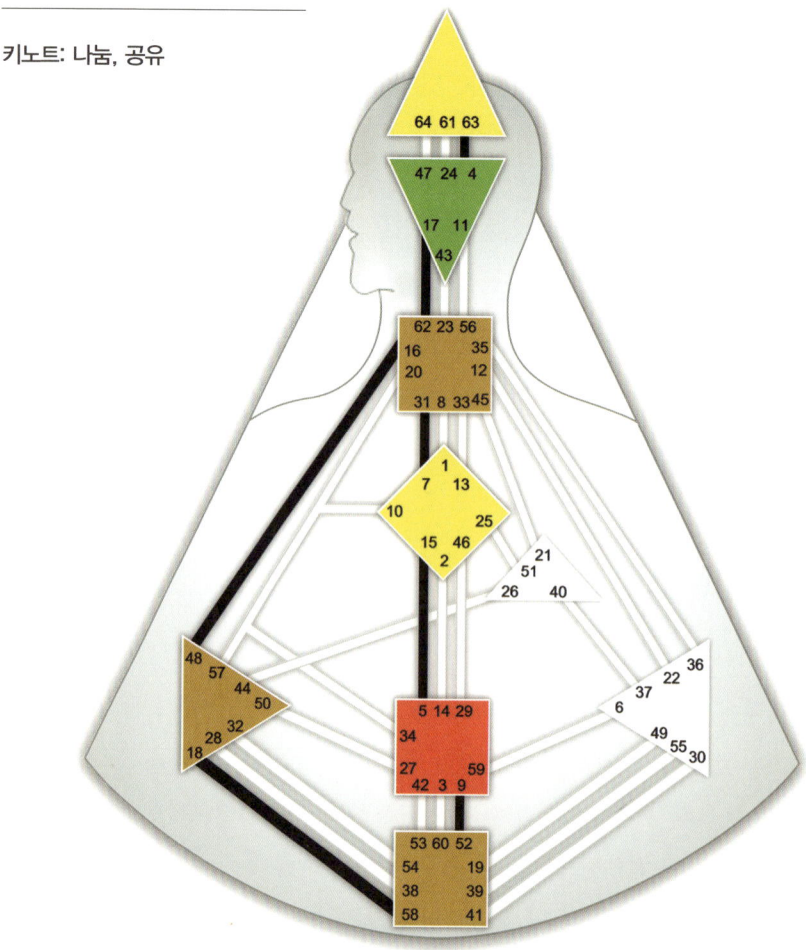

이해 회로 채널들

52-9	집중	58-18	판단
	결정		만족할 줄 모름
5-15	리듬	48-16	파장
	흐름 안에 있기		재능
7-31	알파	63-4	논리
	선 또는 악을 위한 리더십의 디자인		의심이 섞인 정신적 평안
17-62	수용		
	조직적 존재		

이해 회로의 주제는 냉철하지만 유혹적인 지성의 논리이며, 세부사항에 집중함으로써 패턴을 인식한다. 그것은 처방이나 과정을 분석하며 작동하지 않는 것에 도전한다. 그런 논리에 따라서 신뢰의 기반을 마련하고 이런저런 행동의 과정에 대한 미래의 결과를 예견한다.

이해는 시간이 경과해야 일어난다. 어떤 패턴을 구체화하길 바라고 어떤 소질에 통달하며, 계획이나 공식을 완성하길 원하므로 경제적인 지원, 철저한 훈련, 테크닉이나 기술의 발전이 요구된다. 회로 밖에서 얻은 자원을 기반으로, 논리 회로는 잠재성의 발현과 기여를 위한 연습이 필요하며, 그런 과정의 일부가 인류를 안전하게 미래로 이끈다. 논리가 조건화로부터 자유롭다면, 이해 회로의 미래에 대한 가정, 관점, 의문을 커다란 영향력을 가지고 집단과 공유할 수 있다.

추상적이고 경험적인 감지 회로와는 다르게, 논리적인 이해 회로는 솔라 플렉서스의 따뜻함이나 열정과는 연관이 없다. 논리의 안정성이 주는 깊은 만족감에도 불구하고 이해 회로는 종종 냉정한 곳으로 언급된다. '1 더하기 1은 항상 2다'처럼 믿을 만한 패턴이 있을 때 컬렉티브의 즐거움이 있다. 논리가 효과적으로 작용할 때 마지막 퍼즐 조각을 끼워 넣을 때와 같은 기쁨이 있으며, 그것이 이해 회로의 논리가 컬렉티브에게 매력적인 이유이다.

논리는 공동체 속에서 조화를 이루기 위한 이론과 규칙에 의거하여 만들어지지만, 추상은 인간의 진화에 필수적인 경험을 인위적으로 제약할 수 있다. 논리는 통달의 필요성에 의해 동기부여된다. 추상은 성취의 사이클에 의해 동기부여되는데, 이는 다음 단계로 넘어갈 수 있도록 뭔가를 완성하는 것이 중요함을 의미한다. 추상으로는 나타낼 수 있지만 논리는 그럴 수 없는 것이 있다. 그러나 추상이 나타내는 것은 감정 파동의 지배를 받기 쉽다. 감정 파동은 욕망이 꿈꾸는 기대감에서 실망, 지루함으로 오르내린다. 그 파도의 양끝을 통해서 인류는 다음의 새로운 것으로 진화를 계속한다.

논리 회로의 채널과 게이트는 다음 장에서 이야기한다.

THE CHANNEL OF CONCENTRATION: 52 - 9

집중의 채널: 52-9

결의의 디자인

●

회로: 이해
채널 타입: 제너레이터

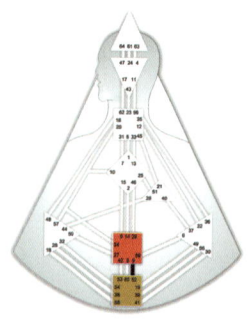

집중의 채널은 무위의 게이트 52와 초점의 게이트 9를 통해서 루트 센터와 세이크럴 센터를 연결한다. 게이트 9는 세부사항과 사실에 초점을 맞춘다. 반면에 게이트 52는 주변의 부산스러운 것에서 물러나 조용히 머무르며, 열정적으로 몰입할 수 있는 연료를 제공한다. 그래서 채널 52-9에서는, 주변의 모든 측면에 충분히 집중하여 적절하게 평가했을 때 목적 달성의 잠재성이 형성된다.

● **배경 |** 무언가를 개선하여 세상에 도움이 되기 위해서, 논리는 어떤 패턴에 있는 세부사항에 주의를 기울일 수 있어야 한다. 집중의 채널은 이해 채널에 있는 다른 모든 자질을 포함하는 포맷 에너지이다. 이것은 세이크럴 반응의 안내를 받아서 한 사람 전체의 디자인에 영향을 미치며, 관심이 깊은 어떤 패턴이나 형식, 활동의 수정/완성을 위해 도전하고 집중하는 에너지이다. 논리는 한 걸음 한 걸음 단계적인 과정을 거쳐서 이루어지며, 무언가를 증명하려 할 때 그 주제와 깊게 동일시되어야만 한다. 삶 전체에

서 컬렉티브 회로의 영향력을 유지하는 데에 논리적 과정은 매우 중요하다.

● **개인적** | 당신이 무언가에 매료되면 그 세부사항을 지속적으로 면밀히 검토한다. 마치 요가 자세를 취하듯이, 스트레스는 아니지만 조용한 자세로 있어야 하는 긴장의 압박을 경험한다. 당신은 정확하고 집중적인 방식으로 에너지를 사용하기 위해 몸과 몸 밖의 느낌들을 진정시키며, 많은 것을 동시에 처리해야 하는 상황 때문에 그 강력한 에너지가 흩어지는 것을 싫어한다. 마치 보리수 아래 앉아 있는 붓다처럼 세이크럴 센터의 반응을 기다리며 에너지를 모은다. 반응을 통

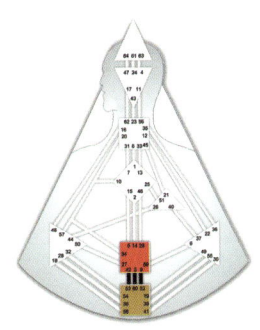

포맷 에너지

해서 집중해야 할 대상, 완성하고 싶은 패턴, 그것을 언제 공유할지 알 수 있게 된다. 자신의 반응을 따르면 평생 직업이나 삶의 초점이 또한 드러난다. 삶의 대부분을 한 가지 활동에 깊이 전념할 수 있고, 삶의 과정 중에 서로 다른 여러 개의 초점을 갖게 될 수 있다. 이 채널이 있는 사람들은 집중할 만한 것이 없을 때, 그리고 결정권의 안내가 이 에너지의 방향을 제대로 잡지 못할 때 불안과 우울함을 경험할 수 있다.

● **대인관계** | 채널 52-9에 있는 포맷 에너지 오라의 특징은 어느 하나에 집중하는 것이다. 그리하여 어떤 그룹이 고려하고 있는 프로젝트에 초점을 맞추며 깊게 관찰할 수 있다. 당신이 이 채널을 가지고 있지 않지만 조용히 무언가에 집중할 수 있는 능력을 고양시키길 원한다면, 이 채널을 가진 사람 옆에 있으면 도움이 될 것이다.

게이트 52

가만히 있기(산) – 무위의 게이트

평가하기 위해 잠시 행동을 멈추다

- 센터: 루트
- 쿼터: 문명
- 주제: 형태를 통한 목적 달성
- 정교: 서비스
- 병교: 고요함
- 빗교: 요구

게이트 52는 평가를 해야 한다는 압박감을 느끼며 집중하는 원초적인 힘이다. 이 연결에는 루트 센터로부터 게이트 9를 통해 표현하려는 수동적인 긴장감이 있다. 게이트 52가 이 채널의 에너지를 가동시킬 무언가를 발견하면, 루트 센터의 움직이려는 힘과 게이트 52의 조용히 앉아 집중하려는 에너지 사이에 자연스럽게 긴장의 균형이 발생한다. 그러나 균형이 잡히기 전에 당신은 불안과 우울함을 느낄 수 있으며, 여기저기로 옮겨 다니느라고, 다시 고요함 속으로 물러나 집중하는 자기만의 원칙을 찾지 못한다. 게이트 52 안에는 그런 수동적인 긴장감에 집중할 뿐 배출할 수 있는 출구가 없다. 게이트 9를 통해서 세이크럴의 반응을 얻을 수 없다면, 어떤 활동이나 세부사항에 집중이 필요한지 알기 힘들다.

- 라인 6 – 평화로움
- 라인 5 – 설명
- 라인 4 – 자기훈련
- 라인 3 – 통제
- 라인 2 – 관심
- 라인 1 – 말하기 전 생각하라

게이트 9
작은 자들의 길들이는 힘 – 초점의 게이트
예상 가능한 모든 측면에 섬세하게 주의를 기울여야 잠재성이 실현된다

- 센터: 세이크럴
- 정교: 계획하기
- 쿼터: 변이
- 병교: 초점
- 주제: 변형을 통한 목적 달성
- 빗교: 일체화

게이트 52의 거대한 에너지는 게이트 9를 통해서 집중할 가치 있는 것을 찾아 깔때기를 통과하듯 방출된다. 게이트 9의 주파수는 세부사항을 부지런히 모으거나 에너지를 집중하게 한다. 인류에게 논리적 성공의 대부분은 세부사항에 주의를 기울임으로써 귀한 에너지를 아낄 수 있었기 때문이다. 당신은 루트 센터에서 뿜어 나오는 열정적이고 강력한 에너지를 한곳에 집중할 수 있는 결의를 가지고 있다. 세이크럴 센터에 있는 게이트 9의 인내하는 능력을 가지고, 장기간 어떤 이슈와 관련된 세부사항에 주의를 기울이며 공식formulars들을 시험하고 평가할 수 있다. 게이트 52가 없다면 장시간 조용히 집중하기 힘들 수 있으며, 그로 인한 결의의 부족 때문에 좌절을 겪을 수도 있다. 그러나 명료하게 집중할 수 있다면, 당신의 오라는 당신 주변 사람들의 육체적·정신적 에너지가 효율적으로 이용될 수 있도록 영향을 끼칠 수 있다.

라인 6 – 감사
라인 5 – 믿음
라인 4 – 헌신
라인 3 – 낙타의 등을 뚫는 지푸라기
라인 2 – 불행은 홀로 다니지 않는다
라인 1 – 감수성

THE CHANNEL OF RHYTHM: 5 - 15

리듬의 채널: 5-15

'흐름 안에 있기'의 디자인

●

회로: 이해
채널 타입: 제너레이터

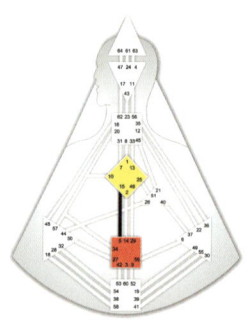

리듬의 채널은 '고정된 리듬'의 게이트 5와 극단의 게이트 15를 통해서 세이크럴 센터와 G센터를 연결한다. 게이트 5는 고정된 습관이나 의식에 집착하고, 극단을 사랑하는 게이트 15는 사회의 다양성을 융합하여 하나의 흐름으로 만든다. 여기서 우리는 단세포로부터 복합적인 인간에 이르기까지, 모든 생명체를 함께 묶어놓는 신비하고 보편적인 삶의 리듬을 발견한다.

● **배경** | 리듬의 채널은 모든 유기적 생명체의 초석이며, 우리는 세이크럴 센터의 반응을 통해서 자연계의 흐름에 긴밀하게 연결된다. 그것은 오만한 마음이나 변덕스러운 감정의 지배를 받지 않는다. G센터에 있는 마그네틱 모노폴은 우리가 분리된 개체라는 환상 속에서, 모든 것을 끌어당기기만 하는 하나의 극성을 가지고 있다. 컬렉티브 회로에 있는 게이트 15의 자력은 인간의 우주적(개인적이 아님) 사랑을 지향하는 마그네틱 모노폴의 투사이며, 그렇게 우리를 전진시킨다. 그것의 주파수는 자석처럼 모든 사람을

리듬 속으로 끌어들이며, 생명의 흐름을 보편적으로 공유하게 한다. 그 삶의 리듬은 기본적으로 논리적이고, 반복적으로 계속 진화되어온 패턴에 기초하고 있으며, 모든 생명체가 미래를 지향하도록 디자인되어 있다.

● **개인적** | 당신은 삶이라는 강을 따라 지속적으로 흘러가면서 그 흐름에 유기적이고 긴밀하게 연결되어 있다. 당신은 내면에 형성된 자신만의 시간 감각을 가진 사람으로 다른 사람들에게 비추어진다. 그런 패턴이나 일상이 당신에게 자연스럽고 적합하다면 그 흐름을 마다할 필요가 없다. 세이크럴 센터는 당신의 때를 예리하게 조율하며 안내하므로, 그런 반응과 분리될 때 당신은 자연의 리듬이나 패턴에 연결될 수 없다. 내면의 흐름에 맡길 때 모든 것이 자연스럽고 굳이 노력할 필요가 없으며, 주변 사람들도 그렇게 함으로써 혜택을 받을 수 있다. 당신이 낫셀프에 따라 적절하지 않은 타이밍의 왜곡된 삶을 살아간다면, 당신은 물론 다른 이들의 낫셀프 흐름도 왜곡시킬 것이다. 당신 주변이 혼란하고 무질서해질 수 있다.

● **대인관계** | 이 채널의 오라는 자석처럼 사람들을 안전하고 생존 가능한 미래로 나아가게 하는, 지속적이고도 유연한 흐름으로 이끈다. 컬렉티브 회로의 사회적 흐름을 통해 우리는 서로 유대를 맺을 수 있는 기회를 무제한적으로 갖게 되며, 그 안에서 서로 동등하게 조건화에서 벗어나 진실되게 살아가는 것이 논리 회로의 이상적인 패턴이다. 논리 회로는 또한 모든 자연스럽고 적합한 리듬이나 패턴은, 그것이 고정적이거나 극단적일지라도 이 세상에 사랑이 드러나는 방법을 확장시켜준다고 확신한다. 게이트 15와 5의 전자기적 연결이 문제가 될 때도 있다. 한 사람이 고정적인 패턴에 있고, 다른 한 사람은 극단적 리듬 안에서 유연할 필요가 있기 때문이다. 그러나 그들이 함께할 때, 리듬 채널이 주는 잠재성(주변 사람, 더 나아가 그룹 전체까지 움직일 수 있는 흐름을 형성하는)을 경험할 수도 있다. 채널 5-15는 주변에 있는 사람들을 자신의 리듬 속으로 끌어들여, 미래의 행로를 결정한다.

게이트 5
기다림 – '고정된 리듬'의 게이트

자연적 리듬에의 깊은 동조, 깨어 있는 상태로서의 기다림

- 센터: 세이크럴
- 쿼터: 변이
- 주제: 변형을 통한 목적 달성
- 정교: 의식
- 병교: 버릇
- 빗교: 분리

    게이트 5에서 기다림이란 정지 상태가 아니며, 임신한 것과 같이 분주한 상태이다. 게이트 5는 고정된 리듬과 속도를 즐기는 에너지다. 그로 인해 당신은 내면의 리듬에 따를 수 있는 끈기를 갖게 되고, 이는 활동적이며 건강하고 항상 자신의 흐름에 있기 위해 필요하다. 당신은 모든 생명체와 조율되는 평범한 일과 반복적인 생활에서 큰 만족감을 발견한다. 당신이 이 자연스러운 리듬에서 벗어나려 한다면 육체적·정신적·감정적 와해를 경험할 수 있고, 그 결과 질병, 불안감, 건강하지 못한 행동이 나타날 수 있다. 당신의 자연스러운 일상이나 리듬에 의문을 제기하지 말고, 그것을 깨려는 다른 사람의 유혹에 넘어가지도 말라. 예를 들면, 게이트 15의 극단성을 가진 친구는 당신이 일상생활의 리듬을 지키는 일에 왜 그렇게 강박적인지 이해하지 못할 수도 있다. 그들의 리듬은 자동적으로 당신의 건강한 일상을 파괴할 것이며, 또한 그것을 포기하라고 유혹할 것이다. 반대로 당신이 고정된 방식으로 그들의 예측불허의 행동에 영향을 미치기를 원할 수도 있다. 당신에게는 그것이 예측불허의 행동이지만, 그들은 그들의 융통성과 뛰어난 적응 능력을 통해 건강할 수 있다는 점을 명심하라. 개인이 가진 흐름을 이해하고 수용함으로써 서로에게 문제로 보이는 것을 껴안으며 초월할 수 있다.

- 라인 6 – 양보
- 라인 5 – 기쁨
- 라인 4 – 사냥꾼
- 라인 3 – 강박감
- 라인 2 – 내적 평화
- 라인 1 – 꾸준함

게이트 15

겸손 – 극단의 게이트

양극단 사이에서 적절한 균형을 표현하는 행동의 질

- 센터: G
- 쿼터: 문명
- 주제: 형태를 통한 목적 달성
- 정교: 사랑의 그릇
- 병교: 극단
- 빗교: 예방, 방지

게이트 15는 인류에 대한 사랑이다. 그것은 인간 행동의 모든 양상을 수용할 수 있고, 그 행동을 위한 공간을 찾아낼 수 있는 능력이 있다. 고정된 방식이 없기 때문에 세상에 존재 가능한 다양한 사랑의 방식도 펼칠 수 있다. 게이트 15의 사랑은 인간 사이의 연결에 관한 것이 아니고, 인류의 다양성에 대한 초개인적인 사랑을 세상에 보여주는 방식에 관한 것이다. 그것은 자기의 극단적인 리듬을 사랑하는 것으로 시작한다. 예를 들어, 하루는 10시간을 자고, 다음 날은 2시간을 잔다. 당신은 판단 없이 다른 사람의 극단성을 수용할 수 있으며, 그런 식으로 다양성을 삶의 흐름 속으로 받아들인다. 마그네틱 모노폴은 당신이 가진 오라의 자성을 증폭시키며, 그로 인해 사람들은 당신에게 끌리고 다양성을 받아들이게 된다. 당신의 결정권을 따르면 게이트 15는 극단적인 리듬이나 패턴에 영향을 주어, 집단 안에서 겸손하고 균형을 유지하며 조화롭게 표현되도록 하는 힘을 증대시킨다. 인류의 한 부분인 다양성과 이와 상반되는 것을 이해하고 수용함으로써, 인간의 모든 면을 포용하고 증진시킬 수 있다. 게이트 5의 절제되고 고정된 리듬이 없다면, 끊임없이 변하는 리듬 때문에 무언가를 성취하는 데 필요한 집중력을 잃을 수도 있다.

- 라인 6 – 자기방어
- 라인 5 – 민감성
- 라인 4 – (파티에서) 짝이 없는 여자
- 라인 3 – 에고 팽창
- 라인 2 – 영향
- 라인 1 – 의무

THE CHANNEL OF THE 'ALPHA': 7 - 31

알파 채널: 7-31

'선 또는 악을 위한 리더십'의 디자인

●

회로: 이해
채널 타입: 프로젝터

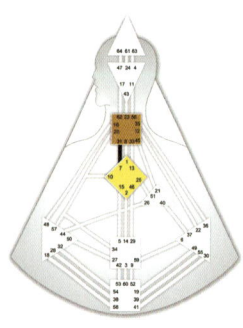

알파alpha 채널은 '자기의 역할'의 게이트 7과 이끌기의 게이트 31을 통해서 G센터를 스로트 센터로 연결한다. 알파 채널은 미래 지향적이고 논리적인 컬렉티브 회로의 디자인이다. 논리 회로에서의 리더십이란 검증을 받아 확실성을 가지고 따를 수 있는 패턴에 기초한다. 게이트 31은 컬렉티브 (집단에 의해 선출된) 지도자이며 그 목소리에 영향력이 있다. 게이트 7은 사회를 지도하고 안내하는 데 필요한 논리를 제공하는 역할이며, 왕좌 뒤에 있는 권력자라 말할 수 있다. 이 게이트에서 각 라인의 이름, 즉 권위자, 장군, 행정가 같은 것이 그들의 지도자 역할을 표현한다.

● **배경** | 지구촌 거주자인 우리는 컬렉티브 회로 스타일의 민주주의적 리더십에 익숙하다. 알파란 우리의 신뢰를 먼저 얻어야만 하는 지도자이다. 논리로 지도하는 사람들은 리더십의 기술을 완벽하게 연마해서 사회가 만족스럽도록 그것을 보여줘야 한다. 그들은 현재의 패턴을 파악하고 흐름을 이해하며, 사람들의 필요성을 인식할 줄 안다

고 인정받아야 한다. 제일 중요한 것은 그들이 다수에 의해 초대받거나 선출되어야 한다는 것이다. 그들의 재임 기간은 임무 수행에 대한 평가에 의해서 결정된다. 컬렉티브 회로의 리더십은 다수결의 원칙에 의거하므로, 트라이벌 회로의 전제정치나 인디비주얼 회로의 개인주의와는 다르다.

- **개인적** | 늑대에 관한 말이 있다. '모든 알파가 무리를 이끄는 것은 아니다. 그러나 진정한 알파는 다른 알파가 이끄는 곳에 절대 머물지 않는다.' 당신이 지역사회나 국가의 지도자가 아닐지라도, 당신은 당신만의 영향력이 미치는 영역, 당신만의 무리를 찾을 것이다. 일단 당신이 그것을 발견하면 무리가 옳은 궤도를 가는 데 필요한 것을 제시하겠지만, 당신은 다른 사람들을 위해 길을 보여줄 뿐, 그들을 위해 그 일을 대신하지는 않는다. 절대 권력이 아니라 영향력을 행사할 수 있는 자리에서 지도하는 것이 성공의 열쇠이며 건강을 유지하는 길이다.

- **대인관계** | 이 채널에서 리더십이란, 영향력이라고 말하는 것이 적당하다. 알파 채널은 모터에 연결되어 있지 않으며 미래 지향적이기 때문이다. 지도자는 "이것 또는 저걸 하면 잘될 거야"라고 말한다. 그러나 다수가 나서서 지도해달라고 선출하지 않는다면 일이 되지 않을 것이다. 컬렉티브 회로의 지도자들은 말한다. "내가 말한대로 한다면, 당신들을 대표해서 리더십을 발휘할 거야. 내가 옳기 때문이지." 즉 그들이 적합한 환경에서 자기와 통하는 사람들을 지도하고 있다면 성공할 가능성이 보다 많다. 그들이 컬렉티브 회로의 맥락을 공유하며, 그 패턴에 익숙한 사람들의 초대를 받고 인정받는다면 보다 성공적이다. 논리 회로의 답이 보편적으로 옳은 것은 아니며, 지속적이지도 않다. 어느 순간에 그 패턴은 도전받을 수도 있으며, 약화되거나 붕괴될 수도 있다. 그 모든 것이 완벽을 위한 과정이며, 그렇게 인류는 보다 안전한 미래를 위해 움직인다.

게이트 7
군대 – 자기의 역할의 게이트
수렴하는 지점, 디자인에 의해 사회를 안내하고 질서 잡기에 필요한 리더십

- 센터: G
- 정교: 스핑크스
- 쿼터: 이원성
- 병교: 상호 작용
- 주제: 결합을 통한 목적 달성
- 빗교: 마스크

게이트 7은 미래 지향적이다. 미래를 위해 현 사회에 필요한 방향 수정의 때를 알 수 있는 능력이 있다. 그것은 '스핑크스' 정각 교차선의 한 부분으로서 방향에 관한 논리 게이트이다. 그들은 맡겨진 지도자의 역할을 함으로써 집단에 기여한다. 아래 게이트 7의 6개 라인의 목록을 볼 수 있다. 그들의 역할은 유전적이고 기계적이며 집단을 엄청나게 조건화시킨다. 당신이 미래의 방향을 이해하면 사람들에게 당신의 지도를 따르라고 설득하며, 스스로 영향력을 발휘하는 위치에 있는 다른 사람들, 특히 게이트 31의 사람들에게 그렇게 한다. 당신은 현재의 패턴이나 문제가 되는 방향을 수정하거나 평가하며, 혹은 새로운 방향의 설정에 촉매가 될 수도 있다. 왕 뒤에 숨은 실력자라 묘사된다. 그러나 게이트 31이 없다면 지도자가 될 수 있으나, 대중에게 직접적으로 영향력을 행사하는 지도자의 역할은 아닐 수도 있다.

- 라인 6 – 행정가
- 라인 5 – 장군
- 라인 4 – 양위하는 자
- 라인 3 – 무정부주의자
- 라인 2 – 민주주의자
- 라인 1 – 권위자

게이트 31

영향력 – 이끌기의 게이트

능동적이든 수동적이든 이동이 일어나고 따라서 영향을 주는 마찰의 법

- 센터: 스로트
- 쿼터: 문명
- 주제: 형태를 통한 목적 달성
- 정교: 예상치 못한 일/사람
- 병교: 영향
- 빗교: 알파

게이트 31은 영향력의 게이트이다. 컬렉티브의 리더십은 계급적인 것이 아니라 합의적이다. 그것은 새로운 방향을 제시하고, 성취하는 방법을 보여주지만, 직접 그 일을 하지는 않는다. 선거를 통해서 말로 영향력을 행사한다. 지위를 획득하기 위하여 세상의 소망 대신 돈이라는 수단이 사용될 때, 인류의 미래를 향한 능력은 쉽게 망가진다. 대다수의 에너지가 이 리더십을 뒷받침할 때에야 비로소 '내가 지도한다'라는 목소리가 힘을 얻고, 사람들은 당신의 말에 따라 행동하게 된다. 집단의 에너지가 당신의 꿈을 대중의 영역으로 확산시켜주지 않으면, 사회의 전망에 대한 당신의 영향력이 발휘되거나 느껴지지 않는다. 당신은 추종자들의 희망사항을 고려해야 하며, 전체의 이익을 대변할 수 있어야 한다. 여기에서의 리더십이란 좋든 나쁘든, 실험할 만한 가치가 있는 전망을 대중이 실행할 수 있도록 효과적으로 전달하는 것을 의미한다. 게이트 7이 없다면, 당신의 목소리는 공허한 메아리와 같을 수도 있다.

라인 6 – 적용
라인 5 – 독선적인
라인 4 – 의도
라인 3 – 선택 능력
라인 2 – 오만함
라인 1 – 현시

THE CHANNEL OF JUDGEMENT: 58 - 18

판단의 채널: 58-18

'만족할 줄 모름'의 디자인

●

회로: 이해
채널 타입: 프로젝터

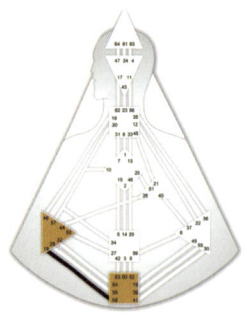

판단의 채널은 생기 있음의 게이트 58과 교정의 게이트 18을 통해서 루트 센터와 스플린 센터를 연결한다. 논리 회로는 그것이 최상의 대답을 가지고 있다는 것을 증명할 필요가 있다. 논리적인 회로의 근본은 어떤 패턴에 불만족스러움을 느끼고, 그것에 도전하여 수정하고 완성해가는 것이다. 채널 58-18은 통달을 향한 에너지원이다.

● **배경 |** 게이트 58은 삶의 생기 있음과 사랑의 에너지원이며, 그 에너지가 지속되도록 압박을 가한다. 만족을 모르는 채널 58-18은 매우 좋은 기분으로부터의 부산물이다. 논리 회로에 있는 게이트 58은 마치 "더 좋게, 더 많이, 더 좋게, 더 많이"라고 우리의 삶을 유지하기 위한 논리적 충동을 말하고 있고, 교정 게이트 18은 건강하지 못한 것, 불균형한 것, 수정할 필요가 있는 것을 경고하면서 그 충동을 조정한다. 판단의 채널은 집단을 위해 생명의 기쁨을 방해하는 요소를 감지하고 판단하는 보초와 같다. 그런 판단을 위해서 패턴을 점검하는데, 본질적으로 효과가 있고 옳은 것을 과거의 여러 가지 것들과 비교한다. 이러한 교정의 필요가 사회를 적절한 궤도 위에 올려놓는데, 이

채널은 모든 사람이 완벽한 패턴 안에서 만족감을 발견하기를 원하기 때문이다. 조건화되고 획일화된 삶 속에서 잃어버린 기쁨과 사랑을 되찾고 회복하는 것이 판단 채널의 목표이자, 휴먼디자인의 목표이다.

● **개인적** | 진정한 완벽주의자에게조차 완벽이란 결코 존재할 수 없다. 모든 패턴이 끊임없이 변하기 때문이다. 무언가에 불만족을 느끼고 도전할 필요를 느낄 때, 당신의 판단 능력, 교정하고자 하는 욕구가 표현된다. 완벽을 지향하고 교정하고자 하는 과정이 개인적이 되면, 그것이 내면의 문제이든 다른 사람들과의 관계이든 지속적으로 문제를 지적하는 것으로 표현되거나, 당신 자신 또는 삶 전반에 걸쳐 불만으로 나타날 수 있다. 어머니, 아버지, 선생, 정부, 누구에게나 모든 것에 구별 없이, 그리고 끊임없이 도전하고 있는 자신을 발견할 것이다. 논리에게는 도전하기 벅찬 것은 없으며, 패턴을 완벽하게 하기 위한 도전을 위해서라면 루트 센터에서는 늘 왕성한 에너지가 형성된다. 그러나 초대받지 않은 상태에서 비판적인 평가를 분출시키면, 일반적으로 틀린 것에 대한 데이터를 봇물처럼 쏟아부으므로 아무도 그것을 들으려 하지 않는다. "여기 뭐 잘못된 게 있는지 봐주세요"라는 초대가 있을 때 당신이 능력을 발휘한다면 기쁨이 올 것이며, 당신에게 물은 사람은 대답을 들을 준비가 된 사람이다.

● **대인관계** | 중요한 에너지를 낭비하지 않고 귀한 재능을 현명하게 사용하려면 조심스럽게 도전해야 한다. 사회에 적용 가능한 해결책을 마련하고 당신의 해결책에 대한 요청이 있을 때까지 기다려야 한다. 다른 사람이 마음을 열어 실행할 준비가 되고 적절한 결과가 예상되는 것에만 도전해야 한다. 상반된 견해를 화해시키려 할 때 논리가 효과적으로 사용되는 방법은 무엇일까? 치약을 짜는 2가지 다른 방식은 재미있고 좋은 예가 될 것이다. 논리적인 사람들은 치약을 아래서부터 짜야한다고 말한다. 개성 있는 사람들은 원하는 아무데서나 짤 수 있다고 한다. 조화롭고 초개인적이며 실용적인 컬렉티브 회로의 사람들은, 누르기만 하면 치약이 나오는 도구를 발명해 사회에 내놓는다. 이와 같은 해결책을 적용하는 것에 상호간 동의가 되면, 많은 사람들이 평화와 우호 관계를 누릴 수 있을 것이다.

게이트 58
기쁨 - 생기 있음의 게이트
자극이 즐거움의 열쇠이다

- 센터: 루트
- 정교: 서비스
- 쿼터: 변이
- 병교: 생명력
- 주제: 변형을 통한 목적 달성
- 빗교: 요구

게이트 58은 허약하고 건강하지 못한 것을 감지하는 능력을 가지고 있다. 당신은 삶의 어떤 패턴이나 권위에 대담하게 도전할 때 필요한 기쁨과 자비심을 겸비한 대담함을 가지고 있다. 당신은 아름다움을 감상하는 능력, 경이로운 것을 감지하는 능력, 삶에 대한 열정을 나누며 즐거워하고, 다른 사람들은 그런 과정에 매료되고 같이 기뻐한다. 당신에게는 가치 있는 어떤 것에 기여하고자 하는 강한 충동이 있다. 그것은 사회의 건강이나 안전을 해치는 것을 바로잡는 것이며, 그래서 거기에 당신의 생명력을 쏟아붓는다. 게이트 58은 인류의 미래를 위한 패턴, 리듬, 방향의 실용성을 점검하기 위한 에너지원이다. 그것은 논리 회로에서 가장 중요하고 탐나는 에너지원이다. 당신은 종종 사람들이 무언가에 대해 말하고 있는 것을 실행에 옮기는 데 필요한 에너지를 제공하기도 한다. 당신의 에너지를 원활하게 하고 그 에너지를 가장 필요한 곳에 적절하게 쓰기를 원한다면, 당신에게 매력을 느끼는 게이트 18을 가진 사람을 찾아라. 그들의 실존적 감각이, 어떤 것을 개선해야 하고 어떻게 현시할지를 결정할 때 도움이 된다. 게이트 18이 없다면 어떤 식으로든 봉사하려는 지나친 압박으로, 너무 세게 밀고 나가다 좌절감을 느낄 수 있다.

라인 6 - 몹시 흥분하다
라인 5 - 방어
라인 4 - 집중
라인 3 - 전기
라인 2 - 변태
라인 1 - 삶에 대한 사랑

게이트 18
바로잡음 - 교정의 게이트
기본적이고 근본적인 인권을 옹호하고 지키려는 굳은 결심과 경계심

- 센터: 스플린
- 쿼터: 이원성
- 주제: 결합을 통한 목적 달성
- 정교: 서비스
- 병교: 교정
- 빗교: 교란

 게이트 18은 교정할 필요가 있는 것을 발견하여 지적하고 도전하는 것을 즐긴다. 당신이 무언가에 불만족스럽다면 그것은 생명력을 잃었을 가능성이 있다. 불만족 아래 깔려 있는 것은 인권에 대한, 그리고 건강한 사회, 조화로운 사회를 지키고자 하는 깊은 관심이다. 그러한 귀중한 인식으로 당신은 약하고 불완전한 곳에 눈을 돌리고, 그것을 고치거나, 변경하거나, 대체할 수 있는 방식에 대해 집중적으로 생각한다. 당신은 그렇게 건강하지 못한 것을 청소하고 부패한 것에 활력을 불어넣는다. 균형 있는 통찰력, 완전함을 지향하는 논리적인 욕구, 섬세하고 비판적인 분석 능력 덕분에 당신의 재능은 더욱 고양된다. 교정이 필요한 것을 찾아냄으로써 새로운 이해로 안내하게 되는 것은 그 과정의 부산물이다. 게이트 18에는 권위에 대한 두려움과 그에 대한 도전이 있다. 컬렉티브 회로에 있는 게이트로서, 집단 차원에서 교정될 필요가 있는 것을 지적하도록 디자인되어 있지만, 개인적인 차원에서 사용될 경우에는 역효과를 낳을 수도 있다. 게이트 58이 교정 작업에 대해 즐겁게 에너지를 제공하지 않는다면, 당신의 불만족은 단지 지속적으로 문제를 제기하는 것에 그칠 수 있다. 당신의 귀한 인식이 상황이나 패턴, 제도를 개선하는 데 더 이상 초점을 맞추지 않고, 사람들의 약점이나 이상한 점을 캐는 것에 그 능력을 사용하면 더욱 그렇게 될 것이다.

- 라인 6 - 깨달음의 경지 buddhahood
- 라인 5 - 치료
- 라인 4 - 무능력자
- 라인 3 - 열성분자
- 라인 2 - 불치병
- 라인 1 - 보수주의

THE CHANNEL OF THE WAVELENGTH: 48 - 16

파장의 채널: 48-16

'재능'의 디자인

●

회로: 이해(창조 채널)
채널 타입: 프로젝터

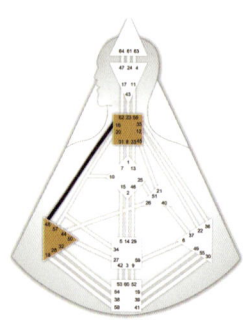

파장 채널은, 깊이의 게이트 48과 숙련된 기술의 게이트 16을 통해서 스플린 센터와 스로트 센터를 연결하고 있다. 게이트 48은 핵심적 정보를 찾고 있다. 게이트 16은 기술을 실험하고 완성할 수 있는 새로운 방식에 관심이 있다. 판단의 채널 58-18은 작동하지 않는 것을 지적하고 도전하는 능력을 가지고 있는데, 파장의 채널이 이 채널과 연결되면 문제 해결과 완벽한 바로잡음을 위해서 격려와 함께 깊이 있는 재능과 기술을 사용할 것이다.

● **배경** | 게이트 48의 깊이는 머리로는 파악할 수 없는 내적 지성에 관한 것이며, 육체의 자연스러운 직감에 내맡길 때에만 접근 가능하다. 게이트 16에서는 어떤 한 가지 기술을 선택하여 꾸준히 연습할 때 점진적인 변형이 일어나고, 보다 정확해지며, 우수해진다. 그런 후에 재능으로 인정되며 기술이나 패턴이 완성된다. 기술이 어디에 국한되는 것은 아니며 악기의 연주, 과학 공식의 이해, 자신의 비범함을 세상에 펼치는 것

등 어떤 것이든 가능하다. 논리적 과정에서 어떤 것에 통달하게 된 48-16 채널의 사람들은, 세상의 보다 넓은 목적에 쓰이며 다른 이들의 삶을 개선시킨다.

● **개인적** | 당신은 타고난 재주를 완성하기 위해, 깊이 있는 직관, 반복적인 실험과 연습을 결합할 수 있는 디자인이다. 재능을 성공적으로 발전시키려면 당신이 원하는 재능과 완전히 일체화되어야 하며, 커다란 헌신과 지속적인 반복이 있어야 한다. 그 후 기계적인 통달이나 기술의 완성을 이룬 뒤 고도의 재능으로 변형되고, 궁극적으로 어떤 패턴을 초월하는 상태에 도달하게 된다. 그다음에야 자유롭게 당신 자신만의 독특한 세계를 표현할 수 있게 된다. 우리 몸이 기술의 초월을 경험하는 데는 7년이란 세월이 필요하다. 깊이를 더해가려면 평생이 걸릴 수도 있다.

● **대인관계** | 이 채널의 사람들이 연습과 완성의 과정을 계속하려면 다른 사람들의 인정을 받아야 하고, 재능을 공유하자는 외부의 요청이 있어야 하며 응당한 물질적 보상이 있어야 한다. 그들은 자신의 에너지원(모터 에너지)에 직접적으로 연결되어 있지 않을 수 있다. 예를 들어, 음악적 재능을 가진 아이가 있는데 그 부모가 악기 구입과 음악 수업을 시켜줄 경제적 능력이 없다. 아이는 그 재능을 발전시키기 어렵고, 연마를 위해 헌신하기는 더욱 힘들다. 누군가가 우리 사회의 미래 안전에 중요한 패턴을 조사하고자 해도 마찬가지다. 여기서 돈은 인정의 한 형태이며, 인정을 받고 물질적인 보상이 있을 때 재능이 꽃피게 된다. 교류 능력을 개발시키는 것도, 지속적으로 재능을 연마하는 데 필요한 재원 마련에 도움을 줄 수 있을 것이다. 채널 48-16은 장인과 도제의 관계를 나타내기도 한다. 장인들은 지속적인 기술 연마를 통해서 얻은 전문지식을, 젊지만 재능 있는 학생들을 가르치고 스승이 되기도 하면서 공유한다. 이 시기에는 기술에 집중하는데, 재능이란 1%의 영감과 99%의 노력에 의해서 얻어지는 것이기 때문이다. 그런 식으로 어떤 패턴이 계승되고 지속적으로 연마되며, 각 분야의 새로운 장인들이 자기들만의 독특한 관점과 기술을 논리의 창조적 과정에 보탠다.

게이트 48
우물 – 깊이의 게이트
공동의 선을 확립하기 위해 전제되는 필수적이고 질적인 토대

- 센터: 스플린
- 쿼터: 이원성
- 주제: 결합을 통한 목적 달성
- 정교: 긴장
- 병교: 깊이
- 빗교: 노력

게이트 48은 육감 깊숙한 곳의 기억에 있는 강력한 자각 능력을 제공하며, 사회 문제에 대한 실제적이고 이용 가능한 논리적인 해결책을 제시하는 깊이의 잠재성에 관한 것이다. 무엇보다도 당신은 사람들이 세상을 제대로 인식하고, 바로잡고 완성하는 것을 돕고자 당신의 깊이를 표현하고 공유하기를 바란다. 그러나 게이트 16이 없다면 무언가 부족함을 느낄 것이다. 당신이 가진 해결책을 제대로 설명할 수 없는 것에 대한 두려움이 있기 때문이며, 그것을 공유하기 전, 다른 사람들의 인정을 받을 때까지 기다리는 기간에 좌절을 경험할 수도 있다. 당신이 부족하다고 느끼는 기술을 발전시키는 것에 대해 지나치게 걱정할 수도 있다. 긴장을 풀고 능동적(즐거운 기대감)으로 기다리면 당신의 깊이를 인식한 사람들이 주변에 생길 것이다. 그런 식으로 당신의 잠재성은 자연스럽고도 명료하게 수면 위로 떠오를 것이며, 그것은 다른 사람들의 기술을 평가하고 완성시키며, 조언자의 역할을 하는 근간이 될 것이다.

- 라인 6 – 자기충족
- 라인 5 – 행동
- 라인 4 – 재구성
- 라인 3 – 교류 불능
- 라인 2 – 퇴화
- 라인 1 – 사소한 일

게이트 16

열의 – 숙련된 기술의 게이트

에너지를 조화롭게 연결함으로써 삶을 풍부하게 하는 위대한 기술

- 센터: 목
- 쿼터: 문명
- 주제: 몸을 통한 목적 달성
- 정교: 계획하기
- 병교: 실험
- 빗교: 일체화

　게이트 16의 당신은 재능과 삶에 대한 열정, 또는 예리한 비평가, 노련한 공연가로 세상에 두각을 드러낼 것이다. 그러나 처음부터 그런 것은 아니다. 당신은 어떤 기술과 일체화되어 그 패턴의 헌신적인 반복과 연습이 필요하며, 마침내 장인의 반열에 오르고 기술 자체를 초월하여 예술이 된다. 세상은 그 순간을 기다리고, 춤꾼이 춤 그 자체가 되듯이 당신의 삶 자체가 위대한 걸작이 된다. 당신은 당신의 전문성을 표현할 수 있는 완벽한 방법을 찾고 있다. 그러나 게이트 48이 없다면 자기비판적이 될 수 있고, 충분한 깊이가 없다고 느낄 수 있다. 당신은 또한 재능, 이론, 해결책을 완성하는 데 집중할 수 있도록 물적 지지 기반을 찾고 있다. 당신은 당신의 기술에 깊이를 더하고, 보다 높은 차원으로 끌어올리기 위해서 게이트 48의 사람을 찾는다. 또한 그들은 당신의 연습에 방향을 제시하고 교정, 격려할 수 있다.

- 라인 6 – 속기 쉬움
- 라인 5 – 흥을 깨는 사람
- 라인 4 – 지도자
- 라인 3 – 독립
- 라인 2 – 냉소적인 사람
- 라인 1 – 망상

THE CHANNEL OF LOGIC: 63 - 4

논리 채널: 63-4

'의심이 섞인 정신적 평안'의 디자인
●

회로: 이해
채널 타입: 프로젝터

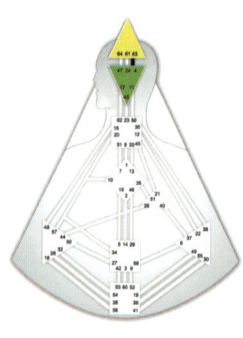

논리/이성 채널은, 의심의 게이트 63과 공식화의 게이트 4를 통해서 헤드 센터와 아즈나 센터를 연결한다. 그것은 의문을 갖는 마음이며, 의문은 논리에 있어서 절대적으로 필수적이다. 공식화하는 논리가 흠잡을 데 없어야 하지만, 그럼에도 불구하고 틀릴 수 있다. 이 채널에서는 끊임없이 패턴을 점검한다. 그것이 일관성이 있는지 없는지를 알아볼 필요가 있기 때문이다. 패턴에 일관성이 없다는 것이 발견되는 순간, 압박이 강해지고 의문이 제기되면서 해답을 찾게 된다.

● **배경 |** 이 채널에서의 불안은 의문으로 나타나고, 그것은 질문과 해답 사이 어딘가에서 튀어나온다. 이런 회의 때문에 증거를 찾는 논리적인 실험으로 고군분투한다. 입증되지 않은 믿음이 파고들 여지가 없다. 일관성 있고, 믿을 만하며 실용적인, '증명할 수 있는' 패턴이 나오기까지 답은 그저 하나의 답에 불과할 뿐이다. 컬렉티브 회로에 있는 사람들은 인디비주얼들의 변이적인 영향력을 두려워하는데, 변이란 패턴을 깨

는 변형의 과정이기 때문이다. 예를 들어, 이 채널이 정의된 사람들은 휴먼디자인 시스템을 실험하거나 증명하는 과정 없이 받아들이지 않는다. 논리적이라고 하려면 작동이 돼야 하고, 작동이 되려면 논리적이어야 한다.

● **개인적** | 당신은 건강한 의심으로 삶을 다듬어가는 매우 논리적인 마음의 소유자다. "다음 주에 비가 올까? 올해 기상 패턴을 보자. 기압골과 구름의 분포로 보면 비 올 확률이 높기는 한데……" 당신은 의문을 계속 던진다. 인정할 만한 패턴을 찾아보고 최근의 데이터를 고려하며, 사회에 봉사하기 위해 미래에 대해 교육받은 예측을 한다. 이것이 내일의 안전을 보장할까? 저것이 보장할까? 다른 사람이 당신에게 관심이 있든 없든, 당신은 질문과 답을 즉시 공유하고 싶어 한다. 당신의 바쁜 마음이 질문의 답을 찾을 수 없거나, 저항 없이 정신적 압박감을 해소하지 못하면 초조해지기 쉽다. 논리 채널은 컬렉티브 회로 채널이며, 패턴을 이해하려는 압박의 결과는 다른 사람들에게 가장 도움이 된다. 이 점을 기억하면 좋을 것이다. 당신의 논리적인 마음은 당신 자신의 삶이나 미래를 위한 것이 아니니, 그 외의 다른 것에 관해 생각하도록 하라.

● **대인관계** | 채널 63-4가 전자기적으로 연결되면 두 사람 사이에 유쾌한 정신적인 연결성이 만들어진다. 게이트 63은 의문을 공유하고 싶어 하며, 게이트 4는 해결책을 공유하는 것을 즐긴다. 양자가 이 점을 이해하여 만족할 만한 공유가 이루어진다면 정말 좋다. 게이트 63이 게이트 4로부터 유용한 해결책을 기대하지 못할 수도 있고, 게이트 4는 답변할 만한 가치 있는 질문을 게이트 63으로부터 받지 못할 수도 있다. 공유의 시점에 대하여 전략과 결정권을 사용하면 마음이 통하여 성공적으로 교환할 수 있을 것이다.

게이트 63

완료 후 – 의심의 게이트

삶의 소용돌이에서, 모든 종말은 새로운 시작이다

- 센터: 머리
- 정교: 의식
- 쿼터: 개시
- 병교: 의문
- 주제: 마음을 통한 목적 달성
- 빗교: 지배

게이트 63에서 하는 의심이나 회의는 단지 정신적 압박감이다. 미래의 안전이란 관점에서 이해, 평가하며, 불안한 것에 주의를 기울이고, 질문을 제기한다. 현재의 패턴에서 모순이나 약점을 감지하면 의심이 일어나며, 그것은 논리적 이해의 과정에서 필수적인 요인이다. 논리란 지구상에 존재하는 모든 생명체를 연결하는 끈이다. 게이트 63의 의문은 세상을 향한 것이나, 부적절하게도 당신 자신의 삶이나 선택을 의심할 수도 있다. 명확하지 않은 무언가를 보면 그것은 급격히 질문으로 바뀌고, 당신이 질문에 대한 논리적이고 적합한 해답을 찾지 못하면 의문의 압박은 계속된다. 현재에 존재하는 패턴을 볼 수 있는 능력으로 미래에 초점을 맞추고, 어떤 것에서 약점을 발견하면 논리적인 검증 과정에서 미래의 안전을 보장할 수 없는 것으로 판단한다. 다음은 대체할 패턴을 찾는 것이다. 당신이 장기 프로젝트를 진행하는 그룹의 일원이 된다면 당신의 에너지는 그 그룹에 크게 기여할 것이다. 묘안을 찾는 과정에서 해답을 구하려는 당신의 압박감이 작용하기 때문이다. 게이트 4가 없다면, 질문에 대한 답을 찾아야 할 필요 때문에 초조해질 수도 있다.

라인 6 – 향수
라인 5 – 확언
라인 4 – 기억
라인 3 – 계속성
라인 2 – 구조 짜기
라인 1 – 침착

게이트 4
미숙함에서 오는 어리석음 - 공식화의 게이트
무지에도 불구하고 구슬려서 성공하는 에너지, 보복으로부터의 자유

- 센터: 아즈나
- 쿼터: 이원성
- 주제: 교류를 통한 목적 달성
- 정교: 설명
- 병교: 공식화
- 빗교: 혁명

게이트 4는 미래에 대한 의문에 정신적인 자각을 가지고 접근하며 답을 찾아낸다. 각각의 답이나 공식은 단지 잠재적인 것이므로, 검증되어야 하고 사실에 입각하여 증명되어야 한다. 즉 당신의 답은 사람들이 찾던 것일 수도 있고 아닐 수도 있다는 것이다. 당신은 의심스러워 보이는 것을 판단하기 위하여 정신적인 지성이나 자각을 사용한다. 그러나 의문이나 회의에 대한 압박감이 일생 동안 지속될 수도 있으며, 당신의 결정권에 의지하여 에너지를 집중할 수 있는 적합한 질문으로 안내될 필요가 있다. 이에 대한 답을 공유할 때 그 시기 또한 적합해야 한다. 궁극적으로 당신이 만들어내는 답은 주변 사람이 궁금해하는 것이어야 한다. 당신의 재능은 자신의 삶에 대한 의문과 그에 대한 답을 처방하는 데는 신통치 않다. 그 진실을 이해하고 수용하면, 머릿 속에서 답이 오든 말든 편안할 것이다. 마침내 사람들이 자신들을 위해서 어떤 답을 해달라고 요청하는 시기가 올 것이다. 당신에게 게이트 63이 없다면 답변해야 할 질문을 찾는 데 오랜 시간이 걸리거나, 아니면 당신의 삶이 항상 혼란스러울까 봐 초조해할 수도 있다.

라인 6 – 과잉
라인 5 – 유혹
라인 4 – 거짓말쟁이
라인 3 – 무책임
라인 2 – 수용
라인 1 – 즐거움

THE CHANNEL OF ACCEPTANCE: 17 - 62

수용의 채널: 17-62

'조직적 존재'의 디자인

●

회로: 이해
채널 타입: 프로젝터

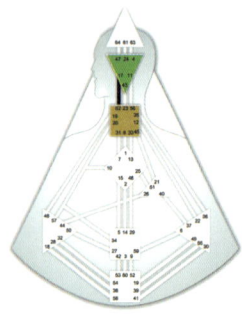

수용의 채널은 의견의 게이트 17과 세부사항의 게이트 62를 통해서 아즈나 센터를 스로트 센터에 연결하고 있다. 논리는 인간의 사고 과정에 영향을 미치며, 또한 인간이 이해에 도달하는 방식을 구체화시킨다. 여기서 수용이란 이미 입증된 세부사항에 기초하여 정보를 조직하는 것을 의미하며, 그것은 내면에서 계속 일어나는 과정이다.

● 배경 | 오른쪽 눈의 게이트인 17은 패턴을 시각화하고, 게이트 62는 17이 시각화한 것을 말이나 글을 통해서 구체적으로 표현한다. 게이트 62는 언어 창조의 책임이 있다. 즉 게이트 62는 우리가 본 것과 경험한 것에 이름을 지어주고, 정리하고, 가치를 평가하고, 소통하고, 의미를 부여한다는 뜻이다. 게이트 62는 또한 인간과 포유류 동물들을 연결하는 디자인에 있는 3개의 게이트들 중 하나이다. 인간 쪽 게이트는 이 경우 17이다. 그러한 종간 inter-species의 연결이 야생동물을 가축으로 길들이는 것을 가능하게 했으며, 가축은 또한 공동체의 조직과 유지를 가능하게 했다. 이 특정적인 연결은 또한 동

물(동물의 게이트 62)이 더 높은 인식력(인간의 게이트 17)과 연결하기 때문에 동물의 훈련 효과를 향상시킨다.

- **개인적** | 당신의 마음은 세부사항들을 당신의 정신적 자료 체계에 조직적으로 저장하기 바쁘며, 항상 다른 사람의 생각을 당신의 체계와 맞추어 큰 그림을 조정한다. 모든 데이터가 논리적으로 조직되고, 당신의 관점에 맞도록 통합되어야 한다. 당신이 누군가에게 "나는 너를 이해하지 못해"라고 말하면, 그것은 "네 모습(너의 말이나 생각)을 내가 세상을 보는 방식에 꿰어 맞출 수가 없어"라고 말하는 것이다. 당신의 스로트 센터에서 말을 하라는 지속적인 압박이 생겨나므로, 시시콜콜 당신의 의견을 제시하거나 이해를 했든 못 했든 무언가에 대해 설명함으로써 만족감과 해방감을 느끼는 자신을 발견할 것이다. 두 경우 모두, 듣는 사람이 수용할 수 있는 시점을 기다려서 말하는 것이 매우 중요하다. 당신은 어떤 것을 논리적으로 조직하는 뛰어난 재능을 가지고 있으며 그 분야는 사업, 이벤트, 프로젝트 등 다양하다. 그러나 당신 자신의 공간을 깨끗하게 정돈하는 일에는 관심이 없을 수도 있다.

- **대인관계** | 수용의 채널을 가진 사람들은 다른 사람들에게 정보를 제공하고 가르치는 능력이 있다. 그들은 눈에 보이는 세부적인 패턴을 언어, 공식, 이론, 가정 등으로 풀어낼 수 있는 재능이 있어서, 그것이 적절한 패턴인지를 시험해볼 수 있다. 말을 해달라는 요청이 있을 때를 기다릴 수 있다면, 성공적이고 효과적으로 사람들과 공유할 수 있으며, 다른 사람들의 저항이나 지루함을 줄일 수도 있다. 논리적 이성은 스스로 자명하다. 존재하는 패턴을 논리적으로 면밀히 조사하려면 토론이나 논쟁, 비판은 필수적이지만, 사람들과의 관계에서는 스트레스의 요인이 되기도 한다. 특히 개인적으로 받아들이면 더욱 그러하다.

게이트 17
따르기 – 의견의 게이트
지배하고 싶으면, 봉사하는 법을 반드시 알아야 한다는 고대의 법

- 센터: 아즈나
- 쿼터: 개시
- 주제: 생각을 통한 목적 달성
- 정교: 서비스
- 병교: 의견
- 빗교: 격변

게이트 17은 많은 개념이나 의견들 중에서 우리 모두가 신뢰할 수 있는 하나의 개념, 하나의 의견을 찾고 있다. 즉 시험과 비판을 거쳐 미래에 대한 두려움을 잠재울 수 있는 개념이나 의견을 찾고 있다. 게이트 62의 확실한 세부사항 준비를 위하여, 게이트 17은 하나의 답을 개념이나 이용 가능한 패턴 혹은 해결책으로 구성하도록 디자인되어 있다. 이때까지의 논리적 과정에서는 미래에 대한 의문이 생기고 잠재적 처방을 그려보지만, 이제는 그것을 의견으로 표현하고 싶은 압박을 느낀다. 다음으로 필요한 것은 게이트 62의 능력이다. 개념을 말로 표현하고 사실과 세부사항으로 그것을 뒷받침하며, 검증과 분석을 위해 대중에게 그것을 제시한다. 당신의 오른쪽 눈은 세상을 인식할 수 있고, 시각적인 패턴의 종합으로 한눈에 보고 받아들인다. 논리적인 검증 과정에서 어떤 패턴이나 의견에 문제가 있으면 그것을 거절할 것이다. 불행히도 시각적인 이미지나 당신이 이해한 것을 언어로 바꿀 수 있는 능력이 늘 있는 것은 아니다. 게이트 62가 없다면 개념을 표현해줄 말과 의견을 뒷받침할 사실, 당신의 제안을 효과적으로 전달할 수 있는 수단을 찾고 있을 것이다. 아무도 당신이 인식한 내용을 이해하지 못할 수도 있다는 것이 당신의 정신적인 불안감이다. 당신의 정보 가치를 아무도 이해하지 못하는 게 아닐까 하는 걱정이 생길 수 있다.

- 라인 6 – 보살
- 라인 5 – 누구도 고립되어 살 수 없다
- 라인 4 – 인사 관리자
- 라인 3 – 이해
- 라인 2 – 차별
- 라인 1 – 개방성

게이트 62

작은 것이 형통함 – 세부사항의 게이트

무지에도 불구하고 구슬려서 성공하는 에너지, 보복으로부터의 자유

- 센터: 목
- 쿼터: 문명
- 주제: 형태를 통한 목적 달성
- 정교: 마야
- 병교: 세부사실
- 빗교: 모호함

게이트 62는 "나는 생각한다"라고 말한다. 그것은 눈에 보이는 패턴의 이름을 짓고 구체화하며 소통의 통로를 만든다. 복잡한 상황이나 개념을 더 잘 이해하기 위해 세부사항을 선택하여 하나의 사실로 조직한다. 게이트 17의 개념 구성 능력과 연결되면 세부사항은 개념을 뒷받침하게 되고, 실체적이며 의미 있고 이해할 수 있는 것이 되어 시간이 흐르면서 그것이 반복되고 검증된다. 논리의 재능은 이해하는 것이며, 이 게이트를 가진 당신의 재능이기도 하다. 당신이 복잡한 상황을 명확하고 적합하게 잘 짜인 세부사항으로 말하면, 우리의 세상에 대한 이해가 증가한다. 말을 해달라는 요청이 있을 때까지 기다린다면 집단의 잠재적인 수용성이 커지지만, 대중이 원하지 않을 때 불필요한 세부사항이나 사실을 충동적으로 터트리면, 대중은 오히려 혼란스럽고 당신은 당황할 수 있다. 의견의 질은 사실 파악 여부에 달려 있지만, 모든 사실이 똑같이 동등하지는 않다. 당신이 세부사항을 늘 손에 쥘 수 있다는 점을 기억하는 것이 도움이 된다. 그러나 게이트 17이 없다면 그것을 적합한 구조의 맥락으로 순간적으로 표현하기는 힘들다.

- 라인 6 – 자기훈련
- 라인 5 – 탈바꿈
- 라인 4 – 금욕주의
- 라인 3 – 발견
- 라인 2 – 억제
- 라인 1 – 틀에 박힌 일상

THE SENSING (ABSTRACT) CIRCUIT

감지(추상) 회로

키노트: 공유, 나눔

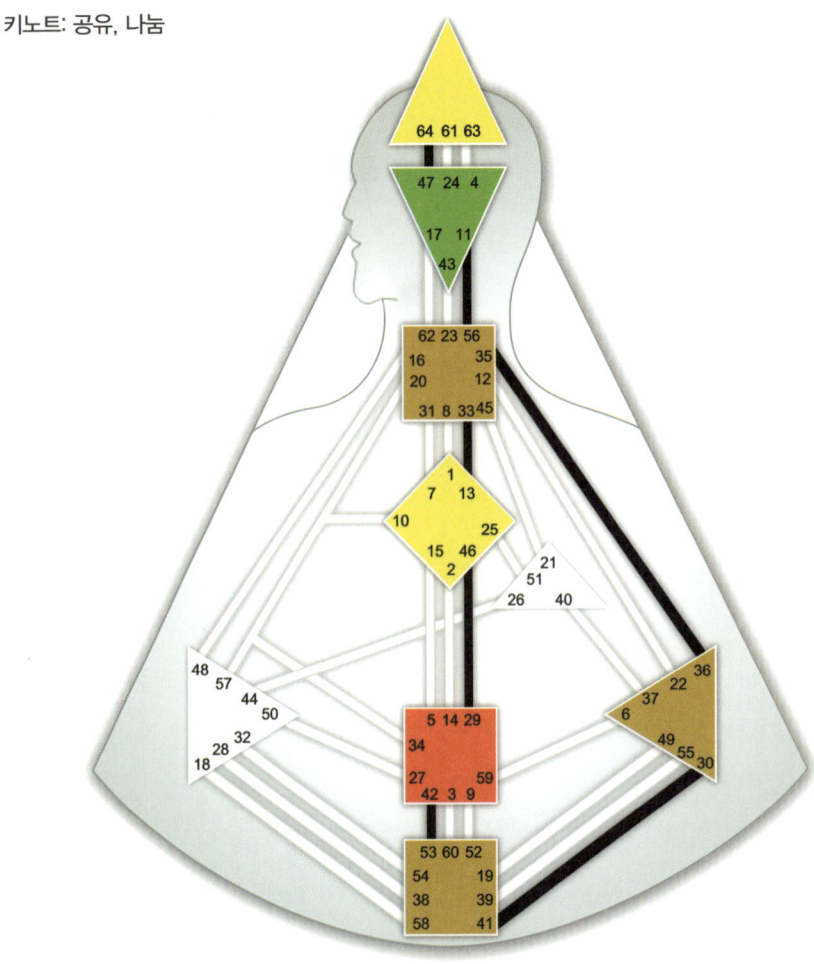

감지 회로의 채널들

53-42	성숙 균형 잡힌 발전	41-30	인식 집중된 에너지
29-46	발견 남들이 실패한 곳에서 성공하기	36-35	일시적임 온갖 경험
13-33	돌아온 탕아 목격자	64-47	추상 명료함이 섞인 정신 활
		11-56	호기심 탐구자

컬렉티브 회로 그룹에서 논리의 파트너는 감지(추상)회로이다. 감지 회로는 추상적인 경험의 과정을 기반으로 한다. 그 과정을 통해 우리는 삶을 만나고 반영하며, 인간 경험의 정서적·영적 영역을 공유한다. 우리가 각각의 경험을 온전하고 명료하게 할 수 있다면, 깊은 성취감과 함께 충만함과 편안함을 느낄 것이다. 더 큰 의미로는 삶이 우리를 통해서 충만해지는 것이며, 경험에 대한 반추가 다른 사람들에게 귀중한 교훈이 될 것이다.

이해 회로는 스플린의 생존 인식에 지속적으로 연결되며, 우리의 미래를 더 좋게 만들 패턴을 시험·증명·공유함으로써 논리에 연결된다. 이해 회로는 과학과 관련된 과정이다. 감지 회로는 감정 및 관계의 성장·발전을 촉진하는 '경험에 대한 욕구'에 초점을 맞춘다. 그 경험은 실재적이어야 하며, 타인과 공유할 수 있어야 한다. 추상과정은 인류학이나 문학과 관련이 있다. 논리의 관점에서 보면 추상적 체험 방식은 혼란스럽고 불필요한 과정이다.

감지 회로는 안정성과 안전함을 제공하는 스플린 센터를 가지고 있지 않다. 경험이란 타인과 새롭고 흥미로운 것을 하려는 감정적인 욕구에 불안정하게 근거하고 있다. 상황이 안 바뀔 때는 지루함과 불안함이 찾아오며, 위기를 조성하는 것이 상황을 움직이는 하나의 방식이다. 이것이 추상 회로를 모든 프로세스 중에서 가장 인간적인 것으로 만든다. 경험을 반추하는 것은 컬렉티브의 가장 큰 잠재력이다. 이 힘이 없다면 우리는 의식적으로 자각할 수 있는 복합적인 인간으로 진화하지 못했을 것이다.

컬렉티브 회로에서 이루어지는 과거 경험에 대한 반추를 통해서 역사의 기초가 마련된다. 감지 회로가 정의되어 있는 사람들은 삶이 일어나고 있는 동안에는 그것을 이해할 수 없지만, 나중에는 지혜의 창고가 되도록 디자인되어 있다. 역사적인 관점을 선별하고 기억하며 제시하는 것은 인간이 가지고 있는 독특한 능력이다. 우리는 과거에 가치 있던 것에 근거하여 현재 가치 있다고 생각하는 것을 선택한다. 현재 공유될 수 있는 방식으로 과거를 응축하여 설명하고 미래를 조명할 수 있다는 것은 하나의 예술이다. 삶이라는 드라마가 펼쳐지는 원고지 위에 각각의 관점과 교훈이 한 줄 한 줄 더해진다. 인간 역사의 재조명이 우리들의 인식과정을 크게 앞당기는 이유는, 아이들이 태어날 때 맨 밑바닥부터 다시 시작할 필요가 없기 때문이다.

경험 회로의 채널과 게이트는 다음 페이지에 나온다.

THE CHANNEL OF MATURATION: 53 - 42

성숙의 채널: 53-42

'균형 잡힌 발전'의 디자인

●

회로: 감지
채널 타입: 제너레이터

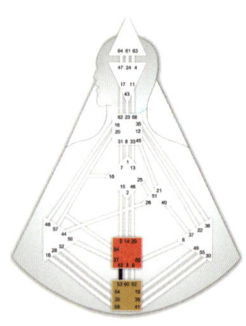

성숙의 채널은 시작의 게이트 53과 성장의 게이트 42를 통해서 루트 센터와 세이크럴 센터를 연결하고 있다. 인간은 경험을 통해서 성숙해지며, 성숙은 추상적 경험의 꽃이다. 새로운 과정이나 경험을 완결하고, 그 순환이 제공하는 지혜를 얻기 위해서 지난 과정을 반추해봐야 한다.

● **배경 |** 감지 회로에 있는 모든 채널의 자질은 순환처럼, 프로젝트나 관계, 삶에 헌신을 약속에서부터 완성까지 방해받지 않는 움직임으로 시작하여 중간을 거치고 끝에 도달한다. 경험이라는 추상적인 과정을 통해서 집단의 역사가 형성되고, 그것을 통해 인류는 배운다. 경험이 주는 위대한 선물은 다음 세대를 위하여 수집되고 저장된다는 것이며, 그를 통하여 우리는 생물학적이라기보다는 지적으로 좀 더 빠르게 발전한다. 똑같은 실수를 계속적으로 반복하지 않기 위하여 경험이라는 역사 속에서 무엇이 효과적인지를 발견한다. 각각의 새로운 경험이 마지막 경험을 바탕으로 이루어진다. 한 순환이 성숙되지 않은 상태에서 끝난다면 완성을 위해 그것이 되풀이될 필요가 있다. 그런 과정이 목표를 지향하는 것은 아니다. 그 과정은 인생의 모든 경험을 결코 끝이 없는

여행의 일부로 기꺼이 받아들일 필요가 있다는 지혜를 상징한다. 경험을 통해 성숙하는 것이 인간다운 열쇠 중 하나이다. 우리 모두는 새로운 경험을 추구하도록 부추겨지고 압박을 받고 있으며, 그런 식으로 우리는 깊어지는 것이다. 그 깊이를 반추하면서 다른 사람들에게 제공할 수 있는 정보도 만들어낸다.

● **개인적** | 당신이 하는 각각의 경험은 만족스러운 결론에 도달해야 한다. 또 다른 경험을 시작하기 전에 그것을 뒤돌아볼 수 있어야 하기 때문이다. 당신의 회상 내용을 다른 사람들과 공유해보면, 경험으로부터 가치 있는 교훈을 얻었다는 것을 스스로 확인하는 데 도움이 된다. 그런 식으로 새로운 경험이 옛 경험의 기초 위에서 시작된다. 당신의 전략과 결정권을 사용하여 새로운 경험을 시작하는 것이 중요하다. 그렇게 하지 않을 경우, 막연하게 새로운 경험을 해야 한다는 덫에 걸려 흥미를 잃거나 제대로 완료하지 못할 수 있다. 그 과정을 제대로 헤쳐가려면 기대감이라는 말을 이해할 필요가 있다. 기대를 하면 좌절, 실망, 감정적인 충돌의 아픔에 노출된다. 아무런 기대 없이, 단지 경험 그 자체를 위하여 존재하는 것이 당신에게는 건강하다.

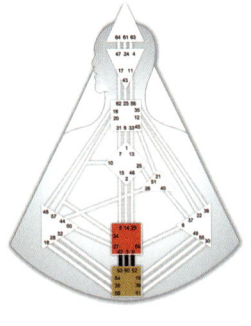

● **대인관계** | 성숙의 채널은 감지 회로의 포맷 에너지이기 때문에, 이 회로에 있는 모든 게이트와 채널에 순환이 제공하는 주파수가 스며든다. 그것은 이 채널을 가진 사람들이 경험하는 방식에 영향을 미치며, 이들이 다른 사람들과 상호 교류하는 방식, 다른 사람들에게 영향을 끼치는 방식에도 작용한다. 새로운 경험을 하겠다는 결심이 서면 성숙의 과정은 이미 움직이기 시작한 것이며, 그 과정은 몇 시간이 걸리기도 하고 평생이 걸리기도 한다. 성숙의 채널을 가진 사람들은 역사에 대한 깊은 친밀감을 가지고 있으며, 또한 세상의 모든 주기에 조율할 수 있다. 육체적 주기, 사회적 주기, 행성의 주기 등. 그들은 자신의 결정권을 사용하여 경험할 때 경험의 순환을 완주할 수 있는 에너지를 내장하고 있다. 즉 무언가를 시작하고 발전 과정에서 만족을 느끼며, 성공적인 결론에 도달한 뒤 되돌아보고, 인류에 보다 나은 이익을 위해 경험의 혜택을 공유한다.

게이트 53
발전 - 시작의 게이트
꾸준하게 지속되는 구조적 진보로서의 발달

- 센터: 루트
- 정교: 간파
- 쿼터: 문명
- 병교: 시작
- 주제: 몸을 통한 목적 달성
- 빗교: 순환

　게이트 53은 삶에서 죽음까지 일련의 개발 과정, 성숙의 주기적 과정을 시작하라는 압박이다. 그것은 모든 생명체, 관계, 생각, 프로젝트, 심지어 한 국가의 흥망과 문명의 주기에 적용되는 포맷 에너지이다. 당신은 새로운 무언가를 시작하는 데 필요한 연료를 늘 가지고 있다. 만일 당신에게 스스로 에너지를 쏟을 수 있는 곳을 정확하게 찾아낼 시간이 주어진다면, 당신은 새로운 주기를 시작할 수 있으며, 그리하여 꽃이 피고 열매를 맺으며 미래를 위해 씨앗을 남겨놓는 과정을 보게 된다. 당신의 역할은 순환을 움직이게 하는 추진력을 제공하는 것이다. 그때 주의해야 할 점은 별로 흥미가 없고 당신의 능력을 넘어서는 관계나 프로젝트는 시작하지 않는 것이다. 또 일 끝맺기를 잘 하는 게이트 42를 가진 사람에게 일을 떠맡기고 싶어도 그러지 못해 곤란한 상황 자체를 피해야 한다. 그렇게 하기 위해서는 당신의 전략과 결정권을 따르라. 당신의 시작이 계속해서 저항에 부딪히거나, 성숙되기도 전에 끝나버리면 실망은 우울로 변할 것이다. 시작을 제대로 잘하면 억지로 혼자 끝내지 않아도 될 것이다. 압박감이 적당히 배출되는 것을 경험하게 될 것이며, 경험에서 배운 것을 취하고, 그 지혜를 다른 이와 공유하는 것을 즐기게 될 것이다. 게이트 42가 없다면 자신이 시작한 모든 것을 다 끝낼 수는 없으며, 그래야 한다고 생각하면 좌절을 겪을 것이다.

- 라인 6 - 단계적 실행
- 라인 5 - 밀어붙임
- 라인 4 - 자신만만
- 라인 3 - 실용성
- 라인 2 - 탄력
- 라인 1 - 축적

게이트 42
증가 – 성장의 게이트
잠재성의 개발을 극대화시킬 수 있는 자원의 확장

- 센터: 세이크럴
- 정교: 마야
- 쿼터: 개시
- 병교: 완료
- 주제: 마음을 통한 목적 달성
- 빗교: 한계

게이트 42는 타고난 잠재성을 극대화시키기 위한 불굴의 고집이다. 추상 회로의 주기적인 과정을 통한 인류의 집단적인 경험들이 모여 성장과 균형 있는 발전이 일어나며, 그것이 미래 진보의 초석이 되는 것이다. 당신이 시작하는 매 주기는 마지막으로 습득된 교훈 위에 세워진다. 한 주기가 그 과정을 시작하면 당신은 이를 끝내기 위해 무엇이 필요한가를 결정할 것이다. 새로운 주기를 시작하기 전에 이전의 주기는 자연스럽게 끝이 나야 하며, 미완성의 것이 있다면 새로운 주기에 다시 나타날 것이다. 그것은 특히 인간관계에 적용될 수 있는데, 어린 시절까지 거슬러 올라가는 미해결의 행동 패턴 때문에 답답한 관계에 처할 수 있다. 당신은 한 주기나 과정을 완성하기 위해 에너지 차원에서 무엇이 필요한지에 집중하며, 시작이 미약하거나 불충분하면 초조하거나 불안할 수 있다. 당신이 헌신하는 것이 당신에게 옳은지 아닌지가 매우 중요하다. 일단 시작되고 나서 발을 빼는 것은 매우 어렵기 때문인데, 불행한 결혼 같은 것이 그 예가 될 수 있다. 편안하게 당신의 에너지를 헌신할 수 있을 때까지 기다려라. 당신의 전략과 결정권을 사용해야 하는 순간이다. 그러면, '잠재적인 만족감'이 극대화될 것이다. 점화의 불꽃을 일으키는 게이트 53이 없다면 완료하기 위해 견디는 힘이 부족할 수 있다. 되지도 않는 일을 시작하려고 애쓰다가 좌절할 수도 있다.

- 라인 6 – 양육
- 라인 5 – 자기실현
- 라인 4 – 중개인
- 라인 3 – 시행착오
- 라인 2 – 동일시/일체화
- 라인 1 – 다양화

THE CHANNEL OF DISCOVERY: 29 - 46

발견의 채널: 29-46

'남들이 실패하는 곳에서 성공하는' 디자인

●

회로: 감지
채널 타입: 제너레이터

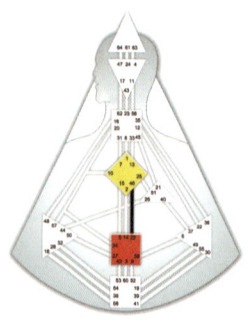

발견 채널은 견딤의 게이트 29와 결의의 게이트 46을 통해서 세이크럴 센터와 G센터를 연결한다. 주역에서 게이트 29는 '심연 중에 심연'으로 알려져 있으며, 오직 '아하!'(긍정)라는 반응을 통해서만 접근할 수 있는 세이크럴의 정력과 결의의 우물이다. 게이트 46은 우리의 몸을 적시에 적합한 장소에 있게 하기 위해서 상위 자아에 연결시킨다.

● **배경** | 발견의 채널을 가진 사람들은 모든 기대를 내려놓고 경험에 철저하게 몰입해야 좋은데, 이유는 끝에 가서야 의미가 온전히 드러날 것이기 때문이다. 게이트 46은 육체에 대한 사랑, 육체 안에 있음에 대한 사랑의 게이트이며, 그것들을 자기의 몸에 연결시켜 방향, 궤도를 유지한다. 이 채널이 있는 사람이 세이크럴의 반응을 통해서 결정을 내리고 일을 시작하면, 몇 년이 지나도 인내하며 오롯이 꾸준하게 헌신한다. 그 때 이루어진 발견은 집단이 세상을 인식하거나 경험하는 방식을 변형시킨다.

● **개인적** | 당신에게 '중도 하차'는 없으며 뒤도 돌아보지 않으므로, 전략과 결정권을 통해서 나온 확고한 헌신은 당신의 만족감에 필수적이며, 발견 과정에서 배운 것을 공유하기 위해서도 그러하다. 당신이 경험하는 동안 그 의미를 모를 수도 있겠지만 당신은 그 경험에 몰입해야 한다. 당신이 적절한 때에 적절한 장소에 있다는 것을 확신한다면, 끝에 도달할 것이고 의미를 발견할 것이다. 당신은 다른 사람이 실패한 곳에서 성공할 수 있다. 당신이 그것을 조절하는 것이 아니고, 발견의 순환을 향해 기대감을 온전히 내려놓아야 한다. 그렇기에 당신의 힘을 바르게 쓰고, 세이크럴에서 나오는 추진력이 경험을 끝까지 미는 것이 매우 중요하다.

● **대인관계** | 발견의 채널을 가진 사람들은 거의 모든 요청에 '네!'라고 말하는 성향과, 상황에 부응할 가능성이 내재되어 있다. 그곳이 빨간색으로 정의된 사람, 즉 디자인(몸, 무의식)된 사람은 특히 에너지를 허비하기 쉽다. 그들의 결정이 생각에 의한 결정이라면 다른 사람이 성공한 곳에서 실패하기 쉽고, 그때 만족감의 가능성이 좌절로 전락한다. 논리 회로에서는 어떤 일을 하면 무엇이 일어날지를 이론적으로 생각해보지만, 경험을 통해서 배우는 사람에게는 과거가 유일한 선생이다. 그들은 경험의 끝에 가서야 시험과 분석을 통해 무엇이 반복할 가치가 있는 것인지 발견하고, 그 결과물을 집단과 공유한다. 올바르게 나온 '네!'라는 말을 통해서만 경험과 발견의 잠재성을 방해하는 다른 사람들을 물리치고, 극단적인 도전도 꾸준하게 이겨낼 수 있다.

게이트 29

심연 바닥 – 견딤의 게이트

심연의 밑바닥, 난관들을 견뎌내고 인내하면 결국 보답이 온다

- 센터: 세이크럴
- 쿼터: 이원성
- 주제: 결합을 통한 목적 달성
- 정교: 전염
- 병교: 헌신
- 빗교: 근면, 산업

    게이트 29의 잠재성은 삶에 대해 끝없이 긍정하는 것이다. 그것은 '네!'라고 대답하면 자기의 에너지를 새로운 것과 새로운 사람에게 몰두하며, 발견의 순환에서 있을 수 있는 어떤 어려움도 헤치며 나아갈 것이다. 견딤이란 주기적이어서 오늘 관심 있던 것이 내일은 관심이 없을 수도 있다. 각각의 적절한 실행들이 당신의 잠재성을 키우고 성숙시키며, 그리하여 세상이나 다른 사람들과의 관계 속에서 당신이 누구인지를 발견하게 한다. 당신은 에너지를 쏟을 준비를 하고 항상 '네!'라고 말하므로, 어디에 에너지를 쓰면 좋을 것인가가 명확해질 때까지 기다리는 것이 최선이다. 당신의 세이크럴 반응은 기계적이므로 모험의 끝이 어디일지, 어떤 경이로움을 발견하게 될지 당신은 알 수 없다. 게이트 29는 외골수의 에너지이다. 당신의 결정에 제대로 맞추어져만 있다면, 어떤 어려움이나 도전에도 불구하고 헤쳐 나갈 수 있도록 디자인되어 있다. 당신이 주의해야 할 점은 기대를 내려놓고, 전략과 결정권에 의지하여 옳은 경험으로 유도되는 것이다. 게이트 46이 없다면 일할 준비는 되어 있으나 어느 쪽을 향해야 할지 모른다.

- 라인 6 – 단계적 실행
- 라인 5 – 밀어붙임
- 라인 4 – 자신만만
- 라인 3 – 실용성
- 라인 2 – 탄력
- 라인 1 – 축적

게이트 46

끝까지 가기 – 결의의 게이트

좋은 운이 뜻밖으로 느껴질지 모르나 사실은 노력과 헌신에 의한 것이다

- 센터: G
- 쿼터: 이원성
- 주제: 결합을 통한 목적 달성
- 정교: 사랑의 그릇
- 병교: 적시에 적절한 곳에 있기
- 빗교: 치유

게이트 46은 육체 안에서 우리가 경험하는 삶의 질에 집중한다. 여기서는 영혼이 머무는 사원으로서 우리의 몸은 제때에 적절한 곳에 있으며, 그리하여 몸과 거기서 생기는 관능적인 사랑을 표현한다. 당신은 뜻밖의 발견을 할 수 있는 행운을 가진 사람이다. 당신의 성공과 실패는 더 높은 자기의 결의에 달려 있다. 그것은 경험의 순환에 대한 긍정적인 내맡김의 과정이며, 그를 통해 잠재성이 완성될 수도 있고 혼란이 올 수도 있다. 당신은 자신의 삶에 대한 헌신과 결단을 통해 경험하고, 거기서 배운 교훈과 지혜를 다른 사람들과 공유한다. 다른 사람들과 교류하면서 자신의 본성을 경험하는 것은 깊은 영적인 과정이며, 이는 그 주기가 완성될 때에만 온전히 평가될 수 있다. 만일 당신이 삶 자체가 가지고 있는 주기성을 받아들일 수 없다면, 당신의 육체는 계속되는 위기 상황으로 쇠퇴할 수도 있다. 게이트 29가 없다면 경험이 적절한 때는 인식할 수 있지만, 그것을 시작하거나 완성할 수 있는 에너지를 가지기 힘들다.

- 라인 6 – 진실성
- 라인 5 – 보조 맞추기
- 라인 4 – 영향
- 라인 3 – 투사
- 라인 2 – 프리마 돈나
- 라인 1 – 눈에 띔

THE CHANNEL OF THE PRODIGAL: 13 - 33

돌아온 탕아 채널: 13-33

'목격자'의 디자인

●

회로: 감지
채널 타입: 프로젝터

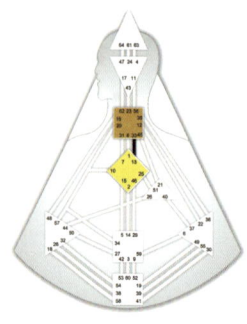

'돌아온 탕아'의 채널은 듣는 사람의 게이트 13과 사생활의 게이트 33을 통해서 G센터를 스로트 센터에 연결한다. 그것은 반추와 기억의 채널이다. 게이트 13은 교훈이 될 만한 기억들을 취합하고 정보와 비밀을 듣고 저장한다. 게이트 33은 경험을 되돌아보기 위해서 뒤로 물러나, 수면 아래의 깊은 진실이 드러나기를 참을성 있게 기다린다.

● **배경 |** 인류에게 특이한 점은 삶의 모든 것을 조사하려는 욕구와 그것을 경험하려는 충동이 있다는 것이다. 채널 13-33은 성숙으로 가는 경험의 주기가 완성되는 채널이며, 그것은 공유하기 전에 경험의 모든 측면을 반추하고 돌아보는 능력을 증가시킴으로써 이루어진다. 이는 스스로 인식하고 진화하는 종으로서의 인간이 가지고 있는 놀라운 장점이다. 그들은 관조자이고 돌아온 탕아로서 경험하고 기억하며, 그들의 경험은 개인적인 전기나 집단의 역사적인 교훈을 통해서 우리에게 전달된다. 그를 통해 세대와 세대를 걸쳐서 지속적이고 안정적으로 문명의 진화가 일어난다.

● **개인적** | 타고난 경청자이자 기록자로서 당신은 삶의 이야기 비밀, 기념할 만한 것들을 수집한다. 그리고는 그것으로부터 얻은 교훈을 공유하기 위하여, 당신이 수집한 것을 깊이 생각하고 정리하려고 뒤로 물러난다. 적당한 때가 관건이다. 시간이 되기 전에 비밀을 드러내길 원하지 않으며, 개인적으로만 간직하려고 할 때는 아무도 그것을 듣지 못할 것이다. 당신이 배워야 할 분명한 것이 있을 때에는 그를 위해 가족이나 사회의 패턴을 기꺼이 깨트린다. 대부분의 사람들은 특정한 기대감을 가지고 경험에 돌입하지만, 경험의 주기가 끝날 때쯤 결과가 기대와 다르다는 것을 발견한다. 그들은 인내심을 잃고 일을 완성하는 데에서 오는 귀중한 가르침을 놓치게 된다. 당신은 경험을 통해, 충족되지 않는 기대감으로 좌절과 실망을 겪는 것보다 연속적으로 전개되고 있는 사건을 관조하는 것이 훨씬 성취감이 크다는 것을 알며, 그것을 우리 모두와 공유한다. 인내심을 가지고 반추하면서 쌓인 지혜를 통해 가장 큰 진실의 어떤 부분을 세상에 드러내는 것이다. 장고의 관조 끝에 얻은 가장 가치 있는 교훈의 하나는, 어떻게 우리가 승객 의식을 가지고 경험의 과정에 편안하게 내맡기는가 하는 방법이다.

● **대인관계** | 컬렉티브의 추상 회로는 말한다. "나는 내가 경험한 것 또는 경험하지 못한 것을 기억한다." '돌아온 탕아' 채널을 가진 이들은 한 생애에 걸쳐서, 개인이나 집단의 역사적인 교훈에서 정리된 보물 같은 지혜를 축적한다. 그런 정리에는 인내가 필요하다. 그들은 사진을 찍거나 신문을 오려 모으고 사람들에게 귀를 기울여 세인들의 삶의 이야기를 수집한다. 그들은 정치가, 코미디언이거나 우리가 비밀을 털어놓을 수 있는 친구가 되기도 한다. 그들은 과거로부터 배우므로 현재의 도전에 직면하여 미래를 예견하는 것에는 익숙하지 않지만, 삶의 마지막에는 어떤 의미가 있는지를 알려주는 데는 일인자들이다.

게이트 13

유대감 – 듣는 사람의 게이트

인류적 협동을 고무시키는 정비된 제도의 보편적인 아이디어와 가치

- 센터: G
- 정교: 스핑크스
- 쿼터: 개시/입문
- 병교: 청취
- 주제: 마음을 통한 목적 달성
- 빗교: 마스크

게이트 13은 비밀을 보고 듣고 저장하는 재능을 가지고 있으며, 듣는 사람의 역할로 과거와 미래를 연결해준다. 당신은 비밀을 지키는 자, 비밀을 털어놓을 수 있는 친구로 인식된다. 사람들은 자연스럽게 자신의 경험을 당신과 공유하는데, 당신은 순수하게 그들의 모험담, 도전, 승리의 이야기를 즐기기 때문이다.

그들은 당신이 자기들의 이야기를 단지 간직하고 있을 것이라고 느낀다. 게이트 13은 스로트 센터로부터 말하라는 압박을 받지 않기 때문이다. 당신은 당신이 기억하고 있는 것 중에서 가장 가치 있는 것을 나누어야 할 적당한 시기를 알아챌 것이다. 게이트 33을 가진 사람들처럼, 보다 넓은 지역사회와 공유하기 위해 이야기를 선택하고 반추하며 정리할 수 있는 사람을 만날 것이기 때문이다. 그런 식으로 당신은 경험을 통해서만 배울 수 있는 중요한 교훈을 가지고, 인류가 스스로를 이해하는 데 기여할 수 있도록 적당한 때를 기다리고 있다. 역사적인 연속성이 인류의 미래를 정의한다. 게이트 33이 없다면 당신의 비밀은 공유되지 않을 수도 있다.

- 라인 6 – 낙관주의자
- 라인 5 – 구세주
- 라인 4 – 피로
- 라인 3 – 비관주의
- 라인 2 – 심한 편견
- 라인 1 – 동감

게이트 33

물러남 – 사생활의 게이트

적극적으로 물러나 약점을 보완한다

- 센터: 목
- 쿼터: 문명
- 주제: 형태를 통한 목적 달성
- 정교: 4가지 길
- 병교: 은둔
- 빗교: 개선

게이트 33은 한 주기의 끝을 의미하며, 모든 마지막에는 경험의 여러 측면을 고려하기 위한 침묵의 순간이 있다. 그때가 바로 당신이 홀로 있을 필요의 순간이다. 그러나 은둔의 순간은 한 경험의 완성과 새로운 경험 사이의 불확실함에서 생긴다. 당신의 힘을 보충하고 새로운 선택을 숙고해야 하는 순간이다. 집단의 기억 깊은 곳(게이트 13)에 있는 가장 가치 있는 교훈이 수면에 떠오르는 것은 그 고요한 집중의 순간이다. 게이트 33에서 당신의 프라이버시 필요성이 컬렉티브 회로의 타고난 특성 중 하나인 '나는 기억한다'와 결합된다. 경험으로부터 배운 교훈을 공유하고 그 비밀을 드러내는 것이 당신의 타고난 특성이기도 한 것이다. 그 경험은 당신의 것이거나 다른 사람들의 것일 수도 있으며 그룹의 경험일 수도 있다. 공유되기까지의 과정은 동일하다. 시간이 무르익으면 당신의 지혜를 공유해달라는 요청을 받을 것이다. 그때, 그 지혜는 보다 큰 공동체의 일부가 될 것이며, 또한 진화하고 있는 인류 의식의 일부가 될 것이다. 돌아온 탕아처럼 삶이 무르익으면서 당신은 성숙되고, 경험의 주기를 타고 흐르면서 영향력의 영역은 확장된다. 게이트 13이 없다면 당신의 경험을 공유할 수 있는 적당한 타이밍을 모를 수도 있다.

라인 6 – 분리
라인 5 – 타이밍
라인 4 – 존엄
라인 3 – 영혼
라인 2 – 내맡김
라인 1 – 회피

THE CHANNEL OF RECOGNITION: 41 - 30

인식의 채널: 41-30

'집중된 에너지(느낌)'의 디자인

●

회로: 감지
채널 타입: 프로젝터

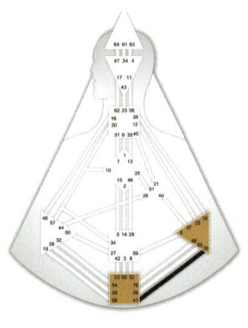

인식의 채널은 수축의 게이트 41과 느낌의 게이트 30을 통해서 루트 센터를 솔라 플렉서스 센터에 연결하고 있다. 게이트 41이 겪고 있는 루트 센터의 압박은 조급함으로 시작되며, 상상 속의 가능성을 향한 끊임없는 시나리오가 가동된다. 게이트 30에 연결되면 솔라 플렉서스에서 올라오는 격정이 루트 센터의 연료를 들끓게 하고, 그 결과는 새로운 경험을 찾으려 하거나 그를 향해 움직이고자 하는 강렬한 열망을 만든다.

● **배경 |** 유전학적으로 말하자면, 게이트 41은 우리의 DNA에서 무언가를 시작하는 코돈codon이다. 매년 1월이면 태양이 게이트 41의 위치에 오고, 우리는 새로운 태양 주기(새해)를 시작한다. 인류가 함께 진화하는 생리학적인 과정의 시작인 것이다. 인간 경험의 모든 가능성이 이 게이트 안에 저장되어 있으며, 루트 센터의 연료에 힘입어 새로운 경험과 함께, 좋은 결과를 기대하는 열망의 전체적인 과정을 시작한다. 이 갈구는 단지 일시적으로만 만족될 수 있다. 이 추상적인 과정은 성취감, 즉 한 순환의 완성에 집

중되며, '무언가를 하면' 지루함을 극복할 수 있을 것이라는 기대감이나 열망에서 시작되는 것이다. 그것이 인간이 경험하는 방식의 시작이다. 무경험에서 오는 무지와 순수함이, 경험을 통한 지혜로 전환되면서 우리의 문화적인 진화는 채널 36-35에서 완결된다.

- **개인적** | 당신은 삶을 받아들이고 그것을 깊이 느끼려는 끝없는 열망과 위대한 상상의 소유자이다. 당신의 꿈, 환상, 소망이 기대감을 만들어내며, 때때로 성적 충동도 동반된다. 그것이 운명의 손에 들어갔을 때(게이트 30) 성취될 수도 있고 아닐 수도 있다. 시간이 흐르면서 당신은 욕망이 커다란 기쁨과 흥분을 가져오지만 고통도 수반하고 있음을 알게 되고, 어떤 욕망의 성취감도 그리 오래가지 않는다는 것도 배운다. 새로운 경험에 대한 성급함은 인내심과 자기조절 능력을 발달시킴으로써 균형이 잡히며, 이는 당신의 감정적 결정권을 따르는 데도 필요한 요소이다. 분명한 결정을 내리려면 감정의 파동을 지켜볼 수 있는 충분한 시간이 필요하기 때문이다. 당신의 비결은 꿈이나 기대 그 자체를 즐기는 것이며, 기대에 대한 압박에 굴복하지 말아야 한다. 그러면 당신의 경험은 보다 큰 만족을 줄 것이고, 반영은 더 날카로워지며, 그에 대한 당신의 나눔은 다른 사람들을 보다 감동시킬 수 있을 것이다.

- **대인관계** | 인식의 채널에서 움직이려는 압박은 강렬한 느낌이나 감정과 연결되어 있어, 순간적 인식을 통해 무경험에서 경험으로 뛰어드는 추진력을 발휘한다. 한 감정의 파동이 지나가는 것을 지켜보며 기다리는 것은, 어떤 욕망에 뛰어들 것인지 결정하기 전, 명료함이 드러날 때까지 기다리는 데 필요한 시간을 마련해준다. 그 열망의 압박은, 일반적으로 다른 사람도 끌어들여 감정의 격렬한 파도타기를 할 수 있으며, 모험이 끝나고 난 뒤에는 모든 참가자들에게 강렬한 반향을 자극하기도 한다. 각각의 새로운 경험은 모두에게 다른 감정의 뉘앙스를 느끼게 하는 것이다.

게이트 41

감소 – 수축의 게이트

잠재성 개발을 극대화시키는 자원의 한계

- 센터: 루트
- 쿼터: 변이
- 주제: 변형을 통한 목적 달성
- 정교: 예상치 못한 일/사람
- 병교: 환상
- 빗교: 알파

    게이트 41은 감정을 경험하려는 욕구로 나타나는, 인간만의 독특한 실험의 시작이다. 그것은 느낌을 통해서 다른 사람들과 교류하려는 욕망으로 시작된다. 루트 센터에서 무언가를 시작하려는 압박이 생기고, 그것은 애매모호한 기대감, 성적인 환상, 누군가와 새로운 무언가를 경험하려는 내적 충동으로 나타난다. 그 새로운 경험이 무엇인지 확실하지는 않으며, 언제 누구와 일어날 것인지도 잘 모른다. 게이트 41은 욕망의 만족과 운명의 성취를 추구하나, 그 모든 것은 게이트 30, 운명의 손에 달려 있다. 당신은 이 헷갈리고 혼란스러운 욕망을 성취하면 어떻게 될까 글로 써보기도 하고, 백일몽을 꾸기도 하며, 소설이나 영화를 통해서 대리만족을 해보기도 한다. 게이트 41은 인간의 모든 경험에 대한 잠재성을 가지고 있으나, 단지 한 번에 하나씩만 허용한다. 그것이 한계이며 당신의 것도 그러하다. 당신의 전략과 결정권에 따른 각각의 새로운 경험들은 당신에게 새로운 느낌을 발견하게 해줄 것이다. 기대감을 내려놓으면, 자유롭게 새로운 느낌을 만나게 되고 미래에 대한 비관을 피할 수 있다. 게이트 30이 없다면 무언가를 원한다는 느낌은 있으나 원하는 것이 무엇인지를 모른다.

- 라인 6 – 전염
- 라인 5 – 권한 부여
- 라인 4 – 교정
- 라인 3 – 효율성
- 라인 2 – 조심
- 라인 1 – 합리성

게이트 30
꺼지지 않는 불 – 느낌의 게이트
자유는 환상으로 인식되고 한계는 운명으로 받아들여진다

- 센터: 솔라 플렉서스
- 쿼터: 개시/입문
- 주제: 마음을 통한 목적 달성
- 정교: 전염
- 병교: 운명
- 빗교: 산업

운명의 게이트가 우리에게 가르치는 것은, 삶은 기대하는 대로 되는 것이 아니라 허락하는 대로 된다는 것이다. 당신의 경험은 감정의 파도를 타고 나타나는 삶의 열망에서 비롯된다. 그것은 여러 가지 다른 삶에 대한 동경에서 오는 강박적인 갈구로 느껴지며, 당신의 모든 교류에 영향을 미치고 만족감과 성취감을 얻을 때까지 계속된다. 결과에 연연하지 말고, 각각의 경험에 명료함을 가지고 뛰어드는 것이 당신이 할 수 있는 유일한 조절 방법이다. 열망은 오직 일시적으로만 누그러뜨릴 수 있으므로, 명료함이 없는 삶은 감정의 격렬한 파도타기가 된다. 시간이 흐르면서 야망의 꿈을 성취할 수 있는 자유는 단지 환상이라는 것을 알게 되고, 보답 없는 열망도 개인적으로 받아들여서는 안 된다는 것도 알게 된다. 삶의 균형은 내맡김을 통해서 삶을 있는 그대로 수용함으로써 나타난다. 그 과정에서 운명을 두려워하거나 게이트 41의 환상을 좇으려는 압박에 시달릴 필요가 없다. 자신의 한계를 수용하고, 보다 큰 삶의 패턴 속에서 자신의 위치를 수용하라. 당신의 느낌과 욕망에 대한 깊은 반추와 인간적인 경험은 세상과 공유할 수 있는 귀한 선물이다.

- 라인 6 – 강제 집행
- 라인 5 – 아이러니
- 라인 4 – 탈진
- 라인 3 – 체념
- 라인 2 – 실용주의
- 라인 1 – 침착

THE CHANNEL OF TRANSITORINESS: 36 - 35

일시적임의 채널: 36-35

'온갖 경험'의 디자인

●

회로: 감지(창조 채널)
채널 타입: 매니페스터

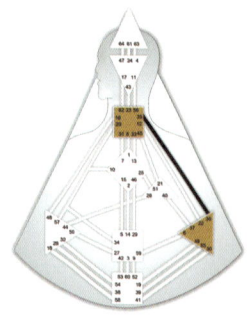

일시적임의 채널은 위기의 게이트 36과 변화의 게이트 35를 통해서 솔라 플렉서스 센터를 스로트 센터에 연결한다. 그것은 논리 회로의 조심성과 구속적 패턴을 거부하는, 감정적 매니페스터 채널이다. 그것은 새로운 경험을 위해서라면, 그것이 본질적 가치가 있든 아니든 뭐든지 시도할 것이다.

● **배경** | 감지 회로의 창조 채널로서 모험을 추구하며 다른 사람들을 끌어들이는 재능을 가지고 있다. 게이트 35는 "가봤고 해봤다, 새로운 것 없나?"라고 변화의 필요를 표현한다. 솔라 플렉서스 센터와 연결된 게이트 36은 경험이 없는 것을 미숙한 것으로 인식하여, 일시적임 채널을 가진 사람에게 경험을 추구하도록 이끈다. 때로는 단지 움직이기 위해서 위기 상황을 발생시키기도 한다. 감정의 깊이나 그 결과를 조사하려는 이 들썩거리는 욕망을 통하여, 인류는 성장 진화하며 또한 우리의 유전자 조합이 확장되고 집단의 진보가 일어난다. 그렇게 경험을 통해 미래 세대를 위한 교훈이 생겨난다.

● **개인적** | 당신은 삶에 있어서 좀 더 새롭고 나은 것을 경험해보려는 욕구를 가지고 있다. 당신의 여정은 감정적이며, 경험을 통해서 지혜를 모은다. 솔라 플렉서스 센터의 끊임없이 변화하는 과정에 이끌려가다가, 새로운 경험이 기대에 미치지 못하면 까칠해지거나 낙담하게 된다. 그에 대한 비결은 감정의 파도를 수용하여 명료한 결정이 내려질 수 있는 시간을 허용하고, 각각의 경험 그 자체에 온전히 내맡기는 것에 있다. 시간이 흐르고 성숙하게 되면 그 경험들은 삶을 있는 그대로 수용하는 당신의 감정적 깊이로 결실을 맺을 것이다. 모험에 뛰어들기가 초조하거나 불안하면 감정의 파도가 지나가는 것을 지켜보며 기다려라. 당신은 많은 것을 맛보고, 만져보고, 느낄 것이며, 가치 있는 지혜를 얻어 다른 사람들에 대한 충고로 이용 가능할 것이다. 당신은 자신의 모험담이나 풍요로운 삶의 성취감을 가지고 다른 사람들도 당신처럼 모험하도록 격려하는 역할을 한다. 당신은 느낌이 덧없는 것이라는 것을 알게 되므로 다른 사람들에게 "순간을 포착하라"고 충고할 것이며, 인생의 모든 것이 별것 아니라는 자세로 사는 것보다 의미 있는 새로운 경험을 해보라고 충고할 것이다.

● **대인관계** | 일시적임의 채널을 가진 사람들에게 다른 사람들과의 교류란 다른 사람들과 경험을 모두 공유하는 것이다. 그들은 종종 사람들과 친밀한 관계를 유지하는 것이 힘들 수도 있다. 새로운 경험을 추구하며, 어떤 것도 영원하지 않다는 타고난 감각이 있기 때문이다. 그들의 파트너는 종종 옳지 않은 모험에 끌려 다니기도 하는 대가를 치러야 한다. 어떤 것이든 처음에는 쉽지 않다. 결과는 예측불허이고, 대부분의 사람들은 그에 따른 위기를 처리할 수 있는 능력이 없다. 감정적인 경험은 성적인 것에도 해당되며, 그들은 사람 자체에 집중한다기보다는 성적인 경험에서 오는 느낌에 집중한다. 그리하여 당사자들 모두가 경험 끝에 실망을 맛볼 수도 있다. 게이트 35와 36을 가진 사람들이 전자기적인 끌림으로 연결된다면, 교류의 안정감과 균형은 감정의 파도를 타고 오르락내리락할 것이다.

게이트 36
빛이 어두워짐 – 위기의 게이트
순환의 법에 있어서 쇠퇴는 자연적이지만 견딤의 상태는 아니다

- 센터: 솔라 플렉서스
- 쿼터: 개시/입문
- 주제: 마음을 통한 목적 달성
- 정교: 에덴
- 병교: 위기
- 빗교: 세상

게이트 36은 당신의 유약함과 (성적, 감정적) 무경험에 대한 두려움이 경험을 통해서 해결되거나 변형되는 곳이다. 즉 감정적인 위기를 통해서 변화와 성장의 도전에 직면하는 곳이다. 시간이 흐르면서 감정적인 명료함을 얻게 되고, 다른 사람들에 의한 감정적 위기를 처리하는 법을 배우며 당신 자신도 위기를 덜 만든다. 게이트 36은 절망과 희망이라는 변화를 향한 감정의 파도를 누르고 있다. 이 에너지는 직접적으로 스로트 센터로 연결되어 있으며, 그것은 당신의 모든 감정을 드러낼 준비가 되어 있다. 오직 필요한 것은 감정의 방아쇠를 당길 사람이나 상황이다. 적당한 출구를 제공하고 에너지를 쏟아부을 방향을 제공하는 게이트 35가 없다면, 그것은 단지 개인의 위기로 경험될 수 있을 것이다. 계속적인 변화에 인내심을 가지고 적응하면 시간이 흐르면서 안정적으로 지낼 수 있는 법을 배우게 된다. 그런 느낌은 훌륭한 자극제로서 자연스럽게 표현될 수도 있지만, 너무 압도적이고 다른 사람들에게 불안감을 야기할 수도 있다. 어느 쪽이든 당신의 감정이 드러나도록 하라. 그것이 진실에 도달하기 위해 감정의 깊이를 통과해야 하는 당신의 길이다. 게이트 35가 없다면 자신의 기대감을 충족시킬 능력이 없다고 느끼거나 미숙하다고 느껴 초조해지기 쉽다.

- 라인 6 – 정의
- 라인 5 – 지하세계
- 라인 4 – 간첩
- 라인 3 – 과도기
- 라인 2 – 지원
- 라인 1 – 저항

게이트 35

진보 – 변화의 게이트

디자인에 의해, 진보는 빈 공간에서는 있을 수 없으며, 상호작용에 달려있다

- 센터: 목
- 쿼터: 문명
- 주제: 형태 통한 목적 달성
- 정교: 의식
- 병교: 경험
- 빗교: 분리

게이트 35는 새로운 지평을 조사하는 순수한 흥분 때문에 움직이며, 그에 대한 호기심과 높은 기대감으로 인해 힘을 받으나 홀로 하는 것은 하지 않는다. 게이트 35의 목소리는 "나는 느낀다"라고 말한다. 그것이 느끼는 것은 대체로 변화에 대한 욕망이다. 당신의 말은 개인적인 것이 아니라, 교류에서의 관계적 표현이다. 당신은 자각에 따라 움직이는 것이 아니라, 감정의 파도가 주는 느낌을 갈구하여 움직인다. 배고픔처럼 욕망과 호기심도 일시적으로 채워질 수는 있다. 당신의 주된 목표는 그로부터 무언가를 배우기 위해 경험을 수집하는 것이며, 경험을 반복함으로써 무언가를 통달하려는 것이 아니다. 당신에게는 통달이 지혜로 표현되고 충고로 흘러나올 것이다. 경험 그 자체보다는 당신의 추억이 더 달콤할 것이다. 새로운 경험을 맛보려 하며, 산 너머엔 누가 있을까? 뭐가 있을까? 이런 것들이 당신을 건강하게 깨어 있게 한다. 경험 그 자체를 위해서 맞게 시작하고, 객관적인 관찰자의 위치를 유지할 때, 당신의 명료한 경험은 인류의 변형에 이바지할 수 있다. 경험을 갈구하는 사람들은 자기 행동의 파급 효과를 크게 고려하지 않으며, 게이트 36이 없으면, 뛰어들 새로운 경험이 없을 때 지루함을 피하기 위하여 감정적으로 새로운 경험에 돌진하기 쉽다.

라인 6 – (궤도의) 수정
라인 5 – 이타주의
라인 4 – 굶주림
라인 3 – 공조
라인 2 – 막힌 창조성
라인 1 – 겸손

THE CHANNEL OF ABSTRACTION: 64 - 47

추상의 채널: 64-47

'명료함이 섞인 정신 활동' 디자인

-

회로: 감지
채널 타입: 프로젝터

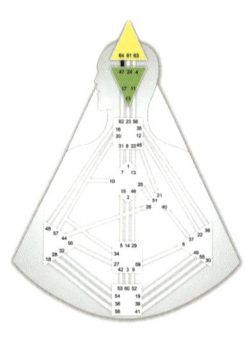

추상의 채널은 혼란의 게이트 64와 깨닫기의 게이트 47을 통해서 헤드 센터를 아즈나 센터로 연결한다. 채널 64-47이 정의된 사람들은 모든 경험, 심지어는 꿈에 나오는 이미지까지도 체로 치듯이 선별하려는 압박을 받는다. 그들은 과거에서 의미를 찾고 관점을 세우려고 한다. 그들은 그것이 이번 생이든 또 다른 생이든 그들과 다른 사람의 삶에 관해 공유할 수 있는 이야기를 찾는다.

- **배경** | 추상의 채널은 경험을 기초로 하는 정신적인 힘의 채널이다. 규칙과 상관없이 모든 종류의 가능성을 건드려보며, 그 끝에 신비한 무언가가 드러나 의미를 알 때까지 그리한다. 그것은 살아 있음의 결과로 일어나는 바쁜 마음이다. 헤드 센터(뇌)의 짙은 회색 물질과 아즈나 센터에 있는 신피질(아즈나)의 작용이 어우러져 벌어지는 이 과정은, 우리에게 자기반향 의식 self-reflected consciousness 이라는 진정한 잠재성을 선물한다. 그러나 이 채널을 가진 사람들은 자기 자신과 평화로울 수 있도록, 마음에는 내적 결정권이 없

다는 사실을 기억해야 한다. 또한 생각으로는 어떤 것에도 100% 확신할 수 없다.

● **개인적** | 당신은 경험을 기초로 하는 적극적인 마음의 소유자이다. 가능성에 대한 조사를 결코 멈추지 않으며, 당신의 머리를 잠시 쉬는 게 가능할까 궁금할 것이다. 이미지가 홍수같이 밀려들어오기 때문에 상당한 정신적인 혼란을 경험할 수 있다. 그럴 때에는 전갈에 물린 몽롱한 원숭이 같다고 느낄 수도 있다. 그런 혼란은 영감을 불러일으키는 새로운 여행을 시작하려 할 때 주로 일어나며, 그 결과 정말 의미 있는 것을 발견할 수도 있다. 발견의 과정을 인내할 수 있다면, 점과 점 사이의 공간이 어느 순간 연결되어 새로운 그림이 나타날 것이다. 새롭고도 독특한 전말sequence이 창조되거나 드러난다. 시간이 흐르면서 명료함이 드러나기를 기다린 인내의 대가는, 영감을 주는 이야기를 찾아내고 다른 사람들과 새로운 관점을 공유할 수 있다는 것이다. 그러나 그 능력은 당신 자신의 문제를 해결하기 위한 것이 아니며 자신의 삶을 이해하기 위한 것도 아니다.

● **대인관계** | 추상의 채널을 가진 사람들은 자기의 마음을 외부 세상과 공유할 수 있는 길을 찾아야 한다. 이는 삶의 의미를 찾아야 한다는 압박감을 줄이기 위해서이다. 심각하지 않게 지나가는 말투로 이야기하는 그들의 마음이, 역사가에게는 능력이겠으나, 결코 사실로 믿고 의존해서는 안 된다. 그들은 경험을 조각내어 가치 없다고 여겨지는 것조차도 모든 측면에서 반복적으로 살펴본다. 그 과정에서 영감이 떠오를 수도 있고 혼란을 경험할 수도 있다. 그러한 지적 충동은 우리가 가진 특별한 재능의 일부인 것이다. 어떤 길을 경유했든지 명료함에 도달하는 순간은 대단한 것이며, 그들은 '아!' 하고 외치는 놀라움의 순간을 컬렉티브 타입과 공유한다.

게이트 64
완료 전 – 혼란의 게이트

과도기에는 출생처럼 통과에 필요한 단호함이 요구된다

- 센터: 헤드
- 쿼터: 이원성
- 주제: 결합을 통한 목적 달성
- 정교: 의식
- 병교: 혼란
- 빗교: 지배

    혼란이란 정리가 되기 전의 상태이다. 이 혼란의 수용은, 게이트 64가 그들의 헤드에 계속적으로 유입되어 흐르고 있는 데이터의 의미를 알고자 하는 과정이다. 게이트 64는 이 데이터의 흐름을 위한 압박이며, 혼란을 해결하는 게이트가 아니다. 당신의 마음은 조각난 기억과 과거의 영상들로 가득 차 있으며, 무엇이 일어났는지 이해할 수 있을 때까지 그 자료들을 분석하고 걸러낸다. 당신은 그 혼란에 압도당하지 말고 즐길 필요가 있으며, 과거 경험의 조각들이 단지 흐르게 두어라. 언젠가 그 영화의 메시지가 명확해질 것이니 그때 그것을 다른 사람들과 공유하라. 그 데이터를 분석하기 위해 특별한 방법으로 머리가 터지게 고민할 수 있으나, 그때 오히려 혼란은 가중되어 불안감이 생기기 쉽다. 때가 되어 스스로 해결될 수 있도록, 그 혼란의 과정을 지켜보기 위해서는 대단한 내적 힘이 필요하며, 그런 과정 후에 마음의 평화가 온전히 자리 잡을 수 있다. 한 가지 주의할 점은, 명료함이 드러난 이후에는 어떤 방식으로든 그를 써먹고 싶어 한다는 것이다. 그러나 이 '아!'는 내보이기 위한 것이 아니라 공유하기 위한 것이다. 게이트 47이 없다면 너무 성급하게 혼란을 해결하려는 유혹을 느낄 것이다.

라인 6 – 승리
라인 5 – 약속, 좋은 징조
라인 4 – 확신
라인 3 – 과잉 확장
라인 2 – 자격 부여
라인 1 – 조건들

게이트 47

억압 – 깨닫기의 게이트

내약이나 외강 또는 둘 다로 인한 제한적이고 불리한 상태

- 센터: 아즈나
- 쿼터: 이원성
- 주제: 결합을 통한 목적 달성
- 정교: 통치력
- 병교: 억압
- 빗교: 알림

    게이트 64는 삶이라는 영화 장면들의 무질서한 집합을 기억하는 게이트이나, 게이트 47은 이러한 무수한 조각을 의미 있는 경험으로 짜 맞추는 편집자이다. 당신은 그 영상들을 시험적으로 분류하기 시작하지만, 그렇다고 전체의 그림을 즉시 알아채지는 못할 것이다. 또한 어떤 영상이 정신적인 깨달음의 열쇠인지 처음에는 분명하지 않을 수도 있다. 새로운 세부사항이 등장하고 당신은 이런저런 방식으로 그 사건을 바라보며, 인식에 혼란이 오고 다른 해석에 도달할 수도 있다. 처음에는 의미 있게 정신적 이미지를 조합하는 과정이, 쉽기는커녕 오히려 복잡하게 느껴질 수도 있다. 그때는 뒤로 한발 물러서서 당신을 신뢰하라. 그 끝에 '아!'하는 과정에 도달할 수 있을 것이다. 당신에게 나타나는 모든 결론에 따라서 행동하려 하지 말고, 당신의 적극적인 마음을 통해 여러 가능성이 나열되는 것을 즐겨보라. 드디어 무언가가 명료하게 드러날 것이다. 당신은 다른 사람들과 공유할 수 있는 준비가 된 것이며, 요청이 있거나 그것이 당신에게 적합하다면 깨달은 것을 가르칠 수 있다. 게이트 64가 없다면 당신은 스스로 조바심을 내어, 잠시나마 바쁜 마음을 쉬게 하는 그 계시의 순간을 기다려야 한다는 것을 잊어버릴 수도 있다.

- 라인 6 – 헛수고
- 라인 5 – 성자
- 라인 4 – 억제
- 라인 3 – 자기억압
- 라인 2 – 야망
- 라인 1 – 현황 파악

THE CHANNEL OF CURIOSITY: 11 - 56

호기심의 채널: 11-56

'탐구자' 디자인

●

회로: 감지
채널 타입: 프로젝터

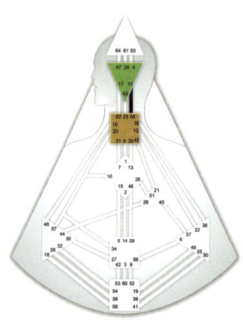

호기심의 채널은 아이디어의 게이트 11과 자극의 게이트 56을 통해서 아즈나 센터를 스로트 센터에 연결하고 있다. 탐구자는 탐색을 멈추지 않는다. 무엇을 발견하든지 어떤 방법으로 하든지 상관없다. 그들은 호기심 때문에 계속해서 자극을 추구하며 새로운 아이디어를 조사한다. 상황을 이해할 수 있는 새로운 방식을 구한다. 그들의 호기심은 특별히 새로 무언가를 발견하기 위한 것이라기보다, "내가 발견한 것을 봐. 사실은 그게 이런 것이라고 난 믿어"라고 자극하고픈 것이다.

● **배경** | 컬렉티브 회로의 사회적 의무는 공유하는 것이며, 호기심의 채널을 가진 사람들은 특별히 그런 능력을 가지고 태어났다. 이야기꾼과 동네 사학자와 같은 사람들이다. 그들은 진실 조사자이며 경험에 입각하여 가르친다. 그들의 이야기를 통해서 우리는 삶에 유익한 새로운 아이디어나, 신념 체계의 수용 여부를 확인할 기회를 갖게 된다. 논리 회로는 사실이나 데이터에 집중하지만, 변화를 추구하는 추상 회로는 단 하나

의 정보도 놓치지 않고 면밀히 그 조각들을 모아 그림을 만들어낸다. 그러한 정보는 이야기로 탈바꿈하고, 그것은 사람들의 상상력과 감정을 부추기면서 영향력을 행사한다. 게이트 56은 진리를 발견 자체보다는 추구하는 데 더 열정적이다. 이 게이트는 자극과 경험 그 자체를 더 즐기고, 새로운 경험을 창조하는 데에는 큰 관심이 없다.

- **개인적** | 당신은 삶의 경험이 무엇인가에 대한 철학적인 바탕 위에 아이디어와 이야기를 엮어가며, 당신의 창의성과 제안의 설명을 마법적으로 할 수 있다. 당신은 일련의 아이디어를 이야기로 만들어내는 귀한 재주를 가지고 있으며, 다른 사람을 가르치고 즐겁게 할 수 있다. 그런 이야기들이 다소 과장되기도 하고 때로는 반 토막만 진실일 수도 있지만, 당신은 이야기를 통해 다른 사람들을 끌어들이고 부추긴다. 마치 아이들이 집에 돌아와 학교에 관한 이야기를 하는 것과도 같다. 당신은 무언가를 쉽게 믿는 능력이 있으며, 그 믿음이 당신에게는 진실이 된다. 사실 그 자체에는 관심이 별로 없고, 어떻게 이야기를 재미있게 엮어 보여줄 것인가에 더 관심이 있다. 당신의 이야기는 다소 인생을 위한 우화 같다. 물론 그 이야기는 당신의 개인적인 경험이나 발견에서 비롯되는 것이지만, 당신한테만큼 다른 사람들에게도 결단을 내리는 가이드로서는 유용한 것이 아니다. 그 이야기들은 공유되고 수집되어, 현재와 미래 세대들로부터 반추되고 재해석될 수 있도록 저장돼야 한다. 그것은 인간에게만 있는 독특한 과정이다.

- **대인관계** | 우리는 세상의 유익한 정보를 얻기 위해서 더 이상 떠돌이 이야기꾼이나 광대들의 마당극에 의존하지 않지만, 자극적인 세상사의 실타래를 풀어내는 이야기꾼들을 늘 즐거워한다. 청중에게 그러한 이야기를 수용하게 하려면 적절한 시간을 선택하는 것이 중요하다. 노련한 이야기꾼이나 선생들이 그들의 전략이나 결정권을 따를 때 그들은 특별한 재능을 공유하며 즐길 수 있고, 그들의 이야기는 우리 모두에게 유익하고 재미있으며 자극이 될 것이다.

게이트 11
평화 - 아이디어의 게이트
새로운 행동의 시작 이전에 평가를 허용하는 개인이나 사회에 있어서 조화로운 조건

- 센터: 아즈나
- 쿼터: 변이
- 주제: 변형을 통한 목적 달성
- 정교: 에덴
- 병교: 아이디어
- 빗교: 교육

아이디어는 감지된 것을 표현하도록 디자인된 개념이다. 게이트 11에서 가능성은 아이디어로 개념화된다. 그 아이디어는 행동을 위한 처방이 아니다. 아이디어는 오락가락하기 때문이다. 추상화 과정의 이 시점에서 당신은 조용한 순간을 가지고, 경험의 과정에서 기억된 것을 평가하고 분류한다. 당신은 경험하는 과정에서 정말로 좋았던 것만 기억하고 나머지는 버리는 경향이 있다. 그런 식으로 아이디어는 시간이 흐르면서 이상이 되고 믿음이 됐다가 결국에는 신념 체계로 발전한다. 당신은 자신의 개념화 과정에 자극제로 다른 사람들의 아이디어를 첨가하기도 하고, 자신의 아이디어로 다른 사람들을 자극하는 것을 즐기기도 하지만 무분별하지는 않다. 아이디어가 스로트 센터에 도달하면 목소리로 표현되며, 행동으로 드러나는 것은 아니고 단지 숙고를 위한 것이다. 당신의 아이디어로 자신의 삶의 문제를 해결하려 한다면 좌절을 맛보거나 위기, 혼란에 부딪칠 수도 있다. 그러나 과거의 자극적 내용과 그 순간을 음미하는 것 자체로 큰 기쁨을 느낄 것이다. 게이트 56이 없다면 당신은 이야기를 해야 한다는 압박에 시달릴 수도 있으며, 적절한 때를 기다리지 못하고 충동적으로 그렇게 할 수도 있다.

- 라인 6 - 적응력
- 라인 5 - 박애주의자
- 라인 4 - 선생
- 라인 3 - 현실주의자
- 라인 2 - 엄격함
- 라인 1 - 조율

게이트 56

방랑자 – 자극의 게이트

움직임을 통한 안정성 확보, 단기간 행동들의 연결을 통한 연속성의 영원함

- 센터: 스로트
- 쿼터: 문명
- 주제: 형태를 통한 목적 달성
- 정교: 법
- 병교: 자극
- 빗교: 집중을 방해함

게이트 56은 아이디어가 모이는 곳이며, 시각에 의한 기억이 수집되는 곳이고, 말로 재구성되는 곳이다. 이것은 비전문 사학자의 게이트이며, 이야기꾼이나 철학자의 목소리 "나는 믿는다"가 나오는 곳이다. 아이디어는 해결책이나 행동을 위한 전초가 아니고, 우리의 이상이나 신념 체계를 자극하기 위해 디자인된 시간의 여행 과정이다. 당신의 마음이 인간의 경험을 언어로 표현한다. 일단 아이디어가 말로 표현되면 그 과정은 끝난다. 당신의 느낌은 조사할 새로운 아이디어나 경험에 영향을 미치며, 그것들에 대한 당신의 이야기나 수집 내용은 주관적이며 선택적이다. 당신이 삶에 대해 가르치고자 하는 것에는 약간의 사실이 포함되겠지만, 독특한 교훈은 감정적 색채가 묻어 있는, 경험에 대한 당신의 해석으로부터 나온다. 인류의 진보라는 융단에 한 줄기 씨실을 보태는 게이트 11이 당신에게 없다면, 이야기하기 위한 자료나 새로운 아이디어를 자주 찾을 것이다.

- 라인 6 – 조심
- 라인 5 – 주목 끌기
- 라인 4 – 편의, 편법
- 라인 3 – 소외
- 라인 2 – 연결 고리
- 라인 1 – 자질

트라이벌 회로 그룹

방어 회로와 에고 회로
슈퍼 키노트: 지원

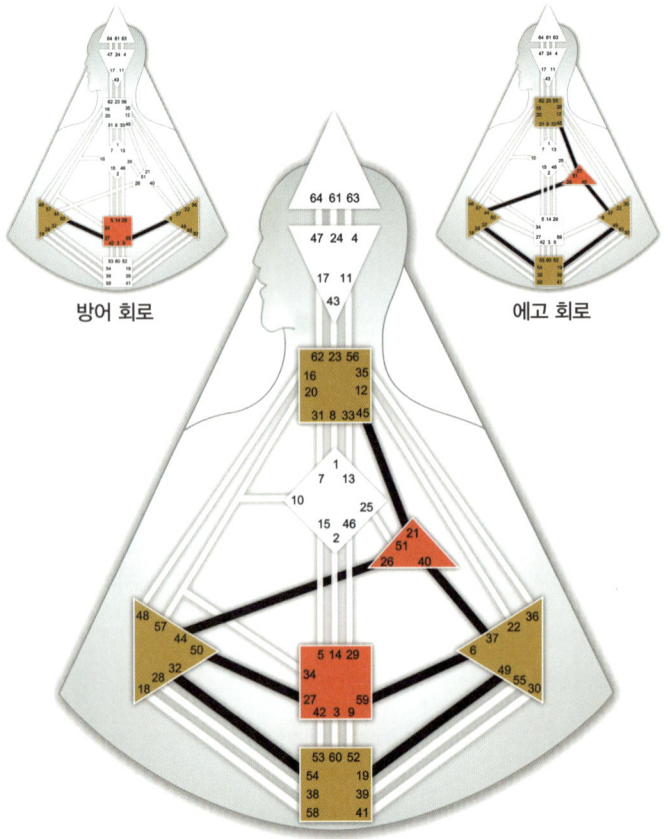

부족·종족tribe의 영역에 들어가면, 근본적인 지원support의 형태로서 상호 의존성과 서로 혜택을 주고받는 것을 접하게 된다. 상호 의존성이란 상부상조에 입각한 교류를 말하며, 초기 사회를 유지시킨 존립 근거였다. 트라이브의 영역에서는 사람들이 함께 살아가는 방법을 고안함으로써 하루하루 사는 문제를 다룬다. 우리 자신을 보호하기 위한 능력을 극대화시키고 생산성을 증가시킨다. 트라이브의 공통적 느낌과 조상(족보)을 통해서 우리의 삶은 서로 연결되며, 피를 나눈 트라이브의 거래에 대한 충성이 생긴다. 트라이브의 삶은 공동 생활이므로 모두가 모두의 일을 알고 간섭한다. 그 때문에 트라이브는 '끈끈하다' 혹은 소유욕이 강하다는 명성을 얻게 된다. 트라이브에게 있어서 지원이란 소유에 관한 것이다. 트라이브는 사람들의 의식주와 같은 기본적인 필요와 모든 것을 함께할 수 있는 구조에 민감하다. 그런 것들이 제공될 때 왕국에는 평화가 있다. 그런 것들이 부족할 때, 필요보다 더 가진 사람과 충분히 갖지 못한 사람 간에 평형을 잡기 위한 과정으로 반란이 일어난다. 혁명은 트라이벌 정의$_{justice}$의 한 모습이다.

바디그래프에 나타난 회로를 조사해보자. 핵심적인 통합 채널은 완벽히 분리되어 있으며 자급자족의 전형이다. 인디비주얼 회로 그룹은 인류의 독특함을 자극해 개성화와 변이적인 길을 마련해주고, 컬렉티브 회로 그룹의 방향성은 집단적으로 공유하는 것이며, 사회적으로 교류하고 상호 존중에 관한 것이다. 트라이브의 강한 공동체 구조는 명령의 계급 구조에 대한 충성에 기초하고 있다.

스플린의 본능적인 생존 자각 능력은 감각을 통해 메시지를 전달하며, 특히 후각, 촉각, 미각을 사용한다. 이러한 자각 기능을 집중하여 부족의 비범한 능력과 성적 친밀감을 지원한다. 또한 개인적 충성심과 공동의 기대감, 지원을 표현하는 방법을 가르쳐준다. 예를 들면, 한 가문에 정통성의 형태로 물려 내려오는 유명한 요리법, 거래를 마감하는 악수나 키스, 가장 친한 친구와 결혼을 통해 친척 되기 등이다.

트라이브의 가장 큰 특징은 지원을 보장하는 '거래'이다. "네가 내 등을 긁어주면, 나도 네 등을 긁어 줄게. 네가 나가서 가족을 위해 돈을 벌어오면, 나는 집안을 청소하고 아이를 돌볼게." 트라이벌 회로의 모든 채널에 스며있는 거래 내용은, 통치의 위계질서와 가치라는 보다 큰 구조에 대한 충성을 전제로 한다. "네가 나에게 존경을 표하고 세금을 낸다면, 침입자들로부터 너를 보호해 줄게" 트라이브의 거래가 종족의 생존을 보장한다. 역사를 통틀어서 트라이브는 인간을 가족단위나 국가단위로 묶어내는 기반 역할을 했다. 트라이브는 아이를 키우는 방법, 직업을 선택하는 방법을 결정했고, 법을 만들고 방범 체계를 세우며 신을 숭배하는 방식을 결정했다. 트라이브가 없었다면 우리는 사회에서 자신을 돌볼 수 없었을 것이다. 지원이라는 그물망 안에서 우리가 거처할 수 있는 장소를 제공했으며, 우리가 제자리에서 맡은 바를 다한다면 안전할 수 있었다.

방어 회로

키노트: 지원

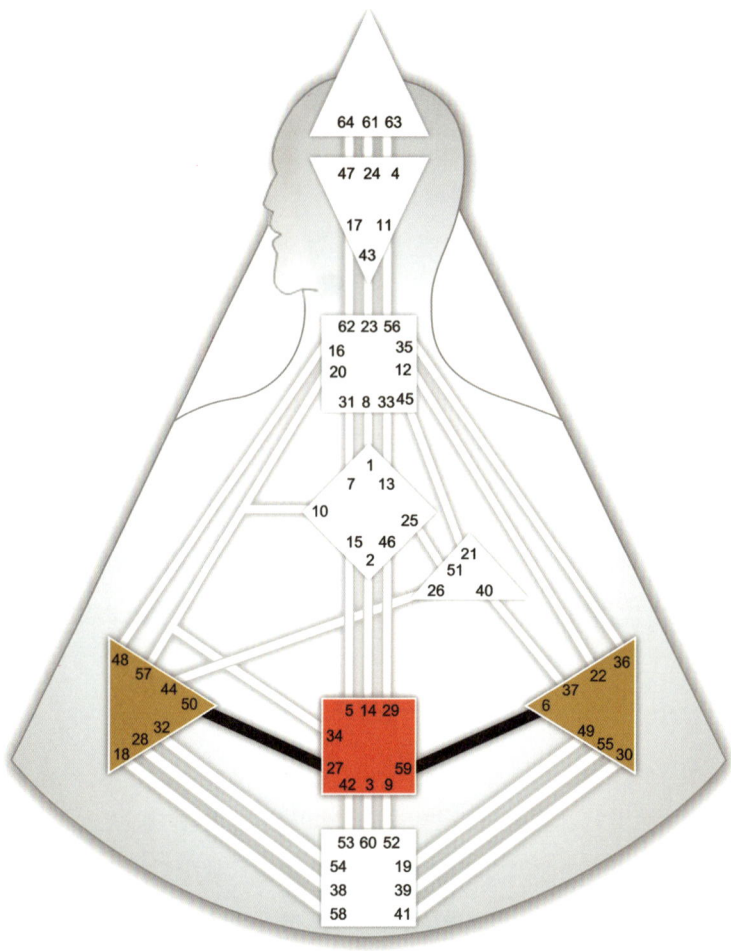

방어 회로 채널들

| 59-6 | 짝짓기 | 27-50 | 보존 |
| 재생산에 초점을 둔 | | 보호자의 임무 |

트라이벌 회로 그룹에는 2개의 회로가 있다. 주회로인 에고Ego 회로와 부회로인 방어Defence 회로이다. 에고 회로가 집중하는 것은 2가지이다. 첫째는 물질세계가 요구하는 것에 관한 것이다. 예를 들면 가족과 같은 지원 체계와 재화의 창조와 분배 같은 것이다. 둘째는 물질세계에서 살아남기 위해 필요한 것과, 신에 대한 필요(영성) 사이의 균형을 잡는 것이다. 에고 회로는 이 2가지가 계속되는 지원의 힘을 만들어 사람들을 트라이브에 남도록 만든다. 방어 회로는 생산, 돌보기, 양육을 담당하고, 인간 생명(트라이브)의 보존과 트라이벌 관계의 가치와 법을 다룬다.

트라이벌 회로는 트라이브를 위한 방어벽을 치고 다른 회로를 모두 외부인으로 취급한다. 반면에 방어 회로는 가장 눈에 거슬리는 외부인조차도 끌어들여 그들에게 깊숙이 다가가서 친밀감, 양육, 나눔에 대한 희망을 제시하며 공동 생활의 유대감 속에 살게 한다.

방어 회로는 친밀함의 채널(재생산)과 보존의 채널(우리가 생산한 것을 돌보기)로 구성되어 있다. 바디그래프에서 방어 회로의 형태를 보면, 시각적으로 요람과 비슷하여 생산과 양육에 걸맞은 모습이며, 생명의 창조와 보존을 통해서 인류의 미래를 보장하고 있다. 방어 회로의 유전자적인 프로그램은 이기적 유전자 이론의 기원이기도 하며, 종족의 영속성을 촉진하는 것이다. 그러나 그것은 종종 개인적인 삶을 대가로 해서 이루어진다. 친밀함의 채널 59-6은 유전자의 가장 강한 명령으로서, 인간으로 하여금 더 많이 번식하게끔 한다. 그 긴박한 명령에 힘을 실어주는 감정의 파도는 아직 깨어나지 않았으며, 철없는 불장난으로 혼란을 야기하기도 하는 것이다.

아이들은 지구상에 생명을 영속시키려는 불안정한 감정 기제의 부산물이다. 보존 채널 27-50은 스플린의 자각으로 트라이브의 생존을 담보하고 있는 곳이다. 그것은 친밀함의 채널을 통해 창조되고 생산된 것을 양육하고 보존해야 한다는 책임을 냉철하게 상기시킨다. 이러한 과정을 통해 아이가 성인이 되어 다시 아이를 낳으므로 유전자의 지속이 가능해지고 유기적 몸의 형상이 계속 이어진다. 이것이 진화하는 인류의 의식에 있어 트라이브가 핵심적으로 기여하는 바이며, 유전적 명령을 이행하며 창조한 것을 양육하는 데 트라이브만 한 곳이 없다.

방어 회로의 채널과 게이트는 다음 페이지에 있다.

THE CHANNEL OF MATING: 59 - 6

짝짓기의 채널: 59-6

'재생산에 초점을 둔' 디자인

-

회로: 방어(창조 채널)
채널 타입: 제너레이터

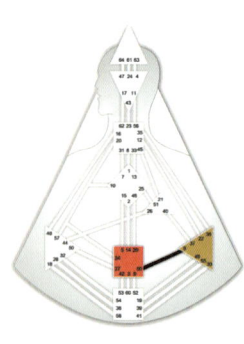

짝짓기의 채널은 성적 능력의 게이트 59와 마찰의 게이트 6을 통해서 세이크럴 센터를 솔라 플렉서스 센터에 연결한다. 이 것은 인류의 창조적 진수의 핵심이다. 세이크럴에서 나오는 에너지와 '친밀감'이라 불리는 감정적 에너지가 결합되어 퀀텀이 발생한다. 게이트 59의 성적 취향이 게이트 6의 쾌락, 고통에 기반을 둔 감정의 파도와 만나, 깊고 개인적인 관계를 맺어 생식력의 가능성이 생긴다.

- **배경** | 솔라 플렉서스 센터가 정의되면 항상 거기에 그 사람의 결정권이 있다. 감정의 파도는 시간이 흐르면서 드러나는 명료함을 기다려야 한다. 짝짓기의 채널이 낫셀프의 즉흥성에 흔들려 세이크럴의 반응을 무시한다면, 혼란이 발생하고 매우 복잡한 사회적 관계도 야기하게 된다. 원치 않는 아이를 출산하거나 모험적으로 사업에 뛰어들어 실패하는 결과를 낳게 되는 것이다. 이 트라이벌 채널에서 진정한 친밀함의 가능성은 오랜 시간 공들이고 인내해야 실현된다. 그런 이유 때문에 사업 파트너나 연인이

되기 전에 친구로서의 우정을 쌓아가는 것이 가장 건강하다. 그다음에 보다 깊은 친밀한 관계로 들어가는 것이 좋다.

- **개인적** | 당신의 몸에는 합치려는 충동이 있는데, 세이크럴 반응의 안내를 받을 때 여러 가지 측면에서 건강하고 만족스럽다. 당신은 친밀함을 수용하는 능력이 있기 때문에 다른 사람들의 오라 장으로 쉽고 빠르게 파고들어, 어떠한 창조적 작업에서도 편한 상황을 만들어 풍요로움으로 이끈다. 당신이 어떤 종류의 관계를 만들든지 그것은 타고난 특성이며 진정한 자산이다. 그로 인해 당신은 오해받을 수도 있는데, 당신의 강렬함이 잘못 해석되어 의도하지 않았지만 추파를 던진다거나 성적 유혹을 한다고 생각될 수도 있다. '감정 파동'의 게이트 6이 친밀한 감정을 노출시킬 실제적인 시기를 결정하며, 상대에게 가까이 가기도 하고 밀어내기도 한다. 감정의 주기를 기다리면 둘의 관계에서 무언가가 있는지 없는지 알 수 있다. 당시엔 아무것도 없더라도 그 감정 파동이 나중에 둘을 다시 만나게 해줄 수도 있다.

- **대인관계** | 짝짓기의 채널은 강력한 감정의 파도를 경험하도록 디자인되어 있지만, 실제로는 감정적으로 안정적인 것처럼 보인다. 다른 사람들의 터치나 근접으로부터 그들의 감정 파동은 활성화되어 반응을 시작한다. 적절한 시점에 포옹을 하고, 어깨에 손을 얹음으로써 말로는 해결될 수 없는 그들의 억눌린 감정을 해소시킬 수 있다. 그러한 친밀감은 상대의 이해하는 포옹에 몸을 맡기거나, 눈물과 한숨을 통해서도 표현될 수 있다. 그렇게 함으로써 보다 강한 (성적) 감정의 분출 사이에 건강한 균형을 유지할 수 있다. 채널 59-6에서 두 사람이 게이트를 하나씩 가지고 서로 파트너가 되면 최상의 전자기적인 경험을 할 수 있다.

게이트 59
확산 – 성적 능력의 게이트
결합을 위하여 장벽을 허무는 능력

- 센터: 세이크럴
- 쿼터: 이원성
- 주제: 결합을 통한 목적 달성
- 정교: 잠자는 스핑크스
- 병교: 전략
- 빗교: 영혼

게이트 59는 성적인 결합을 통해서 새 생명을 창조하기 위해 유전적 전략을 세운다. 그들은 오라를 뚫는 사람들이며, 친밀해지기 위해서 장벽을 깨는 방법을 정의하고, 그를 통해 자손을 번창시키거나 창조적인 사업에 착수할 수 있다. 아래 6개의 라인을 보면 어떻게 사람들이 유대를 형성하는지 알 수 있다. 그것은 유전적인 전략이며, 각각의 역할은 오로지 가장 튼튼한 자손을 만들기 위해 최상의 상대를 선택하는 데 집중한다. 당신이 4라인을 가지고 있다면 우선은 친구가 되기를 원한다. 마지막 라인은 하룻밤의 인연도 가능하다. 그러나 당신도 그것을 선택할 수 있을지 모르겠다. 당신이 할 수 있는 진정한 선택은 당신의 결정권을 사용하여 친밀한 관계를 맺는 것이다. 트라이벌 회로에서의 친밀함은 아주 따뜻하고 깊게 느껴진다. 말을 넘어서 만지고, 맛보고, 냄새 맡는 것과 같은 행동을 통해 민감하고 강렬하게 이루어진다. 당신은 자신의 결정권에 주의를 기울이고 게이트 59의 유전적인 전략을 이해해야 하며, 또한 게이트 6의 감정 곡선의 주기도 잘 알아야 한다. 그렇지 않으면 친밀함으로 인해 비생산적인 결합이 생기고, 혼란과 갈등을 경험할 수 있다. 그럴 땐 관계의 때를 안내해줄 수 있는 게이트 6을 가진 사람을 자연히 찾게 될 것이다.

라인 6 – 하룻밤 정사
라인 5 – 팜므파탈/카사노바
라인 4 – 형제애/자매애
라인 3 – 개방성
라인 2 – 수줍음
라인 1 – 선제 공격

게이트 6

갈등 – 마찰의 게이트

진보의 기본법, 마찰 없는 성장은 없다

- 센터: 솔라 플렉서스
- 쿼터: 이원성
- 주제: 결합을 통한 목적 달성
- 정교: 에덴
- 병교: 충돌
- 빗교: 세상

솔라 플렉서스 센터에 있는 게이트 6에서는 3가지 형태의 감정적 자각이 일어난다. 느낌, 기분, 그리고 민감성이다. 그것들은 마찰이 일어나도록 디자인된 감정 파동 위에서 강력한 엔진이 더해진 조합이다. 그 마찰을 통해서 성장과 다산에 필수적인 열이 만들어지고, 그것은 게이트 59를 향하게 된다. 당신이 다른 사람들의 오라 장으로 들어갈 때 형성되는 마찰은 기계적이다. 마찰이 해결되고 공감이 형성되면 가슴이 열리고 친밀감으로 나아갈 수 있다. 가슴이 열릴 때까지 기다려야만 하는데, 준비된 마음 혹은 번식 능력은 이 감정 파동의 지배를 받기 때문이다. 게이트 6은 친밀함으로 문을 열거나 닫는 횡격막 같은 역할을 한다. 그것은 당신의 pH(수소이온농도)를 나타내고, 육체의 안과 밖 사이의 경계를 만들고 유지시킨다. 그것이 누구와 언제 또 어떻게 친밀해질 것인가를 결정해준다. 친밀함이라는 감정으로 빠져들어갈 때마다 전략과 결정권의 안내를 받아라. 솔라 플렉서스에 있는 각각의 게이트는 두려움을 가지고 있다. 게이트 6과 연결된 두려움은 친밀함에 대한 것이다. 그것이 게이트 6이 게이트 59를 찾는 이유인데, 게이트 59는 친밀함에 대한 장벽을 무너뜨리는 능력이 있기 때문이다.

- 라인 6 – 평화 유지자
- 라인 5 – 중재
- 라인 4 – 승리
- 라인 3 – 충성 (서약)
- 라인 2 – 게릴라
- 라인 1 – 물러남/은둔

THE CHANNEL OF PRESERVATION: 27 - 50

보존의 채널: 27-50

'보호자의 임무'의 디자인

●

회로: 방어
채널 타입: 제너레이터

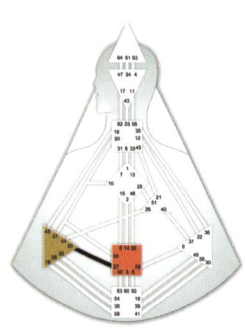

보존의 채널은 돌봄의 게이트 27과 가치의 게이트 50을 통해서 세이크럴 센터를 스플린 센터에 연결한다. 모든 트라이벌 활동은 다른 사람을 배려하는 게이트 27의 양육과 돌보기를 통해서 질적으로 고양된다. 트라이브의 전통적인 가치와 법은 질서를 유지하고 생명을 수호, 안내하며 풍요롭게 하는 데 필요하며, 그것은 게이트 50의 역할이다. 채널 27-50은 많은 층의 후견인 역할을 만들어, 트라이브와 트라이브의 창조적 사업을 돌보고 보호하며 보존한다.

● **배경** | 채널 59-6의 세이크럴 에너지는 솔라 플렉서스의 따뜻하고 감정적인 친밀함의 지배를 받으며 창조와 출산에 집중한다. 자손이 태어나면 세이크럴은 즉시 그 자손의 연약함에 반응하고, 스플린에서 즉각적이고 강력한 생존 본능이 발휘되어 우리가 창조한 것을 돌보아야 한다는 냉철한 자각이 생긴다. 바디그래프상의 따뜻한 경험적인 측면이 존재론적인 인식과 균형을 이루어, 자기 스스로 돌볼 수 없는 생명을 보호하고

그에 대한 책임을 수용할 필요를 자각하는 것이다. 트라이브와 그 기반이 지속되려면 이런 지원이 필수적이다.

- **개인적** | 당신의 오라는 자동적으로 다른 사람들의 신뢰를 끌어낼 수 있으며, 사람들은 지원과 양육에 대해서 자연스럽게 당신에게 기댄다. 이 채널을 통한 지원은 여러 형태로 나타난다. 트라이브의 가치와 법을 유지하고 방어하는 것, 트라이브의 양심, 아이 양육에 주의를 기울이기, 노약자를 돌보기 등이다. 당신은 많은 책임을 질 수 있으나 때로는 너무 많은 책임을 지기도 한다. 당신은 타고난 양육자이지만, 당신이 적절한 책임을 지고 있는지 아닌지는 당신의 전략과 결정권을 통해서만 알 수 있다. 이타주의와 그 열정에 대하여 고대로부터 내려오는 지혜를 통해서, 양육은 자기 스스로를 잘 돌보는 것으로부터 시작한다는 것을 당신은 선천적으로 이해한다. 강하고 건강한 자만이 다른 사람들의 생존을 위해 양육하고 안내할 수 있으며, 또한 그들의 건강과 성공을 증진시킬 수 있다. 그것은 '깨달은 이기주의'라 불리며, 그것이 자기탐닉이라고 생각될 수도 있지만 사실은 아주 다르다. 만일 누군가가 당신의 돌봄을 원한다면 그들이 먼저 요구해야 한다. 당신의 에너지가 이용 가능한지 아닌지는 당신의 반응을 통해서만 알 수 있으며, 에너지를 주는 것이 옳은지 아닌지도 마찬가지이다.

- **대인관계** | 채널 27-50은 2개의 강한 방어 기제를 가지고 있다. 게이트 50은 본능적으로 트라이브의 영속성에 대해 면밀한 주의를 기울이며, 컬렉티브의 근본적인 가치와 법을 만들고 보호하며, 또한 그것들을 바꾸기 위해 도전하기도 한다. 그것이 계급 사회 안에 살고 있는 모든 이의 복지를 보호하고 유지하는 데 중요하기 때문이다. 게이트 27을 통해서 우리 아이들은 자라고 교육받으며, 조건화에 대한 치유와 공동체 지원의 가치에 대해서 배운다. 그리하여 그들은 오래 살아남아 다음 세대를 낳고 양육할 수 있는 것이다. 양육은 아이를 지원하는 데서 끝나지 않고 노인들도 필요하다. 노인들의 지혜가 모아지고 기록되어야 한다. 세상에 있는 모든 것이 양육과 돌봄을 필요로 하며, 지역사회의 기반 시설도 그러하다.

게이트 27
양육 – 돌봄의 게이트
돌봄을 통해 모든 행위의 질과 내용이 향상됨

- 센터: 세이크럴
- 쿼터: 개시/입문
- 주제: 마음을 통한 목적 달성
- 정교: 우연
- 병교: 돌보기
- 빗교: 정렬

게이트 27의 에너지는 노약자와 어린이를 돌보는 힘을 통해 삶의 질을 유지하고 향상시키는 데 집중한다. 이 게이트에 있는 이타주의는 엄청난 잠재성이 있으며, 테레사 수녀가 그 예가 될 것이다. 당신의 역할은 연민의 힘을 통해 자양분을 주고 양육하는 것이다. 반대로 당신도 자양분을 받고 다독여져야 한다. 다른 사람들을 돌볼 수 있는 에너지원을 얻기 위해서는 당신부터 먼저 다듬어져야 하고, 그다음에는 당신의 결정권을 따라 언제, 어디에 에너지를 쓸 것인지가 결정되어야 한다. 자양분을 주고 양육할 때에는 반드시 그에 대한 자각이 따라야 하며, 아니면 중요한 에너지원의 낭비가 된다. 이 게이트의 각 라인은 필요의 수준에 따라 트라이브를 돌보는 방법을 보여준다. 게이트 50이 없다면, 다른 사람들을 돌보려는 충동을 건강하게 조절하기 위한 경계선을 칠 수 있는 본능과 가치 체계가 부족할 수 있으며, 결과적으로 자신이나 자신의 안락함을 희생하는 것으로 끝날 수도 있다.

- 라인 6 – 신중
- 라인 5 – 집행자
- 라인 4 – 관대함
- 라인 3 – 탐욕
- 라인 2 – 자기충족
- 라인 1 – 이기적임

게이트 50

가마솥 – 가치의 게이트

현재와 미래에 봉사하며 풍요를 만드는, 역사적으로 지속되는 전통적 가치

- 센터: 스플린
- 쿼터: 이원성
- 주제: 결합을 통한 목적 달성
- 정교: 법
- 병교: 가치
- 빗교: 바램

성적인 친밀함의 결과 태어난 아이는 잘 양육되어 성인이 될 수 있어야 한다. 게이트 50의 신비한 이름은 후견인이다. 트라이브의 입법자로서 이 게이트는 무엇이 옳고 그른지를 정하고, 그 판단에 따라 아이 돌보기의 규칙이 도덕의 근간으로 자리 잡는다. 트라이브 방어 회로의 핵심에는 스플린 센터에서 비롯되는 멸종의 두려움이 있어서 그 덕분에 아이를 보호하고 이끌 수 있다. 당신은 트라이브 법의 진실성과 가치, 공동체의 복지를 지탱하는 구조를 수호하기 위해 태어났다. 아래의 각 라인을 볼 때 당신의 임무는 어떤 가치나 법, 규칙이 트라이브 스스로를 서게 할 수 있을지 인식하는 것이다. 당신은 본능적인 자각을 통해서 누가 부패하고 부당하며 불필요한지, 또한 누가 자기 잇속만 차리고 있는지를 쉽게 알 수 있다. 도전할 것이 있으면 도전하고 바꾸면서, 트라이브 안에서 일어나는 삶의 모든 측면을 돌보고 키운다. 게이트 27이 없다면 당신에게 맞지 않음에도 불구하고 육체적으로 누군가를 돌보려 할 수도 있다. 당신이 처리할 수 없는 것을 책임지는 두려움을 그런 식으로 맛보게 되는 것이다.

- 라인 6 – 지도자/리더십
- 라인 5 – 일관성
- 라인 4 – 타락
- 라인 3 – 적응력
- 라인 2 – 결단력
- 라인 1 – 이민자

THE EGO CIRCUIT

에고 회로

키노트: 지원

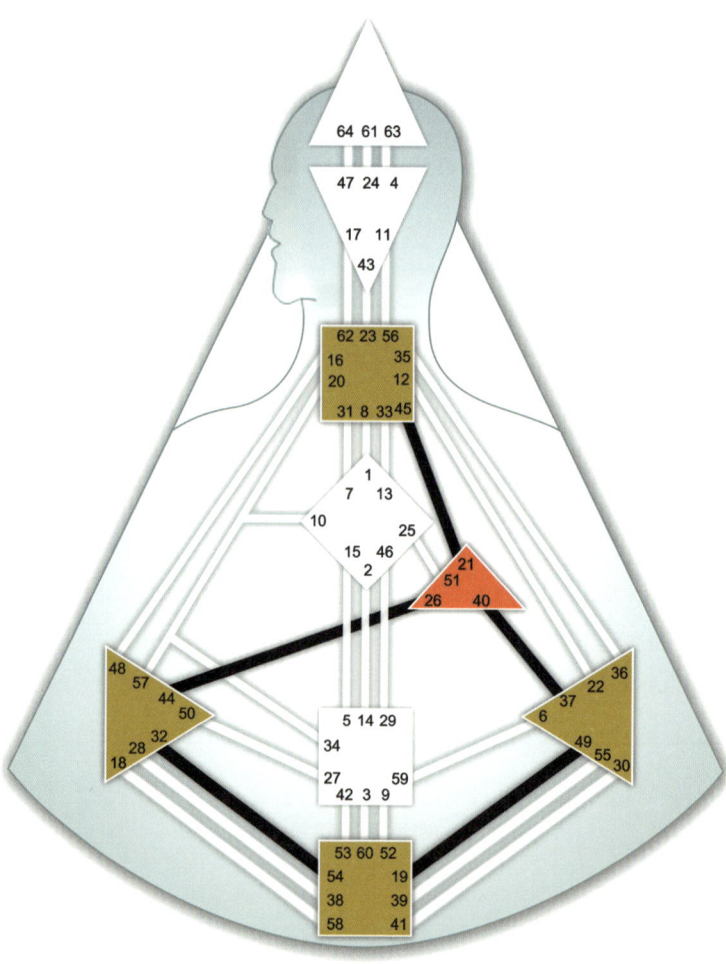

에고 회로의 채널들

54-32 변형 열성적임	19-49 통합 민감해짐	21-45 돈 다루기 물질주의자
44-26 항복 전달자	37-40 공동체 전체를 추구하는 부분	

에고 회로는 방어 회로를 보호하듯이 에워싸고 있다. 에고 회로는 공동체의 힘과 물적 지원을 통해서 방어 회로가 담당한 출산과 양육의 과정을 유지하게 한다. 이를 통해 우리의 진화에 기여하는 트라이벌 회로의 성격과 범위를 더 잘 알 수 있다.

에고 회로에는 생명력의 산실인 세이크럴 센터가 정의되어 있지 않고, 아즈나 센터와 같은 정신적인 자각 능력과도 연결되어 있지 않다. 에고 회로의 중심은 심장 즉 하트/에고 센터이다. 이 회로의 5개 채널 가운데 중심적인 힘은 에고의 의지, 즉 세상으로 나아가는 힘이며, 세상에서 자신을 꾸려가고 이에 상응하는 휴식을 얻는 것이다. 에고 회로를 통해서 우리는 철학적으로 나뉜 2개의 관점을 추적할 수 있다. 그것은 루트 센터에서 시작하여 트라이브의 심장인 하트/에고 센터에서 만난다. 각각의 관점은 트라이브가 지원하는 2개의 힘 중 하나를 정의한다. 그 하나에서 우리는 공동체 삶의 영적 차원을 경험한다. 공동체 삶은 핵심적인 단위로서 여러 세대(할아버지, 아버지, 자녀)로 이루어진 가족을 의미한다. 전통적으로는 계급적인 혈연관계로 볼 수 있다. 다른 하나는 기업가의 성공을 보장하는 데 필요한 야망과 물질주의이다. 이 회로에서는 물질적 일상의 유지와 함께 내밀한 신비도 배양된다. 에고 회로는 또한 자본주의의 실용성과 사회주의, 지방 자치주의의 이상이 함께 공존하는 곳이다.

에고 회로에서는 이 2가지 관점으로부터 중요한 진실—영성이 일상 안에 숨겨져 있다—이 발견되기를 기다리고 있다. 일상적인 삶의 매 순간 진실한 자기 자신으로 살아간다는 것은 아름다운 과정이며, 이를 통해서 우리가 전체의 영성과 항상 연결되어 있음을 조용히 드러내는 것이다.

에고 회로의 채널과 게이트는 다음 장에 있다.

THE CHANNEL OF TRANSFORMATION: S4 - 32

변형의 채널: 54-32

'열성적임'의 디자인

●

회로: 에고
채널 타입: 프로젝터

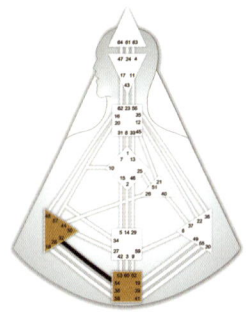

변형의 채널은 야망의 게이트 54와 연속성의 게이트 32를 통해서 루트 센터를 스플린 센터에 연결하고 있다. 채널 54-32는 야망의 채널이며, 삶에서 더 나은 지위를 얻기 위해 인정받고자 하는 열망이 동기가 되어 지속적으로 노력한다. 실패에 대한 두려움으로 왜곡되기도 하지만, 변형될 수 있는 것과 없는 것에 대한 자각 능력이 있으며, 그것은 자신의 신분 상승을 도모할 수 있는 사회적 관계를 형성하는 추진력으로 작용한다.

● **배경** | 변형의 채널은 힘찬 잠재성이 있어, 이를 이용해 재능이나 능력 있는 사람은 혼자의 힘으로 자신을 끌어올려 자기가 태어난 사회적 계층에서 빠져나올 수 있다. 게이트 32는 항상 재능을 찾고 있다. 그것은 자신의 트라이브가 최상이 아닐지도 모르며, 또한 경제적 위기 때의 생존 능력을 의심하여 그것을 바꾸려고 노력한다. 트라이브의 연약함이 인식되면 채널 54-32의 변형시키려는 야망이 형성되는 것이다. 또한 영혼으로 연결되는 신비의 끈이 있으니, 게이트 54의 4라인인 득도/실도가 영혼과 연결된 끈

이며, 그것은 가장 순수한 수준의 변형 에너지원이다.

- **개인적** | 이 채널은 뿌리 깊게 내재된 봉사와 자기희생으로 트라이브에게 헌신한다. 여기서의 변형이란 트라이벌적인 맥락에서 아주 잘 나타난다. 당신의 재능이 인정되고 노력이 격려되면서 트라이브의 지지가 시작된다. 당신은 그들의 야망이 성취되고 깨우침을 얻도록 도와주었고, 그 대가가 당신에게 돌아오는 것이다. 트라이브에 대한 충성과 헌신에 대한 대가는 당신이 다음 계층으로 승진함을 통해 나타난다. 당신은 자신의 가치를 입증하기 위해서라면 어느 누구보다도 열심히 일하며, 심지어 일중독이 될 수도 있다. 당신의 진정한 목표는, 모두에게 이로운 건강한 상호 의존성의 과정을 향한 노력을 인정받는 것이다. 당신은 본능적으로 어떤 직업을 선택하고, 그것을 통해 잠재성을 충족시키고 야망을 성취하며 돈을 벌 수도 있을 것이다. 또한 당신은 다른 사람들이 스스로의 가능성을 실현할 수 있도록 돕는 능력이 있다.

- **대인관계** | 스플린의 자각을 통해서 물질세계의 변형을 일으키려는 야망이 형성된다. 이 채널을 가진 사람은, 부의 증대와 개인적인 접근을 통한 성공을 위해 필요한 뒷받침의 여부와 시기를 본능적으로 안다. 계속적으로 돈을 벌어야 한다는 압박은 세계경제를 끊임없이 변형시킨다. 세월이 흘러도 견뎌내는 변형만이 가치가 있으며, 그러한 지속성이 형성되려면 트라이브의 지지가 필요하다. 요즘 같은 세계화 시대에도 한 나라의 재정과 야망의 목표 달성에는 우방의 도움이 필수적이다. 변형은 홀로 달성하지 못하며, 세상의 사다리를 오르는 데는 항상 윗사람들의 기대에 동반, 의존하게 되는 것이다. 채널 54-32를 가진 사람이 트라이브의 인정과 지원을 받게 되면, 트라이브는 지원해준 대가의 보상을 기대한다. 이런 식으로 트라이브의 시스템은 지속된다.

게이트 54

결혼하는 처녀 – 야망의 게이트

일상적 맥락의 사회적 교류, 또한 개인의 신비하고 우주적인 인연들

- 센터: 루트
- 쿼터: 변이
- 주제: 변형을 통한 목적 달성
- 정교: 침투
- 병교: 야망
- 빗교: 순환

게이트 54는 트라이브의 물질에 관한 진로의 변형과, 다른 트라이브와의 관계에서 우뚝 서고자 하는 야망과 에너지원을 제공한다. 그것은 또한 가장 사소한 일상적인 야망, 그 속에 깊숙이 숨겨져 있을지도 모르는 최고의 영sprit에 대한 열망의 에너지도 제공한다. 일상에 깊게 뿌리내릴 수 있도록 우리의 본능을 잘 다스릴 수 있을 때에만 영적인 변형도 가능하다. 당신은 일상을 통해서 영적인 이상을 펼치며, 야망은 개인적인 잠재성의 발현이다. 만일 당신이 계급 사회에서 지위가 더 높은 누군가에게 주목을 받는다면, 더 나은 지위로 갈 수 있는 좋은 기회이다. 당신이 가지고 있는 신분 상승 욕구가 다른 이에게도 변형의 추진력이 될 수 있다. 우리 모두 평등하게 서로 경쟁할 수 있는 장을 마련해주게 되는 것이다. 그러나 당신의 추진력은 방향성을 필요로 하고, 야망이 영구한 가치가 있는 어떤 것과 연결되기 위해 게이트 32를 가진 사람을 자연스럽게 찾는다. 32의 방향이 적절하지 않다면 당신의 야망은 방향을 잃을 수도 있다.

- 라인 6 – 선택성
- 라인 5 – 관대함
- 라인 4 – 득도/실도
- 라인 3 – 은밀한 교류
- 라인 2 – 신중함
- 라인 1 – 영향력

게이트 32

지속 – 연속성의 게이트

변화만이 오직 영원하다

- 센터: 스플린
- 쿼터: 이원성
- 주제: 결합을 통한 목적 달성
- 정교: 마야
- 병교: 보존
- 빗교: 한계

게이트 32는 본능적으로 변형될 수 있는 것과 없는 것을 알아채며, 자각을 통해서 평가를 계속한다. 실패에 대한 두려움이 있기 때문에 야망의 질주에 대해 브레이크를 걸 수 있다. 게이트 32의 적응하면서도 자신의 본성을 유지하는 능력이 트라이브의 물질적 기반을 지속시키는 스플린의 기여이다. 이는 게이트 32를 가진 당신의 기여이기도 하다. 상당히 많은 것이 인식과 평가에 달려 있으므로 트라이브는 이를 격려하고 유지시키려 한다. 당신의 재능 중 하나는, 누가 세상에서 승진하기 위해 기술이나 교육을 받았는지 인식할 수 있으며, 당신은 영향력을 이용하여 권위 있는 사람이 그들을 주목하게 한다. 32는 결정에 대해 우유부단한 게이트이기도 하다. 제대로 잘돼가는 것(보수주의)과, 변형과 변화에 따르는 미지의 위험에 당신이나 조직을 개방하고 싶은 것(실패의 두려움), 이 2가지 사이에서 어떻게 균형을 유지할 것인가에 고심하기 쉽다. 그러나 변화란 불가피하며, 변화가 삶을 위한 방정식의 일부가 된다면 성장이 극대화된다. 시점에 대해 결정권을 따르고 자신의 본능에 귀 기울이면, 시간이 흐르면서 지혜가 생겨 효과 없는 일의 반복을 방지할 수 있고, 영속의 가치가 있는 것을 붙들 수 있다. 게이트 54가 없다면 게이트 32는 성공으로 가기 위한 연료의 지속적 공급이나 야망, 추진력의 에너지 지원이 부족하다가 느낄 것이다.

- 라인 6 – 고요함
- 라인 5 – 유연성
- 라인 4 – 정의가 힘이다
- 라인 3 – 지속성 결여
- 라인 2 – 억제
- 라인 1 – 보존

THE CHANNEL OF SURRENDER: 44 - 26

항복의 채널: 44-26

'전달자'의 디자인

●

회로: 에고(창조 채널)
채널 타입: 프로젝터

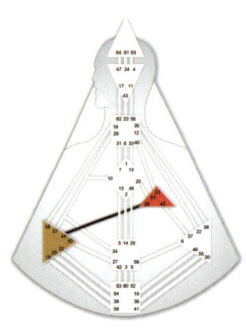

항복의 채널은 경계 태세의 게이트 44와 이기주의자의 게이트 26을 통해서 스플린 센터를 하트 센터에 연결한다. 여기서 우리는 본능적 자각/지성에 뿌리내린 트라이브의 기억이 에고의 힘과 합쳐진 것을 발견한다. 그러한 결합이 역사의 기억을 선택적으로, 그리고 설득력 있게 사용하여, 살 만한 사람들에게 개선이 될 수도 있는 무언가를 팔 수 있는 능력을 이 채널, 즉 '전달자'에게 제공한다. 채널 44-26은 기업을 운영할 수 있는 창의적 능력의 자본가이다.

● **배경** | 이 채널은 스플린 센터와 하트 센터를 연결하는 유일한 연결 고리이며, 인체의 주요한 건강 체계 중 하나를 담당한다. 게이트 26은 흉선과 연결되어 있고, 그곳에서 우리의 면역 체계가 출생 전에 형성된다. 이 채널은 본능적으로 경각심을 유지하여, 위협적인 요소나 트라이브의 생존을 위해서 개선되고 대체할 필요가 있는 것을 알리려 한다. 이 채널의 사람들은 사람들의 필요를 후각이나 느낌으로 알아채고, 트라이브의 이익을 위해

서 트라이브가 그 필요를 알기도 전에 그들을 조종한다.

● **개인적** | 당신은 본능적으로 다른 사람들을 판단하는 능력이 있다. 그리고 그들을 상품이나 일, 심지어는 이데올로기와도 연결, 비교할 수 있다. 그 일에 대한 대가로 당신은 정당하다고 느끼는 보상을 요구할 것이며, 거기에는 일과 휴식 사이의 건강한 균형도 포함된다. 당신은 하루에 8시간 사무실에서 일하도록 디자인된 사람이 아니다. 당신은 압축된 시간에 보통 사람들이 하루 종일 하는 것보다 더 많은 일을 할 것이다. 당신은 당신을 안내하는 본능을 신뢰할 수 있으며, 당신이 거래하는 사람이나 어떤 프로젝트가 옳지 않다는 낌새를 파악하면 관계를 파기해도 좋다.

에고 회로의 왼쪽에서 나타나는 거래의 양상은 오른쪽의 양상과는 다르다. 오른쪽은 "네가 이것을 해주면 나는 저것을 해줄게"이다. 왼쪽은 "나는 이 놀라운 새 기계를 팔고 있어. 네가 원하면 단돈 2만 원에 줄게"이다. 당신은 당신이 속한 팀의 일원인 기업가이며, 팀의 모든 멤버들도 보수를 받아야만 한다. 당신은 최전선에 있는 세일즈맨이며, 돈을 벌어들여 저 아래 생산팀 멤버에게까지 적당히 분배되도록 해야 한다. 팀원이 당신을 좋아하는지의 여부는 당신이 만들어내는 재화에 달려 있다. 이 채널이 가장 효과가 있으려면 당신은 요청이 있을 때까지 기다려야 한다. 트라이브나 시장에서 당신의 재능을 알아보고 당신에게 지원을 약속할 것이며, 그들을 위해 일해주는 대가로 당신에게 승진을 약속할 수도 있다. 특히 당신이 정치가라면 그런 인정이 있을 때 연설을 할 수 있는 연단을 얻게 되는 것이다.

● **대인관계** | 전달자들은 어떻게 설득하면 그들의 메시지를 잘 전달할 수 있을까를 직관적으로 안다. 그들은 변화하는 시장에 따라서 즉흥적으로 광고를 조절하고 판매 수위도 조절할 수 있다. 그들은 부족에게 창의적으로 호소할 수 있는 감각을 가지고 있으며, 다른 이들의 에고를 어떻게 조종하면 그들이 원하는 물건을 팔 수 있는지 알고 있다. 그것은 영화 제작자, 판매 담당자, 도안 디자이너, 광고 담당자, 정치가, 외교관 같은 사람들에게는 귀중한 자산이다.

게이트 44
마중 나가기 – 경계 태세의 게이트
상호 교류가 성공하려면 아무런 전제 조건이 없어야 한다

- 센터: 스플린
- 쿼터: 이원성
- 주제: 결합을 통한 목적 달성
- 정교: 4가지 길
- 병교: 경각심
- 빗교: 육화

    게이트 44는 기억의 게이트이며, 성공적으로 물질적 필요를 제공했던 삶의 패턴을 기억한다. 그 기억력은 종족의 생존을 담당하는, 필수 불가결하며 지속적으로 신뢰할 만한 지성의 하나이다. 당신은 매 순간 본능적으로 깨어있고, 즉흥적 관계나 교류에 즉각적으로 옳게 반응할 수 있으며, 잠재성을 가능성으로 바꿀 수 있다. 당신의 기억이나 전달 내용을 통해서 트라이브의 물질적 방향이 결정되고, 궁극적으로는 세상 속에서 에고의 존재와 힘이 강화된다. 당신은 게이트 26이 부족을 위해서 판매, 방어, 싸움하는 방식을 조절하며, 트라이브를 위해 선전을 하는 곳이기도 하다. 당신은 굶주린 아이들이 건강하지 못하다는 것을 기억하고, 물질적인 안전과 건강은 병행한다는 것을 안다. 그러한 기억을 통해서 트라이브가 과거에 대한 두려움을 내려놓을 수 있도록 돕는다. 트라이브가 당신의 자각 능력을 인정하고 가치 있게 여기면, 당신은 하트 센터의 게이트 26이 에고의 힘을 사용하여 일을 하도록 만들 것이다. 스플린은 모터가 아니므로 하트 센터의 의지가 필요하며, 트라이브의 생존을 위해서 필요한 것을 실천에 옮기려면 어떤 변형의 과정이 있어야 하는지 당신은 본능적으로 안다. 게이트 26이 없다면 당신은 지킬 수 없는 약속에 지나치게 매달릴 수 있으며, 불필요한 과장을 하기 쉽다. 당신은 과거의 짐이 계속해서 당신의 발목을 잡는 것을 가장 두려워한다.

- 라인 6 – 냉담함
- 라인 5 – 조작
- 라인 4 – 정직
- 라인 3 – 간섭/방해
- 라인 2 – 관리
- 라인 1 – 조건

게이트 26
위대한 자들의 길들이는 힘 – 이기주의자의 게이트
계속성을 돕는 기억력 적용의 극대화

- 센터: 하트
- 쿼터: 변이
- 주제: 변형을 통한 목적 달성
- 정교: 통치자의 지위
- 병교: 사기꾼, 재간꾼
- 빗교: 대립

게이트 26은 기억이 다루어지고 과거가 선택적으로 기억되는 곳이다. 우리의 두려움에 대하여 설득하고 주의를 돌리게 하기 위해서이다. 진실과 거짓 사이의 경계가 흐려지고, 잠재성과 가능성을 현실로 포장해 대중에게 판매한다. 당신은 타고난 세일즈맨이다. 실제로 과장되는 측면이 있으며, 기억을 다루는 천부적인 능력이 에고의 힘과 결합되어 거절을 견딜 수 있도록 디자인되어 있다. 당신의 그런 능력이 인정받고 당신만의 계획에 따라 움직일 수 있는 직업이 주어지고, 물질적으로 충분히 보상받을 수 있으며 일과 휴식 사이에 건강한 균형을 유지할 수 있다면, 당신은 트라이브의 최전선에서 열심히 뛸 것이며, 그렇게 할 수 있는 에고, 자기 중심을 가지고 있다. 인정받기를 기다리고 지킬 수 있는 약속만 한다면, 다른 사람들에 대한 당신의 영향력을 유지할 수 있을 것이다. 당신의 설득에 진실성이 있어야 하며, 당신이 한 약속은 지켜야 한다. 전략과 결정권을 통해 당신의 에고와, 육체적으로는 심장이 정말로 건강해질 것이다. 게이트 44의 본능적인 자각 능력이 없다면 언제, 어떻게, 무엇을 효과적으로 전달할 것인가에 대해 어려움을 겪을 수도 있다.

- 라인 6 – 권위
- 라인 5 – 적응력
- 라인 4 – 검열
- 라인 3 – 영향력
- 라인 2 – 역사의 교훈
- 라인 1 – 손아귀에 든 새

THE CHANNEL OF SYNTHESIS: 19 - 49

통합 채널: 19-49

민감해짐의 디자인

●

회로: 에고
채널 타입: 프로젝터

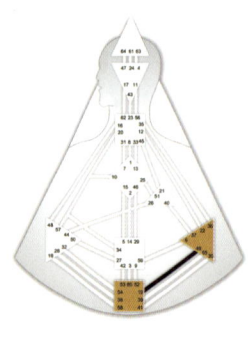

통합 채널은 결핍의 게이트 19와 원칙의 게이트 49를 통해서 루트 센터를 솔라 플렉서스 센터에 연결하고 있다. 트라이브의 신비주의는 인류의 음식, 집, 보호 체계, 영토, 믿을 무언가, 그리고 모두를 묶는 무언가에 대한 필요의 압박을 통해 진화해왔다. 게이트 19는 서로 다가가서 부족 안의 상호 관련성을 드러내라는 압박을 준다. 반면에 게이트 49는 최고의 이상과 양립할 수 없는 것, 우리의 영혼과 상호 연결을 가로막는 것을 거절하라고 한다.

● **배경 |** 결핍에 대한 민감성은 신체의 접촉을 통해 나타난다. 그래서 악수를 통해 거래의 성사를 확인하며, 그것은 소유를 중시하는 에고 회로의 감정적인 측면에 뿌리를 두고 있다. 그 민감성이 결혼, 교류, 이혼을 하려 할 때 고려하는 부족의 사회적 바탕을 만든다. 채널 19-49에서는 거절과 수용에 대한 주파수가 나오며, 그것에 따라 누가 트라이브의 지원을 받을 것인가, 누가 식사에 초대될 것인지가 결정된다. 그 주파수는 접착제와 같으

며 논리적(민주적)이지도 않고, 경험적이지도 않다. 강제로 부과되는 것은 더욱 아니다. '사랑, 존경, 복종'으로 표현되는 트라이브의 코드가 트라이브를 끈끈하게 묶어주는 것이다. 트라이브의 모든 구성원은 서로서로 의지하여 살 수밖에 없으며, 그것이 전제가 되어 기본적인 욕구가 충족될 것이라는 약속을 받는다. 충성이 트라이브의 생존에 필요한 하나의 열쇠이지만, 여기서 그 충성은 감정 파동의 지배를 받는다.

● **개인적** | 당신은 어떤 상황 속에서 자신의 지위에 매우 민감하다. 초대받아 도움을 주는가, 도움을 받는가가 당신의 행복에 매우 중요하다. 어떻게 정의되든 가족은 당신의 사업이 되고, 그것을 성공적으로 이끌기 위해 필요한 내적인 일을 한다. 예를 들어, 당신이 결혼이나 동거를 통해서 가족을 꾸리고자 한다면 책임감을 가지고 사전 조사를 할 것이며, 잠재적인 파트너와의 감정적인 교감의 깊이나 충격 여부를 파악하는 데 시간이 걸릴 것이다. 당신이 트라이브 안에서 가장 필요로 하는 3가지가 있다. 재원에 대한 보호, 영역에 대한 인정, 부족의 신념 체계에 대한 명료한 이해이다. 당신은 실용성과 공평함 사이에서 균형을 잡을 수 있는 재능을 가지고 있다.

● **대인관계** | 채널 19-49를 통해 결혼 관계에 대한 원칙이 확립됨으로써 사회적 공동체의 진화가 시작되었다(이것은 후에 공동체 채널 37-40에서 결혼의 유대관계를 통해 공고해진다). 이 채널은 신랑과 신부의 원형으로서 가족을 함께 묶는 주파수를 가지고 있으며, 트라이브가 전통, 의식, 제사의 형태를 통일하려고 할 때 그 시발점이 된다. 예를 들어, 신부의 지참금은 그 부부의 물질적 토대가 되어 그들은 아이를 낳고 키우는 데 집중할 수 있다. 루트 센터는 게이트 19를 통해서, 기쁨과 행복을 가져올 수 있는 방식으로 사람과 관계를 맺으라는 압박을 가한다. 이 채널이 낫셀프의 지배를 받으면 자신은 물론이요 다른 사람들에게도 부적절한 거절을 계속할 수 있다. 이 채널은 또한 포유동물과 인간 사이의 교감을 형성할 수 있다. 그들은 가축을 길들여 인간을 위해 일하게 할 수 있고, 반려동물로 만들거나, 식량으로 사용할 수도 있다. 이런 연결성 때문에 우리는 신에게 드리는 제사에서 동물을 희생양으로 쓸 수 있다.

게이트 19

다가가기 – 결핍의 게이트

모든 것이 연결되어 있다는 것은 접근을 통해 분명하게 드러난다

- 센터: 루트
- 쿼터: 변이
- 주제: 변형을 통한 목적 달성
- 정교: 4가지 길
- 병교: 필요
- 빗교: 개선

    게이트 19는 인간 생활에 있어서 2개의 필수적 요구에 연료를 제공한다. 음식, 집과 같은 기초자원의 필요와 영성에 대한 필요. 우리는 이러한 요구를 통해서 특정한 방식으로 다른 사람들과 교류하고 유대관계를 맺는다. 우리는 먹을 것이 충분하며 살 곳이 있고 숭배할 신이 있을 때, 우리의 삶을 건강한 공동체로 경험하며 서로 지원하고, 모두를 위해서 인류가 할 수 있는 독특한 기여를 하게 된다. 그러나 트라이브 안에 불평등한 요소나 부족함이 많을 때, 공동체의 지원은 붕괴되고 어떤 일도 잘 되지 않는다. 그럴 때 당신은 당신의 가족, 공동체, 나아가 인류에게 어떤 자원이 부족한지에 대해 민감해지고 경각심을 갖는다. 또한 그에 대해 다른 사람들도 인식하게 만들어, 모두가 생존하려면 어떤 자원이 필요한지, 개인이나 공동체의 잠재성을 성취하려면 무엇이 필요한지 살피게 한다. 아래에 있는 라인에 따라서 당신이 취하는 방식이 달라지며, 기본적인 방식은 상대를 유도하거나 거래하는 형식이다. 대상은 당신과 원칙을 공유하거나, 당신이 필요로 하는 것을 가진 사람이나 기관이다. 당신은 이러한 필요를 충족시키기 위해서 게이트 49에 기댄다. 루트 센터의 압박을 내부로 돌리게 되면 필요한 사람이 돼야 한다는 것에 대해 과민해지거나 중독성에 빠질 수 있으며, 혹은 개인적 결핍으로 느낀다. "나를 돌보는 사람은 왜 아무도 없는 거야? 언제 나의 필요가 충족될까?"

- 라인 6 – 은둔자
- 라인 5 – 희생
- 라인 4 – 협동적인 사람
- 라인 3 – 헌신
- 라인 2 – 서비스
- 라인 1 – 상호 의존

게이트 49

혁명 - 원칙의 게이트

이상적으로, 권력만을 위한 것이 아닌 최고의 원칙에 근거한 체제 변형

- 센터: 플렉서스
- 쿼터: 개시/입문
- 주제: 마음을 통한 목적 달성
- 정교: 설명
- 병교: 원칙
- 빗교: 혁명

수용과 거절의 원칙, 결혼과 이혼의 원칙, 그리고 궁극적으로 혁명은, 감정 파동의 영향을 받는 부족 내 계급적 삶의 직접적인 결과물이다. 게이트 49는 당신을 그러한 계급 구조에서 최상의 위치에 있게 하며, 당신은 다른 이들의 복종이 필요하다고 느낀다. 당신은 어떤 사람을 받아들이거나 거절할 때, 또는 당신의 자원에 접근하려는 사람들에게 그 힘을 발휘한다. 자신들 스스로 또는 누군가를 대신해서 혁명을 하겠다고 당신에게 다가오는 사람들에게도 그리한다. 당신의 원칙에 동조하느냐 아니냐에 따라, 사람들의 필요에 민감하기도 하고 아니기도 하며, 동물에 대해서도 마찬가지이다. 달리 말하면, 당신의 테두리 안에 수용한 사람들은 당신을 기꺼이 지지하고 당신의 원칙을 따르겠다는 사람들이며, 나머지 사람들은 거절하는 경향이 있다. 당신의 관심은 사회의 변화와 개혁에 있다. 그것은 특별히 먹을 것과 음식의 배분에 초점을 맞추고 있다. 먹을 것이 충분할 때 사람들은 전쟁을 할 필요가 없는 것이다. 필요가 충족될 때 혁명은 피할 수 있지만, 필요악이나 최후의 수단으로 그것이 필요할 때도 있다. 당신의 수용과 거절이, 궁핍한 사람들을 만족시키기 위해 어떤 길이 선택될 것인지에 영향을 줄 수 있다. 거부당하는 일과, 그 때문에 벌어질 예상치 못한 결과에 대한 두려움으로 불안해할 수 있다.

- 라인 6 - 매력
- 라인 5 - 조직
- 라인 4 - 기반
- 라인 3 - 대중적 불만
- 라인 2 - 최후 수단
- 라인 1 - 필요의 법

THE CHANNEL OF COMMUNITY: 37 - 40

공동체의 채널: 37-40

'전체를 추구하는 부분'의 디자인

●

회로: 에고
채널 타입: 프로젝터

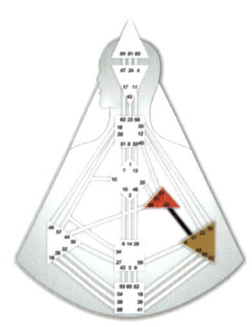

공동체 채널은 우정의 게이트 37과 '홀로 있기'의 게이트 40을 통해서 솔라 플렉서스 센터를 하트 센터에 연결하고 있다. 공동체는 인류의 성공적 진화의 심장부에 있다. 공동체의 조직적 성격과, 거기에서 생기는 생존을 위한 투쟁과 그로부터의 해방 사이의 과도기는, 밀고 당기는 감정 파동의 지배를 받는다. 게이트 40은 자기가 사랑하는 사람들을 부양하기 위해서 기꺼이 일하지만, 그에 대한 대가와 휴식이 필요하다. 게이트 37은 보살핌의 재주를 가지고 있으며, 집단 안에서 인정받을 수 있는 적절한 자리를 찾으려 한다.

● **배경** | 공동체 채널에서는 성공을 향한 의지와 시간이 지나면서 나타나는 명료함, 2개의 강력한 모터 에너지가 트라이브의 거래에 깊이를 가지도록 뒷받침한다. 공동체에서 일어나는 거래는 적절하게 시작되어야 한다. 공동체 또는 가족의 유대감, 그리고 그것이 미래에 드러나는 방식은, 거래를 지원하는 의지력에 의해서 보장된다. 에고와 솔라 플렉서스 연결의 또 다른 의미는, 어떤 거래도 즉흥적으로 일어나서는 안 된다는 것

이며, 조심스럽게 거래를 고려하고 이루어져 양자에게 공평하게 이익이 되어야 한다. 채널 37-40은 만달라에서 서로 마주 보고 있으므로, 세상에 아주 흔한 것이다. 현재 지구의 순환(1610~2027)에서 우리 모두가 '계획하기'라는 정각 교차선의 영향을 받고 있으므로, 이 채널은 세계적으로 인류의 진화에 엄청난 영향을 주어왔다.

● **개인적** | 당신은 누군가가 와서 조직이나 공동체의 일원이 되어달라고 요청하기를 기다리고 있다. 당신은 항상 자신이 소속될 집단을 발견하려 하거나, 전반적인 영적 체계 속에서 어느 쪽으로 움직일 것인가 찾는다. 전화 따위를 통한 인간미 없는 초대는 의미가 없으며, 신체적 접촉이나 적당한 기간 동안의 개인적 만남과 같은 방식을 통해서 일어나야 마땅한 것이다. 가장 기본적인 의미에서 모든 인간은 존재론적으로 홀로 존재하지만, 실질적인 의미에서 당신은 공동체와 개인 간에 다리 역할을 하는 사람이다. 공동체 안에서 모든 사람들은 각자 자기의 명예로운 지위와 존경이 있어야 한다. 당신은 훌륭한 거래와 그 거래를 마감하는 방법의 중요성을 이해하고 있다. "네가 날 위해 이걸 해준다면 나는 저걸 해줄게. 자, 악수하고 여기 도장 찍자."

● **대인관계** | 공동체 채널, 결혼 관계 채널에서는 제공자와 분배자를 묶는 조화로운 관계가 필요하며, 이를 위해 명료하고 적용 가능하며 굳건한 거래가 필수적이다. 에고 회로의 이쪽(오른쪽)에서는, 사람의 마음을 휘어잡는 방법은 지갑을 통해서가 아니고 밥 먹는 위장을 통해서 일어난다. 바디그래프의 감정적·사회적 측면에서 지원이란 돈으로 살 수 있는 것에 의해 나타나지 않고, 함께 이웃으로 일하며 공동체의 진화를 위하는 것으로 나타나는 것이다. 주식과 채권 같은 것에 투자하는 것이 아니라, 각 구성원과 전체를 위해 필요한 것에 투자한다. 그것은 공동체 최고의 이상이며, 거기에 계급적인 요소는 별로 없다. 어느 누구도 우월하거나 열등하다고 느끼지 않으며, 소속 집단을 위해서 기꺼이 기여한다. 또한 소속 집단의 지원을 받는다고 느끼므로 개인보다 자신보다 집단에 더 충실하다.

게이트 37

가족 – 우정의 게이트

거시 우주적이고 미시 우주적으로 공동체의 유기적 성질을 현시함

- 센터: 솔라 플렉서스
- 쿼터: 개시
- 주제: 마음을 통한 목적 달성
- 정교: 계획하기
- 병교: 흥정
- 빗교: 이민

게이트 37은 바디그래프에서 가장 공동체적인 게이트이다. 다른 사람들이 당신의 힘을 인정해주면, 당신은 가족과 공동체 모두를 따뜻함과 우정과 양육하는 마음으로 돌볼 수 있다. 당신은 터치를 통해서 다른 사람들과 감정적인 연결을 할 수 있는 능력이 있으며, 사람들이 가슴을 열고 다가오는 것을 알아차리는 비범한 민감성도 있다. 사람들은 당신에게 조직의 대표자로서 새내기와 이방인을 환영해주기를 원한다. 당신이 그 제안에 동의할 때는 그 일에 대한 대가가 충분해야 하며, 모든 당사자들의 동의가 있어야 한다. 게이트 37은 입의 게이트이므로 가족이나 지역사회의 모임을 계획할 때 음식의 준비가 중요하다. 게이트 37과 40 사이의 거래에서 게이트 40은 기꺼이 제공하는 사람의 역할을 하고, 당신은 자산과 기술의 분배자 역할을 한다. 게이트 40이 없다면 당신은 공동체에 필요한 자원을 가져다줄 사람을 찾는다. 거래할 사람과 분배할 수 있는 자원이 필요하기 때문이다. 당신은 전통적인 트라이브의 역할에서 벗어나지 못하고, 그것에 맞춰 늘 살아야만 하는 것을 가장 두려워한다.

- 라인 6 – 목적
- 라인 5 – 사랑
- 라인 4 – 본보기를 통한 리더십
- 라인 3 – 공평함
- 라인 2 – 책임감
- 라인 1 – 부모

게이트 40

해방 – '홀로 있기'의 게이트

투쟁과 해방 사이의 전환점

- 센터: 심장
- 쿼터: 이원성
- 주제: 결합을 통한 목적 달성
- 정교: 계획하기
- 병교: 부정/거부
- 빗교: 이민

게이트 40은 3개의 '홀로 있기' 게이트 중 하나이다(나머지 2개는 12와 33). 무리 중에 있을 때에도 홀로 있음의 느낌을 유지한다. 이 홀로 있음이 개별화 과정의 시작이며, 당신은 트라이브로부터 분리될 필요가 있다. 본질적으로는 '홀로 완전함'을 추구하는 욕망이며, 다른 사람들은 이를 강한 독립성으로, 혹은 상호 의존 관계에서 한발 물러서려는 것으로 느끼기도 한다. 그것은 공동체의 생존에 필수적인 에고의 한 측면이다. 게이트 40은 일을 사랑한다. 당신은 자신에게 적합한 일을 함으로써, 트라이브에게 약속한 것을 해줄 수 있을 때 큰 만족감을 얻는다. 트라이브와의 거래 관계는 자주 재협상될 필요가 있으며 수정처럼 투명해야 한다. 당신은 가족과 공동체를 부양하기 위해서라면 기꺼이 일하고 에고의 의지를 유감없이 발휘하며, 사람들이 거래의 조건을 지킨다면 당신이 벌어들인 자원에 접근할 수 있다. 그들은 당신의 노력에 감사와 충성을 표시해야 하며, 감정적인 격려도 필요하다. 당신에게 음식을 마련하고 홀로 있을 시간도 주어야 하며, 당신이 도움을 준 자원을 써서 당신을 돌봐야 하는 것이다. 게이트 37이 없다면, 당신은 우정을 나누고 베풂의 대상이 될 집단을 찾고 있을 것이다.

라인 6 – 참수
라인 5 – 엄격함
라인 4 – 조직
라인 3 – 겸손
라인 2 – 결연함
라인 1 – 회복

THE CHANNEL OF MONEY: 21 - 45

돈 다루기의 채널: 21-45

'물질주의자'의 디자인

●

회로: 에고
채널 타입: 매니페스터

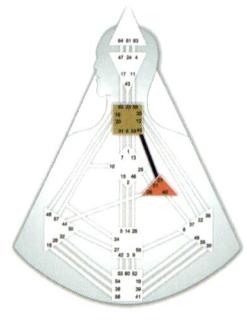

돈 채널은 사냥꾼의 게이트 21과 모으는 자의 게이트 45를 통해서 하트 센터를 스로트 센터로 연결한다. 지구상에서 우리의 삶, 즉 트라이브의 중심은 심장 근육과 연결되어 있는 에고 센터이다. 45는 트라이브의 유일한 목소리이며, 물질적인 지구에서 생존하기 위한 의지와 권위를 계급 구조로서 표현한다.

● 배경ㅣ 채널 21-45는 모든 매니페스터 채널 중에서 가장 추진력이 있으며, "책임지는 사람은 나야, 통제하는 사람도 나고!"라고 말한다. 트라이브의 리더십 중에서 가장 자애로운 역할은, 트라이브가 생존할 수 있도록 모으고 보호하며 교육하는 것이다. 모든 사람이 삶을 즐길 수 있을 정도로 물질을 제공받을 수 있다면 왕국은 평화로울 것이다. 게이트 45는 트라이브에서 유일한 권위의 목소리이고, 무엇을 현시할 것인가 아닌가를 결정하는 최종적인 목소리이다. 45의 키노트인 '나는 가지고 있거나 안 가지고 있다'가 그것을 잘 대변해준다. 트라이브는 항상 자원(돈)과 믿을 만한 헌신(충성)을 갈망한다. 트라이브는 그런 갈망을 추구하고 현실화하며, 거래를 중재함으로써 인류의 역사를

지배해왔다. 게이트 21-45를 구성하는 2개의 게이트는 서로 조화를 이루기가 쉽지 않다. 게이트 45는 보호하지만 마지막 결정의 당사자가 되어야 하며, 게이트 21은 봉사하려 하지만 상황을 통제하기 원한다. 통제를 통해서 심장의 휴식을 보장받아야 하며, 다른 이의 휴식도 보장할 수 있어야 하기 때문이다. 역사적으로 근로자의 권리를 보장하려는 노동조합은 일과 휴식의 균형이라는 필요성에서 출발하였다.

- **개인적** | 당신은 물질세계를 수용하고 통달하여 당신의 의지력으로 돈을 벌기 위해 태어났다. 당신의 과제는 자신의 이익을 보호하기 위해 의지를 발휘하는 동시에 다른 이에게도 봉사하는 것이다. 통제를 받지 않고 통제권을 손에 쥐는 것이 당신의 쟁점이며, 성공의 비결은 당신이 얼마나 독립적으로 일할 수 있는가에 달려 있다. 당신은 기꺼이 열심히 일하지만 스스로 보스가 되는 것이 최선이며, 자신의 자연스러운 리듬에 맞추어 일하고 안 하고를 스스로 통제해야 한다. 심지어 당신 주변의 모든 것을 통제할 필요가 없을 때조차, 당신은 마치 한 회사의 회장이나 CEO처럼 느끼는 것이 필요하다. 당신은 누군가에게 의존하거나 책임을 위임하기가 힘들다. 그것이 오히려 짐이 되고 당신의 심장에 스트레스가 될 수 있기 때문이다.

- **대인관계** | 물질주의자들은 일에 돈 투자하는 것을 좋아한다. 물질세계를 통달해서 트라이브에게 이익을 제공하기 위해서는 트라이브의 뒷받침과 협조가 필요하다. 오늘날 경제 구조는 마을 간의 단순한 거래에서, 복잡한 주식회사나 주식시장에 이르기까지 혁명적인 변화가 일어났다. 이러한 변화 속에서 이 채널의 역동성을 볼 수 있다. 돈 채널은 두 게이트가 전자기적 차원에서 결합되면 훨씬 더 성공적이다. 게이트 45는 공장을 가지고 있지만 거기서 일하지는 않는다. 게이트 21의 에고는 크고 활동적이며 "나 자신에게도 이익이 되어야 하지만, 회사 소유주와 그 구성원 모두에게 이익이 되어야 해"라고 말한다. 그들은 모든 사람이 어느 정도의 재정적인 성공을 거둘 수 있도록 조직을 통제하고 경영한다. 게이트 21은 국가로 치면 총리이며, 나라의 운영을 책임지고 국민들을 보호한다. 게이트 45는 자신의 권위를 총리에게 대리시키는 왕에 해당되고 그에 상응하는 대가를 받아야 한다.

게이트 21
물고 늘어지기 – 사냥꾼의 게이트
의도적이고 지속적인 방해에 대한 필요하고 정당한 힘의 사용

- 센터: 심장
- 쿼터: 개시/입문
- 주제: 마음을 통한 목적 달성
- 정교: 긴장
- 병교: 통제
- 빗교: 노력/시도

게이트 21은 자기의 영역을 통제할 필요가 있다. 트라이브의 생존을 보장하기 위해서 에고의 힘과 의지를 사용하고, 그래서 누군가 또는 무언가를 통제해야 한다. 현대 사회에서는 경찰관이나 인사 관리자와 회사의 경영자에게 주어진 책임감에 해당된다. 끝까지 물고 늘어지는 힘은, 물질세계의 생명체에게 조건화된 강력한 힘이다. 당신이 자신의 물질적 자원을 자기 생각대로 할 수 있다면 성공적이다. 즉 사는 곳, 입는 옷, 당신의 상사, 삶의 방식을 멋대로 하기를 원한다. 당신은 다른 사람에게 명령받는 것을 싫어하며, 어깨 너머로 누군가가 당신을 넘겨다보는 것조차 싫어한다. 한편으로 당신은 다른 사람에게 봉사할 운명이다. 트라이브에서 일어나는 거래가 모두에게 이익이 되어야 당신도 이롭기 때문이다. 그러나 당신의 전략이나 결정권을 따르지 않고 권력을 선점하거나 다른 이를 통제하려고 하면 엄청난 저항에 부딪칠 것이다. 당신이 어떤 이익을 주려고 의도하든지, 통제해달라는 요청이 있을 때까지 기다려야 한다. 만일 당신이 프로젝터라면 당신의 능력을 알아보고 초대하는 사람들과 함께할 필요가 있다. 제너레이터라면 요청을 받아 세이크럴 에너지의 반응을 기다려야 하며, 매니페스터라면 통제하기 전에 이를 먼저 알려 저항 정도를 간파할 수 있다. 게이트 45가 없다면 공동체의 부와 미래를 관장할 수 있는 자리를 찾고 있을 것이다.

- 라인 6 – 혼돈
- 라인 5 – 객관성
- 라인 4 – 전략
- 라인 3 – 무력감
- 라인 2 – 힘이 정의다
- 라인 1 – 경고

게이트 45

함께 모으기 – 모으는 자의 게이트

동류에게 느끼는 자연적이며 일반적으로 긍정적인 매력

- 센터: 스로트
- 쿼터: 문명
- 주제: 형태를 통한 목적 달성
- 정교: 통치자의 지위
- 병교: 소유
- 빗교: 대립

게이트 45는 지배의 게이트, 지도자의 게이트, 왕 혹은 여왕의 게이트이다. "나는 소유한다"는 트라이브 중에서 이 게이트만이 낼 수 있는 목소리이며, 겉으로 표현하거나 행동하려는 욕구가 강한 게이트이다. 모으는 자 게이트는 부족의 물적 자원을 보호하기 위해 태어났다. 당신이 '소유한 것'을 당신이 보호하는 사람들을 위해 사용한다면 왕국에는 평화가 있다. 당신은 사람을 모이게 하는 능력이 있으며, 거기서 트라이브가 필요한 것이 무엇인지를 알리고, 공동체의 확장을 꾀하며, 사람들 간에 조화를 도모한다. 물론 실제적인 경영은 게이트 21의 몫이다. 영토를 소유한 당신은 게이트 21에게 그곳에서 사냥해도 좋다고 허락하지만, 사냥한 동물 중에서 제일 좋은 것을 요구한다. 당신이 게이트 21에게 왕궁의 운영 방식에 대해서 통제하려 할 때, 혹은 게이트 21이 최상의 것을 가지려 할 때 긴장이 생겨난다. 각각의 게이트는 트라이브 안에서 특정한 역할과 목적이 있으므로, 각자의 역할에 충실할 때 트라이브는 최상의 상태로 운영되는 것이다. 당신 자신의 디자인에 게이트 21이 있더라도, 당신의 왕국 혹은 사업을 경영하기 위해서 게이트 21을 가진 다른 사람의 도움을 받으면 최고 수준의 운영을 할 수 있을 것이다

라인 6 – 재고
라인 5 – 리더십
라인 4 – 방향
라인 3 – 배제
라인 2 – 합의
라인 1 – (선거) 유세

세상에는 진짜 불가사의가 있으며, 지금껏 믿어왔던 것과는 다르다. 그 불가사의는 '우리가 누구인가' 하는 것이, 마치 발견되기를 기다리는 풍부한 금 광맥처럼 우리의 경이로운 몸에 내장되어 있다는 것이다.

우리가 이 마법을 발견하고 그 힘을 활용할 때, 우리는 마침내 생명이자 삶으로 연결되는 것과 같다. 자신의 디자인대로 살면서, 평화와 은총과 권능 속에 마침내 자신의 탁월함을 누릴 수 있다. _라우루 후

7장 / 12 프로파일

The 12 Profiles

The Costume of Our Purpose

목적을 달성하기 위한 역할들

　휴먼디자인의 또 다른 기본 개념을 알아보자. '프로파일Profile'은 우리 삶의 스타일을 세우는 출발점이다. 즉 우리 각자의 목적을 달성하기 위해 옷처럼 갖춰 입은 역할이다. 우리는 성장하며 이런 역할을 하지만, 낫셀프에 의해 왜곡되면 불편할 수 있다. 한편으로 프로파일은 우리가 현실화시켜야 할 진정한 역할이며, 그때는 피부처럼 자연스럽게 느껴진다. 또한 프로파일은 당신을 독특한 존재로 차별화시키는 또 다른 측면이기도 하다. 예를 들어, 당신이 '솔라 플렉서스 센터가 정의된 제너레이터'로서 다른 3명의 솔라 플렉서스 정의 제너레이터들과 함께 있더라도, 서로 다른 프로파일을 가졌다면 당신들은 서로 매우 다른 사람이다. 인카네이션 크로스(8장 참조)와 함께, 프로파일은 삶의 무대에서 자신의 진정한 특성으로 각자의 목적을 살아내도록 한다.

　프로파일의 기본은 우리들 각자가 가지고 있는 근본적 이원성을 아는 것이다. 우리는 퍼스낼리티 의식과 디자인 의식의 이원적 존재이며, 프로파일 안에서 그 둘의 퀀텀(새로운 의미)을 이해할 수 있게 된다. 12개의 프로파일이 있으며, 스스로 의식하는 퍼스낼리티 태양(검은색)과 디자인 태양(붉은색)의 라인들의 조합으로 만들어진다. 오른쪽 그림을 보자. 우리들 프로파일의 특유한 해석, 개성의 역할이 우리 모두를 다른 사람들

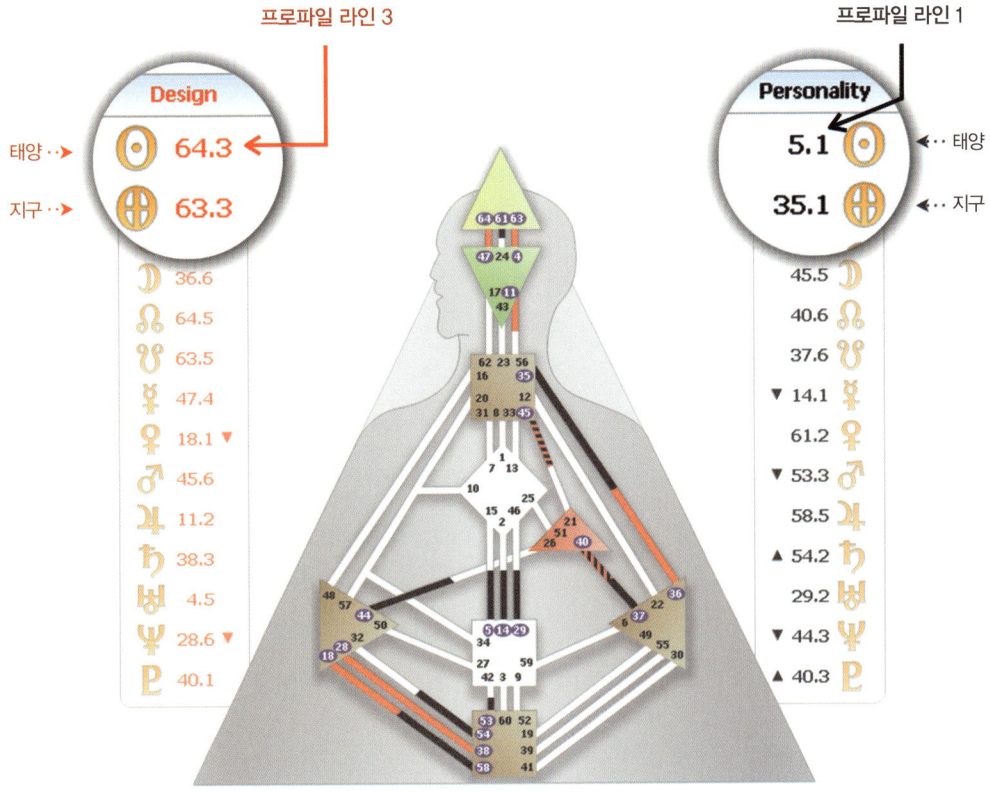

1/3 프로파일의 바디그래프. 프로파일은 차트 맨 위에 표시되거나 그림에서처럼 차트에서 정보를 찾아내 확인할 수 있다.

과는 구별되는 고유한 삶의 연기자로 만든다. 그 드라마나 영화는 태어나면서부터 시작되는 것이다.

프로파일의 구조

프로파일의 바탕은 주역의 6개 라인, 즉 6효爻이다. 64괘(바디그래프의 게이트)는 6개의 라인으로 되어 있으며, 각 라인은 게이트보다 더 상세하게 인간의 분화를 보여준다. 프로파일을 알고, 우리들 각자의 삶이 왜 그렇게 다른가는 각 라인을 이해함으로써 찾아진다. 게이트의 기본 구조는 '하괘下卦' 1, 2, 3라인과 '상괘上卦' 4, 5, 6라인의 두 부분으로 나누어진다. 라인의 흐름은 주역 풀이와 마찬가지로 아래 첫 번째 라인에서 시작하여 위로 올라가는 것으로 되어 있다. 하괘와 상괘, 그리고 각각의 라인에는 각기 독특한 의미가 있으므로 아래에 자세히 소개한다. 각 라인의 주제들 또는 주된 역할들(조사자, 은둔자, 순교자, 기회주의자, 이단자, 역할 모델)은, 바디그래프의 모든 게이트에도 적용된다. 예를 들어 1번 라인의 조사하는 기질은 모든 게이트의 1번 라인에 공통으로 있다. 모든 게이트의 라인(효)에 대해서는 10장에서 자세히 설명한다.

6가지 핵심 역할: 게이트 10의 6효六爻 구조

핵심 역할 6개는 프로파일의 기본 주제로, 게이트 10, 즉 '발 디디기(자아의 행동)'* 게이트의 6개 라인(효)에 바탕을 둔다. 프로파일이란 이 6개 핵심 역할들 중 어느 2개의 조합이다. 이 두 역할의 특성은, 스스로 자신이라고 생각하는 '퍼스낼리티'와 타고난 특성적 본질인 '디자인'을 통해서 살게 되고 경험된다. 둘이 함께하여 퀀텀을 만들고, 인생을 위한 역할을 맡는다.

프로파일은 '퍼스낼리티'와 '디자인'으로 나타낸다. 예를 들어, 세 번째 라인 퍼스낼리티에 다섯 번째 라인 디자인은 '3/5 프로파일'로 부른다. 프로파일은 각 라인이 가진 주제의 이름으로도 표현되므로, '3/5 프로파일'은 '순교자/이단자'로도 불린다.

---

* 주역 열 번째 괘 '천택리天澤履'에 해당. 이 괘는 하늘을 상징하는 건乾(☰) 괘가 위에 있고 연못을 상징하는 태兌(☱) 괘가 아래에 놓여 이루어졌으며, 리履는 '따르다, 밟다, 행하다, 예절'의 뜻을 지닌다.

64괘의 구성: 집의 비유

6개의 라인과 그 특성은 집에 비유하면 도움이 된다. 1번 라인은 집의 기초이다. 2번 라인은 1층의 공간이며, 커튼이 열려 있어 다른 사람들이 들여다본다. 3번 라인은 바뀌는 층간이거나 2층으로 올라가는 나선형 계단이다. 4번 라인은 2층이거나 2층의 바닥이다. 5번 라인은 커튼으로 가려진 신비로운 2층의 창문으로, 밖에는 구경꾼들이 기대를 가지고 바라보고 있다. 6번 라인은 지붕으로서 건너편 집을 조망하고, 그 너머까지 바라보는 모습이다.

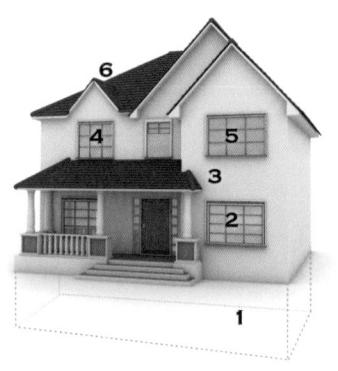

'하괘'의 기본 역할: 라인 1~3

'하괘'는 매우 자기몰입적이고 개인주의적이다. 외재화externalize하기 위해 서둘러 밖으로 나가거나, 다른 사람들과 잘 섞이는 역할이 아니다.

1번 라인 조사자: 내면 성찰, 카멜레온, 공감

1번 라인은 1층 방바닥이고 괘의 기초이다. 모든 것의 기반을 조사하려 하며, 삶이 어떻게 작동하는지 조사한다. 한번 기초를 굳게 다져놓으면 편하게 쉴 수 있다. 더 많이 알수록 두려움이 없어진다. "우리가 준비되어 안전하다면 모든 것이 가능하다." 두려움이 권위자를 찾게 하고 스스로 권위자가 되어간다. 그러면서도 그들의 조사는 내면 성찰적이어서 "지금 공부 중이니 방해하지 마시오."라고 말한다. 1번 라인이 만든 단단한 기초는 '상괘'에 의해 퍼져 전달되고 보편화된다. 또한 1번 라인은 매우 공감을 잘한다. 공감을 잘해줌으로써 다른 사람들로부터의 정보를 획득한다. 그 능력으로 인해 대단한 변형의 가능성을 가질 수 있다.

1번 라인은 사람의 행동거지에 관심이 많다. 다른 사람들이 어떻게 행동하는가를 보고, 어떤 태도는 좋고 어떤 것은 안 좋은지를 배운다. 두려움을 느끼면 카렐레온처럼 적응하기 위해 색깔을 바꾼다. 사실 바뀌는 건 아니고, 당신이 보고 싶어 하는 모습이라고 그들이 생각하는 모습을 보여주는 데 능한 것이다. 게이트 10의 1번 라인은 겸손, 또는 자신의 위치를 알아채고 환경에 관계없이 어떻게 행동할지 아는 것이다. 1번 라인은 이런 방법에 예민하며, 가장 중요한 것은 어떻게 이 세상을 무사히 항해할 수 있는가를 알아채는 것이다. 몸의 1번 라인도 역시 육체적 안전이 중요하다. 1번 라인의 가장 보편적인 낫셀프 느낌은 열등감인데, 그것은 대체로 그들이 조사를 통해 기초를 세우는 데 필요한 자기집중이 결여되었을 때 나타난다. 전략과 결정권이 1번 라인에게 적합한 조사거리를 결정해줄 것이고, 그때에 맞는 한 가지에 초점을 맞추어 조사함으로써 낫셀프 상태의 불안을 크게 덜어줄 수 있다.

> 64괘 각각의 본질, 구성 그 자체는 굳건한 기초 없이는 존재하지 못한다. _ 라 우루 후

2번 라인 은둔자: 타고난 재능, 외부로 투사, 민주주의자

2번 라인은 마치 씨앗이 서랍 속에서 여러 해 기다리며, 때맞추어 뿌려지고 자라나 독특한 열매를 기다리는 모습과 같다. 1번 라인은 기초를 쌓기 위해 조사를 하지만, 2번 라인은 그들의 자질이 어디서 오는지 모르는 자연의 모습 그대로이다. 2번 라인은 타고난 특성적 재주나 천재성으로 드러나게 되며, 재능을 어떤 특정한 방향으로 쓰고자 하는 다른 사람들에 의해 불려 나온다. 하지만 그들은 홀로 남아 제멋대로 자기 일을 하고픈 은둔자들이다. 1번 라인은 그들의 조사에 다른 사람들의 도움이 필요하지만, 2번 라인은 자족적이고, 다른 사람들이 자기 오라에 들어와 무언가를 기대할 때 매우 불편해한다. 그들은 자기가 하는 일을 당신에게 설명하기도 싫거니와, 설명할 수 있을지도 잘 모른다. 더 힘든 것은, 그것을 당신에게 어떻게 해야 하는지 가르치는 것이다. 그들은 간섭받기 싫어하고 편들기도 싫어하여 매우 민주적으로 행동한다.

2번 라인의 선천적 재능은 어떠한 간섭에도 잘 반응하지 못한다는 것이다. 집으로 예를 들어보면, 그것은 1층 창가에 불을 켠 채로 홀로 서서 노는 데 정신이 팔려, 밖에서 누가 보고 있는 것도 알아채지 못하는 것과 같다. 사실 2번 라인 퍼스낼리티는 바깥 세상에 나가기를 원하지 않는다. 그들은 자기 삶의 독특한 목적에 부합하는 적절한 제안이 들어와, 그들의 진실한 천재성이 세상에 쓰이기를 기다린다. 오직 전략과 결정권을 통해서만이 2번 라인은 그 제안이 적절한지 아닌지 알 수 있다. 2번 라인에게 완성의 충족감은 매우 중요하며, 그들이 기대치를 충족시키지 못하거나 이행

할 수 없는 잘못된 제안에 빠졌을 때 커다란 고통이 올 수 있으며, 자연스럽지 않거나 건강하지 못한 고립을 경험하게 된다.

> 강가에 그냥 앉아 있으면, 조만간 무언가 다가온다. 그것이 알 수 없는 것에 대한 준비다. 어떤 것이 다가오든. _ 라 우루 후

3번 라인 순교자: 시행착오, 변이, 적응

3번 라인의 위대한 재능은 안 되는 일을 찾아내는 것이다. 1층과 2층 사이의 전환점(개인적, 초개인적)에서 삶의 모든 방식을 맞닥뜨리게 되며, 시행착오를 통해 물질 세상의 작동법을 발견한다. 3번 라인은 변화의 주요한 촉매이다. 가끔 사회에 부적합하게 보이고 고독하기도 하지만, 그들은 '하괘'에서는 가장 사교적 적응을 잘하고, 선천적 유연성과 꾸준함으로 삶의 발견을 계속해간다. 3번 라인은 그냥 부닥침으로, 누구보다도 먼저 새로운 변형의 가능성을 알아챌 가능성을 가진다. 가끔 과학적 조사(왜 안 되는가를 궁금해하는 쪽으로)와 뿌리 깊은 물질적 성향으로, 삶을 있는 그대로 받아들이지는 않는다. 자동차의 타이어를 걷어차서 어디가 잘못됐나 알아보고 결점과 속임수를 찾아낼 것이다. 3번 라인은 우리가 몸에 뿌리를 내림으로써 나타날 수 있는 물질 세상에서의 변형 가능성을 보여주고 있다.

거짓에 도전하는 타고난 특성적 재주를 가진 그들은 결국 세상을 바꾼다. 그들은 또한 이루어지지 않을 교류 관계를 누구보다도 빨리 알아챈다. 그러니 그들의 주제가 '결속의 맺고 끊음'인 것이다. 순교자라는 키노트는 일어나서 "그게 아니오"라고 말하고, 그 결과를 짊어지는 능력에서 나온 말이다. 진정한 모습으로 올바르게 작동한다면, 그들에게는 오직 발견이 있을 뿐 실패란 없다. 부모가 집을 떠나 일하고 다시 돌아오듯, 그들에게 결속의 맺고 끊음은 자연스럽게 삶의 흐름이 될 수도 있다. 3번 라인은 또한 일생을 세 과정으로 나누는 6번 라인의 한 부분이며, 그 변이의 자질은 어떤 라인보다도 깊숙하게 모든 프로파일의 역할에 침투해 있다.

> 어떤 일이든, 거기에는 그들에게 중요한 정보가 담긴 메시지가 항상 있다. 그들은 세상Maia을 짜깁기하는 선수들이다. _ 라 우루 후

상괘의 기본 역할: 라인 4~6

'상괘'로 올라가면, 역할의 역학이 완전히 바뀐다. '상괘'는 초개인적이고 외향적이다. 과거와 미래의 가능성에 대해 다른 사람들과 사회적으로 공유할 필요가 있다.

4번 라인 기회주의자: 외재화, 친밀함

1번 라인과 조화를 이룬다. 4번 라인은 2층의 바닥, 기초를 나타내며 1번 라인이 만든 기초 위에 집을 짓는다. 또한 상괘로 가는 통로로서, 변형의 역할로 인한 취약함을 가진다. 3번 라인이 물질적 자원에 깊이 관여하는 것에 비해, 4번 라인은 인적 자원에 신경 쓰고 초개인적 교류에 바탕을 둔다. 4번 라인은 매우 영향력이 강하며, 하괘의 발견과 바탕, 소질들을 외부로 알리고, 그 공동체를 끌어안을 기회를 기다린다. 형제애(자매애) 같은 타고난 특성적인 친밀함은 4번 라인의 인적 연결 능력을 활성화시킨다. 4번 라인의 이 친밀함은 시작의 계기를 만드는 데 중요하나, 또한 갑작스러운 충격에는 약하다. 그러므로 그들의 영향권은 이미 만들어진 관계망 속의 인물들에 국한되는 것이 보통이다. 일반적으로 낯선 사람들은 잘 맞지 않으므로 가벼운 만남으로 끝나야 한다.

4번 라인의 삶의 질은 그들이 구축한 동료들의 질에 직접적으로 비례한다. 적절한 교류 관계의 구축은 그들에게 진정한 우정의 기쁨을 가져다준다. 4번 라인에게는 또한 고집스러운 면이 있어 사람들에게 시달리기 쉬운 경향도 있으므로, 가끔 세상을 피하여 혼자 쉬면서 재충전할 필요가 있다. 그들이 투자한 에너지에 상응하는 기회가 관계망으로부터 주어지지 않으면, 그들은 떠나서 새로운 것을 찾으려 할 것이다. 제대로 사는 4번 라인이라면 스스로 관계망을 만들지는 않는다. 그 관계망은 이미 만들어져 있기 때문이고, 그것을 전략과 결정권을 통하여 만나기 때문이다. 고정된 특성을 가진 4번 라인은, 관계망이나 인간관계를 바꿀 때 안전하게 하지 않으면 안정감과 영향력의 기회를 잃기 쉽다.

> 4번 라인은 물질 세상의 인적 자원에 대한 것이다. 그들의 삶에서 사람은 가장 커다란 결정과 투자의 대상이다. _ 라 우루 후

5번 라인 이단자: 보편화, 외부의 투사, 장군

5번 라인은 64괘의 메시지를 보편화시킬 책임을 가진다. 5번 라인을 가진 사람들은 가장 초개인적 카르마를 가지며, '낯선 해결사'로서 가장 강한 영향력을 발휘하는데, 예를 들면 일반적 해결책이 실패했을 때, 실용적이고 독특한 방법으로 그 상황을 해결하는 장군처럼 말이다. 5번 라인의 오라는, 도움이 필요하거나 어려움에 처한 사람들이 구원의 가능성을 기대하고 부르도록 만든다. 이단들은 자신들에게 힘이 있다고 믿어 유혹된 사람들의 기대치 위에서 작동하지만, 또한 자신들에게 없는 것을 기대하거나 너무 큰 예상을 하는 사람들을 매우 못마땅하게 여기기도 한다. 5번 라인은 2층 창문의 커튼 사이로 세상을 바라보기도 하지만, 동시에 자주 그 뒤로 숨기도 한다. 어떤 상황에 있어서 무엇이 실용적이고 신뢰감을 주는 적절한 해결책인지는 전략과 권위가 가려내준다.

다른 사람들의 기대치를 제대로 읽지 못하면, 훌륭한 구원자라는 다른 사람들의 찬사에 들뜨기 쉽다. 다른 사람들이 5번 라인에게 기대하는 환상에 빠지지 않으려면, 자기의 실체를 잘 알아야 하고 스스로 정말 할 수 있는 것이 무언지 파악하고 있어야한다. 이단자의 평판은 다른 사람들이 기대하는 해결책의 실패/성공에 의해 크게 좌우된다. 정말 가치 있는 무언가를 마련하지 못하면, 그들은 십자가에 매달려 화형을 당하는 꼴이 되기 쉽다. 위기가 끝나고 이단의 리더십이 더 이상 필요 없어지면 대체적으로 그들은 잊혀진다. 이단자들은 늘 필요한 것이 아니므로 자연스럽게 휴식하고 재정비할 시간이 생기지만, 그때 또한 다음의 위기에 대비하여 준비하고 기다려야 한다.

> 그대가 무엇을 하든 실질적으로 쓰임새가 있도록 확실히 하라. 그리하면 성공이다. 아니라면 평판에 문제가 생긴다. 어딜 가든 그 평판이 따라다닌다. _라우루 후

6번 라인 역할 모델: 행정가, 낙관주의자, 중재자

6번 라인은 다른 5개의 라인과 떨어져 마치 지붕 위에 있는 것으로 묘사된다. 가끔 세상일에 흥미가 없는 듯이 보이기도 하지만, 이 멀리 떨어진 관점이 아래의 5개 라인을 굽어보는 유리한 고지를 6번 라인에게 주며, 또한 다음 게이트의 1번 라인을 바라보게도 만든다. 5번 라인이 다른 사람들에게 다

가서는 반면, 6번 라인은 그들로부터 멀어져 독특한 세 단계 과정을 거쳐 성숙된 역할 모델로 나타나는 것이다.

- **1단계** | 태어난 후 약 30년 동안은 시행착오, 결속의 맺고 끊음 등의 3번 라인으로 살며, 탐구를 계속하는 기간이다. 영혼의 짝(6번 라인의 자질)을 찾으려 애쓰지만, 일반적으로 약 50세 정도 되는 2단계까지는 잘되지 않는다. 6번 라인은 진정한 3번 라인처럼 유연하지는 못하여, 혼란의 시기를 거치며 환상이 깨져 20대 후반에는 비관적 태도를 지니기 쉽다. 낙관적 관점을 되찾기 위해, 육체적·감정적으로 세상을 피해 쉬는 길을 찾는다. 약 28세가 되는 첫 번째 '토성 회귀'는 그들이 지붕에 올라가는 때이고, 외적 탐색 과정은 좀 더 내적으로 바뀐다.

- **2단계** | 대략 30~50세 사이로 3번 라인의 혼란을 치유하고 반추하기 위해 떠나는 시기이다. '지붕 위로 올라가기'는 세상에서 무엇이 의미 있고 가능한지 바라보고 찾아내는 시기이며, 삶을 다시 가늠하고 나중에 필요한 자원들을 발굴하는 때이다. 그들의 에너지는 다른 사람들로부터 떨어져 있고자 하나, 그들의 지혜 때문에 다른 사람들이 찾기 시작하는 때이기도 하다. 내부로 침잠하는 이 시기가 6번 라인에게는 가장 안정된 시기이며, 정착하고 직업을 택하며 짝을 찾아 가족을 이루기도 한다. 3번 라인 시기의 발견들이 쌓이고 모여 외적 결정권의 바탕이 되고, 그들은 역할 모델로서 세상에 그것을 표현한다.

- **3단계** | 약 50세쯤 카이론 회귀Kiron Return와 함께 시작된다. 이제 그들은 발에 차이거나 슬쩍 밀쳐져, 세상에서 다시 한 번 활약하도록 지붕에서 내려와 순수하고 낙관적인 6번 라인으로서 살아간다. 그것은 그들에게 근본적 변화의 시기일 수 있으며, 자신의 내적 결정권으로 결정하지 못하는 경우 특히 취약해지기 쉽다. 깨어 있는 역할 모델은 독특한 목적을 살아가는 자각된 존재의 표상이다. 위선은 6번 라인에게 매우 대하기 어려운 과제이다. 그들은 스스로를 매우 신뢰하는 존재들이고, 우리가 어떻게 스스로의 결정권을 믿고 독특한 삶을 살 것인가의 모델이다. 젊을 때 깊이 경험하고, 한발 떨어져 중년기에 내적 성찰을 통해 치유되며, 약 50세 이후 세상에 돌아와 꽃을 피우는 6번 라

인의 삶은, 우리에게 삶의 지혜와 독특한 관점을 선사한다. 그들의 삶은 9센터 존재로서 가능한 초월적 삶의 예를 보여준다.

> 6번 라인의 존재들은 미래의 마력을 내포하고 있으며, 인간으로서 모든 가능성의 마력을 내포하고, 누구라도 휴먼디자인 지식을 접하고 실험하여 스스로 확인하는 행운을 가지게 되는 모든 이들의 마력을 내포하고 있다. _ 라 우루 후

| **별도 첨부** | 9센터 존재로서, 프로파일이 무엇이든 상관없이 우리는 천천히 성숙된다. 약 40~50세 사이('천왕성 반환점'과 '카이론 회귀' 사이)에 우리는 '제2의 바람' 즉 성숙된 단계에서 나타나는 방향 전환을 경험한다. 인류는 5번 라인의 구원자/장군의 보편화하는 이미지에서 진화하여, 자신의 수용과 자각에 근거한 스스로 이끌기/자기완성의 과정인 6번 라인의 과정으로 나아가고 있다. 프로파일에서 6번 라인을 가진 사람들은 우리들에게 그 변천을 올바르게 하도록 보여주려고 여기에 있다. 50세 이후에는 초월을 보여주고, 순수하고 객관적이며 깨어 있는 진실의 삶을 우리에게 보여주기 위해 존재한다.

프로파일의 등비수열: 3개의 기하학(인생의 행로)

> 남자나 여자 누구든 우리는 외딴 섬이 아니다. 우리의 삶은 복합적이고 조화로운 기하학 구조를 통하여 하는 여행이다. _ 라 우루 후

기하학(인생의 행로)	프로파일	정체성 / 타고난 특성
빗각 – 초개인적 운명	6 / 3	역할 모델 / 순교자
	6 / 2	역할 모델 / 은둔자
	5 / 2	이단자 / 은둔자
	5 / 1	이단자 / 조사자
병치 – 고정된 운명	4 / 1	기회주의자 / 조사자
정각 – 개인적 운명	4 / 6	기회주의자 / 역할 모델
	3 / 6	순교자 / 역할 모델
	3 / 5	순교자 / 이단자
	2 / 5	은둔자 / 이단자
	2 / 4	은둔자 / 기회주의자
	1 / 4	조사자 / 기회주의자
	1 / 3	조사자 / 순교자

태양과 지구가 1년이라는 기간 동안 만달라의 각 게이트와 라인을 따라 돌면서, 3개의 구별되는 기하학적 도형이 만들어진다. 그 도형은 움직이면서 기계적인 가능성과 한계를 만들어내고, 그것은 우리가 서로 영향을 주고받으며 삶의 목적을 달성하도록 특유의 방법으로 우리를 정의한다. 12개의 각 프로파일은 3가지 도형 중 하나로 귀속된다. 정각, 고정된 운명, 빗각.

- **정각 도형** | 앞에 있는 7개의 프로파일들이고, 자신에 몰두하는 개인적 운명을 만든다. 인류의 64%를 차지하며 스스로의 삶을 만들기 위해 태어났다. 정각의 인생 항로는 스스로를 조사하는 데 몰두하며 삶에서 개인적인 도전에 직면한다. 다른 사람들의 삶의 과정에 빠지도록 되어 있지 않다. 그들과 조우하는 다른 사람들이 새로운 경험을 만들어주기도 하나 그들이 사는 길을 바꾸지는 못한다. 이 프로파일들은 탄생할 때 전생의 경험들이 가려지기 때문에, 왜 이번 생에서 어떠한 사람들을 만나게 되는지 이해하거나 알아차리지 못한다. 그들은 조사, 탐구, 재경험, 새로운 관점 획득을 위해 살고, 그리하여 세상에서 카르마를 창조하는 이들이다.

- **병치 인생 항로** | (4/1 프로파일) 빗각과 정각의 다리 역할을 한다. 개인적이거나 초개인적이 아니고 고정된 길을 가며, 인구의 3% 정도를 차지하고 자기만의 고유한 길로 정의되어 있다. 선로 위의 기차처럼 고정된 프로파일의 힘은, 누구든 그들과 만나고 적당한 시간을 함께하면 그들이 가는 길의 일부가 된다는 데 있다.

  병치 프로파일은 개인적인 정각의 조사/개발 부서와, 초개인적인 빗각의 마케팅 부서 사이의 다리이다.

- **빗각 도형** | 초개인적이고 교차점이 많은 인생 항로를 가지고 있다. 이 4개의 프로파일은 인류의 33%를 차지하고, 혼자서는 목적을 달성할 수 없다. 다른 사람들에 의존하는 것은 아니지만 단순한 교류라도 정각 교차와는 다르게, 본인이나 다른 사람들의 길이 그 교류로 인해 바뀔 수 있다. 빗각 도형은 다른 사람들과 세상을 좀 더 알아차리고, 늘 삶을 관찰하고 뛰어들 준비가 되어 있다. 초개인적 프로파일은 전생과의 연결을 유지하며, 어떤 특별한 사람들이나 경험들에 대해 설명하기 힘든 친밀감을 느낀다. 정각

도형은 카르마를 창조하고, 빗각 도형은 만들어진 카르마를 청소한다.

당신의 인생 항로는 인카네이션 크로스Incarnation cross로 차트에 나타나 있다. (8장 참조)

다음 페이지에 12개 프로파일의 요약이 있다. 읽어가면서 어떻게 1번 라인이 퍼스낼리티에 있을 때(1/3)와 디자인(5/1)에 있을 때가 다른 역할로 나타나는지 눈여겨보기 바란다. 퍼스낼리티에서의 1번 라인은 의식적인 알아차림이지만, 디자인에서는 타고난 특성적 기질로 나타나고, 퍼스낼리티는 그것을 의식하지 못한다.

정각 - 개인적 운명

1/3 프로파일

조사자 / 순교자

퍼스낼리티 1번 라인 의식적 내면 성찰		디자인 3번 라인 무의식적 적응	
행동 정체성	겸손	타고난 특성	순교자
투사된 태도	권위적	타입	무정부주의자
제한된 시각	공감	기억	비관주의
기대하는 역할	창조성	방향	견딤
교류 전략	쫓는 자/쫓기는 자	성적 취향	결속의 맺고 끊음
안정 전략	자급자족/탐내는 자	인간성	결속의 맺고 끊음
감정적 공명	약함/강함	파장 공명	충성/거부
자각 공명	약함/강함	주파수 공명	동업자/의존성

● **배경** | 개인적 운명의 행로는 1/3으로 시작되며, 인간 경험의 기초이며 개인화이다. 1/3은 두 라인이 모두 '하괘'에 속하는 유일한 프로파일이다. 이 기초 수준에서 1번 라인은 의식적 퍼스낼리티를 나타내고 우리의 생각을 보여준다. 3번 라인은 무의식적 디자인이고, 몸이며 일상에서의 물리적 경험이다. 우리는 두려움에 내몰려, 생존을 위해 튼튼한 기반 위에 안전을 추구하고 이해할 수 있을 때까지 조사를 계속한다. 늘 바뀌는 세상에서 그것이 늘 쉬운 일은 아니지만, 안정을 향한 그 노력은 인류를 변화로 이끈다. 변이는 끊임없이 되지 않는 일들을 찾아냄으로써 우리를 살아남게 하는 것이다. 1/3은 계속되는 좌충우돌로 인생 행로의 주제를 만들고, 그것들을 조사하며 미지의 세계를 이해하고 해결한다.

조사자/순교자는 단단한 기반 위에 서 있지 않으면 불안하여, 시행착오를 견뎌낼 기초를 마련하기 위해 전문가들을 찾는다. 자기몰두적 조사자 퍼스낼리티는 매우 창조적이고, 잘 준비되거나 교육받았을 때 가장 건강하고 생산적이다. 그들은 오랜 시간의 내면 성찰을 즐기며, 결국 스스로 권위자가 되어 자기의 운명이 스스로의 힘에 좌우될 때 자신감이 생긴다. 그들의 순교자적 몸은 물질 세상에서 부딪치거나 부딪쳐 오는 온갖 실수로 보이는 일들을 잘 견디고 잘못을 발견하도록 디자인되어 있다. 적응에 능하고 유연하며, 또다시 일어나 세상에 대고 자기의 경험을 통해 되지 않았던 일들을 알려준다.

● **개인적** | 의식적으로는 안정된 토대를 구축하여 내면적 힘을 찾는 데 주력하고, 무의식적 디자인은 자연적인 '우연한 발견'으로 계속 본인과 다른 사람들을 놀라게 한다. 매우 내면적인 운명이고, 권위자로서 안정될 때까지 카멜레온처럼 너무 많은 주목을 받는 것을 원하지 않을 수 있다. 애매한 것은 당신을 약하거나 불편하게 만들어 답을 찾도록 만든다. 열려 있고 열의 있는 학생으로, 숙달을 통해 힘을 계발하는 것이 당신의 길이다. 당신의 삶에 스스로 책임을 지도록 되어 있고, 당신의 분야를 대변하는 권위자가 되도록 디자인되었다. 고개를 숙이고 자기 일에 몰두하며 사는 당신에게도 사람들이 부딪쳐 오고, 그로 인한 시행착오의 연속은 평생 계속되는 교류에 대한 학습이다. 교류 관계가 안정되거나 조화롭지 않을 때는 불편해져서 그 관계를 깨버린다. 그리고 재시도를 통해 그 관계를 강화하거나 끝장내버린다. 그런 일이 반복됨으로써 관계가 건강하고 깊어지는 것이 올바른 방식이며, 그렇지 않으면 끝을 냄으로써 다음으로 넘어갈 수 있다.

덧붙여 당신의 순교자적인 면은 모든 삶이 허위로 보일 가능성이 있는데, 한편 당신의 조사자인 면은 무언가 진리를 추구하여 그로부터 권위를 세우고자 한다. 당신에겐 거짓말이 통하지 않으며, 어릴 때부터 누가 진실을 말하며 누구를 믿을 수 있는지 재빠르게 파악한다. 당신이 내려놓을 수만 있다면 1번 라인의 개성이 시행착오를 통해 더 많은 조사를 지속하며, 전략과 결정권이 인생의 흐름에서 당신을 맞게 가이드할 것이다. 하나의 발견에서 다음으로 계속 자유롭게 진보하기 위해서는, 당신 환경에 대한 통제권을 당신이 갖는 것 또한 중요하다. 안 되는 일의 진실을 말하거나 조사하도록 장려될 때 당신은 힘을 받는다.

● **대인관계** | 순교자들은 가끔 그들의 잘못이 아닌 것에도 비난받기 쉽고, 그리하여 자존감이 덜어지고, 적대감, 수치심, 열등의식을 가질 수 있다. 그들과 주변 사람들이, 삶이란 끝없는 시행착오의 연속을 통해 결국 단단한 기초를 닦아가는 발견임을 이해한

다면 그 과정에 힘을 받을 수 있을 것이다. 초점은 경험으로 배운 것이 무엇인지에 두어야 하며, 실수로 인해 처벌/조롱받을 것이라는 데에 두어서는 안 된다. 1/3 어린이를 키울 때는 그러한 능동적 강조가 더욱 중요하다. 옳게 장려된다면 1/3 어린이가 기초의 부실을 발견했을 때, 매우 예술적이고 창조적인 발견의 가능성이 존재하는 것이다.

가끔 다른 사람의 조언을 잘 듣지 않고 고집스러워 보이지만, 사실 1/3은 배우고 발견하기 위해 홀로 직접 경험을 해봐야 하니까 그런 것이다. 부모는 그들의 강력한 지지자일 수 있으며, 잘못을 지적하는 대신 "네가 한번 해봐"라는 식으로 용기를 주고 "무엇을 배웠냐?" 하는 태도를 조성하는 것이 좋다. 그것이 1/3을 배우게 하고 삶을 통해 그 과정을 계속하여, 결국에는 우리 모두의 삶을 향상시키고 인류 발전에 기여하도록 한다. 3번 라인에게 진정한 실패란 시행착오의 과정에서 아무것도 배우지 못하는 것이다. 조사하는 순교자들은 스스로 꾸려 나아가도록 장려된다면 물질세계에서 안정되게 독립할 수 있다.

연속된 12개의 프로파일은 1/3에서 시작하여 6/3으로 끝난다. 3번 라인의 주제인 변이, 시행착오, 발견, 일들이 벌어짐, 결속의 맺고 끊음이 인류에게 중요하고 두드러진 자질들이다. 그것들이 세상에서 우리를 묶어주는 주제이며, 인간이란 종이 진화하게 하는 것이다. 6번 라인은 처음 30년 동안 3번 라인의 과정을 거치므로, 12개의 프로파일 중에 절반이 3번 라인의 주제를 가진다. 3번 라인은 물질세계의 풍파를 견디도록 디자인되어, 그 세계에서 우리의 존재가 무엇인지를 알게 해준다.

유명한 1/3들
아르투로 토스카니니, 에드거 케이시, 고든 브라운, H.G 웰스, 해리 후디니, 마이클 케인, 교황 레오 13세, 램 다스, 스리 메헤르 바바, 빈센트 반 고흐.

정각 - 개인적 운명

1/4 프로파일
조사자 / 기회주의자

퍼스낼리티 1번 라인 의식적 내면 성찰		디자인 4번 라인 무의식적 외재화	
행동 정체성	겸손	타고난 특성	순교자
투사된 태도	권위적	타입	자진 포기자
제한된 시각	공감	기억	피로
기대하는 역할	창조성	방향	홀로 있기
결속 전략	쫓는 자/쫓기는 자	성적 취향	친구거나 아님
안정 전략	자급자족/탐내는 자	인간성	후원자/의존자
감정적 공명	약함/강함	파장 공명	친절/못됨
자각 공명	약함/강함	주파수 공명	부패하거나 안 함

● **배경** | 조사자와 기회주의자의 조합은 자기성찰과 친밀한 교류관계를 만드는 타고난 특성적 재주이다. 1/4는 그들이 찾아낸 것을 주변 사람들에게 창조적으로 전달하고자 하는 내적 욕구를 가지고 있다. 의식적 조사자는 일의 근본을 알아내려 하고, 초개인적 기회주의는 그 지식을 전달할 방법을 찾는다. 그러기 위해 사람들과 친하게 지내고, 결국 그 메시지를 수용하는 개인적 관계망을 만든다. 조사자/기회주의자는 영향력을 행사하는 특별한 토대를 가지게 되는데, 기초를 다지고 관계망을 만들고 나면 스스로 세상에 참여하는 권위자가 되기 때문이다.

이 프로파일에는 매우 특별한 면이 있는데, 그것은 1번 라인과 4번 라인이 조화를 이룬다는 것으로, 작용 방법은 다르나 둘 다 같은 기초 라인이다. 1번 라인은 1층의 기초이며, 4번 라인은 2층의 기초이다. 프로파일의 두 라인이 같은 것에 흥미를 보이는 특별한 경우가 되는 것이다. 그들이 찾는 것과 그들이 외부로 전달하는 것이 조화를 이루어, 조사하고자 하는 것이 전달하고자 하는 것이다. 조화의 프로파일(1/4, 2/5, 3/6, 4/1, 5/2, 6/3)은 인류의 소수를 차지하며, 정보를 전파하고 다른 6개 프로파일들의 상호 매개역할을 하는 순수한 선구자들이다.

- **개인적** | 당신은 관심 분야에 대해 깊은 수준의 기초 지식을 쌓고, 그 지식을 당신의 관계망에 전달하고자 태어났다. 가르치고 지도해줄 권위자를 찾으며 나중에는 스스로 권위자가 된다. 관심 분야에 권위자로 사회에 나오면 당신의 불안은 안정으로 바뀌어, 디디고 설 튼튼한 토대를 만들어준다. 약자의 위치에서 강자로 바뀌며 다른 사람들에게도 강한 영향력을 발휘할 수 있다. 심오한 탐색을 위해 홀로 있는 시간이 필요하며, 카멜레온 같은 내적 성찰은 조사에 몰입하도록 도와줄 것이다. 당신은 여럿이 함께 만들기보다 홀로 창조성을 즐기는 것이 치유와 풍요를 가져오는 길이다.

당신의 타고난 특성적 친밀함은 청중을 끌어들이고 후에 다른 사람을 만날 수 있는 우정의 전략이다. 당신이 찾는 것은 비밀을 나눌 좋은 친구이며, 오래가는 관계는 먼저 가벼운 친구 관계로 시작한다. 전략과 결정권을 따르면 조사의 성찰이 분명해지고, 그 후 배운 것을 전파할 알맞은 기회를 기다린다. 자기만을 위하거나 지식 자체를 좋아하기보다는, 그 지식에 의해 다른 사람들이 도움을 받거나 관심 가질 분야를 공부하는 것이다. 사실 다른 사람들과 나누려는 마음이 없으면 어느 것도 발견/경험할 필요가 없다.

관계망을 가꾸고 유지함이 당신의 삶에서 가장 중요한 일 중 하나이다. 사람들에게 투자함이 미래에 지식을 전달해줄 기회를 만든다. 어떠한 사람들에게 투자할 것인가가 당신의 행복에 중요하며, 엉뚱한 사람들은 당신을 좀먹어 지치고 피로하게 만든다. 새롭게 만나는 사람들은 당신의 관계망을 통해 만나는 것이 필요한데, 당신 디자인이 낯선 사람들에게는 별 영향을 주지 못하기 때문이다. 1번 라인의 조사자는 다른 사람들에게 무관심하고 친밀한 4번 라인은 무의식적이니, 적절한 사람을 고르기 위해서는 전략과 결정권을 따르는 것이 당연한 것이다. 삶의 기회는 당신이 아는 사람들과 관계망으로부터 생겨나며, 새로운 대안이 생기기 전에는 직업, 연인, 집 등을 떠나지 않는 것이 중요하다. 만일 그렇게 한다면 꽤나 힘들어질 것이다.

사회적 관계들이 가끔 피곤하기도 하므로 그럴 때는 관계망을 떠나 홀로 쉬는 것이 매우 중요하다. 진리를 전달해줄 관계망을 유지하는 것도 꽤나 많은 에너지를 요구하므로, 다른 사람의 이야기를 듣느라 지칠 수 있기 때문이다.

- **대인관계** | 1/4 프로파일은 의식적으로 권위자이면서 무의식적으로 퇴위자이다. 조

사자/기회주의자는 다른 사람들의 저항을 잘 처리하지 못하며, 자기의 영향력을 거부하는 사람을 만나면 자기 위치를 바꾸지 않고, 돌아서서 의견을 들어줄 새로운 사람들을 찾는다. 4번 라인의 삶의 질은 가지고 있는 관계망의 질에 달려 있다. 그들은 힘과 권위를 나타내는 단단한 참나무처럼 매우 강력한 영향력을 지닌 인물들이다. 디자인에 맞게 사는 기회주의자들은 스스로 관계망을 만들지는 않으며, 전략과 결정권을 통해 그것을 만난다.

1/4는 도움을 받고자 하며, 권위자가 되어 스스로를 챙길 수 있을 때까지 다른 사람들에게 의존한다. 일단 든든한 자리를 확보하면 자기의 삶을 통제하고, 반대로 다른 사람들을 돕는 후한 지원자로 변할 수 있다. 어릴 때는 듣는 그대로 믿는다. 1/4 어린이의 부모들은 확실한 정보만을 이야기하는 것이 중요한 이유이다. 나중에 거짓이 드러나면 1/4 어린이에게 큰 충격이 될 수 있다. 4번 라인은 못되게 구는 면이 있어서 나중에 스스로 불편한 상황이 있을 수 있다. 1/4의 깊이 각인된 견해는 바꾸는 것이 불가능해 보이나, 그 고집이 다른 사람들에 대한 공감과 어우러져 사회의 진화와 변이를 불러오는 것이다.

유명한 1/4들
앨버트 아인슈타인, 앤젤리카 휴스턴, 글로리아 스타이넘, 히로히토 일왕, 장 피카르, 제리 사인필드, 카말, 미키 스필레인, 무하마드 알리, 시드 비셔스.

정각 – 개인적 운명

2/4 프로파일
은둔자 / 기회주의자

퍼스낼리티 2번 라인 의식적 투사		디자인 4번 라인 무의식적 외재화	
행동 정체성	은둔자	타고난 특성	기회주의자
투사된 태도	민주주의자	타입	자진 포기자
제한된 시각	편견	기억	피로
기대하는 역할	조화	방향	홀로 있기
결속 전략	수줍음/대담함	성적 취향	친구거나 아님
안정 전략	양육자/기생자	인간성	후원자/의존자
감정적 공명	전진/후퇴	파장 공명	친절/못됨
자각 공명	투지가 있거나 없음	주파수 공명	부패하거나 안 함

● **배경** | 한 게이트 안에서 1번, 2번 라인은 음양의 쌍으로 이루어진 3층 구조의 첫 번째 층을 나타내고, 두 라인이 각각 다르게 작용하나 불안정을 공통적으로 가지고 있다. 그 불안정을 없애기 위해 1번 라인은 공부하고 탐구하지만, 2번 라인은 공부가 필요 없는 타고난 특성적 재능이 있음을 서서히 깨닫는다. 홀로 자기 일에 몰두하는 은둔적 마음과, 무언가 다른 사람에게 전파하고자 하는 기회주의자 디자인 사이에는 내재적 긴장이 존재한다. 의식적 2번 라인은 본래 수줍고 자기 재능을 알아채지 못하며, 그 재능을 나누기 위해서는 다른 사람들이 불러내야만 한다. 무의식적이고 친밀한 4번 라인은 2번 라인에게 사람들을 불러들여, 그 재주가 세상에 알려지는 기회를 만들어준다.

은둔자는 다른 사람들의 눈에 띄기 싫어하지만 사실상 그만큼 투명하게 드러나 보인다. 은둔자 자신이 못 보는 타고난 특성적 재주와 천재성을 다른 사람들이 알아채는 것이다. 은둔자는 다른 사람들의 투사와 피드백을 통해 스스로를 볼 수 있게 된다. 1번 라인처럼 공부할 동기를 갖기는 어려우나, 은둔자/기회주의자는 안전한 곳에서 그들이 즐기는 일에 완전 몰두할 때가 가장 행복하다. 그들이 스스로의 박자에 따라 춤을 출 때, 이들의 재능을 함께하고자 다른 사람들이 불러내는 것이다.

● **개인적** | 당신은 다른 사람들이 불러내어 재능을 발휘하게 하는 타고난 재주꾼이다. 당신은 제한된 관점 같은 타고난 차단벽이 있는데, 그것은 외부의 간섭으로 인한 오염으로부터 스스로의 천재성을 지키기 위한 것이다. 그 벽은 뚫리기 쉬운 약한 곳을 가지고 있다. 적절한 사람으로부터의 올바른 부름은 당신의 삶을 깊이 변화시킬 수 있고, 그리하여 당신의 목적과 운명을 세상과 나누게 된다. 하지만 부름을 자주 받는 것은 싫어하며, 아무 부름에나 따라가다가는 몸에 커다란 스트레스를 가하게 된다. 에너지를 잘못 쓰면 피로가 쌓이고 결국 탈진에까지 이를 수 있다. 계속 잘못된 부름을 따르다 보면 2번 라인의 차단벽이 정신적 벽이 되어 모든 부름에 귀를 닫게 되고, 결국 그것 때문에 괴로울 수 있다. 부름을 받을 때는 세상에 당신의 재능을 나누기 위해 신들린 십자군처럼 놀라운 인상을 남긴다. 당신은 무의식적이고 초개인적인 4번 라인에 의해 움직여지지만, 2번 라인이 작동하게 되면 안전한 장소에서 모든 간섭을 배제하게 된다. 의식적으로는 부름이 있을 때 무척 당황하기 쉬운데, 그것은 당신이 안전한 환경을 떠나 세상의 흐름 속으로 떠밀리는 느낌 때문이다. 홀로 있음이 조화의 달콤함을 가져오므로, 가끔 당신의 관계망을 떠나 은둔의 시간을 갖는 것이 중요하다. 또한 환경에 대해 특별하게 예민하다. 본인의 취향에 맞게 주변을 장식하는데, 그 속에서 홀로 자기 일에 몰두하고자 하기 때문이다. 피난처인 당신의 동굴은 당신을 보호하는 성역이며 간섭을 배제하는 자신만의 장소이다.

불확실성은 2번 라인의 한 부분이다. 당신이 무엇을 어떻게 하는지 설명하기를 기대하는 세상은 불편하고, 스스로의 능력을 의심하게까지 만든다. 그러한 사람들의 생각에 너무 과민하면 그들의 투사에 피해망상이 생길 수도 있다. 당신의 재능은 스스로 설명해줄 수 없는 것이므로, 당신이 '왜 어떻게'를 모른 채 하는 일을 세상은 그냥 수용해야만 할 것이다.

당신의 무의식적 4번 라인의 관계망 기질은 성공과 안정을 성취하는 기회를 오게 하는 데 가장 효과적인 방법이다. 또한 적절한 모임이 당신을 불러야 한다. 당신은 그 관계망 안에서 성장의 느낌을 주고받으며, 당신의 영향력이 주목받고 확장될 수 있다. 은둔자/기회주의자로서 당신은 도움을 주거나 받기를 반복할 수 있는데, 예를 들면 후원자의 재산을 축낸 미켈란젤로처럼 말이다. 그런 상황을 도덕적으로 판단할 수는 없겠지만, 맞지 않는 모임에 들어가면 건강하지 못한 의존관계로 다른 사람들의 재원을 낭비할 수 있다. 당신은 낯선 사람에겐 맞지 않으며, 그런 경우는 관계망의 누군가를 통해 소개받는 것이 유일한 방법이다. 당신의 삶에는 아주 독특한 임무가 있으므로, 적절한 결정을 할 줄 아는 것이 매우 중요하고, 그 임무를 알아채는 것이 당신의 행복에 결정적인 것이다. 당신이 전략과 결정권으로 결정하여 삶이 옳은 궤도에 있다면, 자연스럽게 맞는 임무가 다가올 것이다. 그 가이드가 없이는 삶이 혼란스럽고, 변형의 부름은 영영 오지 않을 수도 있다.

● **대인관계** | 은둔자/기회주의자는 수줍음/대담함의 전략으로 인연을 만든다. 은둔자의 수줍음은 먼저 상대가 대담하게 벽을 헐고 친구관계를 만들게 한다. 은둔자는 선택된 사람들에게만 문을 열며, 그것이 지속적인 인간관계를 만드는 올바른 접근법이다. 2번 라인은 스스로의 매력 포인트를 모르므로 다른 사람들을 쫓지는 않으며, 누군가 동굴 앞에 와서 "당신은 나랑 맞아요" 하고 부르기를 기다리는 편이다. 그 방법이 사업상 약속이나 파트너 찾기에도 은둔자/기회주의자에게 맞는데, 그들의 능력을 알아채고 불러내는 사람들은 대부분 그들 관계망 안의 사람들이기 때문이다.

배우지 않고도 타고난 특성적 능력을 가진 2/4 어린이라도 좋은 교육이 필요하며, 공부를 잘하도록 도와줘야 한다. 나중에 임무가 주어질 때 그러한 준비는 커다란 가치를 지닌다. 그들을 참여시키려면 자극이 필요하며, 내키지 않으면 참가하지 않을 것이다. 그들은 일반적으로 까다롭지 않아 대중의 흐름에 잘 따르나, 사회생활과 홀로 있기의 균형 조절이 필요하다.

유명한 2/4들
오토 폰 비스마르크, 제프 브리지스, 프란시스코 프랑코, 아레사 프랭클린, 오귀스트 로댕, 루돌프 슈타이너, 오프라 윈프리, 앨 고어, 귀스타브 에펠, 바브라 스트라이샌드.

정각 - 개인적 운명

2/5 프로파일

은둔자 / 이단자

퍼스낼리티 2번 라인 의식적 투사		디자인 5번 라인 무의식적 보편화	
행동 정체성	은둔자	타고난 특성	이단자
투사된 태도	민주주의자	타입	장군
제한된 시각	편견	기억	구원자
기대하는 역할	조화	방향	매력
결속 전략	수줍음/대담함	성적 취향	유혹하다/유혹당하다
안정 전략	양육자/기생자	인간성	배분자/축적자
감정적 공명	전진/후퇴	파장 공명	이타적/이기적
자각 공명	투지가 있거나 없음	주파수 공명	규율/반란

● **배경** | 2/5 프로파일에서는 2개의 투사projection가 조화를 이룬다. 매우 개인적인 은둔자는 홀로 자기 일 하기를 원하며, 다른 사람들의 투사를 알아채지 못한다. 초개인적이고 유혹적인 이단자는 다른 사람들의 투사를 의식하며 경계하지만, 그에게 주어진 운명적 목적을 달성하기 위해 다른 사람들을 만나야 한다. 이단자가 은둔자를 내적 부름을 통해 불러내는 꼴이다. 진정 보편화시킬 수 있는 부름은 흔치 않으나, 타고난 천재성이 만들어준 실질적 해결책이 세상 사람들의 기대치를 충족시킨다면, 결국 은둔자/이단자의 재능이 올바르게 표출되었다 할 것이다. 간섭받기 싫어하며 숨어 있는 의식적 은둔자는 민주적인 태도를 보이며, 다른 사람들에게 의무를 지게 한다. 무의식적 이단자는 선도하며 실용적 힘을 보편화시킬 기회를 기다리는 구원자이다.

5번 라인은 인류의 희망과 꿈을 대변하기 때문에 항상 추앙을 받는다. 또한 모든 라인들 중에 가장 초개인적이고, 깊은 영향력을 가진다. 누군가 2/5 유형의 내면을 바라본다면 위대한 임무를 짊어지고 갈 가능성이 있는 사람으로 보게 된다. 일단 부름을 받으면 통념을 바꾸는 혁명을 이끌고, 전에 없었던 결정적인 해법을 가져올 수 있다. 동시에, 사람들이 원하는 것은 꼭 필요할 때만 부를 수 있는 '장군'이다. 사람들은 위기 시에만 관여하고 끝나면 떠날 줄 아는 지도자를 원한다.

은둔자/이단자는 그들이 '구원'하고자 하는 사람들의 신뢰가 필요하고, 자신이 가지고 있는 천재적인 능력과 자연적 열망도 스스로 믿어야 한다. 또한 2/5는 언제 지도자 역할을 끝내고 은신처로 돌아갈지를 알아야 한다. 그것은 세상을 피해 스스로를 추슬러야 하는 시간이 필요한 2번 라인과, 계속되는 기대를 거부하면 평판이 손상되는 5번 라인에게는 중요한 문제다.

● **개인적** | 조화를 갈망하며, 홀로 있고픈 은둔자(의식 2라인)는 이단자(무의식 5라인)의 세상 관여 결정에 놀라게 된다. 당신이 어느 공간 안으로 들어갈 때면 늘 무언가를 기대하는 사람들을 만난다. 당신의 특별한 재능이 우리를 구원하리라는 기대와 투사가 거기에 있다. 당신은 그룹이나 개인의 신뢰를 얻거나 아니면 불신을 받는다. 그 둘 중에 어느 것을 만날지 모르니 불안하지만, 기쁨보다 귀찮음이 많을지라도 부름을 피하지는 못한다. 당신에게 적합한 것이라면 사실 혁명을 선도할 능력도 있다. 어떤 부름이 맞는가를 결정하기 위해 전략과 결정권을 따르는 것이 유일한 자기보호법이다.

적절한 부름은 당신을 변형시킨다. 결국 당신의 평판은 전적으로 실용적이고 보편적인 해결책의 제시 능력에 달려 있다. 은둔자와 이단자 모두가 세상이 별로 편하지는 않으며, 도피자로 보이기 쉽고, 재산을 늘리거나 움켜잡고 있는 모습으로 보일 수 있다. 그러나 그것은 에너지, 재능, 좋은 평판을 쌓아, 다른 사람들이 필요할 때 해결책을 준비하는 목적에 도움이 된다. 무엇이 실용적인지 알아서 그에 맞게 사는 것이 중요하다. 당신의 의식적 짝 찾기 전략은 "나는 수줍으니 당신이 벽을 깨고 오세요"이며, 무의식적으로는 늘 다른 사람들의 이목을 끈다. 그렇지만 당신의 가장 큰 힘은 역시 '낯선 해결사 stranger of consequence' 역할에서 나온다.

● **대인관계** | 적절히 행동하는 은둔자/이단자에게는 때가 되면 기회가 찾아온다. 특히 기대받는 분야를 제대로 처리하고, 타고난 재능에 대해 잘 교육받으면 더욱 그러하다. 그들은 부름을 받거나 다른 사람들을 부르거나 2가지 가능성이 다 있으며, 대중에게 실용적 해결책을 제시함으로써 생기는 긍정적인 투사를 즐길 수 있다. 2/5는 세상에 보여지는 자기 모습을 매우 창조적으로 꾸밀 수 있으며, 자기 자신을 알리는 데 탁월하다.

또한 대중이 위기에 처하고 2/5가 구조 요청을 받았을 때, 다른 사람들을 새로운 원리와 변화로 이끌어 갈 수 있다.

    가치 있는 전략으로 2/5는 자연히 내향적이고, 그 내향성이 다른 사람들을 그들에게 오게 하여 만나게 된다. 그러한 방법으로 2/5는 적어도 시작 부분에서는 우호적 기대를 받게 된다. 다른 사람들의 기대가 쌓여가도 그들은 자신의 순수함을 지키고자 노력하지만, 그렇다고 욕망에 따라 스스로 일을 벌일 수는 없다. 그들은 이단자로서 변화를 불러오며 이미 있는 것에 도전한다. 그 도전이 실용적이면 그들의 이단적 방책이 승리하고, 더 이상 이단이 아니게 될 때까지 승리의 행진을 계속한다.

    은둔자/이단자 어린이는 자기 영역이 존중받아야 하고, 하기 싫은 일을 억지로 하게 해서는 안 된다. 그들은 가장 환상적 아이가 될 수도 있으나, 운이 없는 날에는 어리다 할지라도 평판에 상처를 받을 수 있다. 한번 자존감이 무너지면 회복이 더디고 자칫하면 그것이 평생을 가기도 한다. 또한 홀로 있는 시간도 존중받아야 하는데, 부모나 다른 사람들의 여러 기대로부터 많은 영향을 받기 때문이다.

    그들의 요구가 존중되지 않으면 은둔자든 이단자든 모두 저항한다. 직업이나 인간관계에서 2/5가 전략과 결정권을 따르는 한, 그들은 무엇인가를 성공적으로 보편화시키고 목표를 달성할 수 있는 엄청난 가능성을 가지게 된다.

유명한 2/5들

베티 프리단, 빌리 디 윌리엄스, 제임스 가필드, 린다 트립, 코코 샤넬, 미아 패로우, 패티 허스트, 로버트 핸드, 새라 길버트, 수잔 매코클.

정각 – 개인적 운명

3/5 프로파일

순교자 / 이단자

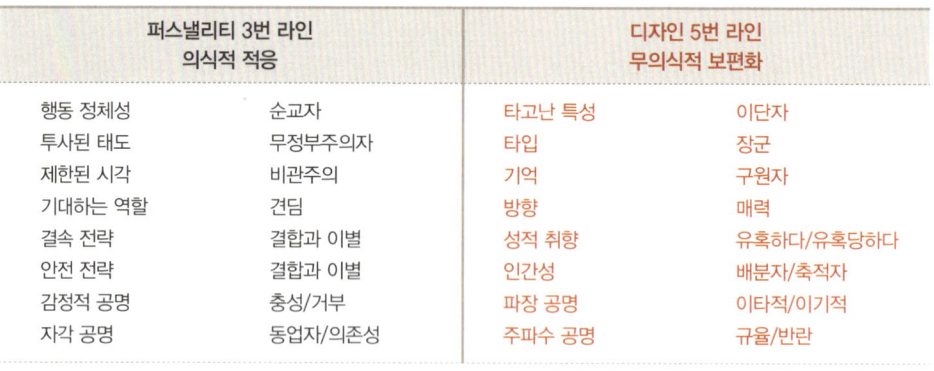

퍼스낼리티 3번 라인 의식적 적응		디자인 5번 라인 무의식적 보편화	
행동 정체성	순교자	타고난 특성	이단자
투사된 태도	무정부주의자	타입	장군
제한된 시각	비관주의	기억	구원자
기대하는 역할	견딤	방향	매력
결속 전략	결합과 이별	성적 취향	유혹하다/유혹당하다
안전 전략	결합과 이별	인간성	배분자/축적자
감정적 공명	충성/거부	파장 공명	이타적/이기적
자각 공명	동업자/의존성	주파수 공명	규율/반란

● **배경** | 만약 극장에 불이 났는데도 소방대원들이 나타나지 않으면, "참을 수 없군!" 하고 외치며 나서서 사람들이 불을 끌 수 있도록 지시하고, 출구를 찾아내는 유형이다. 3/5 프로파일은 변화를 추구하는 2개의 강력한 행위자의 결합이다. 유연하고 적응을 잘하며 변화를 추구하는 의식적 3번 라인은, 근본적으로 물질세계에서의 발견을 추구하고 물리적 시행착오의 삶을 살며, 그 발견으로 본인과 다른 사람들의 삶이 지탱되도록 한다. 순교자는 무언가 되지 않는 일을 까발렸을 때 생기는 열기를 감내하지만, 다른 사람을 우아하게 대하는 성격은 아니다. 그들에게 삶은 불현듯 닥쳐온다. 1번 라인이나 2번 라인처럼 그들은 아무도 찾지 않는다. 하지만 무언가 흥미를 찾아 두리번거리며, 바꿀 게 없나 찾으면서 모든 세상일에 부닥치는 것이다. 부딪쳐 오는 것들 중 일부는 맞지 않기도 하므로 3번 라인은 서서히 비관적으로 변한다. 어린 시절부터 무엇이 적합한지 아닌지를 간파하는 것이 매우 중요하다.

한편 무의식적이고 유혹하는 5번 라인은 다른 사람들로부터 벗어나지 못한다. 사람들은 늘 그를 위기에 처한 자신들을 구해줄 구원자로서, 마치 백마를 탄 기사로 바라볼 것이다. 그런 것이 3/5에겐 참으로 곤란한 것이며, 태어날 때부터 사람들의 기대를 받으나 3번 라인의 성장 과정이 구원은커녕 착오만 계속하게 만들기 때문이다.

성장하면서 3번 라인은 자연적으로 풍부한 경험적 지혜를 쌓게 된다. 장군인 5번 라인이 순교자가 알고 있는 어려운 상황에 도움을 요청받는다. 그러면 이단자로서 등장하여 상황을 휘어잡고, 무언가 새롭고 실용적인 해결책을 제시한다. 무정부주의적 순교자는 적응하고 실험하며, 올바로 나아가 각 단계를 멋들어지게 마무리한다. 위대한 해결사로 불리며 그들은 참신하고 도움이 되는 해결책을 우리에게 마련해준다. 3/5 프로파일은 또한 언제 말고삐를 넘겨주고, 다른 사람들을 스스로 서게 만들 것인지 알아야 한다. 그들은 4번 효처럼 늘 영향력을 행사하는 관계망 건설자가 아니며, 그들의 힘과 효과는 '낯선 해결사'로서 가장 크게 발휘된다.

● **개인적** | 3/5에게 제일 어려운 것은, 자연스러운 3번 라인의 발견 과정과 무의식적 5번 라인에게 주어지는 구원자로서의 모습이다. 당신이 순교자/이단자의 역할을 제대로 하려면, 부닥치는 삶에서 배우는 것에 강조점을 두고, 그 발견을 언제 어떻게 세상에 적용할 것인가를 알아야 한다. 당신에게 다가오는 사람을 수용할지 말지, 또한 다가오는 사건에 대해 수용할 가치를 판단하고 결정하려면 대단한 분별력이 있어야 한다. 가끔 당신의 발견 과정이 실패로 보일지라도, 당신의 실험이 누군가에게는 무엇을 세울 토대가 된다. 백열전구를 발명할 때 수많은 실패가 있었지만, 각각의 실패는 다음 도전의 바탕이 되었다. 쉽게 포기하지 않는 당신은 시행착오의 과정을 견디어내는 사람이다.

가장 중요한 것은 전략과 결정권을 통해 모험과 구원 행위에 올바르게 접근하는 것이다. 아니면 삶에 대해 비관적이게 되거나 평판의 추락을 겪을 수 있다. 일단 책무가 옳게 정해지면, 당신의 강력한 회복력, 적응력, 투지, 관대함과 이타성으로 그 일을 수행할 수 있고, 어떠한 강한 충격에도 삶이 그대를 견디게 한다.

당신은 원리 원칙을 위해, 또한 대중에게 새로운 가치와 체계를 가져와 주변 세상을 바꾸기 위해 세상에 태어났다. 그렇기는 하지만 당신은 강박적 순교자처럼 끝판에 십자가에 매달려 "왜 나를 버리시나이까" 하지 않도록 조심해야 한다. 당신은 스스로 지키며 사는 원리를 발견하고, 그 원리를 일반적으로 통용되는 힘으로 전환시켜야 한다. 결국 새로운 원리와 이단을 확립하지만 그것이 실용적이지 않으면 대가를 지불하게 된다. 당신의 일이나 행위는 흥미가 있어서 지겹지 않아야 한다. 예를 들어 매일매일 새로운 손님을 만날 수 있다면 좋은데, 결합을 맺고 끊는 것이 당신의 주제이므로 그러하다.

● **대인관계** | 순교자/이단자는 물질세계의 달인들이다. 그러나 일이 안 풀리면 인간관계를 끊고 떠나버린다. 그들로부터 보이는 태도는 다음의 말로 가장 잘 표현될 것이다. "당신을 구성원으로 만들고자 하는 어떠한 조직에도 소속되지 말라." 그들은 무정부주의자들로, 되는 일을 찾아내기 위해서 안 되는 일은 모두 때려치워야 한다. 안 되는 일을 찾아내도록 의식적으로 디자인된 3번 라인을 주변에 둔 모든 사람들에게 그것은 커다란 가치가 있다. 부모나 선생들, 그리고 다른 사람들이 3/5를 보고 비판적·부정적이라거나 실수를 했다고 말하기를 그만둔다면, 그들은 3/5의 경험적 지혜를 이용하여 많은 시간과 에너지를 절약할 수 있을 것이다.

우리는 3번 라인 어린이들에게 특별한 종류의 은혜를 베풀 필요가 있다. 부모, 선생들은 그들의 성장 과정을 긍정적으로 보강해주어야 한다. "거기서 무얼 배웠니?" 또는 "실수가 아니고 그냥 발견의 과정이야"라고 말이다. 그렇지 않으면 3/5 어린이의 심리적 상처는 꽤나 깊을 수 있다. 순교자/이단자가 그들이 받은 기대치를 충족시킬 수 없으면 도망을 치고, 자기가 건너온 뒤의 다리를 끊어버린다. 전략과 결정권을 통해 주어진 기대치를 제대로 헤쳐 나아가면, 적응력 있고 실용적이며 또한 물질세계의 경이와 아름다움을 동반한 그들의 진정한 힘은, 우리 모두에게 가치 있는 선물로 빛날 것이다. 그 역할을 하기 위해 그들에게 필요한 것은 긍정적 보강이다.

유명한 3/5들
아나이스 닌, 캐럴 킹, 다이애나 로스, 더들리 무어, 인디라 간디, 케이트 윈슬렛, 셜리 매케인, 테드 터너, 윌리 넬슨, 윌리엄 샤트너.

정각 – 개인적 운명

3/6 프로파일
순교자 / **역할 모델**

퍼스낼리티 3번 라인 의식적 적응		디자인 6번 라인 무의식적 변천	
행동 정체성	순교자	타고난 특성	역할 모델
투사된 태도	무정부주의자	타입	행정가
제한된 시각	비관주의	기억	낙천주의자
기대하는 역할	견딤	방향	객관성
결속 전략	결합과 이별	성적 취향	영혼의 짝 또는 아님
안전 전략	결합과 이별	인간성	신뢰의 유무
감정적 공명	충성/거부	파장 공명	공감/무관심
자각 공명	동반자/의존성	주파수 공명	리더십의 유무

● **배경** | 순교자의 비관주의와 역할 모델의 낙관주의가 만나면, 함께 인생에서 진정 믿을 것이 무엇인가를 찾고자 한다. 3/6 프로파일은 시행착오가 지혜로 연결될 가능성을 보여준다. 모든 6번 라인은 3단계의 삶을 거치며, 첫 30년은 3번 라인의 기간이다. 그러므로 순교자/역할 모델은 겹쳐진 3번 라인으로 삶을 시작하며, 결속의 맺고 끊음을 반복하며 경험을 쌓는 일에 깊숙이 빠져든다. 2단계(30~50세)의 역할모델은 지붕 위로 올라가 한숨 돌리며 세상을 바라보고자 한다. 그러면서도 의식적 3번 라인은 다시 6번 라인을 세상에 끌어내려 재시도를 하곤 한다. 3/6이나 6/3 프로파일은 4/6 이나 6/2처럼, 완전히 지붕 위에서 내려다만 보는 시간을 갖지는 못한다.

가능성으로만 본다면, 3/6의 발견은 그들이 지붕에서 내려와 세상에서 다시 활약하는 세 번째 단계에서, 그 균형 잡힌 성숙한 지혜가 나타날 것이다. 멀리서 보는 특이한 관점으로 역할 모델은 삶을 완벽의 관점에서 재단하고, 순교자는 역경을 헤쳐가며 되지 않는 일을 찾아낸다. 함께 그들은 굳게 진리를 지키며, 인류가 조건화를 벗어던지고 성장의 한계를 수용하여, 스스로의 결정권을 가지고 독특하고 순수하게 자각된 존재로 살아간다면 진보의 다양한 모습들을 보여줄 수 있을 것이다.

● **개인적** | 신뢰와 완벽성은 당신의 커다란 이슈이며, 그것이 기대에 못 미치는 인간관계로부터의 스트레스로 다가온다. 믿음이 있으면 삶이 안전하게 느껴지고 동시에 발견을 위한 자연적 과정에 참여하기도 한다. 결속의 맺고 끊음의 반복은, 영혼의 짝을 찾아 완전한 신뢰를 꿈꾸는 당신의 무의식적 동기와 쉽게 섞이기 어려울 것이다. 당신의 6번 라인은 세속을 넘어 고귀한 자질을 내포하며, 삶이 당신의 기대에 못 미치고 완벽이 손상되면 실망하기도 한다. 또한 결정하기 힘든 것이 삶의 주제이므로 늘 경계인의 모습을 보일 수도 있다. 3번 라인은 경험하기 원하고, 6번 라인은 관망하며 약속으로 얽매이기를 싫어한다. 어쨌든 무언가 하는 게 안 하는 것보다는 낫다. 당신은 경험을 쌓도록 디자인되었지만 꼭 당신에게 맞는 경험이어야 한다. 전략과 결정권 같은 삶의 도구를 제대로 사용했을 때, 당신은 결정의 어려움으로부터 벗어난다.

무의식적 6번 라인은 삶이 완벽하기를 바라지만, 의식적 3번 라인은 가끔 어지러운 시행착오의 경험을 통해 완벽을 배우는게 필요하다. 일이 안 되는 듯 보이면 3번 라인의 비관주의가 삶의 시야를 흐리게 하고, 무의식의 6번 라인은 긍정적 성향을 유지하고자 한다. 3번 라인의 시행착오 과정을 긍정적으로 보는 것이, 삶에 객관적이고 낙관적 태도 유지에 도움을 줄 것이다. 3번 라인에겐 실수란 없고 발견뿐이기 때문에, 그것은 경험 많고 지혜로운 역할 모델의 개발에 결정적인 것이다. 배우기 위해 삶의 과정에 직접 맞닥뜨리며 깊숙이 개입하여 자신감과 달인의 수준을 개발해야 한다. 삶의 과정은 3번 라인의 경험적 지혜를 수용하고, 그 배운 것을 지혜롭고 자연스러운 권위로 나타내 삶의 모범이 되는 여정이다. 다른 사람들이 당신의 조언과 축복을 구할 것이며, 당신이 인정하든 아니든 당신의 말은 존중받을 것이다.

또한 당신은 혼자만의 시간을 갖는 것도 중요하다. 맺고 끊는 주제는 개인적인 문제가 아니다. 다른 사람들과의 이별이라기보다, 삶이 다시 부를 때까지 그냥 자기 일에 몰두하는 3번 라인의 과정으로 돌아가는 것뿐이다. 어떤 때에는 아주 떠나는 것이 맞을 때도 있지만, 대부분은 그냥 홀로 극장에 가거나 드라이브를 하다가 다시 저녁을 먹으러 집으로 돌아가는 식이다. 아니면 얼마 후 다시 만나기 위해 떠났다가, 오히려 더 진하고 강하게 재결합하기도 한다.

● **대인관계** | 인간관계의 실패는 특히 어린 시절의 3/6 프로파일에게 매우 고통스러

운 일이다. 그 후 여러 해 동안 친한 관계를 맺기 힘들 수 있다. 일찍부터 올바르게 결정하는 법을 배우고 알아야 세상을 사는 준비에 도움이 될 것이다. 순교자/역할 모델은 스스로를 유지하는 능력이 뛰어나, 쉽게 포기하지 않고 결국에는 분별력 있는 사람이 된다. 또 좋지 않았던 경험이 사실 도움이 되는 것이었다는 걸 알게 된다. 사회는 우리에게 실수는 나쁜 것이라고 믿게 만든다. 3번 라인이 격려 받지 못하거나 성장과정에서 제대로 교육받지 못한다면 과오들이 쌓여 낙심하고 열등의식을 가지게 되며, 수치심과 비관적 견해로 인한 짐을 지니고 다니게 된다. 경험에서 배우기보다 두 손 들고 떠나 버릴 수도 있는 것이다. 무엇보다도 3번 라인은 무엇이 제대로 작동하고 있지 않은지를 발견하는 대단한 능력의 소유자들이다. 세상의 많은 중요한 발견들이 시행착오를 통해 나왔다. 3번 라인이라 함은 삶의 경이에 온몸으로 뛰어드는 것이다.

순교자/역할 모델은 무정부주의자이자 행정가로서, 스스로는 참여하지 않으면서도 기꺼이 대의명분을 제시할 수 있는 이들이다. 6번 라인이 자기의 세 단계의 삶을 이해하고 자기의 결정권으로 진실하게 산다면, 훗날에는 경험적 지혜로 나타나는 낙관적 견해와 통찰력을 가질 것이다. 그들은 역할 모델로, 50세가 되면 그들의 발견으로, 9센터의 인간들에게 가능한 진리와 꽃피는 아름다움의 완전함을 우리에게 보여줄 것이다. 그것은 재촉해서는 안 되는, 서서히 피어나는 성숙의 새로운 패턴 모델이다.

유명한 3/6들
앤디 깁, 칼라 베르루스코니, 더스틴 호프먼, 에드윈 허버트 랜드, 엘리자베스 클레어 프로펫, 엔리코 카루소, 게르하르트 슈뢰더, 제리 루이스, 존 쿠삭.

정각 – 개인적 운명

4/6 프로파일
기회주의자 / 역할 모델

퍼스낼리티 4번 라인 의식적 외재화		디자인 6번 라인 무의식적 변천	
행동 정체성	기회주의자	타고난 특성	역할 모델
투사된 태도	자진 포기자	타입	행정가
제한된 시각	피로	기억	낙천주의자
기대하는 역할	홀로 있음	방향	객관성
결속 전략	절친 또는 아님	성적 취향	영혼의 짝 또는 아님
안전 전략	후원자/의존자	인간성	신뢰의 유무
감정적 공명	친절/못되게 함	파장 공명	공감/무관심
인식 공명	부패하거나 안 함	주파수 공명	리더십의 유무

● **배경** ㅣ 기회주의자/역할 모델은 9센터의 인생이 어떠한지 보여주는, 중요하고 영향력 있는 표본이 될 수 있다. 1/3 프로파일로 시작되는 개인적 운명을 완성하고, 4/6은 그 기초를 세상에 알리며, 자기 자신으로 사는 것이 무엇인지 알아채는 모델이 된다. 두 라인 모두가 초개인적인 특이한 프로파일이나, 그 역할은 아직도 자신의 삶에 몰두하는 개인적 운명의 하나이다. 4번 라인은 의식적으로 자신의 사교력과 개인적 관계망을 개발, 사용하여 영향권을 넓히려 하지만, 무의식의 6라인은 한발 물러나 앞을 내다보기 위하여 깊숙이 개입하기를 주저한다.

무의식의 수준에서 4/6은 세 단계의 삶을 살며, 그 첫 단계 30년은 3번 라인으로 작용하여, 매우 주관적으로 세상일에 부닥치는 어려운 시간이 될 수 있다. 그렇게 3번 라인은 시행착오, 실험과 발견을 위해 나아가고, 4번 라인은 안정과 기반 조성을 원하므로 첫 단계는 내적인 불편함이 존재한다. 무의식적 3번 라인은 이 물질세계가 무엇인지 깊숙이 조사하며 배워나간다. 30세쯤 2단계가 시작되면 이제 지붕 위에 올라간 기회주의자/역할 모델은, 주관적 경험이 객관적 지혜로 바뀌는 반가운 유예 기간(지붕에서 내려가기 전 약 20년)을 즐긴다. 이제는 조망하는 위치에서 사리분별이 제대로 될 수 있다. 지붕 위에서 4번 라인은 가족을 만들거나 경력, 친구들의 관계망으로 안전성을 확보한다. 50세 이후의 마지막 단계에서 4/6은 지붕을 떠나 분별을 넘어서는, 이것도 아니고 저것도 아닌 초월적 관점으로 세상에 영향을 미치며 지붕 아래로 다시 내려와 삶에 참여한다. 삶의 단순한 과정을 통해, 주변 세상에 의해 만들어지는 모습이 아닌 진정한 당신으로 존재한다는 것이 무엇인지 보여준다.

- **개인적** | 잘 맞는 사람들과 연결되어 질적인 관계를 유지하려는 당신의 의식적 바람과, 홀로 삶을 객관적으로 관찰하고 전망하려는 무의식적 원함이 자연히 내적으로 긴장을 일으킨다. 당신은 일반적으로 그룹의 가장자리에서 지켜보며, 초개인적 견해로 다른 사람들의 사고방식을 바꾸는 새로운 관점을 피력할 기회를 기다린다. 4번 라인에게는 기회가 오면 자신의 진실을 다른 사람들과 소통하는 능력이 있다. 하지만 다른 사람들에 의해 자신이 바뀌는 데에는 흥미가 없다. 다른 사람들의 저항이 느껴지면 당신은 물러가 이야기를 들어줄 또 다른 이들을 찾는다. 인간관계에 시달려 피곤함을 야기할 수도 있으니 자기만의 시간을 갖는 것이 중요하다. 전략과 결정권을 통한 삶이 당신의 고유함을 드러내고 영향을 줄 수 있는 관계를 형성할 것이다. 당신은 신뢰할 수 있는 인간관계를 잘 가려냄으로써 추종자는 없지만 지도자일 수 있는 삶의 표본이 된다.

당신은 친밀한 관계를 만드는 놀라운 재주가 있는데, 거기엔 시간과 에너지의 투자가 있어야 한다. 또한 멀리서 바라보고 다른 사람들을 평가하는 것도 자연스럽게 잘해낸다. 친구들에게 깊은 영향을 줄 것이니 하나하나 모든 관계가 중요하며, 그들은 당신이 새로운 관점을 보여주는 데 필요한 기회를 서서히 마련할 것이다. 낯선 사람들에게는 당신의 영향력이 없다. 당신과 여러모로 잘 맞는 친숙한 사람들이 필요하며, 단순히 영향을 받을 만하다고 느껴지는 사람들은 안 된다. 인간관계에 그러한 기회가 오기에는 몇 년이 걸릴지도 모르며, 투자하는 에너지는 단순히 교류 자체를 위해서라야만 한다. 잘못된 관계에서는 준 것에 비해 돌아오는 것이 없고, 당신의 진실을 포기하게 되며 엉뚱한 기회와 실망, 슬픔, 피로만 남을 것이다.

- **대인관계** | 4번 라인 어린이들을 올바르게 키우기 위해서는, 그들이 의존자에서 후원자가 되도록 충분한 시간을 주어 성숙시켜야 하며, 너무 빨리 세상으로 내보내지 말

아야 한다. 4번 라인은 오랫동안 의존적일 수 있으며, 한번 제 발로 서면 중요한 변화를 시작한다. 스스로 후원자의 중요성을 알고 있으니, 그들 고유의 충직함을 바탕으로 그동안 도와준 후원자들을 잘 보살펴준다. 많은 4번 라인 사람들이 박애주의자, 후원자들이 되며, 다른 사람들에게 기회를 마련해주는 바탕을 열어준다.

인간관계가 4번 라인의 전부이다. 관계망의 질만큼 그들의 삶도 따라간다. 시작의 첫 단계에서 4/6은 3번 라인으로 작용하여, 맞지 않는 관계나 모임을 만나는 경우도 있다. 시작의 30년 동안, 4/6에게 가장 가치 있는 부모의 지도는 그들의 인간관계에 대한 것이다. 그 관계가 50세 이후 초월적 역할 모델로 피어나는 성패를 좌우하기 때문이다.

4번 라인은 참여하고자 하고 6번 라인은 그냥 지켜보고자 하므로, 4/6은 가끔 경계선에 앉아 있는 듯 보인다. 우리에겐 그들이 내려와 날카로운 견해를 우리와 나누는 것이 필요하다. 기회주의자/역할 모델은 모두에게 최선을 바라는 관대한 영혼을 가지고 있고, 따스한 가슴과 지혜로운 두뇌로 세상에 사랑을 가져올 수 있다. 그러나 신뢰가 무너지면 그 예민한 가슴은 쉽게 상처받고 따스한 가슴은 식게 되며, 거절당하면 거칠게 굴기도 한다.

유명한 4/6들
알 파치노, 브래드 피트, 데이비드 베컴, 마누엘 노리에가, 나가코(일본 황후), 팔로마 피카소, 로버트 케네디, 루퍼트 머독, 살바토레 페라가모.

병치 – 고정된 운명

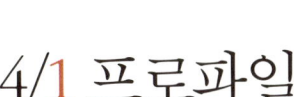

4/1 프로파일

기회주의자 / 조사자

퍼스낼리티 4번 라인 의식적 전파		디자인 1번 라인 무의식적 성찰	
행동 정체성	기회주의자	타고난 특성	겸손
투사된 태도	자진 포기자	타입	권위주의자적
제한된 시각	피로	기억	공감
기대하는 역할	홀로 있음	방향	창조성
결속 전략	절친 또는 아님	성적 취향	쫓는 자/쫓기는 자
안전 전략	후원자/의존자	인간성	자급자족/탐내는 자
감정적 공명	친절/못됨	파장 공명	약함/강함
인식 공명	부패하거나 안함	주파수 공명	약함/강함

● **배경** | 사회적으로 개방되고 친밀한 4번 라인이, 무의식적으로 내향적이고 불안한 1번 라인과 흥미로운 병치를 이루고 있다. 1번 라인은 '하괘'의 기초이고 4번 라인은 '상괘'의 기초이니, 목적에서 조화를 보인다. 이 프로파일은 인류의 2% 정도만을 차지하며, 고정된 운명으로 정각의 개인적 운명과 빗각의 초개인적 카르마의 다리 역할을 한다. 개인적이거나 초개인적 둘 다가 아닌 이 프로파일은 각각의 게이트마다 오직 한 개씩 있다. 4/1은 인생 행로 Geometry의 독특한 선을 따라 움직이고, 선로 위의 기차처럼 바뀔 수 없는 움직임과 방향을 가지고 있다.

● **개인적** | 당신은 관심 분야에 대한 튼튼한 기초를 닦고 공부하여, 그 지식을 가지고 다른 사람들에게 영향을 주도록 디자인되었다. 당신의 기초란, 무엇이든 스스로 몰두하기를 좋아하는 것으로, 다른 사람들과 나누고자 하는 분야를 말한다. 주어진 과목을 조사하고 통달하면 내적 불안이 권위로 바뀐다. 일단 권위를 획득하면 당신의 관계망에 나아가 그 분야의 전문가가 될 수 있다. 당신은 4번 라인의 처세술로 그 지식을 어떻게 나눌지 아는 자연적 능력을 가지고 있다.

당신의 역할은 개인적 프로파일들의 연구/개발을, 초개인적 프로파일들의 보편화/마케팅과 만나게 하고 연결시켜주는 것이다. 각각의 세계에 한 발씩 걸치고 있으나, 그 두 세계와는 또 다른 역할을 하는 것이다. 당신은 그것이 무엇이든 독특하게 당신의 길을 가야 하는 것으로 정해진 운명이다. 당신의 운명이 무엇을 조사하고 나눌 것인지 알아내려면, 바디그래프에서 퍼스낼리티의 태양과 지구의 위치를 찾아보라. 그것이 이 세상에서 무엇을 할까 그 목적을 아는 데 단서를 제공할 것이다. 당신이 자신의 전략과 결정권으로 사노라면, 당신의 삶이 당신의 목적과 운명에 완벽하게 정렬된다는 것을 목격할 수 있을 것이다.

당신의 삶의 질은 당신이 속한 관계망(가족, 친구들, 직장 동료들)의 질에 크게 의존한다. 낯선 사람들에게는 영향력이 없으니, 당신의 지식이 나누어질 기회도 그 모임이나 함께 하는 사람들과의 친교를 통해 이루어진다. 지식의 효과적 나눔을 위해서 개인적 연결이 필요한 것이다. 예를 들어 지인의 부탁으로 강연을 할 때에는, 미리 그 장소에 가서 가능한 한 많은 청중들과 낯을 익히는 게 가장 중요하다. 또는 행사 첫날밤에 얼굴을 익히는 모임을 만들어, 부드러운 분위기 속에 이야기를 하는 것이 좋다. 또한 가정, 돈, 교류, 직업 등에서도 든든한 기반을 유지하는 것이 중요하다. 하지만 늘 변화하는 세상에서 그렇게 하기도 쉬운 일은 아닐 것이다.

또한 4/1은 참나무처럼 단단하게 고정되어 있지만 내적인 연약함도 가지고 있다. 단단히 고정되어 있으므로 깨어질 수 있으며, 깨어진 조각들은 다시 붙이기 어렵다. 자신의 목적과 디자인을 이해함으로써, 길을 유지하고 삶의 도전에 응할 수 있게 될 것이다. 자기 길을 유지하고 즐기기 위해서는 본인의 진면목을 정확히 살고, 다른 사람을 위해 바뀌지 말아야 한다. 균형과 건강 유지를 위해 다른 사람들이 당신에게 맞춰야지, 그 반대로 할 능력이 당신에게는 없다. 잠시 동안은 다른 사람들과 함께 갈 수 있겠지만, 당신의 고유한 길로 늘 돌아와야 한다.

● **대인관계** | 기회주의자/조사자에게는 삶과 사람들이 진정한 교육이다. 세상 사람들이 그들처럼 모든 것을 흑백으로, 옳고 그름으로 보지 않는다는 것을 살면서 배우기 때문이다. 그들은 세상의 방식을 어렵게 깨달으며, 그것이 그들을 가슴 아프고 취약하게 만들기 쉽다. 그렇게 4/1은 배워나가며, 정해진 운명이 그들을 전진시킨다. 세상의 어

려움을 초월하는 것이 중요하고, 넓은 관계망뿐만 아니라 그들에게 무조건적 사랑과 도움을 줄 수 있는 가까운 사람들과 좋은 친구들이 필요하다. 기회주의자/조사자는 인간의 행태를 공부하기 좋아하며, 심리학, 사회학, 점성학, 휴먼디자인 등의 조사를 즐길 수 있을 것이다.

인생을 순탄하게 시작하기 위해서, 4/1 어린이는 안전하고 든든한 과정과 교육이 매우 중요하다. 그들이 즐기고 좋아하는 것을 배울 기회를 준비해주고 격려함이 필요하다. 남녀관계를 위해서는, 형제애/자매애 또는 친구 간의 우정 같은 기초 위에 시작하고, 서서히 깊은 친밀함으로 나아간다. 기회주의자/조사자와 만나는 사람들은 그에게 적응하는 것이 필요하다. 4/1은 가장 충직하고 너그러운 친구가 될 수 있으나, 믿음과 충직함이 없거나 충돌이 생기는 관계는 가질 수 없다. 4/1과는 완전히 솔직하고 투명한 것이 제일인데, 왜냐면 4번 라인은 본래가 포기를 잘하기 때문이다. 저항을 받으면 그들을 원하는 다른 사람에게 가버린다.

4/1과 논쟁을 하면 그들은 고개를 끄덕이면서도 속으로는 굳건하게 자기의 믿음을 유지한다. 4/1의 생각을 바꾸기는 매우 힘드나, 당신이 확실하고 훌륭한 대안을 제시하면 가능할 수도 있다.

유명한 4/1들
데이비드 긴즈버그, 앤드류 로이드 웨버, 바버라 월터스, 베트 미들러, 버즈 올드린, 잔니 베르사체, 루이 뷔통, 피터 셀러스, 리처드 해리스.

빗각 - 초개인적 카르마

5/1 프로파일

이단자 / 조사자

퍼스낼리티 5번 라인 의식적 보편화		디자인 1번 라인 무의식적 성찰	
행동 정체성	이단자	타고난 특성	겸손
투사된 태도	장군	타입	권위주의자적
제한된 시각	구원자	기억	공감
기대하는 역할	매력	방향	창조성
결속 전략	유혹하거나 당함	성적 취향	쫓는 자/쫓기는 자
안전 전략	배분자/축적자	인간성	자급자족/탐내는 자
감정적 공명	이타적/이기적	파장 공명	약함/강함
자각 공명	규율/반란	주파수 공명	약함/강함

● **배경** | 주역에서 다스리는 자리, 또는 추앙받는 5번 라인은 64괘의 대표성을 뜻한다. 이단자/조사자는 무의식에서 권위적 기초인 1번 라인으로서, 그 기초를 의식적으로 어떻게 나타낼지의 5번 라인과 합쳐 있다. 그 결과는 5/1이 12개의 프로파일 중, 가장 보편화를 잘 시킬 가능성이 많은 초개인적 프로파일이 된다. 그것은 구원자, 장군, 속임수와 피해망상의 프로파일로서 매우 유혹적이다. 이단자/조사자는 위기 시에 실용적 해결책으로 다른 사람들을 돕거나 구하도록 기대를 받는다.

● **개인적** | 초개인적 운명이란, 카르마를 해결해야 하고 서로를 변이시킬 다른 사람들을 만나도록 디자인되어 있음을 말한다. 만남을 교차점들로 나타내는 그물망으로 당신의 인생 행로를 그려본다면, 당신이 어떻게 서로 도움을 주고받을 동료들을 만나게 되어 있는지 감을 잡을 수 있을 것이다. 데자뷰처럼 수시로 경험할 수 있는 이 운명적인 만남들은 사업 관계처럼 복잡할 때도 있고, 때로는 당신에게 길을 물어보는 일처럼 간단한 것일 수도 있다. 매력적이고 유혹적인 초개인적 5번 라인이 다른 사람들의 기대를 받는다는 것을 당신도 어느 정도 알고 있다. 당신을 잘 모르는 사람들조차, 그들에게 중

요하고 도움이 될 만한 어떤 것을 당신이 가지고 있다고 막연하게 느낀다. 그러한 기대가 당신에게 사람들을 끌어들이게 하여, 당신의 고유한 목적을 이루는 데 필요한 사람들을 엮도록 하는 것이다.

다른 사람들은 당신이 지도하고 협조하고 구원하리라 기대한다. 그 기대가 옳다면 당신은 문제 해결 능력으로 실질적인 해결책을 제공함으로써 그 역할을 즐긴다. 가끔 그 기대가 맞지 않으면, 당신은 다른 사람들이 필요한 걸 해줄 수 있을지 자신이 없어진다. 그러므로 어떠한 기대가 당신에게 적절한 것인지 아는 것이 중요하다. 맞지도 않는데 수락을 하게 되면 다른 사람들의 기대로 생기는 환상의 덫에 걸려들어, 지키지도 못하는 약속을 하게 되고 평판에 먹칠만 하는 결과를 부른다. 다른 사람들의 기대를 어느 정도 의심하고 우려하는 것도 당신의 건강에 좋다. 라 우루 후는 말했다. "인류의 꿈과 희망이 5번 라인의 어깨에 달려 있다." 이것은 엄청나게 커다란 의무이므로, 그 기대치를 벗어나지 않는 최선의 방법은 튼튼하고 실용적이며 확실한 토대 위에 서는 것이다.

5번 라인에게 유리한 것 중 하나는, 다른 사람들의 기대가 처음에는 긍정적으로 시작된다는 것이다. 그들은 당신이 필요한 것을 주리라 기대하고, 그것이 실용적이면 당신의 평판은 좋아진다. 해결책이 실용적이지 않고 뜬구름 잡는 소리라면, 평판은 나빠지고 이단자는 기둥에 못 박혀 불태워질 것이다. 신뢰받는 평판이 없는 곳이라면, 당신의 의식적 5번 라인은 방향을 바꾸어 딴 데를 알아보는 게 좋을 것이다. 어딘가에 참가하기 전, 당신은 모두에게 유용한 실질적인 해결책이 준비되었는지 스스로 확인해야 한다. 당신은 그것을 무의식적 조사자인 1번 라인으로서 한다. 일단 기초가 튼튼해지면, 권위자가 되어 필요할 때 사회에 자극을 주고 변형시킬 준비가 된다. 당신의 전략과 결정권은 적절한 환경으로 이끌고, 가지고 있는 실용적 토대를 보편화시킬 적당한 때를 가져다줄 것이다.

당신은 주변을 날카롭게 바라보는 사람이며, 준비성과 적당한 때를 아는 것이 성공의 주요한 조건이다. 이단자/조사자로서 그 둘을 합치면, 인류의 구태를 깨고 당신의 선지자적 관점으로 세상을 혁명시킬 수 있다. 친한 사람들에게만 영향을 끼치는 4번 라인과는 다르게, 당신은 '낯선 해결사'로서 더욱 강력하게 영향을 끼친다. 당신은 자신의 선지자적인 혁명적 정보를 받아들일 새로운 사람들과 상호 작용하도록 태어났다. 5번 라인은 잘 아는 사람들로부터는 무시를 당할 수 있다. 가끔 작업 환경을 떠나는 것이 좋고, 다시 힘과 능력을 키워 새로운 위기에 대비하는 것이 필요하다. 또한 창조성과 아름다움을 향한 노력은 여러모로 당신을 재충전시켜준다.

● **대인관계** | 이단자/조사자는 보편화시키는 기회를 늘리고, 짝을 찾는 데 도움을 받기 위해 자신을 치장하여 매력적으로 보이고자 한다. 그들은 약한 구석과 불안정성이 있어서 자기의 진면목을 보이고자 하지 않는다. 5번 라인은 포착하기 어려운 투사의 장으로 둘러싸여 있기 때문에, 진정으로 5번 라인을 아는 사람들이 거의 없다. 5번 라인은 거두어 쌓아놓고, 자신의 기초(무의식 1라인)를 보편화하기 위해 기대의 힘(투사의 장)이 커지는 적절한 때를 기다리고 있다. 위기 상황에서 실질적 해결책을 마련하려면 훈련과 참을성이 요구된다. 이단자/조사자는 그 과정에서 각광을 받으며, 또한 다음 기회를 위하여 제때 물러나야 함을 잊지 말아야 한다. 나아가고 물러날 때를 제대로 알지 못하면 평판에 손상을 가져온다. 떠날 때를 놓치고 할 일이 없게 되면 새로운 기대치가 덧붙여지며, 그것이 그들에겐 맞지 않을 수 있다. 덧붙여서 5/1 프로파일은 6/2 프로파일과 흥미로운 연관성을 보인다. 6/2가 지혜와 신뢰의 모습을 보이므로, 5/1의 관점과 선동을 순수하게 밀어주면 그의 평판을 상승시키는 효과를 내는 것이다. 그러나 반대로 6/2가 그들의 평판을 무너뜨릴 수 있다는 것도 사실이다.

> **유명한 5/1들**
> 안네 프랑크, 버크민스터 풀러, 클린트 이스트우드, 해리 벨라폰테, 휴 헤프너, 닐 암스트롱, 피오 신부, 폴 매카트니, 라 우루 후, 테오 반 고흐.

빗각 – 초개인적 카르마

5/2 프로파일

이단자 / **은둔자**

퍼스낼리티 5번 라인 의식적 보편화		디자인 2번 라인 무의식적 투사	
행동 정체성	이단자	타고난 특성	은둔자
투사된 태도	장군	타입	민주주의자
제한된 시각	구원자	기억	편견
기대하는 역할	매력	방향	조화
결속 전략	유혹하거나 당함	성적 취향	수줍음/대담함
안전 전략	배분자/축적자	인간성	양육자/기생자
감정적 공명	이타적/이기적	파장 공명	전진/후퇴
자각 공명	규율/반란	주파수 공명	투지가 있거나 없음

● **배경 |** 퍼스낼리티와 디자인 양쪽에서 투사를 받기 때문에, 이단자/은둔자는 스스로 자극을 주거나 스스로 움직일 원인을 만들어야 한다. 올바른 투사로 일이 시작되면, 이단자는 은둔자의 능력을 불러내어 타고난 능력으로 보편화를 하게 된다. 5/2의 삶은 계속 기대를 받는 범상치 않은 프로파일이다. 집의 예를 다시 본다면, 2층의 의식적 5번 라인은 커튼 뒤에서 세상을 내려다보면서 사람들이 투사를 통해 자신을 궁금해한다는 것을 알고 있다. 무의식적 2번 라인은 1층 바닥에서 커튼을 열고 불을 켜놓은 채 춤을 추지만, 밖에서 들여다보는 시선들을 알지 못한다.

많지 않은 이 프로파일은 '주저하는 이단자'로 불리는데, 이단자/은둔자는 보통 한 발 떨어져서, 다른 사람들의 기대를 만족시킬지 확신이 서지 않아 참여를 주저하기 때문이다. 그들은 초개인적 프로파일이지만, 다른 사람들과 함께하는 5/1의 카르마와는 다르게, 5/2는 자신 안에 내재된 카르마를 가지고 있다. 그들은 과거에 살았던 것을 기반으로 하는 무언가를 해서 살아야 하는데, 그것을 찾아내는 건 본인 스스로 해야 한다. 그렇지 않으면 그것을 찾는 데 실패하여 보편화시킬 수가 없다.

● **개인적** | 당신은 범상치 않은 독특한 재주가 있으며, 어떻게 삶에 참여하는가가 매우 중요하다. 무언가 혁명적인 것을 스스로 끄집어내기를 기다려, 일상을 뛰어넘는 어딘가로 사람들을 이끌고자 한다. 한번 제대로 시작하면 헌신적으로 다른 사람들을 도우며, 동시에 본인의 물질적 필요도 충족시킨다. 찾아내고 공부한 기초를 보편화시키는 5/1과는 다르게, 당신은 스스로 가지고 있는 본래의 재주와 능력을 보편화시킨다. 그것은 개인적인 일이라 자신이 없을 수도 있다. 당신이 참가하여 돕도록 초대를 받는다면, 당신은 그들의 신뢰를 요구한다. 당신은 홀로 자기의 카리스마에 의지해야 하므로 확신이 서지 않을 수 있는 것이다.

2번 라인의 천재성은 무의식적이고 깊이 숨겨져 있으며, 또 그가 적절한 부름을 받는지 알기가 쉽지 않다. 기대치에 의해 부름을 받으니, 당신의 전략과 결정권을 통한 적절한 결정을 하는 것이 성공과 평판에 매우 중요하다. 올바른 부름을 인식해야만 기대에 부응할 수 있다. 5번 라인은 그들의 요구를 채워주리라는 다른 사람들의 긍정적 기대로 시작하지만, 그 기대에 부응하지 못한다면 당신의 평판은 손상된다. 이 프로파일은 초개인적이니 그 무너짐의 여파는 광범위하고, 그러므로 엉뚱한 투사에 넘어가지 말고 스스로의 결정권으로 올바른 결정을 내림이 더더욱 중요해진다. 다른 사람을 떠나 홀로 보내는 휴식의 시간이 필요하고, 거기서 자연스럽고 편안한 완전함으로 돌아갈 수 있다. 당신의 무의식적 2번 라인의 몸은, 건강과 자연적 능력의 유지, 양육을 위해 은둔적인 홀로 있음이 필요하다.

은둔자인 당신은 스스로의 타고난 능력을 발전시키려는 내적 흥미도 없으며, 믿는 바를 자기 자신과 다른 사람들에게 증명하고자 하지도 않는다. 이단자로서는, 위기에 처한 모든 사람들이 해결책과 희망을 기대하는 것이 편하지 않다. 다른 사람들의 기대에 부응하지 못한 경험이 많이 있다면, 그것이 홀로 있고자 하는 당신의 경향을 부정적으로 강화시킬 수 있다. 그리하여 자신의 능력이 의심스러워지고, 다른 사람들의 기대가 부담스럽고 혼란스러울 수 있다. 그것이 심해지면 세상의 모든 기대를 등지게 되어, 세상을 위해 일하기를 거부하는 못난이라든지 모으기만 하고 쓸 줄 모르는 사람이라는 평판을 감수해야 할지 모른다.

● **대인관계** | 이단자/은둔자와 어울리는 비밀은, 그들이 조금도 압박을 느끼지 않도록

하는 것이다. 그들이 스스로 나올 때까지 기다려라. 그리고 그들이 난관에 빠져, 독특하고 타고난 그들의 천재성이 나오는 모습을 지켜보라. 그것이 개인적으로 뿌듯한, 새로운 진화의 진리가 세상에 나오게 하는 이 프로파일의 방법이며, 누구도 압박을 받지 않는 것이 조화의 근본이라 믿는 5/2의 조화를 유지하는 방법이기도 하다. 남녀관계에서는 이단자의 5번 라인이 자기의 매력으로 다른 사람들의 주목을 받고자 하나, 은둔자의 수줍음은 자동적으로 진정한 친밀함을 거부하는 벽을 만든다. 그러나 상대가 끈덕지게 따라붙거나 흥미로운 상대가 나타나면, 경계를 낮추고 추적자의 대담함에 유혹을 허용하고 빗장을 연다.

스스로 동기 부여가 필요한 5/2 어린이는 부모를 힘 빠지게 하거나 어려움에 들게 하는 타입이다. 5/2 아이들은 세상에 능력을 뽐내고 다른 사람들에게 도움이 될 것이라는 큰 기대를 받는다. 하지만 능력을 떨치는 대신 자기 방으로 들어가 빈둥거리는 것처럼 보이면, 가족들은 혹시 이 아이들이 모자라는 것인가 생각할 수도 있다. 5/2 어린이에게는 늘 그러한 기대가 주어지니, 다른 사람들과의 관계가 더욱 불편해질 수 있다. 자기의 타고난 능력과 기대에 대한 부응이 확실하지 않으므로, 자기의 어떤 면을 다른 사람들이 보고 있는지 의심스러워한다. 5/2 어린이들과 일을 할 때는 여러 가지를 보여주어 무엇에 재미있어하는지 아는 게 최선이다. 그들은 꽤 까다롭지만, 한번 구미가 당기면 스스로의 재능을 불러내 다른 사람들과 나눌 수 있을 것이다.

유명한 5/2들
애이브러햄 링컨, 코레타 스콧 킹, 브리짓 폰다, 조지 엘리엇, 마이크 월리스, 피터 그리브스, 론 L. 허버드, 앨빈 에일리, 치나 필립스, 프란츠 슈베르트.

빗각 - 초개인적 카르마

6/2 프로파일

역할 모델 / 은둔자

퍼스낼리티 6번 라인 의식적 보편화		디자인 2번 라인 무의식적 투사	
행동 정체성	역할 모델	타고난 특성	은둔자
투사된 태도	행정가	타입	민주주의자
제한된 시각	낙관주의자	기억	편견
기대하는 역할	객관성	방향	조화
결속 전략	영혼의 짝 또는 아님	성적 취향	수줍음/대담함
안전 전략	신뢰의 유무	인간성	양육자/기생자
감정적 공명	공감/무관심	파장 공명	전진/후퇴
자각 공명	리더십의 유무	주파수 공명	투지가 있거나 없음

● **배경** | 초개인적 역할 모델/은둔자는 우리에게 다른 사람들의 권위에 의지하지 않고 순수하게 살아, 스스로의 독특한 완벽함을 수용하고 깨어남이 어떤 것인지 보여주려고 우리 곁에 있다. 무의식적이고 본래 재주가 좋은 은둔자는 자기 일에 몰두하도록 홀로 있기를 바란다. 집으로 치면 6번 라인은 집의 다른 부분과 떨어진 지붕이 되며, 건넛 집이나 다음 게이트를 바라보고 있다. 역할 모델은 집 안의 일에는 별로 관심이 없고 좀 더 넓은 관점에 흥미를 느낀다.

이러한 지붕 위의 자리는 6/2를 삶의 드라마에서 한 발짝 떨어지게 만들고, 객관적으로 보게 만들어 공정한 관점을 제공하며, 마치 언덕 위 현자처럼 만든다. 2번 라인과 6번 라인은 공통점이 있는데, 은둔자의 타고난 재능이 주목을 받는 것처럼 6번 역할 모델도 늘 주변의 시선을 받는다는 것이다.

● **개인적** | 당신은 약간 세상과 어울리지 않는 듯한 느낌을 가질 수 있다. 당신은 하늘을 나는 새의 눈으로 세상을 굽어보기 때문에, 나이답지 않게 지혜로울 수 있다. 6번 라인이 없는 프로파일은 그러한 능력이 없으므로, 당신은 다른 사람들과 연결이 안 되는

듯 느끼거나, 당신에게는 분명한 것이 왜 다른 사람들에게는 안 보이는지 궁금할 수 있다. 6번 라인과 2번 라인이 합쳐지면 민주적 행정가, 독특하고 유능하며 지혜로운 권위자의 능력을 당신에게 준다.

모든 6번 라인이 그러하듯 당신도 인생의 세 단계를 거친다. 당신의 진정한 목표, 즉 신뢰받는 지도자가 되기 위한 성장과 준비의 과정으로써, 각 단계의 면모를 수용하는 것이 중요하다. 첫 30년은 시행착오와 발견, 그리고 가치 있는 경험들의 기간으로, 험한 세상의 파도에 노출되어 어느 정도 순진함을 상실하게 된다. 개발의 2단계는 은둔과 치유로 낙관적 견해를 회복하고, 삶을 즐기며 되는 일을 찾아 나선다. 당신의 무의식적 2번 라인 은둔자는 은둔이 자연스러우니 이 단계를 좋아한다. 50세 이후, 부름을 받아 삶에 다시 합류하고, 진정한 역할 모델이 되어 지혜와 깨달음으로 객관적 심판자, 관찰자의 예시를 보인다.

당신은 눈에 잘 띄고, 은둔해 있을 때에도 대단한 초개인적 힘을 가지고 있다. 당신에게 조화로운 삶이란 스스로를 증명해야 할 과제나 압박이 없는 것이다. 인생의 소소함을 떠나 초월의 위치에 있는 능력은 당신의 개별성 유지를 돕는다. 당신은 특히 깊이와 의미 있는 일에 관심을 보이고, 잡다한 일에는 관심이 없다. 다른 사람들은 당신을 객관적 행정가로 보며 조언을 부탁할 것이다. 당신은 초개인적 인간으로서 다른 사람들을 경청하게 만들고, 당신의 조언은 상당한 무게를 지닌다. 당신이 이걸 할지 말지, 이 사람이 좋은사람인지 나쁜사람인지, 말하면 사람들은 그 말을 믿는다. 건강하다면 당신의 6번 라인은 근본적으로 낙관적이다. 당신을 포함해 모두에게 최선의 꿈과 희망을 바라며, 동시에 당신의 무의식적 2번 라인은 인류에 내재하는 유약함과 자기혐오를 본다.

당신의 타고난 영민함과 내적 재능은 보호받아야 하고, 세상으로 나와 수용되고 자연스럽게 피어날 수 있어야 한다. 당신은 다방면에 걸쳐 많이 아는 사람이 아니고, 당신만의 재능을 발휘하고 역할 모델의 힘을 보여줄 남다르게 특별한 분야가 있다. 그 분야는 당신이 찾는다고 찾아지는 것이 아니고, 다른 사람들이 당신에게서 찾아내야 한다. 첫 두 단계에서 당신의 관점을 유지하고 본래의 재능을 지켜내면, 낙관적이고 고귀한 자족의 선지자적 자질이 당신에게서 나타난다. 그러나 당신의 무의식적 불확실성이 그것을 숨기고 세상에 내놓지 않으려 할 수 있다. 전략과 결정권이 적절한 사람들과 부름을 가져다줄 것이다.

● **대인관계** | 역할 모델/은둔자는 완벽한 인생, 완벽한 짝(뜻이 맞고 연대감을 느끼며 자랑스러운)을 구하는 이상주의자들이다. 그러나 가능한 짝은 대담하여 6/2의 벽을 통과해야 한다. 첫 30년의 시행착오 기간 동안에는 섣부르게 연인을 사귀었다가 실망과 불만족으로 고생하기 쉽다. 대체적으로 은둔의 시기가 되어야 올바른 짝을 찾을 가능성이 주어지지만, 그 시기에도 짝을 완벽하게 바꾸려는 시도로 많은 시간을 보낼 수 있다. 6/2는 자신의 진실을 사는 것이 중요하며, 다른 사람들을 바꾸려는 시도는 맞지 않는다. 역할 모델/은둔자는 신뢰를 먹고 자라며, 믿을 수 없으면 친해질 수도 없다. 신뢰가 깨어지면 당신은 6/2와 오직 피상적 수준에서만 만날 수 있을 것이다.

6/2 어린이에겐 트루셀프의 본성을 찾도록 도와주는 것이 중요하며, 첫 단계 30년간의 어떠한 실패도 부끄럽다고 느끼게 해서는 안 된다. 그들은 자신의 재능을 확신하기 어렵고 스스로 완벽을 추구하므로, 자신에게 가장 철저한 비판자이다. 그들에게 시도하고 탐험하도록 부추겨야 한다. 일이 잘 안 됐을 때 부모는 "거기서 무엇을 배웠니?" 하고 물으며 격려할 수 있을 것이다.

6번 라인의 3단계 발전 양상은 인류가 모두 겪는 것으로, 6번 라인이 우리를 새로운 9센터 몸의 미래로 변천하는 길을 이끌며 강조하는 모델이다. 그들은 스스로의 결정권으로 결정하며 살아가는 9센터 인간들의 각자 다른 삶의 모습을 보여주러 우리 곁에 있다. 역할 모델/은둔자는 우리가 어떻게 스스로의 지혜로써 살 수 있는지 보여준다.

유명한 6/2들
버락 오바마, 빌리 조엘, 샤를 드 골, 찰스 디킨스, 에롤 플린, 조지 루카스, 해리 트루먼, 헨리 포드, 이사도라 던컨, 젤다 피츠제럴드.

빗각 – 초개인적 카르마

6/3 프로파일

역할 모델 / 순교자

퍼스낼리티 6번 라인 의식적 변천		디자인 3번 라인 무의식적 적응	
행동 정체성	역할모델	타고난 특성	순교자
투사된 태도	행정가	타입	무정부주의자
제한된 시각	낙관주의자	기억	비관주의
기대하는 역할	객관성	방향	견딤
결속 전략	영혼의 짝 또는 아님	성적 취향	결합과 이별
안전 전략	신뢰의 유무	인간성	결합과 이별
감정적 공명	공감/무관심	파장 공명	충성/거부
자각 공명	리더십의 유무	주파수 공명	동업자/의존성

● **배경** | 역할 모델/순교자는 12 프로파일의 마지막이고, 완성을 추구하고 진리를 유지하는 의식적 6번 라인과, 불안하고 물질을 추구하는 변이적 3번 라인의 결합이다. 6/3은 변천과 변화의 프로파일이며, 혼란스럽고 불안정한 삶을 보낼 수 있다. 3단계의 어디에 6번 라인이 살고 있든, 무의식의 3번 라인은 계속 주관적인 경험을 하려 한다. 하지만 그런 과정을 통해 6/3은 가장 지혜로운 역할 모델이 되며, 궁극적으로 독특함이 완벽함이라고 깨닫게 되고, 결정을 할 때에도 그 누구보다 스스로를 믿어야 한다는 것을 알게 된다.

● **개인적** | 모든 6번 라인이 그렇듯 당신도 세 단계의 삶을 살 것이다. 6/3은 처음 30년을 3/3으로 보내므로 두 배로 강렬하고 시행착오가 때로는 매우 버겁기도 하다. 당신은 주관적 경험들을 쌓고, 거의 모든 것, 되지 않는 일이나 교류까지 다 해보려 한다. 실망이 쌓이다 보면 결국 '인생에서 정말 되는 게 아무것도 없네' 하며 비관적이 되기 쉽다.

첫 시기를 고난으로 보낼 필요는 없으나, 그것은 당신이 어릴 때 부모로부터 받은 조건화에 달려 있다. 개성이 존중되고 스스로의 의지로 결정하도록 양육되었다면, 좀 더 순탄한 첫 단계를 보낼 것이다. 당신 스스로가 결정권을 유지한다면, 그러한 주관적 경험에서 어떤 것이 옳은지 발견하며 지혜를 획득할 것이다. 6/3 어린이는 시행착오 기간이, 잘못을 저지르는 기간이 아니고 배우는 기회라고 교육되어야 한다. 그렇지 않으면 순교자 콤플렉스와 열등의식이 가슴의 상처와 함께 어우러져, 삶에 대한 심각한 비관적 견해로 이끌 수도 있다.

30~50세 사이에는 지붕으로 올라가, 객관적 관망의 과정으로 더욱 멀리 떨어져 있고자 한다. 3/3의 주관적 경험들에서 벗어나 이제 6/3이 되지만, 6/2 프로파일처럼 지붕에서 안전하게 한숨 돌리지는 못한다. "이게 끝이 아니야", "시도하고 탐험할 게 아직도 더 있어"라고 무의식의 3번 라인은 당신을 자꾸자꾸 시행착오의 과정으로 끌어내리려 한다. 참여했다가 떠나고, 건강하다가 말고 하면서 사다리를 오르내린다. 안 좋은 경험으로 혼이 나게 되면 얼마간은 잠잠하지만, 지루해지거나 새로운 탐험에 솔깃해지면 다시 내려와 경험해보려 한다. 모든 게 가능하다고 여기며, 신뢰할 어떤 것과 영혼의 짝을 찾으리라는 6번 라인의 낙관적 의식으로부터 당신은 꾸준히 힘을 받는다. 낙관과 비관을 반복하는 것이다.

50이 넘으면 당신의 완성과 역할 모델의 개화 가능성을 경험하게 된다. 당신이 살아남으면 이 시기에 많은 지혜가 쌓이고, 독특한 견해를 가진 지혜롭고 객관적 조언가로서 주변을 도울 것이다. 3번 라인은 무의식 속에 숨어 있어, 다음의 발견과 또 다른 실험을 하고자 하여, 6번 라인이 즐기고자 하는 평화와 완벽함을 해치기 쉽다. 객관적 태도가 당신에겐 최후의 보루이다. 그것을 바라기도 하고 그것이 삶의 조화를 가져오기도 한다. 당신의 삶은 끝없는 참여와 이탈의 변천 과정이다. 삶의 동반자를 가지는 것이 중요하며, 헤어졌다 다시 만나는 결합과 이별의 삶이 당신에게는 적합한 것이다. 당신의 독특한 결정권으로 살아간다면 당신에게 맞는 변천을 겪을 것이다. 생각으로 결정하는 것이 최악이며, 그것은 해롭고 고통스러운 경험으로 당신을 이끌 수 있다.

● **대인관계** | 역할 모델/순교자는 유연성과 자기의 방향을 유지하는 능력을 안고 태어난다. 어린 시절의 혼돈과 헷갈림, 의구심을 수용하고, 모든 것을 지혜의 바탕이 되는 발견과 배움의 과정으로 받아들여야 삶이 제대로 피어난다. 6/3 프로파일은 그들이 신

뢰하며, 다시 만나 더욱 친해지기 위해 잠시 헤어질 수도 있음을 이해하는 사람들과의 교류가 필요하다.

6번 라인은 9센터로서 세상에 사는 새로운 방법을 우리에게 제시하고 있다. 옛날 방식은 양치기와 양들에 기반을 둔 것이며, 5번 라인은 우리의 결정권을 다른 사람들에게 양보하도록 끊임없이 조건화시킨다. 휴먼디자인은 인류 개개인을 해방시키고자 세상에 왔으며, 우리 모두의 독특함(고유함)을 강조하고 있다. 그 진수가 6번 라인의 주제에 간직되어 있다. 우리가 변이의 새 시대에 진입하고, 6번 라인의 방식으로 세상을 사는 2027년이 다가옴에 따라, 우리의 결정권을 외부에 주게 만드는 옛날 방식의 조직과 구조들은 계속 무너져 내릴 것이다.

예전의 7센터 모델에서는, 우리는 항상 시키는 것을 하며 살았다. 6번 라인의 본성에는 그러한 것이 없으며, 그 대신 스스로 결정권을 가지고 거기에 맞추어 사는 것이 무엇인지를 순수하게 우리에게 보여준다. 6번 라인은 '카이론 회귀'(50세)를 지나면, 자기의 독특함이 피어나도록 하는 9센터 삶의 예시로 우리 곁에 존재한다. 6번 라인은 자기 자신으로 살아도 괜찮다는 것과, 필요한 것은 자기 안에서 찾을 수 있다는 걸 우리에게 보여준다.

> **유명한 6/3들**
> 댄 래더, 파라 포셋, 해리슨 포드, 맷 데이먼, 파울로 코엘료, 락 허드슨, 세레나 윌리엄스, 스티브 잡스, 움베르토 2세, 어셔.

우리는 단순하게 형체원리Form principle에 따라 환생하는 것은 아니다. 만일 그렇다면, 우리는 돌고래나 식물 같을 것이다. 우리는 의식의 프로그램을 충족시키고자 태어났다. 그것은 목적을 달성하고자 하는 이야기이다. 당신의 인카네이션 크로스는 당신의 목적 달성 가능성에 대한 이야기이다. 당신이 생긴 모습대로 산다면 당신의 교차가 삶을 주도한다. 목적을 향해 살아갈 때 디자인의 소소한 특질들은 큰 관계가 없다. 목적이 소소한 특질들의 문제들을 초월하게 해준다. 그것이 진면목으로 사는 마술이다. 자기 자신으로 사는 순간, 당신의 교차가 삶을 주도하고 당신의 목적이 주도하며, 그렇게 함으로써 당신 교차의 원형적 요구와 그 방식으로 목적 달성할 기회가 나타나는 것이다. 그 길이 어떠한 길이든._라 우루 후

8장 / 인카네이션 크로스 목록

The Global Incarnation Cross Index

삶의 진정한 목적

라 우루 후는 휴먼디자인 시스템이 세상에 뿌리를 내리기 전에는 인카네이션 크로스 Global Incarnation Cross 정보를 세상에 알리고자 하지 않았다. 사람들이 어떻게 살았는지에 관계없이, 그들의 '교차cross'를 마치 그들이 받을 자격이 있는 것으로 여기거나 또는 불가피한 것으로 받아들이는 경향이 있다는 것을 알았기 때문이었다. 당연히 이것은 사실이 아니다.

인카네이션 크로스는 탈조건화 과정을 거친다고 자동적으로 나타나는 것도 아니고, 곧바로 안도의 만족감을 마련해주는 것도 아니다. 그보다 훨씬 더 커다란 그 무엇이다. 세상에서 각기 온전한 자기 자신으로 산다면, '교차'는 자연적으로, 말 그대로 삶을 장악한다.

목적을 달성하기 위해서는 평생에 걸친 인내, 그리고 스스로의 자각을 세밀하게 조정하는 데 전념하면서 각자에게 적합한 의사 결정을 내리기 위해 집중하는 훈련이 필요하다. 교차는 알게 되는 것이 아니고, 우리가 그 안에서 깨어난다. 우리의 자각 가능성과 깨어 있는 삶의 과정을 완전히 표현한 것이다.

각각의 인간은 전체의 한 부분이며, 전체에 유기적으로 연결되어 각자 고유한 방식으로 기여하고 있다. 살아가는 행위는 우리의 목적으로 표현되며, 그것은 인카네이션 크로스에 담겨 있다. 그 인카네이션 크로스는 바디그래프의 양쪽 일람표에 있는 태양과 지구의 주제를 결합하여 나타난다. 반대편의 만달라에는 퍼스낼리티 태양 1과 지구 2 게이트, 디자인 태양 7과 지구 13 게이트가 보인다. 우리 모두는 각자의 교차를 짊어지고 살고 있으며, 모든 교차는 전체를 위해 필수 불가결하다. 어떤 교차도 다른 것보다 더 중요하지는 않다.

차트 분석에는 기본적인 192개의 인카네이션 크로스와, 768개의 자세한 인카네이션 크로스가 사용된다. 이 소개 글 뒤에 192개(64개 게이트 × 3가지 교차)의 기본 인카네이션 크로스에 대한 핵심을 간략히 제시한다. 깨어서 살아가는 가능성을 표현하기 위해 아주 일반적인 용어로 표현했다. '교차'를 완전하게 이해하려면 전체 인카네이션 크로스 분석이 필요하다.

네 쿼터

> 목격자는 자궁을 통해 돌아와, 집을 짓고 짝을 맺으며 아이를 낳고 헤아리다 죽는다. _ 라 우루 후

'스핑크스 정각교차'의 네 게이트는 만달라를 다음 4개의 쿼터quarter로 나누어놓는다. 개시(게이트 13), 문명(게이트 2), 이원성(게이트 7), 변이(게이트 1). 네 쿼터의 뚜렷이 다른 주제를 이해하면, '교차'의 의미가 확장된다. 네 쿼터의 키노트를 종합하여 한 문장으로 묘사하면 다음과 같다. "우리는 죽을 때까지 이원성(연결)과 변이(또는 진화)를 통해 문명(구조)을 개시(시작)하려고 이곳에 왔다."

당신의 인카네이션 크로스를 찾는 법

아래 그림은 당신의 인카네이션 크로스가 어느 쿼터에 있는지 찾는 방법을 알려준다. 쿼터와 교차의 설명을 보려면 차트에서 '퍼스낼리티 태양'의 게이트를 확인하고, 만달라에서 퍼스낼리티 태양의 문양(☉)을 찾아 소속된 쿼터와 게이트를 찾아낸다. 다음의 네 페이지는 각 쿼터의 주제를 설명하고, 당신의 교차를 찾을 수 있는 페이지를 표시하였다. 휴먼디자인 차트에서도 당신의 인카네이션 크로스를 찾을 수 있다.

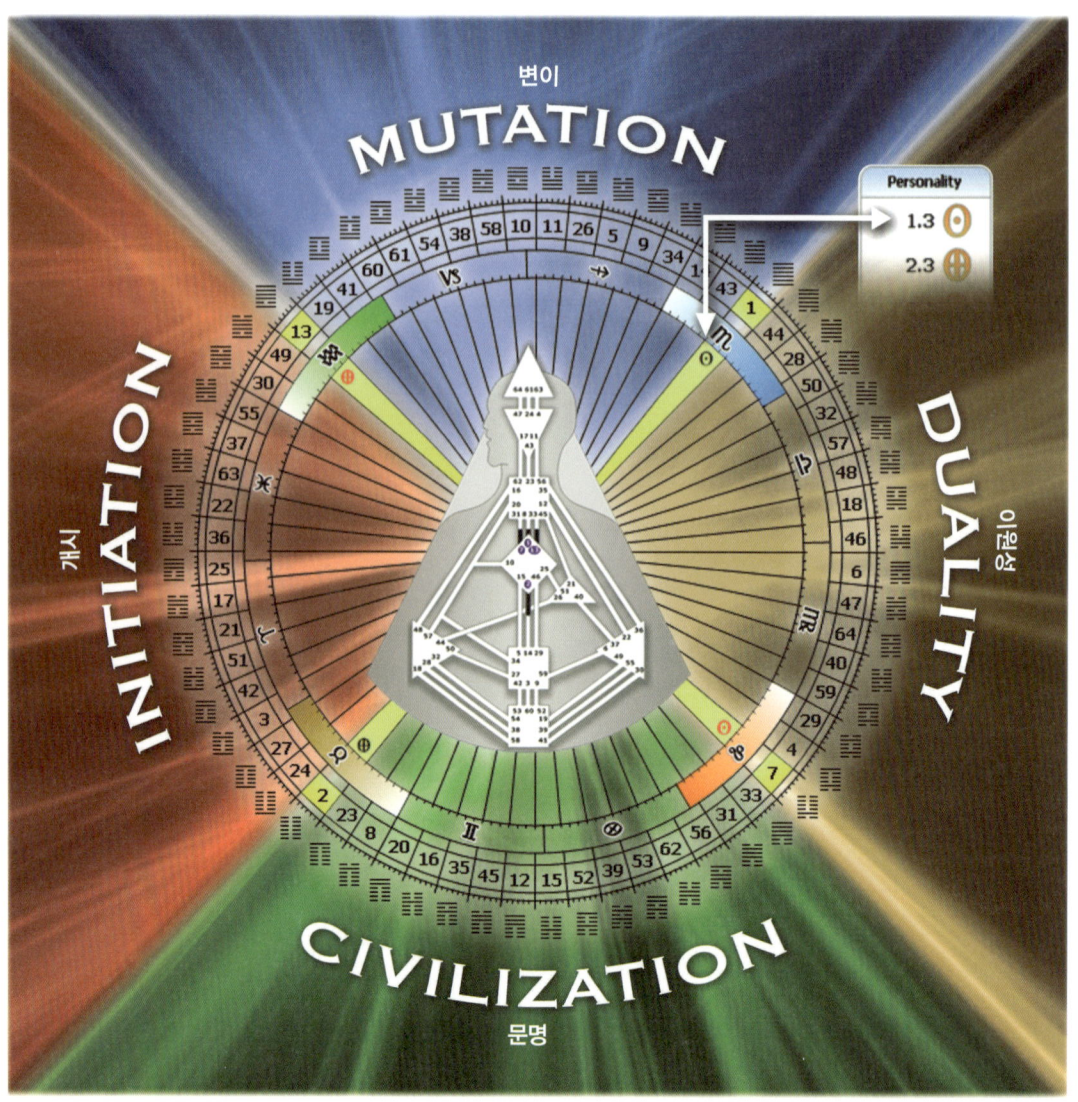

QUARTER ONE
첫 번째 쿼터

- 개시 쿼터 – 알키오네(플레이아데스 성단 중에서 가장 밝은 별) 영역
- 주제 | 마음을 통한 목적 달성 – 신비 주제 | 목격자의 귀환

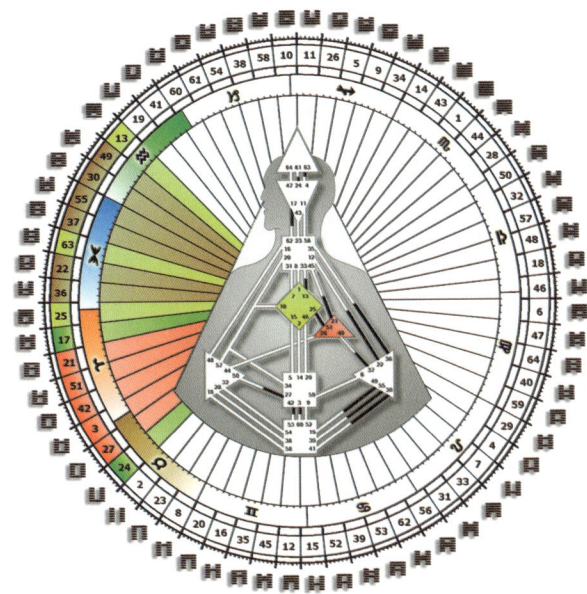

첫 번째 쿼터에서 목격자witness 즉 '퍼스낼리티 크리스털'이 지구로 돌아와, 다시 한 번 정신계의 의식 진화에 새로움을 가져온다. 여기서는 삶의 목적이 의식, 생각, 교육, 개념화, 설명, 그리고 육체 안에서 사는 의미의 공유로 달성된다. 육체의 지시를 따름으로써 그것이 의식의 섬세한 조율을 만들어낸다. 의식이 몸에서 편안해지면, 우리는 더 이상 다른 사람의 인생을 살지 않는다. 교류하는 지성과 영적 꽃피움의 센터인 솔라 플렉서스 센터의 7개 게이트 중, 하나를 제외하고 나머지 모든 게이트가 이 쿼터에 모여 있다. 개시initiation의 쿼터는 451 페이지에 있다.

QUARTER TWO
두 번째 쿼터

- 문명 쿼터 – 두베(북두칠성의 알파 별) 영역
- 주제 | 형체를 통한 목적 달성 – 신비 주제 | 자궁에서 방으로

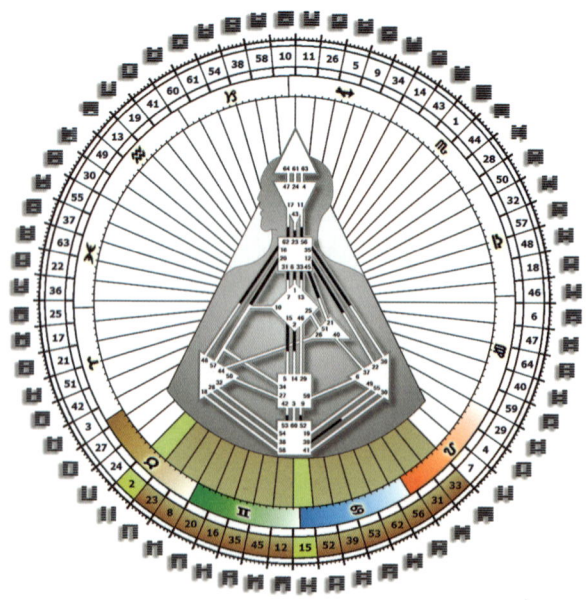

두 번째 쿼터는 삶을 통한 몸의 여정에 초점을 맞추며, 탄생 후 인류를 돕기 위해 무엇이 필요한지 보여준다. 신중하게 시작된(공식화된) 마음의 개념들이 물질로 구체화된다. 이 압도적인 양陽 쿼터는 모두가 잘 살고 풍요롭도록 물질세계를 돕는 구조, 공동체, 문명을 건설하는 책임을 진다. 전체에 도움이 되도록 산업화, 영역 확보, 물질적 진보, 개별적인 기술의 차별화와 완성을 이룬다. 우리 모두와 특히 어린이를 위해 문명화되고 창의적이며 안전한 환경을 만드는 여성으로서의 필수적인 역할과 지위 또한 포함된다. 스로트 센터의 11개 게이트 모두가 여기에 있다는 것을 주목하라. 인류의 지성을 표현하는 모든 가능성의 공유, 지원, 능력 강화가 그것이다.

표현(현시)을 통해, 그리고 영spirit이 형태(몸) 속으로 이동함으로써 목적이 달성된다. 문명 쿼터의 교차는 457 페이지에 있다.

QUARTER THREE
세 번째 쿼터

- 이원성 쿼터 – 목성 영역
- 주제 | 결합을 통한 목적 달성 – 신비 주제 | 눈에는 눈

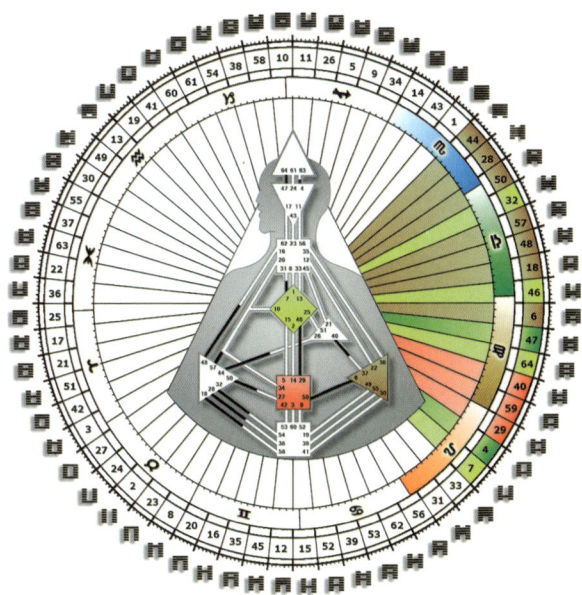

　세 번째 쿼터는 네 쿼터 중 가장 인간적이고 친밀하며 세속적이다. 여기에서 우리는 단절의 벽을 넘고 상대의 필요성을 이야기하며, 신비하게도 둘은 하나가 된다. 여기에서 인간 존재의 이원성, 그 핵심으로 들어가 한 손으로 마야(눈에는 눈, 이에는 이)를 확장하고, 다른 손으로 육화의 신비와 아름다움에 연결한다. 다른 사람들과 맺는 우리의 능력을 경이로움의 변함없는 원천으로 만든다.

　이원성 쿼터에서는 최고의 짝을 선택함으로써 인간이라는 종을 복제·재생산하여, 인류의 미래를 보장하고자 하는 유전적 절실함을 통한 결합(짝짓기)으로 목적이 달성된다. 이원성의 쿼터는 마음(개념화)과 형체(몸, 건물)로부터 짝짓기(함께 창조함의 신비)로 우리를 이끌어간다. 발견 채널과 짝짓기 채널뿐만 아니라, 생존 지성을 갖춘 스플린의 7개 게이트 전부가 여기에 있음을 주목하라. 이원성 쿼터의 교차는 463 페이지에 있다.

QUARTER FOUR
네 번째 쿼터

- 변이 쿼터 – 시리우스 영역
- 주제 | 변형을 통한 목적 달성 – 신비 주제 | 죽음의 수용

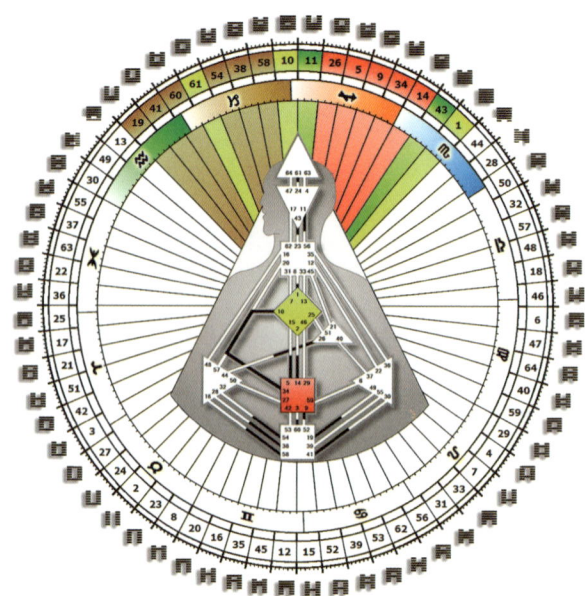

네 번째 쿼터에서는 본격적이고 변혁된 삶의 순환이 완성되며, 만족스럽고 평화롭고 성공적이고 놀랄 만큼 유쾌한 결말로 이끈다. 동시에 의식의 다음 단계에서 미래에 환생하게 되는 새로운 시작을 준비한다. 삶을 통해 충분히 배우고 표현된 것은 주의 깊게 평가되고, 의미를 찾기 위해 면밀히 검토되고 정리된다. 걸러진 것들은 다음 단계로 넘어가고, 다음 세대를 위한 진리와 토대로서 전달될 준비를 갖춘다.

변이 쿼터에서는 변형transformation과 자각awareness에 대한 당신의 모든 잠재력을 달성함으로써 목적이 달성된다. '죽음을 받아들이라'는 신비 주제는, 목적을 성취했을 때가 앞으로 나아갈 때라는 이해와 함께, 삶 자체에 내맡김(항복)을 의미한다. 제대로 살았다면 제대로 죽는다는 점을 알면 위로가 될 것이다. 조사 채널 그리고 반응·생성하는 세이크럴 에너지의 대부분, 생존의 모멘텀이 되는 루트의 압박 에너지가 이곳 변이 쿼터를 통해 표현된다. 변이 쿼터의 교차는 469 페이지에 있다.

THE QUARTER OF INITIATION
개시 쿼터
● 주제 | 마음을 통한 목적 달성

게이트 13 유대감
- **스핑크스 정각교차** | 경험을 각자의 고유한 방식으로 기억함으로써, 생생한 과거를 미래로 이끌어가는 강한 개성의 사람들. (게이트 13-7-1-2)
- **청취 병치교차** | 다른 사람의 말을 잘 듣고 비밀을 지키는 사람들. 자기 자신과 획기적인 통찰을 예술의 형태로 표현한다. (게이트 13-7-43-23)
- **마스크 빗각교차** | 설명과 통찰을 통하여 다른 사람들을 성숙시키고 지도하는 사람들. 겉으로 드러나는 마스크(박사학위 등) 뒤에서 활동하는 것이 좋다. (게이트 13-7-43-23)

게이트 49 혁명
- **설명 정각교차** | 생존을 위해서는 기본적 욕구가 충족되어야 한다는 원리를 역설하며 떠돌아다니는 선지자들. 가난한 사람들에게 민감함. (게이트 49-4-43-23)
- **원칙 병치교차** | 강력한 동지를 얻기 위해 신과도 흥정할 정도로, 시대를 앞선 원칙(주로 인권)을 고집하는 혁명가들. (게이트 49-4-14-8)
- **혁명 빗각교차** | 배고프면 평화도 없다는 것을 이해하는 혁명가들. 가진 자들은 빈자들과 나누어야 한다. (게이트 49-4-14-8)

게이트 30 꺼지지 않는 불
- **전염 정각교차** | 경험, 발견, 학습을 통해 우연하게 다른 사람들의 삶을 바꿀 수 있는, 순수한 운명의 도구가 되는 사람들. (게이트 30-29-14-8)
- **운명 병치교차** | 목적 달성을 위한 집착으로, 앞뒤 안 가리고 밀어붙이는 힘찬 카리스마의 선봉들. 신비주의 교사로서의 잠재성. (게이트 30-29-34-20)
- **근면성 빗각교차** | 인류 발전의 근본 동기를 충족시키고자 부지런히 일하고 교류하

는 인간 기관차들. 모든 경험으로부터 감정의 다양함을 느껴보려는 불타는 욕망 소유. (게이트 30-29-34-20)

게이트 55   풍부함

- **잠자는 불사조 정각교차(2027년까지)** | 사랑과 교류를 통해 영spirit을 찾고자 하며, 그것을 통해 변형(죽음과 재생)을 경험하는 사람들. (게이트 55-59-34-20)
- **무드 병치교차** | 깊이나 진실에 대한 추구보다는 자신의 기분에 맞춰져 있으며 창의력이 뛰어난 사람. 창조적인 교사. (게이트 55-59-9-16)
- **영혼 빗각교차** | 창조성, 좋은 음식, 성적 교류를 통해 삶 속에서 영과 즐거움을 모두 찾는 사람들. (게이트 55-59-9-16)

게이트 37   가족

- **계획하기 정각교차** | 공동생활을 지원하는 단체를 설립하고 유지하기 위해 자신의 기술을 가지고 거래하는 데 초점이 맞춰진 사람들. 서로 결합하여 자신보다 더 큰 무언가를 창조한다. (게이트 37-40-9-16)
- **흥정 병치교차** | 누구도 거절할 수 없을 만큼 따스한 마음을 지닌 흥정의 달인들로서, 공동체 발전을 위한 거래를 성사시키거나 가능케 하는 일을 대단히 잘할 수 있다. (게이트 37-40-5-35)
- **이주 빗각교차** | 통합의 프로젝트나 경험이 완료된 후, 다음 영역/경험을 정복하기 위해 더 나아 보이는 곳을 찾아 나서는 사람들. 진보의 뿌리. (게이트 37-40-5-35)

게이트 63   완료 후

- **의식 정각교차** | 생존의 기본 욕구를 초월하여 존재 이유를 조사한다. 일상의 흐름과 패턴을 시험, 의심함으로써 경험의 욕구를 뛰어넘어 승화한다. (게이트 63-64-5-35)
- **회의 병치교차** | 경험의 균형을 잡기 위해, 사람들에게 논리적 답들을 제시할 수 있는 똑똑하고 설득력 있으며 영향력 있는 회의론자들. (게이트 63-64-26-45)
- **지배 빗각교차** | 주어진 상황을 장악할 수 있는 충분히 뛰어난 지성을 갖춘 사람들.

지배하기 위해 의문과 혼란을 야기하는 능력 보유. (게이트 63-64-26-45)

게이트 22 우아함

- **통치력 정각교차** | 우아하게 경청하며 통치하는 위치에 자연스러운 사람들이고, 왕국 내의 백성들을 교육시키는 것이 가장 큰 의무이다. 누군가 또는 무언가 통제할 것이 있을 때 건강하다. (게이트 22-47-26-45)
- **우아함 병치교차** | 대단한 사교적 정중함을 지니고 모든 것을 수용할 수 있는 사람들. 귀담아 들을 줄 알고 예술을 즐길 줄 아는 잠재력. (게이트 22-47-11-12)
- **알림 빗각교차** | 능숙한 표현으로 새롭고 색다른 것을 대중에게 알림으로써 그들을 변화시키는 사람들. 새로운 것을 가르침으로써 변이를 일으킴. (게이트 22-47-11-12)

게이트 36 빛이 어두워짐

- **에덴 정각교차** | 새로운 경험과 자극을 찾아 나선 미숙한 사람이, 순수함을 잃지만 결국은 지혜와 은총을 체득한다. (게이트 36-6-11-12)
- **위기 병치교차** | 자신과 인류를 사랑하며, 위기에 처한 다른 사람들의 태도를 공부하는 데 탁월한 사람들. 그리하여 경험을 고차원으로 승화시킨다. (게이트 36-6-10-15)
- **일반 세상 빗각교차** | 세상 속에서 인류의 예상치 못한 변화들, 선과 악 그리고 추함을 보는 목격자들. 그러나 삶에는 그 이상의 무엇(빛, 영성, 깨어남, 계몽)이 더 있다는 것을 보여줄 잠재성을 지닌 사람들. (게이트 36-6-10-15)

게이트 25 순수

- **사랑의 그릇 정각교차** | 더 높은 우주적·초개인적·보편적 사랑의 감각으로 인류의 방향에 균형을 제공하거나, 생존과 번식에 대한 열망에 균형감을 제시하는 사람들. (게이트 25-46-10-15)
- **순수 병치교차** | 삶을 즐기는 데 초점을 맞춘 사람들로, 당신이 자신의 본성에 좋은 느낌을 갖도록 설득할 수 있다. 행복을 추구하는 사람들. (게이트 25-46-58-52)

- **치유 빗각교차** | 건강한 몸을 통해 삶의 기쁨(삶의 질)을 유지하는 데 초점을 맞추고, 아픈 사람들에게 특별히 민감하다. '의학'을 통해 질병(편치 않음dis-ease)을 치유하거나 치유받기 위해 존재한다. (게이트 25-46-58-52)

게이트 17 따름

- **서비스 정각교차** | 불만족으로부터 인간에 대한 이성적·논리적 이해를 가지게 된 후, 재조직과 교정으로 인류를 돕는 일에 초점을 맞추는 사람들. (게이트 17-18-58-52)
- **의견 병치교차** | 당신의 영spirit이나 목적을 드러내고 살펴보도록 자극하는 사람들. 공유하기 쉽지만 논증하기는 어려운 풍부한 의견을 지녔다. (게이트 17-18-38-39)
- **격변 빗각교차** | 다른 사람의 속을 긁는 데 탁월한 사람들. 현재 상태를 유지하려는 인류나 개인을 휘저어서, 건강한 방향으로 길을 바꾸도록 한다. (게이트 17-18-38-39)

게이트 21 물고 늘어지기

- **긴장 정각교차** | 타고난 경계 설정자boundary setter들이며, 자기 주변과 사람들을 통제하기 좋아한다. 상황을 다스리고 감시하는 일을 잘할 수 있다. (게이트 21-48-38-39)
- **통제 병치교차** | 야망을 달성하고 출세하는 데 몰두하는 사람들. 새로운 것을 시작함으로써 혁신할 수 있도록 통제할 것을 요구한다. (게이트 21-48-54-53)
- **시도 빗각교차** | 공동체, 비즈니스 또는 과학적 구조를 개발하기 위해, 새로운 지평을 탐구하는 데 집중하는 사람들을 모으기 위해 노력하는 야심찬 변화의 중개인. (게이트 21-48-54-53)

게이트 51 자극하기

- **관통 정각교차** | 날카로운 직관적 통찰력으로 사람들의 관심을 끌어냄으로써, 그들이 가진 관념들을 변화, 전환, 변이시킬 수 있는 사람들. (게이트 51-57-54-53)
- **충격 병치교차** | 세세함과 직관적 지식으로 우리를 놀라게 하여, 우리의 지나친 심

각함이나 자만함을 막아주는 사람들. (게이트 51-57-61-62)
- **나팔수 빗각교차** | 나팔수의 영감과 직관적 앎, 그리고 변이를 수용할 준비가 된 이들에게, 그렇게 되도록 충격을 주는 사람들. (게이트 51-57-61-62)

게이트 42 증가

- **마야 정각교차** | 하나의 과정을 완료함으로써 성장을 촉진하여, 영감을 얻은 새로운 시작의 무대를 마련해주는, 적절하게 가치 평가된 구체적 사실들에 근거한 유행의 선도자trend setter. (게이트 42-32-61-62)
- **완료 병치교차** | 모두가 다 떠난 후 종착점에 들어오는 마라톤 선수처럼, 시작하면 끝장을 보고 마는 사람들. (게이트 42-32-60-56)
- **한계 빗각교차** | 물질적 성공, 통달을 위해 한계의 수용이 필요함을 알며, 어떤 일이 될지 안 될지 알아채는 사람들. 한계는 경계를 만들어 우주를 다 함께 공존하게 한다. (게이트 42-32-60-56)

게이트 3 시작의 어려움

- **법 정각교차** | 우리가 창조하고 만드는 방법에 관여하여, 우리의 법과 가치를 예술처럼 바꾸어놓는 사람들. 법은 우리가 서로 거래하는 것을 결정하며 사회의 질서를 세운다. (게이트 3-50-60-56)
- **변이 병치교차** | 변이의 과정에 자기의 영향력을 행사하기 위하여, 잘못된 법을 고칠 기회를 찾는 사람들. (게이트 3-50-41-31)
- **소망 빗각교차** | 다른 사람들의 삶을 향상시키고자 늘 기회를 찾는, 이타적이며 매력과 영향력을 겸비한 사람들. 새로운 방향에서 세상일을 바라보며 새로운 질서를 만든다. (게이트 3-50-41-31)

게이트 27 양육

- **예상치 못한 일/사람 정각교차** | 예상치 못한 일이나 사람에 의해 시작되어 전혀 새로운 경험들로 나아가며, 그렇게 지혜를 터득하는 사람들. (게이트 27-28-41-31)

- **돌보기 병치교차** | 자신을 포함해 모두를 배려하고 돌보는 사람들. 의미를 추구함으로써 기억과 갑작스러운 계시, 원칙들이 형성된다. (게이트 27-28-19-33)
- **정렬 빗각교차** | 예상치 못한 일, 전환의 시기를 활용하는 방법을 알아 올바르게 진전시킨다. 사람들에게 어떤 방향 전환이 가장 잘 맞는지 보도록 돕는다. (게이트 27-28-19-33)

게이트 24 돌아옴

- **4가지 길 정각교차** | 끊임없이 어떤 개념을 조사하여 명료함과 해답을 구함으로써, 의식과 몸을 진화시키는 사람들. 신이란 무엇이며 어디에 있는가? (게이트 24-44-19-33)
- **합리화 병치교차** | 논리와 경험을 모두 활용하여 자신이 아는 것을 풀어서 설명하는 재능이 있다. 이러한 재능을 통해 과거와 미래 양쪽의 영속성을 이해하려고 노력하는 똑똑하고 지적인 사람들. (게이트 24-44-13-7)
- **육화 빗각교차** | 과거와 미래 양쪽에 특별한 연결을 가진 사람들. 이들이 자신의 길을 제대로 걸어간다면, 다른 사람의 인생에도 깊은 영향을 줄 수 있다. (게이트 24-44-13-7)

THE QUARTER OF CIVILIZATION

문명 쿼터

● 주제 | 몸(형체)을 통한 목적 달성

게이트 2 수용적인 자

- **스핑크스 2 정각교차** | 인류의 물질적 필요성에 대한 깊은 인식과, 아름다움을 결합하는 영향력 있는 친구들. 대중의 물질적 경향을 변화시키면서도 과거와의 연속성을 유지한다. (게이트 2-1-13-7)
- **운전수 병치교차** | 그들만의 길과 원칙에 완전 집중하면서도 다른 사람들까지 끌어들이고자 하는 사람들. 그들과 잠시만 만나도 당신의 길이 바뀔 수 있다. (게이트 2-1-49-4)
- **저항 빗각교차** | 그들만의 길을 따름으로써 늘 대중의 길에 저항하는 듯 보이는 사람들. 판에 박힌 길에서 다른 사람들을 끌어내는 재주를 가지고 있다. (게이트 2-1-49-4)

게이트 23 조각내기

- **설명 2 정각교차** | 영원한 아웃사이더. 늘 자신의 관점이나 독특한 개념, 깨달음을 설명하여, 다른 사람들의 혁명적 혹은 분석적 과정에 합류시키고자 한다. (게이트 23-43-49-4)
- **동화 병치교차** | 생소한 개념을 계속 반복함으로써 친근하게 만드는 의무를 지닌 사람들. 또는 경청해주는 친구들에게 그 개념이 수용되도록 되풀이한다. (게이트 23-43-30-29)
- **헌신 빗각교차** | 같은 이야기를 계속 반복하여 설명하는 일에 헌신하여 교육과 변화에 도움을 주는 훌륭한 선생이 될 잠재성이 있다. 다음에 뭐가 올지 늘 궁금해 한다. (게이트 23-43-30-29)

게이트 8 함께 뭉치기

- **전염 2 정각교차** | 미래의 안정과 풍요를 위한 물질적 기여와 모범적 태도로 사회

를 이끄는 사람들. 다른 사람들에게 영향이 큰 문명화의 표상. (게이트 8-14-30-29)
- **공헌 병치교차** | 결혼하여 여러 해 동안 일하며 낡은 농장을 새롭게 일으켜 세우듯, 변치 않고 친밀하게 독창적으로 사회에 공헌하는 사람들. (게이트 8-14-55-59)
- **불확실성 빗각교차** | 에너지를 물질로 전환시키려는 변이의 불확실성에 맞닥뜨리는 사람들. 알맞은 영spirit과 적당한 물적 준비가 되어 있어야 해볼 수 있다. (게이트 8-14-55-59)

게이트 20 관조

- **잠자는 불사조 2 정각교차** | 늘 바쁜 카리스마의 인물들. 일의 성취에 완전 매진하거나, 다가올 변이를 기다리며 자신의 창조 작업에 몰두한다. (게이트 20-34-55-59)
- **지금/현재 병치교차** | 집단, 가족, 짝짓기, 공동체 등을 위해 바쁜 사람들. 그들이 에너지를 집중하기를 원하는 것과 공동체 사이에서 밀고 당기기를 한다. (게이트 20-34-37-40)
- **이원성 빗각교차** | 분주함과 근면함에서 만족을 느끼고 다른 사람에게 깊은 인상을 남기는 사람들. 연결하고 상호 이익이 되는 관계를 만들어내는 거래가 주제이다. (게이트 20-34-37-40)

게이트 16 열의

- **계획하기 2 정각교차** | 자세한 해결책이나 적합한 일로 정체성을 유지하며, 진보와 완숙함을 표현할 수 있는 논리적 방법을 찾는 데 열중하는 사람들. (게이트 16-9-37-40)
- **실험 병치교차** | 자신의 새로운 실험을 위해 친한 인맥의 사람들이 열성적으로 지원하도록 만드는 재능을 지닌 영향력 있는 사람들. (게이트 16-9-63-64)
- **동일시 빗각교차** | 기술이나 프로젝트를 다른 사람들이 찬동, 지원 또는 동의하게 만들 수 있는 강력한 논리적인 성향을 지닌 사람들. (게이트 16-9-63-64)

게이트 35 진보

- **의식 2 정각교차** | 거기 있었고, 그것을 했으며, 그에 대한 모든 것을 알고 있고, 변

화하고 싶으며, 당신 또한 그들과 동참하기를 원하는 사람들. 항상 새로운 방식으로 일을 할 준비가 되어 있다. (게이트 35-5-63-64)
- **경험 병치교차** | 그들의 경험이 의식을 변화시킨다고 하면서 다른 사람들에게 영향력을 전파하는 사람들. 경험이 모든 것이다. (게이트 35-5-22-47)
- **분리 빗각교차** | 일반적으로 우리를 갈라놓는 경험의 다양한 해석을 받아들여, 사람들이 적당한 간격을 유지하며 함께 살아야 할 필요를 알아채는 뒤늦은 깨달음(은혜)를 가진 사람들. 문명화의 과정. (게이트 35-5-22-47)

게이트 45 함께 모으기

- **통치력 2 정각교차** | 권력을 위임받기 위해(혹은 행사하기 위해) 존재하는 사람들. 회사 중역실의 사장 같은 이들. (게이트 45-26-22-47)
- **소유 병치교차** | 공동체가 위기에 처했을 때 나타나, 통치자의 역할로 통제하고 책임지는 영향력의 사람들. (게이트 45-26-36-6)
- **맞섬 빗각교차** | 위기나 갈등의 시기에 집단의 자원을 통제하여, 지배하기를 원하는 사람들에게 기꺼이 맞서거나 도전함으로써 자신의 권리를 찾으려 하는 사람들. (게이트 45-26-36-6)

게이트 12 멈춤

- **에덴 2 정각교차** | 천진함의 상실을 예술의 수준으로 승화시키는 재능과 강한 개인 의견을 가진 사람들. 사랑과 위기를 시와 음악으로 표현하는 재주를 가지고 있다. (게이트 12-11-36-6)
- **발언 병치교차** | 효과적인 목소리의 어조와 드문 말솜씨로 다른 사람들을 개성화시키는 탁월한 대변인이자 선생. (게이트 12-11-25-46)
- **교육 빗각교차** | 우아한 청중들을 찾는 효과적인 강의자들. 대중을 교육시켜 지구적 변화를 유도하는 데 온 힘을 쏟는 사람들. (게이트 12-11-25-46)

게이트 15 겸손

- **사랑의 그릇 2 정각교차** | 인류의 행복을 염려하는 타고난 특성을 가진 사람들. 일의 전개 상황 속에서 자기의 위치를 알아챔으로써 흐름에 다양성을 가져다준다. (게이트 15-10-25-46)
- **극단 병치교차** | 자기만의 독특한 리듬(보통 극단적인)에 빠져 있어 다른 사람들과 잘 어울리지 못한다. 스스로는 자각하지 못하지만 사회의 고쳐야 할 부분을 자연스럽게 드러나게 한다. (게이트 15-10-17-18)
- **방지 빗각교차** | 잘되지 않는 것을 언제나 마주치는 것 같은 사람들. 같은 실수를 반복하지 않도록 부드럽게 사회를 이끌어갈 때, 이는 귀한 재능이 된다. (게이트 15-10-17-18)

게이트 52 가만히 있기(산)

- **서비스 2 정각교차** | 미래를 향한 우리의 길이 적절한지 또는 오류를 수정했는지 확인해줄 의무(그리고 추진력)를 지닌 논리적인 사람들. (게이트 52-58-17-18)
- **고요함 병치교차** | 조용히 즐기면서 인맥을 쌓아가는 사람들. 가능한 해결책으로 다른 사람들에게 영향력을 행사할 기회를 만들어간다. (게이트 52-58-21-48)
- **요구 빗각교차** | 사회를 보호하기 위해 해결책의 추구 잘못의 교정, 그리고 합의 사항의 준수를 요구하는 사람들. (게이트 52-58-21-48)

게이트 39 방해

- **긴장 2 정각교차** | 다른 사람들의 재주, 리더십, 목적, 영을 일깨우기 위하여 에너지가 외부로 방출되어야 하는 사람들. 다른 사람의 속을 긁는 데 탁월하다. (게이트 39-38-21-48)
- **도발 병치교차** | 깊은 차원에서 다른 사람들을 자극하기 위해 충격을 사용하는, 강력하지만 기분의 변화가 심한 사람들. 우울의 상대적인 가치를 이해하는 이들. (게이트 39-38-51-57)
- **개인주의 빗각교차** | 직관력과 확고한 개인주의로 남들을 놀라게 하는 변이의 역군

들. 정작 자신은 다른 사람의 영향을 잘 안 받는다. (게이트 39-38-51-57)

게이트 53 발전

- **침투 2 정각교차** | 즐거워 보이나 무언가 새로운 일을 시작해서 인정을 받고자 하는 압박을 느끼며, 그 일에 다른 사람들을 끌어들이는 방법을 직관적으로 아는 사람들. (게이트 53-54-51-57)
- **시작 병치교차** | 새로운 시작과 변화의 순환을 진작시키며, 그 가치와 비용(인사 능력), 지속성까지 평가할 수 있는 매우 인기 좋은 사람들. (게이트 53-54-42-32)
- **순환 빗각교차** | 변화의 사이클을 성취로서의 성숙으로 만들 수 있는 사람들. 변하지 않는 것은 오직 변화 그 자체일 뿐이라는 점을 이해한다. (게이트 53-54-42-32)

게이트 62 작은 자들의 우세함

- **마야 2 정각교차** | 논리가 치유와 변형을 가져올 수 있다는 것을 이해하는 강력한 교육의 후원자들. 언어를 이용해 이름을 붙이며, 체계를 세우고 세부사항에 숨겨진 진실들을 밝혀낸다. (게이트 62-61-42-32)
- **세부사항 병치교차** | 아주 세세하게 자기 의견을 표현하는 데 탁월한 사람들. 법을 공부한다면 훌륭한 법률가가 될 수 있다. (게이트 62-61-3-50)
- **애매모호함 빗각교차** | 세부항목이나 통계치를 사용해서 현혹시키거나 혼란스럽게 한다. 정리가 잘되면 희미한 소소함이 놀라운 발견으로 이어지기도 한다. (게이트 62-61-3-50)

게이트 56 방랑자

- **법 2 정각교차** | 희망적 믿음과 의견으로 다른 사람들을 자극하는 유능한 이야기꾼들. 그들의 마술은 몽상가의 꿈과 약속들로 가득하다. (게이트 56-30-3-50)
- **자극 병치교차** | 삶에 의미를 부여하는 자극에 대한 줄기찬 욕구를 충족시키기 위하여, 어떠한 도박도 마다하지 않는 이들. 자기 자신의 이야기를 함으로써 스트레스를 푸는 이들. (게이트 56-60-27-28)

- **미혹 빗각교차** | 옆길로 샌 듯 보이나 흥미 있는 대화로 그들의 일이나 자기에 대해 다른 사람들의 관심을 이끌어내는 사람들. (게이트 56-60-27-28)

게이트 31 영향력

- **예상치 못한 일/사람 2 정각교차** | 내면에 대중의 관심을 끄는 힘을 가지고 있어서, 예기치 않게 리더나 영웅이 되는 사람들. 그들의 영향력은 예상치 못한 가운데 발견되고 갈채를 받는다. (게이트 31-41-27-28)
- **영향 병치교차** | 자연스럽게 꾸준히 영향력을 행사하는 사람들. 다른 사람들을 설득하는 데 의도적으로 새 경험, 기억, 의식 과정을 사용한다. (게이트 31-41-24-44)
- **알파 빗각교차** | 정신적 차원에서 생존의 문제를 설파하여, 다른 사람들에게 강한 영향을 주는 강력한 리더들. 사람들이 미래의 안전에 실질적 해결책을 구하기 위해 찾는다. (게이트 31-41-24-44)

게이트 33 물러남

- **4가지 길 2 정각교차** | 통찰력, 기억, 원리를 공유하기 전에 경험에 비추어 묵상하려는 사람들. 자기만의 방이나 영역에서 사생활과 존엄성을 유지할 필요가 있다. (게이트 33-19-24-44)
- **물러남 병치교차** | 인생에 아름다움이 필수라고 이야기하는 사람들. 묵상의 미학은 충분한 음식과 머리 위의 지붕에서 시작한다. (게이트 33-19-2-1)
- **개선 빗각교차** | 가정을 만들고 지키는 것이 전부가 아니라고 느끼는 사람들. 삶은 아름답게 만들어야 진정한 풍요이다. 치유하는 아름다움. (게이트 33-19-2-1)

THE QUARTER OF DUALITY
이원성 쿼터
• 주제 | 결합을 통한 목적 달성

게이트 7 군대

- **스핑크스 3 정각교차** | 영향력 있고 준비된 리더들. 그들의 건전한 논리와 과거에 대한 관심은, 인류를 안전한 미래로 이끄는 데에 핵심적 역할을 한다. (게이트 7-13-2-1)
- **상호 작용 병치교차** | 외부의 영향을 받지 않으며, 리더의 역할을 찾아 늘 부지런한 사람들. 다양함을 수용함으로써 다른 사람들을 이끈다. (게이트 7-13-23-43)
- **마스크 2 빗각교차** | 영향력 있는 변화의 선구자들로, 사람들이 실질적이고 현명한 리더십을 기대한다. 장군이나 상담사처럼, 타이틀이나 마스크 뒤에서 일하는 게 최선이다. (게이트 7-13-23-43)

게이트 4 미숙함에서 오는 어리석음

- **설명 3 정각교차** | 혁명적이고 원칙적인 해결책을 설명해주는 이들. 시험되지 않은 개인적 자각은, 논리적 절차를 통해 걸러진 반복적인 통찰과 확인을 필요로 한다. (게이트 4-49-23-43)
- **공식(패턴)화 병치교차** | 새로운 방식과 독특한 패턴을 만들어, 당신에게 새로운 길을 가도록 북돋아주는 창조 능력의 개성들. (게이트 4-49-8-14)
- **혁명 2 빗각교차:** 물적 원조와 함께 실용적 이유를 찾아내 혁명을 점화시키도록 기대를 받는 사람들. (게이트 4-49-8-14)

게이트 29 심연 바닥

- **전염 3 정각교차** | 약속을 잘 이행하고자 하며, 새로운(친밀한) 경험에 열려 있는 사람들. 경험 자체가 중요하여 무턱대고 그 과정을 따라가는 능력이 있음. (게이트 29-30-8-14)

- **헌신 병치교차** | 원리 원칙을 수용함에 변함이 없는 사람들. 죽는 날까지 신을 섬기는 성자들처럼 영감의 원천이 되곤 한다. (게이트 29-30-20-34)
- **근면성 2 빗각교차** | 자신이 가진 엄청난 카리스마를 알아채지 못하지만, 적절한 일에 헌신함으로써 참고 견디어 빛날 수 있다. (게이트 29-30-20-34)

게이트 59 확산

- **잠자는 불사조 3 정각교차** | 미래를 보장하기 위해 더 많은 것을 만들고 있는, 풍부한 창조력을 지닌 이들. 결속을 통한 안전과 친밀감이 필요하다. (게이트 59-55-20-34)
- **전략 병치교차** | 기회를 다른 사람들과 친밀한 관계로 이어지게 하는 전략으로 바꾸는 데 집중하는 사람들. 중매에 재주가 있다. (게이트 59-55-16-9)
- **영혼 2 빗각교차** | 깨어나 자각된 사람들에게 성과 사랑의 경험은 지혜로운 선물이다. 사랑과 성의 관계를 영적으로 승화시키는 데 초점이 주어진 사람들. (게이트 59-55-16-9)

게이트 40 해방

- **계획하기 3 정각교차** | 지원이 있고 거래가 올바르면, 공동체에 필요한 것을 만드는 논리나 재주, 세세한 사실들에 대한 장악 능력이 있는 이들. (게이트 40-37-16-9)
- **거부/부정 병치교차** | 거래가 올바르게 될 때까지 고집스럽게 거부하는 사람들. 대중의 방만한 방법에 제동을 건다. (게이트 40-37-35-5)
- **이주 2 빗각교차** | 다른 공동체나 마을이 발전, 변화, 진보하는 데 희망을 걸고 이주하는 사람들. (게이트 40-37-35-5)

게이트 64 완료 전

- **의식 3 정각교차** | 받아들여진 패턴에 반하는 경험을 시험함으로써 그들의 과거를 이해하여, 다른 사람들을 고무시키고 돕는 이들. 그리하여 새로운 방법으로 삶을 생각하고 이해하도록 진보적 영향을 끼친다. (게이트 64-63-35-5)
- **혼란 병치교차** | 정보의 원천, 영감을 주는 역사가들, 그들의 기억은 부족적인 위계

질서에 뿌리를 두고 있으며, 에고의 해석/조작으로부터 영향을 받을 수 있다. (게이트 64-63-45-26)
- **지배 2 빗각교차** | 과거 역사의 해석으로 충격을 줄 수 있는 사람들. 정보를 가지고 권력과 권위를 얻는다. (게이트 64- 63-45-26)

게이트 47   억압

- **통치력 3 정각교차** | 경험의 교훈이나 전통을 우아하게 과거로부터 선택해서 빌려와, 합법적인 통치권을 주장하는 이들. (게이트 47-22-45-26)
- **억압 병치교차** | 과거에 대한 이해를 가지고 새로운 아이디어나 개념을 명료화/촉진시키며, 현재의 해석을 바꾸어놓기도 하는 사람들. (게이트 47-22-12-11)
- **알림 2 빗각교차** | 영감을 주기 위해, 그리고 억압받는 사람들의 어려운 처지에 대한 사람들의 관심을 돌리기 위해 과거를 사용하는 사회성 기술을 지닌 사람들. 예술을 통해 이러한 작업을 한다. (게이트 47-22-12-11)

게이트 6   갈등

- **에덴 3 정각교차** | 갈등과 고난의 경험을 결합의 친밀함을 유지하는 데 쓰는 이들. 순수함을 잃어가며 얻는 경험. (게이트 6-36-12-11)
- **갈등 병치교차** | 천진함을 잃으면서도 삶의 긍정적 태도를 유지하여, 위기로부터도 우정과 사랑을 자라게 하는 사람들. (게이트 6-36-15-10)
- **일반세상 2 빗각교차** | 세상에서의 삶을 사랑하는 데 필요한 것들을 획득할 수 있도록, 우리들을 물질세계로 깊숙이 유도하면서도 자신의 일을 즐기는 사람들. (게이트 6-36-15-10)

게이트 46   끝까지 가기

- **사랑의 그릇 3 정각교차** | 자신의 몸으로 완전히 살아가는 충분히 '체화된' 사람들. 육체적(감각적) 관계의 역동성을 즐긴다. 삶 자체를 사는 것에 전념한다. (게이트 46-25-15-10)

- **횡재 병치교차** | 적절한 때, 적절한 곳에 있는 것에 집중하는 사람들. 경험(더하기 열심)에 맞는 헌신이 행운과 성공으로 이어진다는 것을 이해하는 사람들. 살아 있음 자체를 만끽한다. (게이트 46-25-52-58)
- **치유 2 빗각교차** | 인간 외적인, 우주적 사랑의 힘과 만나, 치유되거나 다른 사람들을 고쳐주는 사람들. 다른 사람들에 대한 집중과 헌신을 통해 나타나는 귀하고 유쾌한 능력. (게이트 46-25-52-58)

게이트 18 바로잡음
- **서비스 3 정각교차** | 남성/여성, 아버지/어머니의 원형을 고치고 완전하게 하려는, 끝없는 과정의 일부인 사람들. 좋은 것도 더 낫게 만들어서 인류에 봉사하기 위한 의견들과 교정 작업. (게이트 18-17-52-58)
- **교정 병치교차** | 자기 자신만 빼고 다른 모든 곳에서 잘못과 오류를 찾아내는 도사들. 시골 아가씨를 공주로 만드는 재주. (게이트 18-17-39-38)
- **대변동 2 빗각교차** | 독특한 견해 또는 묘한 매력의 순수함을 지닌 사람들. 제대로 작동하지 않는 것에 대해 언제나 도발하거나 방해하거나 도전할 준비가 되어 있다. 치료는 실용적이어야 한다는 사실을 알고 있는 치료사. (게이트 18-17-39-38)

게이트 48 우물
- **긴장 3 정각교차** | 문제점들을 이해시키고 해결책을 찾기 위해, 필요한 능력/각오/동기를 가지도록 자극하는, 내면적 심오함을 갖춘 이들. (게이트 48-21-39-38)
- **깊이 병치교차** | 심오함을 가지고 야망을 따르며, 인간 관계망을 넓혀 가르치고 도우며 자극을 주는 기회를 만들어, 다른 사람들을 변화시킴으로써 새롭게 시작하도록 하는 영향력을 지닌 이들. (게이트 48-21-53-54)
- **시도 2 빗각교차** | 스스로의 해박함으로 무언가를 해보고자, 통제하는 위치를 꾸준하게 추구하는 사람들. '나 혼자 하련다'라면서 자기 책을 스스로 출판하는 태도. (게이트 48-21-53-54)

게이트 57 부드러움

- **관통 3 정각교차** | 분별력 있는 통찰력을 갖춘 아주 직관적인 사람. 경쟁적 우위를 가지고 미래에 대한 두려움을 해소하기 위해 뭔가 새로운 것을 추진하며, 야망을 이끌어내는 명료함. (게이트 57-51-53-54)
- **직관 병치교차** | 깊고 깊은 영감을 주는 사람들. 직관, 상세함, 지식을 통해 남들을 일깨우며, 그들이 충격을 통해 메시지를 받을 수 있도록 한다. (게이트 57-51-62-61)
- **나팔수 2 빗각교차** | 찾아가서 한 말씀 부탁해야 하는, 다른 사람들이 원하거나 중요한 정보들을 가지고 있다고 여겨지는 직관적 사람들. (게이트 57-51-62-61)

게이트 32 지속

- **마야 3 정각교차** | 내면적 지식과 상세함으로, 물질적 개발, 성숙, 확장에 영감을 주고, 올바르게 인도하는 능력을 가진 이들. (게이트 32-42-62-61)
- **보존 병치교차** | 계속성과 유지에 가치를 두며 일 처리에 신중한 사람들. 미래 세대의 생존을 위해 물질적 기반을 지키고자 한다. (게이트 32-42-56-60)
- **한계 2 빗각교차** | 일시적인 것을 한계와 압박으로 받아들이는 사람. 세월의 흐름을 견뎌낼 수 있는 능력과 실용성을 바탕으로 비즈니스 또는 산업 분야에서 제품의 가치를 평가한다. (게이트 32-42-56-60)

게이트 50 가마솥

- **법 3 정각교차** | 인류라는 종의 진화에 맞게 법과 가치를 만들거나 평가/조절하는 이들. 변화와 돌연변이에 대응하려는 인류의 본능에 바탕을 둔, 창조적 과정으로서의 입법 행위. (게이트 50-3-56-60)
- **가치 병치교차** | 기회가 되면 법의 준엄함을 누그러뜨려, 법적 판단이 죄질과 균형이 맞게 하려는 영향력의 인물들. (게이트 50-3-31-41)
- **소망 2 빗각교차** | 전통적 가치를 넘어 이상향의 꿈을 가진 사람들. 새로운 체제의 가능성을 보여줌으로써 문화, 종교의 일반적 흐름에 도전한다. (게이트 50-3-31-41)

게이트 28 위대한 자의 우세함

- **예상치 못한 일/사람 3 정각교차** | 예상치 않게 누군가 또는 무언가를 보호하거나 책임을 져야 하는 사람들. 그 일에서 의미를 찾을 수 있을 때 영향력을 발휘한다. (게이트 28-27-31-41)
- **위험 병치교차** | 삶의 의미와 목적을 찾기 위해, 또는 필요한 것을 얻기 위해 한계에 도전하는 모험가들. (게이트 28-27-33-19)
- **정렬 2 빗각교차** | 예기치 않은 상황을 잘 이용할 줄 아는 사려 깊은 사람들. 기회가 왔을 때 옛것을 버리고 새것에 맞출 줄 안다. (게이트 28-27-33-19)

게이트 44 마중 나가기

- **4가지 길 3 정각교차** | 날카로운 후각, 육감적·역사적 기억과 함께, 다른 사람들의 안전에 예민하며 가족 사업의 번영에도 관심이 많은 사람들. (게이트 44-24-33-19)
- **경각심 병치교차** | 우리가 어디서 와서 어디로 가고 있는가에 주파수가 맞추어진 본능적 기민함의 선각자들. 그들에게 주의를 기울이는 것이 매우 유익한 경우가 많다. (게이트 44-24-7-13)
- **육화 2 빗각교차** | 다시 방문하여 우리 모두를 연결함으로써 과거를 살려놓는 사람들. 몸을 갖고 다시 태어나는 것(육화)의 의미를 찾고, 생존에 무엇이 필요한지 끊임없이 숙고함. (게이트 44-24-7-13)

THE QUARTER OF MUTATION
변이 쿼터
● 주제 | 변형을 통한 목적 달성

게이트 1 　창조성

- **스핑크스 4 정각교차** | 자신만의 길을 만들어 영속하게 함으로써 유산을 남기려 애쓰는 창조적 개인들. 본보기가 되어 변이의 방향을 준비하고 유지함. (게이트 1-2-7-13)

- **자기표현 병치교차** | 완전히 새로운 문제에 창조적이고 혁명적인 답을 준비하는 것에 집중하는, 사회적으로 능숙한 사람들. (게이트 1-2-4-49)

- **저항 2 빗각교차** | 사회에서 주목을 끌지만 차이점을 지키고자 하는 사람들. 독특함을 유지하기 위해 모든 형태의 간섭을 거부하는 맹렬함. (게이트 1-2-4-49)

게이트 43 　타개

- **설명 4 정각교차** | 사상에 혁명적 색깔이 있는 사람들. 이해의 기반이 혁명적 통찰을 논리적이고 효과적으로 설명함으로써 시작된다. (게이트 43-23-4-49)

- **통찰력 병치교차** | 들을 준비가 된 선택된 사람들에게, 효과적으로 영향을 미칠 수 있는 독특한 통찰력을 표현하려는 욕구가 강한 사람들. (게이트 43-23-29-30)

- **헌신 2 빗각교차** | 사회를 효율적으로 만들기 위해, 미묘하고 파괴적인 변이mutation의 행동으로 다른 사람들에게 통찰을 심어주는 데 헌신하는 사람들. (게이트 43-23-29-30)

게이트 14 　엄청난 소유

- **전염 4 정각교차** | 힘이나 재물을 비축함으로써 사회에 효과적인 기여를 하는 데 전념하는 사람들. 인류의 진화, 발전, 성장을 북돋아주는 현명한 재물의 이용. (게이트 14-8-29-30)

- **권한 부여하기 병치교차** | 금전적 안정이 그들의 우울하기 쉬운 영혼에 매우 중요한

사람들. 투자 환수를 담보하기 위해 만드는 든든한 기반의 자산으로 다른 사람들에게 도움이 된다. (게이트 14-8-59-55)
- **불확실성 2 빗각교차** | 다른 사람들의 금전적 불확실성을 이해함으로써 그들이 필요사항을 준비하는 데 도움을 주는 사람들. 물질적 안정을 확보해줌으로써(약속하거나 예시를 보임), 친밀함을 만들거나 증진시키는 능력. (게이트 14-8-59-55)

게이트 34 위대한 자의 힘

- **잠자는 불사조 4 정각교차** | 분주함으로 다른 사람의 주목을 끌며, 강력한 힘과 카리스마를 가진 사람들. 영적인 인도를 받을 때 그 힘과 친밀함으로 세상에 도움을 준다. (게이트 34-20-59-55)
- **힘 병치교차** | 공동체를 돕는 힘이나 카리스마의 표현에 초점이 맞추어진 부지런함. 연예인 또는 거래를 성사시키는 직업(부동산 중개인, 로비스트 등). (게이트 34-20-40-37)
- **이원성 2 빗각교차** | 개인적 카리스마/이기주의와 공동체에 대한 의무라는, 인류의 기본적 난제를 연결시켜주는 사람들. 분주함은 공동체를 제대로 지원하기 위해 조정된다. (게이트 34-20-40-37)

게이트 9 작은 자들의 길들이는 힘

- **계획하기 4 정각교차** | 관련된 세부사항에의 열의가 적절한 집중으로 다듬어지는 사람들. 모든 양상이 조심스럽게 고려되고 적절한 도움이 주어진다면, 중요한 것들(계획, 거래, 재능)이 자연스럽게 성장한다. (게이트 9-16-40-37)
- **초점 병치교차** | 대중에게 중요한 문제에 초점을 맞추도록, 부지런히 다른 사람들을 고무하는 사람들. 사회의 잠재적인 미래를 알아보고 집중함. (게이트 9-16-64-63)
- **동일시 2 빗각교차** | 의문점이나 난제 등 어디에 자신의 재능을 쏟을지를 판별하고, 문제들을 완화하고 다루기 위한 자원이 있음을 알면서 정신적 안정을 찾는 사람들. (게이트 9-16-64-63)

게이트 5 기다리기

- **의식 4 정각교차** | 자기 자신의 흐름을 따름으로써 성장·발전의 추진력을 스스로 만들어 내는 사람들. 자연의 리듬에 근본적으로 조율되어 나타나는 의식. (게이트 5-35-64-63)
- **버릇 병치교차** | 외부의 영향을 받지 않는, 나름대로 질서 있는 버릇의 사람들. 고정된 자신의 흐름은 일정한 버릇이나 관행으로 나타나, 그들의 삶에 일관성을 만든다. (게이트 5-35-47-22)
- **분리 2 빗각교차** | 생명의 커다란 패턴을 바꾸거나 그 독특한 아름다움을 보기 위하여, 맞지 않는 인간관계나 행태에서 벗어나 과거의 의미를 찾는 열린 사랑의 사람들. (게이트 5-35-47-22)

게이트 26 위대한 자들의 길들이는 힘

- **통치력 4 정각교차** | 더 나은 미래를 위한 교육을 약속하고, 선택적인 기억과 개인적인 접촉(악수, 아이들 안아주기 등)을 조합하여 스스로를 지도자로 부각시키는 매력적인 사람들. 요즘의 정치인들. (게이트 26-45-47-22)
- **사기꾼 병치교차** | 마케팅 재능을 타고난 사람들로, 색다르고 특이하게 홍보한다. (게이트 26-45-6-36)
- **맞섬 2 빗각교차** | 우아함과 나름의 정의감을 가지고 권위에 도전하여 자기의 주도권을 확립하는 사람들. 변하기 싫어하는 강한 에고의 소유자들. (게이트 26-45-6-36)

게이트 11 평화

- **에덴 4 정각교차** | 세상에서 겪는 경험과 감정의 본질에 대해 교육하는 철학적 성향의 사람들. 음악이나 시를 통해서. (게이트 11-12-6-36)
- **아이디어 병치교차** | 우주적/보편적인 개념들을 모아 유명한 선생이나 선지자가 되며, 자주 외길을 고집하는 변이의 일꾼들. (게이트 11-12-46-25)
- **교육 2 빗각교차** | 인간의 경험에 대해 종종 표현할 수 없는 생각을 전달하고자 하는 '평화, 박애주의, 선교'의 사람들. 교육은 아직도 인간에게 가장 필요한 일이

다. (게이트 11-12-46-25)

게이트 10 발 디디기

- **사랑의 그릇 4 정각교차** | 개성적 태도들을 북돋아주고 풍요롭게 하는 일에 종사할 경우, 자기 자신으로 살며 자신의 다름을 사랑함으로써 세상을 사랑으로 이끄는 사람들. (게이트 10-15-46-25)

- **행동 병치교차** | 자기의 행위에 대해 바른 인상을 남기고자 하는 비판적 기회주의 자이지만, 한편 다른 사람들의 행위는 따지고 고치려 드는 이들. (게이트 10-15-18-17)

- **방지 2 빗각교차** | 다른 사람들과 사회에 불건전한 풍습/행동이 생기지 않도록 노력함으로써 교정하는, 억압하면서 동시에 해방시키는 사람들. (게이트 10-15-18-17)

게이트 58 기쁨

- **서비스 4 정각교차** | 생명의 경이로움 속에서 느끼는 그들의 기쁨은 세상의 일상적 흐름에 도전하는 추진력이 되며, 사회에 도움이 되는 아이디어와 형상들을 통해 논리적 완성으로 나아가는 사람들. (게이트 58-52-18-17)

- **활력 병치교차** | 매우 탐나는 활력과 지구력을 가진 이들로, 누구에게 또 어떻게 자기의 에너지를 나누어줄지 그 통제의 중요성을 이해하는 사람들. (게이트 58-52-48-21)

- **요구 2 빗각교차** | 원하는 대가가 돌아온다면, 다른 사람의 일에 몰두하거나 기술을 완전하게 해주는 데 에너지를 쏟을 준비가 되어 있는 사람들. 공격이 최선의 방어책. (게이트 58-52-48-21)

게이트 38 반대

- **긴장 4 정각교차** | 삶이란 고난이라 이해하지만, 그것이 영과 목적의식을 일깨우므로 삶을 가치 있게 만든다는 것을 아는, 창조적 깊이가 있는 사람들. (게이트 38-39-48-21)

- **반대 병치교차** | 당신의 주장과 견해를 입증 또는 설명하도록 자극하거나 반대하는 (또는 충격을 주는) 흥분 에너지를 가진 사람. (게이트 38-39-57-51)
- **개인주의 2 빗각교차** | 그들의 독특함을 유지/발전시키는 것이 중요하며 계속 변이하고 점점 더 자기 자신이 되어간다. 그리하여 당신을 바꾸거나 충격을 주고 긴장하게 만든다. (게이트 38-39-57-51)

게이트 54 결혼하는 처녀

- **침투 4 정각교차** | 높은 자리의 인물들에게 인정받는, 자수성가의 길에 있는 사람들. 높은(또는 신비한) 차원의 힘과 연결됨. (게이트 54-53-57-51)
- **야망 병치교차** | 실패의 두려움을 딛고 과업을 완수하고자 하는 변형의 일꾼들. 만족을 모르며 보수적이지만 영향력이 큰 사람들. (게이트 54-53-32-42)
- **순환 2 빗각교차** | 각각의 주기를 충분히 완료함으로써, 지속성에 대한 헌신을 통해 개인과 국가, 그 자신의 이익을 위해 커다란 변화를 조성하는 에너지를 지닌, 야망 있는 사람들. (게이트 54-53-32-42)

게이트 61 내적 진실

- **마야 4 정각교차** | 알 수도 없는 것을 알려고 애씀으로써 다른 사람들에게 도움이 되고 그렇게 해야 광기가 해소되는, 영감을 주고받는 사람들. 삶과 죽음의 문제 해결을 위하여 구체적인 사실들 속에서 보편적 진실을 찾고 있는 사람들. (게이트 61-62-32-42)
- **생각하기 병치교차** | 개인적이고 상세한 통찰이 매우 깊어, 일반적인 이론을 바꾸기도 하며 지식 추구 자체를 즐기는 사람들. 좋은 법률가들. (게이트 61-62-50-3)
- **애매모호함 2 빗각교차** | 영감 받은 지식(내면의 진리와 보편적 원리)을 가진 사람으로, 자칫하면 놓치기 쉬운 절대적이고 보편적인 법칙에 대한 세부사항을 제시할 수 있다. (게이트 61-62-50-3)

게이트 60 제한

- **법 4 정각교차** ㅣ 평가의 한계와 변화의 파급 효과를 받아들이는 사람들. 그러나 '생명을 해치지 말라'와 같은 전통적인 가치관을 유지한다. (게이트 60-56-50-3)
- **제한 병치교차** ㅣ 제한에 내재된 가능성을 극대화하는 재주꾼들. 모험을 통해 목적을 찾고, 모든 제한의 경계선을 시험하기 위하여, 다른 사람들을 포함해 스스로를 키워가는 사람들. (게이트 60-56-28-27)
- **미혹 2 빗각교차** ㅣ 마술처럼 미혹을 예술로 만들어내는 이들. 자극과 모험을 통해 제한을 초월한다. (게이트 60-56-28-27)

게이트 41 감소

- **예상치 못한 일/사람 4 정각교차** ㅣ 예기치 않게 리더의 위치를 맡게 되는 사람들. 목적을 발견하거나 남을 돌보는 것으로 타인을 촉발하여 영향을 준다. (게이트 41-31-28-27)
- **환상 병치교차** ㅣ 세상의 동향/유행을 알아채고 미래를 꿈꾸는 직업에서 두각을 나타내는 사람들. 즐거운 환상에 잘 빠진다. (게이트 41-31-44-24)
- **알파 2 빗각교차** ㅣ 새롭거나 더 나은 것으로 보이는 기대와 함께 약속의 땅으로 사람들을 이끌 수 있는 예상치 못한 기회의 순간을 기다리는 동안, 꿈과 환상으로 다른 사람들을 유혹하는 사람들. (게이트41-31-44-24)

게이트 19 다가가기

- **4가지 길 4 정각교차** ㅣ 다른 사람들의 기본 욕구가 마련되도록 사회적/영적 힘이 동기가 되어 인간(동물)의 권리 보장에 민감한 사람들. (게이트 19-33-44-24)
- **필요 병치교차** ㅣ 창조적인 목표를 지닌 사람들. 가까운 친구들이 즐길 수 있도록, 인생에서 아름다움을 만들어내겠다는 깊은 욕구를 가지고 있다. (게이트 19-33-1-2)
- **개선 2 빗각교차** ㅣ 올바른 방향과 정렬alignment이, 자신의 필요를 충족시키고 삶의 전제적인 경험을 다듬고 목적을 성취케 하는, 위대한 아름다움의 일부임을 이해하는 사람들. (게이트 19-33-1-2)

나는 자기사랑self-love을 가르친다. 그 과정과 실험을 통해 그대가 발견하는 것은 이 세상의 파도를 헤쳐 나아갈 그대의 능력을 믿을 수 있다는 것이고, 그대의 내면에 매우 특별한 사랑이 존재한다는 것이다. 사람들이 흔히 가지고 있는 것이 아니다. 그들은 스스로를 좋아하지 않는다. 그들은 누군가가 자신들의 가치를 찾아내어주리라고 끊임없이 기대한다. _ 라 우루 후

9장 / 차트 읽기
Sample Chart Overviews

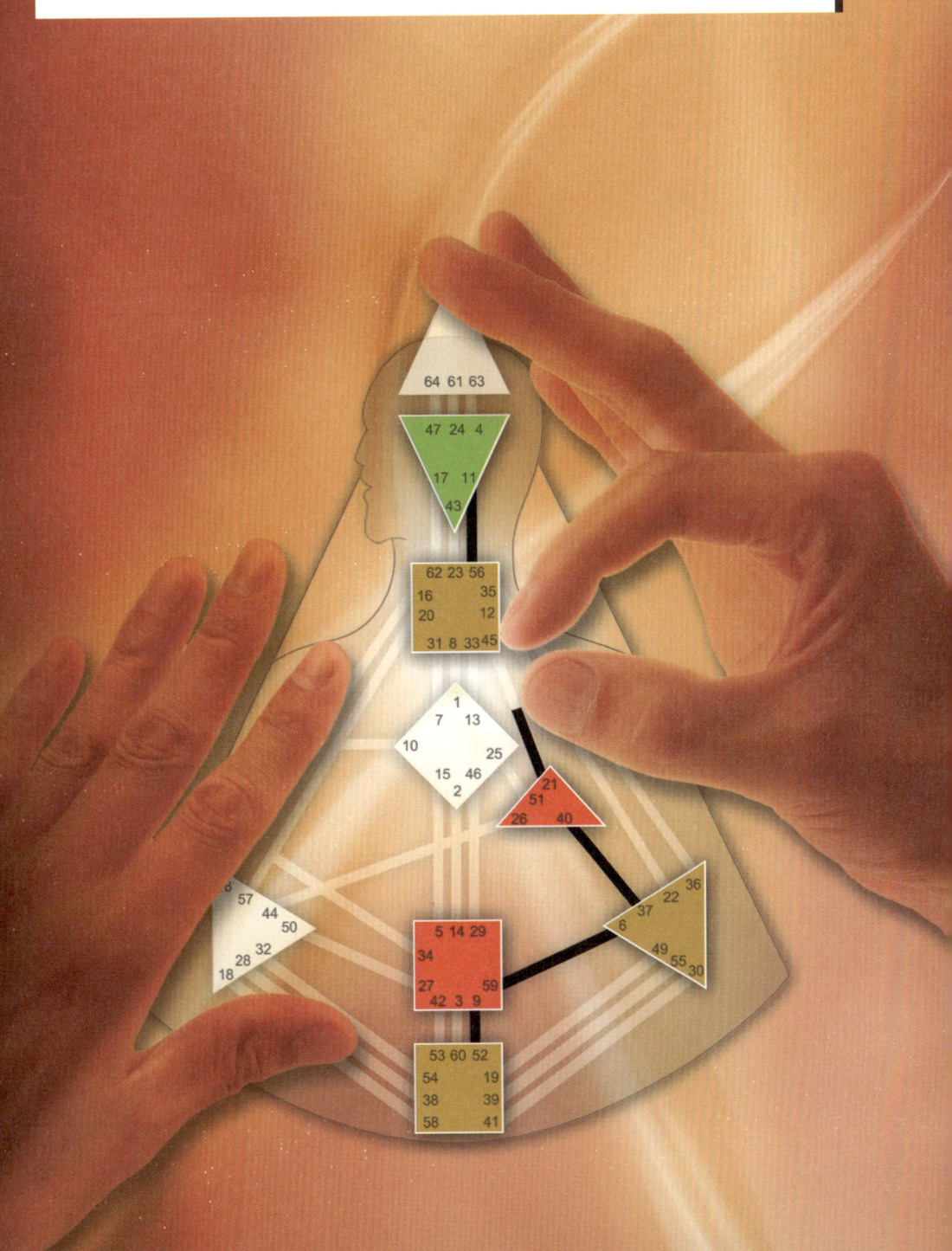

Human Design In Practice
휴먼디자인의 실질적 적용

　　공인된 전문 분석가들은 휴먼디자인 바디그래프의 해석을 교육받게 된다. 진정한 자신의 통합된 모습, 즉 디자인된 자신과, 외부로부터의 조건화에 노출된 낫셀프를 통합적으로 바라보는 것이 당신의 디자인을 이해하는 기초가 된다. 라 우루 후가 만들어낸 '키노트'들은 생생한 상징적 언어로, 휴먼디자인의 복잡하고 혁명적 견해 속에 들어있는 유전적 연속성을 잘 드러내주고 있다. 키노트에는 많은 정보가 함축되어 있으며 만트라(주문)처럼 우리 몸의 화학, 우리의 독특한 주파수에 우리를 연결시키고 깨어나게 한다. 키노트를 배우고 사용하는 것은 마치 우리 몸 안의 호르몬 소통체계처럼 우리를 다른 사람들과 강하게 연결시킨다. 휴먼디자인 시스템의 거의 모든 분야에 키노트가 딸려있다. 정의된 것과 열려있는 센터의 키노트들을 엮어, 분석가들은 한 사람의 특성과 목적을 스토리로 그려내는 것이다. 키노트가 전달되면, 스토리는 듣는 이의 생각을 넘어 세포 수준으로 깊숙하게 파고든다.

　　이 책 전체에 걸쳐 휴먼디자인을 설명하기 위해 키노트들을 사용하고 있다. 11장에 채널과 게이트의 모든 키노트들을 모아 놓았다. 각 타입의 간단한 설명이 뒤따르며, 키노트의 간단한 예시와 함께 분석가의 리딩이 어떻게 조합되는지 보여준다. 분석가 리딩의 기반은, 유전정보를 독특한 삶의 실용적 도구와 잘 짜깁기하는 데 있다.

> 키노트가 곧 휴먼디자인이라고 할 수 있다. 키노트는 어떤 면에서 하이쿠(압축적인 짧은 시)와 같다. 매우 특이한 '형식/공식formula'을 지니고 있으며, 여러 방식으로 일반화되어 있기 때문에 주의가 요망된다. 누구나 이 정보를 인용할 수 있겠지만, 중요한 것은 그게 아니다. 우리는 전체론적인 환상holistic illusion이라 할 수 있다. 우리는 각자의 '형식'을 모두 합한 그 전체이다. 우리는 우리가 진정 무엇인지, 또한 우리의 낫셀프는 무엇인지를 알려주는 그런 '공식'을 가지고 있다. 모든 것에 대한 키노트를 가지고 있는 것이다. 키노트들을 잘 사용한다는 것은 과학이라기보다는 예술과 같다. 잘 사용하려면 연습과 시간이 필요하다. 왜냐하면 바디그래프를 보고 탐험하며 분석할 때, 어떤 자유로움이 있어야 하기 때문이다.*

> 키노트는 융합이다. 각각의 키노트는 어느 특정한 성향의 가치가 융합된 것이다. 어떤 사람의 인생행로에 그것을 적용할 때, 당신의 '공식'을 읽을 수 있는 진정한 기회를 갖게 되는 것이고, 그 위에 그것을 확장시킬 수 있을 것이다. 그것은 탐험이다. 직접 해보기 전에는 진정 그 맛을 알 수 없으니, 내가 좋아하는 것은 그 경험이다. 시작하게 되면 당신 앞에 빈 캔버스가 있고, 당신이 하는 것은 스스로의 코드를 그려 나가는 것과 같다. 인류의 역사를 생각해 보라. 그것이 정말 뜻하는 것이 무엇인지, 당신에게 의미가 있는 것은 어떤 순간인지, 어떠한 은총을 내포하고 있는지를. _ 라 우루 후

---

* 바디그래프 분석에는 정의된 그리고 정의 되지 않은 요소에 대한 모든 키노트들이 있다. 그 키노트들을 자유롭게 엮어서 아주 다양한 스토리를 만들어 낼 수 있다. 그 모든 다양한 스토리들이 절대로 틀리지 않다는 것을 이해하는 것이 중요하다. 그것이 바로 자유로워야 한다는 의미이다. 그렇게 하기 위해선 많은 연습과 시간이 필요하다.

매니페스터 예시

오라: 닫혀있고 밀어냄

전략	알리기	정의	분할
프로파일	1/4	낫셀프 테마	분노
결정권	스플린	지향	평화

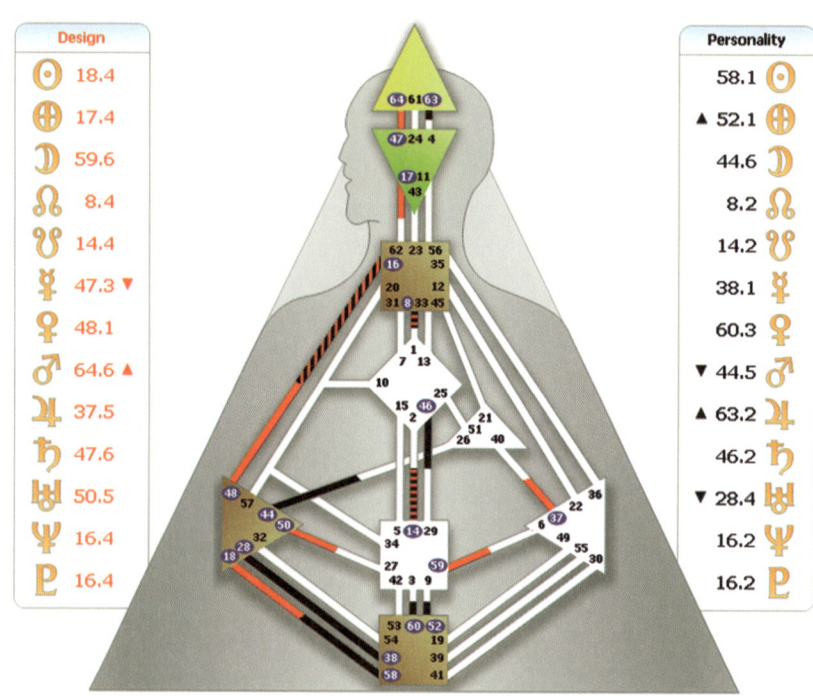

헨리 밀러 Henry Miller

봉사: 정각교차

미정의 센터들: G, 하트, 세이크럴, 솔라 플렉서스

58-18 판단
만족할 줄 모름의 디자인

48-16 파장
재능의 디자인

38-28 투쟁
완고함의 디자인

64-47 추상
명료함이 섞인 정신활동의 디자인

당신의 재능은 독립적으로 행동하고 개시하며, 다른 사람들에게 충격/자극을 끼칠 수 있다는 것이다. 그러나 그 자질이 위협적이거나 예기치 않게 나타나면, 다른 사람들을 불편하게 만들어 저항하거나 당신을 통제하려 할 수도 있다. 매니페스터로서 당신은 혼자 있는 것이 힘들지 않다. 다른 사람들의 도움이 별로 필요하지 않으며, 당신은 가끔 다른 사람들이 왜 당신의 일에 신경을 쓰는지, 한술 더 떠서 왜 일을 막거나 통제하려하는지 이해가 안 된다. 그러나 부모를 비롯해 세상 모두가 당신을 통제하려 한다. 어릴 때부터의 저항과 언짢은 조건화의 경험은 당신을 낫셀프 테마인 분노로 몰아가고, 그것은 다음의 두 가지로 표현된다.: 분노와 저항 또는 수동적인 수용. 어떻게 표현하든 그것은 당신의 힘을 억압하는 요인이 되며, 당신의 가치를 깨닫지 못하도록 한다. 그렇기 때문에 당신의 전략인 '알리기 to Inform'는 매우 중요하다. 그것이 다른 사람들의 저항을 약화시키고 당신이 늘 바라던 것, 곧 원하는 것을 원하는 때에 할 수 있는 평화로운 상태로 이르게 해준다. 당신은 자급자족적 인간이며, 가끔 다른 사람들이 이상하게 보이기도 한다. 당신의 예측하고 개시하는 능력 때문에, 사람들은 당신의 타이밍이 종잡을 수 없다고 느낄 수 있다.

당신의 주제는 "누가 답하려나?", "누가 내 자극으로 생기를 얻거나, 또는 누가 나의 개시하는 질문에 반응하려나?" 등이다. 이와 같은 자극하고 개시하려는 압박이 당신의 목적을 충족시킬 수 있는 열쇠이다. 당신은 홀로 자기 일에 몰두하는 것이 가장 편하지만, 다른 세 타입은 당신이 기폭제가 되어 자신들의 고유한 능력을 통해 기여할 수 있기를 바란다. 그리고 당신은 가끔 꿈을 이루는 데 필요한 에너지를 다른 타입이 마련해 주기를 바란다. 세상이 완전하다면 매니페스터는 일을 개시하고, 프로젝터는 과정을 가이드하며, 제너레이터는 완성이나 구체화를 위한 에너지를 마련하고, 리플렉터는 그 과정이 잘되어 가는지 말해준다.

미리 알려주는 전략은 당신에게 부자연스럽게 느껴질 수 있는데, 다른 사람들이 당신을 향해 벽을 칠까 두려워 그러한 전략을 꺼리는 것이다. 당신은 허락을 받도록 디자인 되어있지 않으므로, 말없이 홀로 일을 진행하면서도 저항이 없기를 바란다. 그러나 그러한 낫셀프 전략은 역효과를 내어, 오히려 더 심한 저항을 받게 되고 서로가 손해보는 악순환이 반복되기 쉽다. 당신이 결정한 것을 실행하기 전에 '알려주면' 다른 사람들은 무시당하지 않았다고 느낀다. 그들은 당신이 하는 일을 좋아하지 않을지 모르나, 그렇게 미리 앎으로 해서 저항과 역효과를 줄일 수 있다. 덧붙여서, 그러한 저항은 당신의 타이밍에 안내자로서 재고의 기회를 줄 수도 있는 것이다. 예를 들어, 당신이 50명이 일하는 사무실에서, 앞으로 일주일에 나흘만 일하겠다고 선언한다고 해보자. 47명이 그 결정에 불만을 가질지 모르나 당신은 그로 인해 결정을 조정할 기회가 생기는 것이다.

결정의 순간에 당신의 내적 결정권은 스플린에 있고, 그것이 말할 때에 당신이 귀담아 듣는 것이 매우 중요하다. 스플린 결정권은 순간적으로 조용히 드러나며 되풀이되지 않는다. 스플린의 '목소리'는 직관적 또는 본능적 느낌과 비슷할 것이다. 당신이 그 신호를 놓치거나 무시하면 두 번 다시 경고하지 않는다. 당신의 스플린은 당신을 안전하고 건강하게 살아있도록 보호한다. 그것은 오직 필요에 의해, 그 순간 당신의 생존을 위해 경고를 보내는 것이다.

사실 스플린 결정권은 매순간 자연스럽게 당신으로부터 나온다. 미미한 징조를 통해 당신이 순간적으로 결정을 내리고 또 그 결정을 알려야 한다는 것은 어려운 일이다. 그 알림이 효과적이기 위해서는 의도와 합리적인 노력, 스플린 결정권에 긴밀하게 동조하는 것이 필요하다. 예를 들어 당신이 친구들과 식당에 갔을 때 느낌이 좋지 않으면, 그 느낌을 무시하지 말아야한다. 그것은 거기에 들어가는 것이 건강에 좋지 않다는 경고이지만, 스플린은 왜 그런지는 설명을 해주지 않는다. 당신이 할 수 있는 일은 솔직히 친구들에게 당신의 느낌을 이야기하고, 그것이 친구들에게 어떤 영향을 줄지 지켜보는 수밖에 없다. 전반적으로, 알림은 당신에게 평화를 가져다주고 그것이 당신이 다른 무엇보다도 원하는 것이다 - 저항을 받지 않는 것. 당신이 평화롭게 느끼면 결정권에 올바르게 따랐다는 증거이고, 그로부터 당신의 현시와 세상을 향한 독특한 자극이 힘을 받게 된다.

당신의 프로파일, 세상에서 당신이 걸치고 있는 역할은 1/4 즉 조사하는 기회주의자이다. 당신의 프로파일은 당신의 목적을 표현하기 위한 인생의 역할이고, 당신은 모든 일을 깊숙이 조사하도록 태어났다. 당신은 삶의 토대를 튼튼하게 세우고자 하며, 내부를 성찰하고 스스로 몰두하는 경향이 있다. 당신은 다른 사람들과 공유할 수 있는 나름의 권위를 세우고자 한다. 동시에 매우 영향력 있는 당신의 무의식은, 형제애/자매애 수준에서 다른 사람들과 교류하는 능력을 가지고 있다. 당신에게 공동체는 매우 중요한데, 당신이 무의식적으로 교류하도록 디자인되어 있으므로, 다른 사람들에게 지식을 나누고 영향을 끼치는 기회를 만들어주기 때문이다. 그러나 어떤 타입의 교류에서도 먼저 우정을 쌓는 것이 중요하다. 낯선 사람들은 당신에게 불편한 존재들이다. 당신의 전략과 스플린 결정권을 따름으로써, 당신은 당신에게 중요한 일과 인맥에 초점을 맞출 수 있다. 그러한 방법으로 당신은 개인적인 안전한 토대를 만들고 주변에 영향력을 행사할 수 있으며, 당신의 조사를 공유하고 건강과 안전을 유지할 수 있다. 조사하는 기회주의자로서 사람에 대해서 안다는 것은 꽤나 신나는 일 일 것이다.

당신의 차트에는 분리 split 가 하나 있는데, 그것은 당신의 디자인에 서로 연결되지 않은 두 부분이 있다는 의미이다. 그것이 합쳐져 조화를 이루기에는 시간이 걸리므로, 당신의 무언가 부족하여 완성을 향해 노력해야 하리라고 느낄 수 있다. 분리의 한 면은 루트 센터와 스플린 센터, 스로트 센터를 연결한 세 개의 채널이다. 판단의 채널 - '만족할 줄 모름'의 디자인(58/18), 투쟁의 채널 – 완고함의 디자인(38/28), 파장의 채널 – 재능의 디자인(48/16). 또 다른 면은 헤드 센터와 아즈나 센터 사이의 추상의 채널 – '명료함이 섞인 정신활동'의 디자인(64/47)이다.

당신의 분리를 연결해 주는 게이트는 62, 세부사항의 게이트이다. 그것은 당신이 의견을 뒷받침할 세부사항을 찾도록 엄청난 양의 조건화를 불러온다. 당신은 세부사항에 지나치게 집착하여, 필요한 세부사항이 어떤 것인지 생각으로 결정하는 어리석음을 범하기 쉽다. 사실은, 조사하는 과정에서 당신의 결정권인 스플린의 인식이 적절한 세부사항으로 이끌어 갈 것이다. 당신의 결정권을 따르지 않으면, 세부사항을 추구하기에 끝이 없어 결국 지치고 압도되어 체력을 소진시킬 수 있다.

당신의 디자인에는 생명력의 형태, 또는 채널이 네 개 있다. 그것은 다른 사람들에게 보여 지는 당신의 변함없는 에너지이고, 삶의 과정에서 믿을 수 있는 당신의 기초를 형성하고 있다. 하나하나 살펴보자.

판단의 채널

'만족할 줄 모름'의 디자인(58/18). 이 채널은 집단과 사회를 향상 시키고자하는 끝없는 도전, 교정과 완성의 추진력을 만들어 내고, 완벽한 패턴에서 평화를 찾고자 한다. 당신이 진정한 자신으로 살 때에 주변 세상에 문제가 있으면, 그것이 교정될 때까지 당신의 논리는 도전하고자 한다. 그러나 그 완벽을 향한 노력이 당신 자신이나 주변의 가까운 사람들에게 향하게 되면, 끝없이 잘못을 지적하거나 삶에 대한 전반적인 불만을 가짐으로써 인간관계에 있어 마찰을 부를 수 있다.

투쟁의 채널

완고함의 디자인(38/28). 싸울 만한 가치가 있는 상황에 서게 되는 것을 삶의 의미라고 생각하기 때문에, 가치 있는 싸울 거리에 초대되는 것보다 더 신나는 일은 없다. 그것은 삶의 의미 있는 목적을 향한 당신의 노력에 힘을 보태고, 당신의 예는 다른 사람들의 노력에도 용기와 추진력을 갖도록 도와준다. 당신이 삶의 의미를 찾는 데 실패하면, 스스로는 물론 다른 사람들에게까지도 자포자기의 느낌을 줄 수 있다. 당신은 다른 사람들에게는 드문 고집스럽게 추진하는 디자인이 있어, 당신의 조사를 포기하는 데에는 오랜 시간이 걸린다. 당신의 스플린 결정권은 어떠한 투쟁이 적합한 것인지 깨닫게 도와줄 것이다.

두 채널을 통한 루트 센터의 압박은 가끔 지나쳐서, 당신의 결정권을 벗어나 필요 없는 일에 애를 쓰도록 당신을 밀어붙일 수 있다. 힘이 넘쳐 몸이 근질거릴 때, 당신의 건강을 유지하기 위해서는 일정한 운동이 중요하다. 가끔 당신의 안정과 재조정을 위해서, 집 주변의 한 구역을 도는 것만으로도 넘치는 기운을 잠재울 수 있을 것이다.

파장의 채널

재능의 디자인(48/16). 당신은 완전을 추구하는 동시에 반복과 연습을 통해 어떠한 재능을 통달하고자 한다. 어떠한 재능이란, 과학적 이론의 정립, 악기 연주 등 세상에 당신의 모습을 드러낼 수 있는 모든 방법을 말한다. 당신의 성취가 컬렉티브의 파장으로 세상에 공유되면, 다른 사람들의 삶을 향상시키거나 넓은 의미의 목적에 도움을 줄 수 있다. 충분하게 오랫동안 연습과 훈련을 반복할 수 있다면, 당신은 테크닉을 배우는 것을 초월하여 결국 재능이 자연스럽게 흘러나오게 될 것이다.

추상의 채널

명료함이 섞인 정신활동의 디자인(64/47). 당신은 끊임없이 가능성을 찾으려는, 경험을 위한 활발한 마음을 가지고 있으며, 한 시라도 그것이 쉴 수 있을까하는 의심이 들 것이다. 당신은 끊임없이 맴도는 이미지들의 결과로 상당한 정신적 혼란을 느낄지 모른다. 그 혼란은 결국 의미를 발견하여, 영감을 주는 새로운 시작의 표식일 수 있다. 당신이 그러한 발견의 과정을 꾸준히 반복하면, 어떠한 순간에 퍼즐 조각들이 맞추어지고 그림이 선명해진다.

오랜 시간 인내하여 명료함을 발견하게 되면 다른 사람들과 공유하기 위한 새로운 관점이나 영감을 주는 이야기를 보답으로 얻을 수 있다. 그러나 다른 사람들의 결정에 훌륭한 도움이 될 수 있는 당신의 활발한 마음은, 스스로의 삶을 파악하고자 하는 데에는 유용한 도구가 될 수 없다. 정신적 알아차림은 시간이 걸린다, 반면에 스플린을 통한 당신의 결정권은 순간순간의 결정을 안내하기 위해 존재한다.

당신의 디자인에서는 G, 하트, 세이크럴 그리고 솔라 플렉서스 센터들이 정의되지 않았다. 그것들은 깊은 조건화와 지혜의 가능성을 가지고 있다. 당신의 미정의 G센터는 당신의 낫셀프 마음을 정체성, 사랑과 방향, 나는 누구인가, 내 사랑이 어디에 있으며 다음엔 어느 방향으로 가야할지 등에 집착하도록 조건화 시킨다. 당신이 위와 같은 것들에 대한 생각을 접고 추구하기를 그친다면, 당신이 누구이며 사랑과 방향등 모든 것을 저절로 찾게 될 것이다.

미정의 하트 센터는 당신의 가치를 증명하도록 압박한다. 그것은 여러 방면으로 나타난다. 끊임없이 스스로를 향상시키려 한다든지, 약속을 쉽게 하고 지나치게 다른 사람의 입장을 배려하는 것 등이다. 당신은 누구에게도 무언가를 약속하도록 디자인되어있지 않으며, 약속을 깨는 것이 매우 가슴 아플 수 있다. 당신은 무언가를 위해 자기 스스로를 밀어붙이도록 되어있지 않다. 당신은 알리기의 전략과, 본능을 따르는 결정권으로 세상일을 해나간다. 당신이 스스로를 증명하려는 노력을 그치면, 누구의 에고가 과장되었는지, 누가 약속을 지킬 수 있는지, 누가 공동체에 가치가 있는지를 알아내는 지혜가 생길 수 있다.

당신의 미정의 세이크럴 센터는 지나치게 일을 하게 하거나, 가끔 지나치게 성을 탐닉하게 만든다. 당신은 사업을 개시하도록 디자인되었지만, 모든 것을 혼자하거나 완성시키지는 않는다. 쉽게 일에 욕심을 부리는 일이 생김으로, 피로로 인해 건강을 해치는 길로 이끌리기 쉽다. 열린 세이크럴 센터의 지혜는 적당한 노동의 한계를 아는 데 있다. 여유를 가지고 경계를 분명히 하며, 자기의 결정권으로 결정하는 것이 당신의 건강에 열쇠가 된다.

미정의 솔라 플렉서스 센터가 미정의 세이크럴 센터와 합쳐지면, 성과 로맨스에의 집착을 강하게 만든다. 솔라 플렉서스 센터에는 욕망의 느낌, 친밀함, 열정 등의 에너지가 있는데, 이 센터가 정의되지 않으면 그것들은 더욱 힘차게 증폭될 수 있다. 사실, 당신의 열린 솔라 플렉서스 센터에 들어오는 다른 사람들의 과도한 감정들은, 그것을 맞닥뜨려야 하는 경우에도 감정의 불쾌한 면을 피하게 만들기 쉽다. 낫셀프 테마가 분노인 매니페스터의 당신에게, 경우에 따라 그 감정이 증폭되기도 한다. 열린 솔라 플렉서스 센터의 지혜는, 감정적으로 불편한 상황들 중에 어떤 것을 신경써야하는지 알게 하는 것이다.

    종합하면, 당신은 개시하는 존재로서 다른 사람들에게 도움이 되도록 디자인되었다. 당신이 자신의 직관적 앎에 대해 깨어있다면, 다른 사람들에게 사회의 가치를 일깨워 주고, 생존과 가치, 목적을 위한 그들의 투쟁을 고무시켜준다. 당신은 결정적 세부사항에 민감하다. 인간에 대한 흥미로운 조사의 종합, 삶에 대한 사랑, 과거로부터의 교훈, 구축한 지지자들의 관계망 등을 통하여, 당신은 만족을 모르는 재능과 막강한 추진력으로 집단에게 영향을 끼치고, 궁극적으로 변형시킬 수 있다. 인생에서의 성공 기회는 친한 사람과의 관계와 관계망의 질에 달려있다. 결정을 이행하기 전에 주변에 알림으로 해서 다른 사람들로부터의 저항을 경감/무력화시킬 수 있다. 각각의 결정을 당신의 직관적 알아차림으로 한다면, 당신의 독특한 삶과 목적에 올바르게 일치되고, 늘 바라는 평화를 찾을 수 있을 것이다. 당신의 결정권과 육감이 낫셀프의 마음에 압도되는 경우에는, 당신의 가치를 증명하려고 지나치게 애쓰거나, 인간관계나 삶의 평화를 위한 적당한 거리유지를 무시하게 될 것이다. 친밀한 교류에 대한 선입견이 생겨, 모든 사람들에게 잘못을 찾아내어 계속 파트너를 바꾸는 결과가 될 수 있다. 당신은 날카로운 본능을 가지고 있다. 그리고 말이 매우 빠르다, 그러나 생각과 감정이 본능을 압도하게 놔두는 것은 당신의 안전에 좋지 않다.

제너레이터 예시

오라: 열려있고 감싸는

전략	기다렸다가 반응함	정의	단일
프로파일	5/1	낫셀프 테마	좌절
결정권	세이크럴	지향	만족

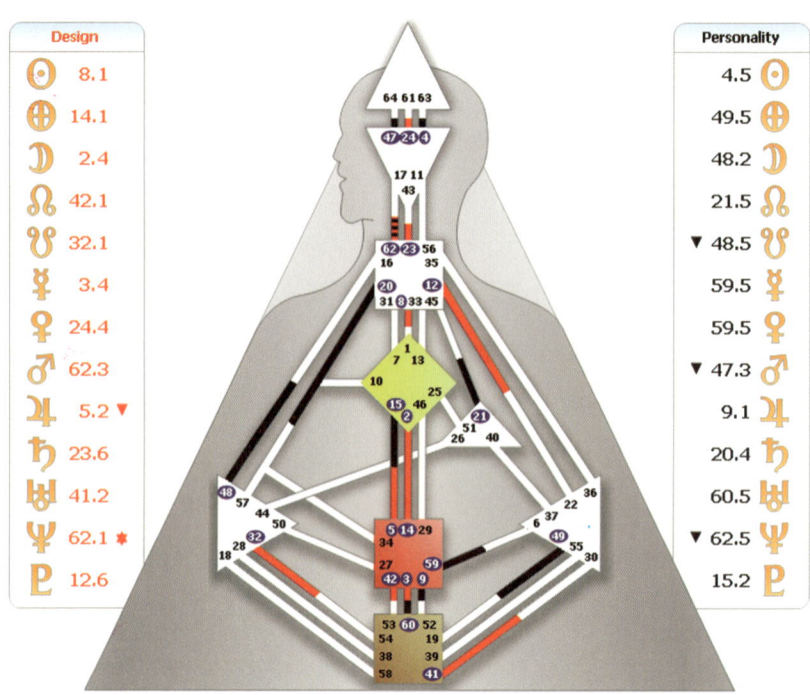

줄리아 차일드 Julia Child

혁명: 빗각교차

미정의 센터들: 헤드, 아즈나, 스로트, 하트, 스플린, 솔라 플렉서스

60-3 변이
변동과 개시 에너지의 디자인

14-2 울림(방향)
열쇠를 지키는 자의 디자인

5-15 리듬
흐름 안에 있기의 디자인

당신은 일하기 위해 태어났고, 자기 일을 사랑하는 제너레이터이다. 당신의 재능은 어떤 임무, 프로젝트, 기술을 완수하거나 통달하는 데 있다. 당신은 세이크럴에서 나오는 생명력으로 이 세상을 돕는다. 적합한 일에 종사하면 깊은 만족감을 느낀다. 만족하는 일을 찾기 위해서는, 스스로를 '아는' 것이 중요하고, 그것을 위한 확실한 길은 삶에 반응하는 것이며 무엇이든 먼저 시작하지 않는 것이다.

하고자하는 모든 일에 당신이 반응할 때 세이크럴이 참여한다. 세이크럴 센터가 행복과 만족의 열쇠이다. 당신에게 맞는 길을 찾는 유일한 방법은 세이크럴이 결정을 하도록 허락하는 일이다. 세이크럴에 탑재된 안내 시스템에 완전히 내맡기기 위해서는, 늘 반응하기 위해 준비되어 있어야 한다. 당신의 삶에서 무언가/누군가가 에너지를 요구하고, 세이크럴은 당신의 목적에 맞는 에너지를 연결한다. 당신이 세이크럴을 따르기 위해서는, 생각이 가지고 있는 상상 속 자신의 미래 모습을 모두 버려야만 한다. 그런데 당신의 생각은 특히 다른 사람들의 아이디어나 의견에 열려있다. 그러나 당신에겐 매우 독특한 리듬과 방향이 있으므로, 그것에 충실할 수 있으면 주변 사람들의 방향과 리듬에도 영향과 변화를 줄 수 있다.

세이크럴의 반응이란 배 아래로부터 나오는 비언어적인 본능적 소리이다. '아하↑'는 수긍의 소리이며 일에 필요한 에너지가 있다는 뜻이고 '음-음↓'은 부정의 소리이며 그 에너지가 없다는 뜻이다. 가끔 반응이 나타나지 않기도 하는데, 그것은 에너지가 없거나 적절한 질문이 아니었기 때문일 것이다. 일단 세이크럴이 아하! 하고 반응하여 일을 시작하면, 한발 한발 일의 완성을 향해 나아간다. 그 과정의 모든 단계를 거쳐야 한다. 당신은 스로트 센터에 연결된 모터(당신 디자인의 변속기어가 되어주는)가 없으므로, 일이 지지부진하게 진행될 때가 있을 것이다. 그럴 때에는 반응할 새로운 통찰, 지원 혹은 질문에 의해 다시 시작되는 것이 필요할 것이다. 그리하면 당신의 반응에 따라 다시 그 일에 매진할 수 있을 것이다.

당신이 전략과 내적 결정권을 따르지 않을 때 - 삶이 당신에게 다가와 반응하게 하고 그 반응에 진리가 있음을 믿지 않을 때 - 당신은 저항을 경험한다. 당신은 '낫셀프'의 생각으로 경험을 하고, 그것은 당신을 다른 사람으로 행동하도록 요구하는 것이다. 좌절은 제너레이터의 낫셀프 테마이고, 그것은 당신에게 매우 중요한 표식이다. 좌절은 내적이든 외적이든 저항으로부터 생겨나고, 절망이 느껴질 때에는 당신이 반응하지 않고 지나치게 밀어붙이거나, 먼저 시작하지 않았는지 점검해야할 때임을 알아야한다. 무슨 일이 생기고 있는지 이해하지 못하면, 좌절 때문에 미성숙단계에서 일을 그만둘 수 있다. 생각대신 세이크럴의 반응으로 결정하기가 옳다고 믿는 것은 처음부터 쉽지는 않을 수 있다. 시간이 흐르면서 당신은 몸의 지성에 익숙해질 것이다. 제너레이터의 커다란 두려움 중의 하나는 "누가 나에게 질문을 하기는 할까?"이다. 당신은 몸의 구조가 다른 사람의 질문을 유도하여 반응하도록 디자인되어 있다. 당신의 오라는 열려있고 감싸주기 때문에, 그것이 당신의 삶에 필요한 모든 것을 끌어다 준다. 당신에게 필요한 것은 뒷자리에 앉아 세이크럴이 반응하는 것을 바라보기만하면 된다.

당신이 세상에서 걸치고 있는 겉모습인 프로파일은 5/1, 또는 이단적 조사자이다. 당신의 프로파일은 삶의 목적을 표현하기 위한 역할이며, 당신은 세상을 깊게 조사하기 위하여 태어났다. 지구에서 당신의 역할은 매우 초개인적이며, 공공을 위해 새롭고 실용적인 해결책을 보편화시킬 능력을 가지고 있다. 그러나 기초가 튼튼하지 않으면 불안한 무의식적 부분이 있으므로, 반응을 통해 삶을 조사하여 믿을 만한 권위를 찾고자 한다. 결국에는 그 모든 공부와 조사를 통해 스스로가 권위자가 되어, 공공을 향한 당신의 앎이 수월하게 보편화 될 수 있다.

프로파일의 이단자적 부분은 아주 유혹적이라 사람들을 끌어들여, 독특한 실용적 해결책으로 그들을 구원하리라는 소망을 불러일으키게 한다. 당신 또한 가끔 정말로 그들을 구원할 수 있으리라고 느낄 것이다. 그러나 당신이 무언가를 개시하지 않는 것이 중요하며, 기다리다가 질문이 오고 그 질문에 대한 당신의 세이크럴 반응이 긍정적인 경우에만 '예'라고 해야 한다. 당신의 세이크럴은 언제 이단적 견해를 이야기하여 다른 사람들을 따르게 할 것인지 알 것이다. 다른 사람을 돕는 당신의 힘은 '낯선 해결사'로서 더욱 빛을 발한다. 당신은 정말로 필요할 때 나타나고, 일이 끝나면 떠나도록 디자인되었다. 세상 사람들이 실질적 해결책을 기대하므로 준비와 튼실한 지식은 당신의 성공과 만족에 필수적이며, 그렇지 않을 경우 당신의 평판은 곤두박질친다. 당신은 그들의 기대가 더욱 커지기를 바란다!

사람들이 당신으로부터 느끼는 지속적인 에너지는 세 개의 정의된 채널로부터 나온다. 루트 센터와 세이크럴 센터를 연결하는 변이의 채널(60-3)은 맥박처럼 파도치는 매우 개성이 강한 에너지이다. 그것은 매우 창조적이고 변화를 이끄는 동력이지만 타이밍을 통제할 수가 없으며, 언제 다시 창조의 순간이 찾아올지 기다리는 시간이 길어질 수 있다. 어떤 때에는 새롭고 창조적인 에너지가 나타나지 않아 심한 침체를 느낄 수도 있다. 그것은 우울함과 변덕스런 기분이 포함된, 믿고 기다리는 과정이 필요한 에너지이다. 그러한 감정을 바꾸려하거나 이유를 찾으려하면 오히려 더 해로울 수 있다. 그것은 단순히 개성 있고 변화하는, 창조적이며 역학적인 파동이며 특별하게 이유를 찾을 필요가 없다. 당신의 에너지는 또한 다른 사람들을 부추겨서 새로운 변화의 방향으로 가도록 할 수 있다. 그러므로 당신이 가져올 잠재적 변이에 대해 진정으로 준비된 사람들에게 당신의 세이크럴 반응이 안내하도록 맡기는 것이 중요하다.

당신은 자신의 창조적 노력을 유지하도록 디자인 되었고, 물질적 준비를 스스로 마련하고 다른 사람들도 창조적 작업을 스스로 하도록 부추긴다. 울림(방향)의 채널(14-2)은 무의식적이고, 세이크럴 센터와 G센터를 연결한다. 그것은 다른 사람들을 북돋아주는 개성적 에너지이므로 당신의 첫 번째 의무는 스스로 진실 되게 사는 것이다. 삶을 기다리고 그것이 상상을 초월한 가능성을 당신에게 가져오도록-열려있고 반응하라. 당신이 자신의 운명을 창조하려하거나 뒤좇으면, 좌절과 상실감으로 귀결될 것이다. 이 에너지는 엔진을 켜고 새로운 길로 나아가는 "열쇠를 지키는 자"의 채널이기도 하다. 하지만 그 에너지는 오직 당신이 질문을 받았을 때에만 열쇠와 방향을 알 수 있는 것이다.

당신은 또한 당신의 오라, 타이밍, 흐름으로 다른 사람들을 끌어당길 수 있는 매력적 존재이다. 세이크럴 센터와 G센터를 연결하는 리듬의 채널(5-15)을 통하여, 끊임없이 생명의 강을 따라 힘차고 친밀한 연결감으로 흐른다. 다른 사람들은 당신이 자신만의 독특한 리듬을 가진 특유의 타이밍을 가졌다고 느낀다. 그리고 그 패턴이 당신에게 자연스럽고 어울린다면, 무엇으로도 그것이 방해받지 않도록 해야 한다. 그러나 낫셀프의 마음으로 그 흐름을 흩트린다면 당신을 포함해 주변 사람 모두의 흐름이 흐트러진다. 세이크럴의 반응을 따른다면 당신의 흐름과 타이밍은 늘 올바르다.

당신은 6개의 미정의 센터들을 가지고 있다. 이들은 다른 사람들로부터의 조건화에 열려있고 그로 인하여 주변에 생기는 일들에 매우 민감하다. 그 개방은 당신 자신의 반응과 삶의 길을 잘못 이끌 수 있다. 외부의 일이 당신에게 별 상관없는 생각을 하게하고(미정의 아즈나 센터), 모든 사람들에게 해답을 주고자 한다(미정의 헤드 센터). 당신은 열린 마음을 가지고 있어, 어떤 질문/해답이 가치가 있는지 알아내는 지혜가 생길 수 있으며, 그것을 보편화시킬 수 있으면 다른 사람들에게도 가치 있게 된다. 당신은 실용적 가치가 있는 해결책과 적절한 해답을 찾아내는 데 매우 지혜로워질 수 있다. 오직 기다려서 반응하는 것만으로 어떠한 대답이 가치 있는지 알아낼 수 있다.

미정의 스로트 센터 때문에 당신은 주목받기 위해, 또는 당신의 가치를 증명하기 위해(미정의 하트 센터) 말을 너무 많이 하기 쉽다. 당신은 다음에 무엇을 할지 알고자하는 압박을 느끼거나, 자신의 가치증명을 위하여 다른 사람들을 돕고자 무작정 뛰어들 수 있다. 다시 말하지만, 당신은 자신과 다른 사람들 모두를 위한 충분한 에너지 자원을 보유하고 있지만, 오직 타이밍이 맞아야만 그 자원에의 접근이 가능하다. 그것은 마음(생각) 대신 세이크럴의 반응으로만 알 수 있는 일이다. 당신은 공공을 위해 무엇이 진정 가치 있는지 알아내고, 어떻게 그것을 창조적으로 북돋울지 알아낸다.

또한 당신의 낫셀프가 건강치 못한 것에 집착하게하고(미정의 스플린 센터), 진리와 맞섬을 피하게 만들 수 있다(미정의 솔라 플렉서스 센터). 당신의 세이크럴 결정권은 그 순간에 작동하고, 당신의 진실은 그 반응을 통하여 즉각적으로 보여 진다. 그러나 당신의 안전에 대한 위협, 또는 다른 사람들의 귀에 거슬릴까 염려하여 그 진실을 곧바로 말하지 않으면, 당신의 리듬과 방향에 어긋나게 된다. 당신의 진실을 말하는 것이 도전적이라고 생각할지도 모르지만, 그럼으로써 집단에 가장 큰 기여를 하게 된다. 당신은 우리 모두가 직면한 문제에 새로운 해결책을 찾아내는 진정한 이단자이다. 당신은 사람들의 필요를 이해하고, 새로운 것을 세상에 보편화시키기 위하여 사람들의 주목을 끌도록 디자인되었다.

세이크럴의 반응을 통하지 않은 모든 일들은, 당신만이 세상에서 할 수 있는 독특한 목적을 그릇된 길로 이끄는 일이다. 그 삶의 목적은, 당신이 먼저 시작하지 않고 반응하기 위해 기다려야만 찾아질 수 있다. 당신은 조사와 다른 사람들에 대한 이해를 통하여 성공을 가져오고, 사회의 창조적 흐름에 혁명적 패턴을 만들어 낸다. 당신은 다른 사람들을 조직하고 부추겨 그들 스스로의 재능을 개발하게하고, 스스로의 창조성을 찾아내도록 한다. 당신은 세부사항을 표현하는 재주와 능력이 있어 세상에 발견과 전환을 불러온다. 스스로의 흐름에 잠겨 삶이 가져오는 것들에 정직하게 반응함으로써, 당신의 삶에 모든 것이 잘 되어 간다는 증거인 만족을 경험할 것이다.

매니페스팅 제너레이터 예시

오라: 열려있고 감싸는

전략	기다렸다가 반응함	정의	단일 분할
프로파일	3/5	낫셀프 테마	좌절
결정권	감정적	지향	만족

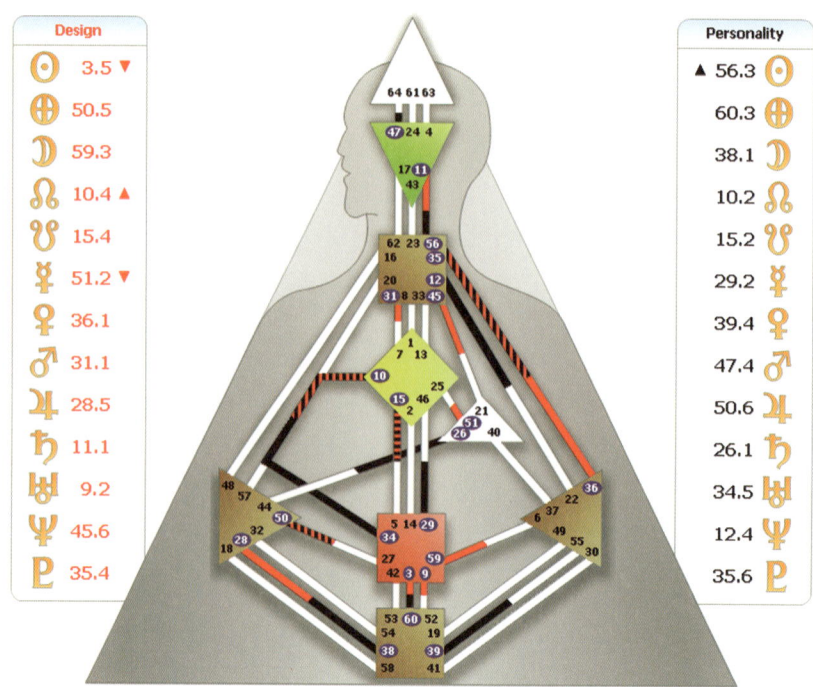

어니스트 헤밍웨이 Ernest Hemingway

법law: 정각교차

미정의 센터: 헤드, 하트

60-3 변이
변동과 개시 에너지의 디자인

34-10 탐험
신념 따르는 디자인

38-28 투쟁
완고함의 디자인

36-35 일시적임
온갖 경험의 디자인

56-11 호기심
탐구자의 디자인

당신은 매니페스팅 제너레이터다. 행동 개시가 빠른, 전사warrior와 같은 붓다buddha이다. 당신의 재능은 하고자하는 일을 어떻게 좀 더 효과적으로 할 것인지 행동을 통해 발견하는 것이다. 그러나 어떤 행동이 적절한지를 알기 위해서는, 먼저 붓다가 되어 그 나무아래 앉아 삶이 가져오는 것을 기다려야 한다. 당신의 전략은 기다림으로써 세이크럴의 반응을 듣고 느끼는 것이다. 당신의 세이크럴 센터는 배 아래에서 나오는 '아-하↑' 또는 '음-음↓'하는 소리로 반응하여 결정하도록 디자인 되었다. 또는 바로 행동으로 옮기는 것으로 반응할 수도 있다. 당신의 반응은 요청받은 일에 대한 세이크럴 에너지의 가용성에 바탕을 두고 있다. *세이크럴은 받은 질문에 대해 에너지가 있다 없다 혹은 아직은 잘 모른다라고 답한다.

세이크럴 센터가 정의되어 있으므로 계속해서 일을 하도록 되어 있고, 더 중요하게는 당신의 일을 사랑하여 매일 거기에 힘을 다 쏟아야 만족하도록 되어 있다. 좋아하는 일을 하는 것은 커다란 만족을 불러온다. 당신에게 적합한 일은 당신을 변화시켜 젊음을 유지하게까지 한다. 그러므로 맞는 일을 찾는 과정을 이해하고 자신을 아는 것이 매우 중요한데, 그것은 응답을 통해서 이루어진다. 당신은 반응으로부터 곧바로 현시로 나아갈 수 있고, 그것이 과정의 어떠한 단계가 필수적인지 아닌지 알아채게 해준다. 그러나 그러한 효과적인 재능이 오히려 문제일 수도 있는데, 참을성 없이 매우 빠르게 필요한 단계들을 건너뛸 수 있기 때문이다. 그러므로 가끔 뒤돌아가 빼먹은 단계들을 완결시키는 것이 필요하다. 그러한 문제를 피하고 효율을 증진시키기 위해서는, 약간 속도를 줄여 각 과정의 반응들에 좀 더 신경을 쓰는 것이 좋다. 또한 일에 관한 리스트를 만드는 것도 도움이 될 것이다.

에너지를 기다려 반응하는 것에 더해서, 진정한 당신의 반응, 진리가 무엇인지 시간을 두고 아는 것 역시 필요한 일이다. 당신의 결정권은 솔라 플렉서스 센터에 있고, 그것은 감정적 명료함을 위해서 시간이 필요한 주파수, 파동을 가지고 있다. 파동의 흐름 중 차분한 부분에 도달하기 전에는, 당신의 세이크럴 반응이 진정한 마지막 진실인지를 알 수가 없다. 다른 말로하면, 당신의 파도를 오르내리며 시간이 지나야만 진정한 진실을 찾을 수 있다는 이야기이다. 감정적 명료함을 기다리지 않으면, 일에 너무 쉽게 뛰어들어 후회와 위기, 충돌이 생기기 쉽다. 어떤 일에 반응을 하면, 기다려서 느낌의 과정을 지켜보는 시간을 갖는 것이 매우 중요하다. 당신은 경험과 세상을 깊숙이 들어가도록 디자인되었다. 피상적 수준으로 살도록 되어있는 것이 아니고. 충분한 시간을 갖고 감정이 명료해 질 때 반응과 결정을 분명히 알게 될 것이다. 보통 당신의 첫 번째 반응이 최후의 것이지만, 좀 더 정확한 정보를 기다림으로써 하고자하는 행동이 스스로 나타나게 할 수 있을 것이다.

세상에서의 역할 복장은 순교자/이단자이다. 당신은 시행착오를 통하여 세상을 알도록 디자인되었다. 삶에 부닥침으로써 무엇이 잘 돌아가지 않는지 찾아낸다. 인생을 의식적으로 실험함으로써 뒷사람들이 당신의 발견으로부터 배울 수 있다. 일반적으로 실용적이고 이단적인 유용한 해결책을 찾아내면, 확신과 힘을 가지고 세상에 당신의 믿음을 널리 전파할 수 있다. 세상의 일반적인 태도나 원칙, 규범을 따를 필요는 없으며, 인기 없는 진리를 표방하는 것은 용기를 필요로 하나 당신의 몸은 어려움을 견디어내는 구조이다. 당신은 매우 유연하고 적응력이 뛰어나며, 이단적 선봉으로서 시행착오의 과정은 실패라 할 수 없고, 보편화되면 세상에 도움을 줄 수 있는 발견이라고 할 것이다. 당신에게 실패란 시행착오를 통한 발견을 무시하는 것이다.

이단자로서 당신은 매력적이고 초개인적 오라를 가지고 있으며, 다른 사람들로부터 구원자의 역할이 기대된다. 당신은 또한 필요할 때에만 다른 사람들의 눈에 띄는 것으로 느껴지고, 주어진 역할이 끝나면 다시 사라진다. 그것이 당신에게 사람들의 기대치를 신뢰하게 만들어, 또 다시 자신의 가치를 느끼려고 무언가를 개시하게 만들 수 있다. 그러므로 다른 사람들의 투사를 알아차리고, 당신 자신의 삶에서 실용적인 것이 중요하다. 사람들의 기대에 부응하지 못한다면 평판이 손상됨으로, 도움을 요청받을 때까지 기다려라. 당신은 다른 사람들에게 유용한 해결책을 가져다줄 수 있는 사람이지만, 그것은 스스로 안 되는 일을 통하여 세상을 통달한 이후에야 가능한 것이다. 반응을 기다려 당신의 결정을 감정적으로 명료하게 하고 나면, 다른 사람들에게 실질적 도움이 되는 해결책이 가능한 상황을 만나게 될 것이다. 당신은 디자인에 분리가 하나있다. 그것은 두 개의 독립된 부분으로 나뉘어져 에너지가 분리된 느낌으로 나타난다. 한 부분은 솔라 플렉서스 센터, 스로트 센터와 아즈나 센터가 연결되어 있고, 다른 한 부분은 루트 센터와 스플린 센터, 세이크럴 센터와 G센터의 연결이다.

그 분리를 연결하는 게이트는 매우 커다란 조건화의 경향을 보이므로 중요한 것이다. 당신이 낫셀프로서 작동한다면, 그러한 게이트들은 리더가 되려고 애쓰고(게이트 7 - 자기의 역할), 바로 지금 행동하려고 하며(게이트 20 - 응시, 지금 현재), 마찰을 일으키려하고(게이트 6 - 충돌, 마찰), 영을 찾고자 한다(게이트 55 - 풍부함, 영). 기다려 반응하는 대신 먼저 시작하면, 삶에 저항을 만들어 내어 맞지 않는 로맨스와 친교로 충돌을 빚기 쉽고 인생의 비뚤어진 영을 촉발시킨다. 먼저 시작함은 비뚤어진 지도자의 역할을 맡게 하고 순간적으로 행동하도록 만드는데, 그것은 감정적 명료함을 기다려야 하는 당신의 결정권에 위배되는 일이다.

전략과 결정권에 조율되어 시간을 두고 반응한다면, 당신은 자신에게 명료함의 기회를 주는 것이다. 그리하여 적절한 교류와 적절한 갈등으로 자신을 이끌 수 있다. 당신은 적합한 영혼을 발견하게 되고 상황에 맞는 지도자가 될 수 있으며, 순간적으로 행동하는 대신 제때에 관찰하고 관조할 것이다.

당신은 정의된 채널을 통하여 다른 사람들에게 보여줄 수 있는 많은 생명력을 가지고 있다. 변이의 채널(60-3)은 루트 센터와 세이크럴 센터를 연결하며 출렁이고 개시하는 에너지이다. 그것은 창조적이고 변화를 촉구하나, 끄고 키는 전자제품의 맥박처럼 작동된다. 거기에는 늘 충동적으로 새로운 것이 나타날 수 있는데, 그것의 타이밍은 당신이 종잡을 수 없다. 당신은 언제 다시 그러한 창조의 맥박이 돌아올까 기다리며 침체감을 느낄 수도 있다. 그러한 내적 흐름의 한계를 내맡김과 기다림으로 수용하는 것이 중요하다. 슬픔과 변덕스러움은 그 과정의 한 부분이다. 그러한 기분에 이유를 달고 벗어나려는 것은 낫셀프의 세계로 들어가는 것이다. 변이의 타이밍에는 이유가 없다: 오직 개성적이고 창조적인 맥박일 뿐.

투쟁의 채널(38-28)은 루트 센터와 스플린 센터를 연결한다. 당신에게는 어떠한 장애물도 뛰어넘어 당신의 고유한 길을 가려는 강한 결단력이 있다. 당신은 독특한 방법으로 목적을 향하는 길에 나타나는 모든 장애를 통하여 의미를 찾도록 태어났다. 당신에게는 올바르고 가치 있는 싸움을 통해, 설사 그것이 안정감을 잃게 할지라도, 난관에 고집스럽게 맞서는 것보다 건강과 만족감을 가져다주는 것이 없다. 의미를 찾는 개인적 노력과 독특한 투쟁은, 다른 사람들을 밀어주고 부추기는 예로서 작용한다. 당신의 에너지는 그들에게 자신의 개성화 과정을 추구하고, 좀 더 심오한 삶의 목적을 지향하도록 용기를 준다. 그러한 부추김은 당신에게 늘 편안한 것은 아닐 수 있으며, 다른 사람들도 반가워하지 않을 수 있으므로 생각을 통하여 상황을 결정하지 말아야한다. 그 노력이 가치 있기 위해서는 거기에 반응함으로써 결정해야한다. 당신이 행하는 투쟁을 옳게 겪어내지 못하거나 설명하지 못하면, 몸 안에 과잉의 에너지가 쌓이고 내적 스트레스가 될 수 있다. 규칙적인 운동이 그 압박을 해소시키고 에너지가 건강하게 몸 안에서 돌게 한다.

당신은 또한 설사 이상할지라도 자신의 신념을 따르고자한다. 탐험의 채널(34-10)은 세이크럴 센터와 G센터를 연결하며, 죄의식이나 방해를 무시하고 자기 자신으로 행동할 때 올바르게 작동된다. 세이크럴의 반응을 통한 타이밍과 안내가, 만족스러운 방식으로 당신의 신념을 따를 수 있는 가능성을 제시한다. 당신이 진실하게 살 때에, 반응을 통해 다른 사람들도 그들의 완벽한 태도로 혜택 받을 수 있음을 보여주는 것이다. 그렇게 하여 그들도 스스로를 사랑하도록 자기의 신념을 유지하게 북돋아준다.

당신의 열리고 감싸는 제너레이터 오라와, 호기심의 채널의 연합은 다른 사람들로부터 많은 주목을 끌어들인다. 그 주목이 긍정적인지 아닌지는, 전적으로 인내를 가지고 적절한 타이밍과 반응에 맞추고자하는 당신의 의지에 달려있다. 그리한다면 오직 개성있는 사람만이 할 수 있는, 변이와 북돋움의 가능성을 진정으로 보여주는 것이다. 이 채널의 낫셀프 표현(반응을 따르지 않은 작동)은 매우 완고하고 이기적이며 자기중심적으로 들린다: "당신이 좋아하든 말든 나는 이렇게 살 거야. 당신은 내키는 대로 하고 제발 내 길을 막지만 마시오."

당신은 솔라 플렉서스 센터와 스로트 센터 사이를 연결하는 일시적임의 채널(36-35)로, 삶에 새롭고 좀 더 나은 것을 경험하고자하는 압박을 받는다. 그것은 감정의 파장으로서 많은 경험을 통해 지혜를 얻으려는 온갖 경험의 디자인이다. 당신은 알아채지 못하는 감정 파동의 늘 변하는 관점으로 살도록 떠밀려지고, 새로운 경험이 당신의 기대에 미치지 못하면 소침해지거나 까칠해지기 쉽다. 그에 대한 비밀은 감정의 변화를 수용하고, 명료한 결정을 기다리도록 시간을 할애하며, 어떠한 기대 없이 순간의 경험 그 자체의 의미에 내맡고 충실히 겪어내는 것이다.

시간이 흐르면서 성숙과 함께, 당신의 경험들은 감정적 깊이로 귀결되고 개인의 진리가 된다. 그 진리의 핵심은 삶을 있는 그대로 수용하는 것이다. 어떠한 길 앞에서 불안하거나 나아가기 불편하다면, 감정 파동의 흐름을 이용하여 기다려라. 그것은 생명을 구하는 일 일수도 있다. 시간이 흐르고 느낌이란 일시적이라는 것을 배우게 되면, 다른 사람들에 대한 당신의 조언은 "그 순간을 포착하라 carpe diem" 일 것이고, 세상에 모든 일은 헛것이라는 느낌 대신, 올바르고 미래를 약속하는 경험에 기꺼이 참여할 것이다. 수많은 것들을 경험하고 맛보고 느끼면서, 당신은 삶에서 위대한 가치를 수확할 수 있을 것이며 그것이 당신의 성취이다. 그 지혜는 스토리의 모습으로 다른 사람들에게 나타날 수 있다. 당신은 경험 자체를 즐겼던 모험담으로, 또한 만족스럽게 경험한 삶의 풍요로움으로 사람들에게 영감을 준다. 당신의 창조성과 발표 방식은 많은 아이디어와 이야기들, 농담까지도 포함한 짜깁기로 놀라운 매력을 띨 수 있다. 그것들은 인간의 삶을 경험하는 것이 무엇인가 하는 철학적 반추가 쌓이고 쌓여 나오는 것이다. 스로트 센터와 아즈나 센터 사이의 호기심의 채널(11-56)을 통하여, 아이디어들을 연결하여 청중들을 가르치고 즐겁게 하는 이야기들을 만들어낸다.

그 이야기들은 아이들이 학교에 다녀온 뒤 쏟아내는 이야기처럼 조금은 과장될 수도 있겠지만, 그럼에도 불구하고 많은 사람들을 자극시킬 수 있다. 무언가를 믿는 당신의 능력이 그것을 진실처럼 말하게 하는데, 당신이 사실보다는 그 이야기를 표현하는 데 더 관심이 많기 때문이다. 당신의 이야기들은 인생에 대한 강의나 우화처럼 보인다. 그것은 당신의 경험과 발견으로부터 태어난 것이지만, 당신보다는 다른 사람들에게 도움이 되는 것이다. 그 이야기들은 현재와 미래의 세대들이 모으고 나누며 회상하기위해 보관해야할 것이다.

당신에게는 당신을 잘못 이끌기 쉬운 헤드 센터와 하트 센터, 두 개의 미정의 센터가 있다. 당신의 완전히 열린 헤드 센터는 당신에게 별로 상관도 없는 의문을 가지게 만들고, 끊임없이 영감을 불러일으킬 아이디어를 찾도록 압박한다. 감정의 명료함을 기다리며 삶에 반응함으로써 개발되는 당신의 지혜는, 누가 또는 무엇이 영감을 일으키며 어떤 의문이 가치 있는지 구별할 수 있도록 할 것이다. 미정의 하트 센터는 지킬 수 없는 약속들을 함으로써 당신의 가치를 증명하도록 이끌 것이다. 당신은 상황을 통제하고자 애쓰고, 최초가 되거나 또는 최고가 되고자 압박을 받게 된다. 그러나 당신을 포함하여 누구에게도 자신의 가치를 증명할 필요가 없으며, 지키기 힘든 무리한 약속들은 당신의 하트 센터에 과도한 압박을 주게 된다. 세상일을 처리하는 가장 적절한 방법은, 반응의 전략과 감정의 명료함을 기다리는 결정권을 통하는 것이다.

요약해서, 당신은 창조적이고 변화를 유도하며, 풍부한 경험으로 많은 영향을 끼치는 이야기꾼이다. 당신은 모험, 결단, 조사로 세상을 살아간다. 독특한 모습으로 살면서 새로운 것들을 발견하고, 그 길 위에서 다른 사람들의 주목을 받고자 할 것이다. 자신만의 척도로 움직이며, 믿는 바를 위하여 어떠한 장애에도 맞서는 리더십을 보여줄 것이다. 난관은 오히려 당신을 부추기며, 그로 인한 많은 경험들을 공유하도록 디자인되었다.

세상 사람들은 당신의 강한 자족적 표현에 영감을 받을 것이다. 당신의 창조적 분출은 오락가락하겠지만, 그것은 당신의 모든 일에 추진력이 되는 삶의 커다란 부분이다. 당신이 어떤 상황에 너무 급하게 뛰어들면, 자신과 맞지 않는 로맨스나 인간관계에 빠질 수 있다. 스스로를 증명하고자하는 생각이 들 때마다, 당신의 오라는 위대한 자의 힘이 있으며 그것은 반응과 감정적 명료함을 통해서 올바르게 작동됨을 기억하라. 당신의 오라가 사람들을 끈다. 어떠한 일도 일부러 '해야' 할 필요가 없다. 당신은 나중의 이야기꺼리에 도움이 되는 모험과 투쟁, 교류를 자연히 끌어 오도록 디자인되었다. 결국에 가서는 그것이 만족을 가져다준다.

프로젝터 예시

오라: 집중하고 몰입하는

전략	초대를 기다리기
프로파일	6/2
결정권	스플린
정의	분할
낫셀프 테마	씁쓸함
지향	성공

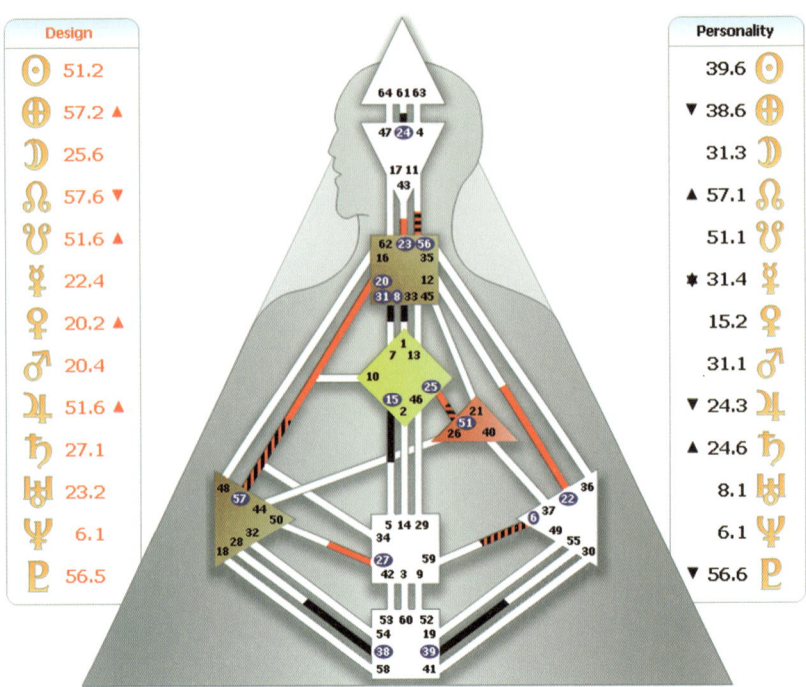

링고 스타 Ringo Starr

개인주의: 빗각교차
미정의 센터: 헤드, 아즈나, 세이크럴, 솔라 플렉서스, 루트

57-20 두뇌 파동
자각의 디자인

51-25 개시
'최초가 되려는 욕구'의 디자인

PROJECTOR OVERVIEW

　프로젝터로서 당신은 필요에서보다는 대단한 호기심 때문에 다른 사람들과 섞이도록 강력하게 떠밀린다. 그 호기심은 당신 오라의 작동법인데, 당신이 다른 사람들의 정체성을 꿰뚫어 알아채는 능력이 있기 때문이다. 당신은 다른 사람들의 에너지를 '읽는' 날카로운 능력이 있고, 그 에너지가 어떻게 어디에 쓰이는 것이 좋을지 육감적으로 알아낸다. 다른 사람들을 알아내는 그것이 프로젝터인 당신의 대단한 능력이다. 그러나 다른 사람들을 안내하는 그 직감력은, 안내받는 자들로부터도 인정될 때, 즉 당신의 느낌을 공유하도록 초대될 때에만 유용하다. 초대받기 전에 안내하고 싶은 유혹이 생길 수 있겠지만 그것은 일반적으로 저항과 씁쓸함을 불러온다. 당신에게는 힘차고 꿰뚫는 오라가 있으므로 사람들은 당신에게 주목한다. 당신의 디자인을 믿고 내맡김으로써 필요한 모든 것을 삶이 스스로 마련하도록 허용하라. 당신을 인정하는 사람들을 자연스럽게 오라를 통해 끌어들이고, 미리 작정한 아무런 어젠다(의제) 없이 사는 것이 열쇠이다. 특정한 결과를 바라는 어떤 어젠다를 가지는 순간 씁쓸함은 불가피하다. 그냥 내버려 두고 어떻게 되는지 보라.

　다른 사람들의 초대는 매우 중요하다. 당신에게 인생의 중요한 것은 모두 초대로부터 생긴다. 하지만 모든 초대가 다 그렇다는 것은 아니다. 인정이 포함되어야 한다. 초대될 때 인정받았다고 느껴야한다. 사람들이 당신의 자연적 재능을 알아냈을 때 삶이 성공적이라고 느낀다. 초대나 인정을 받고자 애를 쓰면 저항과 씁쓸함을 부른다. 그것이 기다리지 않고 먼저 시작했을 때 당신이 알 수 있는 표식이다. 그 초대는 다음처럼 나타날 수도 있다. 당신이 흥미를 느낄지도 모르는 어떤 것을 친구가 이메일이나 전화로 알려주는 경우처럼 말이다. 그렇다고 모든 초대가 당신에게 적합한 것도 아니다. 무엇이 맞는지 아닌지 어떻게 알 수 있을까? 프로젝터로서 당신의 오라는 마치 다른 사람들을 빨아들이듯 깊숙하게 읽어낸다. 그러므로 그 초대가 달갑지 않으면 맞지 않는 것이다. 결정을 내리는 것이 인생의 전부이며, 그것은 삶의 네비게이션 시스템과 같다. 하나하나의 결정이 삶의 방향을 정한다. 진정한 자신의 모습으로 내린 결정은 진실한 삶을 만든다. 결정을 "마음에 의해" 하게 되면 다른 사람들의 조건화를 따르는 것이다. 당신의 결정권을 따르라.

당신은 스플린 센터를 따름으로써 옳은 결정을 내릴 수 있다. 스플린은 '지금 현재' 타입의 결정권이다. 스플린은 당신이 안전하게 살아남도록 하는 것이 주요 임무이다. 그것은 실존적인 알아차림이므로, 그 순간에 수용하는 것이 필수적이다. 그 정보는 반복되지 않으며, 직감으로 살며시 나타나지만 매우 중요한 것이다. 프로젝터로서 당신은 자연스럽게 강한 지력을 보유하므로, 당신의 마음은 스플린을 무시하려하기 쉽다. 마음은 모든 것에 이유를 대고 싶어한다. 그러나 스플린은 육감적 알아챔을 가지고 그냥 알 뿐, 생각을 통한 센터가 아니다. 생각으로 육감을 무시하게 놔두면 결국 응급실에 가서 "내 이렇게 될 줄 알았어." 하기 십상이다. 맞게 삶을 이끌기 위해 당신은 매 순간의 스플린이 주는 메시지를 믿어야 한다. 그것이 당신의 진리다.

다른 사람들을 향한 아름다운 당신의 재주 가운데 하나는, 특정한 대답을 기대하지 않고 질문할 수 있는 능력이다. 다른 사람들의 진실에 동조하는 능력으로, 그들의 진실에 어떠해야 하리라고 생각으로 하지 않고. 질문을 받는 사람의 입장에서 그것은 매우 강력하고 전환적인 경험이 된다. 그 변형의 가능성은 당신이 어떠한 어젠다 없이 행동하였을 때에만 일어난다.

당신의 겉모습인 프로파일은 역할모델/은둔자이다. 진정한 모습으로 사는 역할모델은 시간이 지나야 나타난다. 당신의 삶은 독특한 세 단계의 과정을 거친다. 처음 30년은 시행착오를 통한 매우 주관적인 경험으로 보낸다. 30-50세인 두 번째 단계는 객관적 관조의 시간이다. 지붕에 올라가 처음의 30년을 반추하며 주변을 관찰한다. 세상을 굽어보면서도 또한 다른 사람들도 당신을 보고 있다고 느낀다. 인류를 향한, 세상의 끊임없는 호기심을 대변하는 공명판처럼 말이다. 그것은 또한 당신에게 커다란 초개인적 힘을 주고 매력적이게 만든다.

50세가 넘으면 다른 사람들을 위한 역할모델로서 꽃을 피운다. 지붕에서 내려와 세상으로 돌아가 시장 가운데 살면서 자신을 보여준다. 그때가 다시 태어나는 것은 아니지만 당신에게 매우 특별한 시간이며, 습득한 지혜로 새롭게 세상을 살아가는 때이다. 주관과 객관을 뛰어넘어 자각된 존재로서 다른 사람들을 안내하고, 통달한 삶의 표상으로서 세상을 살아가는 당신을 바라보는 것이다. 당신의 은둔자적 면모는 집에서 자신만의 일을 하는 것만으로도 행복하다. 당신은 자신의 삶에 대해 정확히 이해하는 것은 아니지만, 진정한 모습으로 살아가는 역할모델로서 자연스러운 장점을 세상에 보여줄 때, 당신의 과정이 제대로 마무리되는 것이다.

당신의 디자인에는 분리가 하나 있는데, 그것은 연결되지 않은 두 부분이 나뉘어져 있음을 뜻한다. 하나는 스플린 센터와 스로트 센터를 연결하는 두뇌 파동의 채널: '자각'의 디자인(57-20)이다. 당신은 날카로운 직관과 결합된 순간적 목소리를 가지고 있다. 당신은 순간적인 앎으로 상황에 적응하고 개선하는 능력이 있다. 그 재능을 제대로 쓰기 위해서 알아야할 두 가지가 있다. 먼저 당신의 직관을 믿고 미지에 대한 두려움을 초월해야한다. 다음에는, 다른 사람들을 향한 지혜로 당신의 실존적 앎을 표현할 상황에 민감해야 한다는 것이다. 그것이 오해나 무시를 피할 수 있는 방법이다. 그 순간의 직관을 믿고 행동하라. 마음의 이유 찾기와 지시에 끌려가지 말고 그 순간에 동조하는 것이 매우 중요하다. 순간을 놓치면 그것은 사라지고 고통이 따른다.

분리의 다른 부분은 하트 센터와 G센터 사이의 입문채널: '최초가 되려는 욕구'의 디자인(51-25)이다. 경쟁력은 당신이 가진 타고난 특성이고 그것은 다른 사람들에게까지 경쟁력을 부추긴다. 제대로 초대되면, 그 경쟁력은 일반적 경계와 인내를 시험하고 넘도록 당신을 미지의 세계로 끌고 간다. 그것은 '절벽 뛰어내리기'같이 진정한 결과를 알 수 없다. 그러나 당신이 견뎌내면 신비롭기까지한 개인적 힘을 받게 되고, 다른 사람들에게 용기를 줄 수 있는 대담한 개인적 성취로 인정받는다.

당신은 또한 창조성으로 스스로를 표현한다. 초대를 받았을 때, 당신에게 개시initiation란 마치 예술과 같다. 변이mutation는 언제나 가능한 것인데, 당신은 다른 사람들이 변이할 수 있는 잠재력을 알아보고 그런 변이를 위해 그들을 격려해야 한다는 점까지 인식하기 때문이다. 신비의 영역에서 본다면, 당신은 개별화individuation와 자기 인식을 향한 도약을 아름답게 이끌어주는, 특별한 재능이 있는 순수한 샤먼과 같은 존재이다.

당신의 디자인에는 분리가 있으므로 무언가 부족한 느낌이 들 수 있다. 그 느낌을 해소하기 위하여 밖으로 나가 무언가 시작하려는 경향이 있을 것이다. 그리하여 스플린센터 대신 생각으로 결정하기 쉽다. 결정권 없이 결정을 한다는 것은 틀린 방향, 안 맞는 사람들, 해로운 환경으로 당신을 끌고 간다는 것을 기억하라. 그렇게 그 분리가 당신을 헷갈리게 한다. 찾으려 애쓰지 말고, 필요한 것은 삶이 가져오리라 믿는 유유함이 열쇠이다.

분리가 있으므로 당신은 인생에 파트너를 가지는 것이 자연스럽다. 자연스러운 파트너는 당신에게 완전히 건강한 느낌을 가져다줄 것이다. 적합한 사람들을 만나기 위해서는, 교류에 초대되고 시작할 때에 전략과 결정권으로 시작함이 매우 중요한 일이다. 당신은 살면서 많은 교류를 가질 것이고, 결국은 우리 모두에게 인간관계에 대한 일반적 교훈을 줄 수 있을 것이다.

당신의 디자인에는 분리를 연결해줄 수 있는 게이트가 세 개 있다. 완전한 느낌을 위하여 그것들에게 많은 신경을 쓸 것이므로, 그 부분들이 조건화될 가능성이 많다. 그러므로 그 열린 게이트들을 통해 살게 되면 당신의 결정은 낫셀프인 것으로 귀결된다. 낫셀프 결정들은 게이트 7(자기의 역할)을 통해서, 좀 더 나은 지도자, 또는 어떻게 다른 사람들을 이끌어야 할지 두리번거리게 만든다. 낫셀프 마음은 게이트 1(자기 표현)을 통하여 자신의 창조성과 개성 표현을 하는 데 초점을 맞출 것이다. 게이트 10(자기의 태도)은 세상에서의 바른 태도와 자기 사랑에 초점을 맞춘다.

위의 세 가지 주제는 당신의 초점이 된다. 그렇게 분리된 두 구역을 연결시켜주는 열린 부분이, 당신으로 하여금 주목/인정받고자 애쓰게 만들어 결과적으로 저항과 씁쓸함을 가져오게 한다. 사실 전략과 결정권에 따른다면 이러한 주제들은 지혜로워질 수 있는 장소를 뜻한다. 당신의 분리를 연결시켜주는 사람들을 관찰함으로써, 자신을 사랑하고 창조적으로 표현하며, 초대로 다른 사람들을 이끌 수 있는 지혜를 모을 수 있다. 당신의 선택은, 애써서 무언가를 시작하고 저항의 벽에 들이받든지, 그냥 내맡김으로써 당신의 디자인이 지혜로 향하는 독특한 길로 이끌도록 허용하든지 둘 중 하나이다.

당신은 또한 지혜로워질 수 있는 다섯 개의 미정의 센터가 있다. 정의된 부분은 학생으로의 우리 모습이고, 미정의 센터들은 우리가 가야할 학교를 뜻한다. 당신은 열린 마음의 소유자이다. 만나는 사람에 따라 논리적이거나 추상적, 또는 매우 개성적인 앎의 가능성을 가지고 있다. 당신의 미정의 헤드 센터는 인생의 질문들과 끝없는 영감의 소재를 추구한다. 그것은 끝이 없고 힘 빠지는 추구이기 쉽다. 미정의 헤드 센터의 지혜는 어떠한 질문이 집중할 가치가 있는지 가려내는 일이다. 당신의 미정의 아즈나 센터는 삶에서 무엇이 확실한지 알고자 한다. 대답을 모르면 멍청하게 보일까 두려워 확실한 대답을 찾고자 애를 쓴다. 여기에서의 지혜는 그 어느 것에도 집착하지 않고 개념들을 지나가게 바라보며, "모르겠다"는 말이 대수롭지 않게 나올 수 있어야 한다. 시간이 지나면서 어떤 개념이 몰두할 가치가 있는지 알게 된다.

미정의 헤드 센터와 아즈나 센터 때문에 당신은 스플린 결정권의 몸으로부터 완전히 분리된 듯이 살 수 있다. 당신이 생각에 빠져있을 때, 진정한 안내자가 들어있는 몸으로 되돌아오라. 전략과 결정권이 그 방법을 알려준다.

당신의 미정의 세이크럴 센터는 과잉 노동, 과잉 약속, 일이나 섹스에 빠지게 할 수 있다. 당신은 에너지 타입이 아님을 기억해야 한다. 당신은 에너지를 가진 사람들을 안내하도록 디자인 되었지만, 모든 일을 홀로 하도록 되지는 않았다. 지나치게 일에 빠지기가 너무 쉬워서, 결국 지치고 건강에 해로움으로 나타날 가능성이 높다. 미정의 세이크럴 센터의 지혜는 어느 정도가 충분한지 알아채는 일이다. 당신의 몸 의식(스플린)을 잘 살피는 것이 건강 유지의 열쇠이다.

당신의 미정의 솔라 플렉서스 센터는 웃는 얼굴로 충돌과 진실을 피하여, 주변에 힘든 상황을 만들지 않으려 한다. 당신은 주변의 감정적 상황에 쉽게 영향을 받고, 느낌을 개인적인 것으로 받아들이기 쉽다. 그런 느낌들을 피하기 위해 '좋은 인상'으로 세상에 비치고자 한다. 물론 그 모습이 진정한 당신은 아니다. 열린 솔라 플렉서스 센터의 지혜는, 다른 사람들의 느낌을 자기 것으로 만들지 말고 그냥 지나가도록 내버려두는 일이다. 감정들을 개인화시키는 일 없이 공감하고, 필요할 때 맞설 수 있어야한다. 스플린 결정권에 의한 당신의 진실을 바로 말하는 것은 필수적이며, 그것이 다른 사람들에게 적대하는 듯 느껴질지라도 그리해야 한다. 최상의 조언은, 당신의 진실을 당신 스스로 지켜야 할 것이며, 다른 사람들을 생각해서 그걸 만들어내지 말아야한다는 것이다.

당신의 미정의 루트 센터는 세상의 모든 압박을 받아들이고, 쉬기 위하여 끊임없이 일들을 끝내고자 조바심을 낸다. 그러한 압박은 늘 있기 마련이고, 일 하나를 끝내면 또 다른 일이 다가와 당신을 압박한다. 그러한 끝없는 반복은 당신을 늘 바쁘게 만들어 결국 몸을 망가뜨리기 쉽다. 열린 루트 센터의 지혜는 그러한 압박을 느끼되 그것에 무턱대고 반응하지 않는 것이다. 미루고 질질 끄는 것을 배우라. 단순히 압박을 덜기 위하여 곧바로 반응하지 말고, 전략과 결정권을 통하여 중요한 일을 알아차려야 한다. 그렇게 하여 압박과 아드레날린에 의한 속도가 당신을 망가뜨리는 대신 오히려 도와줄 수 있을 것이다.

당신이 열린 부분에 잘못 휘둘리지 않는다면 몸의 의식(스플린)이 삶을 안내하도록 할 수 있을 것이다. 그것은 삶의 모든 길에서 당신을 보호할 것이고, 늘 제때 바른 장소에 있도록 할 것이다. 일단 올바른 길에 들어서면 당신의 인카네이션 크로스가 완전한 모습을 드러낼 수 있다.

당신의 인카네이션 크로스는 개인주의이다. 역할모델이 은둔자인 프로젝터로서, 당신은 고정된 현상을 무시하고 독특한 개성을 가지고 사는 것이 무엇인가를 보여주기 위해 산다: 집단적 획일화의 공간을 벗어나 스스로의 모습으로 살아도 좋다는 것을 말이다. 하지만 먼저 당신의 독특함을 완전하게 받아들여야 한다. 그것을 통달한 이후 사람들에게 초개인적 자극을 자연스럽게 주게 될 것이다. 있는 그대로의 자신을 내보인다는 것은 특별한 선물이다. 당신은 먼저 자신의 삶을 살아야 하며, 자신을 위해 어떻게 해야 하는지를 알아내야 하고, 그런 다음 다른 사람에게 하나의 역할모델이 될 수 있다.

요약하면, 시행착오로 세상을 경험하고, 객관적으로 관조한 뒤 현명한 역할모델이 된다. 현재에 살고, 현재에 직관적으로 움직이며, 초대받았을 때 다른 사람들을 자기 자신으로 독특하게 살도록 북돋아 준다. 당신은 자극적이고 개성을 지키고자하며, 다른 사람들도 스스로의 목적과 영혼을 찾도록 부추긴다. 당신은 순간적으로 삶의 자연스러운 부름이 나타나게 하고, 독특하게 창조적이며 영향력 있는 기여를 흥미 있는 이야기로 세상에 제공한다. 당신은 친밀함에 대한 불안, 아무도 들어주는 사람이 없다는 불안, 맞닥뜨림에 대한 불안을 극복하도록 디자인되었다. 당신은 외부의 압박이 당신을 이끌도록 디자인되지 않았다. 자신과 세상에 마음을 열고 어떠한 개념이나 아이디어에게도 지나치게 고정되지 말라. 당신에게는 창조적으로 폭발적인 에너지의 분출과 함께, 독특한 자신만의 극단적 리듬이 나타날 것이다. 과잉 노동이나 지나치게 애쓰지 말아야한다. 보살피는 영혼이지만 지나치게 서로 의존적이지 않도록 하라. 초대받으면 해결책을 제시하는 타고난 재주가 있다.

  삶의 안내자로서 전략과 결정권을 사용하기 시작하면, 당신을 조건화시켰던 외부의 영향이 떨어져나감을 경험할 것이다. 전략과 결정권으로 실험함으로써 초월이 시작되고, 결국에는 성공을 느낄 수 있을 것이다.

리플렉터 예시

오라: 샘플링

전략	달 주기 기다리기		**정의**	없음
프로파일	2/4		**낫셀프 테마**	실망
결정권	달 주기		**지향**	경이로움

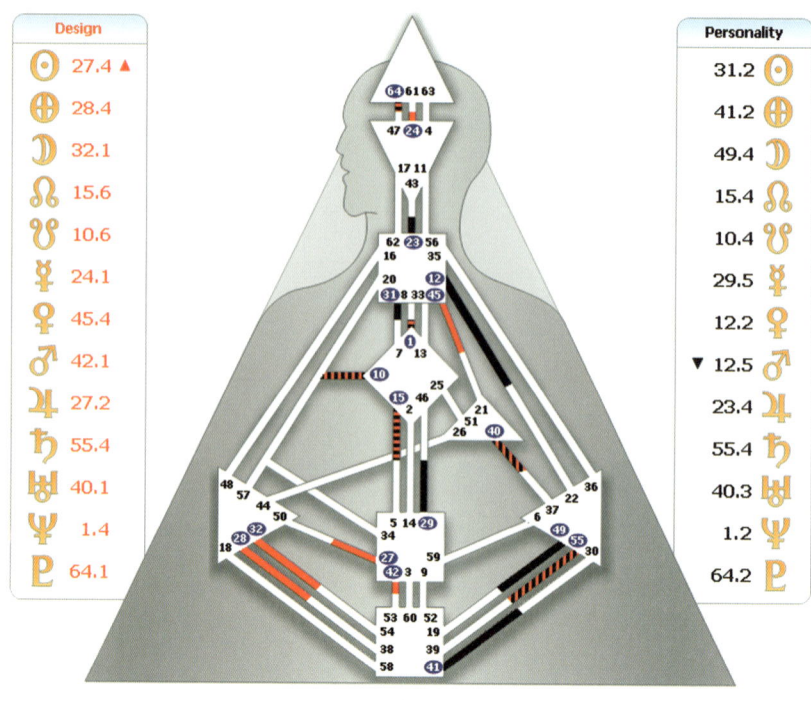

익명

우연: 정각교차
미정의: 모두 다
채널: 없음

REFLECTOR OVERVIEW

　리플렉터로서 당신은 우주 환경에 대한 특별한 조율과 통과하는 천체들의 움직임에 영향을 받도록 태어났다. 매니페스터, 제너레이터, 프로젝터들은 태양 타입이며 그들을 통하여 목적이 '빛난다.' 유일한 달 타입으로서, 당신은 태양 프로그램이 달에 반사되는 것으로 작동되고, 뉴트리노의 영향을 반영한다. 달처럼 당신의 영향은 은은하지만 충분한 영향력을 행사하며, 특히 다른 사람들의 눈에 띄면 더욱 그러하다. 당신은 존재의 전체성을 맛보고 그것과 하나가 되고자하며, 그 과정을 통하여 우리의 대부분이 알 수 없는 신비로운 삶을 이끌어갈 수 있다. 당신은 하늘의 별들에게 깊은 연결의 가능성을 가지고 있으며 특히 달에게 그러하다. 당신은 우주의 "프로그램"에 깊게 조율되어 태양계 행성들의 움직임에 예민하고, 그것의 영향을 우리 모두에게 전달해준다. 여러모로 당신은 지구 의식의 이해와 참여에 열쇠이며, 당신의 특별한 개방성은 그 의식을 아무런 선입견 없이 우리에게 전달해줄 수 있다.

　매일 매일의 삶에서, 주변 사람들의 상태와 육체적, 정신적, 감정적, 영적 환경은 당신의 안전에 대단히 중요하다. 탄광 내부의 카나리아 새처럼, 당신은 자연스럽게 주변의 상태를 맛보고 반영하며 판단, 식별한다. 당신이 건강하고 행복하며 번영하면, 주변도 역시 그러하다는 것을 안다. 당신이 신나지 않으면, 그 환경은 무언가 바뀌어야하거나 당신에게는 맞지 않는 것이다.

    당신은 누가 진실한 삶을 살고 있는지 알 수 있으며, 누가 통과하는 천체들에 의해 조건화되고 희생자가 되는지 알아낸다. 사람들이 통과 행성들 또는 주변 사람들에 의해 조건화되면, 그들은 고유한 가능성의 발현으로부터 멀어진다. 당신은 누가 자신만의 결정권으로 살아갈 준비가 되었는지, 공동체나 조직이 올바르게 작동되는지 느낄 수 있다. 당신은 주변의 육체적, 정신적, 감정적 건강을 느껴 알 수 있다. 사람들이 진정한 자기의 모습을 알아가고, 당신은 거기에서 필요한 것들을 나누고 반영하기위해 함께 할 수 있을 것이다. 그렇게 하여 당신은 세상에 '보여질' 것이다.

    당신이 가진 아홉 개의 미정의 센터들은 주변의 모든 주파수를 느끼고 반사, 증폭시키며, 누구도 할 수 없는 방법으로, 다른 사람들에게 또한 실상을 느끼고 맛보도록 해준다. 당신의 독특한 오라는 다른 사람들의 주파수에 너무 깊이 빠지지 않고 그들의 오라를 읽고 측정할 수 있게 해준다. 당신에게 다가오는 것들을 개인적으로 받아들이지 않으면, 당신은 완전한 평정심으로 주변의 모든 것들을 반영할 수 있다. 그 재능은 매우 특별하여, 누가 낫셀프의 획일적 세상을 떠나 자신의 독특함을 표현할 준비가 되었는지 분별하게 해준다.

    당신의 개방성은, 당신을 통하여 지나가는 모든 것을 맛볼 수 있는, 지혜로 가는 특별한 창문이다. 당신의 "테플론(합성수지)"오라는 세상에서 일어나는 일들에 의해 당신이 동일화되는 것을 막아준다. 그것은 당신 주변의 사물이나 집단 에너지가, 궤도를 벗어날 때 내는 경고음을 들을 수 있게 해준다. 당신이 자신의 디자인을 이해하고 익숙해지면, 적응을 요구하는 세상의 압박을 피할 수 있을 것이다. 당신은 독특하게 사람들의 에너지를 반영/증폭시켜 그들에게 되돌려줌으로써, 다른 사람들의 에너지를 북돋아주도록 태어났다. 다른 사람들을 판단하지 않고 높은 자각을 깨우치는 능력과, 억압적이지 않은 당신의 오라는 그룹의 효과적인 운용에 특별히 유용하다. 그러나 그 모든 것들은, 당신이 획일화된 세상의 희생자가 아닌, 진정한 모습으로 살 수 있을 때에만 가능한 일이다.

    불행하게도 대부분의 리플렉터들은 자기의 독특함을 이해하지 못하거나 허용 받지 못하므로, 제 모습이 아닌 획일화된 삶을 살기 쉽다. 매우 자주, 냉정하고 비수용적이며 실망스러운 세상에서, 그들은 생존을 위하여 다른 사람들의 기대에 굴복하고 만다. 당신의 독특함을 수용하고 당신이 반영하는 것들로부터 거리를 두게 되면(동일화 하지 않으면), 주변의 혼란에 빠지거나 그로 인해 길을 잃는 일이 줄어들 것이다. 천천히 당신은 투명인간처럼 주변에서 서성이기보다, 중심의 자리를 받아들일 수 있을 것이다.

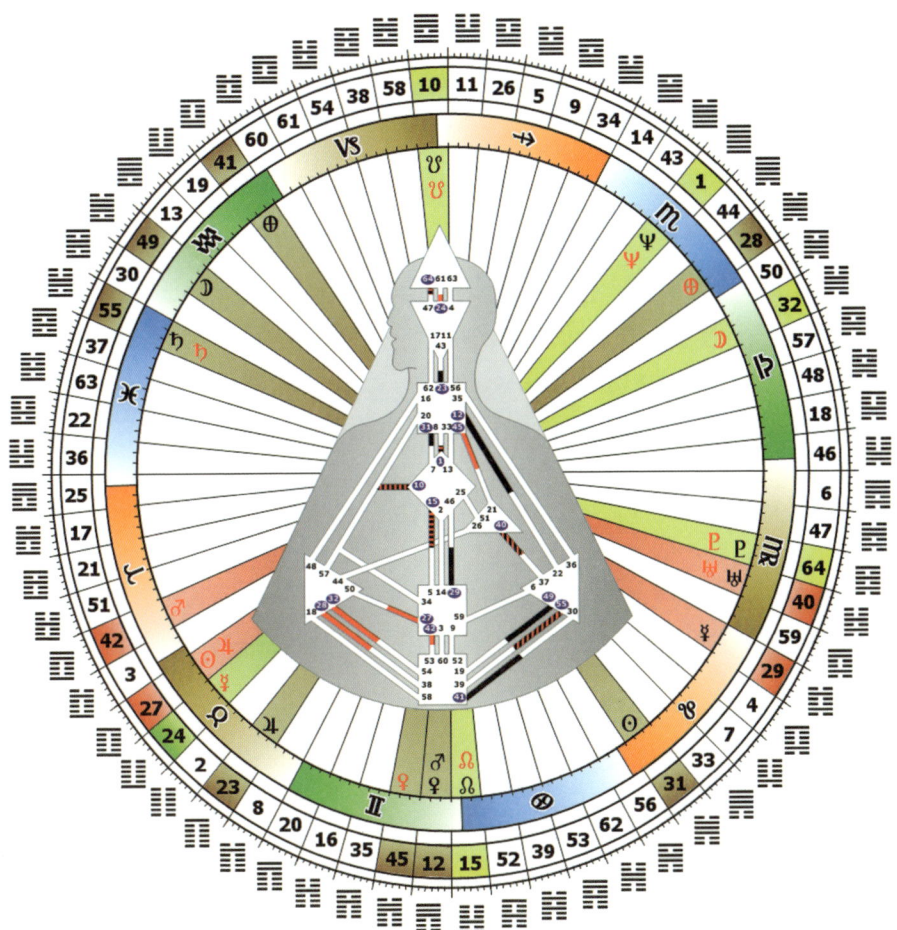

위의 만달라에서 당신의 차트를 둘러싼 64개의 게이트들이 보일 것이다. 각 게이트들은 모두 다른 형태의 영향을 당신에게 가져다준다. 달이 28일 동안 당신의 차트를 돌고 64 게이트들을 통과한다. 그 패턴은 매달 반복되며 하루하루가 당신에게는 다름으로, "오늘은 어떨까?", "오늘은 사람들 눈에 띄고 좋은 일이 있으려나?" 하고 묻게 된다. 당신은 달을 통한 이 패턴을 배우고 의지함으로써, 나름대로의 고유한 지속성을 마련할 수 있다.

　결정을 위한 당신의 전략은 뒷자리에 앉아 삶을 즐기며, 무엇이 다가오는가를 기다리는 것이다. 그리고 달의 28일 주기를 기다린 뒤 결정하는 것이 필요하다. 기다리는 동안 조언을 구하지는 않더라도, 다른 사람들과의 대화를 통해 진실이 당신에게 어떻게 반영되는지 볼 수 있을 것이다. 다른 사람들을 공명판으로 이용하라. 여기에서 다른 사람들이란, 당신이 믿고 생각과 느낌을 정리할 수 있도록, 단순히 듣거나 몇 마디 질문 정도를 할 수 있는 가까운 사이라야 한다. 그들의 역할은 당신을 위해 결정하거나 영향을 끼치는 것이 아니다. 시간이 흐르면 당신의 결정을 위한 명료함을 알아가기 시작할 것이다. 달이 한 바퀴 돌 때까지 명료해지지 않으면 계속 기다리라. 서두르는 것은 건강에 좋지 않다. 알다시피, 대부분의 리플렉터들은 그동안 너무 바쁘게 살아왔고, 그들의 자연적 리듬에 역행함으로써 저항을 부르고 건강을 해쳐왔다. 그러나 당신의 모습대로 삶으로써, 오픈 센터들을 통한 에너지의 흐름을 개인화시키지 않으면, 경이와 기쁨, 순간의 놀라움이 가득 찬 인생을 경험할 수 있을 것이다. 달 주기에 대한 세부사항은 4장을 보라.

　장소는 당신의 삶에 열쇠이다. 적합한 공동체 속에서 가족처럼 편안한 환경을 찾아내는 것은, 당신이 당면한 가장 중요한 결정 가운데 하나이다. 미정의 G센터로써, 당신은 다른 사람들이 새로운 사람들과 장소를 소개하고 연결시켜준다는 것을 아는 것이 좋다. 소개받으면 선별하는 것은 당신의 몫이다. 당신에게 어울리는 곳은 공동체의 중심부이며, 거기서부터 주변 사람들의 오라 정보를 맛보고 반영할 수 있을 것이다. 그곳이 당신의 목적을 달성할 수 있는 곳이다. 당신은 사람들을 수용하고, 사람들이 좋다 나쁘다 하는 것이 사실은 대개 다양성의 표출에 지나지 않는다는 것을 모두에게 알려주기 위해 우리 곁에 있다. 또한 당신의 반영이 받아들여지지 않으면 그룹이나 모임을 자유롭게 떠날 수 있어야 한다. 맞지 않는 환경에 오래 머물면, 그 에너지를 흡수하거나 생명력을 빼앗기고 병이 날수도 있다. 매일 매일의 조건화를 털어낼 수 있는 혼자만의 창조적 공간을 유지하는 것이 중요하다. 그렇지 않으면 주변 사람들의 에너지에 쉽게 의존하게 된다. 그렇기 때문에 가족과 친구들 같은 가까운 관계의 사람들에게 소개할 사람이라면 신중하게 골라야 한다.

당신의 역할복장인 프로파일은 2/4, 은둔자/ 기회주의자이다. 보통 선교사 프로파일이라고 부르는 2/4는, 의식적 마음(2라인)의 자연적 능력/천재성과 무의식 몸(4라인)의 초개인적이고 외향적인 성향이 합쳐져, 당신의 능력을 세상에 드러내고자 한다. 의식적 은둔자(반사회적)와 무의식적 기회주의자(사회적) 사이에는 밀고 당기는 재미있는 기제가 벌어진다. 다른 사람들의 기대에 맞도록 훈련되거나 조사할 필요가 없는 한, 당신은 자신의 앎을 공유하고자 하는 압박을 받는다. 다른 사람들이 당신을 주시하지만, 당신은 그들이 무엇을 보고 있는지 알아채지 못한다. 다른 사람들이 지적하기 전에는 당신은 자신의 재능을 모른다. 당신은 자기 일에 몰두하고, 자연스럽게 다가오는 것을 즐김으로써 당신의 능력을 보여준다. 동시에 무의식적으로 사람들을 끌어들여 친하게 되고, 그들이 당신의 재능을 발견할 것이다. 그것이 당신이 세상의 '부름'을 받는 방법이다.

당신이 자신의 자연적 흐름을 뒤흔들 어떠한 사람도 받아들이지 않는 은둔자로 머문다면, 언젠가는 누군가 당신의 재능을 세상 밖으로 끌어낼 것이다. 그러한 '부름'은 자신을 자각시키는 변형적 힘이며, 당신이 트루셀프의 모습으로 결정할 때에 자연스럽게 다가온다. 그렇지만 당신은 남을 뒤쫓는 사람은 아니고, '우정 먼저'라는 말은 친밀하고 지속적인 교류를 향한 건강한 과정을 표현하는 말이며, 사업 약속이나 이성교제를 위해서도 마찬가지다. 당신의 사회적/사업적 관계망은 매우 중요한데, 그 이유는 공동체에서 당신의 '부름'이 나올 것이기 때문이다. 일단 적절한 부름을 받으면, 당신은 선교사와 같은 열정으로 그 공동체에 당신의 이해와 지식, 영향력을 쏟아 붓는다.

당신의 9개 센터들은 모두 정의되지 않았다. 각각의 오픈 센터는 다른 사람들의 에너지를 흡수하여 읽게 해주고, 미지를 향해 열려 있으면서도 유리한 객관적 고지에서 환경을 둘러볼 수 있게 한다. 그러나 흡수한 그 느낌은 개인적인 것이 아니다, 당신의 객관성은 삶에 대해 열려있고 유유히 함께 흐름으로써 옳게 작동된다. 당신이 붙잡고 집착하는 순간이 실망을 느끼기 시작하는 때이다.

당신의 정의되지 않은 마음은 별 상관도 없는 것들을 생각하도록 잘못 이끌기 쉽다. 미정의 헤드 센터와 아즈나 센터는 당신을 몸으로부터 분리시켜, 당신을 달에 의한 결정권으로부터 완전히 멀어지게 할 수 있다. 당신이 생각에 빠져있는 자신을 발견하면 다시 몸으로 데리고 오라. 당신의 열린 머리는 삶의 모든 문제에 답을 찾도록 압박을 가할 것이고, 영감을 주는 모든 것을 추구한다. 혼란에 빠져 끝없이 피곤한 의문으로 날을 지새우기 쉽다. 가능한 지혜는 어떤 의문이 주시할 가치가 있는지 알아내는 것이며, 전략과 결정권을 안내자로 삼는 일이다. 당신의 열린 아즈나 센터는 삶에 대해 지적으로 확신하고자 한다. 대답을 모르면 멍청하게 보일까 두려워 확실한 답을 찾으려 애쓰게 만든다. 당신은 또한 과거의 일을 합리화시키려고 비합리적으로 몰두하기도 한다. 가능한 지혜는 어떠한 개념에도 집착하지 않고 흘러가게 놓아두고, "나는 몰라"라는 말이 대수롭지 않음을 아는 일이다.

미정의 스로트 센터는 말이나 일을 지나치게 많이 함으로써 주목을 받고자 한다. 미정의 스로트 센터는 세상에 대고 "날 좀 보소!"라고 외치는 확성기 같다. 당신의 디자인은 이미 적당한 주목을 끌도록 돼 있으므로, 그것을 위해 어떠한 짓도 '할' 필요가 없으니 뒷좌석에서 조용히 쉬시라. 압박의 느낌을 지켜보고 그에 따른 행동은 하지 말라; 그냥 바라만 보고 무슨 일이 생기나 보라. 당신은 또한 사회적으로 조심스럽거나, 아니면 반대로 때가 되기도 전에 당신의 반영을 표현하고자 할 것이다. 가능한 지혜는 관찰을 통해 어떠한 말과 행동이 가치 있는지 판단할 수 있는 것이다. 당신에게 적합한 때라면, 그것이 당신의 매우 독특한 관점으로부터 나온 것이라 할지라도, 공동체의 높은 이상을 사람들과 나눌 수 있을 것이다.

미정된 G센터는 당신에게 스스로의 모습과 삶의 방향을 찾아내야한다고 느끼게 만들 것이다. 그러한 느낌은 공동체에서의 당신의 역할과, 삶의 방향에 대한 심리적 결정을 내리는 요인이 된다. 미정의 G센터에는 매우 특별한 것이 있다. 당신의 환경은 당신에게 길을 가르쳐주는 '이정표들'이 널려있다. 그 이정표들은 사람이나, 읽고 듣는 사물로도 나타난다. 공동체의 최상의 가치와 이상을 보여주는 자연적 역할과 함께, 당신은 그룹의 약점도 찾아낸다. 그러나 당신의 역할과 일체감은 끊임없이 바뀌고, 그러한 변화의 흐름을 부드럽게 수용하기를 배워야 한다. 당신이 하나의 역할이나 고정된 길에 집착하면, 그것이 변할 때 그 역할을 붙잡으려는 고통이 생겨난다. 때가 되면 새로운 역할과 방향이 주어짐을 믿음으로써 지혜를 얻을 수 있다.

미정의 하트 센터의 경우 여러 가지 방식으로 자신을 증명하려고 애쓴다. 당신은 자신을 향상시키려고 애쓰든지, 약속을 너무 쉽게 하고 지나치게 상대를 위함으로써 자신을 증명하려 할 수 있다. 미정의 하트 센터는 의지력에 지속적인 접근이 불가능하므로, 좀 더 나아지려고 당신을 밀어붙일 수 없다. 당신의 삶은 무언가를 하려고 애쓰도록 되어있지 않다. 하고자하는 일은 전략과 결정권에 의해 정해져야지, 의지에 달려있지 않다. 인생의 표어는 "나는 자신에게나 다른 사람들에게나 나의 가치를 증명해야 할 것이 전무함."이다. 열린 심장의 지혜는 다른 사람들의 에고를 객관적으로 바라볼 수 있으며, 누가 약속을 지킬 수 있는지, 누가 건강한 에고를 가지고 있는지 아는 것이다. 공동체가 중요하듯, 적합한 사람들과 함께하는 것이 아니라면 차라리 홀로 있는 게 낫다.

당신의 미정의 세이크럴 센터는 과로나 섹스중독에 빠질 가능성을 제기한다. 당신은 새로운 경험에 무작정 휩쓸리기 쉽고, 끝내기 힘든 상황으로까지 당신을 확장시키려할 수 있다. 그리고 당신에게는 자연적으로 다른 사람들을 돌보고 키우고자 하는 본능이 있으나, 자신이 에너지 타입이 아니라는 것을 잊지 말아야한다. 당신은 관찰자/심판자로 디자인 되었지만 그 모든 것을 혼자 하도록 되어있지는 않다. 당신은 쉽게 많은 일에 휩쓸릴 수 있으며, 그것은 피로와 건강에 해로움으로 이끈다. 가능한 지혜는 '이쯤하면 되었다'고 느낄 때가 언제인지 알아채는 것이다. 속도를 늦추고 천천히 조심스럽게 결정을 내리는 것이 당신의 건강을 지키는 열쇠이다.

미정의 스플린 센터는 건강에 해로운 것에 매달리게 만들거나, 당신을 기분 좋게 만드는 것에 의존하도록 부추긴다. 가끔 당신은 상황을 통제하고 세부사항에 집중하는 능력이 있지만, 그것이 늘 옳은 것을 뜻하지는 않는다. 예를 들어 진작 끝내 버렸어야할 인간관계나 직업에 매달리는 것처럼. 대안이 확실치 않아 해로운 인간관계를 끊지 못하는 것처럼, 매달리는 것이 잘못된 안정감을 줄 수도 있다. 당신은 또한 급히 결정하도록 디자인되지 않았으며, 일단 뒤로 물러나 삶을 객관적으로 바라보면, 무엇이 건강한지 아닌지 알 수 있는 지혜가 생긴다. 그것은 사람과 장소, 음식들을 포함한다. 프로파일에 4번 라인을 가지고 있으므로, 대안이 생기기 전에 관계를 끊지 말아야하고, 내리는 모든 결정에 타이밍을 신경써야한다. 전략과 결정권을 따름으로써 당신이 버리는 모든 것에 필요한 대안을 우주가 마련하도록 할 수 있다. 혼자서는 대안을 찾지 못한다.

당신의 미정의 솔라 플렉서스 센터는 좋은 인상으로 충돌과 진실을 피하여, 주변에 힘든 상황을 만들고자하지 않는다. 당신은 주변의 감정적 상황에 쉽게 영향을 받고, 느껌을 개인적인 것으로 받아들이기 쉽다. 그런 느낌들을 피하기 위해 '좋은 인상'으로 세상에 비치고자 한다. 물론 그 모습이 진정한 당신은 아니다. 당신은 주변 사람들의 영적 필요에 매우 민감하고, 공동체의 에너지와 자각이 균형을 잡도록 도울 수 있다. 열린 솔라 플렉서스 센터의 지혜는 다른 사람들의 느낌을 자기 것으로 만들지 말고 그냥 지나가도록 내버려 두는 일이다. 감정들을 개인의 것으로만 두지 말고, 공감하고, 필요할 때 맞설 수 있어야한다.

미정의 루트 센터는 세상에 모든 압박을 수용하여, 모든 일을 빨리 끝내고 쉬고자 한다. 당신에게 무언가를 바라는 사람들의 욕망을 포함하여, 당신은 자신의 에너지를 사용하는 데 조심스러워 하겠지만, 그 압박은 끊임이 없다. 매번 일을 끝낼 때마다 또 다른 일이 나타나 압박은 계속된다. 끝없이 반복되는 그 분주함이 당신의 힘을 고갈시킬 수 있다. 가능한 지혜는 압박을 느끼되 반응하지 않는 것이다. 반응하지 않고 질질 끓으로써, 전략과 결정권을 통하여 당신이 주목해야할 것이 무엇인지 분별할 수 있을 것이다. 그렇게 하여 그 압박이 당신을 지치게 하는 대신 돕고 힘을 주도록 쓸 수 있다. 리플렉터로서, 정보를 갈무리하고 적절한 결정을 위해 충분한 시간을 갖는 것이 매우 건강하고 중요하다는 것을 기억하라. 당신에게 급히 서두르는 것은 아무짝에도 쓸모없다.

요약하면, 당신은 매일 매일의 삶이 가져다주는 경이로움을 즐기고, '마음이 주도하는 삶'에 가능한 한 멀리 거리를 두도록 디자인되었다. 당신은 유연하도록 태어났다. 당신의 인카네이션 크로스는 '예상치 못한 사람/일'이다. 당신과 같은 리플렉터들이 풍요로워지는(리플렉터의 시그니처가 놀라움이다) 예기치 못한 일이 생길 것이며, 당신의 프로파일 2/4가 살아 내고자하는 예기치 못한 '부름'이 나타난다. 그 모든 조각들이 제대로 잘 들어맞는다. 당신은 사람들을 돌보고 영향력을 행사하며, 미래의 전망과 삶의 목적을 공유한다. 그리고 당신의 반영을 통하여 매순간을 어떻게 '있는 그대로' 수용할 수 있는지 사람들에게 보여준다. 당신에게 가장 중요한 것은, 모든 결정에 가능한 한 천천히 오랜 시간을 가지라는 것이다, 가능하면 한 달 정도를. 외부의 압박이 당신을 밀어붙이지 않도록 하고, 고정된 흐름을 깨고 경이로움의 유연함을 삶에 받아들여라. 전략과 결정권을 따르는 리플렉터에게, 마술은 시간이 갈수록 경이로움이 늘어난다는 것이다.

우리는 의식하기 위해 여기에 있다. 의식을 넘어, 자각의 가능성을 위해 산다. 그 자각을 넘어 깨달음의 가능성을 가진다. 그러나 먼저 의식적으로 된다는 것이 무엇을 뜻하는지 알아야한다. 의식함이란 우리가 필터 노릇을 한다는 것이다. 우리는 의식의 필터이다. 그것이 우리 몸을 관통하고, 우리의 몸이 그것을 좀 더 거대한 의식의 장으로 보내는 것이다. 그것은 우리를 뚫고 지나간다.

우리는 뉴트리노(중성미자)의 바다에서 거칠게 떠다닌다. 진정한 마술은 우리가 하는 일이 정말 무언가를 이해하는 것이다. 우리는 의식의 장을 받아들여 읽고 있다. 그리고 그 리듬은 모든 사람에게 각기 다르게 연결되어 나타나고 있다. 휴먼디자인은 우리가 어떻게 의식을 거르도록 디자인되어 있는지 보여주며, 적절한 필터가 됨으로써 다른 사람들을 안내할 수 있음도 보여준다. 적절한 필터는 사람들의 정보 습득 방법을 바꾸어 준다. 우리는 뉴트리노 바다의 질을 바꾸어가고 있다.

각 개인은 고유한 간섭interference 패턴을 만들어낸다. 독특한 간섭 패턴, 그것이 바로 '다름differentiation'이다. 이 고유한 패턴들은 실제로 아주 다양하게 구분해서 살필 수 있다. _라 우루 후

10장 / 64 게이트의 라인 해설
Hexagram Line Descriptions

A Deeper Exploration
더 깊은 탐구

1989년 12월에 라 우루 후에 의해 완성된 레이브 역경易經은 게이트(괘)와 인카네이션 크로스, 그리고 각 게이트의 라인(효)들을 설명하고 있다. 레이브 역경에는 64개의 게이트와 384개의 라인이 있으며, 여기에서는 라인만을 설명한다.

375개의 라인은 항진exaltation과 상극detriment으로 표현되는, 양극적인 경험 가능성을 보여주며, 각각 검정 삼각형(▲)과 하얀 삼각형(▽)으로 표시된다. 일반적인 점성학에서는 선과 악, 좋고 나쁨의 개념이지만, 휴먼디자인에서는 그러한 도덕적 차이는 없다. 이것 아니면 저것이라는 양극을 보여줄 뿐이다.

한 사람의 디자인은 각 부분들의 총합이라, 그와 같은 특별한 부분을 볼 때에는 전체와의 관계를 고려하는 것이 중요하다. 타입, 전략, 결정권, 프로파일, 교차선, 센터, 채널, 게이트 등 모든 것을 고려하지 않고 하나만을 뽑아 분석하면, 문장에서 한 단어만 뽑는 것과 같은 것이다. 하나의 라인을 이해하는 것도 전체 과정과의 상관관계 속에서 해야 한다. 차트를 공부하면서 알게 되겠지만 거기에는 "유전적 연속성", 즉 전개되는 패턴이 들어있다. 각각의 조각은 전체그림과 연결되는 주제를 가지고 있으며, 그렇게 삶의 주제를 알아가는 것이다. 또한 삶의 모순과 함께 그 모든 뒤섞임이 보일 것이다.

라인을 이해하는 데는 시간이 필요하며 그것은 추상적이고 수수께끼, 시 같기도 하다. 주역 공부에 평생이 걸리듯 차트의 흐름 속에서 라인을 이해하기도 시간이 걸린다. 자기 자신의 차트를 가지고 천천히 시작하는 게 좋다. 라인의 뜻을 알아채고 공명해 가면서, 당신의 디자인대로 사는 실험은 더욱 더 깊은 곳으로 당신을 이끌 것이다.

차트에서 게이트 50.1은 게이트 50의 첫 번째 라인(효)을 가리킨다. 라인의 항진과 상극 양쪽을 다 읽어 그 뜻을 파악하고, 라인의 이름에도 중요한 의미가 있음을 알아야한다. 덧붙여서 모든 게이트의 첫 번째 라인은 그 게이트의 기초를 설명하고 있다. 어떤 라인에는 맨 위에 한 문장으로 된 소개의 글이 있다. 그것은 당신이 배워가야 할 주제이거나, 그렇게 될 가능성의 기회를 말한다. 그런 문장이 없는 것은 그러한 특성이 이미 디자인에 들어가 있음을 뜻한다.

항진이나 상극의 설명에서, 첫 번째 문장은 라 우루 후가 원래 받은 내용이고, 두 번째는 그가 나중에 내용을 더 확실히 하고자 덧붙인 것이다. 또한 라인에 관련된 행성의 표시도 볼 수 있을 것이다. 어떤 행성은 항진이나 상극을 "고정fixing"시킬 때가 있다. 당신의 차트를 보면 게이트와 라인 옆에 항진이나 상극의 표시가 있음을 볼 것이다. 어떤 경우에는 그러한 고정(항진, 상극)이 없는 경우도 있다.

여기서 항진이나 상극의 "고정"은, 이거 아니면 저거라는 의미이다. 선악의 개념이 아니며, 상극이라도 디자인의 전반적 흐름에서 볼 때 아무런 문제도 없는 것이다. 사실 상극에 배울 수 있는 가장 커다란 기회가 있다는 것이 일반적인 견해이다. 다른 사람들과의 합성차트나 천체의 통과transits가 우리의 라인을 고정시키는 경우도 있다. 또한 채널 반대편의 상응 게이트를 통해서도 고정이 생길 수 있다. 복잡한 이런 부분은 고급 과정에서 다루어진다.

당신이 가진 게이트와 라인을 찾아봄으로써 시작하시라. 각 라인의 소제목 다음에 부연 설명이 있으면 그것이 배워야 할 내용이니 집중해야 한다(예: 라인3 안내 - "배우기를 멈추지 않는 선생"). 라인의 해석을 보고 '항진'과 '상극' 사이에 흐르는 에너지를 느껴보라. 감이 잡히는 게 있나 살펴보라. 차트에 항진 표시된 것이 있으면 항진이 표시된 라인을 보고, 그 에너지가 강조되는 것을 아시라. 상극이 있으면 강조되는 상극의 라인을 보라. 육각별 모양의 '병치'의 표시가 있으면 항진과 상극이 둘 다 강조되는 것이다.

레이브 역경에서의
행성표시 기호들

☉	태양	♄	토성
⊕	지구	♅	천왕성
☽	달	♆	해왕성
☿	수성	♇	명왕성
♀	금성	▲	항진
♂	화성	▽	상극
♃	목성	✶	병치

GATE 1
창조적인 자 – 자기 표현
근원적 힘으로서의 창조성. 무제한적 영감의 현시를 위한 잠재적 에너지

라인6 | 객관성

⊕ ▲ 창조적 가치에 대한 분명한 평가. **창조적 표현에 나타나는 명료함.**

♇ ▽ 주관적 평가가 불만족이나 창조적 좌절을 불러올 위험. **창조적 좌절로 이어질 수 있는 자기 표현에서의 주관.**

라인5 | 사회의 관심을 끄는 에너지

♂ ▲ 화성 항진. 힘찬 에고의 참을성. **창조의 과정에 함께하는 힘과 추진력.**

♅ ▽ 천왕성 상극. 기이한 행동이 꾸준함을 저해할 가능성. **기이한 행동이 매력적이지만 추진력의 제한을 부를 수 있다.**

라인4 | 창조성의 통로가 되는 홀로 있기 – 내적인 빛의 긴장

⊕ ▲ 지구 항진. 영향권 밖에서 나타나는 개인적 관점. **영향권 밖에서 개발되어야 하는 창조성.**

♃ ▽ 찬란한 영감의 가능성이 줄어든다. 영향력에 대한 욕구로 인하여, 고독을 싫어하고 창조성이 한정된다.

라인3 | 창조적인 일을 지속하는 에너지

♂ ▲ 화성, 항진. 자기표현의 근본적 필요성. **자기표현이 매우 필요함.**

⊕ ▽ 물질적 힘이 창조성을 흩어 버릴 수 있으며, 과욕으로 이끌 수 있음. **물질주의로 혼란스러워진 창조성.**

라인2 | 사랑은 빛이다

♀ ▲ 금성 항진. 미적 심볼. 정립된 가치와 이상의 조화가 영감을 북돋우다. **이상과 가치에 따른 자기표현.**

♂ ▽ 창조성을 해치지 않을 정도의 욕망과 열정. **욕망과 열정에 의해 한정되어지는 창조성.**

라인1 | 창조는 의지와는 상관없다.

☽ ▲ 달 항진. 적응의 상징. 시간이 전부다. **특별한 때가 있는 개성표현.**

♅ ▽ 왜곡으로 이끄는 불안정, 인내가 약이고 혁명은 악이다. **참지 않으면 창조적 불안정이 온다.**

GATE 2

수용적인 자 – 더 높은 앎
반응이 정해지는 근원적 바탕으로서의 수용성. 행동의 뿌리

라인6 | 고정 – 전체를 못 보거나 안 보려함

☿ ▲ 수성 항진. 지력이 끊임없이 합리성을 추구하다.
조금 덜 부정적인 에너지. **매우 편협하게 받아들이는 영적 지식.**

♄ ▽ 안정의 추구가 인식을 궁극의 변태, 파괴성으로 변질시킬 수 있음.
세속적이며 안전을 도모하고자 하는 더 높은 자기.

라인5 | 지성적 적용

☿ ▲ 수성 항진. 전략가. 재원의 이성적 관리. **전략적 재능으로 쓰이는 영적 지식.**

⊕ ▽ 책임을 나누거나 다른 사람들의 능력을 인정하지 못 함.
배타적으로 개인적이며 이기적인 과정으로서의 영적 지식.

라인4 | 비밀스러움 – 겸손을 넘어, 조심스러움으로 조화를 유지하는 능력

♀ ▲ 고차원의 목표는 개인의 성취 너머에 있다. 단체의 지도자로 인정받으나 팀장은 아님.
더 높은 앎은 인정받기 위해 반드시 표현되어야 할 이유가 없음.

♂ ▽ 사공이 많아 산으로 가는 배. 에고의 거친 표현이 적의를 부름.
기회만 있으면 떠들어 침묵이 불가능함.

라인3 | 인내 – 배우기를 멈추지 않는 선생

♃ ▲ 배움의 길은 끝이 없다는 걸 받아들이는 성숙과, 평생을 바친 수용성. 14번 게이트와
영구히 연결되면 서비스의 보상이 주어진다. **수용성은 평생의 작업이라고 알아차림.**

♅ ▽ 혁명가에게는 인내가 악이다. **참지 못하고 표현해야만 하는 더 높은 앎**

라인2 | 천재 – 자극과 반응에 무의식적으로 자연스럽게 맞추어 나아가는, 타고난 사람

♄ ▲ 집중하고 깨닫는 강한 내적 힘. **배움을 통하지 않고 아는 타고난 특성적 능력.**

♂ ▽ 미친 천재. 에고를 부추기는 힘으로만 쓰이는 지식. **지식이 힘이라는 착각.**

라인1 | 직관 – 불화와 쇠퇴에 대한 예민함

♀ ▲ 타고난 특성이든 교육을 통한 것이든, 미학의 중요성. **미적 감각을 통한 영적 지식.**

♂ ▽ 지혜로움에도 불구하고 나타나는 강한 에고. **급히 나아가고자 더 높은 자기의 지혜를 무시함.**

GATE 3

시작의 어려움 – 질서 잡기

개시의 근본적 도전은 혼란을 넘어 질서를 만드는 것이다.

라인6 | 내맡김, 귀의 – 애써도 소용없음을 아는 궁극적 성숙

☉ ▲ 해는 다시 떠오르고 삶은 계속된다. **질서잡기는 과정이며 해결과제가 아니라는 내적 수용.**

♆ ▽ 어둠이 덮이고, 삶이 의미 없는듯하여 공황과 절망으로 이끔. **압도하는 혼란스런 에너지의 위대한 힘이 공황으로 이끌 수 있음.**

라인5 | 희생시킴 – 혼란을 극복하고자 하는 행동이 다른 사람들을 멀어지게 할 때

♂ ▲ 신념을 지키는 용기. **혼란을 이겨내는 개인의 독특한 에너지.**

⊕ ▽ 지구 상극. 만만하게 보여 양보와 고통을 부르다. **질서를 위한 다른 사람들의 힘에 혼란의 에너지가 지배당하다.**

라인4 | 카리스마 – 가치 있는 가이드를 끌어들이는 자질

♆ ▲ 보살핌을 모으는 영적 조화. **북돋움을 끌어내고 질서가 보장되는 영적 에너지.**

♂ ▽ 화성 상극. 에고의 요구가 거부당하다. **혼란된 에너지가 자양분을 필요로 하지만 보통 거부된다.**

라인3 | 생존 – 다양한 존재들 가운데 번식력의 유무를 구별하고 알아채는 능력

♀ ▲ 번식에 좋은 짝을 고르는 능력. **변이가 특히 생물학적이고 다른 사람들과의 협동에 달렸을 때, 그 번식력의 유무를 알아냄.**

♇ ▽ 진화의 기준에 대한 변태적 거부. **변이를 거부하는 내적 모순.**

라인2 | 미성숙 – 가이드를 가감 없이 받아들임

♂ ▲ 성장을 향한 끊임없는 에너지가 결국 승리하리라. **개인의 변이를 위한 에너지와 가능성.**

♅ ▽ 상부 권위를 인정하면서도 따르지 않는 내적 불안정. **다른 사람들에 의해 에너지와 가능성이 조건화되어 불안정으로 이어진다.**

라인1 | 통합 – 어려움은 관계된 제반요인들이 분석된 뒤에야 해소된다.

⊕ ▲ 명료함이 오기 전에 늘 혼란이 따른다는 것을 이해함. **혼란이 지나면 정리가 되리라는 내적 자각.**

☿ ▽ 직감을 무시하고 생각에 의지하면 불필요한 좌절을 부를 수 있다. **기다리면 정리될 걸 모르고 다른 곳에서 해답을 구하려는 충동.**

GATE 4

미숙한 어리석음 – 공식화
무지하나 순진하여 성공하는 에너지. 비난으로부터의 자유

라인6 | **과잉** – 일상을 일부러 계속 무시한다고 고난을 피하게 되지는 못한다.

☿ ▲ 경험개발을 통해 스스로를 통제함.
논리적 과정에서 이해가 불완전함을 알고, 그 완성을 향한 인내의 가능성.

♂ ▽ 지나침의 대가로 처벌됨을 감수하는 배짱. **불완전함을 알지만 완전을 향한 과정을 못 기다림.**

라인5 | **유혹** – 징벌에 대한 대비책으로 다른 사람들에게 책임지도록 함.

♃ ▲ 노력없이 얻은 보상과 인정. **다른 사람들을 이해하므로 얻어지는 성공 가능성.**

♇ ▽ 오래되고 쓸모없는 가치를 위해 평생 떠들어대다.
다른 사람들의 앎을 늘 인정해야 만하는 입장에서 나타나는 냉소.

라인4 | **거짓말쟁이** – 자기의 역할을 예술처럼 가꾸다. 배우.

☉ ▲ 목적과 이유가 오도되어도 환상은 그것을 지키고 유지함.
환상을 통해 처방을 찾거나 그려낼 가능성.

♄ ▽ 때가 오면 어김없이 수모를 당함. **환상을 사실로 오인할 위험의 가능성.**

라인3 | **무책임** – 작은 노력으로도 될 때에는, 일반적으로 부지런히 일하기 싫어한다.

♀ ▲ 예술가보다 그의 작품이 더 높이 평가될 때. **실질적 용도에 상관없이 일정한 방식을 즐길 가능성.**

♇ ▽ 무책임함을 새로운 방향제시를 위한 행동으로 합리화시킴.
그걸 유지하기 위해 그런 과정을 합리화시킬 가능성.

라인2 | **수용** – 자신과 다른 사람들의 한계를 알아 관용하며 판단을 유보하다.

☽ ▲ 느낌을 지나치게 미화함. 말썽꾸러기를 늘 용서하는 어미.
모두가 이해할 수는 없다는 걸 인식할 가능성.

♂ ▽ 다른 사람들의 실패를 이용해 자기 에고를 강화시킴. **다른 사람들의 무지를 이용할 가능성.**

라인1 | **즐거움** – 완벽한 타이밍 없이는 궁극의 즐거움을 얻지 못한다.

☽ ▲ 처벌이 아닌 즐거움을 보상으로 받을 상황과 때를 알아채는 육감.
이해의 과정은 자연적인 타이밍이 필요함을 인식할 가능성.

⊕ ▽ 타이밍은 훈련의 결과물이 아니다. 과장된 자제심이 쾌락에 빠지게 하다.
인식할 가능성이 있으나 억지로 타이밍을 밀어붙이다.

GATE 5

기다리기 – 고정된 리듬

자연적 리듬에의 근본적 조율. 깨어있는 상태로서의 기다림

라인6 | 양보 – 기다림은 육체적, 정신적 압박으로부터 자유롭지 못하며, 예기치 못한 사건으로 멈추어 지곤 한다.

♆ ▲ 우주적 흐름에 맡김으로써 나타나는 인식의 확장.
압박에도 불구하고 고정된 리듬에 의해 성장이 촉진되며, 자주 예기치 않게 그리된다.

▽ 상극의 행성 없음. 이 위치에서의 힘에 의해, 서로가 모두 피하지 못할 길로 나아가다.

라인5 | 기쁨 – 깨달음의 일부로서의 기다림

♀ ▲ 미적 감각의 궁극으로써 유유자적하여 존재의 의미를 알아채다.
유유히 세류에서 자기 위치를 아는 힘.

♆ ▽ 환상이라고 기쁨은 무시되고, 기다림도 실패로 여겨진다.
세류에서 자기 위치를 알고 허상을 벗어남.

라인4 | 사냥꾼 – 생존이 보장되는 기다림.

♅ ▲ 매우 수동적인 경험을 능동적 성과로 바꾸어 놓는 창조적 천재.
정해진 자기의 리듬을 최선으로 만드는 힘.

☉ ▽ 자기도취가 너무 심해 장막 뒤로 숨으려 하지 않음으로써, 생존이 위기에 처함.
예상된 대가를 부르는 자기리듬 부정의 충동.

라인3 | 강박감 – 어쩔 수 없다는 느낌으로 두려움이 나서 불필요한 행동과 불안을 유발하다.

♆ ▲ 도약적 상상력으로 중독성 버릇의 부정적 효과를 제어할 가능성. 자극을 받지만 행동으로 나아가지는 않음. **상상력 강화를 통하여 정해진 리듬의 한계에 내맡김.**

☽ ▽ 달은 멈춰 서지 못한다. **자신의 리듬에 거역, 수긍하지 못함.**

라인2 | 내적 평화 – 준비되지 않은 행동을 하려는 유혹을 무시하는 능력.

♀ ▲ 고요함을 이상으로 삼아 스스로를 지키는 재주. **자기의 리듬을 편안하게 받아들이는 힘.**

♇ ▽ 지지부진하게 느껴지는 내적 평화. **정해진 리듬 때문에 억눌렸던 힘을 향해 나아가는 충동.**

라인1 | 꾸준함 – 어쩔 수 없다면 배와 함께 침몰하는 선장.

♂ ▲ 장애물에 맞서는 용기. **스스로의 리듬을 유지하는 힘.**

⊕ ▽ 손해를 줄이려는 미숙하고 가끔 비극적인 조바심.
도전받으면 스스로의 리듬을 유지하지 못하는 연약함.

GATE 6

갈등 – 마찰

진보의 기본적인 디자인 요소. 마찰 없는 성장은 없다

라인6 | 조정자 – 내맡김을 받아들여 적도 살게 하는, 갈등의 해결을 공평하게 이끄는 우월한 힘의 수련과 고매함.

☿ ▲   이성의 가장 높은 형태는 생명의 신성함을 아는 것이다.
다른 사람들에 대한 느낌과 예민함으로 충돌을 끝내는 감정의 힘.

♀ ▽   조정자의 행동은 정당하지만 조건이 수용되기 힘들다.
조건이 충족되어야만 충돌을 끝내는 감정의 힘.

라인5 | 중재 – 꾸준한 분석과 감정통제 후의 신념으로, 더 높은 권위에 갈등의 판단을 맡기다.

♀ ▲   직접 충돌을 피하여 조화를 증진시킴. **충돌에 민감하여 아예 친하기를 거부하다.**

☽ ▽   쌍방 중재과정에서 홀로 전능함을 믿어, 승자의 입장으로만 중재를 수용함.
충돌에서 상대의 입장을 느끼지 못함.

라인4 | 승리 – 자연적이고 도전 불가능한 힘의 자리.

☉ ▲   승리와 새로운 지평을 여는 데 수반되어야 하는 지혜와 봉사심.
인간관계를 좌우지하는 감정의 힘.

♇ ▽   정복자/파괴자. **인간관계를 망치는 감정의 무절제.**

라인3 | 충성(서약) – 약자의 위치에서 지원과 강함을 만들어 내는 능력.
게이트 59와 연결되면 짝짓기가 임신으로 발전됨.

♆ ▲   합침으로 옛 방식을 무너뜨림. 위에서처럼 성적 결합이거나, 항진되어 우주적 의미를 가진다.
합치고 친해질 수 있는 풍성한 감성.

♇ ▽   세워진 질서에의 굴복으로 간주하여 충성을 거절함.
통제에 예민하여 결국 친밀함을 거부함.

라인2 | 게릴라 – 때맞춘 접촉과 물러남을 통해 열등한 위치를 최대한 이용하는 능력.

♀ ▲   미학적 감수성과 파고드는 성격은 가장 약한 곳을 찾아낸다.
충돌 시 상대의 약한 부분을 찾아내 감정적으로 이용하는 예민함.

♂ ▽   자살특공대. 공격하지만 효과는 의심스럽다.
예민하지 못해 쉽게 충돌을 일으키다.

라인1 | 물러남 – 엉뚱한 곳에 재원을 낭비함은 용기가 아니라 우매함임을 알다.

♇ ▲   일시적인 물러남이 실패가 아님을 받아들이는 재생력. **충돌을 수용하는 안정된 감정.**

☿ ▽   물러남을 개인의 약점으로 느끼는 열등의식. **충돌 시 감정적으로 동요함.**

GATE 7

군대 – 자기의 역할

모이는 지점. 사회를 이끌고 명령을 내리는 데 필요한 리더십

| 라인6 | **행정가** – 권력을 나누고 적절하게 안배하는 능력. |

☿ ▲ 책임감의 기본개념을 가르치는 힘. **주어진 역할을 통해 책임감을 일깨워 주는 사람.**

♅ ▽ 권력욕으로 결국 조직을 약화시키는 공무원. **책임감에 대한 소통으로 권력을 추구하는 사람.**

| 라인5 | **장군** – 위태로운 사회가 부여하는, 완전한 권위의 리더십. |

♀ ▲ 사회의 능력을 조화롭게 하는 데 필요한 추종세력을 모으는 재주.
주어진 역할을 통해 추종세력을 모으는 능력.

♆ ▽ 장군이 부대로부터 분리되었으나, 어떠한 대가를 치르더라도 이기려고 집착하다.
홀로 있고자 하면 추종자들이 사라진다.

| 라인4 | **자진 포기자** – 민중의 판단, 법률의 규칙을 기꺼이 받아들이다. |

☉ ▲ 전체의 이익을 위하여 권좌에서 내려오는 우아함과 지혜. **다른 사람들의 판단을 수용하는 능력.**

♅ ▽ 엄청난 반대의 힘으로 쫓겨날 때까지 버티는 사람. **다른 사람들의 판단을 수용하지 못함.**

| 라인3 | **무정부주의자** – 제도화된 질서를 거부함. |

☾ ▲ 현재 진행상황이 어떻든 꾸준한 변화를 필요로 함. **여러 가지 역할을 향한 노력.**

☿ ▽ 허무주의자. **어떠한 역할의 가치도 인정하지 않는 능력.**

| 라인2 | **민주주의자** – 대중의 뜻에 봉사하는 마음으로 다스리는 능력. |

♆ ▲ 보편적으로 수용되는 시스템의 적용. 알파채널(31-7)을 통하여 게이트 31의 영향력을 만나면 사회에 광범위한 혁명적 효과 가능성. **선출되면 리드하는 능력.**

☿ ▽ 민주선거로 당선된 사람들의 엘리트주의와 주민무시. **선출되면 투표자들을 우습게 보는 능력.**

| 라인1 | **독재자** – 옳지만 독재적인 통치 |

♀ ▲ 금성 항진. 아동에게 강제하는 기본적 가치와 규칙에서처럼 통치함. **권위로 다스리는 능력.**

☿ ▽ 자기가 제일 잘 안다는 왜곡된 의식. **자기의 권위가 최고라고 주장하는 능력.**

GATE 8
함께 뭉치기 – 공헌
단체의 목표에 기여하는 개인적 노력을 통해 알게 되는 기본 가치

		라인6 | **영적 교감** – 조화로부터 나오는 확신.
♀	▲	적절한 타이밍을 알게 하는 패턴 파악. **창조성으로 기여할 때를 아는 능력.**
♆	▽	심지어 이상적인 환경에서도 의문은 후회를 부를 수 있다. **불확실한 타이밍과 상황을 뛰어넘는 후회.**
		라인5 | **다르마(법칙)** – 함께하지만 언젠가 헤어짐을 알고 있다. 적절한 시기가 지나면 헤어지기 마련인 것이다. 어린 새는 성장하면 둥지를 떠나야 한다. 이것이 전체의 존엄성을 해치지 않는 올바른 행동이다.
♃	▲	선생. 가르침에서 보여주듯, 한계를 인정하며 나누는 과정으로서의 기여.
☉	▽	권위가 도전받는 것을 알면서도 자식을 못 떠나보내는 부모. **자식을 보내지 못하는 부모에게서 볼 수 있는, 한계를 모르고 도움을 주고만 싶은.**
		라인4 | **존경** – 다른 사람들의 기여능력을 자연스럽게 아는 재주, 특히 생활 그 자체로 리드하는 사람들을 잘 알아본다.
♃	▲	흥정 없이 동화되고자함. **다른 사람들에게 좋은 예로서 기여하고자 함.**
☿	▽	한계를 초월한 그룹에서, 논리적으로는 개개인의 가치를 미리 알기 어렵다. 예를 들어, 스포츠팀에서 리더라고 가장 훌륭한 선수는 아닌 것처럼. **한계에도 불구하고 기여할 수 있는 능력.**
		라인3 | **가짜** – 사회속의 행위가 내용보다는 스타일에 초점이 맞추어지다.
☽	▲	잘 가려진 완벽하게 피상적인 친밀함. **내용보다는 겉모습으로 한 몫 하는.**
♄	▽	들키지 않고 남을 속이는 능력에 대한 지나친 자신감과 남을 깔보는 가벼움. **겉모습에 지나치게 기대함.**
		라인2 | **서비스** – 자신과 다른 사람들의 한계를 알아 관용하며 판단을 유보하다.
☉	▲	최선의 살신성인. **이기적이지 않음으로써 모범이 될 가능성.**
⊕	▽	보상이 없으면 봉사하지 않는다. **대가를 받으면 모범을 보일 용의가 있다.**
		라인1 | **정직함** – 한계를 정직하게 수용하고 나눔으로써 그것이 초월된다는 것을 인식하다.
♆	▲	전체는 각 부분의 단순한 수학적 합보다 우월하다는 것을 알아차림. **창조적 표현은 정직하게 전하고 나누어야 한다는 인식.**
☿	▽	빠져 나옴. 그룹 안에서는 개성을 잃을지도 모른다는 우려. **개성을 잃으면서도 창조성을 공유하는 디자인.**

GATE 9
작은 자들의 길들이는 힘 – 초점
관련된 모든 면에 세세한 주의를 기울여야 가능성이 실현될 수 있다

라인6 | 감사함 – 작은 승리에 대한 보답을 수용함으로써 오는 기쁨.

☽ ▲ 달 항진. 작은 것의 힘이 올바른 견해를 키우다. **집중하는 과정을 즐기는 힘.**

♆ ▽ 목적지에 닿기 전까지는 과정이 의미 없다.
완성되기 전에는 과정을 즐기지 못하는 표현을 위한 에너지.

라인5 | 믿음 – 자세하게 꾸준함이 충족으로 이끈다는 믿음.

♃ ▲ 법조문에 대한 신뢰. **집중에 가치를 부여하고 초점을 맞추는 힘.**

⊕ ▽ 신비한 신의 영역처럼, 과정의 비논리성이 의문을 자아내다.
집중하는 힘의 결여가 의문으로 이끌다.

라인4 | 헌신 – 압박이나 스트레스에 개의치 않고 자세히 살피는 훈련된 주시.

☽ ▲ 적절한 행동이 결국 성취로 이끌다. **집중 후의 가능성을 향해 행동할 힘.**

♂ ▽ 중요한 과정을 건너뛰고자 하는 끈질긴 조급함. **대충대충 행하려는 충동.**

라인3 | 낙타의 등을 부러뜨리는 최후의 지푸라기 – 작은 것을 간과하여 늘 실패를 부르는.

⊕ ▲ 일시적인 장애극복을 위한 힘의 사용. **초점 잡는 데 실패하여 힘을 잃다.**

☉ ▽ 끈질긴 힘이 생명력을 고갈시켜 하찮은 일을 힘들게 만들다. **집중을 강박관념으로 이끄는 힘.**

라인2 | 동병상련

♆ ▲ 좌절을 달래려고 다른 사람들과 협력하다. **집중이 필요한 일에 다른 사람들과 협동하는 힘.**

♃ ▽ 확장의 지나친 요구가 판단을 그르쳐 기회를 잃고 힘이 빠지다.
협력하려고 열심이지만 초점이 없다.

라인1 | 분별력, 감수성 – 문제해결에 책임 있고 균형 잡힌 접근.

♆ ▲ 새것을 만듦으로써 좌절을 피하는 능력. **새것을 창조하는 집중의 힘.**

♂ ▽ 급히 열쇠를 찾다 못 찾고 문을 걷어차려다 보니, 열쇠는 주머니에 있더라.
초점을 잃는 생산적인 힘.

GATE 10

발 디디기 – 자아의 행동

어려움이 있어도 교류에 성공할 수 있는 행동의 바탕이 되는 코드

라인6 | **역할모델** – 말 대신 행동으로 나타나는 일상적 규범의 완벽한 표현.

♆ ▲ 정해진 행동들의 기본적 고결함에 대한 만족에 다시 초점을 맞추는 지속적인 예시. **말 대신 행동으로 나타나는 꾸준한 가치.**

♄ ▽ 위선자. 내 행동은 보지 말고 내 말만 따르라. **행동은 않고 말만하는 태도.**

라인5 | **이단자** – 일반적 규범에 직접적으로 대놓고 도전함.

♃ ▲ 더 높은 원리를 이해, 표현하여 성공하는 능력. **원칙에 입각한 행위로 전통에 직접 도전하다.**

♂ ▽ 장대에 매달려 화형 당함. **일상적 규범에 직접적으로 도전하여 결국 처벌되다.**

라인4 | **기회주의자** – 성공적 변형이 나타날 때까지 일상적 규범을 받아들임.

♅ ▲ 높은 단계로 승화하는 변형. **변형의 때가 올 때까지 행동패턴을 유지하다.**

☿ ▽ 게임이나 정신훈련으로서의 편의주의. **기회를 이용하기 위하여 자기의 행동 패턴을 바꾸다.**

라인3 | **순교자** – 정당한 자각에 기초하였으나, 보편에 대한 헛된 저항.

⊕ ▲ 끈질긴 행위가 결국은 기념되는 순교자. **결국에는 다른 사람들로부터 도전받는 행동.**

☽ ▽ 순교자 콤플렉스, 개인의 영웅심을 위해 순교자의 길을 감. **다른 사람의 눈을 끌고자 하는 행동.**

라인2 | **은둔자** – 분리를 통하여 요구되는 행위를 성공적으로 피함.

☿ ▲ 수성 항진, 의식작용이 홀로 있음을 풍요롭게 만들다. **분리(고립)를 통한 독립적인 행동.**

♂ ▽ 분노의 망명자. **조건화에 맞서 독립적인 행동을 고수하려 분리를 택함.**

라인1 | **겸손** – 제자리를 알고 수용하는 내적감각.

☉ ▲ 지위에 상관없이 자신의 목표에 가치를 느낌. **자신의 위치를 알고 환경에 상관없이 행동하는 능력.**

☽ ▽ 지나치게 민감하여 힘들고 아픔. **외부환경에 지나치게 민감함.**

GATE 11

평화 – 아이디어

새로운 행동의 시작 이전, 검토를 허용하는 개인 혹은 사회의 조화로운 조건

라인6 | **적응력** – 과도기를 받아들이는 내면의 균형.

♆ ▲ 모든 형태는 일시적이라는 타고난 자각. **아이디어는 바뀌고 늘 바뀔 수 있다는 걸 깨달음.**

♃ ▽ 가장 부정적인 모습으로 나타나는 적응력. 전쟁과 평화 아무 때나 다른 사람들을 이용해 이익을 취하는 투기꾼. **어느 때든 무슨 아이디어가 가치 있는지를 깨달음.**

라인5 | **박애주의자**

☽ ▲ 조화를 위하여 속박 받는 자들을 다른 의도 없이 양육함. **철학적이고 박애적인 아이디어.**

☿ ▽ 직접적인 접촉을 피하며, 자기를 지키기 위해 기부함. **안전이 불안하여 내주는 아이디어.**

라인4 | **선생** – 평화의 진정한 의미를 표현하는 능력..

☽ ▲ 극단적인 경우에는, 귀머거리에게도 조화를 가르칠 수 있는 성자. 금성 항진. 뜻이 다른 사람들도 따르게 만드는 능력. 분명하고 전달 가능한 견해. **무학자들까지도 끌어들여 전달 가능한 아이디어.**

☉ ▽ 구루, 의식적으로 소수에게만 자기의 최고 가치를 전해주는 도사. **소수만이 알아챌 수 있는 아이디어.**

라인3 | **현실주의자** – 평화는 일시적이란 것을 인정함.

♆ ▲ 힘과 경각심을 유지하고자 하는 내적 부활. **아이디어란 오고 간다는 걸 깨달음.**

♀ ▽ 지나치게 조화를 중시하다가 오류에 빠지는 경향. 아름다움은 영원하다는 믿음. 불타는 로마 구경하기. **세상에 쓸데없는 아이디어를 즐기다.**

라인2 | **엄격함** – 꾸준함과 고난에의 대비가 없다면, 평화는 지지부진하고 깨어진다는 걸 알다.

♆ ▲ 성취한 가치의 이해를 분명하게 하는 데 쓰이는 상상력. **상상력을 이용해 지루함을 벗어남.**

♂ ▽ 행동의 필요를 느끼는 에고의 만족을 위해 패를 갈라놓다. **심심풀이로 시비 거리를 만듦.**

라인1 | **조율** – 제때 알맞은 장소에 있는 행운.

☽ ▲ 같은 꿈과 목표를 가진 사람들과 함께 함으로써 생겨나는 심리적 자양분. **당신의 아이디어에 가치를 부여하는 자들을 찾는 재주.**

♂ ▽ 이름 없이 사라지지 않을까하는 우려. **아무도 그들의 아이디어를 알아주지 않을 것 같은 느낌.**

GATE 12

멈춤 – 조심성

유혹에 직면할 때, 명상과 평정의 중요성과 자기통제의 자질

라인6 | 탈바꿈 – 힘과 믿음을 정체의 탈피와 변화에 쏟다.

☉ ▲ 창조적 초월. 상응 게이트 22와 개방성 채널로 연결되면, 성공적 변이와 새로운 형태의 사회를 만든다. **변이와 새로운 사회적 형태를 표현하는 역량.**

⊕ ▽ 완벽한 적응이 퇴행적으로 변형되어 멈춰버림. **조심하는 데 완전하게 적응하여 사회의 한계를 수용함.**

라인5 | 실용주의자 – 절제의 성공은, 그 상황이 끝났을 때 배운 것을 잊지 않는 데 달렸다.

☉ ▲ 빛은 늘 어두움을 의식한다. **사회적 경험으로 인한 조심.**

♂ ▽ 가장 아팠던 경험만 기억하는 경향. **가장 아팠던 사회적 경험에서 비롯된 조심.**

라인4 | 선지자 – 정체의 끝을 미리보고 계획하는 능력.

⊕ ▲ 사회적 준비를 위하여 정체된 이들을 분발하게 하다. **겁먹지 말고 사회적 교류가 필요함을 알리고 예견하는 능력.**

☿ ▽ 광야의 목소리. 듣는 이 없는 사회적 교류의 필요성을 역설하다.

라인3 | 고백 – 자기분석의 과정

♆ ▲ 미숙함을 알며 불합리한 허영심을 없애다. **사회관계에서의 미숙한 표현이 자기 분석과 조심성으로 이끌다.**

♂ ▽ 삐뚤어진 그리고 때로는 지나친 자기혐오. **사회교류에 있어서의 부적절함이 자기혐오로 표현됨.**

라인2 | 정화 – 부정적 영향들로부터 철저히 물러남.

♄ ▲ 순수상태 유지를 위한 훈련. **훈련된 조심성의 표현.**

☿ ▽ 자극이 없어 나타나는 지루함. **조심성이 지루함을 만들며 자극을 찾고자 하는 욕구를 표현함.**

라인1 | 수도승 – 공동체의 도움으로만 유지되는 은둔.

♀ ▲ 유혹이 범접할 수 없는 아름다움과 조화. **다른 사람들의 도움에 의해 나타나는 은둔의 가치와 그 표현.**

♃ ▽ 기둥 꼭대기에 앉아있는. 완전하지만 가끔 지나친 은둔. **세상일에 지나치게 조심하며 감정적 접촉을 극도로 피하는 은둔.**

GATE 13

유대감 – 듣는 사람

인간적 협동을 불러일으키는, 정비된 제도의 보편적 아이디어와 가치

		라인6	**낙관주의자** – 제한된 접촉도 더 큰 결합을 위하여 필요하다고 수용하는 능력.
♂	▲		버티는 에너지. 끝없는 희망. **개방이 더 나은 교류로 이끌어 가리라는 희망.**
☿	▽		단순함. 상호관심사를 보편적인 것으로 해석함. **상호관심사를 다른 사람들에게도 주입할 수 있으리라 믿음.**
		라인5	**구세주** – 인류에게 도움이 되도록 모든 장애를 극복하는 능력.
♆	▲		모두에게 역할을 찾아주는 카리스마의 천재. **다른 사람들의 역할을 찾아주는 데 탁월한 청취자.**
♃	▽		능력 있는 관료. 이 직책의 놀랍도록 긍정적인 특성을 감안할 때, 평범한 적용은 거의 없다. **다른 사람들에게 역할을 찾아주는 재주가 실용적이라, 관료가 되기에 알맞은 청취자.**
		라인4	**피로** – 너무 지쳐 싸울 수 없을 때까지 완전하게 체력이 소진된다.
♇	▲		평화협정이 맺어져 서서히 힘이 다시 생겨나는 르네상스. **체력의 소진과 침묵의 필요로 이어지는 개방성.**
♀	▽		감정적 소진. 양보와 은둔, **개방성이 약점이 되는 경우.**
		라인3	**비관주의** – 최고가 되지 못하리라는 믿음.
⊕	▲		확실한 증거를 통해야만 바뀔 수 있는 불신. **의심과 증거에 의해서만 열린 자세를 취함.**
♀	▽		예술로 승화되어 반대의 효과를 낼 수 있는 비관주의. 풍자. **정당한 의심이 풍자를 독려한다.**
		라인2	**심한 편견** – 유대감은 오직 특별한 타입 – 인종, 종교, 국적, 지식인 – 사이에서만 생긴다는, 상존하는 위태로움.
☽	▲		우월주의자의 가장 덜 까칠한 모습으로의 관용. **관용을 통해 열려 있는 역할.**
☉	▽		가장 저열한 모습으로는 가장 높은 이상을 향유할 수 없다는 강박적 믿음. 높은 이상도 증오를 합리화 시킬 수 있는, 아주 어려운 자리. **사실상 아무도 경청할 가치가 없다는 아주 속 좁은 개방.**
		라인1	**공감** – 차분하게 모든 사람들과 친하고 소통하는 능력.
♀	▲		배려를 통한 조화. **사랑으로 다른 사람들의 말을 듣는 개방의 역할.**
☽	▽		여차하면 시장에 나가 할머니들 손잡는 정치인. **의도가 담긴 개방.**

GATE 14

엄청난 소유 – 힘을 다루는 기술

우아하게 통제하며, 능란한 사교를 통해 힘을 얻고 유지함

라인6 | 겸손함 – 가장 추앙받는 힘과 부의 형태.

☉ ▲ 물질적 성공을 신의 뜻으로 돌리는 계몽된 인식. **수용과 힘의 원천으로서의 영성.**

⊕ ▽ 이 위치에서는 모두 기본적으로 긍정적임. 물질적 성공이 불가피 했다는 실존주의자의 인정과 그로 인한 겸양을 지구가 상징한다. **수용과 힘의 원천으로 이끄는 실존주의.**

라인5 | 오만함 – 힘 있는 위치에 늘 잠재되어 있는 위태로움.

☉ ▲ 내적 존엄. **힘 있는 자리로 이끄는 내적 존엄.**

♀ ▽ 다른 사람들의 능력에 대한 불만이 우월감을 만들다. **약자들을 알고 나서 자신의 허황된 우월감이 부추겨지다.**

라인4 | 안전 – 튼튼한 기초를 만들려고 전념함.

☽ ▲ 공격으로부터의 보호. **힘을 얻는 열쇠는 기초를 튼튼히 하는 기술개발에 달려있다.**

♂ ▽ 도전적인 경쟁상대에 대한 지나친 자신감이 안전의 기초를 위협할 수 있음. **적절한 기술이 없다면, 안전을 담보하지 못함.**

라인3 | 서비스 – 재능과 부를 최고의 가치를 위해 활용함

⊕ ▲ 사회에 개인 욕심 없이 기여함. **권력으로의 길은 다른 사람들에 대한 헌신적 기여에 있다.**

♆ ▽ 욕심과 도덕성의 자기-파괴. **과욕을 부추기는 이기심의 힘.**

라인2 | 관리 – 전문성에 대한 투자가 보상됨을 아는 지혜

♃ ▲ 확장. 책임을 위임하는 능력. **권력으로의 길은, 모든 일을 혼자 해치우는 데 있지 않다.**

♂ ▽ 스스로 대단한 전문가가 되려는 허영심. **권력으로의 길은, 모든 것을 개별적으로 함에 있다.**

라인1 | 돈이 전부가 아니다 – 부유함에는 그 자체의 문제가 있음을 알아차림.

♃ ▲ 더 높은 원리들에 의해 완화된, 풍요를 향한 욕망. **힘을 행사하기 위한 열쇠는 더 높은 원리들이다.**

☿ ▽ 돈으로 문제들이 해결될 수 있다는 망상. **에너지만으로는 해결이 안 된다.**

GATE 15

겸손 – 극단
양극단 사이에서 적절한 균형을 표현할 수 있는 자질

라인6 | 자기방어 – 결코 약점으로 혼동될 수 없는 겸손.

♇ ▲ 가장 약한 면을 솎아내려는 부단한 재검토.
극단을 조사하여 가장 큰 약점을 찾아내려는 자기Self의 힘.

♀ ▽ 문제가 있는 상황에서 그 바탕을 캐기보다 조화를 이용하려는 경향.
조화를 위하여 가장 큰 약점을 무시하는 자기의 힘.

라인5 | 민감성 – 일반적으로 균형 잡힌 태도이지만, 상황변화의 요구에 잘 대처하려면 그것을 바꾸어야 함을 알아채는 능력.

♃ ▲ 성장을 위한 힘. **극단의 경험들을 통해 성장하는 능력.**

♇ ▽ 과잉보상의 경향. **과잉보상을 꾀하여 흐름을 방해하는 자기Self의 열의.**

라인4 | 그림의 떡 – 부적절함이 발각되는 것을 막아주는 역할로서의 겸손.

♃ ▲ 부적절함을 가릴 수도 있는 진짜 형상. **일반적 흐름을 벗어났을 때의 자기Self의 불편함.**

♄ ▽ 결국은 들켜 굴욕을 당하게 되는 미약한 방어. **일반적 흐름에서 자기를 벗어나게 하는 극단주의.**

라인3 | 부풀린 에고 – 일단 인식된 겸손은 스스로를 망가트릴 위험이 있다.

⊕ ▲ 보통은 부정적인 억지로 꾸민 듯한 겸손이, 여기서는 인지되어 증강되고 효과적인 전략으로 유지됨. **흐름을 통제하려는 전략으로서의 자기Self의 극단주의.**

☿ ▽ "내가 그럴 거라고 했잖아"라고 하는 심리. **다른 사람들의 극단적 성향을 지적하는 자기의 역량.**

라인2 | 영향

☉ ▲ 굳건한 표준으로 자리 잡은 겸손 그리고 맞는 행동.
특이한 성향을 옳다고 받아들이는 자기의 역량.

⊕ ▽ 태양의 움직임이 자연스러운 곳에서, 지구의 움직임은 부자연스럽다.
비록 이 위치의 힘을 감안하더라도 같은 결과를 기대할 수 있다.
극단적 본성을 사용하여 다른 사람들에게 영향을 끼치는 자기의 역량.

라인1 | 의무 – 아무런 기대 없이 어떤 도전도 맞닥뜨릴 수 있는 능력.

♀ ▲ 어떤 일도 해낼 수 있게 돕는 조화로운 관계들.
극단적이며 조화로운 인간관계를 통해 어떤 도전도 대응하는 자기Self의 역량.

♂ ▽ 과장된 주장으로 소외를 당하다.
극단적인 성향으로 다른 사람들을 멀어지게 하는 역량.

GATE 16

열의 – 숙련된 기술
에너지를 조화롭게 연결함으로써 삶을 풍요롭게 하는 위대한 기술

라인6 | **잘 속음** – 거짓, 과대광고에 대한 민감성

Ψ ▲ 겪고 시험하여, 잘못된 열의를 물리치는 능력. **다른 사람들의 표현을 평가하는 능력.**

♃ ▽ 위와 같은 원리. 그러나 해왕성은 파괴하고 새로운 것을 찾지만, 목성은 고통스럽게 은둔한다. 사회구조에 대한 열의도 영구히 편향됨. **다른 사람들의 표현을 평가하는 데 실패함.**

라인5 | **구두쇠** – 열중하는 것을 다른 사람들과 나누기 거부함.

Ψ ▲ 오직 전향의 목적을 이루기 위하여 열광하기를 피하다. 디킨스 소설 속의 스크루지처럼, 궁극적인 전향은 크고 좀 더 견디는 열의로 이어진다. **재주를 표현하는 데 자신이 없어 다른 사람들이 부추겨주어야 한다.**

☽ ▽ 열중하는 것을 다른 사람들과 나누면 개인의 발전에 해롭다는 비뚤어진 느낌. 이런 상황을 내가 어찌 즐길 수 있으랴. **다른 사람들을 부추기는 것이 가치 있는지 자신이 없음.**

라인4 | **리더** – 다른 사람들을 인정하고 돕는 데 진정으로 성실함.

♃ ▲ 높은 이상을 위한 열정. **다른 사람들의 능력을 알아주고 돕는 재능.**

♂ ▽ 선동 정치가. **다른 사람들의 능력을 알아주거나 돕기를 거절함.**

라인3 | **독립** – 스스로 만들어 유지하는 열정.

☽ ▲ 박자를 유지하고 김빠지는 걸 막는 알맞은 타이밍. **알맞은 때와 박자를 표현하는 독립적 기술과 재능의 가능성.**

♂ ▽ 좌절로 이어지는 자만심을 가진 아이. 또 다시 열중하기 위하여 불필요하게 다른 사람들에게 의지하게 만들 가능성. **자신의 재능이나 기술을 다른 사람들이 인정해주는 것이 필요함.**

라인2 | **냉소적인 사람** – 허풍을 깨는 날카로움.

☉ ▲ 미사여구에 상관없이 어떤 주장을 객관적으로 판단하는 능력과 자신감. **객관적으로 판단하는 능력의 표현.**

☿ ▽ 강박적인 냉소 속에 열정의 근본이 들어있는 사람. **객관성이 냉소를 통해 나타남.**

라인1 | **망상** – 엉뚱한 열정.

⊕ ▲ 몽상가. **몽상을 통한 재능 표현.**

☿ ▽ 어쩔 수 없이 실현되지 않을 주장을 공공연하게 떠벌리기. **환상을 사실처럼 표현하는 경향.**

GATE 17

따름 – 의견
지배하고 싶으면 봉사하는 법을 알아야한다는 고전적 법

		라인6 | **보살** – 완전한 통솔과, 같으며 하나인 완전한 추종.
☽	▲	훌륭한 양육자. 이 위치의 성향은 늘 긍정적이다. **상호의존성을 이해하여 남들에게 가치 있는 의견을 표현할 가능성.**
♃	▽	완벽한 길은 원이 아니고 끝이 있는 직선이라고 주장하는 경향. **무언가를 알고 난 후 더 이상 배울 것이 없다는 견해를 가질 가능성.**
		라인5 | **누구도 고립되어 살 수 없다** – 어떻게 이해했든, 위계질서에는 끝이 없다는 앎.
♅	▲	신의 뜻이든 지구적 결합이든, 상호의존성의 궁극적인 창조적 표현. **세속적 또는 영적으로, 조직되는 것의 가치를 표현할 수 있는 견해.**
♂	▽	자기주장에 대한 증거를 대기는 하나, 홀로 책임진다는 건방짐. **조직되는 것의 가치를 무시하는 견해 가능성.**
		라인4 | **인사 관리자**
♆	▲	추종자의 의도와 재능을 꿰뚫어 보는 능력. **다른 사람들의 이해에 바탕을 둔 견해 가능성.**
♃	▽	추종자가 될 것 같은 사람을 너무 쉽게 받아들여, 자주 엉망이 된다. **의견으로 다른 사람들을 끌 가능성.**
		라인3 | **이해** – 가장 훌륭한 길이 가장 재미있는 건 아닐 수도 있다는 것을 알아차림.
♆	▲	최고의 길을 가며 얻는 경험이, 길 끝에서 닥치는 도전을 준비하게 해주다. **최고의 견해는 세부사항에 기반한다는 이해.**
⊕	▽	최단거리를 택함. 종점에는 빨리 도달할지 모르지만, 본질적인 경험을 놓칠 가능성. **세부사항을 생략하여 의견의 가치를 약화시킬 가능성.**
		라인2 | **차별** – 최고의 가치에 바탕을 둔 인간관계의 이로움.
☉	▲	알맞은 연합으로 목적을 성취함. **인간관계를 통해 식견을 넓힐 가능성.**
☽	▽	차별의 과잉이 사실상 스스로를 고립시키다. **지나친 자기주장으로 인간관계를 해칠 가능성.**
		라인1 | **개방성**
♂	▲	많은 흥밋거리를 유지하는 에너지. **다양한 의견을 가질 가능성.**
♀	▽	미적으로 충족되는 흥밋거리만 유지하는 경향. **즐거운 것에만 의견을 가질 가능성.**

GATE 18

바로잡음 – 교정

기본적이고 근본적인 인간 권리를 지키려는 결심과 경계심

라인6 | 불성, 깨달음의 경지 – 완벽한 형태

♂ ▲   정체를 막기 위해 새로운 분야를 찾아내는 힘과, 영원한 동심의 붓다같은 경지. **교정을 통해 완벽해질 가능성.**

☽ ▽   위 문장의 세속적 적용. 대중의 의견을 개척하고 자기의 방법론을 공유하는 능력. **다른 사람들과 교정의 가치를 나눌 잠재성.**

라인5 | 치유법 – 문제를 알아차리고, 혼자 힘으로는 해결 불가능함을 인정하는 힘.

♄ ▲   가이드를 하거나 찾는 지혜. **인간관계를 통해 사리분별과 교정을 할 가능성.**

♅ ▽   정신 질환자. 고질적 불안정과 미칠 가능성. **정신적 불안정의 교정에 도움을 줄 수 없는 관계.**

라인4 | 무능력자 – 미숙해서 해결이 되지 않고, 미숙의 결과로 나타나는 어려움.

⊕ ▲   부정적 위치에서 근근이 어렵게 지내다. **교정 불가능으로 고통 받을 가능성.**

☿ ▽   결정하지 못하고 불안하여 화를 피하지 못함. **교정을 향한 요구가 걱정을 만들 가능성.**

라인3 | 열성분자 – 깨끗하게 하려는 강박관념.

♆ ▲   적당한 대가를 치르고 구태를 청산함. **고치고자 하는 강박관념과 그것의 치명적 잠재성.**

♃ ▽   분별능력이 완고하여, 해결하는 만큼 문제를 일으킴. **만족을 가져오지 못하는 강박적 교정 욕구.**

라인2 | 난치병 – 이미 엎질러진 물이라고 인정함.

♆ ▲   영적 부흥에 대한 믿음에서 나오는 힘과 수용력. **치유 가망이 없음을 받아들임.**

☽ ▽   먼 산에 삿대질하기. **교정이 불가능함을 수용하지 못함.**

라인1 | 보수주의 – 바뀌는 상황에 맞서 전통적 양식에 집착함.

⊕ ▲   다가오는 파국을 피하기 위한 점진적 수정. **서서히 판단을 수정하여 고칠 가능성.**

♃ ▽   꽉 막혀 서서히 망해가는 가부장. **고치기를 거부할 가능성.**

GATE 19
다가가기 – 결핍
모든 것이 연결되어 있다는 것은 접근을 통해 분명하게 드러난다

라인6 | 은둔자 – 일반적으로 접촉을 기피하나 반드시는 아님.

♃ ▲ 언덕위의 바보, 성자. 당신이 찾아낼 수 있으면, 한 수 가르쳐줄 것이다.
일반적으로 사람을 기피하는 에너지.

♂ ▽ 뽀루퉁한 어린이. 오직 알맞고 위로가 되는 반응이 있어야 끝나는, 스스로 강제한 유배.
거절 받는 것에 지나치게 예민하여 교류를 피함.

라인5 | 희생 – 커다란 목적을 달성하기위하여 개인적 가능성을 한정지을 필요.

⊕ ▲ 희생을 하기 위해선 필수적인 자제심. **자신의 감수성을 억제하는 에너지.**

♃ ▽ 희생하면서도 잘난 척할 경향. **희생이 감수성 결핍을 부를 수 있다.**

라인4 | 협동적인 사람team player – 협동을 일구고 수용하는 개별적 접근.

♂ ▲ 다른 사람들이 뒤처지지 않는 한 수용하는 능력과, 외향성 행동을 위한 힘과 에너지. 전체에 이익이 될 수 있게 추진하는 힘. **다른 사람들과 함께 있기를 추구하며, 그 속에서 힘을 받는 에너지.**

♀ ▽ 매력적이고 협동적이나, 다른 사람들의 기여에 만족하지 않는 경향.
다른 사람들의 한계에 열 받는 예민함.

라인3 | 헌신 – 접근의 수용은 경계심을 통해서만 유지 가능함.

♀ ▲ 교감의 유지와 함께하는 타고난 특성적 여유.
다른 사람들의 수용에 의해 북돋아지는 감수성과 여유로움.

☽ ▽ 경솔하게 되기 쉬운 변덕스러움의 경향. **쓸모 있고자하는 바램이 과민함에 의해 방해 받음.**

라인2 | 서비스 – 외부접촉의 결과로 개인자원을 희사함.

♃ ▲ 최상의 가치에 봉사하고 헌신함. **도움이 되고자 원하는 에너지.**

☿ ▽ 결정이 지체 되지만, 이 위치에서는 결국 순종함.
결국 봉사의 에너지로 변하는, 쓸모 있고자 하는 바램.

라인1 | 상호의존

☉ ▲ 수용할 때에도 개인의 특성을 잃지 않는 성공적 접근.
다른 사람들에게 받아들여질 때에도 자신의 정체성을 잃지 않고 요구하는 압박.

☽ ▽ 일단 접근이 수용되었을 때, 계속 발전 대신 자꾸 변죽만 울리는 경향.
결국 거절되지 않을까 걱정하면서도 수용을 바라는 압박.

GATE 20
응시 – 지금 현재
지금 바로 알아채고 인식하여 그 이해를 적절한 행동으로 변형시키다

라인6 | 지혜 – 관조(응시)를 통해 앎을 사용하는 능력이 만들어지다.

♀ ▲ 사회를 위해 가치, 이상의 유형을 파악하고, 그것의 이해와 실용을 위한 체계 구축. **개인적 깨달음을 보편적인 이해와 실용을 위해 변형시키는 능력.**

☿ ▽ 위와 같으나, 공익보다는 자기만족을 위한 정신적 도전에 동기가 있음. **개인적 깨달음을 정신적 도전의 도구로 사용하는 능력.**

라인5 | 사실주의 – 관조 자체만으로는 성취가 보장되지 않는다.

♄ ▲ 세밀한 부분에 집중하여 완전한 모습을 성취하는 경우. **세부사항을 통해 인식의 표현에 성공함.**

♅ ▽ 현실이 불만을 만들어 불안정하게 하다. **보이는 현실의 불만족을 통하여 현재의 인식을 표현함.**

라인4 | 적용 – 앎을 실행할 줄 아는 자들과 협동해야만 행동으로 변형이 가능한 알아차림과 인식.

♃ ▲ 학생들보다 뒤처지는 선생. **다른 사람들을 통해서만 행동으로 옮겨지는 인식의 표현. 선생.**

☿ ▽ 사용하기보다는 이론을 중시하는 경향. **실용에는 관심 없이 인식을 이론으로 나타냄.**

라인3 | 자기 자각 – 개인의 행동과 그 효과를 분석함으로부터 오는 이해.

☉ ▲ 자기의식(자의식/자각)을 통하여 개성이 발전되고 올바르게 균형 잡힘. **지금 현재에서 스스로 의식하는 인식의 표현.**

⊕ ▽ 극단적인 자기의식이 발전을 저해함. **지나친 자기의식의 표현.**

라인2 | 교조주의자 – 제한적이고 의도적으로 한계 짓는 이해.

♀ ▲ 한계가 홀로 개인적인 것이라면, 미적 은둔을 통해 덜 부정적이다. **현재에 대한 제한적인 인식.**

☽ ▽ 다른 사람들을 좁은 길로 끌고 가는 힘. **표현을 통해 다른 사람들을 좁고 한정적인 길로 인도하는 재능.**

라인1 | 피상적 – 얄팍함에 의지함.

♀ ▲ 피상적인 것을 예술로 키움. 펜어 쓰는 사람. **피상적 표현을 예술처럼 하다.**

☽ ▽ 개성의 피상적 표현. **피상적인 개성의 표현.**

GATE 21

물고 늘어지기 – 사냥꾼
지속적이고 의도적인 방해에 대한 필요하고 정당한 힘의 사용

라인6 | 혼돈 – 비효율적 행동이 혼돈으로 이어지다.

♆ ▲ 소모전. 불화와 늘어나는 무질서에도 불구하고, 결국 성공하리라는 희망으로 하던 행위를 계속함. **에고가 현실감을 잃어 의지력의 과시가 무질서로 이어진다.**

♀ ▽ 혼돈상태에서 은둔하여 내면의 질서에 귀의하다. **물질세계가 혼란스러울 때, 에고는 은둔하여 스스로의 힘으로 내적질서를 찾아낼 것이다.**

라인5 | 객관성 – 힘을 사용할 때는 감정이 아니고 공평함에 기초하여야 한다.

♃ ▲ 객관성이 담보되는, 원칙적이고 정당한 성격. **에고가 균형 잡혀 의지력이 객관적으로 쓰임.**

♆ ▽ 박멸의 의도가 강하여, 원인에만 객관성이 주어지고 결과는 무시됨. **의지력을 주관적으로 쓰는 에고.**

라인4 | 전략 – 맞는 대응책을 만들기 위하여 상대세력을 주의 깊게 측정함.

♃ ▲ 명료함을 통한 성공. **상황에 맞게 효과적으로 의지력을 쓰는 본능과, 물질세계에서 성공하고자 하는 에고.**

⊕ ▽ 바른 자리에 있으나 상대의 힘을 잘못 판단할 경향. **바른 자리에 있으나 본능보다는 에고 쪽으로 쏠리는 경향.**

라인3 | 무력감 – 정당한 자가 압도적 힘과 무의미한 충돌을 하도록 벌 받는 곳.

♆ ▲ 흔히 마약이나 술을 통해서 수용되는, 대충 견딜만한 모욕적 패배. **자신의 물질적인 길 material path 을 따르지 않으면, 더 우월한 사람들로부터 에고가 상한다.**

♃ ▽ 완전히 포기하여 떠남. **에고를 보호하기 위해, 물질적인 길을 향한 의지를 접다.**

라인2 | 힘이 정의다 – 악랄하고 지속적인 방해에 대한 행동의 정당성

♂ ▲ 강하고 극단적인 반응. 여기에서는 가장 강한 행동이 제일 성공적인 것이다. **물질 차원의 방해에 대한 정당한 거절.**

♆ ▽ 정당하든 말든, 가혹함을 후회하는 경향. **가혹함이 불편한 에고.**

라인1 | 경고 – 마지막 수단으로서의 힘의 사용

♂ ▲ 행동에 기대지 않고도 존중받는 사나움. **존중을 확실히 받고자 하는 의지와 에고.**

☾ ▽ 필요한 경고 대신 사정하는 것으로 바뀌기 쉬운 내적 평온함. **존중을 구걸하게 되는 약한 의지력.**

GATE 22

우아함 – 개방성

일상적이고 사소한 상황을 다루는 데 가장 적합한 자질

		라인6	**성숙** – 겉모습과 내실이 조화를 이룸.
☉	▲		자연적이고 분명한 리더십과 권위. **사회생활의 경험이 지도자로서의 능력으로 나타날 가능성.**
♂	▽		그 정렬alignment이 비순응적 모습으로 표현되는 경향이 있다. **사회생활의 경험이 개방성을 비순응적으로 표현할 가능성.**
		라인5	**직접적임** – 필요하면 일상규범을 무시함.
♃	▲		성공적으로 행동 규범을 어길 수 있는, 더 높은 원칙에 내재된 힘. **감정의 자각을 통해 사회생활에서 개인주의적으로 행동할 가능성.**
♂	▽		당혹스런 상황을 만드는 경향. 그럭저럭 성공하지만 자주 무자비하고 뻔뻔하다는 소리를 들음. **사회에서의 개인적 행실이 다른 사람들에게 부정적으로 보일 가능성.**
		라인4	**감수성** – 상호교류를 더 좋게 만들기 위한 행실의 수정.
♆	▲		복잡한 의식을 거부하는 영매 같은 단순함. **격식의 거부를 통한 열린 사회성의 가능성.**
♂	▽		의미 있는 교류의 가능성을 망가뜨리는, 겉모습에의 지나친 집착. **격식을 따름으로 인해 사회적 개방성에 한계를 만듦.**
		라인3	**마법사, 매혹하는 사람** – 완벽한 우아함
♄	▲		본질이 실현되고 정의되는 모습. **감정의 에너지와 자각의 정렬을 통해 완전한 개방을 이룰 가능성.**
♂	▽		무의식적인 우아함. **타고난 특성적인 개방성.**
		라인2	**예절을 가르치는 학교** – 스타일이 내면을 가려줄 것이라는 믿음.
☉	▲		자기 자신과 다른 사람들을 성공적으로 착각하게 만드는 능력. **어떤 감정의 스타일로 다른 사람들을 유혹할 가능성.**
♃	▽		내용보다는 겉모습을 내세운다. **자각보다는 스타일에 힘이 주어질 경우.**
		라인1	**이등차표** – 완벽한 타이밍 없이는 궁극의 즐거움을 얻지 못한다.
☽	▲		아래 자리를 수용하고 즐기는 능력. **아래 자리를 즐기는 감정적 깨달음.**
♂	▽		이등차표로 일등석을 주장할 때 당하는 불가피한 모욕. **감정적 에너지가 자각을 무시하면 사회적으로 망신을 당할 수 있음.**

GATE 23

조각내기 – 동화

도덕을 초월함. 자각과 이해를 통해 다양성을 수용하다

라인6 | 융합 – 융합을 통하여 다양성이 서서히 조율되다.

♂ ▲ 융합으로 생기는 에너지의 기하급수적 성장과 그 에너지의 주장하는 힘.
통합에 다양성을 가져오는 개인의 앎.

♃ ▽ 원칙은 있지만 헛된 후퇴가 위축으로 이어진다. 개인의 앎이 너무 분산되어 표현이 힘을 잃다.

라인5 | 동화 – 다른 길의 가치도 실용적으로 수용함.

♃ ▲ 동화됨으로 기여하고 팽창함. 개인적 성찰을 대중에게 전달하는 능력.

☽ ▽ 열등한 위치에서 보호나 양육 따위를 바라고 하는 동화.
대중들로부터 수용되고 보호받고자 추구되는 동화.

라인4 | 분열 – 통합의 가능성이 보이지 않는 다양화.

☉ ▲ 결과에 상관하지 않는 이기주의와 운명론. 집단적 가치가 없는 개인적 표현.

⊕ ▽ 무신론과 공황상태. 고립과 불안을 자초하는 개인적 표현.

라인3 | 개성 – 본질적으로 다른 사람들에게 무해한 독립적 표현.

☉ ▲ 남으로부터 협박은 아니지만 질투를 불러일으키는 개인의 힘과 생명력.
위협이 아니라 주목을 받는 개인적 표현.

♆ ▽ 개인의 신비로움이 활발한 의심과 위협을 부르다. 괴짜. 의심과 위협을 부르는 개인적 표현.

라인2 | 자기방어 – 생존이 위태로울 때 관용을 포기할 필요.

♃ ▲ 빈틈없는 자기 보존법. 개인의 표현이 위협받을 때 관용을 포기함.

☽ ▽ 목성에서는 위엄을 지키려고 박차고 나오지만, 달에서는 자주 적의를 막아 자기를
보호하는 것으로 만족한다. **적대감의 면전에서 개성적 표현을 방어.**

라인1 | 개종, 전향 – 하나의 가치 체계를 잠식하여 다르게 만들려는 시도.

♃ ▲ 현자. 극단적인 경우 악도 하늘 뜻의 일부라고 옹호할 수 있음.
통용되는 가치 체계를 잠식할 통찰력의 강한 표현.

♂ ▽ 선교사의 빛이 오히려 어두움을 부른다. 통찰력의 강한 표현이 부정적 효과를 부른다.

GATE 24
돌아옴 – 합리화
자연적이고 즉흥적인 변형과 갱신의 과정

라인6 | 선물받은 말 – 기회가 왔을 때 귀를 막을 가능성.

♃ ▲ 주어진 기회에 쉽게 일체화하는 준비과정에의 의식적 참여. **이론적 사유과정에서의 집중과 일체화.**

♆ ▽ 불가피하게 기회를 놓치게 만드는 타고난 특성적 의심. **자주 비논리적인 의심으로 초점을 잃고 기회를 놓치다.**

라인5 | 고백 – 과거의 잘못을 인정하는 용기.

☽ ▲ 초승달로 상징되는, 완전 신선함으로 시작함의 실용적 가치. **새로운 가능성으로의 길을 여는 합리적 교정.**

♂ ▽ 합리화를 통해 과거의 실수를 축소시키려는 경향: 고백을 정당화로 변질시킴. **과거의 잘못을 비합리적으로 정당화함.**

라인4 | 은둔자 – 고립에서만 생길 수 있는 깨달음.

♄ ▲ 갱신이 담보되는 훈련과 집중. **홀로 있음이 합리적 사고의 가능성을 키우다.**

♆ ▽ 고립되어 환상의 세계에 살 경향. **홀로 있음이 환상이나 망상의 가능성을 부추기다.**

라인3 | 중독자 – 퇴행적 양상들의 강력한 유혹.

♀ ▲ 퇴행에 대한 힘들지만 궁극적인 승리. **힘들지만 가능한 비합리성 극복의 임무.**

♃ ▽ 중독과 퇴행이 성공으로 정당화되다. **성공으로 비합리성이 유지되고 정당화 됨.**

라인2 | 인지

☽ ▲ 즉흥적으로 적절하게 새로운 모습에 적응함. **즉흥적으로 개념화하는 잠재된 가능성.**

♂ ▽ 사회의 도움이나 자연현상 덕분이 아니라, 개인적 성취에 의해 변형을 이루었다고 보는 허영심. **즉흥적으로 개념을 파악하는 능력이 만들 수 있는 정신적 허영.**

라인1 | 태만이라는 죄 – 갱생이 가능해지기 전, 퇴행의 기간을 요구하는 변화.

☉ ▲ 승리하고자하는 의지 그리고 이 경우에는 결과가 과정을 합리화 시킨다는 믿음. **합리적 이론의 확립 이전에, 과거의 생각을 반추함이 필요한 영감.**

♆ ▽ 퇴행의 기간을 불필요하게 합리화하는 자기망상. **불합리하게 과거로 초점을 맞추도록 이끄는 영감.**

GATE 25

순수 – 자기의 영혼
무지하나 순진하여 성공하는 에너지. 비난으로부터의 자유꾸밈없고 자발적인 행동의 완벽함

라인6 | 무지 – 행동에서 드러나는 가식적 순진함.

⊕ ▲ 부정적 위치의 영향이 아주 약하며, 부적절한 행동 때문에 꾸중을 듣다.
부당한 행동으로 순수함을 잃다.

♅ ▽ 계속되는 부당하고 불안정한 행위들의 비생산성이 순수함의 가면을 벗겨내다.
곤경에서 영혼을 망가뜨릴 수 있는 상시적인 부당행위.

라인5 | 회복 – 순수함이 활력을 잃어갈 때, 치유가 우선이다.

♀ ▲ 고난의 내면적 의미를 알고 치유될 때까지 물러설 줄 아는 능력.
남을 치유 하거나 그로 인해 스스로도 치유될 영적인 힘.

♃ ▽ 건강염려증과 다른 사람들로부터 치유될 필요.
영적으로 유약하여 다른 사람들로부터의 치유가 필요함.

라인4 | 생존 – 진짜 순수함의 본질은 상황에 관계없이 유지될 수 있다.

♀ ▲ 쓰레기통 속 장미의 아름다움. 목성 항진. 가장 퇴폐적인 상황에서도 가장 고상한 원칙.
영적인 전사: 어떠한 상황에서도 유지되는 순수함. 반대성향 없음.

▽ 상극의 행성 없음.

라인3 | 분별력/감수성 – 순수한 행동만으론 성공이 보장되지는 않음을 알아차림.

♂ ▲ 실패를 견뎌내고 본성을 유지하는 에고의 힘. **실패와 충격을 견디는 영적인 힘.**

♇ ▽ 불행을 통하여 순수함을 잃을 가능성, 극단의 경우 범죄나 자살가능.
실패나 충격으로 영혼을 잃을 가능성.

라인2 | 실존주의자 – 현재에 열심히 전념함.

☿ ▲ 가상이나 과거보다 현재에 집중, 전념함으로써 나타나는 완전한 지성.
자기의 순수성과 그 본질은 오직 현재에서만 유지 가능하다.

♂ ▽ 개인의 의도와 부수적인 투사로부터 자유로울 수 없는 헌신.
지금 현재 순수함이 결여되어, 투사를 통해 보전이 위태로워지다.

라인1 | 무욕 – 의도 없는 행동.

♆ ▲ 행위의 보편화. 그 자체로 보상받는 심리적 조율. **도전에 조율함을 통해 중심 잡을 가능성.**

☿ ▽ 자신의 순수함을 세상에 알리려는 경향. **도전받을 때 나타나는 자기의 불안정.**

GATE 26

위대한 자들의 길들이는 힘 − 이기주의자
속성을 돕는 기억력의 극대화

라인6 | 권위 − 행위가 바름으로 해서 합리화되는 영향력의 자연적 획득

☉ ▲ 역사의 시험대를 통과한 이성과 목표의 구체화. **행동으로 정당화되는 강한 에고의 영향력.**

☽ ▽ 상징과 중심이 되지만 실질적으로 구체화되지는 않은 권위. 법률로 정해진 왕권, 실제 권력은 **없지만 권위계승의 상징. 영향이 상징적이며 실제 힘은 없는, 하나의 역할로서의 에고 표현.**

라인5 | 적응력

♂ ▲ 역학mechanics을 이해하고 에너지를 잘 적용하여 최대한의 성과를 이룸. **다른 사람들을 끌어당기는 에고의 가능성을 가장 크게 확대시키는 기억의 힘.**

♀ ▽ 본성의 기본적 변화가 필요할 때 느끼는 거부감과 불만. **적응에 대한 자기중심 주의자의 저항.**

라인4 | 검열 − 망각을 통해 기억을 조작함.

♆ ▲ 검열을 통해 집단을 집단 자체로부터 구하는 능력. **망각을 통해 유지되는 에고의 힘.**

♄ ▽ 현상유지를 위한 검열: 통제 불가능한 결과가 두려워 기억을 선별해서 함. **유리한 기억만 골라가짐으로써 유지되는 에고의 힘.**

라인3 | 영향력 − 일단 준비가 되면, 지지를 모으는 능력.

☉ ▲ 공동체의 노력을 모으는 권위. **지지를 모으는 에고의 힘.**

♄ ▽ 지지를 모으는 과정에서 난관의 가능성을 얕잡아보는 리더. **다른 사람들의 도전 가능성을 못 알아채는 이기주의자.**

라인2 | 역사의 교훈

☉ ▲ 미래를 예측함에 있어서 과거로부터 배우기 위해 깊숙이 뒤돌아보는 에너지. **경험을 통해 성장하는 에고의 힘.**

♆ ▽ 역사에 교훈에도 불구하고 행하려는 조바심. 경험으로부터 배우는 데 실패한 에고.

라인1 | 손아귀에 든 새

♆ ▲ 있을 것 같지 않은 가능성의 망상을 피하기 위해, 스스로 성취한 것에서부터 오는 꿈을 즐기는 능력. **꿈을 통해 한계를 초월하는 에고.**

♂ ▽ 마치 어리석은 도박을 허용하는 허가증처럼 사용되는 성취. **만족을 거부하는 에고.**

GATE 27

양육 – 돌보기
돌봄을 통해 모든 행위의 질과 내용이 향상됨

라인6 | 신중함 – 관대함을 악용함에 대한 자기보호.

☽ ▲ 정당함이 느낌과 직감으로부터 유도되는, 양육에 대한 실용적이고 현실적인 접근.
돌보고 키우는 자신의 역량에 있어서 현실적인 힘과 의지.

♆ ▽ 지나치게 의심하는 경향. **돌봄의 표현을 한정시키는 의심의 힘.**

라인5 | 집행자 – 다른 사람들의 재산을 효과적으로 분배하는 능력.

♃ ▲ 분배를 원칙적이고 잘 하는 사람이거나, 그런 사람을 찾아내는 능력.
남들의 재산을 관리하는 힘과 의지.

♄ ▽ 분배 혹은 조언과 지원을 구하는 데 방해가 되는 까칠한 성격.
연약함과 권력상실의 우려로 인해 배려를 잘 하지 않음.

라인4 | 관대함 – 획득한 풍요를 자연스럽게 나눔.

♃ ▲ 양질의 관대한 나눔. 그럴 가치가 있는 자들을 보상하는 능력. **관대하게 나누려는 힘과 의지.**

♂ ▽ 무분별한 나눔. 무분별하게 나눔으로써 힘과 의지를 잃을 가능성.

라인3 | 탐욕 – 필요한 것 보다 더 많이 가지려는 강박관념.

♆ ▲ 여기서는 심리적으로 나타남. 숨겨진 것을 알아내는 데 열중하고 의지함. 비밀경찰.
필요한 것 보다 더 많이 가짐으로써 나타나는 힘. 성적, 정신적, 물질적인 어떤 경우든지 .

♂ ▽ 유익한 가치가 없는 세속적인 과욕이 결국 장애와 중독을 부른다.
필요한 것보다 더 많이 가지려고 권력에 욕심내다.

라인2 | 자급자족 – 나누려면 먼저 가지고 있어야 한다는 당연한 법.

☽ ▲ 어머니. 훌륭한 영양공급자. **돌보는 강건함과 기르는 힘.**

♂ ▽ 다른 사람들의 자원을 고갈시키는 아이. **다른 사람들의 힘과 강함을 갉아먹는 허약함.**

라인1 | 이기적 – 완벽한 타이밍 없이는 궁극의 즐거움을 얻지 못한다.

☉ ▲ 다른 사람들에게 해가 되지 않는 에고의 기본적 보전법. **먼저 자기부터 돌보는 힘.**

⊕ ▽ 시기 질투와 그에 따르는 불행. **시기 질투로 표현되는 이기적 힘.**

GATE 28

위대한 자들의 우세함 – 승부사

권력과 영향력의 덧없음

라인6 | **영광의 불꽃/산화** – 사그라져 버리기보다는 희생을 택함.

♇ ▲ 모든 대가를 무릅쓰고 하는 갱신과 재생. **어떤 값을 치루더라도 이기려는 강한 직관적 추진력.**

♆ ▽ 자기 파괴. **고난의 상황에서 패배에 대한 커다란 두려움와 깊은 절망의 가능성.**

라인5 | **배신** – 믿음을 저버림.

♇ ▲ 한 패를 다른 패와 싸움을 붙이되, 어느 쪽도 직접 돕거나 버리지 않는 대중조작. **다른 사람들을 서로 투쟁으로 부추기는 승부사의 직관적 역량.**

☉ ▽ 신뢰하던 세력과의 제휴를 끝내고 더 센 세력과 함께하므로 나타나는 전체의 불안정. **투쟁 가운데 언제 제휴를 끝낼지, 그리고 그로 인한 다른 사람들의 불안을 아는 직관적 인식.**

라인4 | **잡고 늘어지기/끈질김** – 수단방법을 가리지 않고 잡은 것을 놓지 않는 능력.

♃ ▲ 일반적으로 대의를 위해 기회에 잘 맞는 지식을 사용함. **자주 다른 사람들에게도 도움이 되는, 투쟁에서 가장 빛나는 직관의 깊이.**

☿ ▽ 오직 스스로의 이익을 위해 붙들고 있기 때문에 지식을 사용하다. **붙들고 있기의 역량에 있어서 고집스럽게 이기적인 직관의 깊이.**

라인3 | **모험주의** – 무모한 위험감수.

♄ ▲ 모험적 행위에서도 요긴하게 꼼꼼한 기본적 보수주의. **투쟁 시 위험감수에 직감적으로 조심함.**

♃ ▽ 여기서는 목성의 팽창성이 잘못 나타나, 위험감수가 합리화되므로 실패는 뻔하다. **투쟁 시 위험감수의 직감적인 합리화.**

라인2 | **악마와 악수하기** – 꺼림칙한 제휴.

☉ ▲ 아무리 고약해도 결과로 합리화되는 수단. **유희가 투쟁으로 변할 때 이기기 위해 어떠한 제휴도 직관적으로 수용함.**

♃ ▽ 성공이 불확실 할 때 높은 이상을 희생시킴으로써 나타나는 불안. **승리가 불확실할 때 원칙을 저버릴 위험.**

라인1 | **준비**

♂ ▲ 세부사항에 힘쓰는 것으로 나타나는 효과적이고자 하는 욕망. **세부사항에 힘 쓸 가능성이 있는 직관.**

♀ ▽ 계획은 아름다우나 써먹을지 알 수 없는. **실제 사용가능성이 없는 조잡한 사항들을 위한 직관.**

GATE 29

심연 바닥 – '예'라고 말하기

깊은 가운데 더 깊은: 난관들을 견뎌내고 인내하면 결국 보답이 온다

		라인6 | **혼란** – 일 진행의 탄력이 인식범위를 벗어나 벌어지는 경우.
♂	▲	막무가내로 나아가며, 화성의 에너지와 결단력으로 가끔 행운도 만나다. **황당할 정도로 버티는 힘.**
♃	▽	혼란스러울 때 상황을 인정하고 계속하기보다 물러나는 경향. **혼돈의 경우 수용하지 않고 경계하는 힘.**
		라인5 | **지나친 확장** – 씹지 못할 정도로 베어 무는 경향.
☉	▲	태양 항진. 야망 때문이 아니고 타고난 특성인 밀어붙임. **거의 모든 것에 '예'라고 응답하는 통제 불능의 추진력.**
⊕	▽	실패한 야망. 쉽게 허용하고, 능력이 너무 다방면으로 분산되어, 중도하차하다.
		라인4 | **직선적임** – 두 점 사이에 가장 가까운 거리는 직선이다.
♄	▲	어려움을 해결하는 데 가장 간단하고 직선적인 지혜. **가장 간단하고 직선적인 길을 따르려는 힘.**
♀	▽	즉각적이고 간단함이 자주 거칠고 부조화인 듯 보임. **자주 다른 사람들에게 거슬리는 직선적인 힘.**
		라인3 | **평가** – 이런 상황에서는, 잘 판단된 무위 inaction.
♂	▲	충동에도 불구하고 그리고 행동하지 않음의 대가에도 불구하고, 가끔은 다음에 싸우는 것이 더 좋다는 지식. **기다리는 힘.**
♃	▽	결과는 별로 신경 쓰지 않고 원칙적으로 후퇴를 선호함. 결단 불가능. **조심하는 힘.**
		라인2 | **판단/평가** – 경계심 많은 고집.
☉	▲	안내하는 빛으로서의 견디는 힘. **일단 '예' 하고 수긍한 뒤 버티는 힘.**
♀	▽	지속하면 불화가 끝나기는커녕 더 심해진다고 느낄 때, 지나치게 조심할 가능성. **인내가 부조화로 이어질 때 '예'라고 말하는 데 있어서의 경계심.**
		라인1 | **징집된 사람** – 영구적이지는 않지만 필요할 때 고난에 적응하는 능력.
♂	▲	전쟁 때나 평화 시나, 힘을 쏟는 타고난 특성. 늘 그런 것은 아니지만 **필요하면 꾸준히 버티는 힘.**
♆	▽	역경의 상처가 너무 깊어 일상으로 돌아가기가 지극히 힘들 듯함. **과거의 기억 때문에 약속을 주저함.**

GATE 30

꺼지지 않는 불 – 느낌
자유는 환상이요 한계는 운명이라

라인6 | 강제집행 – 바른 행동의 유지를 위한 훈련.

♂ ▲ 약자를 이끌면서도 모자라는 점을 없애려고 밀어붙임. **부정적 느낌을 없애려는 의지.**

☽ ▽ 원래 평화로워서 너무 자주 못난이들과 어울림. **부정적 느낌을 없애는 데 의지가 약함.**

라인5 | 역설/아이러니 – 일시적 목표를 향한 헌신과 수긍.

♃ ▲ 이보 전진 후 일보 후퇴해도 한 발짝씩 나아간다는, 경험과 지식으로부터 나오는 힘. **진전이 있기 전에, 각각의 새로운 느낌이 지난 느낌을 되새기게 하다.**

♆ ▽ 뜻밖의 결과로 화가 나고 한계에 실망하여 모두 다 때려 치우고 싶은. **예전 느낌의 실망과 분노를 통해 새로운 경험들에 자각을 가져오다.**

라인4 | 탈진 – 속도조절이 비현실적이라 불행을 자초하는.

♆ ▲ 심신탈진이 되기 쉬운 강박적이고 지나치게 활동적인 성격을 가졌으나, 꼭 탈진까지 가는 건 아니다. 정신분석의 도움으로 나아지기도 한다. **아주 강렬한 느낌들이 감정쇠약으로 이어질 수 있음.**

♃ ▽ 끝없는 팽창으로 결국 폭삭 망하다. **느낌을 통제하지 못하여 감정의 폭발로 이어지다.**

라인3 | 체념 – 있는 그대로 받아들임.

♆ ▲ 재생의 법을 알고 그렇게 살기. 업, 환생, 부활의 법. **있는 그대로를 받아들이기 위한 느낌.**

♃ ▽ 위와 같은 앎으로 인해 절망을 부추기거나 피하는 경향. **현상을 수용함으로써 나타나는 긍정적이거나 부정적인 느낌.**

라인2 | 실용주의 – 두 극단 사이의 균형.

☉ ▲ 낭비하지 않고 에너지를 생산적으로 씀. **느낌을 위한 에너지 낭비가 없음.**

♂ ▽ 한계에 대항하는 지나친 공격성. **에너지를 요구하는 느낌.**

라인1 | 침착 – 무질서 앞에서 균형 잡기.

☉ ▲ 모든 경우에서 한계의 극대화. **어떤 상황에서든 느낌을 통해 달성하는 안정성.**

♃ ▽ 진보하는 대신 평정을 유지할 수 있는 능력. **느낌으로부터 자유롭지는 못하나 균형을 이루는.**

GATE 31

영향력 — 이끌기

능동적이든 수동적이든, 변화가 생겨나게 하고 따라서 영향력이 있게 하는 마찰의 원리

라인6 | 응용

☉ ▲ 언행일치로 성공이 보장되다. **언행이 일치되어야 하는 지도자.**

☽ ▽ 위선자의 경계선에 있어 그렇게 대우받는, 겉핥기 식 현실적용. **행동이 아니고 말로만 지도하는 위선.**

라인5 | 자기합리화 – 태도로 분명해지는 외부에 대한 영향력 결여

♇ ▲ 고립된 상태에서만 개발되는 자연적인 특수능력. 그러나 개발이 끝나도 그것으로 외부에 영향을 주기가 불가능하거나 힘들다. **스스로 만들어 가야하는 특이 능력.**

☽ ▽ 개인의 경험이 스스로의 만족을 위해 집중되고 외부적인 야망이 없는. **야망이 없어 스스로의 길에 만족함.**

라인4 | 의도 – 어떻게 받아들여지는가에 달린 영향력의 성공.

☽ ▲ 기르고 보호하는 영향력에 대한 사회적 인정. **리더십에 대한 긍정적 외부평가.**

♂ ▽ 에고를 확대시키고 대중조작을 꾀한다고 알려짐. **리더십에 대한 외부의 부정적 투사.**

라인3 | 선택력

☉ ▲ 자연스럽게 재고 알맞은 영향을 선택하여 거기에 맞게 태도를 결정하는 능력. **유력자들과의 적당한 제휴를 통해 리더십을 향상시키는 능력.**

♃ ▽ 종잡을 수 없는 광신의 위험 속에서 질적 선택을 한다는 것은 굴욕을 부를 수 있음. **어떠한 추종자든지 가리지 않고 위험을 감수하며 지도하고자 함.**

라인2 | 오만함 – 가이드 없는 독자적 행동.

♃ ▲ 합의를 기다리지 못하고 높은 이상에 헌신함. **여론의 합의를 기다리지 않는 리더십.**

☿ ▽ 논리적 오만함으로 흥분된 상황에서 오발을 하다. **성급한 표현의 욕구가 리더십 상실을 부를 수 있음.**

라인1 | 현시 – 진공에서는 영향력을 행사할 수 없다.

☉ ▲ 태양은 빛을 스스로 막지 못하니 모든 생명에 영향을 미친다. **리더십의 자연적 표현.**

⊕ ▽ 빛이 없어지니, 어둠 속에서는 오직 약속만 할 수 있을 뿐. **리더십의 부자연한 표현.**

GATE 32

지속 – 연속성
변화만이 영원하다

라인6 | **고요함** – 고요히 무상함을 대면할 필요.

♆ ▲ 근본적으로 변화를 받아들이지만, 고요함으로 이어질지 알 수 없는.
변화를 받아들여 변형을 이루는 본능적 자각.

♆ ▽ 영구적이지 않음을 허무함의 증거로 받아들여, 망상과 무기력, 심하게는 자기 파괴로 나타난다.
변화를 영속적이지 않음으로 경험하여 두려움이 생기고 우울해질 가능성이 있다.

라인5 | **유연성** – 환경에 쉽게 적응함.

☾ ▲ 달 항진. 천박함이 도움이 되어 내면의 빛을 가려주고 일상의 조건에 적응하도록 허용하다.
변화의 시기에 적응하는 본능.

♂ ▽ 순응을 직접적이고 가끔은 폭력적으로 거절하는 자기표현의 충동.
변화의 시기에 규범이나 적응을 거부할 본능의 잠재성.

라인4 | **정의가 힘이다**

♃ ▲ 모두가 바뀌는 때에도 어떤 근본의 원칙은 변하지 않는다.
변화의 시기에도 자신의 원칙을 지키는 본능.

♄ ▽ 목성은 커다란 사회적 범주에서 맞는 행동을 정립시키기지만, 토성에서는 외부의 위험이 없는 한 내적인 힘과 인내함으로 이끈다. **안전이 위협받지 않는 한 스스로의 원칙을 지키는 직관.**

라인3 | **연속성의 결여**

☿ ▲ 결정을 못하고 계속 저울질하지만, 기본적인 지능이 있어 버티기는 한다.
변화의 시기에 우유부단함.

♃ ▽ 변화의 시기에 전통적으로 용인되는 방법에만 매달리니, 완전히 길을 벗어나 예기치 못한 굴욕을 당할 수 있음. **변형의 시기에 본능이 결여됨.**

라인2 | **억제**

♀ ▲ 조화의 이익과 증진을 위한 힘의 조절. **다른 사람들에 이로울 수 있는 변형의 가능성.**

♃ ▽ 좌절했을 때 계속 통제하기보다 사회를 등지고 떠나는 경향, 특히 강한 위치에서는 더 그러하다.
통제하거나 통제당하는 것에 대한 좌절감.

라인1 | **보호**

☉ ▲ 인생과정의 모든 양상을 지탱하는 존중. **인생과정에의 세세한 관심을 통해 본능을 개발할 잠재성.**

♂ ▽ 필수요소를 건너뛰려는 성급한 조급증이 필연적으로 지속성을 해치다.
잠재성 결핍에 대한 불안, 그로 인한 집중 부족.

GATE 33

물러남 – 생활

적극적으로 물러나 약한 위치를 강하게 변형시킴

라인6 | 헤어짐 – 놓아버리는 능력.

☉ ▲ 재활에 집중하고, 끈질긴 죄책감에 시달리지 않으려는 의지.
사생활을 즐기기 위해 모든 것을 놓아버리는 능력.

♃ ▽ 재활에 해로운 의구심을 남긴 채, 물러나게 했던 커다란 계획을 포기하는 능력.
완전히 버리는 것을 못함.

라인5 | 타이밍

♆ ▲ 타이밍 못지않게 중요한 것은, 적당한 때까지 속마음을 비밀로 하는 능력이다. **의도를 숨기는 능력.**

♃ ▽ 다른 사람들과 함께 타이밍을 선택하려는 경향 때문에 혼란에 빠질 가능.
타이밍 감각이 없어, 미성숙 단계에서 비밀을 노출함으로써 야기되는 혼란.

라인4 | 위엄 – 은거 중에 혼란됨이 없음.

♆ ▲ 부활에의 믿음이 바탕에 있으므로, 은둔을 갱신과 재생의 기회로 바꾸다.
새 삶을 위한 건강한 은거.

♆ ▽ 부활로 이끄는 빛이 없으니, 해체를 막지 못해 쇠퇴하다.
물러남을 강요당하고, 그 속에서 새 삶의 의미를 보지 못함.

라인3 | 영혼 – 후퇴를 승리로 바꾸는 태도

♃ ▲ 굳은 결심과 함께 자기 보전을 위한, 책임지며 원칙 있는 은거. **성공의 길로서의 프라이버시.**

♂ ▽ 무책임한 후퇴. 돌아갈 다리를 불태워버린 자.
프라이버시에 대한 열망 때문에 갑작스럽게 인간관계를 단절함.

라인2 | 항복/내맡김

♃ ▲ 우세한 세력에 항복함이, 스스로의 힘을 기르는 기회가 되고 나아가 승리할 수 있음을 자각함.
미래의 성공을 위한 기초를 닦기 위해 힘 있는 세력을 수용함.

♆ ▽ 위에서처럼 합리적이고 계산된 내맡김이 아니고, 보다 심각하고 개인적인 굴복.
자신의 원래 위치가 망상이었다는 느낌과 힘을 옳은 것으로 만드는 감수성.
사회적으로는 우세한 세력을 수용하나 개인적으로는 그 힘을 미워함.

라인1 | 회피

☉ ▲ 약한 위치에서 생존을 위해 완전한 후퇴가 요구됨을 아는 지혜. **약자의 위치를 알고 피해 물러나다.**

♂ ▽ 용기의 표현이 완전히 어리석은 경우. **자극에 도취되어 물러나지 못함.**

GATE 34

위대한 자의 힘 – 힘

힘이란 공공의 이익을 위해서 사용될 때에만 위대한 것이다

라인6 | 일반 상식 – 충분할 때를 알아차림.

⊕ ▲ 씹기에는 너무 많이 물었을 때 일부를 뱉어내는 영리함.
유지할 힘이 없을 때 권력의 사용을 제한함.

♃ ▽ 좋은 판단을 무시하는 지나친 열광이 늘 일을 복잡하게 만든다.
절제를 못해 스스로의 힘을 갉아먹다.

라인5 | 박멸 – 저항의 완전 박멸.

♂ ▲ 완전히 파괴하는 힘, 그것을 이룬 후 일반 목표들을 위해 힘을 이전하는 능력.
필요할 때가 아니면 힘을 쓰지 않는 자제력.

☽ ▽ 저항에 대처해 세워진 체계를 버리기에 힘듦. 그러한 국면이 상징하듯,
어떤 것도 영원히 박멸할 수 없다는 느낌. 항상 힘이 요구되는 데 따른 불편함.

라인4 | 승리 – 완벽한 승리에 있어서의 무제한적 힘의 사용의 자유.

♆ ▲ 이긴 후에 좀 더 부드럽고 은근한 스타일을 선호하여, 지나친 힘쓰기를 자제하는 경향.
힘을 부드럽게 쓰는 타고난 특성적 자신감.

♂ ▽ 비난받지 않고 힘을 마구 씀으로, 에고를 만족시킴이 필연적으로 남용을 부르다.
자신감이 결여되어 권력 남용으로 이어질 수 있음.

라인3 | 사내다움 – 힘의 무분별한 과시.

♄ ▲ 대단히 흉한 별. 불행하게도 사내다움은 끊임없이 힘의 뒷받침을 받는다.
그것이 인위적이지 않고 자연적일 때에만 항진이다. 어떤 역할이든 할 수 있는 힘의 과시.

☿ ▽ 이성적이고 계산된 과시. 그릇된 정보를 쓰는 소통. **역할에 맞추기 위한 힘의 계산된 과시.**

라인2 | 탄력/추진력

♂ ▲ 승리가 눈앞에 있을 때에도 관점을 잃지 않는 능력.
승리가 목전에 있을 때 커지는 힘.

♀ ▽ 승리의 낌새가 있을 때 감정에 휩쓸리는 경향. **조급하므로 성장력이 제한 됨.**

라인1 | 불량배 – 힘의 무분별한 사용.

♄ ▲ 덜 부정적인, 좌절의 결과로 힘에 의지하는. 좌절에의 대응으로 힘을 과시하는 에너지.

♆ ▽ 약자를 괴롭히는 사람에게 어쩔 수 없이 운명으로 다가오는 응보.
힘의 과시에 늘 따라오는 복수의 위험.

GATE 35

진보 – 변화

진보란 진공에서는 있을 수 없으며, 상호작용이 있어야 생겨난다

라인6 | **수정** – 고치려는 에너지.

♄ ▲ 야망을 곁들인 투명화의 진행이, 효과적이고 시의적절한 교정을 확실히 하다.
교정으로부터 나타나는 진보적 변화.

♂ ▽ 파괴적 경향이 있으며, 개인적인 경우 교정에 필요한 엄격함을 줄 수도 있지만, 보편적인 경우에는 저항을 받아 오히려 상황을 악화시킬 것이다.
엄격함과 심할 때는 파괴를 통해 변화를 가져오는 교정은 늘 저항을 만난다.

라인5 | **이타주의** – 공공의 발전을 위하여 개인적인 것을 희생함.

☿ ▲ 전체의 이익을 위해 교류와 조화를 성공적으로 소통하고자 하는 원칙.
전체의 이로운 변화를 부를 수 있는 진보적 소통.

♃ ▽ 목성 상극. 일반적으로 이타적이고 협조적이나, 개인적 팽창에 큰 손실이 있었다는 유감.
진보적 소통, 그러나 늘 개인적 진보가 희생되었다는 느낌이 든다.

라인4 | **굶주림** – 진보를 향한 끝없는 욕망.

☽ ▲ 달의 팽창단계가 상징하듯, 달이 차면 의욕이 지나칠 수 있고 기울면 망상도 줄어든다.
심하지는 않음. 변화를 위한 변화. 나이를 따라 의욕도 감퇴하다.

♂ ▽ 잘난 척하며 위치를 오용하여 피해자들로부터 욕을 먹다.
결국 다른 사람들을 비난하고 상처를 남기는 진보의 추진.

라인3 | **공조** – 전체는 그 전체를 이루는 각 부분들의 단순 합보다 크다.

♃ ▲ 다른 사람들이 용기를 북돋우니 개인과 공동체 모두가 진보를 이루다.
다른 사람들의 삶에 진보적 변화를 가져오는 능력.

☉ ▽ 중심이 되고자 하여 다른 사람들의 중요성을 무시함.
진보를 위해 중심이 되고자 하는 욕구.

라인2 | **막힌 창조성** – 영감이 결여되어 진보를 막다.

♀ ▲ 뮤즈의 예상 불가능함에 잘 따라감.
창조성이란 파도처럼 밀려왔다 밀려가는 것이란 것을 잘 알고 있음.
창조성과 뮤즈는 항상 있다가 없다가 할 것이다.

☽ ▽ 아무리 세속적일지라도 허무함을 달래기 위해 행동하려는 욕구.
영감 없는 행동은 진보를 촉진하지 못한다. 변화의 욕구와 정체의 우려.

라인1 | **겸손** – 거절을 받아들이는 능력.

♀ ▲ 성장과정의 일부로 거절을 수용하는 예술인. **변화와 거절이 성장과정의 일부라고 수용함.**

♆ ▽ 거절에 자기 파괴적인 반응을 보임. 가치상실. **변화, 거절을 수치로 받아들임.**

GATE 36

빛의 어두워짐 – 위기

쇠퇴란 하나의 자연스러운 상태다. 그리고 오래 지속되지는 않는다

라인6 | 정의 justice – 의의 필연적 생존

♃ ▲ 어둠의 세력은 필연적으로 망한다는 인식과 그에 따른 믿음. "신이 없애고자 하는 사람들은 먼저 미치게 하신다" **순수한 느낌을 통해 생겨난 위기의 타당함.**

♄ ▽ 어둠은 스스로 자멸한다고 이해해도 줄어들지 않는, 깊은 슬픔과 냉소. **위기는 늘 있음을 옳게 이해하지만, 그럼에도 불구하고 다가오는 슬픔과 냉소.**

라인5 | 지하세계

♆ ▲ 상황을 초월하는 완전한 생존. 위기를 만들거나 견디거나, **양쪽 모두 끄떡없는.**

☿ ▽ 불안하여 스스로 포기하다. **위기상황에서 내심이 드러나는 신경과민.**

라인4 | 첩보행위

♆ ▲ 비밀스럽고 특별한 정보를 입수하여 쇠퇴를 예측하고 대비하는 능력. **은밀하고 비전된 지식이, 변화와 위기에 대처하는 데 필요하다는 인식.**

☽ ▽ 상대의 강함을 알고 쇠퇴가 불가항력임을 수용하여, 저항하는 대신 생존을 위해 협조를 제안하다. 이중간첩. **다른 사람들에게 대가를 받고 공급하는 위기 정보.**

라인3 | 과도기 – 쇠퇴가 그 힘을 다하는 지점.

♆ ▲ 무너진 옛 것에서 새 질서를 세우는 능력. **위기를 견디고 변화를 수용하는 감정의 심오함.**

♃ ▽ 새로운 상황에서, 나중에 힘을 되찾았을 때 신질서에 반대해 일어날 위험이 있는데도, 구질서의 찌꺼기를 흡수하려는 경향. **과거를 떠나보내지 않는 감정으로, 변화를 받아들임.**

라인2 | 지원 – 다른 사람들이 쇠퇴할 때 도와 줌.

♆ ▲ 일상에 상상력을 불어넣어 다른 사람들을 이롭게 하다. **위기 시에 다른 사람들을 이롭게 하는 느낌들.**

☽ ▽ 더욱 개인적이고 실용적인 도움을 주지만, 보편적인 것은 아니고 어쩔 수 없을 때에만 그러하다. **위기 시에 골라서 도움을 주다.**

라인1 | 저항

♂ ▲ 방해 받았을 때 참는 힘과 결심. **위기에 대처하는 감정적 힘.**

♃ ▽ 지나치게 원칙을 따르는 저항이, 방법을 잘 선택해서 위기를 피하지 못하고 보통의 방법을 유지하여 오히려 적을 만들다. **변화에 저항하니 늘 위기를 만나다.**

GATE 37

가족 – 우정
대/소 우주적으로 공동체의 유기적 성질을 나타냄

라인6 | **목적** – 가족을 유지하는 힘은, 가족의 소중함을 인지했을 때 향상된다.

♀ ▲ 가족의 내적의미뿐만 아니라 그 가치도 존중하는 능력. **가치를 존중함으로써 우정을 확장시킬 가능성.**

☿ ▽ 다양성을 갈구하므로, 이탈하기위해 가족의 업적을 무시하기 쉬움. **다양성을 갈구하여, 우정이 고맙긴 하나 심각하진 않길 원함.**

라인5 | **사랑** – 자연적이고 변하지 않는 가족에의 헌신.

♀ ▲ 자연적 조화와 완전한 나눔. **우정을 통해 가능한 자연스러운 조화와 나눔.**

♂ ▽ 가끔 사랑이 미움으로 바뀌는 감정적 의존. **의존이 사랑을 증오로 바꿀 가능성.**

라인4 | **본보기를 통한 리더십** – 가족 중에 누구라도 모범적 행위를 통해 리더의 역할을 할 수 있다.

☽ ▲ 일상의 실용적인 일에서 나타나는 가장 높은 원칙의 현시. **모든 인간관계에서 최상의 원칙을 보임으로써 리더가 될 가능성.**

♄ ▽ 가치있는 본보기가 되든 말든, 일반적으로 아버지의 리더역할만 인정하는 보수주의자. **전통적으로 받아들여지는 사람의 지도가 아니라면 무시할 가능성.**

라인3 | **공평함** – 단체의 성공은 질서유지에 달렸다.

♃ ▲ 어떤 행동이 맞는지 판단하며, 위반 시에 균형 잡힌 매너로 대하는 능력. **사람을 사귈 때 어떤 자세가 적당한지 아는 감각을 소유할 가능성.**

♂ ▽ 어디까지 받아들여질지 끊임없이 시험하지만, 다른 사람들이 그러면 까칠해지는 희한한 성질의 경향. **어떤 태도가 옳은지 알아채는 감각이 결여될 가능성.**

라인2 | **책임감**

♃ ▲ 개인적 책임감의 원칙이 성공적 협동의 기초임을 이해함. **개인적 책임완수를 통한 교류 가능성.**

☿ ▽ 다른 사람들에게 책임감을 지적할 경향. **친구관계가 다른 사람들의 의무를 지적할 가능.**

라인1 | **부모** – 타고난 특성적으로 다른 사람들을 존중하여 지침개발에 전념하게 만들다.

♀ ▲ 조화가 인간관계의 성공적 유지에 필수적이다. 오직 조화를 통해서만 가족의 가치와 아름다움이 지속될 수 있다. **예민함에 기초하여 조화를 이루는 우정. 반대 성향 없음.**

▽ 상극 행성 없음.

GATE 38

반대 — 싸움꾼
해로운 세력에의 저항을 통해 개인의 존엄을 유지하는 능력

	라인6	**오해** – 근거 없는 저항.
♄ ▲		오해를 풀게 되는 궁극적 명쾌함. 오해를 부르는 에너지와, **저항에 맞서는 고집**.
⊕ ▽		대립의 뿌리에는 오해가 있다고 인식하나, 그 오해는 상대세력의 것이라고 주장함. **오해가 난국의 뿌리일 때 자신의 입장을 주장, 유지하는 고집**.
	라인5	**소외** – 완전히 고립된 저항의 한 단계.
♄ ▲		견디어 내려는 집중력과 야망. **고집스럽게 홀로 싸우려는 에너지**.
♆ ▽		소외가 괴로운 유폐의 성향을 띠어, 어느 순간에 누군가 도우리라는 가능성을 보지 못함. **고집스러운 에너지가 너무 강해, 난국에 도울 수 있는 다른 사람들의 존재를 인식하기 어려움**.
	라인4	**수사/조사** – 분석으로 저항력을 강화하다.
♆ ▲		성공여부가 오로지 신뢰에 달린 형사나 내부자가 연합전선을 형성하다. **투쟁의 시기에 가치 있는 자가 누구인지 알아내는 에너지**.
♂ ▽		저항의 호전성이 탐색을 그르쳐 믿음이 덜 가다. **상대의 공격성을 유발하는 아드레날린의 힘**.
	라인3	**제휴**
☉ ▲		비슷한 세력과의 통합을 통해, 스스로 활력을 유지하고 보전하는 능력. **난국에서 다른 사람들과 통합하는 에너지**.
⊕ ▽		개인적 생명력을 튼튼히 하려고, 동업자의 에너지를 소모시키는 이기적 제휴. **난국에 다른 사람들을 이기적으로 이용하는 에너지**.
	라인2	**공손함** – 일반적 행동양식 안에서 하는 저항.
♆ ▲		신중함의 가치, **신중함을 직감적으로 알아채는 에너지**.
☽ ▽		친절이 지나치게 비굴하고 피상적이어서, 본래의 목적에 어긋나다. **난처할 때 지나치게 공손하게 되는 에너지**.
	라인1	**자격** – 상황에 따라 적을 요리하다.
♆ ▲		알맞은 행동을 보장하는 정신적 조율. **언제 어떻게 싸울지 아는 정신적 능력**.
♂ ▽		일단 반대부터 하는 경향. **일단 싸워보려는 욕구**.

GATE 39

방해 – 도발
분석과 산정, 재평가를 하게하는 장애물의 가치

라인6 | 해결사 – 문제 해결의 자연적 재능.

☽ ▲ 다른 사람들을 지도하고 키우는 능력과 실용성.
다른 사람들의 문제를 해결하는 노력으로 그들을 도발하는 에너지.

♂ ▽ 일반적으로 위와 같은 능력을, 다른 사람들보다 본인의 야망과 과장을 위해 쓰는 강력한 에고.
다른 사람들을 지배하려는 감정적 드라이브가 도발적이다.

라인5 | 흔들리지 않는 마음 – 장애를 극복하기보다 돌아가는 흔치않은 능력.

♆ ▲ 새로운 패턴을 만들어 방해세력을 무력화시키는 상상력.
장애물을 돌아감으로써 도발하는 풍부한 상상력.

♂ ▽ 단순한 완고함. 항진이 크지 않으나, 자주 성공하며 그 굳은 결의로 인해 후원을 받기도 함.
완고함으로 자극을 주는 에너지.

라인4 | 절제 – 행동하기 전 조심해서 측량, 평가함.

☽ ▲ 알맞은 타이밍 수립에 필요한 느낌과 직감의 가치. **딱 맞는 시간에 도발하는 에너지.**

☉ ▽ 상황에 관계없이 의지만으로 장애를 극복하리라는 잘못된 믿음. **상황을 무시하는 도발적 에너지.**

라인3 | 책임 – 실패하면 다른 사람들이 위험에 처할까 걱정하여 반대세력과 싸우기를 피함.

♃ ▲ 거시적 상황을 먼저 고려하는 매우 은혜로운 자.
스스로를 희생하여 도발하는 에너지.

⊕ ▽ 방해세력에 대적하지 않으면 다른 사람들에게 해로우리라는, 자주 낭패를 보는 추측.
희생하는 데 실패함으로써 도발하는 에너지.

라인2 | 대치/맞섬

☽ ▲ 장애물에 대한 직접적이고 본능적인 공격. **직접적 공격을 통한 도발적 에너지.**

♃ ▽ 보전의 법칙 때문에, 직접 부딪쳐야 할 장애물을 돌아가려고 시도하다.
직접 공격이 필요할 때 느끼는 감정적 불편함.

라인1 | 이탈

♂ ▲ 장애를 만나면 잠시 물러나려고 작정함. **장애를 처리하지 않음으로 도발하는 에너지.**

☿ ▽ 언제 다시 참여할지 모르는 이탈. 행동시기를 아는 능력 없이 장애에 맞서기를 거절함.
미결상태로 내버려 두는 것 또한 도발의 한 가지이다.

GATE 40

해방 – 홀로 있기
투쟁과 해방 사이의 과도기

	라인6	**참수, 해고** – 힘 있는 위치에서, 해방을 이루기 위해 필요한, 열등한 세력을 파괴함.
☉ ▲		오직 강력한 처분이 필요한 자들만 권좌에서 쫓아내는, 관대함을 겸비한 권위. **단체를 합법적으로 지키기 위해 일정한 사람들을 물리치는 에고의 힘과 권위.**
⊕ ▽		프랑스 혁명의 두려움에서처럼, 처벌의 대상이 전 계급으로 확산되는 경우. **힘과 권위로 인해 생기는 에고의 왜곡.**
	라인5	**엄격함** – 자유를 찾으려면 모든 부정적 힘들을 거부해야 한다는 인식.
♅ ▲		완전 승리를 요구하는 혁명가. **부정적 인간관계를 거절함으로써 유지되는 에고의 힘.**
⊕ ▽		혁명기에, 어느 정도의 일탈은 나중에 잘 없앨 수 있으리라고 수용하는 경향. **외로워서 부정적 관계를 못 끊는 에고의 유약함.**
	라인4	**거짓말쟁이** – 자기의 역할을 예술처럼 가꾸다. 배우.
♅ ▲		자유의 유지 목적으로, 모으고 조직하는 직관적 지성과 변형시키는 힘. **조직되어 행동할 때, 분리됨을 유지하는 에고의 힘.**
♂ ▽		원조의 질보다 양을 선호하며, 나중에 자유를 방해할지도 모르는 통제불능의 열정. **다른 사람들을 조직하는 능력을 통한 에고 강화.**
	라인3	**겸손** – 부정적 세력의 관심을 피하고자 꾀하는, 자유롭기 위한 계산된 방식.
♆ ▲		과시하지 않으며 자유를 즐기는 유유함. 홀로 될지라도 부정적인 힘을 피하는 에고의 능력.
♂ ▽		에고의 오만함이 주목을 요구하여 받음. **주목을 요구하는 에고의 능력.**
	라인2	**굳은 결심**
☉ ▲		홀가분할 때에 자유를 방해했던 특성들을 영구히 털어버리는 권위와 힘. **홀로 있을 때, 다른 사람들의 중요성과 함께 거추장스러울 가능성도 알아채는 힘.**
☽ ▽		본성이 평화로워, 자유로울 때에 그것을 방해했던 세력을 동정하여 오히려 도움을 주려고 할 수 있음. **다른 사람들의 방해 가능성에 눈감는 외로움의 영향력.**
	라인1	**회복**
☉ ▲		휴식하며, 노력의 대가를 즐기는 능력. **홀로 있음을 즐기는 에고의 힘.**
☽ ▽		달은 조용히 머물지 못한다. 너무 오래 홀로 있어서 불편한 에고.

GATE 41

감소 – 수축
잠재성 계발을 극대화시키는, 자원의 한계

		라인6 ｜ **전염** – 가능성의 극대화가 손실을 막고, 그러한 초월은 당연히 다른 사람들에게 이익이 되는 법.
♄	▲	형상(몸)이 가진 가능성의 극대화. 부친의 성공이 자식에게 이익이 된다. **느낌을 통한 인식의 연료.**
♆	▽	초월의 상황에서, 그 독특한 이점이 박탈될까 두려워 비밀로 하려는 경향. **비밀이나 억압된 느낌을 위한 연료.**
		라인5 ｜ **권한 부여** – 한계에도 불구하고 어떤 사람의 가능성을 외부에서 알아본다.
♂	▲	적절하게 이끌어진 에너지의 가치. **한계에도 불구하고 느낌을 적절하게 안내하기 위한 연료.**
♀	▽	도와주어도 발전이 부족한, 한계에 대한 지속적 불만족. **한계가 부정적 느낌을 불러일으키다.**
		라인4 ｜ **교정** – 한계에의 성공적 적응.
⊕	▲	가장 잘 맞는 사람이 생존하며, 결국 번영한다. **적응의 에너지와 심오한 생존감각.**
♀	▽	고치는 대신 관계 유지에 드는 에너지 비용. 줄어들 때, 중요하지 않은 관계는 아무리 매력적이라도 비용을 생각해 접는다. **적응보다는 느낌에 매달리는 것을 부추기는 에너지.**
		라인3 ｜ **효율성** – 줄어들 때에는 이기적인 것이 합리화된다.
♄	▲	물질적 욕망과 홀로 그 길을 가는 규율. **개인적 야망의 느낌에 힘을 주는 에너지.**
☽	▽	본능적 도움, 칭찬할 일이지만 여기서는 잘못 되어, 둘이서 각각 두 배씩 빠르게 자원을 낭비하다. **나누고자하는 느낌을 부추기는 에너지.**
		라인2 ｜ **조심** – 실용주의로 약화된 인류애
♄	▲	다른 사람들을 돕기 위해 본인의 안전을 걸지는 않는 보수주의 성향. **다른 사람들이 아니라 자신의 느낌을 위한 에너지.**
♂	▽	인정받으려는 욕망으로 부주의 하여, 귀한 자원을 일시적 획득을 위해 소모하다. **인정받으려고 감정을 과시하는 에너지.**
		라인1 ｜ **합리성** – 책임의 적당한 위임.
♆	▲	최소의 양으로 최대의 효과를 만드는 상상. **느낌의 씀씀이를 골라서 하는 침착함.**
☿	▽	이해는 하지만, 능력까지 있는 줄 알다가, 어려움에 처하는 경향. **느껴보고 싶어 안달하는 성급함.**

GATE 42

증가 – 성장
잠재성 개발을 극대화시킬 수 있는, 자원의 팽창

라인6 | 양육

☽ ▲ 자연스럽고 본능적으로 다른 사람들을 양육함. **성장의 과정을 다른 사람들과 나누는 힘.**

♄ ▽ 억압적이고 악의적인 물질주의로 스스로 소외되고 공격성을 키우다.
성장의 유익함을 다른 사람들과 나누지 않음.

라인5 | 자기실현

☉ ▲ 자연적인 목적의 성취와 실현이, 의례히 따르는 힘과 영향력보다는 건강한 자신감으로 보상되다.
자신을 만족시키며 자연스럽게 영향력으로 이끄는 성장.

♀ ▽ 오직 내적인 자기실현이, 은둔적 성향을 요구하거나 그러한 결과를 낳을 수 있다.
은둔성을 북돋는 내적 성장.

라인4 | 중재인

☽ ▲ 중재인의 전형적 표현. **조정을 통해 성장을 가져오는 성숙함.**

♀ ▽ 중재의 자리에서는 실용성이 조화보다 우선해야 하므로, 인간관계의 수립과 유지 능력이 이 위치에 잘 맞지 않는다. **조화를 위한 힘이 중재를 어지럽히고 성장을 한계 짓는 미숙함.**

라인3 | 시행착오 – 성장할 때에 실수는 자연스러운 과정이다.

♂ ▲ 실수를 유리하게 써먹는 주장과 에너지. **실수를 성장의 일부로 수용하는 능력.**

☽ ▽ 변덕스러움. 잘못되면 까칠해지거나 지나친 조심을 할 수 있음. **실수 때문에 우울하고 소심해진다.**

라인2 | 동일시/일체화

☉ ▲ 흐름을 알아 예리하게 돈을 버는 데 쓰다. **흐름에 참여하여 성장하려는 힘.**

♀ ▽ 발전적 변환기에 금욕적 동기로 물러남. **유행 또는 변화에 대한 반응으로 멈추는 성장.**

라인1 | 다양화

☉ ▲ 잉여자원이 가능할 때 그 행동반경을 보통 때보다 확장하는 능력.
확장을 통한 성장, 루트 센터와 연결되면 더욱 효과적임.

♀ ▽ 잉여자원이 있을 때 분산적으로 적용하는 경향. 쇠퇴. **지나친 확장으로 쇠퇴하다.**

GATE 43

타개 — 통찰력

성과가 유지되려면 새로운 질서가 제대로 확립되어 있어야만 한다

라인6 | 타개

☉ ▲ 자기실현과 중심잡기로, 도약의 순간에 자연히 만들어지는 내외적 신질서.
개인적으로나 집단적으로 가치 있는 독특한 앎.

♂ ▽ 도약의 순간에 하위 속성을 합리화 하여, 신질서에 편입시키는 에고의 경향.
지식의 가치가 삶의 다른 어떠한 분야보다 중요한.

라인5 | 진보

☽ ▲ 실용적이라 비약을 억제하지만 궁극적 성공을 해치지는 않는, 인간관계에 대한 순차적 적응.
특이한 통찰을 언제 다른 사람들과 효과적으로 나눌지 아는 능력.

♀ ▽ 인간관계의 조화에만 집중하는 경향 때문에, 혁신을 돕지 못하고 구속적인 세력을 강화시키기 쉬운.
다른 사람들의 수용에만 지나치게 의존하여, 개인적 표현이 조화로운지 아닌지에 좌우되다.

라인4 | 외골수

☿ ▲ 되풀이 되는 장애를 맞이하여, 자신의 지적능력을 과시하고 집착을 고집하다.
수성의 재빠른 지적 능력의 영향으로, 드물게 성공하기도 한다.
올바르게 이론화 되기 위해 집중적 정신능력을 요구하는, 개인의 독특한 통찰에 대한 고집.

♃ ▽ 타고난 특성적으로 옳게 행동한다고 믿어, 제한적 지식으로 충고를 무시하는.
심오함 없이 표현하고자 하는 허영.

라인3 | 방편

♇ ▲ 재생을 향한 힘찬 추진력이 목적을 이루기 위하여, 도약이 저해되면 모든 수단과 주변 세력을 이용하여 어떤 비난도 견딘다. **비난을 견디는 앎에의 확신.**

☽ ▽ 비난에 과민하여 합당한 방편을 제외시킴으로 실패를 가져오다.
비난에 접하여 개인의 통찰을 저버리다.

라인2 | 헌신

♆ ▲ 타개를 돕는 특별한 행동양식의 유지. **통찰을 돕는 독특한 사고방식과 그 과정.**

☽ ▽ 행동에 헌신하느라고 실현을 목전에 두고 부주의 할 수 있는.
표현하려는 조바심 때문에 기회가 왔을 때 정상적 과정을 무시하다.

라인1 | 인내

♆ ▲ 저항을 제거하기 전에는 새로움이 들어설 수 없음을 알아차림.
개인적 통찰을 체계화 하는 데 필요한 깊이.

♀ ▽ 성과의 달콤함을 즐기는 데 성급하여, 불가피하게 쓴맛을 보게 되는 경우.
통찰을 기뻐하나 체계화하기에는 불충분한 깊이.

GATE 44

마중 나가기 – 경계태세
상호교류가 성공하려면 아무런 전제조건이 없어야한다

		라인6 | 무관심
♆	▲	완전한 새 판짜기에서 그 새로운 조건이, 거부된 이들의 비난에 구성원을 익숙하게 하다. **본능적 안전을 보장하는 패턴에 대한 자각.**
⊕	▽	하층민에게 건방지며 무시하는. 패턴에 대한 자각이, **다른 사람들의 행복을 저해하며 에고를 부추길 수 있는.**

		라인5 | 조작
♅	▲	열등한 세력과의 관계를 발전적 과정으로 북돋아주는 능력. 덤으로 열등한 세력을 토닥거려 순응케 한다. **세류를 직감적으로 파악하여 다른 사람들을 조종할 가능성이 있는.**
♂	▽	이런 종류의 조작에서 학대하며 그들의 열등한 수준으로 떨어질 경향. **패턴에 대한 본능적 인식으로 다른 사람들을 악용할 가능성이 있는.**

		라인4 | 정직 – 위선적 관계설정을 거부함.
♆	▲	가장 논리적이고 예리한 무관심. **본능적 기억에 의하여 냉정할 가능성.**
☉	▽	태양 상극. 자기 보존을 위한 극단의 경우처럼, 완전히 버린 세력으로부터 협조를 기대함. 여기서는 정직함이 분명하게 요구됨. **생존을 위해 냉정함을 희생시키다.**

		라인3 | 훼방/간섭 – 환경 때문에 교류에 실패함.
♂	▲	간섭의 위험을 알고 그에 대처하는 능력. **다른 사람들의 에고를 처리하는 본능과 경각심.**
♆	▽	계획에만 몰두하여 훼방에 대해 착각한 결과, 제대로 측정을 못하고 실수가 잦은. **본능이 다른 사람들의 에고를 제대로 다루지 못할 가능성.**

		라인2 | 관리
♃	▲	열등한 세력을, 협동적 양식을 만들어 그 속에서 진취적이고 우월한 세력과 결합시키는, 적절한 사회구조의 개발/관리. **패턴에의 경각심이 관리능력으로 나타날 가능성.**
♂	▽	관리에 몰두하여 목표에만 집중함으로써, 열등세력을 무시하여 양적으로는 성공하지만 질적으로 실패하는 경향. **패턴의 본능적 기억이 관리능력 개발을 무시하게 하다.**

		라인1 | 조건 – 교류의 결과로 기본골격을 만듦.
♆	▲	열등한 구성원에 대한 제한적 조건을 세우고 그것을 강제할 수 있는, 집단에 대한 통달. **패턴에 대한 경각심이 집단이해의 통달로 이어진다.**
♀	▽	매력적인 타고난 특성으로 열등한 세력과 교류하다. 도를 지나쳐 조화가 위태로워진다. **조화를 원하므로 본능을 따르지 못함.**

GATE 45

함께 모으기 – 모으는 자

동류에게 느끼는 자연적이고 대개 이득이 되는 끌림

라인6 | 재고 – 아웃사이더가 처음의 거절이 실수였음을 인정할 수 있으면, 모임에 보통 받아들여질 것이다.

♅ ▲ 아웃사이더의 사고방식과 기이함 그리고 이해하지 못할 논리에 공감하는 타고난 능력.
아웃사이더에 도움이 되는 물질적 방향.

♃ ▽ 천왕성에서는 아웃사이더에게 자리를 찾아주기 위한 혁신이 있으나, 목성에서는 규범에 따르기를 요구한다. **아웃사이더를 규범에 따르도록 조건화시키는 데 초점이 맞추어진 물질적 방향.**

라인5 | 리더십 – 모든 모임에는 중심과 초점이 있어야 한다.

♅ ▲ 직관적 지성과 혁신의 능력으로 단체의 노력을 향상시키고, 중앙에 대한 존경을 통해 단체유지를 보장하다. **물질세계에서 리더십을 표현하는 능력.**

♃ ▽ 아직 준비가 덜된 것 같은데도 존경을 바라는 것이 옳다고 느끼는 행동.
아직 권리를 획득하지 못한 상태에서 가지는 리더십을 향한 열의.

라인4 | 방향

♃ ▲ 함께 모이는 사람들의 초점을 더 높은 규범에 맞추도록 만드는 능력.
물질세계에 관한 더 높은 원칙의 표현.

♂ ▽ 개인적 이득을 위하여 단체행동 방향에 영향을 끼치려는 경향.
물질세계에 더 높은 규범의 표현이 결여됨.

라인3 | 배제

♆ ▲ 배제되었을 때 낡은 구조를 해체하기 위하여 모든 수단을 쓰며, 수모를 당하면서도 내부에 소속되는 능력. **물질세상의 흐름에 소속되는 길을 찾는 본능.**

♂ ▽ 배제되었을 때 공격적이고 가끔 난폭하게 반응함.
물질적 과정에 포함되지 못했을 때 나타나는 좌절의 표현.

라인2 | 합의 – 공공의 이해를 인정하여 모임이 더욱 강해지다.

♅ ▲ 공동관심사를 평가하는 기술정립을 위한 창의력.
기술을 내보임으로써 다른 사람들에게 도움이 되는 물질적 방향.

♂ ▽ 순응에 대한 타고난 저항. **다른 사람들의 기술을 수용하지 못함.**

라인1 | 선거 유세

♃ ▲ 중립적인 사람들을 교육시킴으로써 모임을 발전, 진작시키는 능력. **물질세상의 길은 교육에 달렸다.**

♂ ▽ 광적인 열정으로 유세를 개종 권유하듯 하여, 협조를 모으기는커녕 소외를 부르다.
물질에의 욕망이 공격적 교육으로 이어지다.

GATE 46

끝까지 가기 – 자기의 결의

운이 좋은 것으로 보일 수 있지만, 사실은 노력과 헌신에 의한 것이다

라인6 | 진실성

♄ ▲ 헌신을 약속함으로써 제한당할 가능성을 고려하여 스스로의 입장을 분명히 하는 지혜.
제한당할 헌신의 약속을 거절하는 결단.

♆ ▽ 지나친 허장성세로 다른 사람들과 자신을 속이며, 결국 약속을 깨는 위치에 서다.
성공에의 충동으로 거부하지 못하고, 결국 약속을 깨게 되다.

라인5 | 속도조절

☾ ▲ 본능적인 실용성으로, 성공적 패턴의 급격한 변화를 피하며 알맞은 흐름 유지.
성공적인 흐름을 그대로 지키려는 결단.

♆ ▽ 성공적으로 판명된 흐름을 비이성적으로 버림. **성공을 가져온 리듬에 아니라고 하는 결단.**

라인4 | 강력한 영향

⊕ ▲ 한번 알려지면, 무명에서 빠르게 영향력 있는 자리로 나아가는 능력.
굳은 결심으로 일하여, 결국 적시에 바른 장소에서 인정받는 행운.

♆ ▽ 먹여주던 손을 물어뜯기 십상인 성취 후의 반동. **성공 이후 도와주던 사람을 무시하는 단호함.**

라인3 | 투사

☾ ▲ 미래의 기대에 지나치게 빠지지 않고, 성공을 가져오는 태도와 방법을 유지하는 실용적인 행운 접근법. **성공을 가져온 방법을 그대로 유지하려는 단호함.**

♂ ▽ 미래의 잠재성을 현재의 모습으로 착각함으로써, 부당한 이기주의로 나타나 탄력과 지지를 상실하는 경향. **미래의 성공을 사실로 받아들이는 확고함.**

라인2 | 프리마 돈나, 주인공 여배우

☉ ▲ 재주가 출중하여, 힘들게 하고 요구가 많은 태도이나 성공하게 되는 성격.
다른 사람들의 비위를 거스르기 쉬운, 성공을 향한 결심.

♂ ▽ 자기중심적 평인의 동떨어진 요구와 공격적 성향.
구체화되기도 전에 성공한 사람으로 취급받고 싶은 단호함.

라인1 | 발각/발견되다 – 숨어서 하는 헌신이 우연히 발견되다.

♆ ▲ 예술을 위한 예술. 스스로를 만족시키는 모든 창조적 노력은 조만간 인정을 받는다.
헌신을 통한 창조적 성공의 가능성.

♃ ▽ 숨어있는 다른 사람들의 가능성을 알아내는 재능. 종종 스스로의 성공만을 위해서 그렇게 한다.
다른 사람들의 성공을 알아채고 그로부터 이익을 얻고자하는 결단력.

GATE 47

억압 – 깨닫기

내부의 약함이나 외부의 강함, 또는 둘 다로 인한 제한적이고 불리한 상태

라인6 | **헛수고** – 항진이 없는 어려운 위치.

▲ 반대성향 없음.

☉ ▽ 태양 상극. 오직 의지의 힘만으로 생존하고 적응하지만, 억압을 극복할 희망이 없다.
깨달음을 빼앗긴 시련의 인생.

라인5 | **성자** – 이 위치에서는 특별한 중요성이 주어지며, 상극의 행성은 없다.

♀ ▲ 힘든 상황에서 압박받는 사람들에게 구조와 도움을 주면서도, 압제자들에게 가식 없는 관계를 유지하는 능력. 최상의 깨달음. **추상적인 성장의 어려움을 수용함으로써 자연스럽게 나타나는 우아함.**

▽ 상극의 행성 없음

라인4 | **억제** – 외부압박의 불편함.

♄ ▲ 강한 정체성으로 가장 힘든 때에도 제 모습을 유지하며, 어느 정도는 다른 사람들의 이익을 위하여 생존을 분명히 하기도 함. **외부상황에 관계없이 유지되는 정체성의 감각.**

☽ ▽ 빛을 빼앗기면 달은 어둠에 잠긴다: 간신히 연명하니 어찌 다른 사람들을 도울 수 있으랴.
외부상황에 압도당하는 정체성.

라인3 | **자기억압**

♃ ▲ 의식 있고 원만한 인격을 가진 사람의 꾸밈없는 적절한 행동이, 결국 자신의 압박감이 근거 없음을 깨닫게 하다. **자신이 꽤 괜찮다는 궁극적인 깨달음.**

♂ ▽ 자기억압이 매우 심해 돌이키기 힘들고 자폭적일 수 있다. **자존심을 유지하기가 매우 힘듦.**

라인2 | **야망**

♄ ▲ 안전을 위하여 개인적 압박감을 참아내려는 노력과 야망.
바쁘게 일해야 정신적으로 건강하다는 자각.

☿ ▽ 개인적으로 힘든 때에 지능을 써서 극복할지, 아니면 압박을 받아들여 잠시일 듯 한 또 다른 조건을 이용할지 정하기 힘듦. **언제 어떤 활동을 하는 것이 건강한지 인식하는 데 무능함.**

라인1 | **현황파악**

♄ ▲ 어려운 상황에서 고난을 가져온 부정적 요인을 없애는 데 초점을 맞추는 능력.
부정적 생각이 없어져야만 한다는 자각.

♆ ▽ 고민을 오직 외부적 원인에 의한 것으로 잘못 생각하여 자주 고난을 당하다.
세상이 모두 적대한다는 느낌.

GATE 48

우물 – 깊이

공공의 선을 확립하기 이전에 있어야 할 필요하고 질적인 토대

라인6 | 자기충족 – 줄어들지 않는 자원.

♀ ▲ 가치 있는 중심. 주는 만큼 받으니, 계속 줄 수 있다.
다른 사람들에게 가치 있는 깊이와 능력의 가능성.

☽ ▽ 관대하고 양육하는 경향이 피상적이어서, 그 능력이 일상적으로 유용한 영감을 주지 못하다.
깊이에 한계가 있다면 취향이 피상적이기 쉽고, 잠재적인 자질에도 영향을 미친다.

라인5 | 행동

♂ ▲ 행동에 힘을 실어주는 자연적 충동. **행동을 즐김.**

☽ ▽ 자기보전에의 지나친 욕구로, 사회혁신의 시기에 행동은 아니 하고 세부계획에만 몰두하다.
깊이에 자신이 없어 행동으로 옮기는 데 실패하다.

라인4 | 재구성

☉ ▲ 단기간 활동에 대한 제한을 잘 활용하여, 나중에 다시 활동할 때 장기 목표를 위해 상황을 검토하고 재구성하므로 개발을 촉진할 수 있는 좋은 감각.
깊이와 그 깊이의 가능한 표현이 단기 활동들의 선호라는 제약을 직면할 것이라는 자각.

⊕ ▽ 똑같이 반복될 것이라고 지레짐작하여, 한 번 했던 일을 재구성하는 것을 싫어하다.
규제에 의해 좌절하게 될 장기 프로젝트에 대한 취향.

라인3 | 교류불능

☽ ▲ 달이 없는 때가 상징하듯, 빛의 가능성이 부인되고, 안 주어지거나 알 수 없는 때.
그 상황을 보완하는 것은, 그것이 일시적이라 당하는 자들이 힘을 얻을 수 있다는 점이다.
취향과 깊이의 개발은 시간이 걸리는 과정이다.

☿ ▽ 광야에서 충분한 지성을 잃었을 때의 심각한 불안.
장시간의 과정(취향과 깊이의 개발)이 불안으로 바뀌는 경향.

라인2 | 퇴화

♇ ▲ 성공적으로 새로운 한 체제를 세우기 위해서는, 열등성분을 수용하느라고 가장 긍정적인 특성을 무시해서는 안 된다는 깨달음. 그리하면 쇠퇴할 것이다. **저질적 영향에 저항하는 자신감.**

♀ ▽ 열등한 가치와 어울릴 때 퇴화하여 타락하는, 조화를 향한 잘못된 충동.
자기의 앎에 자신이 없어 훼방과 쇠퇴를 부르다.

라인1 | 사소함

☽ ▲ 무엇이 실용적이고 신경써야할지 알아채는 육감.
실용적이고 주목할 만한 것을 알아채는 직감적 인지력.

♂ ▽ 사소한 일에 신경쓰는 경향. **소소함을 즐기는 취향.**

GATE 49

혁명 – 원칙

이상적으로, 단순히 권력을 위해서가 아니라 최상의 원칙에 바탕을 둔 체제변형

라인6 | 매력 – 지지기반 확장을 위해 행동하는 혁명의 힘.

Ψ ▲ 경계인을 변화시켜 결단하게 만드는, 타고난 강력한 인상.
다른 사람들을 수용하고 변화시키는 잠재능력과 민감함.

♄ ▽ 고집스럽고, 가끔 위태로운 거부주의. **일반적으로 과민하여 원칙과 다른 사람들을 거부하다.**

라인5 | 조직

☽ ▲ 혁명기에 다른 사람들의 필요에 실용적인 준비를 마련함으로써, 확실한 지지와 지속되는 이해.
다른 사람들의 실질적 필요에 대한 민감함의 잠재성.

♂ ▽ 확고한 권위를 위해 자주 더 높은 원칙을 저버리고 권력의 조직에 집중함.
조직을 만들기 위해 높은 이상을 저버리다.

라인4 | 기반

♃ ▲ 구체제를 대신하여, 정의롭고 가치 있는 인권보장이 구체화된 정치사회적 의제.
사회의 필요에 민감할 가능성.

♂ ▽ 실행할 가능은 별로 없지만, 지지를 확보하기 위한 끝없는 약속, 약속, 약속들.
사회의 필요를 이용하여 사욕을 채우는 아둔함 가능.

라인3 | 대중적 불만

Ψ ▲ 일단 제한이 해제되면 옛날 방식을 버리는 능력.
실패한 원칙이나 인간관계를 버리는 예민함 속에서의 잠재성.

Ψ ▽ 명왕성 상극. 대중의 도움으로, 새 체제에 영원한 상처를 남길 수도 있는.
구체제를 제거함에 있어서의 야만성. **거부하고 거부당하는 데 대한 둔감함.**

라인2 | 최후 수단

⊕ ▲ 모든 평화로운 방법으로 변화를 추구하다가 대책이 없음을 알고는, 혁명을 위하여
세부계획을 짜다. **거부하기 전에 모든 방법을 조사할 가능성.**

Ψ ▽ 조정과 협상에 침착하지 못한, 혁명을 향한 엄청난 조바심.
대중의 호응이 미미한 쿠데타의 경향. 상황조정에 대한 성급함.

라인1 | 필요의 법 – 필요하다고 느껴지지 않으면, 혁명에 대한 후원이 생기지 않는다.

♃ ▲ 협조를 최대한 확장시켜 생존능력을 담보하기 위한 이 법(필요하다고 느껴지지 않으면,
혁명에 대한 후원이 생기지 않는다).의 이해와 응용.
어떤 원칙의 가능성은 그것의 실용성이 수용될 때임을 알아차림.

☉ ▽ 영향력을 잘못 써서, 행동으로 필요를 만들어 낼 수 있다고 주장하다. 뒤죽박죽 난장판.
무질서라는 것이 있음을 증명하기 위해 질서 없는 행동을 저지르다.
거부에 과민하여 원칙을 신성한 투쟁(십자군 전쟁)으로 바꾸어 놓을 수 있다.

GATE 50

가마솥 – 가치

현재와 미래에 봉사하며 풍요를 만드는, 역사적으로 지속되는 전통적 가치

라인6 | 리더십

♀ ▲ 권좌에 있을 때 심각한 상황에서도 조화를 유지하는 능력.
자신의 가치를 굳게 유지하며 다른 사람들과도 조화로운 관계를 지속하는 힘.

☽ ▽ 원래 우울증이 있으므로 권좌에서 저항과 소외를 부르고, 전반적인 능률에도 영향을 끼친다.
자신의 가치를 지키는 힘은 있으나 조화로운 인간관계는 등한시하다.

라인5 | 일관성 – 현상유지가 성공을 불러왔다면, 그것을 흩뜨려서는 안 된다.

♄ ▲ 불필요한 변화를 피하기 위한 자연스럽고 훈련된 보수주의.
기본원칙이 가벼이 버려져서는 안 된다는 보수적 깨달음.

♂ ▽ 자신의 성공을 가져온 방법론에 대해 비뚤어진 반응으로 저항함.
효과적으로 자극 받으면, 기본원칙에 저항하려는 경향.

라인4 | 타락 – 풍요롭게 만드는 가치의 결여.

♄ ▲ 별 가치 없는 것으로 물질적 성공을 이루는, 세상에 유해한 재능. 이 어려운 자리에서의 토성항진은, 행동이 범죄는 아니더라도, 이기적이고 혐오스러운 경우로 한정된다.
열등한 가치에도 불구하고 세력을 유지하는 능력.

♂ ▽ 위와 같은 에너지에 전통적 가치도 없으니 크게 흉하다.
가치 폄하의 가능성으로 타락이나 방어체제의 붕괴가 올 수 있다.

라인3 | 적응력

☽ ▲ 달 항진. 홀로 있지 못할 경우 자연스레 보호하고 양육하는 힘에 정렬하게 된다.
원칙과 가치를 지키기 위해서는 다른 사람들의 도움이 필요함을 알아차림.

☿ ▽ 자연적인 지적능력이 무시되어, 살기위해 다른 사람의 비위를 맞추어야 할 때의 적개심.
자기 원칙을 스스로 지키지 못함을 인식했을 때의 불편함.

라인2 | 결단력

☉ ▲ 목표달성을 위해 시련의 극복을 즐기는 목적의 힘.
반대세력이나 상황에 맞서 자기의 가치를 지킴으로부터 나오는 힘.

♀ ▽ 장애물이 불편하여 후퇴를 결심할 수 있다. **힘이 없어, 가치체계가 반대세력이나 상황에 위협받는.**

라인1 | 이민자 – 장애라기보다는 도움이 되는 출생의 수수함.

♂ ▲ 스스로 세련되고자 하며, 가장 기본적인 힘을 바탕으로 효과적/성공적이고픈 욕망.
성장과 세련된 가치가 운명에 도움이 된다는 깨달음.

♀ ▽ 출생에 대한 불만과 거북함이 세련되고자 애쓰게 만든다. **정화가 요구되는 원래 가치에 대한 불만족.**

GATE 51

자극하기 – 충격

알아차림과 적응을 통해 무질서와 충격에 대응하는 능력

라인6 | 분리

☉ ▲ 사방이 혼란되고 무질서 할 때, 당황하지 않고 의지와 활력으로 유유히 홀로 생존하는 능력.
도전을 홀로 맞이하는 에고의 힘.

♆ ▽ 위와 같은 능력이지만 희한하게도 오히려 그 태도 때문에 인정을 받지 못하고, 극단적 경우에는 일반인과의 분리를 막음. 도전을 홀로 맞서는 이기주의자.
도전자를 자극하여 더 거칠게 만들 수도 있다.

라인5 | 대칭

☉ ▲ 충격의 본질을 꿰뚫는 완벽한 조명으로, 충격의 패턴을 균형 있게 바꾸어 적응하여 그 어려움을 초월하다. **본능적 적응을 통한 전사의 완벽한 에고.**

♂ ▽ 핵심을 추구하면서, 오직 하나의 충격에 조화롭게 대처하려 하다가 다음 충격에 압도되는 경향.
승리에 취해서 경계심을 잃어버리는 자기중심주의.

라인4 | 한계

♅ ▲ 가장 험한 충격 속에서도 기회를 찾을 수 있는, 가끔 천재적 수준의 순수 창의력.
도전에 대응할 방법을 찾아내는 전사의 에고.

☿ ▽ 합리적이라고 각본대로 밀고 나가니, 심한 충격에 무용지물이 되다.
도전에 대응하기에는 깊이와 자원이 모자라는 얄팍한 에고.

라인3 | 적응

☉ ▲ 제때 바로 생각해 냄으로 기회를 창조하는, 생명유지를 위한 자각. **어려울 때에 나타나는 순발력.**

♃ ▽ 평소의 행동환경이 예고 없이 급하게 뒤바뀌어 생기는 불안정. 여기서는 적응 대신 위축되는 경향을 보인다. **어려울 때에 불안정하기 쉬운 에고.**

라인2 | 후퇴/위축

♂ ▲ 후퇴하는 것이 유일한 논리적 행동이라고 암시하는, 충격에 대한 기제 인식.
에고의 힘이 위태로울 때 감행하는 본능적 후퇴.

☿ ▽ 제 꾀에 제가 넘어가, 자연의 힘도 요리할 수 있다는 망상으로 후퇴를 거부하다.
후퇴를 거부하여 패배의 가능성이 있는 자기중심주의.

라인1 | 참조 – 과거 위기 경험의 유리함.

♆ ▲ 준비의 기초가 되는 재점검의 능력. **경험으로 조건화된 에고의 힘.**

♀ ▽ 충격 이후에 감정적으로 위축되는 경향. **도전받을 때 나타나는 에고의 유약함.**

GATE 52

가만히 있기, 산ᴍ – 고요

평가하기 위해 잠시 스스로 행동을 멈추다

라인6 | 평화로움

♀ ▲ 상황에 관계없이 쉽게 이루어지는 조화롭고 균형 잡힌 조율.
조용히 있을 때 행동의 압박을 받지 않는.

♆ ▽ 진정으로 고요하게 있지 못하고 망상을 함.
이 위치의 긍정적 성질을 감안하면, 망상도 진짜처럼 효과적일 수 있다.
에너지의 조정이 극대화 되었을 때, 진짜든 상상이든 압력은 평정을 흩뜨리지 못한다.

라인5 | 설명 – 침잠의 시기에, 자기 처지를 설명할 수 있는, 종종 중요한 능력.

⊕ ▲ 때론 간결하지만 매우 정확한 언급. **침잠과 집중이 세밀함으로 이끌 수 있음.**

♆ ▽ 일반적으로 예기치 못한 상황에서, 그 신비한 성질이 오해를 부르는 소용돌이.
지나친 고요가 세세함을 얻도록 하는 것이 아니라 초점을 잃도록 만든다.

라인4 | 자기훈련, 극기

♄ ▲ 충동적 유혹을 현명하고 쉽게 대하는 완전한 자기훈련과 통제력.
집중과 고요함의 가치를 인식하는, 자제를 위한 에너지.

♃ ▽ 상황의 이해에 바탕하여 원칙적인 통제의 필요에 응하지만, 타고난 특성적 팽창성 때문에 의문과 동요의 경향을 보인다. **억제에 대한 의심과 초조함의 에너지.**

라인3 | 통제 – 외부압박에 의한 침잠.

♄ ▲ 자연적으로 억제를 이해하는 능력이 있어, 그 시기를 수용하여 전략을 재정비하는 데 쓴다.
고요 상태를 수용하는 에너지.

♀ ▽ 통제에 대한 깊은 불만으로 평정심을 잃고, 감정의 위축을 불러와 전망에 영향을 끼친다.
억제하는 압박이 평정심을 잃게 하다.

라인2 | 걱정

♀ ▲ 다른 사람들을 위해 잠시 멈춤. **다른 사람들을 위해 힘을 억제하려는 압박.**

♂ ▽ 불필요하게 다른 사람들을 위험에 빠뜨릴 수 있는 급하고 이기적인 멈춤.
다른 사람들의 희생이 따르는, 힘의 이기적인 절제 압박.

라인1 | 즐거움 – 말하기 전 생각하라

⊕ ▲ 멈춤이 매우 깊어지니 침묵으로 나아가다.
에너지를 정화하여 고요함으로 나아가다.

♂ ▽ 말부터 하고 나중에 그에 맞춰 살기. **고요해질 수 없는 에너지.**

GATE 53

발전 – 시작

변함없고 지속적인 구조화된 진보로서의 발전

라인6 | 단계적 실행

☽ ▲ 성숙의 한 단계 완성이 성공적으로 쓰임으로 해서, 그 성공과 가치를 예로 하여 다음 단계를 위한 지원을 이끌어 내다. **과거의 성공을 바탕으로 초기지원을 이끌어 내는 에너지.**

♆ ▽ 성공 때문에 지나치게 시달리거나, 처음의 지지자들이 완성 후 지원을 끊을까 염려하여 성공을 감추는 경향. **과거의 지원을 잃을까 염려하여 시작을 숨기려는 압박감.**

라인5 | 밀어붙임

♆ ▲ 내적 성장의 가치를 영적으로 알아차림을 기초로 하여, 외따로 있을 때조차 방향을 확실하게 유지하다. 그 힘이 기본적으로 반대하는 자들로부터도 계속 지원을 끌어내다. **성장의 가치를 인식하라는 압박과, 상황에 관계없이 시작하라는 에너지.**

⊕ ▽ 지나치게 밀어붙임이 고립과 반대 속에서 지지를 지탱하기보다는, 그 태도 때문에 오히려 반대편을 강화시키기 쉬운. **시작하는 에너지가 시작을 못하게 하는 바로 그 반대세력을 유인하는 경우.**

라인4 | 자신만만

☽ ▲ 복잡하고 자주 곤란한 처지에서도 개성의 힘을 유지하는 능력이 안전의 유지와 발전이 보장하다. **혼란스러운 시작에도 개성을 유지하기 위한 압박.**

♀ ▽ 일반적인 감정적 대응이 상황을 악화시킬지도 모르는, 곤란하고 난처한 지경이 계속되다. **어색하고 가끔 난처한 상황을 만드는, 시작을 위한 개인적 압박.**

라인3 | 실용성

☽ ▲ 가장 자연적인 위치에서, 계속 발전하며 보호받기 위해 충돌을 피하는 데 집중하다. **발전을 위해 충돌을 없애려는 노력.**

♂ ▽ 무의식적으로 충돌을 자초하여 논리적으로 안전과 발전을 해치다. **다툼을 일으켜 성장을 위협하는 에너지.**

라인2 | 탄력 – 성공이 계속 성공을 부르다.

☽ ▲ 조기의 성공을 지키니 더욱 성취를 북돋우다. **과거의 성공을 바탕으로 무언가 새로운 시작을 하라는 압박.**

♂ ▽ 조기 성공으로 조급하고 경솔하게 행동하는 경향. **성공을 바라기 때문에 새로운 것을 빨리 시작하지 못해 안달이 난 압박.**

라인1 | 쌓아 놓음

♆ ▲ 구체제를 해체하지만, 유지하고 변형될 가치 있는 부분을 희생시키지는 않는다. **맨땅에서 부터가 아니라, 옛것의 바탕을 기초로 하여 새롭게 시작하려는 노력.**

♀ ▽ 발전이 비판으로 방해받아 경험들이 잘 쓰이지 못하고 위축되는 경향. **옛것을 따라다니는 비판 때문에 새롭게 시작하기 어려움.**

GATE 54

결혼하는 처녀 – 야망

일상적 사건으로서의 교류, 또는 개인의 신비하고 우주적인 인연들

라인6 | 선택성

♄ ▲ 안전유지와 개인 정체성의 면에서 뿌리 깊은 책임감으로, 자연스럽게 서로 유익한 관계만으로 교류를 한정하다. **야망에 해가 되는 교류를 차단하는 에너지.**

♃ ▽ 일반적으로 은혜롭고 관대한 성격이, 상대의 부족한 부분을 채워줄 수 있다고 가정한다. **에너지의 낭비. 야망을 가로막는, 관계유지로 인한 에너지 낭비.**

라인5 | 관대함

☉ ▲ 자연적 권위와 실용적 정신을 가지고, 권좌에 있을 때 약자들과 진실하고 풍요로운 관계를 만드는 능력(약자들이 협조하며 다른 요구가 없을 때 한함). 그 힘이 다른 사람들과의 **풍요로운 관계를 부추기는걸 알면서도 현실화시키는 에너지. 반대 성향 없음.**

▽ 상극 없음.

라인4 | 깨달음/무지몽매 – 가장 신비로운 이 위치에서는, 항진도 상극도 없다. 진리의 입장에서는 둘 다 같으므로.

▲ ▽ 시작이자 끝. 알파요 오메가. 표현 불가능. 모든 행성들이 이 에너지를 각각 독특하게 표현하며, 그 효과가 느껴지리라는 보장은 없으나 가능성은 늘 존재함. **변형의 추동력이 가장 순수한 수준. 반대성향 없음. 어느 한 행성의 주된 성향 없음.**

라인3 | 은밀한 교류

♇ ▲ 정상적 관계가 어려울 때 다른 방법이 없으면, 비공식 채널이나 또는 몰래 관계를 맺는 능력. **가로막히면 은밀한 수단을 써서 야망을 추구하는.**

♀ ▽ 아무리 절망스럽더라도, 정상채널이 매력의 힘을 통해 성취 되리라는 고집. **야망의 에너지가 길이 막히면, 그를 돌파하기 위하여 매력의 힘으로 매진하리라.**

라인2 | 신중함

♄ ▲ 인간관계가 정식으로 수용되었을 때, 과거의 사사로운 일들을 이용하려는 유혹을 억제하는 지혜. **자제의 에너지가 야망을 위한 연료가 된다.**

♂ ▽ 공식적인 인식을 비공식적 지식을 이용하는 허가증으로 여기다. **충성심의 결여. 야망의 힘이 배신을 부추기다.**

라인1 | 영향력

♇ ▲ 개인적 조언가부터 악마까지, 다양한 종류의 은밀한 유대를 통한 영향력의 행사 능력. **은밀한 유대를 통해 힘을 받은 야망이 영향력을 북돋우다.**

♀ ▽ 인간관계의 정식 인정에 대해, 사회적으로 오도된 주장을 하는 바람에, 오히려 영향력의 면에서 힘을 잃다. **정식 인정을 요구하는 야망이 영향력을 한정시키다.**

GATE 55

풍부함 – 영Spirit
풍요로움이란 순전히 영적인 문제다

라인6 | 이기적임

♄ ▲ 지나친 획득노력이 소외를 부르지만, 간접적으로 다른 사람들에게 물질적 도움이 된다.
물질주의를 통해 영혼을 발견할 가능성.

☽ ▽ 물질적 풍요가 있으나 누구도 덕을 보지 못한다. 달 없는 단계.
비열한 사람일 경우 물질주의에 집착하여 나눠가지지 않을 가능성.

라인5 | 성장

♅ ▲ 권좌에 있을 때 충고를 받아들여 혁신적으로 개혁하는 흔치않은 능력. 권좌에서의 이러한 능력은 끌려간다고 간주되지 않고 계속 리드하게 한다. **권좌로부터 나오는 감정의 굳건함과 영혼.**

☉ ▽ 제안을 폭넓게 수용하는 통합적인 자세가 결국에는 빛을 잃을 수 있음.
조건화로 인해 용기를 잃기 쉬운 감정의 개방성.

라인4 | 동화

♃ ▲ 일정한 틀을 만들고 힘과 원칙을 균형 잡아, 팽창과 번영으로 갈 수밖에 없는.
감정의 인식과 에너지의 균형, 단련이 가져오는 영적 가능성.

♂ ▽ 억제를 모르는 끝없는 에너지. **영적인 위험을 무릅쓰고 인식을 무시하는 방만한 에너지.**

라인3 | 순수함 – 여기서는, "난 그저 명령에 따랐을 뿐이다"라는 것이 최선의 방어책이다.

♄ ▲ 모양새가 올바르고 그 시도가 정련되었으며 지침을 따랐다면, 실패를 개인 탓으로 돌릴 수 없다.
최선의 노력에도 실패는 가능하나, 영혼에까지 영향을 받을 필요가 없다는 것을 인식할 감정의 가능성.

♂ ▽ 화성 상극. 일반기준에 반대하는 투쟁, 또는 개인적 계획이 윗사람을 망칠 수 있으나,
본인은 그 뒤에 안전하게 숨는. 남을 이용해 개인의 영혼을 지키는 에너지.

라인2 | 불신 – 비방이나 잡담으로 저해되는 풍요로움.

♀ ▲ 사교능력을 통해 효과적으로 보여줄 수 있는, 핵심을 파악하는 재능. 자신의 신뢰가 진정임을 보여 줄 수 있음. **감정적 안정과 영적인 힘이 다른 사람들의 신뢰에 달려 있음.**

⊕ ▽ 음유시인의 말 "정치가는 잔소리가 너무 많아" 따위를 이용하는 모략가들에 대한 직접적 도전. 오직 계속되는 예시만이 불신을 극복할 수 있다. 신용을 강조하는 감정적 열의가,
다른 사람들에게 수용됨을 혹은 영적 혜택을 보장하지는 않는다.

라인1 | 협동

♃ ▲ 원칙을 따르는 행동으로 우세한 세력들과 협조함으로써, 행동범위를 확장시켜 계속 지원이 보장되고 번영을 가져오다. **우세한 세력들과의 제휴를 통한 영적 진보의 가능성.**

♀ ▽ 힘 있는 세력들과의 조화로운 관계에 집중하여, 진보는 아니더라도 지속은 가능함.
힘 있는 세력들과 조화는 가능하나 반드시 영적 도움이 되는 것은 아님.

GATE 56

방랑자 – 자극

움직임을 통한 안정성 확보. 단기간의 활동들을 연결하여 지속됨을 유지하다

라인6 | 조심

☉ ▲ 연결이 이루어지면, 발판을 확보하기 위하여 새로운 헌신의 약속을 존중하는 신중함.
표현의 정직함. 말한 대로 살기.

♆ ▽ 심한 무의식적 방랑자, 수용되고픈 외적 노력이 자기도 모르게 거절되는 바로 그 에너지를 만들어내다. 힘든 역할, 자신을 모르고 인정도 못 받으니 결과가 뻔하다.
기대어 살만한 신나는 일을 못 찾고, 평생 이런저런 양상들을 찾아 헤맨다.

라인5 | 주목 받기

♅ ▲ 독특하고 혁신적이며, 가끔 천재라서 언젠가는 주목과 지원이 보장되는.
가장 혁신적이고 독특한 자극.

♂ ▽ 너무 주목을 끌고자 애쓰는 경향이 오히려 자주 그 반대의 효과를 내다.
도발하고 방해하는 자극의 힘.

라인4 | 편의/편법

☽ ▲ 필요하다면 안전을 담보하기 위해 자기의 속을 숨길 수 있는 피상적 인격의 완성.
역할로서 그리고 보호를 위해 자극하는 재주.

☿ ▽ 편법적인 태도를 가지고 있어, 그 대가로 늘 긴장을 만들어 내고 가진 것을 잃을까 걱정하다.
자기역할을 진짜로 여긴다. 침묵과 드러남에 대한 불안.

라인3 | 소외감 – 확고한 자급자족.

☉ ▲ 자기중심주의와 의지는 종종 고압적이며, 계속 고립되게 만드는 요소이다. 여기서는, 태양의 생명력을 감안하면 수용할 만하다. **통제하려 하고 표현의 중심이 되려는 열망**

♀ ▽ 거꾸로 된 미적 감각이 다른 사람들을 거슬려, 고립이 뻔하며 지원도 끊기다.
자극이 희생되더라도 표현을 통제하려는 열의.

라인2 | 연결 고리

♅ ▲ 격리된 천재가 후원과 인정을 받아 결국 계속하게 되다.
성숙에는 시간이 걸리며 다른 사람들의 인정이 필요한 자극적 표현의 천재.

☽ ▽ 천박함이 알려져 망가지며, 결국 떠나라는 압박을 받는다. **소통의 능력이 있으나 깊이가 없다.**

라인1 | 자질

☽ ▲ 단기간의 행동들도 가치 있어야 한다는 실용적 믿음. **가치 있는 실용적 견해의 표현**

♂ ▽ 인상적으로 보이고자 애쓰다보니 에너지를 사소한 일에 잘못 사용한다.
아무리 사소한 일에 관한 견해라도, 자극을 주기위해 추진하다.

GATE 57

부드러움 – 직관적 통찰
명료함의 비범한 힘

라인6 | 활용

♅ ▲ 명료함이란 양날의 칼이라는 것을 수용함. 이해하면서도 상황을 바꿀 수 없을 때가 있다.
여기서는 천왕성의 혁신적 재능이, 영속적인 경우는 드물지만 힘든 상황에서 최선을 이끌어낸다.
해결책은 없고, 오직 직관의 가르침으로 난국에서 최선을 찾을 수 있을 듯.

♂ ▽ 상황 때문에 해결이 불가능한 문제가 명백히 들어났을 때, 화나고 절망에 빠져 피치 못하게
헛된 일을 저지를 경향. **직관으로 문제해결이 불가능할 때 좌절과 분노의 가능성.**

라인5 | 진보

♆ ▲ 재평가하고 재조사하는 힘을 유지하면서 새로운 체제를 구축하는 자연적 능력.
이것이 자료를 조사하고 과정을 평가하도록 준비시킨다. **제대로 평가하는 직관력의 가능성.**

☽ ▽ 끝 모르고 전진만 하는 성향이, 잘 못 날아간 미사일처럼 되는 경우.
행동 중에, 직관력이 압도되어 자신의 진보에 대한 검토와 가치평가를 하지 못할 수 있다.

라인4 | 감독

♀ ▲ 상호 관계에 대한 민감함이 조화를 보장하는 한편, 명쾌함을 통한 원숙한 인간관계는
생산성을 극대화 한다. **교류를 원숙하게 하는 직관적 명쾌함의 가능성.**

♂ ▽ 이 위치에서는 감독하기 보다는 독재할 가능성이 더 많음.
교류를 성숙시키는 명료한 능력과 함께, 직관적으로 오만함의 가능성도 있다.

라인3 | 예리함

☿ ▲ 완벽한 지성, 명료함으로 인한 의문제거와 분명한 표현. **완벽한 직관의 가능성. 반대 성향 없음.**

▽ 상극 행성 없음.

라인2 | 정화 – 맞는 가치와 이상을 확립하려는 명료함은 그것을 유지하려는 결단이 따라야 한다.

♀ ▲ 깨달음을 통한 완벽한 정화. **직관을 통한 맞는 가치와 이상의 가능성.**

☽ ▽ 부정을 대충 가리는 경향의 피상적 정화. **직관을 깊이 없이 피상적으로 대충 할 가능성.**

라인1 | 혼란

♀ ▲ 적시 행동을 보장하는 내적의미로의 관통 능력. **내적인 의미를 파고드는 직관의 가능성.**

☽ ▽ 달 상극. 느낌들은 명료함을 대신할 수 없으므로 결정을 못하는 경우.
혼란이 직관을 억누를 가능성.

GATE 58

기쁨 – 생기 있음
자극이 즐거움의 열쇠이다

		라인6 | **표류**
☽	▲	외부의 자극을 철저하게 즐기면서도, 자신의 존엄성이 위태로워지면 빠져나오는 직감을 가진 실용적 경향. **자극 속에서도 자신의 정체성을 유지하며 독립적 존엄을 밀어주는 에너지.**
☿	▽	기본적 지성이 알맞게 자극되면, 동조하려는 자연적 욕망이 그 자극과 강하게 일체감을 이루어, 자신의 정체성을 잃게 될 우려가 있다. **자극받으면 정체성을 잃도록 부추기는 에너지.**
		라인5 | **방어**
☽	▲	유혹에 상관하지 않고 자신을 지키는 자연적이고 실용적인 직감. **자극에 무관하게 스스로를 지키는 힘.**
☉	▽	최선의 방어는 공격이라고 간주하여, 개성의 힘이 미심쩍은 자극을 즐길 수 있으나 깊게 빠지지는 않는다. **생동의 에너지가 자기보호를 깜빡 잊고 미심쩍은 자극을 받아들이다.**
		라인4 | **집중**
♆	▲	다수의 자극에 노출되었을 때, 자연적 특별함으로 어려움 없이 알맞은 것에 집중하다. **어느 자극이 가치 있는지 인식하도록 밀어주는 에너지.**
♆	▽	다양한 자극 앞에 혼란을 느끼면서도, 그것들 모두를 겪어보려 노력하느라 불안정해지는 감수성. **지나친 자극을 받으면 불안정해지는 에너지.**
		라인3 | **전기**
♅	▲	강렬한 생명력의 개인이 다른 사람들에게 의지하지 않고 스스로 자극을 만들어내다. **개별적 자극을 부추기는 에너지.**
♂	▽	불의 품질은 원료와 그 영향력에 달려있다. 그 영향력이 좋든 나쁘든. **다른 사람들이 주는 자극에 의존해 생명력을 얻는다.**
		라인2 | **변태/도착**
	▲	반대 성향 없음. 항진 없음.
♅	▽	퇴폐를 장려하고 기쁨을 탐닉과 타락으로 격하시켜, 자타 모두를 괴로움에 빠뜨리는 변태성 자극의 천재. **변태적 자극지향을 부추기는 에너지**
		라인1 | **삶에 대한 사랑**
♀	▲	세상의 자극 그 자체가, 인생의 아름다움과 경이로움을 미적으로 음미하는 기초가 된다. 홀로 또는 다른 사람들과 함께, 이 심오한 내적 깨달음은 삶의 과정에 즐거운 조화를 가져오는 열쇠이다. **인생 예찬을 부추기는 에너지.**
☽	▽	달의 위상과 무드가 기쁨을 간헐적이고 주기적인 경험으로 제한하다. **인생 예찬을 간헐적으로 부추기는 순환적 에너지.**

GATE 59

확산 – 성적 능력
결합을 위하여 장벽을 허무는 능력

| | | 라인6 | **하룻밤 인연** – 개성 또는 환경의 영향으로 오직 임시적인 결합만을 하는 경향, 그렇지 않으면 그 결합은 불가능하거나 지속하기 위험한 것일 수도 있다. |

♀ ▲ 순간적이든 영원하든, 완전한 교류. **조건을 초월하는 친밀함의 힘.**

☿ ▽ 계속 경험하려는 기본적 충동으로, 상황에의 반응이 아닌 자연스러운 과정으로 일시성을 추구하는. **다양한 교류와 성을 추구함.**

라인5 | **팜므파탈 또는 카사노바**

☉ ▲ 사랑으로 모든 장애물을 넘는 힘. 여기에서는 태양의 '경쾌함'이 주어지니 부정적 암시는 없음. **다른 사람들을 유혹하는 성적인 힘.**

♅ ▽ 천왕성 상극. 위에 기술한 힘의 부정적 가능성이 나타나는 경우. 기둥서방, 바람둥이. **일반적인 성 에너지가 성적인 권력으로 나타나는.**

라인4 | **형제애/자매애**

♀ ▲ 보편적 결합을 위하여 장애물을 거두고 합침. **성적이 아닌 교류에서 생기는 힘.**

☿ ▽ 실제로는 드물게 행동으로 옮겨지는 지적 이해. **사고가 성욕을 저지하지 못하는 예.**

라인3 | **개방**

♄ ▲ 결합을 통해 자신의 모습을 알기 위한 정체성과 안전의 추구가, 장애물을 거둠으로써만이 성취되다. **다른 사람들과의 결합과 친교를 통해 힘을 받는 경우.**

♂ ▽ 개방성이 난잡함으로 변질되고 그에 따른 문제점들이 생기는 경우. **결합과 친교를 통한 힘의 추구가, 난잡함으로 귀결될 수 있는 경우.**

라인2 | **수줍음** – 스스로 만든 장애물.

♅ ▲ 결합으로 인해 생기는 피치 못할 불안정으로부터 보호받기 위한, 자연적인 거리 두기. **분리유지를 위한 성적 충동의 억제.**

♆ ▽ 심층 심리적 보호막에 뿌리박은 계산된 수줍음 때문에, 활발한 개인조차도 늘 교류를 제한하다. **심리적으로 혹은 생리적으로 심어진 불임성은 분리하려는 충동을 조건화 한다.**

라인1 | **선제공격**

☉ ▲ 목적과 방향이 정해지면, 상대가 난공불락이 되기 전에 알아채고 장애물을 없애버리는 생명력과 권위. **임신시키는 생식력의 힘.**

☿ ▽ 장애물을 인식하는 지성과 능력은 있으나, 언제 어떻게 해야 할지 대책이 매우 없다. **확신이 서지 않아 생식력의 가능성이 제한되다.**

GATE 60

제한 – 받아들임

한계를 수용함이 초월의 첫 걸음이다

라인6 | 엄격함

♅ ▲ 완전한 엄격함이 필요함을 알지만, 고통 경감을 위한 혁신적 운용방법을 알아내는 직관적 지능.
억압을 견디는 능력이 범상치 않은 고정된 에너지.

☿ ▽ 교조적, 원칙적이며 주도면밀한 앎이, 그 엄격함에 동요가 없으며
자주 실제 적용이 매섭게 무자비하다. 내적 억압을 심각하게 수용하며 양보하지 않는.
심하게 엄격하여 내적 억압을 견디기 힘들며, 만성적 침체로 나아갈 수 있음.

라인5 | 리더십

♆ ▲ 낡은 한계를 파괴하면, 또 다시 새것이 생겨난다는 깨달음. 이것이 행위 패턴에서 행동을 통해
나타남으로 지도자의 가능성을 향상시킨다. **한계에 대처하는 인생 과정을 처리하는 에너지.**

♃ ▽ 한계를 긋는 것이 중요한데, 팽창의 자연적 욕구가 위로부터의 혼란을 야기하다.
팽창하려는 에너지가 한계를 다루지 못하다.

라인4 | 풍부한 책략

☿ ▲ 한계상황에서도 가능성의 이성적 극대화. **한계상황에서의 가능성 극대화.**

♀ ▽ 한계에 이르렀을 때 거기에서 조화로운 적용 방법을 찾기보다,
그 제한됨의 내적 의미를 찾으려는 경향. 전자는 초월하게 되며 후자는 물러선다.
한계를 수용하지 않고 머리로 이해하는 에너지가, 변이의 가능성을 저버리게 되어 침체로 이끌다.

라인3 | 보수주의

♄ ▲ 자기관리에 통달하니, 자연히 한계와 금기를 처리하므로 정체성과 안전을 분명히 하다.
한계에도 불구하고 정체성과 안전을 유지하는 에너지.

♂ ▽ 에고를 부풀리는 자기관리로 한계를 무시하니 고난이 닥친다.
한계를 무시하는 에너지가 대가를 지불하다.

라인2 | 단호함

♄ ▲ 한계의 성향을 이해하므로, 필요시 그것을 수용하여 상황이 전개될 때 이롭게 쓸 수 있는.
억제상황에 적응하는 에너지.

⊕ ▽ 억제상황에 적응하는 것이 버릇이 되어, 이미 한계가 없음에도 그 성향을 유지하다.
궁극의 변형 없이 계속 적응상태에 빠져있는 에너지.

라인1 | 수용 – 완벽한 타이밍 없이는 궁극의 즐거움을 얻지 못한다.

♀ ▲ 외부의 한계에 부닥쳤을 때 내적으로 조화를 유지하는 능력.
외부의 한계에 대응할 수 있는 조화로운 에너지.

☿ ▽ 다양성을 향한 충동이 한계상황에서 불안, 초조할 가능성.
외부에서 오는 한계에 맞닥뜨릴 때 초조해서 가만히 있지 못하는 에너지.

GATE 61

내적 진실 – 신비
만유의 근본원리에 대한 인식

라인6 | 매력

♆ ▲ 집단에게 근본적으로 조율하므로, 대중들을 진리에로 끌어낼 수 있는.
영감으로부터의 명료함을 집단에게 전달할 수 있는.

♂ ▽ 에너지 수준에서는 새로울지 모르나, 케케묵은 상투적 선전 문구에 의존하므로 결과적으로 듣는 이가 없음. **영감이 집단에게 명료함을 가져오리라는 착각.**

라인5 | 영향

♄ ▲ 알려진 지혜와 힘찬 주장의 영향으로, 한 세대의 틀을 마련할 수 있는 계몽적인 아버지 같은 인물. **알고자하는 압박이 지혜와 영향력으로 이어질 수 있다.**

♂ ▽ 힘 있는 자리에 있을 때, 지속적 영향을 담보하고자 굴종을 강요하고픈 경향. **도전을 미워하고 수용을 요구하는, 앎으로부터 생기는 욕망.**

라인4 | 조사, 연구

♄ ▲ 내적 진리의 깊이를 조사하기 위해 그리고 근본 원리에 그 내적진리의 적용을 극대화하기 위해 집중하는 역량. **근본원리를 알고자하는 압박.**

♃ ▽ 확장과 통합에 다른 사람들을 가담시켜 그 적용에 다양한 혼란이 생길 수 있음. **협동이 영감의 향상에 도움이 되리라는 환상.**

라인3 | 상호의존 – 진리가 홀로 서기는 매우 힘들다.

☽ ▲ 진리를 현실화시키기 위해, 인간관계를 정립하는 능력과 키우고 보호하는 힘으로, 상호성장을 지속시키는 안정된 환경을 보장한다. **협동을 통해 알고자하는 압박이 늘어난다.**

♂ ▽ 풍부한 힘을 가지고 그리고 진리를 가지고 있으면서 다른 사람들을 외면하거나 혹은 다른 사람들에 의해 밝혀 부서지거나. **다른 사람들을 못 참아주고 관계를 끊다.**

라인2 | 타고난 탁월함

☽ ▲ 달 항진. 이 위치로부터 재능을 얻어, 널리 돌보는 영향이 간교함 없이, 넘치는 매력으로 피어나다. **영감의 재능이 매력적이며, 세상에 도움을 주는.**

♂ ▽ 위의 영향이 조기에 인식되어, 그 효과를 극대화 하고자 자기중심적이 된다. **어떠한 영감이든 인정받을 가치가 있다는 과대망상.**

라인1 | 초자연적 지식

♆ ▲ 자연적인 영적 인식이 보편적 원리를 강화시키다. **숨겨진 학문들을 통해 존재의 비밀을 알고자하는 욕구.**

♀ ▽ 숨겨진 지식들에 의존함이 점점 금욕적 수행을 요구하여, 결국 모호해지다. **신비를 알고자하는 욕망이 너무 커져서, 결국 외부현실을 처리하지 못하다.**

GATE 62

작은 자들의 우세함 – 세부사항

주의력, 인내심, 세부사항을 통해 한계를 뛰어넘는 탁월함이 발현되다

라인6 | 자기단련

♄ ▲   티끌 모아 태산. 물질적 성공을 위한 비결인 세심함.
물질적 성공은 세심한 것들에 달렸음을 이해한다.

☿ ▽   성공을 위한 재주는 있으나, 훈련이 되지 않은.
성공을 위해 필요한 세부사항들에 대한 재주는 있으나, 서투르다.

라인5 | 탈바꿈 – 고수가 되면 행동이 필요하다.

☽ ▲   어둠에서 자라나 차차 그 빛을 온 누리에 나누는 달의 단계가 상징하듯, 나누기 위해 다른 사람들에게 접근한다. 세부적인 것들이 마무리되었을 때만이 행동에 나설 수 있다는 것을 앎.

♆ ▽   탈바꿈의 때에 떠들썩한 발표로 갈채를 받고자하는 경향.
세부사항이 짜였을 때 관심을 받고 싶어서 표현하고자 하다.

라인4 | 금욕주의

♀ ▲   외부의 방해 없이, 조화와 단순함을 추구하는 완전한 금욕수행에서, 인생의 의미를 세밀하게 조사하는 시간을 가지다. 오직 고립과 반추의 시기를 보낸 뒤에야 표현 가능한 세부사항.

♆ ▽   기성가치에 저항하고픈 마음이 굴뚝같지만, 환경이 여의치 않아 칩거하여 기회를 기다리다.
세부사항이 정리된 후, 전략적으로 고립을 택해 표현의 때를 기다리다.

라인3 | 발견

♅ ▲   색다른 것에 대한 천재. 세부적인 것에서 유용한 정보를 찾아내고, 그 지식의 혁신적 사용법을 찾아내는 능력. **가치 있는 세부사항을 찾아내고 표현하는 흔치 않은 재주.**

♀ ▽   세부적인 작업의 단조로움을 싫어해 대충 넘긴 부분이, 매우 중요하고 가치 있는 것일 수도 있다.
세부적인 작업에서 지겨움과 불만을 표현하다.

라인2 | 억제

♄ ▲   억제 속에서도 실력을 발휘하는 내적인 자제와 훈련. **세부적인 작업에 필요한 훈련.**

☿ ▽   심각한 억압으로 장애를 겪은 지능은 우려와 불안의 상태이기 쉽다.
세부적인 작업을 만났을 때 나타나는 불안과 초조.

라인1 | 틀에 박힌 길

♆ ▲   풍요롭고 대담한 환상적인 삶을 통해, 일상의 지겨움을 초월하는 능력.
환상으로 세부사항을 만들어내는 능력.

♂ ▽   반항으로 인한 엄청난 에너지의 낭비. **표현의 필요 때문에 세부사항을 무시하다.**

GATE 63

완료 후 – 의심
삶의 소용돌이에서, 모든 종말은 새로운 시작이다

라인6 | 향수

♃ ▲ 지난날의 쟁투를 강박관념이 되지 않도록 하는 건강한 심리. **예전의 의문을 뒤로 하는 이성.**

♆ ▽ 혁명가의 향수. **비이성적이며 오래된 의심과 의문에 매달릴 가능성.**

라인5 | 단언

☉ ▲ 구식을 탈피하게 해주었던 가치들을 새로운 시작에서도 같이 추구하려는, **목적의 진지함과 권위. 의문이 필요하고도 가치 있음을 이해하다.**

♂ ▽ 승리했을 때 위의 가치들을 입으로만 나불대는 경향. 그런 지도자 아래서는 이러한 가치들이 공허한 의례에 불과하게 축소된다. **의심이 필수적이고 가치 있음을 이해한다.**

라인4 | 기억

☿ ▲ 세밀하게 정리된 성취과정의 기반자료가, 미래의 새로운 질서를 준비해 줄 수 있다. **궁극적 체제수립의 기초를 위하여 의문점의 세부사항을 조사하려는 노력.**

♂ ▽ 나중에 대가를 치를 수도 있으나, 빛나는 승리에 취해 잊으려하다. **의문이 풀렸을 때 세부사항을 잊기 쉽거나 잊도록 압박을 받는.**

라인3 | 지속성

♃ ▲ 수준에 못 미치는 자들과 교류하면서까지 지켜온 원칙의 유지를 요구하는, 새로운 시작에 전념함. **다른 사람들과 교류하면서 자신의 원칙을 지킬 수 있을까 하는 의문.**

♄ ▽ 어떤 대가를 치르더라도 이루는 성공. **대가가 어떠하든 의문을 해결하려는 갈망.**

라인2 | 구조 짜기

♃ ▲ 판을 크게 벌려 성과가 널리 퍼지고 나눠어지게 하며, 방향을 지도하면서도 도움을 준 사람들에게 보답하는. **통제를 유지하면서도 자신의 의문점을 다른 사람들과 공유하고자 하는 노력.**

♅ ▽ 성과에 불안하여 권위 있는 자리에 있을 때 오만하고, 권력의 중심으로부터 다른 사람들을 배제하려는 욕망으로 이끌리는. **성과에 의문이 생겨 다른 사람들을 의심하게 될 수 있는.**

라인1 | 침착함

☉ ▲ 성취를 침착하게 수용하며, 미래의 발전도 자연스럽게 피어나도록 놔두는 개성. **성과를 수용하나 계속 발전이 이루어질까하는 의심.**

♂ ▽ 성취 후 곧바로 새 목표를 추구함으로써, 이미 얻은 것을 위태롭게 할 경향. **성취했으나 자신의 능력이 믿기지 않아, 곧바로 새로운 목표를 추구하는 조바심.**

GATE 64

완료 전 – 혼란

과도기에는, 출생처럼 통과에 필요한 단호함이 요구된다

라인6 | 승리

☿ ▲ 승리가 불가피함을 확신하여, 승리의 기쁨을 향유하나 지나침은 없다.
혼란과 그 자료의 다양함을 즐길 줄 아는 정신능력.

♀ ▽ 트로이 목마처럼 축제의 기분에 팔리면, 부주의하여 전망을 잃고 위험에 처할 수 있다.
자료의 다양성으로 인해 견지가 흐려지기 쉬움.

라인5 | 약속, 좋은 징조

♀ ▲ 새로운 질서에서 약속된 가치들은 다른 사람들과의 조화로운 교류를 통해 나타난다. 그리하여 노력의 정당성이 강화된다. **어떤 가치들과 관계들이 조화를 가져올 수 있을 것인가에 대한 혼란.**

♃ ▽ 새 질서의 자질을 보여줄 수 없는 실패한 구질서에만 집착함으로써, 투쟁을 정당화하려는 경향.
가치와 교류에 관해 과거의 혼란에만 집중하다.

라인4 | 확신

☽ ▲ 단계들이 보여주듯, 달의 변천은 완성(보름달)으로의 과정이 분명하다.
혼란이 깨달음으로 가는 과정이라고 확신하다.

♂ ▽ 힘과 에너지만으로는 의문을 극복하지 못한다.
혼란이 크게 강화되어, 확신이 마음을 진정시키지 못하다.

라인3 | 과잉확장

♄ ▲ 자신이 변이를 완결할 필요자원이 없음을 알아차리는 지혜. 그렇게 때를 맞춘 각성은 도움을 구하는 기회를 줄 수 있다. **혼란을 일시적 상태로 수용하는 지혜가 있으며, 문제는 다른 사람들을 통하거나 때가 되면 해결되리라 믿음.**

☽ ▽ 겉으로만 자신이 있는 성격의 위험은, 변화가 좌절되었을 때 함께 할 사람이 없다는 것이다.
'필요하면 운명이 도와주겠지' 하는 지나친 자신감.

라인2 | 자격부여

♀ ▲ 내적 성장이, 어떤 자질이 초월에 필요한가를 알아채며, 그것이 없다면 일이 실패하리라는 자각.
의미 찾기의 혼란을 내적 성장으로 끝낼 수 있다.

☽ ▽ 끊임없이 행동함으로써, 미래에 필요한 바로 그 자원과 자질을 낭비하다.
혼란 속에 길을 잃어 마음을 무겁게 한다.

라인1 | 조건들

♀ ▲ 중앙으로 침투할 때, 무질서를 견디는 데 필요한 조화를 심어주는 이해.
혼란의 와중에 초점을 찾기 어려움.

♂ ▽ 전환(transition)이 목전에 있을 때, 급히 서두르고자하는 강한 유혹.
혼란의 의미를 찾았다고 생각 될 때, 곧바로 행동으로 옮기고자 하는 조바심.

어떤 수준에서 이 지식을 가르치든 언제나 나는 같은 결론에 도달한다. 전략과 결정권이 없다면, 삶은 아무것도 아니다. 오직 획일화, 혼란, 왜곡이 있을 뿐. 마음이 관여한다면 탈출구는 없다. 정말 없다. 마음이 당신의 삶을 통제한다면 어찌해 볼 도리가 없다. 끝장이다. 그냥 끝이다. 그리고 막판에는 고통뿐이다. 그렇게 간단하다.

이게 전부다. 탈조건화 말이다. 획일화에서 천차만별의 분화로 조건화를 벗어나는 것. 그것은 실현 가능성을 수용하는 것이다. 가능하다는 것이지 확률이 높다는 것은 아니다. 이 길을 가는 동안 당신과 특별히 잘 통하는 사람들이 있을 가능성. 그것을 위해 우리가 산다.

지적으로 아주 높은 수준의 가르침을 펼칠 수 있어서 아주 기쁘다. 존재와 삶의 필수적인 진리(본질적 진리)에 대한 것이라 더욱 그렇다. 이것은 은총이다. 대단한 은총이다. 또한 내가 프로파일 5이기 때문에, 이것은 단순한 잡담이 아니라 현실적이다. 그럼 이만._라우루 후

11장 / 관련 자료, 용어 해설, 키노트: 추가 정보들

Other Resow,Rces: Glossary, Keynotes And More

부록 1

공인된
휴먼디자인 단체들

휴먼디자인 공동체는 진정한 세계적 조직이다. 라 우루 후는 휴먼디자인 시스템이 매우 특별하고 독특한 지식체계임을 정확히 알고 있었다. 그는 25년 동안 그 체계를 키워왔으며, 세상 사람들이 준비 될 때마다 조심스럽게 지식의 면모들을 펼쳐왔다. 그는 그 지식의 진정한 메시지를 세상에 전달하고 작업을 계속하기위해 단체들의 관계망을 만들었다. 아래에 적힌 공인된 조직들은 라 우루 후의 명성과 그 일의 순수성을 유지, 지속시키는 선택된 사명을 띠고 있다. 공인 전문가들과 조직들은 위의 이미지와 같은 공인된 의장(상표)을 가지고 있다.

Jovian Archive: www.jovianarchive.com
라 우루 후의 웹 사이트: 디지털 도서관, 자습 교재,
소프트웨어, 비디오와 휴먼디자인 TV

International Human Design School(IHDS): www.ihdschool.com
휴먼디자인 표준과 교육

Human Design Concepts: www.humandesignconcepts.com
마케팅 그래픽 디자인, 기술과 관리

IHDS 공인 센터가 있는 나라: IHDS 홈페이지 Resources 메뉴의 세부 링크 참고
미국, 캐나다, 프랑스, 영국, 독일, 이탈리아, 스페인, 오스트리아, 스위스, 호주, 브라질, 일본, 중국, 대만, 한국, 러시아, 도미니카 공화국

부록 2

다음 단계의 추천

1단계 – 먼저 국제 휴먼디자인 학교IHDS의 국제 공인 분석가로부터 리딩을 받아 전략과 권위에 따라 사는 삶의 방식을 이해한 뒤, 배운 것을 가지고 실험을 시작한다.

2단계 – 휴먼디자인 시스템을 통해 '자기 자신이 되는' 여행을 처음으로 시작한 라 우루 후는 트루셀프에 따라 삶을 완전히 받아들이고 살아가도록 하는 방식에 대해 명확히 이해하고 있었다. 그는 다른 이들도 이러한 방식을 따라올 수 있도록 체험적이며 또한 교육적인 프로그램을 만들어냈다. 두 번째 단계에서는 '자기 디자인대로 살기 Living Your Design' 체험 워크숍에 참여한다. 전 세계에 걸쳐, LYD 가이드와 교사들이 당신의 여행을 돕기 위해 일하고 있다.

3단계 – 배운 대로 살아본다. 그뿐이다. 쉬운 일은 아닐 수 있지만 간단하다. 그동안 배운 것을 통해 무슨 일이 일어나는지를 확인하며 매일 매 순간을 살아보라. 휴먼디자인 커뮤니티에서는 공부 모임을 제공하고 있기 때문에 참가해보는 것을 권한다.

더 배우고자 하는 사람들에게

4단계 – 휴먼디자인은 재미있으면서도 심오하다. 좀 더 깊은 이해를 원하는 대중들을 위해 라 우루 후는 '레이브 ABC' 또는 '레이브 지도학cartography' 코스를 만들었다. 이 코스들은 원래 라 우루 후가 직접 강의했고, 지금은 IHDS 공인 교사들이 가르친다. 전 세계에 걸쳐 대면 또는 온라인의 방식으로 교사들과 만날 수 있다. 당신 국가의 지부에서 강의 코스를 찾아보라.

전문가가 되고자 하는 사람들에게

5단계 – IHDS의 전문 분석가 프로그램에 참여하라. 이 과정에서는 바디그래프의 완전한 종합 이해능력을 위한 네 단계의 프로그램을 학생들에게 가르친다. 그럼으로써 좀 더 심화된 휴먼디자인 리딩을 대중에게 제공하고 삶을 변화시키게 도와준다. 이 과정에서는 기초 리딩, 파트너십 리딩, 태양 회귀, 토성 회귀, 천왕성 반환점, 카이론 회귀, 인카네이션 크로스 리딩 등을 공부한다.

6단계 – 가족관계 리딩, 아동교육, BG5(직업과 사업 컨설팅), 레이브 심리학, PHS(기초 건강 시스템), 전인적 분석, 꿈 해석, 레이브 우주론 등을 포함한 심화된 학습을 진행한다. 이 과목들에 대한 더 자세한 정보를 얻으려면 다음 페이지의 간단한 설명을 참고하거나, 이전 페이지에 소개된 공식 홈페이지에 방문해 보기 바란다.

부록 3

공부 과목

차트 분석

이 기본적이고 기초적인 리딩은 당신의 본모습을 찾기 위한 시작점이 될 것이다. 이것은 자기 강화를 위한 진정한 여정이다. 이를 통해 당신은 전략과 권위, 그리고 디자인의 개성적 특질에 대한 통찰을 얻을 수 있을 것이다. 당신이 왜 여기에 있는지, 당신에게 어떤 고유한 능력이 잠재되어 있는지, 당신의 트루셀프와 삶의 목표를 어떻게 표출할 수 있는지를 이해하게 될 것이다. 우리 모두는 각각의 고유한 방식으로 변화하도록 디자인되었다. 당신은 그동안 겪었던 조건화를 초월할 수 있는 지침을 발견할 것이고, 고유한 의사 결정 과정에 익숙해지는 것을 배울 것이다. 휴먼디자인 시스템은 자기 스스로를 계속해서 발견해나갈 수 있도록 하는 자기 관찰의 훌륭한 도구가 될 것이고, 그 과정에서 부닥칠 난관들을 알아보고 일상생활에서 그것들을 잘 다룰 수 있도록 도와줄 것이다.

사이클 분석

우리 모두의 삶에는 몇 번의 중요한 전환기가 찾아온다. 이때마다 우리는 중대한 결정을 내려야 하고, 우리 삶이 어떤 방향으로 갈지에 대한 중요한 교훈들을 얻는다. 당신 자신에 대해 더 잘 알수록, 중요한 난관들이 닥칠 때마다 이러한 결정들을 더 잘 내릴 수 있을 것이다. 이러한 사이클은 대략 28세 때 토성회귀와, 대략 40세 때의 천왕성 반환점, 대략 49세 때의 카이론 회귀, 그리고 매해 생일 석 달 전의 태양 회귀 등을 포함한다. 사이클 리딩은 당신에게 통찰력을 주고, 이정표나 일기예보 같은 구실을 해주면서 이러한 전환기들이 가능한 한 부드럽게 지나가게 하여 당신이 선로를 이탈하지 않도록 도와준다.

파트너십 분석

우리는 모두 다르게 디자인되었고, 고유한 자신으로서 대접받아야 한다. 부부나 연인은 서로의 디자인을 각각 따로, 또는 함께 이해함으로써 진정성과 자비, 수용과 존중을 바탕으로 한 관계를 맺을 수 있을 것이다. 파트너십 리딩을 통해 당신은 배우자, 자녀, 가족 구성원, 동료 및 친구들과 사람 대 사람으로 소통하는 법을 배우게 될 것이다. 우리를 끌어당기기도 하고 밀어내기도 하는 잠재적인 끌림과 타협점을 이해할 때 우리는 건강한 인간관계를 양성해낼 수 있다. 휴먼디자인 시스템은 당신 디자인의 고유함을 비추어냄으로써 서로에 대한 오해를 깨우침으로 바꾸어준다.

가족 관계 리딩

가족 리딩은 가족 구성원 모두에게, 그중에서도 특히 아이들에게 유익하다. 펜타Penta, 즉 3~5인의 그룹 오라 조사를 통해 가족 구성원들은 서로의 역학관계를 파악하고, 그것이 늘 어떻게 나타나는지를 알 수 있다. 펜타 오라가 작동하는 법을 이해하면, 우리는 잘못을 저지르거나 비난하지 않고 오히려 구성원 각각의 고유함과 함께 가족 전체의 고유함을 인정하고 지지해줄 수 있는 환경을 마련할 수 있는 기회를 얻게 된다.

아동 교육

휴먼디자인의 지식은 궁극적으로 아이를 위한 것이며, 아동 교육child development은 아주 현실적인 양육 상황에서 부모들이 어떻게 아이들과 상호작용할 수 있는지를 가르쳐준다. 이 과정에서는, 아이들과 부모 사이에 존재하는 조건화의 역학관계, 올바른 조건화, 부모와 아이 간에 이루어지는 상호작용의 유형, 조건화된 부모의 권위, 각 타입의 아이에게 맞는 양육법, 행동장애, 프로파일에 따른 유형, 아이가 자신의 퍼스낼리티에 맞추어 살 수 있도록 해주는 법 등을 소개한다. 가정과 아이 양육에 있어서 행복을 꾀할 수 있는 필수적인 정보들이다.

BG5, OC16 직업과 사업 컨설팅

휴먼디자인 시스템은 소규모부터 대규모 비즈니스 환경까지 그 역학관계를 파악할 수 있게 해주는 매력적인 방식이다. BG5와 OC16은 인간마다 가지고 있는 본성적 에너지의 차이와, 비즈니스 환경에 있어서 각자에게 적합한 역할이 무엇인지에 초점을 맞추고 있다. 각 분야의 팀들이 기능하는 모든 양상을 탐구하고, 각 개인이 그들의 능력을 가지고 어떻게 효과적이고 능률적으로 집단에 기여하게 되는지를 살핀다. 이 컨설팅 과정에서는 각 개인의 경력 프로파일에 대한 세부 정보는 물론, 소규모 또는 대규모의 비즈니스 집단들의 역학관계가 분석대상이 된다. 이 과정에서 팀 또는 집단에서 어떤 것이 잘 돌아가고 어떤 것이 삐걱대는지, 또 각 개인 가진 재능과 강점을 살려 최적의 비즈니스 성과를 내기 위해서 구체적으로 무엇이 필요한지를 정확히 찾아내게 된다.

레이브 심리학

레이브 심리학은 마음을 당신의 동료로 삼을 수 있게 하는 비결을 가지고 있다. 당신의 인식이 얼마나 고유하게 작동하는지를 알게 되면, 당신은 마음과 몸이 올바르게 협력하도록 만들 수 있을 것이다. 마음은 당신의 차트에 그려진 빈 공간을 극복하려는 전략을 가지고 있다. 이 전략은 몸 안팎을 흐르는 항상 변화하는 에너지를 손안에 쥐려고 하는 경향이 있다. 이러한 투쟁성은 마음이 삶의 주도권이 되게 함으로써 몸과 마음의 모순을 심화하게 된다. 마음의 올바른 작동법을 인식하게 되는 것은 당신에게 무엇이 자연스러운지를 알게 됨으로써 가능해진다. 레이브 심리학은 마음이 당신 주변 세계의 정보들을 어떻게 받아들이고 소화하는지를 샅샅이 파헤친다. 레이브 심리학은 인간의 마음이 균질화된 마음과 개별화된 마음의 근본적인 이원성 안에서 어떻게 작동하는지 완벽하게 이해하도록 해준다. 이러한 이해의 과정은 느리지만 확실하게, 존재에 스며들고, 승객의식 Passenger consciousness 으로의 깨우침에 이르도록 해준다.

기초 건강 시스템 PHS

레이브 심리학이 마음을 위한 것이라면, PHS는 몸을 위한 것이다. PHS는 올바른 음식물 섭취, 올바른 생활환경 조성을 통해 웰빙에 대한 혁명적 개선을 제공한다. PHS를 통해 우리가 어떻게 음식을 섭취하고, 소화하면 뇌를 최적의 상태로 만들고, 몸을 건강하게 유지하고, 장수하게 할 수 있는지 가르쳐준다. 당신만의 건강 전략을 세움으로써 소화를 개선하고, 감각능력과 뇌기능을 향상시키고, 각 사람마다 고유한 건강 개선을 도모할 수 있게 해준다.

전인적 분석

전인적 분석은 PHS, 레이브 심리학, 달과 행성의 공진, 그리고 고전적인 차트 해석을 통한 Base orientation 지식을 통합한 것이다. 전인적 분석은 휴먼디자인이 가진 모든 분석적 가능성을 보여준다.

레이브 사회학

개별화와 가장 강하게 충돌하는 것은 조건화이다. 레이브 사회학은 집단 내의 상호작용과 그 안에서 이루어지는 조건화의 임팩트를 탐구한다. 이것은 균일화된 세상의 그림자, 그리고 창문과 같다. 이러한 역학관계를 이해하는 것은 당신의 고유한 삶의 양상대로 사는 것과 대위를 이룬다. 이것은 타인, 가족, 학급, 집단 또는 대중들의 영향을 받아 당신의 디자인이 어떻게 변화할 수 있는지를 탐구할 수 있는 기회가 된다.

꿈레이브 분석

꿈레이브 DreamRave 분석은 우리가 잠에 든 동안 얼마나 조건화에 취약한지를 이해하도록 도와준다. 자는 동안 가장 높은 단계인 9센터 의식은 간단하게 사라지고, 이전의 5센터 형태로 돌아가게 된다. 이러한 사실은 역사적으로 꿈을 해석했던 방식을 바꿔버릴 것이다. 당신이 기대했던 것과는 다를 것이다.

레이브 우주론

레이브 우주론은 다음과 같은 휴먼디자인의 신비주의적 면과 과학적 면을 아우른다.

'보이스'에 의해 전송된 '이중우주Biverse'의 신화와 역학을 다룬 〈Bhan Tugh〉, 라우루 후가 인간과 신의 관계에 대한 깊은 통찰과 함께, 깨달음으로 우리를 이끄는 유전자의 명령에 대해 다룬 〈The Mystical Way〉, 죽음과 임종의 역학에 대한 가장 깊은 분석과 함께 'Bardo'의 특별한 탐구를 다룬 〈Dying, Death and Bardo〉, 우리가 속한 사이클의 변화와, '변화하는 오라 trans-auric'의 형태, 펜타 의식 등을 아우르는 〈2027〉, 미래에 인류를 기다리고 있는 것이 무엇인지를 이야기하는 〈Brahama's Night and Beyond〉, '존재의 패턴'과 '목적의 복잡합'을 이야기하는 〈Profile, Purpose and Function〉, 11개 별에 대한 깊은 탐구를 바탕으로 뉴트리노 바다를 연구한 〈The Nature of the Stars〉 등의 내용을 담고 있다.

부록 4

추천 도서

Jovian Archive 웹사이트에서 제공하는 디지털북과 더불어, The National Human Design Organization에서 공인된 휴먼디자인 도서를 출간하고 있다.

- 《Living Your Design Student Manual》 린다 버넬: 휴먼디자인의 기본 개념과 LYD 워크숍의 내용을 다룬다.

- 《Ephemeris》: 천체력. 한 해 동안 변하는 행성과 통과하는 별들의 운동을 레이브 만달라에 표시하며 매해 발행한다. 특히 리플렉터에게 추천하는 책이다.

- 《The Rave I'Ching》 라 우루 후: 게이트, 라인, 채널, 회로, 점성학적 별자리와 인카네이션 크로스의 이름까지 많은 정보를 담고 있는 레이브 역경 참고서.

- 《Incarnation Crosses: The Global Incarnation Index》 라 우루 후: 라 우루 후의 구술을 바탕으로, 사분기 별로 정각교차·병치교차·빗각교차의 세 가지 인카네이션 크로스를 설명한다.

- 《Profile and Type Reference Book》 라 우루 후: 타입에 따른 12개 프로파일 설명. 네 타입의 간략한 소개, 12가지 프로파일, 48가지 프로파일과 타입의 조합을 탐구한다.

- 《Rave BodyGraph Circuitry》 라 우루 후: 회로와 채널, 게이트에 대한 심화 학습서.

- 《Circuitry》 리처드 루드: 회로, 채널, 게이트의 키노트와 참고 사항을 안내한다.

- 《The Rave I'Ching Line Companion》 라 우루 후: 레이브 역경의 게이트와 라인을 상세하게 설명한다.

부록 5

채널, 게이트, 키노트

	게이트와 키노트		상응게이트와 키노트		채널과 키노트
1	창조적인 자 자기 표현	8	함께 뭉치기 공헌	1–8	영감 창조적 역할모델
2	수용적인 자 더 높은 앎	14	엄청난 소유 힘을 다루는 기술	14–2	울림 열쇠를 지키는 자
3	시작의 어려움 질서 잡기	60	제한 받아들임	60–3	변이 – 변동과 개시 에너지
4	미숙한 어리석음 공식화	63	완료 후 의심	63–4	논리 – 의심 섞인 정신적 판단
5	기다리기 고정된 리듬	15	겸손 극단	5–15	리듬 흐름 안에 있기
6	갈등 마찰	59	확산 성적 능력	59–6	짝짓기 재생산에 초점을 둔
7	군대 자기의 역할	31	영향력 이끌기	7–31	알파 좋은 또는 나쁜 리더십
8	함께 뭉치기 공헌	1	창조적인 자 자기 표현	1–8	영감 창조적 역할모델
9	작은 자들의 길들이는 힘– 초점	52	가만히 있기(산) 무위	52–9	집중 결의
10	발디디기 자아의 행동	20	응시/관조 지금 현재	10–20	깨어남 더 높은 원칙에 헌신
10	발디디기 자아의 행동	34	위대한 자의 힘 힘	34–10	탐험 신념을 따르는
10	발디디기 자아의 행동	57	부드러움 직관적 명료함	57–10	완벽한 형태 생존
11	평화 아이디어	56	방랑자 자극	11–56	호기심 탐구자
12	멈춤 조심성	22	우아함 개방성	22–12	개방성 사회적 존재

13	듣는 사람 유대감	33	물러남 사생활	13–33	돌아온 탕자 목격자
14	엄청난 소유 힘을 다루는 기술	2	수용적인 자 더 높은 앎	14–2	울림 열쇠를 지키는 자
15	겸손 극단	5	기다리기 고정된 리듬	5–15	리듬 흐름 안에 있기
16	열의 숙련된 기술	48	우물 깊이	48–16	파장 17–62
17	따르기 의견	62	작은 자들의 우세함 세부사항	17–62	수용 19–49
18	바로 잡음 교정	58	기쁨 생기 있음	58–18	판단 만족할 줄 모름
19	다가가기 결핍	49	혁명 원칙	19–49	통합 민감해짐
20	응시/관조 지금 현재	10	발디디기 자아의 행동	10–20	깨어남 더 높은 원칙에 헌신
20	응시/관조 지금 현재	34	위대한 자의 힘 힘	34–20	카리스마 생각이 반드시 행동이 되어야 하는
20	응시/관조 지금 현재	57	부드러움 직관적 통찰	57–20	두뇌 파동 자각
21	물고 늘어지기 사냥꾼	45	함께 모으기 모으는 자	21–45	돈 다루기 물질주의자
22	우아함 개방성	12	멈춤 조심성	22–12	개방성 사회적 존재
23	조각내기 동화	43	타개 통찰력	43–23	구조화 개성
24	돌아옴 합리화	61	내적 진실 신비	61–24	자각 사색가
25	순수 자기의 정신	51	자극하기 충격	51–25	개시 최초가 되려는 욕구
26	위대한 자들의 길들이는 힘 이기주의자	44	마중 나가기 경계태세	44–26	항복 전달자
27	양육 돌봄	50	가마솥 가치	27–50	보존 보호자의 임무
28	위대한 자의 우세함 승부사	38	반대 싸움꾼	38–28	투쟁 완고함
29	심연 바닥 '예'라고 말하기	46	끝까지 가기 자기의 결의	29–46	발견 다른 사람들이 실패하는 곳 에서 성공

30	꺼지지 않는 불 느낌의 인식	41	감소 수축	41-30	인식 집중된 에너지
31	영향력 이끌기	7	군대 자기의 역할	7-31	알파 좋은 또는 나쁜 리더십
32	지속 연속성	54	결혼하는 처녀 야망	54-32	변형 열성적임
33	물러남 사생활	13	유대감 듣는 사람	13-33	돌아온 탕자 목격자
34	위대한 자의 힘 힘	10	발디디기 자아의 행동	34-10	탐험 신념을 따르는
34	위대한 자의 힘 힘	20	응시/관조 지금 현재	34-20	카리스마 생각이 반드시 행동이 되어야 하는
34	위대한 자의 힘 힘	57	부드러움 직관적 통찰	57-34	힘 원형
35	진보 변화	36	빛의 어두워짐 위기	36-35	일시적임 온갖 경험
36	빛의 어두워짐 위기	35	진보 변화	36-35	일시적임 온갖 경험
37	가족 우정	40	해방 홀로 있기	37-40	공동체-전체를 추구하는 부분
38	반대 싸움꾼	28	위대한 자의 우세함 승부사	38-28	투쟁 완고함
39	방해 도발	55	풍부함 영혼	39-55	과장된 표현 변덕스러운 기분
40	해방 홀로 있기	37	가족 우정	37-40	공동체- 전체를 추구하는 부분
41	감소 수축	30	꺼지지 않는 불 느낌의 인식	41-30	인식 집중된 에너지
42	증가 성장	53	발전 시작	53-42	성숙 균형 잡힌 순환적 발전
43	타개 통찰력	23	조각내기 동화	43-23	구조와 개성
44	마중 나가기 경계태세	26	위대한 자들의 길들이는 힘 이기주의자	44-26	항복 전달자
45	함께 모으기 모으는 자	21	물고 늘어지기 사냥꾼	21-45	돈 다루기 물질주의자
46	끝까지 가기 자기의 결의	29	심연 바닥 '예'라고 말하기	29-46	발견 다른 사람들이 실패하는 곳 에서 성공

47	억압 깨닫기	64	완료 전 혼란	64–47	추상 명료함이 섞인 정신 활동
48	우물 깊이	16	열의 숙련된 기술	48–16	파장 재능
49	혁명 원칙	19	다가가기 결핍	19–49	통합 민감해짐
50	가마솥 가치	27	양육 돌봄	27–50	보존 보호자의 임무
51	자극하기 충격	25	순수 자기의 정신	25–51	개시 최초가 되려는 욕구
52	가만히 있기(산) 무위	9	작은 자들의 길들이는 힘– 초점	52–9	집중 결의
53	발전 시작	42	증가 성장	53–42	성숙 균형 잡힌 순환적 발전
54	결혼하는 처녀 야망	32	지속 연속성	54–32	변형 열성적임
55	풍부함 영혼	39	방해 도발	39–55	과장된 표현 변덕스러운 기분
56	방랑자 자극	11	평화 아이디어	11–56	호기심 탐구자
57	부드러움 직관적 통찰	10	발디디기 자아의 행동	57–10	완벽한 형태 생존
57	부드러움 직관적 통찰	20	응시/관조 지금 현재	57–20	두뇌 파동 자각
57	부드러움 직관적 통찰	34	위대한 자의 힘 힘	57–34	힘 원형
58	기쁨 생기 있음	18	바로 잡음 교정	58–18	판단 만족할 줄 모름
59	확산 성적 능력	6	갈등 마찰	59–6	짝짓기 재생산에 초점을 둔
60	제한 받아들임	3	시작의 어려움 질서 잡기	60–3	변이–변동과 개시 에너지
61	내적 진실 신비	24	돌아옴 합리화	61–24	자각 사색가
62	작은 자들의 우세함 세부사항	17	따르기 의견	17–62	수용 조직적 존재
63	완료 후 의심	4	미숙한 어리석음 공식화	63–4	논리 –의심 섞인 정신적 판단
64	완료 전 혼란	47	억압 깨닫기	64–47	추상 명료함이 섞인 정신 활동

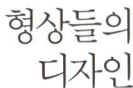

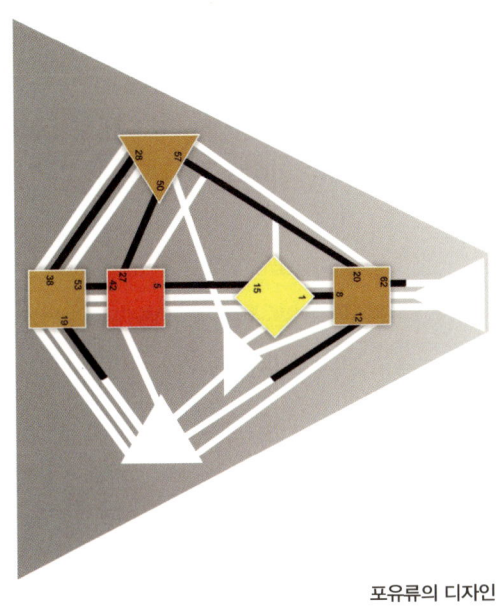

포유류의 디자인

    전통적인 점성학에서 보면, 사람과 닭은 아마도 같은 차트를 가지고 있을 것이다. 인간의 디자인은 단세포생물을 포함한 모든 형태의 생명체들의 디자인 가운데 한 부분에 불과하다는 점에서, 휴먼디자인 시스템이 가진 탁월한 잠재력을 알 수 있다. 다음 페이지의 그림에서 만물의 상호 연결성을 볼 수 있다.

    포유동물들도 인간들처럼 퍼스낼리티 크리스털과 마그네틱 모노폴을 가지고 있다. 인간을 포함 어떠한 형상도 서로 영향을 주고받으며 조건화의 매개체가 될 수 있다. 지구상에서 포유동물은 인간의 일상생활에 폭 넓은 영향을 미친다. 고양이 한 마리의 오라는 인간의 오라와 동일하다. 동물 디자인의 가능성을 볼 때 그것이 우리의 리듬과 방향에 대한 조건화 가능성은 분명하다. 개를 기르는 것이 그 증거일 수 있으니, 개가 아침에 우리를 깨워 개 줄로 우리를 끌고 갈 수 있으니 말이다. 동물들은 그들의 스플린을 통해 건강에도 좋은 영향을 줄 수 있다. 동물을 기르고 싶다면 그들의 디자인을 아는 것이 좋을 것이다. 동물 사육가들은 한 배 새끼들 전체의 탄생기록 보다는 한 마리, 한 마리씩 따로 기록을 남기는 것이 현명할 것이다. 정확한 데이터를 통해 동물에게 좋은 환경을 제공해주고, 인간에게 양질의 동반관계를 보장해 줄 수 있을 것이다.

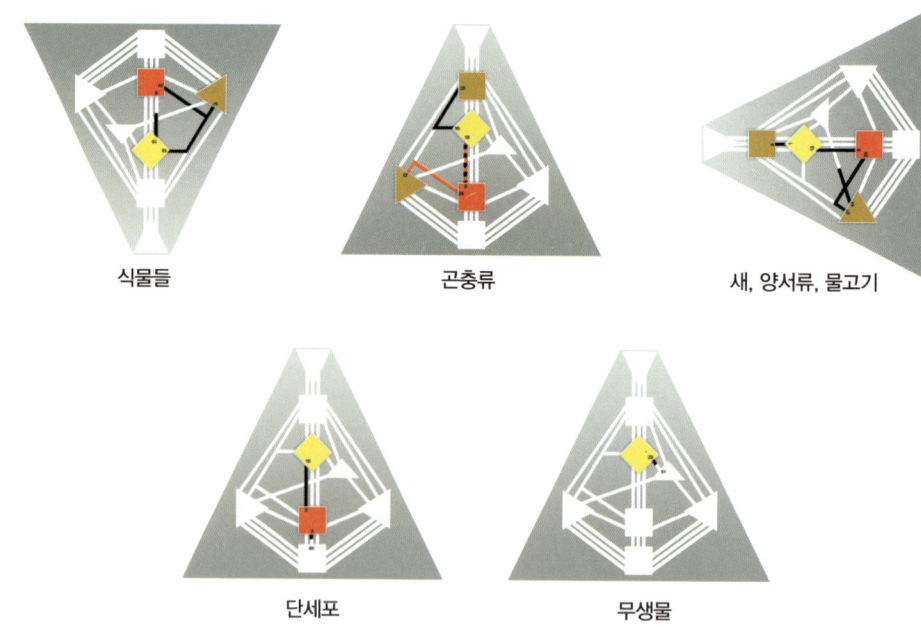

식물들　　　　　　곤충류　　　　　　새, 양서류, 물고기

단세포　　　　　　　　　무생물

　　단세포나 무생물에게는 퍼스낼리티 크리스털이 없으나, 디자인 크리스털과 태초의 마그네틱 모노폴은 들어있다. 완성된 채널이 없는 무생물은 생물적일 수 없지만, 모든 것이 진화에 참여하고 있다. 모든 것이 이 커다란 진화의 흐름 속에서 서로 연결되어 있는 것이다.

　　이 주제는 광범위하며 궁금하면 아래를 참조하시라.
www.jovianarchive.com 그리고 www.ihdschool.com

> 보이스에 의하면, 전체 우주는 태어난 적 없는 존재unborn entity이다. 모든 것이 이 생명의 일부다. 그것이 우리고 우리가 그것이다. _라우루 후

부록 7

휴먼디자인 용어풀이

64괘와 별자리의 대응 Hexagram constellation : 역경의 육효, 각각의 효, 게이트와 함께 황도대(12궁)의 각도를 볼 수 있는 만달라의 한 조각을 말한다. 64괘(게이트) 각각은 360도로 이루어진 만달라에서 각기 5도 47분 30초만큼의 범위에 해당된다.

감정 파동 Emotional wave : 솔라 플렉서스에서 일어나는, 희망에서 실망으로, 높은 곳에서 낮은 곳으로 굽이치는 파동성 에너지. 트라이벌의 필요, 인디비주얼의 불확실성, 컬렉티브의 욕망, 세 가지로 경험된다.

개성 Individuality : 인디비주얼 회로의 채널과 게이트에 관련된 자질. 변이, 우울함, 능력 강화, 독특함으로 부족의 생존을 담보한다.

건강 센터 Health Center : 스플린 센터와 스로트 센터 항목 참조.

게이트 Gates : 만달라의 바깥 원에서 바디그래프로 옮겨졌을 때, 역경의 괘가 호칭되는 이름이다. 바디그래프에서 채널의 양쪽 끝에 있는 것으로 센터 사이의 에너지 흐름을 걸러주며 센터의 출입구 역할을 한다.

결정권Authority: 삶을 결정해 나가기 위한 휴먼디자인의 도구들 중 하나.
* **내적 결정권:** 자기 자신으로서 결정하기 위한 내적 안내의 원천. 개인적인 GPS.
* **외적 결정권:** 생각으로 결정하기를 포기한 뒤, 다른 사람들에게 도움이 되는 능력으로 쓸 수 있게 된 마음의 적합한 영역.

공명Resonance: 6개의 라인 이론에서, 한 라인이 같은 라인을 만나면 공통의 주제와 울림을 가진다. 공명의 라인은 1/1, 2/2, 3/3, 4/4, 5/5, 6/6이 있다.

괘卦, Hexagram, **64괘:** 음 또는 양으로 이루어진 6개의 평행선으로, 전통적 역경(주역)과 레이브 역경의 기초를 이룬다. 역경의 바탕인 64괘의 구성은, 우리의 유전적 구성인 자인 DNA의 코돈codon과 수학적인 상관관계를 이루고 있다.

궤적Trajectory: 공간에서의 우리 삶의 행로/움직임. 다른 사람들과 교류하도록 디자인된 길과 방식. 운전수인 마그네틱 모노폴에 의해 나타난다.

기초 건강 시스템 Primary Health System, PHS: 휴먼디자인 시스템의 한 분야로, 형체(몸)의 인식 작용을 연구함. 각 개인의 독특하고 복합적인 두뇌의 개발을 돕고자 하는 식이요법 처방.

낫셀프Not-self: 자신의 진면목이 아닌 것에 동일시 할 때 생기는 마음의 구조(컨디셔닝 항목을 참고할 것).

낫셀프 테마 Not-self themes: 마음(생각)으로 결정함으로써 생겨나는 저항을 보여주는 증거.
* **분노:** 매니페스터가 행동하기 전 미리 알리지 않았을 때 생긴다.
* **씁쓸함/비통함:** 프로젝터가 초대 없이 스스로 시작하고 나설 때 느낀다.
* **실망:** 리플렉터가 스스로 드러나기 위해 무언가를 시작했을 때 나타난다.
* **좌절/절망:** 제너레이터가 자기 몸의 반응을 기다리지 않고 시작했을 때 나타난다.

내적 결정권 Inner Authority: 결정권 참조.

논리Logic: 논리 회로의 채널과 게이트에 연관된 자질. 패턴, 처방, 확인, 증거를 추구하고, 집단의 미래를 위해 안정된 패턴을 제시한다. 추상과정의 반대개념.

뉴트리노Neutrino: 중성미자中性微子. 별들의 중심에서 핵융합에 의해 생겨나는, 원자보다 더 작은 입자. 질량이 아주 작고, 우주를 통과하며 정보를 나른다.

다름(구별)의 과학 Science of Differentiation: 우리 모두의 독특함, 다름을 연구하는 학문. 우리의 삶 속에서, 휴먼디자인이 제공하는 도구들을 이용하여 개인적 실험을 통해 증명되는 과학이며, 종교같이 믿음의 체계가 아니다.

단세포Single Cell: 단세포 디자인은, G센터의 15번 게이트와 세이크럴 센터의 5번 게이트가 연결되어 있다. 단세포의 통합적 가능성은 3번 게이트, 변형이다.

달 주기 Lunar Cycle: 지구를 한 바퀴 도는 달의 28일 주기 동안 만달라의 64게이트 모두를 지나간다. 달 주기는 리플렉터의 전략으로, 그들의 결정권으로도 사용된다.

달의 노드 Lunar Nodes: 달의 궤도가 황도를 만나는 두 개의 교차점. 우주공간에서 우리가 움직이는 궤도를 정하므로, 신비학에서는 운명을 나타낸다.

동료의식Companionship: 바디그래프에서 두 사람에게 같은 채널/게이트가 정의된 경우 나타남. 경험과 우정의 공유가 가능하다.

뒷면Detriment(▽): 행성에 의해 고정되어 라인(爻)에서 강조되는 강력한 두 개의 영향력 가운데 하나.

디자인Design: 몸(유기체)에 남겨진 뉴트리노의 자취. 의식적인 자각 수준의 아래에 있는 의식. 즉 무의식을 말하며 바디그래프에서 붉게 표시되고, 휴먼디자인 시스템을 다른 모든 시스템과 구별시킨다.

디자인 계산 Design calculation: 출생 또는 퍼스낼리티 계산 이전으로 태양을 88도 뒤로 돌려 계산한다.

디자인 크리스털 Design crystal: 아즈나 센터에 들어있으며, 뉴트리노의 정보를 몸과 삶으로 바꾸는 본래의 기본적인 음의 성질.

디자인 태양과 지구 Design Sun and Earth: 디자인 계산에서의 태양과 지구. 부(태양)와 모(지구)로 부터의 직접적인 상속을 나타낸다.

라인Line(효): 64괘의 한 괘卦를 이루는 6개 막대모양의 선. 게이트(패)의 발전, 개발을 표시하는 6개의 주제. 게이트 아래 수준의 분석. 64개의 괘에는 모두 384개의 라인이 있다, 그 가운데 375개의 라인은 앞면과 뒷면의 이원성을 가지고 있고, 그 둘은 극성을 보여준다. 어느 쪽으로도 고정되지 않았을 때는 에너지와 영향이 앞면과 뒷면 사이를 흐른다.

레이브Rave: '보이스Voice'가 알려준 새로운 다음 인류의 명칭.

레이브 만달라 Rave Mandala: 휴먼디자인 시스템의 상표로서, '보이스Voice'에 의해 라 우루 후에게 주어진 신비 체계의 통합. 고대로부터 내려오는 네 가지 시스템으로 구성.
① **점성학**: 바디그래프의 계산에 사용됨
② **역경**: 게이트를 통해 유전학을 바디그래프에 통합시킴
③ **힌두 차크라 시스템**: 각 센터의 에너지 중추에 관계됨
④ **카발라 생명의 나무**: 회로와 채널에서 생명력이 창조되는 모습을 반영함

레이브 바디그래프 Rave BodyGraph: 레이브 만달라에 그려진 두 가지 의식의 크리스털의 각인

이 표시된 독특함의 청사진으로서, 우리 모두가 서로 다른 모습임을 보여준다.

레이브 심리학 Rave Psychology: 마음의 복잡함과 외적 결정권으로서의 가능성. 그리고 그에 미치는 조건화의 힘에 대해서 공부함.

레이브 역경 Rave I'Ching: 64 게이트와 그 라인에 관한 기록. 1989년 12월 12일 독일 프랑크프루트에서 라 우루 후가 완성하였다. 중국의 주역을 바탕으로 하였으며, 휴먼디자인 분석의 기본적 도구가 된다.

레이브 우주론 Rave Cosmology: 휴먼디자인 시스템과 '구별의 과학'을 계시한 우주론적 배경에 대한 연구.

레이브 차트 Rave Chart: 차트 항목 참조.

레이브 해석학 Rave Cartography: 휴먼디자인의 얼개가 작동하는 모습을 보여주는 도표 공부.

루트 센터 Root Center: 센터 항목 참조.

리플렉터Reflector: 네 타입 중 하나이며 정의된 곳이 없는 타입. 달과 그 주기에 연결되어 있으며, 전체 인구의 약 1% 정도. 누가 진실 되게 살며, 누가 통과 행성들에 의해 조건화되어 왔는지 알아차리는 능력이 있다. 오라는 표본을 찾듯 샘플링 한다.

마그네틱 모노폴 Magnetic Monopole: G센터에 있으며 오직 끌어당기기만 한다. 전체로 연계되는 프랙탈 끈에 의해 정해지는 인생의 독특한 궤적을 우리에게 가져다준다. 즉, 우리의 인생 행로를 만든다.

마음Mind: 생각으로 결정하는 7센터 인간들이 가지고 있는 의식. 1781년의 9센터 인류의 출현으로, 마음의 결정권은 몸으로 옮겨졌다. 대부분의 조건화와 우리가 경험하는 저항은, 이러한 변화를 받아들이지 못하는 생각으로부터 생겨난다.

만달라Mandala: 레이브 만달라를 참조

매니페스터Manifestor: 세이크럴이 아닌 다른 모터motor가 목으로 연결된 타입. 전체 인구의 약 9% 정도. 개시하고 표명하는 능력으로 우리에게 충격적 영향을 끼치며, 닫혀있고 밀어내는 오라를 가졌다.

매니페스팅 제너레이터 Manifesting Generator: 드러내고 개시 능력을 가진 제너레이터. 반응을 통하여 결정하지만, 그 다음엔 빠르게 행동으로 옮기는 '붓다의 전사Buddha Warrior'.

매달린 게이트 Hanging gate: 채널에서 한 쪽 게이트만 있는 경우(미정의 센터의 휴면 게이트이거나 정의 센터의 활동 게이트), 다른 사람들의 오라, 또는 통과하는 행성에 의한 조화 게이트(채널을 이루는 건너편 게이트)와의 연결에 열려있다.

모터Motors: 스로트로 연결되면 행동으로 나타나는 에너지 센터. 루트, 세이크럴, 솔라 플렉서스, 하트(에고) 센터.

몸, 운반체 Vehicle: 차트에서 디자인으로 표시되며. 승객의식을 가진 퍼스낼리티를 실고 다니는, 절대로 반복된 적 없는 유기체인 몸.

무의식적Unconscious: 태어나기 전의 디자인 데이터(출생 전 태양의 88도) 모두는 무의식적이다. 그것은 우리가 유전적으로 물려받은 것을 나타내며, 다른 사람들은 잘 알아채지만 정작 우리 자신은 시간이 지나야 알아챈다. 바디그래프 상에 붉은색으로 나타난다.

미정의된Undefined: 차트에 흰색으로 나타나며, 열려있고 지속적이지 않으며 유연한 곳으로 설명된다. 조건화와 지혜의 근원. 삶을 배우기 위해 우리가 다니는 학교. 다른 사람들을 경험하는 곳.

바디그래프, 레이브 바디그래프 BodyGraph or Rave BodyGraph: 레이브 만달라의 가운데 위치한 게이트, 채널, 회로의 기반Matrix. 바디그래프는 퍼스낼리티와 디자인 크리스털에 담긴 뉴트리노의 각인을 보여주고, 각자의 독특하게 구별된 삶을 나타낸다. 1987년 1월 5일 '보이스Voice'의 가르침으로 라 우루 후가 처음으로 그렸다. 휴먼디자인 분석의 주된 도구.

바디그래프 해석학 Cartography: 바디그래프에서 에너지 흐름 지도를 만들고 공부하는 과목.

반응Response: 삶이 다가왔을 때 제너레이터가 오라적으로 삶과 소통하는 방법. 제너레이터는 반응에 따라 살도록 디자인되었으며, 전략은 반응을 기다리는 것이다.

병치Juxtaposition/**병치된**Juxtaposed: 상반된 두 개가 나란히 있음으로 퀀텀을 이루게 되는 것.
(예: 마그네틱 모노폴이 디자인과 퍼스낼리티를 하나로 묶어 '당신'이 생겨나고, 두개의 게이트로 하나의 채널이 형성됨.)

고정된 병치 Juxtaposition in Fixing(✱): 하나의 라인을 고정함에 있어서, 앞면과 뒷면이 모두 고정되어 강조되는 경우.

병치 교차 Juxtaposition Cross: 고정된 운명.

보이스Voice: 1987년 라 우루 후에게 휴먼디자인 시스템의 정보를 전해준 매개체.

부조화Dissonance: 6개의 라인 이론에서 라인 사이에 조화(예-1/4, 2/5, 3/6)관계거나 공명(예-1/1, 2/2..)의 관계가 아닌 것들은 모두 부조화로 불린다. 거기에는 충돌과 엇박자가 나타난다. (예- 2/3, 1/6)

분노Anger: 매니페스터 채널의 낫셀프Not-self 주제.

비통함/씁쓸함 Bitterness: 프로젝터, 또는 프로젝터 채널의 낫셀프 주제.

빅뱅 Big Bang: 휴먼디자인에서는 빅뱅을 잉태로 표현한다. 태초의 음과 양이 함께하는 순간. 우주 팽창의 시작. '보이스Voice'에 따르면 아직 태어나지 않은 '아이'의 잉태 순간이다.

빗각 교차 Left Angle Cross: 초개인적 운명.

상하괘 Trigram: 64괘 각각의 6개 라인 중 밑에서부터 3개의 라인을 하괘下卦라 부르고 위 세 개의 라인을 상괘上卦라 부른다. 하나의 라인(효)은 음양 두 가지 종류가 있다.

선택 없음 Choicelessness: 개인 몸의 내적 결정권의 안내를 받아 다른 사람들과 맞는 오라적 상호교류(전략)를 통하여 삶이 펼쳐지도록 자각을 가지고 허용하기. 그 결과 통제, 조작하려하지 않고, 삶이 불러오는 것들을 바라봄으로써 당신은 깨어나게 된다.

세이크럴 센터 Sacral Center: 센터 항목 참조.

센터 Centers: 9센터 바디그래프에서 순환하며 변형시키는 에너지의 중심(허브). 몸의 호르몬 분비 체계와 연결됨.
* **아즈나:** 개념화 센터. 스로트 센터로 보낼 생각을 준비함.
* **헤드:** 영감의 센터. 생각하고 질문하도록 압박을 가함.
* **스로트:** 신진대사, 표명, 소통의 센터. 7센터 인간에게 일어난, 가장 중요한 최초의 변이를 대표하는 센터이다(아즈나와 함께). 85,000여 년 전에 정교한 언어 소통의 진화가 시작됨.
* **G:** 정체성, 사랑, 방향. 마그네틱 모노폴을 통하여 우리 삶의 길(방향)이 연결되는 곳. 더 높은 자기의 센터. 전체와 우리가 연결되는 방식.
* **하트/에고:** 물질세계, 의지, 에고(자부심/자신감)의 힘, 자존감의 센터.
* **스플린:** 동물적 본능으로 연결되는 생존을 위한 자각 센터. 순간적으로 몸이 느끼

는 자각, 안전, 건강을 위한 실존적 상태. 우리의 면역 반응.
* **솔라 플렉서스**: 감정적 지성. 감정적 파동. 2027년의 진화적 변이에 대한 준비로 현재 자각 센터로 변이가 진행 중이다.
* **세이크럴**: 반응으로 작동하는 창조적 힘의 센터.
* **루트**: 삶의 추진력 유지. 일이 벌어지게 하는 아드레날린의 압박 센터.

솔라 플렉서스 센터 Solar Plexus Center: 센터 항목 참조.

순환/주기 Cycles: 우리가 가늠할 수 있는 주요한 인생 전환점. 전환점 자체는 살면서 바뀌는 7년 주기의 중간지점을 말한다. 순환/주기 분석으로 삶의 이정표를 마련해 주며 아래와 같은 여러 종류의 회귀가 있다.
* **태양 회귀**: 다가올 일 년 동안 경험할 교육, 개발, 개인적 교류에 대한 분석.
* **토성 회귀**: 28-32세 사이에 바디그래프에 나타나는 패턴과 움직임 조사. 성숙을 향한 이정표에 대한 분석.
* **천왕성 반환점**: 인생 전반기 40년의 방향과 환경에서 후반기의 새로운 방향, 환경으로의 전환을 분석. 38-44세 사이에 일어난다. (중년의 위기)
* **카이론 회귀**Kiron Return: 48~52세에 시작되는 인생 목적의 마지막 꽃 피움을 위해 바디그래프를 통해 드러난 역학과 패턴을 분석.

스로트 센터 Throat Center: 센터 항목 참조.

스플린 센터 Splenic Center: 센터 항목 참조.

승객/승객의식 Passenger/Passenger consciousness: 몸Vehicle의 뒷자리에 앉아서 내맡기고 자기 반향 의식Self Reflected Consciousness으로 삶을 지켜볼 때 건강하게 기능할 잠재성이 있다.

실망Disappointment: 리플렉터의 낫셀프 주제.

아즈나 센터 Ajna Center: 센터 항목 참조.

알림Inform: 매니페스터의 전략. 그들의 표명이 평화를 가져다줌.

앞면Exaltation(▲): 행성에 의해 고정되어 라인에서 강조되는, 강력한 두 개의 영향력 가운데 하나.

양보Compromise: 한 사람의 채널이 정의되어 있고, 상대방은 그 채널중 하나의 게이트만 있는 경우, 게이트가 하나뿐인 상대방은 늘 정의된 채널의 사람에게 양보하게 된다.

에고/하트 Ego/Heart Center: 센터 항목 참조.

에너지 타입 / 비에너지 타입 Energy Type / Non-Energy Type: 에너지 타입은 세이크럴이 정의된 제너레이터와 루트, 에고, 솔라 플렉서스와 스로트 사이에 정의된 채널이 있는 매니페스터를 말한다. 비에너지 타입은 프로젝터와 리플렉터로서, 모터에 위와 같은 정의나 지속적인 연결이 없다.

역경I'Ching: 삶을 살면서 겪는 변화를 예측, 해석하는 고대 중국의 점술. BC. 3천~2천년부터 사용됨.

역학Mechanics: 인간형상이 작동하는 기준. 휴먼디자인이 우리의 경험과 존재의 역학을 보여주고 있다.

연결 게이트 Bridging gate: 개인 차트의 분리된 부분을 연결시켜주는 게이트. 이것으로 인하여 채널이 정의된다.

영향 받는 곳 Receivers: 차트에서 정의되어 있지 않은 부분(흰색 부분). 환경의 에너지에 열려있어서 다른 사람들로부터 조건화되는 곳. 하나로 있는 게이트도 영향을 받는 곳이다.

영향을 주는 곳 Senders: 바디그래프에서 정의되어, 오라를 통한 교류와 우리가 다른 사람들에게 어떤 모습으로 조건화시키고 있는지 나타내주는 곳.

오라Aura: 생명체의 주변에 보이지 않는 에너지 장. 모든 방향으로 약 1.8m까지 퍼져나감. 그 주파수 또는 전달 방법이 우리와 다른 사람 간의 소통방법을 좌우한다.

오픈/열려있음 Openness: 바디그래프에서 정의되지 않은 부분. 색깔이 없는 흰 부분. 조건화의 잠재성. 교육을 거쳐 키우고 다듬으면 지혜의 원천이 될 잠재성이 있다.

외적 결정권 Outer Authority: 결정권 항목 참조.

우주Universe: '보이스Voice'에 의하면, 살아서 진화하는 이원성의 태아로, 아직 태어나지 않은 아이.

운전수Driver: 2번 게이트. 마그네틱 모노폴의 자리이며, 그것은 몸이 어디로 가며 어떻게 그곳으로 몸을 이끌고 갈지, 즉 인생의 궤적을 아는 운전수이다. 운전수는 승객의 영향을 받게 되어있지 않다.

유전적 연속성 Genetic continuity: 바디그래프에서 비슷한 부분 사이에 존재하는 질적인 내적 연관성. 예를 들어, 모든 게이트의 첫 번째 라인은 내면 성찰적 자질이 있으며, 인디비주얼 회로의 모든 게이트는 능력 강화Empowerment의 잠재성을 가진다.

음양Yin/Yang: 인간 경험의 이원성을 표현한 동양의 철학. 역동적 시스템의 부분으로서 더 큰 전체 안에서 상호보완적 반대로 교류하며 상호의존적으로 연결되어 있다. 모든 존재는 음과 양의 성질을 둘 다 가지고 있다. 음은 수동적인 여성원리를, 양은 창조 활동적인 남성원리를 나타낸다.

의식의 크리스털 Crystal of Consciousness: 모든 생명체에는 두 종류의 의식의 크리스털들이 부여되어 있다. 음 성질인 디자인 크리스털과, 양 성질인 퍼스낼리티 크리스털이다. 단세포나 무생물체에는 퍼스낼리티 크리스털이 없다.

의식하는Conscious: 바디그래프의 검은 부분. 우리가 경험하고 인식하고 있으며 동일시하는 마음의 모든 데이터.

이원성Binary: 전체적인 이해를 위해 상반된 개념이 필수적인 시스템. 휴먼디자인은 상반된 개념의 병치Juxtaposition에 근거한다. 모든 것은 이것과 저것의 병치다.

이원성Duality: 우주와 그 안의 모든 것들은 이원적이다. DNA와 RNA를 통하여 인간도 역시 이원성의 유기체이다. 물리학에서 우주는 이원적인 쿼크Quark와 렙톤Lepton을 통한 팽창으로 시작되었다. 그것이 우리에게 상하, 내외, 선악의 세상으로 나타난다. 휴먼디자인에서는 이러한 이원성이 두 가지(마음과 몸)에 반영되며 그것은 바디그래프에서 개인의 독특함을 만들어 낸다.

이원성의 우주 Biverse: 우주의 이원적 성질을 나타내기 위하여 라 우루 후가 사용한 말.

인디비주얼 회로 Individuality Circuit: 회로 그룹 참조.

인생 주기 Life Cycle: 태양 주위를 도는 데 84년이 걸리는 천왕성의 주기에 기초하여, 태어날 때의 지점으로부터 정확히 반대편에 왔을 때이며, 인생의 중간지점. 천왕성의 반환점.

인생행로Geometry: 궤적, 환생 각도, 삶의 여로. 그 각도는 차트에서 퍼스낼리티 태양과 디자인 태양을 갈라놓는 88도의 간격으로 정해진다.
  * **정각 행로**Right Angle geometry: 개인적 운명, 다른 사람들에게 별로 관심이 없고 자기 자신의 삶에 집중함.
  * **병치 행로**Juxtaposition geometry: 고정된 운명, 좌, 우 사이에 다리가 되는 행로.

* **빗각 행로**Left Angle geometry: 초개인적 카르마의 운명. 운명을 성취하기 위하여 다른 사람들과의 연결이 필요함.

인카네이션 크로스 Incarnation Cross(**육화 교차**): 퍼스낼리티와 디자인의 태양과 지구의 게이트, 라인을 합성한 것. 만달라에서 교차를 이루어 그 양극을 공부한다. 인생의 목적을 보여주고 진화 가능성의 지표를 마련해 준다. 192개의 기본 교차로 나뉘어져 768개의 인카네이션 크로스가 생긴다.

잉태Conception: 의식의 크리스털들의 대부분은 생명체 안으로 육화Incarnation되지 않으며 앞으로도 그리되지 않을 것이다. 그것들은 '번들Bundle'의 그룹으로 있으면서 계속 행성 의식의 장을 유지한다. 그러나 각각의 번들에는 육화되기를 기다리는 특정한 크리스털들이 들어있다. 육화되지 않을 때, 디자인 크리스털들은 그 안에 마그네틱 모노폴을 유지한 채 지구의 맨틀Mantle(바위가 녹아 있는 지구의 핵)에 모여 있다. 퍼스낼리티 크리스털들은 대기권을 돌고 있다. 땅 속의 번들Bundle에 있는 디자인 크리스털과 마그네틱 모노폴이, 남성의 마그네틱 모노폴에 의해 이끌려 합쳐짐으로 잉태가 시작된다. 끌려나온 디자인 크리스털이 남성의 솔라 플렉서스 센터로 들어가 게이트 6에 정착한다. 오르가즘의 순간 이제 정자에 들어가 마그네틱 모노폴의 안내를 받는 디자인 크리스털이, 남성의 솔라 플렉서스 센터의 채널 59-6을 따라 여성의 세이크럴 센터로 들어가 난자와 만난다. 그것이 잉태의 순간이며 인카네이션(육화)의 시작이다. 뉴트리노의 흐름이 어머니의 몸으로 들어가, 세포 안의 디자인 크리스털에 닿으며 아이의 몸이 만들어지기 시작한다.

자각Awareness: 스스로의 삶을 객관적으로 바라볼 때 생기는 변형과 깨어남의 순간.

자각 센터 Awareness centers: 모든 인간은 세 종류의 자각 능력을 부여받았다.
　① **아즈나**Ajna: 마음(생각) 의식
　② **스플린**Spleen: 몸 의식
　③ **솔라 플렉서스**Solar Plexus: 영적spirit 의식

자각 주파수 Awareness frequency: 자각 센터들은 각각 다른 주파수로 작동한다.
  ① **아즈나**Ajna: 언제나 늘
  ② **스플린**Spleen: 지금 현재
  ③ **솔라 플렉서스**Solar Plexus: 시간에 따라 파도처럼

저항Resistance: '전략'을 따르지 않았을 때 겪는 일.

전략Strategy: 개인적 타입에 기초하여 우리의 형체(몸)에 논리적으로 내맡기기. 그리하여 우리 몸이 삶의 흐름에 따르도록 함.

전자기적Electro-Magnetic: 두 사람이 각각 채널의 한쪽 게이트를 가지고 만나 채널을 정의되게 하고, 생명 에너지를 창조하며 우정, 매력 또는 반발의 기본적 역학을 보이는 경우.

점성학Astrology: 삶이나 환경에 영향을 미치는 별, 행성, 천체에 대한 오래된 학문. 현대과학인 천문학의 전신. 휴먼디자인에서는 점성학적 계산을 통하여 출생 시 행성의 위치가 만달라에 표시된다.

정각 교차 Right Angle Cross: 개인적 운명.

정의Definition/**정의된**defined: 바디그래프에서 색깔이 있는 채널과, 그 채널 끝에 있는 게이트와 센터. 정의됨은 꾸준하고 믿을 수 있는 당신의 모습을 보여준다.

정의 타입 Definition Types: 에너지가 흐르거나, 회로 중 정의된 부분 사이의 공간에 의해 끊기는 모습을 나타낸다. (정의 없음, 단일 정의, 분할 정의, 세 분할 정의, 네 분할 정의)

제너레이터Generator: 네 타입 중의 하나로, 정의된 세이크럴 센터를 가진다. 생명력을 생성하고 일을 하도록 되어 있다. 전체 인구의 약 70퍼센트를 차지하며, 열려 있고 감싸는 오라를 가지고 있으며, 반응을 통해 작동된다.

조건화Conditioning: 외부의 압박, 기대, 영향을 받은 마음이 우리의 진정한 모습이 아닌(낫셀프) 패턴에 우리 자신을 맞추는 것. 처해진 상황에 따라 삶으로써 우리의 트루셀프를 억누르고 인카네이션의 목적으로부터 멀어지게 하는 버릇.

조화 게이트 Harmonic gate: 채널에서 서로 반대편에 있는 두 게이트 사이의 관계를 표시하는 말.

조화Harmony: 6개 라인의 이론 중, 아래 3개의 라인과 위 3개의 라인 사이에 평행 위치를 (1과 4, 2와 5, 3과 6) 점하는 라인 관계를 조화라 한다. 그들이 나타내는 공통적 주제는 1/4(기초), 2/5(투사), 3/6(변이)다.

좌절/절망 Frustration: 제너레이터 또는 제너레이터 채널의 낫셀프 주제.

지배Dominance: 한 사람이 채널을 가지고 있고 상대방은 거기에 해당하는 게이트가 하나도 없는 경우에 생긴다. 다른 사람들의 에너지를 경험하여 배우기 위한 것으로, 그 채널의 성향을 받아들이고 내맡길 때 배움이 일어난다.

지향Signatures: 저항의 반대. 우리의 타입과 목적에 맞게 살았을 때 경험한다.
* **경이**: 리플렉터
* **평화**: 매니페스터
* **만족**: 제너레이터
* **성공**: 프로젝터

차크라Chakra: 오랫동안 동양에서 쓰여 온, 에너지와 육체가 연결된 7개의 에너지 센터. 일반 지식 영역과 신비 영역이 있음. 1781년에 9개의 센터로 진화가 시작됨.

차트Chart: 바디그래프. 당신이 가진 에너지 청사진. 당신의 몸 안에서, 또 다른 사람들과의 관계 속에서 어떻게 작용하는지를 보여준다. 휴먼디자인 분석의 가장 중요한 도구.

채널Channel: 두 게이트가 만날 때 생성되는 퀀텀quantum. 바디그래프의 9센터 사이에서 에너지를 나르는 길 또는 연결하여 에너지를 변형시키는 통로.

채널 형태 Channel by type
* **제너레이터:** 반응하도록 디자인 됨.
* **프로젝터:** 인정과 초대받도록 디자인 됨.
* **매니페스터:** 개시하고 충격적 영향을 주도록 디자인 됨.
* **리플렉터:** 정의된 것 없음, 반향/반사하도록 디자인 됨.

천체력Ephemeris: 태양, 달의 교점, 행성들의 위치에 관한 천문학적 계산.

초개인적Transpersonal: 삶의 목적을 이루기 위해 다른 사람들과의 교류가 필수적인 경우를 뜻함.

초대Invitation: 프로젝터의 전략. 초대를 기다리면 인정을 받는다.

추상Abstract: 추상회로의 채널과 게이트에 담긴 성질. 경험, 느낌, 감정과 회상 등, 컬렉티브Collective에 도움이 되고자 과거를 이해하기. 논리 과정의 반대.

카발라Kabbalah: 유대교 신비주의의 도표인 '생명의 나무'로부터 나왔으며, 라 우루 후에게 주어진 통합된 네 가지 중 하나. 바디그래프에서 회로를 대표한다.

카이론 회귀 Kiron Return: 카이론이라는 혜성의 잔해가, 우리가 태어난 때의 자리로 다시 돌아왔을 때(48~52살 사이)의 바디그래프를 조사한다.

컬렉티브 회로 Collective circuits: 회로 그룹 참고

퀀텀Quantum: 부분의 합보다 더 큰 전체. 예를 들어, 두 개의 게이트로 구성된 하나의 채널.

키노트Keynotes/keynoting: 휴먼디자인의 역동적 언어로서, 압축된 의미를 내포하는 단어나 문장. 우리의 세포들에 직접 말을 하여 알아듣도록 한다.

타입Type: 인간은 오라의 형태에 따라 네 가지로 분류되며, 저항 없이 최선의 효과를 위해 각각 다른 전략을 가진다.

타입별 전략 Strategy by Type
* **매니페스터:** 행동 개시 전 알림
* **제너레이터:** 요청을 기다려 반응함
* **프로젝터:** 인식되기를 기다려 초대됨
* **리플렉터:** 달 주기를 기다림

탄트릭 채널 Tantric channels: 세이크럴 센터와 G센터 사이에 있는 세 개의 채널. 예: 5-15, 14-2, 29-46. 세이크럴의 풍요로운 생명력이 G센터의 더 높은 자기higher Self의 표현으로서의 방향성에 있어서 정체성 힘을 실어주는 채널.

태양의 88도88 Degrees of the Sun: 뇌의 신피질 구조가 완성되고 몸이 자기의 의식을 갖추는 새로운 여행이 준비되면, 퍼스낼리티 크리스털 또는 영혼이 태아 속으로 초대된다. 출생시간으로부터 정확히 태양이 88도(88~89일) 이전에 있을 때이다. 그것은 미숙아로 태어났을 때에도 변하지 않는데, 태아의 신피질이 보통의 경우보다 더 빨리 성숙한 것으로 간주된다. 대부분의 임신에서 이 일은 3분기 중 두 번째 기간에 일어난다. 3분기의 마지막 기간에는 퍼스낼리티가 새로운 몸에 적응할 수 있도록 준비된다. 출생의 시간은 퍼스낼리티가 적응기간을 지내고 나서 가지게 된 잠재적 가능성을 위한 것이다.

통합 채널 Integration Channel: 개성화 과정의 핵심부분. 4개의 채널로 형체(몸)를 유지, 보존하는 데 핵심적 역할을 담당하며, 키노트는 자기역량 강화. 34-20, 57-10, 34-57, 10-20.

트라이벌 회로 Tribal Circuit: 회로 항목 참조.

트랜짓Transit(천체의 통과,): 일정한 시간에 천체의 위치나 운행. 바디그래프에 끼치는 조건화와 관련되는, 만달라 위에서의 태양, 행성, 노드의 움직임.

트루셀프True Self: 스스로의 독특함을 표현하는 구별된 개인의 정체성. 진정한 자기. 조건화되지 않은 자신의 디자인을 자각하고 그에 내맡김.

퍼스낼리티Personality: 바디그래프에서 검은색으로 표시되며, 영혼의 생각/정신/빛으로, 영원하다. 스스로 생각하는 자신을 자기모습이라고 알고 있음.

퍼스낼리티 계산 Personality calculation: 출생 순간의 날짜, 시간, 장소에 따라 결정된다.

퍼스낼리티 크리스털 Personality crystal: 중성미자 데이터를 자기 반향 의식의 가능성으로 바꾸는 본래의 주요한 양의 성향. 헤드 센터 바로 위에 있으며, 스스로 생각하는 자신을 진정한 자신의 모습이라고 아는 의식을 만들어 낸다.

포맷 에너지 Format Energy: 루트 센터에서 힘을 받고, 세이크럴의 반응에 따라 안내되는 특별하고 매우 힘찬 에너지로서, 다른 모든 채널과 전체 디자인에 영향력을 행사한다. 루트와 세이크럴 사이의 포맷 채널들. 53-42(컬렉티브-추상), 60-3(인디비주얼), 52-9(컬렉티브-논리). 트라이벌 회로에는 포맷 채널이 없다.

프랙탈Fractal: 모든 사람에게 퍼스낼리티 크리스털은 다른 사람들의 그것에 프랙탈 라인으로 연결되어 있다. 프랙탈 라인은 주요한 의식의 크리스털이 깨어져 흩어지던 빅뱅 때 생겨났다. 정보는 우리의 개인적인 프랙탈 라인을 통해 내려온다. 66개의 프랙탈 라인, 즉, 정보가 움직이는 66개의 원형적 방법이 있고, 그것들은 각기 다른 뉘앙스를 가지고 있다. 태양을 포함한 별들이 뉴트리노(중성미자)를 만들어 내므로, 그 프랙탈 라인들은 각기 다른 별들(태양 포함)과의 연관성을 가진다. 각각의 별들은 각기 다른 의식의 데이터 은행이며, 그 뉴트리노의 흐름을 통해 정보를 전달하는 독특한 라인을 구축한다. 인간 개개인은 그 프랙탈 라인 중의 하나에 연결되어 있으며, 또한 그 프랙탈 라인을 공유하는 모든 사람들과도 연결되어 있다. 그것으로 인하여 프랙탈 라인이 가까운 사람일수록 더욱 친근하게 느끼지는 것이다.

프로그램Program: 우리의 진화 프로그램의 기반 정보가 되는 중성미자의 흐름.

프로젝터Projector: 네 타입 중 하나로 세이크럴 센터가 정의되어 있지 않으며, 스로트 센터로 연결되는 모터가 없다. 전체 인구의 약 22% 정도. 대부분 특별한 재능과 주파수를 가지며, 인정을 받아 초대되면 제너레이터와 매니페스터의 안내자 역할을 할 수 있다. 오라는 상대방에 초점을 맞추고 관통하는 성질이 있다.

프로파일Profile: 인카네이션 크로스에 따른 인생의 목적을 위하여 당신이 옷처럼 입은 역할. 퍼스낼리티와 디자인 데이터에서 태양과 지구의 라인으로 만들어진다.

하트/에고 센터 Heart/Ego Center: 센터 항목 참조.

합성Composite: 두 디자인을 합치는 경우, 둘 사이에 정의되는 부분이 생기면 그것으로부터 우정의 기초가 세워진다. 동료의식, 양보, 지배, 전자기적 등 4종류의 연결이 가능하다.

행성 및 행성의 트랜짓 Planets/Planetary transits**(행성의 위치 변화)**: 행성들, 노드는 각각 고유의 영향력을 가지며, 그들의 움직임은 만달라에서 찾을 수 있다. 게이트와 라인을 통하여 우리의 '정의'에 나름대로의 뉘앙스를 보탠다.
- ☉ 태양: 퍼스낼리티의 온전한 표현, 삶의 목적
- ☿ 수성: 소통
- ♀ 금성: 가치
- ⊕ 지구: 그라운딩/균형

- ♂ **화성:** 미성숙/변형
- ♃ **목성:** 규율/보호
- ♄ **토성:** 훈련/심판
- ♅ **천왕성:** 비범함/ 팽창
- ♆ **해왕성:** 환상, 당신에게 가려진 것
- ♇ **명왕성:** 한 세대에 의해 일반적으로 받아들여지는 진리
- ☽ **달:** 추진력/원동력
- ☊ **노스 노드:** 미래의 방향과 환경
- ☋ **사우스 노드:** 과거의 방향과 환경

헤드 센터 Head Center: 센터 항목 참조.

형체/형체원리 Form/Form Principle: 우리의 육체, 9센터의 몸은 '보이스Voice'의 핵심내용이였으며, 휴먼디자인 시스템의 기초를 이룬다.

활성화Activation: 채널의 일부이든 아니든, 바디그래프에서 색이 칠해진 게이트를 활성화 되었다고 한다.

회로Circuits/ Circuitry: 인체를 흐르는 에너지를 나타내고 조직함. 3개의 주 회로 그룹에 속한 6개의 회로와 통합 회로가 있으며, 회로는 우리가 다른 사람들과 어떻게 일하고 연결되는지를 나타낸다.

회로 그룹 Circuits Groups: 3개의 주 회로 그룹은 다음과 같다.
- **컬렉티브 회로**Collective Circuit: 공유하기 위해 과거 반추, 미래 구상으로 집단의 삶을 안전하게 발전시키려 함. 키노트: 공유, 나누기
- **인디비주얼 회로**Individual Circuit: 순간적인 직감적 앎을 통해 생기는 영감으로 자극과 격려. 키노트: 능력 강화
- **트라이벌 회로**Tribal Circuit: 생존에 필요한 보급을 통해 종족의 번식이 계속되도록 물질

적, 영적 성공/ 활기 추구. 키노트: 지원

휴먼디자인 시스템 Human Design System: 1987년, '보이스Voice'에 의해 라 우루 후에게 주어진 '형체 원리'에 기반하여 만들어진 "다름의 과학". 인간을 포함한 만물의 독특함을 깊이 이해하도록 해준다.

휴면 게이트 Dormant gate: 미정의 센터의 정의된 게이트. 채널을 이루는 건너편 게이트의 에너지를 다른 사람들의 오라나, 통과하는 행성의 영향에 의한 전자기적 연결에 항상 열려 있다.

옮긴이의 글 1

2005년 여름, 서울의 정신세계원 강의실에서 처음 휴먼디자인 시스템을 한국에 소개한 지 어언 10년의 세월이 흘렀다. 그 후 알음알음 세상에 알려져 동서고금의 지혜가 망라된 이 놀라운 체계가 서서히 세인들의 관심을 모으게 되면서, 제대로 된 전문서적이 필요하다는 목소리가 꾸준히 있어왔다. 그것이 2012년 가을 세도나에서 저자를 만났을 때 원서와 함께 받은 번역의 제안에 흔쾌히 응하는 계기가 되었다. 막상 번역을 시작하니 전혀 새로운 지식 체계의 소개라는 어려움에 더해 원저자의 문장 패턴도 우리말로 옮기기 쉽지 않았다. 3년이라는 시간을 어영부영 보내고서야 겨우 일을 끝낼 수 있었다.

지금 세상은 빠르게 변해가고 우리에게는 그에 대처할 아주 새로운 방도가 긴급히 요구되고 있다. 정보의 홍수에 밀려 아무런 목적지도 정하지 못하고 마냥 흘러만 가고 있는 현대의 젊은이들에게, 우리들 모두가 개개인의 생긴 모습을 찾아내고 닥쳐오는 인생의 모든 문제에 맞춤형 결정을 내릴 수 있으며, 그렇게 산 결과는 자연스럽게 우리를 그 목적지로 이끈다는 소식은 가뭄 끝에 단비처럼 반가울 수 있을 것이다. 새로운 세상에 대한 꿈도 우리들 각자가 새로운 모습으로 살아갈 때만 가능해진다. 우리의 꿈

나라는 유사 이래 그래온 것처럼 지배세력의 논리에 따라가지 않고 완전히 새로운 패턴의 삶을 우리 모두가 찾아내어 근본적 변화를 스스로 만들어내야만 가능해진다. 어떠한 정치적 혁명도 백성들이 변하지 않으면 도로아미타불이 되기 쉽고, 99% 보통 사람들의 질곡은 외투만 갈아입듯 이날까지 계속되어왔으며, 이 땅이 처한 작금의 현실은 지구상에 유례없이 절박하고 불행한 모습으로 나타나고 있다. 우리의 역사와 인류의 진보에 관심을 가진 소수의 사람들만이라도 이 정보를 실생활에 이용할 수 있다면 서서히 그러나 확실하게 돌이킬 수 없는 변화가 드리워지고, 그렇게 인류는 누구도 서로를 비교하지 않고 각자 생긴 모습대로 삶을 즐기는 새로운 세상을 만들어갈 것이다.

우려하는 바는 버거운 작업을 거칠게 해놓아 세상을 헤쳐 가느라 가뜩이나 헷갈리는 독자의 머리가 더욱 복잡해지지 않을까 하는 것이다. 너무 급히 읽어 그러한 일이 생기지 않기를 바란다.

이 책의 용어와 번역에 대해 세심하게 검토하고 조언을 아끼지 않으신 이상호boaz 선생께 감사의 말씀을 드리고 싶다. 한국에서 손꼽히는 휴먼디자인 전문가로서, 풍부한 리딩 경험을 통해 원문의 의미를 살피고 문장을 다듬어주셨다.

휴먼디자인에서는 우리 몸의 세포가 모두 바뀌는 데 7년의 시간이 걸린다고 한다. 부디 여유를 가지고 스스로를 알아가는 기쁨과 함께 실제 삶에 써먹음으로써, 단순한 지식의 범주를 넘어 어둡고 험한 세상에 당차게 맞닥뜨릴 수 있는 도구가 되기를 바랄 뿐이다.

상상해봐요
– 존 레넌

천국이란 없다고 상상해봐요.
해보면 쉬워요.
우리들 아래에 지옥은 없으며
위로는 오직 하늘뿐이죠.
모두가 오늘을 위해 살 뿐이라 상상해봐요.

국가들이 없다고 상상해봐요.
어렵지 않아요.
무언가를 위해 죽거나 죽이지 않죠.
종교도 똑같이 상상해봐요.
모두가 평화롭게 사는 것을 상상해봐요.

당신은 저를 몽상가라 할지 모르죠.
하지만 저 혼자만 그런 건 아니에요.
언젠가 당신도 우리와 함께하길 바래요.
그러면 세상이 하나 되어 살겠죠.

무소유를 상상해봐요.
당신이 그럴 수 있을까요.
욕심이나 배고픔이 없어지고
온 인류가 형제들처럼 말이죠.
모두가 온 세상을 함께 나눈다 상상해봐요.

당신은 저를 몽상가라 할지 모르죠.
하지만 저 혼자만 그런 건 아니에요.
언젠가 당신도 우리와 함께하길 바래요.
그러면 세상이 하나 되어 살겠죠.

서울 명륜동에서
프렘 승(백승혁)

옮긴이의 글 2

국제 휴먼디자인 학교IHDS의 교장 린다 버넬 선생님으로부터 휴먼디자인 분석가 수업을 직접 들은 인연이 있기에, 이 책을 펴내는 과정에 참여하게 되었을 때 감회가 새로웠습니다.

사실 2013년에도 이 책의 번역을 맡을 기회가 있었다가 한 차례 불발된 적이 있습니다. 휴먼디자인을 한국에 제대로 알릴 수 있는 아주 좋은 기회라 생각했기 때문에, 안타까움이 정말 많았습니다. 휴먼디자인의 방대한 정보를 이처럼 체계적으로 정리하여 소개하는 책이 이제라도 한국에 정식 출간하게 되어서 참으로 다행입니다.

휴먼디자인 정보는 변이적인 정보입니다. '변이mutation'는 전에 존재한 적이 없는 완전히 새로운 것을 말합니다. 존재하지 않았던 뭔가가 세상에 나왔을 때, 사람들은 경계하면서 이를 좀처럼 이해하거나 받아들이려 하지 않습니다. 그러나 새로움이 없는 사회나 국가는 결국 소멸의 길을 가게 된다는 것이 역사의 교훈입니다. 개개인의 현재와 미래의 생존을 위해 필수적인, 완전히 새로운 정보가 바로 휴먼디자인입니다.

휴먼디자인 시스템을 전해준 존재를 라 우루 후는 '보이스Voice'라고 불렀습니다. 휴먼디자인에 의하면, 새로운 개념은 소리의 형태로 온다고 합니다. 달리 말하자면, 새로움은 시각적으로 오는 것이 아니라 청각적으로 온다는 것입니다.

새로움은 항상 '소리'를 매개로 해서 오며, 낯선 이름이나 개념이 자리 잡는 유일한 방법은 계속 반복하여 듣고 말하는 것입니다. 마치 새로운 언어를 익힐 때와 유사한 방식입니다.

이 책에는 낯선 표현이나 용어들이 많아서 한 번에 쉽게 이해하기가 어려울 수 있습니다. 그러나 새로운 언어를 배운다는 열린 생각으로 반복해서 읽는다면, 용어와 개념이 자리를 잡고 전혀 다른 세상을 보여줄 것입니다.

새로운 세계로 오신 것을 환영합니다.

보아즈(이상호)

자신을 사랑하세요. _ 라 우루 후

즐겁게 이 책을 읽으셨길 바랍니다. 이것은 사랑의 작업이었고 라 우루 후가 원하는 대로 휴먼디자인 시스템을 기록하려는 하나의 시도였습니다. 언제 어떻게 끝내야 할지 알기가 꽤 힘들었습니다. 이 지식에는 첨가할 것이 너무나 많기 때문입니다. 그것을 세상에 보여주려면 어디서부턴가 시작을 해야 하니까요.

라 우루 후는 특이하고 멋진 방법을 가지고 있었습니다. 그를 알았거나, 함께 공부하는 대단한 행운을 가졌던 많은 사람들이 그를 인용하고 싶어합니다. 이 책에 인용된 그의 수많은 말을 통하여 당신도 그를 느낄 수 있길 바랍니다. 이 사진의 말이 저에겐 특별한 의미가 있으며, 제가 제일 좋아하는 것입니다.

"It is what it is."* _ 린다 버넬

---

* "다 그런 거지요(그러니 그냥 받아들이세요)."